LES FEMMES
ou les silences de l'Histoire

Michelle Perrot

LES FEMMES
ou les silences de l'Histoire

Flammarion

Ouvrage publié sous la direction
de Perrine Simon-Nahum

© Flammarion, 1998
ISBN : 2-08-08-0010-8

INTRODUCTION GÉNÉRALE

Silencieuses, les femmes ? — Mais on n'entend qu'elles, diront certains de nos contemporains, qui éprouvent jusqu'à l'angoisse l'impression de leur irrésistible ascension et de leur parole envahissante. « Elles, elles, elles, elles, toujours elles, voraces, pépiantes... [1] », mais plus seulement dans les salons de thé, débordant désormais du privé au public, de l'enseignement au prétoire, des couvents aux médias et même, ô Cicéron, Saint-Just et Jaurès, au Parlement.

Certes. L'irruption d'une présence et d'une parole féminines en des lieux qui leur étaient jusque-là interdits, ou peu familiers, est une innovation du dernier demi-siècle qui change l'horizon sonore. Il subsiste pourtant bien des zones muettes et, en ce qui concerne le passé, un océan de silence, lié au partage inégal des traces, de la mémoire et, plus encore, de l'Histoire, ce récit qui, si longtemps, a « oublié » les femmes, comme si, vouées à l'obscurité de la reproduction, inénarrable, elles étaient hors du temps, du moins hors événement.

Au commencement était le Verbe, mais le Verbe était Dieu, et Homme. Le silence est l'ordinaire des femmes. Il convient à leur position seconde et subordonnée. Il sied à leur visage lisse, souriant à peine, non déformé par l'impertinence du rire bruyant et viril. Bouche fermée, lèvres closes, paupières baissées, les femmes ne peuvent que pleurer, laisser les larmes couler comme l'eau d'une inépuisable douleur dont, selon Michelet, elles « ont le sacerdoce ».

Le silence est un commandement réitéré à travers les siècles par les religions, les systèmes politiques et les manuels de savoir-vivre. Silence des femmes à l'église ou au temple, plus encore à la synagogue, ou à la mosquée où elles ne peuvent pas même pénétrer à l'heure de la prière. Silence dans les assemblées politiques peuplées d'hommes qui font assaut d'une mâle éloquence. Silence dans l'espace public où leur intervention collective est assimilée à l'hystérie du cri et une attitude trop bruyante à la « mauvaise vie ». Silence,

I

même, dans le privé qu'il s'agisse du salon du XIXe siècle où s'est tue la conversation plus égalitaire de l'élite des Lumières, refoulée par les obligations mondaines qui ordonnent aux femmes d'éviter les sujets brûlants — la politique au premier chef — susceptibles de troubler la convivialité, et de se limiter aux convenances de la politesse. « Sois belle et tais-toi », conseille-t-on aux jeunes filles à marier, pour leur éviter de dire des sottises ou de commettre des impairs.

Certes, les femmes n'ont guère respecté ces injonctions. Leurs chuchotements et leurs murmures courent dans la maison, s'insinuent dans les villages, faiseurs des bonnes et mauvaises réputations, circulent dans la ville, mêlés aux bruits du marché ou de la boutique, enflés parfois dans ces troubles et insidieuses rumeurs qui flottent aux marges de l'opinion. On redoute leurs caquets et leurs bavardages, forme pourtant dévaluée de la parole. Les dominés peuvent toujours se dérober, tourner les interdits, remplir les vides du pouvoir, les blancs de l'Histoire. Les femmes, on l'imagine, on le sait, n'y ont pas manqué. Souvent, aussi, elles ont fait de leur silence une arme.

Pourtant, leur posture normale est l'écoute, l'attente, le repli des mots au fond d'elles-mêmes. Accepter, se conformer, obéir, se soumettre et se taire. Car ce silence, imposé par l'ordre symbolique, n'est pas seulement celui de la parole, mais aussi celui de l'expression, gestuelle ou scripturaire. Le corps des femmes, leur tête, leur visage parfois doivent être couverts, et même voilés. « Les femmes sont faites pour cacher leur vie » dans l'ombre du gynécée, du couvent ou de la maison. Et l'accès au livre et à l'écriture, mode de communication distanciée et serpentine, susceptible de déjouer les clôtures et de pénétrer dans l'intimité la mieux gardée, de troubler un imaginaire toujours prêt aux tentations du rêve, leur fut longtemps refusé, ou parcimonieusement accordé, comme une porte entr'ouverte vers l'infini du désir.

Car le silence était à la fois discipline du monde, des familles et des corps, règle politique, sociale, familiale — les murs de la maison étouffent les cris des femmes et des enfants battus — personnelle. Une femme convenable ne se plaint pas, ne se confie pas, excepté chez les catholiques à son confesseur, ne se livre pas. La pudeur est sa vertu, le silence, son honneur, au point de devenir une seconde nature, l'impossibilité de parler d'elle finissant par abolir son être même, ou du moins ce qu'on en peut savoir. Telles ces vieilles femmes murées dans un mutisme d'outre-tombe, dont on ne discerne plus s'il est volonté de se taire, incapacité à communiquer ou absence d'une pensée dissoute à force de ne pouvoir s'exprimer.

Ce silence profond, les femmes n'y sont pas seules. Il enveloppe le continent perdu des vies englouties dans l'oubli où s'abolit la masse de l'humanité. Mais il pèse plus lourdement encore sur elles, en raison de l'inégalité des sexes, cette « valence différentielle » (Françoise Héritier) qui structure le passé des sociétés. Il est la donnée première où s'enracine la seconde : la déficience des traces relatives aux femmes et qui rend si difficile, quoique très différemment selon les époques, leur appréhension dans le temps. Parce qu'elles apparaissent moins dans l'espace public, objet majeur de l'observation et du récit, on parle peu d'elles, et ce, d'autant moins que le récitant est un homme qui s'accommode d'une coutumière absence, use d'un masculin universel, de stéréotypes globalisants ou de l'unicité supposée d'un genre : LA FEMME. Le manque d'informations concrètes et circonstanciées contraste avec l'abondance des discours et la prolifération des images. Les femmes sont imaginées beaucoup plus que décrites ou racontées, et faire leur histoire, c'est d'abord, inévitablement, se heurter à ce bloc de représentations qui les recouvrent et qu'il faut nécessairement analyser, sans savoir comment elles-mêmes les voyaient et les vivaient, comme l'ont fait surtout, en l'occurrence, les historiens de l'Antiquité tel François Lissarague, déployant la bande dessinée des vases grecs, ou du Moyen Âge. On verra les perplexités d'un Georges Duby, scrutant les images médiévales, ou d'un Paul Veyne, disséquant les fresques de la Villa des Mystères. L'un et l'autre concluent au caractère mâle des œuvres et du regard et s'interrogent sur le degré d'adhésion des femmes à cette figuration d'elles-mêmes.

Autre exemple d'opacité, plus contemporaine : celle des statistiques. Elles sont le plus souvent asexuées. Le recensement des feux, sous l'Ancien Régime, ou celui des ménages, au XIXe siècle, reposent sur le chef de famille. Les statistiques agricoles dénombrent les « chefs d'exploitation », sans préciser le sexe, supposé obligatoirement masculin, comme celui des « journaliers », où il y avait tant de servantes. Les femmes d'agriculteurs ou d'artisans, dont le rôle économique était considérable, ne sont pas recensées, leur travail, assimilé à des tâches domestiques et auxiliaires, étant ainsi rendu invisible. En somme, les femmes ne « comptent » pas. Et il y a là plus que de l'inadvertance. Aujourd'hui encore, dans les ministères, il faut insister pour que les statistiques soient sexuées.

Enfin, certaines sources sont, par définition, inexistantes pour les femmes : les rôles de la conscription et des conseils de révision, si précieux pour la connaissance du signalement physique des jeunes au XIXe siècle, ou encore les listes électorales, puisque les femmes ne votent que tardivement (en France en 1944). C'est pourquoi Alain Corbin, désireux de faire l'histoire d'un inconnu, a d'emblée écarté les femmes en raison de cette carence des traces. Déjà bien minces pour Louis-François Pinagot, le sabotier de la forêt de Bellême dont il est parvenu à reconstituer le « monde », elles auraient fait complètement défaut pour sa femme, Anne Pôté, dont on ignore tout. Les femmes existent pourtant dans ces villages du Perche dont il a retrouvé jusqu'à la mémoire sonore ; mais en groupes — fileuses, braconneuses, émeutières des troubles frumentaires ou religieux — et non en tant que personnes, comme si elles n'en étaient pas, ce qui pose le problème de leur reconnaissance individuelle. Il faut toute l'indiscipline, notamment sexuelle, de la cousine Angélique pour attirer l'attention des garants de l'ordre[2]. Ainsi la manière dont les sources sont constituées intègre l'inégalité sexuelle et la marginalisation ou dévalorisation des activités féminines.

Ce défaut d'enregistrement primaire est aggravé par un déficit de conservation des traces. Peu de chose dans les archives publiques, vouées aux actes de l'administration et du pouvoir, où les femmes n'apparaissent que lorsqu'elles troublent l'ordre, ce que justement elles font moins que les hommes, non en vertu d'une introuvable nature, mais en raison de leur plus faible présence, de leur hésitation aussi à porter plainte quand elles sont victimes. Si bien que les archives de police et de justice, infiniment précieuses pour la connaissance du peuple, hommes et femmes[3], demandent à être analysées jusque dans la forme sexuée de leur approvisionnement.

Les archives privées conservées dans les grands dépôts publics sont presque exclusivement celles des « grands hommes », politiques, entrepreneurs, écrivains, créateurs. Les archives familiales, jusqu'à une date récente, n'avaient pas attiré une attention particulière. Au cours des déménagements, des destructions massives ont été opérées par des héritiers longtemps indifférents, voire par les femmes elles-mêmes, peu soucieuses de laisser des traces de leurs éventuels secrets. Par pudeur, mais aussi par autodévalorisation, elles intériorisaient en quelque sorte le silence qui les enveloppe. Ce que Marguerite Duras a évoqué dans *La Maladie de la mort*, et Nathalie Sarraute, si attentive aux murmures des femmes, dans toute son œuvre.

Toutefois, la prise en compte croissante de la vie privée, familiale ou personnelle, a modifié le regard négligent qu'on portait sur les correspondances ou les journaux intimes. L'action de Philippe Lejeune et l'accueil qu'il rencontre sont à cet égard significatifs[4]. De cet effort, les femmes sont à la fois actrices et bénéficiaires. Les trouvailles, dépôts et publications se multiplient, œuvre des femmes sensibilisées à l'histoire de leurs aïeules et désireuses de les retrouver[5], voire de les rendre visibles, comme un acte de justice et de poésie.

La littérature, cette épopée du cœur et de la famille, est heureusement infiniment plus riche. Elle nous parle du quotidien et des « états de femme[6] », y compris par les femmes qui s'y sont immiscées. Car l'écoute directe des « mots des femmes[7] » dépend de leur accès aux moyens d'expression : le geste, la parole, l'écriture. L'usage de cette dernière, essentiel, repose sur leur degré d'alphabétisation et le type d'écriture qui leur est concédé. D'abord cantonnées à l'écriture privée et familiale, autorisées à des formes spécifiques d'écriture publique (éducation, piété, cuisine, savoir-vivre...), elles se sont progressivement emparées de tous les domaines de la communication — le journalisme par exemple[8] — et de la création : poésie, roman surtout, histoire parfois, science et philosophie plus difficilement. Débats et combats jalonnent ces franchissements d'une frontière qui tend à se reconstituer, en se déplaçant.

Le volume et la nature des sources des femmes et sur les femmes varient par conséquent au cours du temps. Ils sont en eux-mêmes indices de leur présence et signe d'une prise de parole qui s'amplifie, et fait reculer le silence, parfois si intense, qu'on a pu se demander : « Une histoire des femmes est-elle possible ? » Ce qui implique un autre usage des sources qu'il faut traquer, lire différemment, susciter même pour les périodes récentes, comme l'a tenté l'histoire dite « orale ».

Ainsi, loin d'être le fruit du hasard, la constitution de l'Archive, comme celle, plus subtile encore de la Mémoire, est le résultat d'une sédimentation sélective produite par les rapports de forces et les systèmes de valeurs.

Il en va de même en ce qui concerne le récit historique, autre niveau de ces silences emboîtés.

C'est le regard qui fait l'Histoire. Au cœur de tout récit historique, il y a la volonté de savoir. En ce qui concerne les femmes, elle a longtemps manqué. Écrire l'histoire des femmes suppose qu'on les prenne au sérieux, qu'on accorde au rapport des sexes un poids, même relatif, dans les événements ou dans l'évolution des sociétés.

V

Ce qui justement n'était pas le cas, et de la part des femmes elles-mêmes, voire des plus grandes. « ...toute l'histoire des femmes a été faite par les hommes », écrit Simone de Beauvoir ; « jamais les femmes ne leur ont disputé cet empire ». Même le féminisme n'est pas, selon elle, « un mouvement autonome ». Pour l'auteur du *Deuxième Sexe* (1949), l'analyse de la condition féminine relève davantage d'une anthropologie, alors structurale et triomphante, que d'une histoire à ses yeux inexistante.

La longue historiographie du silence, en soi pleine d'intérêt, n'est pas ici mon propos. J'évoquerai simplement ses horizons proches. La constitution de l'histoire comme discipline « scientifique », au XIXe siècle, renforce son caractère viril. Dans sa pratique, désormais aux mains des universitaires (l'agrégation d'histoire est créée en 1829). Dans son contenu, dévolu, de plus en plus, à l'histoire publique et politique où les femmes ne sont pas.

Jules Michelet fait exception, lui si attentif au rôle des femmes dans le passé et le présent. « Les femmes, quelle puissance ! », disait-il. Et il leur consacre des pages éclatantes, dans ses livres, des propos substantiels dans ses cours que, auditoire passionné et muet, elles viennent écouter en foule. Mais en assimilant les femmes à la nature, dont le pôle blanc et lumineux ne peut être que la maternité, et les hommes, à la culture raisonnable et héroïque, en dénonçant dans l'inversion des rôles la clef des dérèglements des sociétés, Michelet épouse les représentations de son temps, notamment celles d'une anthropologie balbutiante[9]. La bruyante irruption des femmes, chez Michelet, est aussi le vœu de leur silence complice. Qu'à cela ne tienne. Le positivisme fin-de-siècle écarte ces billevesées d'une imagination romantique. Quant aux *Annales* (1929) de Marc Bloch et Lucien Febvre, en substituant l'économique et le social au politique, elles n'opèrent pas sur ce point de rupture majeure, en dépit de brillantes ouvertures de Lucien Febvre dans cette direction[10]. Femmes, rapports de sexes, famille même que, parallèlement, la sociologie individualiste d'Émile Durkheim abandonnait au holisme conservateur de Frédéric Le Play, étaient quantités négligeables.

Or, depuis vingt-cinq ans, les choses ont changé.

Pourquoi, comment le silence a-t-il été rompu ?

La naissance d'une histoire des femmes s'inscrit dans le champ plus vaste des sciences humaines, inégalement visitées par le sexe. Elle n'est pas propre à la France, mais à l'ensemble du monde occidental. Les États-Unis y ont été pionniers, utilisant parfois des éléments élaborés par la vieille Europe et par elle dédaignés. La vie intellectuelle est faite de ces allés et retours, de ces incessants bricolages.

Comment les choses, en France, se sont-elles passées ? La parution du livre de Françoise Thébaud, *Écrire l'histoire des femmes* (1998)[11], la meilleure mise au point historiographique à ce jour, désormais incontournable, me dispense de m'étendre sur cette généalogie foisonnante. Pour aller vite, je dirai que trois séries de facteurs imbriqués expliquent cet avènement : scientifiques, sociologiques, politiques.

Des facteurs scientifiques, d'abord. Ils tiennent à la crise des grands paradigmes explicatifs et au renouvellement des contacts disciplinaires dans les années 1960-1970. Le structuralisme avait, certes, vu dans « l'échange des biens, échange des femmes » une donnée élémentaire du fonctionnement de la parenté, mais sans aller plus loin du côté des rapports de sexes. Françoise Héritier, qui a succédé à Claude Lévi-Strauss au Collège de France, eut le grand mérite de reprendre la réflexion là où il l'avait laissée. Son livre, *Masculin/féminin. La pensée de la différence*[12] est le point le plus abouti de ce retour à la construction de la pensée symbolique. Le marxisme avait également fait obstacle à la formulation d'une pensée féministe. Il lui a pourtant fourni ses premiers cadres et de ce point de vue, la recherche initiale de Christine Delphy est exemplaire d'un transfert de concepts. Résolument matérialiste, elle substitue à la théorie de l'exploitation par la bourgeoisie, celle de la domination par le patriarcat, le prolétariat devenant « classe de sexe[13] ».

Les historiens, de leur côté, se rapprochaient de l'anthropologie et de l'ethnologie, tandis que se développait la démographie historique avide de reconstitution des familles, la grande affaire de Louis Henry dès les années 1960, qui mettait en évidence la différenciation sexuelle en matière de mariage (taux, âge), célibat, mortalité, etc. *L'Histoire de la famille*, l'importance désormais accordée aux « cultures familiales » signalent ce retour à la famille oubliée[14]. La famille cependant ne parle pas automatiquement des femmes. Ainsi pour les périodes anciennes, il est malaisé de savoir quel a pu être leur rôle dans un contrôle des naissances, très précoce en France. Mais les travaux des ethnologues, comme Martine Segalen et Yvonne Verdier, les prenaient à bras-le-corps. La dernière, dans *Façons de dire, façons de faire*[15], soulignait leur place au cœur du village (Minot, en Bourgogne) et leur pouvoir culturel, un pouvoir inscrit dans le corps, ce qui provoqua des discussions avec les historiennes, défiantes vis-à-vis de tout retour subreptice à la nature. Mais cela est une autre affaire, celle des débats des années 1980.

Ces retrouvailles avec l'anthropologie, la famille, le mariage... ont, me semble-t-il, fortement marqué l'œuvre de Georges Duby qui, à partir du milieu des années 1970, accorde de plus en plus d'attention au silence des femmes, qui obsèdera la dernière partie de sa carrière.

D'autre part, l'éclatement de l'Histoire — on a pu parler d'« histoire en miettes » — favorisait l'apparition de nouveaux objets : l'enfant, la folie, la sexualité, la vie privée... Pourquoi pas les femmes ?

La « nouvelle histoire », nom généralement donné à la seconde génération des *Annales*, se montrait ainsi à la fois très favorable à l'innovation, à la création de thématiques nouvelles, mais très réticente devant tout effort de théorisation, où elle flairait les relents d'un marxisme rebouilli. De ce point de vue, l'ambition — la prétention ? — du féminisme à opérer une « rupture épistémologique » suscitait scepticisme et réserve. Inclure les femmes, passe encore. Mais le genre et ses intentions de « déconstruction » ? Au vrai, dans les années 1970, la question se posait à peine, et en histoire moins qu'ailleurs.

Côté sociologie, la féminisation de l'université, d'abord au niveau du public, puis, plus tardivement, des enseignantes, a favorisé la naissance de nouvelles attentes, de questionnements différents, et par conséquent le développement d'enseignements et de recherches sur les femmes. Les passions et les intérêts se conjuguent, de la manière la plus classique, dans la constitution d'un nouveau « champ ».

La demande sociale (grande expression des années 1980) n'a pas pourtant opéré d'elle-même. Des facteurs politiques ont concouru à cette éclosion : le mouvement de libération des femmes — le MLF — surgi dans les années 1970 des silences (un de plus) de Mai 1968 sur les femmes. Certes ce mouvement n'avait pas pour préoccupation première de faire de l'histoire, mais de conquérir le droit à la contraception, à l'avortement, et plus largement à la dignité du corps des femmes, enfin reconnues comme des individus libres de *Choisir*, selon le beau nom de l'association fondée par Gisèle Halimi. Mais il a développé dans son sillage un double besoin : un désir de mémoire, de retrouver les traces — les figures, les événements, les textes... — d'un mouvement particulièrement amnésique ; une volonté de faire la critique du savoir constitué, par la mise en cause des divers paramètres qui le fondent : l'universel, l'idée de nature, la différence des sexes, les rapports du public et du privé, le problème de la valeur, celui de la neutralité du langage, etc. Des groupes se sont constitués, des séminaires, des enseignements, des colloques (dès 1975 à Aix sur « les femmes et les sciences humaines ») se sont organisés. Le reflux du mouvement, satisfait dans ses objectifs législatifs majeurs, a provoqué un report des énergies vers la recherche. L'arrivée de la gauche au pouvoir (1981) a créé une conjoncture propice à une relative institutionnalisation. Le colloque de Toulouse (décembre 1982) sur « femmes, féminisme et recherches » indique combien la décennie 1970-1980 avait été fructueuse[16]. Treize ans plus tard, en 1995, celui de Paris permet de dresser un second bilan. On en trouvera l'écho dans les articles qui suivent.

L'Histoire avait tenu une place dynamique. Son développement fut une aventure collective à laquelle des centaines, voire des milliers de personnes, ont pris part. Son récit dépasse mon propos. Je voudrais simplement dire, sans refaire mon « ego-histoire », comment j'y ai participé et comment je l'ai vécue.

J'ai connu, de manière presque caricaturale, le silence imposé aux femmes par mon éducation dans un collège religieux de jeunes filles, dont la guerre avait alourdi le poids de contrition et l'exigence de sacrifice[17] ; et la délivrance par la parole souveraine d'un père qui me traitait comme le fils qu'il aurait sans doute souhaité. Dans la France de l'après-guerre, si conservatrice en matière de rôles sexuels, c'était une chance et un appui décisif. Sports, lectures et nourritures fortes, études, voyages..., tout m'était proposé et je ne dois qu'à mes timidités empêtrées de n'en avoir pas profité plus hardiment. J'adhérais pourtant pleinement au modèle qui m'était offert : celui d'une femme indépendante, qui gagne sa vie et ne se marie, éventuellement, que plus tard, et par amour.

Ma mère, qui avait souffert de ne pouvoir poursuivre, de par les exigences domestiques d'un père veuf, une carrière artistique pour laquelle elle était douée (elle a conservé jusqu'à sa mort récente et tardive, en 1995 à quatre-vingt-dix-huit ans, de beaux dessins, regret nostalgique de ce talent contrarié) soutenait ces perspectives, un peu réservée tout de même sur leurs risques possibles quant à une féminité dont l'élégance était à ses yeux le premier des commandements. L'enseignement, une éventuelle carrière universitaire (que du reste je n'envisageai même pas, en ignorant tout), l'effrayaient comme l'irrémédiable descente aux enfers d'une sombre austérité, dont ses professeurs de Fénelon, son lycée pourtant tant aimé, lui avaient donné l'exemple, au début de ce siècle (le vingtième). Elle redoutait pour moi la disgrâce d'un célibat besogneux et mal fagoté. Ce qu'il y avait de féminin dans l'univers maternel — l'attachement à une maison, un jardin, au décor de la vie, à la douceur des choses — je le tenais pour fade. Je préférais Céline, qu'admirait mon père, à Colette, que vénérait ma mère, à laquelle j'ai, moi aussi, si souvent imposé silence. Je ne lui ai rendu justice que bien plus tard. Faire l'histoire des femmes m'a permis de comprendre la sienne, et de la rejoindre enfin.

Le monde des hommes m'attirait et celui des femmes me paraissait aussi ennuyeux que dérisoire. Simone de Beauvoir, qui d'ailleurs pensait alors à peu près la même chose, fut mon inaccessible modèle, moins peut-être par ses œuvres — j'ai mis du temps à assimiler et même à lire *Le Deuxième Sexe* qui m'avait d'abord rebutée — que par sa vie dont j'admirais l'audace sans oser l'imiter. Je participai à la misogynie habituelle aux femmes en voie d'émancipation, qui assimilent sommairement les femmes et le féminin à l'archaïsme, et, qui plus est, « bourgeois ».

Car je détestais la « bourgeoisie », insupportable péché originel. Comme Mauriac, dont je goûtais l'œuvre au noir d'une province catholique que j'exécrais, je déplorais d'être « née dans le camp des injustes », qui, pour la plupart, avaient trahi. La classe ouvrière, flamboyante, des grèves de 1936, plus résistante que d'autres pendant la guerre, nimbée de cette fraternité gouailleuse que Gabin semblait incarner, était à la fois la figure de l'injustice et celle du salut. Bref : le social primait sur le sexuel, qui n'avait même pas cours, la virilité des camarades sur la vertu plaintive des femmes.

La Sorbonne des années 1947-1951 me combla, malgré son académisme feutré. L'enseignement d'Ernest Labrousse et son action pour y introduire l'histoire ouvrière me séduisirent comme tant d'autres de ma génération. À son incitation (et en dépit d'une tentative velléitaire de travailler sur les femmes, malgré tout), j'entrepris l'étude des grèves, qui fut plus tard l'objet de ma thèse, écrite entre 1967 et 1970 et soutenue en 1971. Les femmes y étaient minoritaires. La grève, liée au salariat à part entière, est un acte viril, le trouble de subsistance étant l'affaire des femmes. Je fus néanmoins frappée de leur subordination.

Les temps changeaient, imperceptiblement. Brigitte Bardot, dont j'applaudissais l'impertinente liberté, Françoise Sagan, Éliane Victor et ses « Femmes aussi » à la télévision, bien d'autres introduisaient des notes discordantes. Les sociologues s'ébranlaient. Andrée Michel, Évelyne Sullerot, Madeleine Guilbert publiaient leurs premiers ouvrages. À partir des années 1964, le Planning familial (fondé en 1956), mobilisait de plus en plus de femmes. Il fut le banc d'essai du féminisme[18].

Survint Mai 1968. Maître-assistante à la Sorbonne, je participai intensément aux manifestations et aux innombrables meetings et réunions de la Sorbonne occupée, notamment pour la réforme universitaire, cette « université critique » dont nous étions nombreux à rêver.

D'où mon adhésion résolue à la formation d'une des universités nouvelles, créées pour décongestionner la vieille Sorbonne, phlétorique, dangereuse et à bout de souffle. Paris-VII, en l'occurrence, absorba mes énergies. Ce fut un choix que je ne regrettai pas. De 1970 à 1993, j'y fis toute ma carrière, dans des conditions parfois difficiles, mais de grande liberté et de réelles possibilités d'innovation.

Car désormais, le rythme s'accélère. Le mouvement des femmes, auquel je participai à la base, entraîna ma « conversion féministe » et mon engagement dans l'histoire des femmes, devenue désormais un des axes majeurs de mon travail[19]. De cette chronique, je n'évoquerai que quelques dates et épisodes significatifs ou plaisants.

1973 : premier cours sur les femmes, à Jussieu, avec Fabienne Bock et Pauline Schmitt, intitulé : « Les femmes ont-elles une histoire ? » À dessein, nous avions choisi ce titre interrogatif, car après tout, nous n'étions pas certaines de la réponse. « Les femmes sont-elles seulement le nœud presque immobile des structures de la parenté ? Leur histoire se confond-elle avec celle de la famille ? Dans leur rapport à l'autre sexe, à la société globale, quels sont les facteurs de changement ? les césures fondamentales ? », écrivions-nous dans un propos liminaire qui montre à quel point nous étions, nous aussi, influencées par l'anthropologie structurale et la vision de femmes enracinées dans la famille, mais également notre insatisfaction à cet égard. L'aile du doute, le soupçon du changement effleurent ce texte. Dépourvues de problématique, autant que de matériaux, nous avions décidé de procéder par conférences et de faire appel à nos collègues, sociologues pour un premier semestre, « temps présent », historiens pour un second baptisé « repères historiques ».

Le 7 novembre, dans une salle comble, surchauffée par la présence d'étudiants gauchistes hostiles au cours parce qu'ils estimaient que s'occuper des femmes, c'était se détourner de la révolution, Andrée Michel ouvrit le feu par un exposé sur « La femme et la

XI

famille dans les sociétés développées », en opposant deux « modèles », traditionnel et moderne. Elle fut, courtoisement mais vigoureusement, prise à partie par des garçons dont l'un lui reprochait de se référer à des « modèles familiaux », alors que, disait-il, « la famille, nous, on n'en veut plus » ; et un autre, de ne pas évoquer l'orgasme, tout en caressant les longs cheveux d'une jolie blonde assise par terre, à ses côtés (il n'y avait plus de sièges disponibles en raison de l'affluence). Ce qui fit s'esclaffer des filles de l'assistance, solidaires de leur compagne : « Il faudrait peut-être lui demander son avis ? » Andrée Michel expliqua avec sérénité que « modèles » n'avait pour les sociologues aucun sens normatif et que l'orgasme n'était pas son sujet. Après cette entrée en fanfare, les cours suivants furent plus calmes. Nous pûmes écouter tranquillement parler du comportement des babouins et de la femme préhistorique, de la situation respective des femmes américaines et africaines ; la doctoresse Retel nous ouvrit des horizons en présentant ses recherches sur la stérilité des femmes Nzacaras, victimes des maladies vénériennes, si seules dans leur honte, comme le sont aujourd'hui les femmes africaines malades du Sida. Souvent on fait silence sur certaines maladies des femmes. Je pense, par exemple, au cancer du sein, grande cause de mortalité malgré son recul et dont on parle si peu.

Signe des temps (celui des années 1970) : nous consacrâmes deux séances aux femmes chinoises. Claudie Broyelle venait de publier *La Moitié du ciel*, où elle célébrait les mérites du maoïsme qui intègre les femmes dans la production en les délivrant du domestique par les équipements collectifs. Dans la nouvelle culture, la sexualité, considérée comme une « invention bourgeoise », n'était pas une priorité. Jean Chesneaux, éminent spécialiste et conférencier, prit soin de souligner que des « contradictions » n'en subsistaient pas moins.

Au second semestre, Pierre Vidal-Naquet, Jacques Le Goff, Jean-Louis Flandrin, Emmanuel Le Roy Ladurie, Mona Ozouf... nous parlèrent de la condition des femmes dans leurs périodes respectives. Ils le firent de très bonne grâce, considérant qu'il s'agissait d'une question légitime, en effet peu abordée ; ils louèrent le titre interrogatif du cours. En somme, ce fut une ouverture « à la française », très éloignée des controverses américaines dont nous prenions connaissance par ailleurs. Les années suivantes, nous prîmes notre sort en mains, avec des cours plus affirmatifs sur « Femme et famille », « Femmes et travail », « Histoire des féminismes », etc. Il y eut encore des moments surprenants, tel que la venue de Pierre

Samuel, qui, au vu de l'intitulé d'un cours, proposa ses services. Brillant mathématicien, il venait d'une famille d'hellénistes ; il demanda la permission d'écrire en grec au tableau, fort étonné et contristé de voir que les étudiants présents — des historiens ! — ne le suivaient pas. Il avait publié un ouvrage, *Amazones, guerrières et gaillardes*, où il démontrait que dans la Grèce archaïque, les femmes maniaient le javelot et les armes avec maestria, étaient à la course aussi performantes que les hommes. La soi-disant faiblesse des femmes n'était pas inscrite dans leur corps, mais le résultat pernicieux de leur immobilisation par la civilisation. Cet ardent défenseur de la vigueur féminine était accompagné de Françoise d'Eaubonne, qui partageait son féminisme radical et dont le feutre noir à larges bords fit sensation. L'époque était effervescente et nous avions le sentiment de découvrir un monde nouveau.

Nous le faisions aussi au travers de séminaires plus ou moins formels où s'approfondissait la réflexion. Au GEF (Groupe d'études féministes), par exemple, fondé en janvier 1974 par Françoise Basch et moi-même. Là, nous nous retrouvions entre femmes (c'était une décision délibérée) pour discuter, âprement parfois, de problèmes plus brûlants : le statut de la psychanalyse dont le groupe « Psychanalyse et politique » (Psych et Po) d'Antoinette Fouque faisait son instrument principal, l'invisibilité du travail domestique (fallait-il revendiquer sa rémunération ? La réponse fut négative), la portée, libératrice ou non, du salariat pour les femmes, la question de l'érotisme et de la pornographie, celle de l'homosexualité, etc. Grâce à Françoise Basch et à ses collègues — Marie-Claire Pasquier, Françoise Barret-Ducrocq... — du département de langues et civilisations anglo-américaines (Charles V), nous eûmes contact avec les chercheuses américaines et les Women's Studies, notamment lors des rencontres du Moulin d'Andé (1979), où nous fîmes la connaissance de Catherine Stimpson, la fondatrice de *Signs*, de Caroll Smith-Rosenberg, dont l'article sur « The female world of love and ritual » avait fait sensation[20], de Claudia Koonz, dont la thèse sur *Les Mères-patrie du Troisième Reich* renouvelait, non sans controverse, l'approche des rapports femmes et nazisme[21], que Rita Thalmann avait largement défrichés.

À l'EHESS (École des hautes études en sciences sociales), à partir de 1978-79, s'était formé, autour de Christiane Klapisch, Arlette Farge, Cécile Dauphin... Pierrette Pézerat, auxquelles se joignirent Geneviève Fraisse, Pauline Schmitt, puis Yannick Ripa, Danièle Voldman, Véronique Nahoum-Grappe, Rose-Marie Lagrave,

XIII

Nancy Green, etc., un groupe qui dut à son caractère informel et autogéré, une part de son initiative et de son influence. L'idée première était de nous retrouver en marge de nos obligations professionnelles, dans une totale liberté, pour lire, réfléchir, débattre, nous approprier la réflexion féministe, notamment nord-américaine, mais aussi européenne (italienne en particulier), aussi bien que les ouvrages de Maurice Godelier ou de Georges Duby. Séminaire de lecture et de mise à niveau, ce groupe se révéla efficace. Il fut, avec le GEF, le principal support de *Pénélope*, premiers *Cahiers pour l'histoire des femmes* (1979-1985, 13 livraisons), du colloque de Saint-Maximin (*Une histoire des femmes est-elle possible ?*, 1983) et enfin il fournit le noyau responsable de *Histoire des femmes en Occident*, première tentative de synthèse de recherches qui, par ailleurs, se développaient intensément.

Il y avait, en effet, une forte demande étudiante (majoritairement féminine) de maîtrises, puis de thèses que je m'efforçai de coordonner et d'accueillir dans mon séminaire dont je tentai de faire un lieu stable et ouvert où, le lundi soir, on pouvait toujours « passer ». Mon objectif était de favoriser la parole et les échanges, de faire circuler l'information, de permettre à chacun de nouer des contacts, dans une perspective de réseau, national et international (il y eut des années à dominante grecque, ou brésilienne, avec toujours des Japonaises), susceptible de pallier la faiblesse institutionnelle liée aux rigidités académiques françaises.

Ce mouvement de recherches sur les femmes était général. Il traversait les disciplines. L'objet « femmes » était pluriel et n'appartenait à aucune en propre. Philosophes, historiennes, sociologues, littéraires travaillaient ensemble, avec peut-être un peu plus de distance avec les sciences « psy » dans la mesure justement où la remise en cause de la psychanalyse était vigoureuse. Entre les tenantes du féminin, porteur de culture et, pourquoi pas ?, d'alternative politique, et les partisanes de la différence égalitaire, déconstruite, libératrice de choix individuels où la variante sexuelle ne serait qu'une parmi d'autres, les divergences demeuraient fortes. Elles se sont aujourd'hui atténuées et surtout considérablement déplacées et recomposées. Mais ?

Né d'interrogations multiples, ce mouvement débordait largement les universités, même si, par la force et l'inertie des choses, celles-ci eurent tendance à l'absorber. Encore fallait-il qu'il y eut des enseignantes en relative position de pouvoir, susceptibles d'introduire cette perspective... Ce fut notamment le cas à Toulouse, avec

Rolande Trempé, Marie-France Brive et Agnès Fine et à Aix où, grâce à Yvonne Knibiehler, se tint le tout premier colloque sur « Les femmes et les sciences humaines », en juin 1975, où j'eus l'occasion de présenter un premier bilan (encore bien modeste) et d'esquisser une problématique de recherche résolument relationnelle et susceptible de transformer la vision globale de l'Histoire.

Telle était aussi l'intention de *Histoire des femmes en Occident* qui nous mobilisa (et m'accapara) entre 1987 et 1992. J'ai déjà si souvent raconté, ici ou là, comment est née ce qui fut d'abord la *Storia*, que j'hésite à le faire à nouveau. Mais parce que cet ouvrage a représenté un point de cristallisation majeur et opéré, en France, du moins, un changement de statut de l'histoire des femmes, il est difficile de ne pas l'évoquer dans ce panorama d'un paysage recomposé.

L'initiative première en revient à Vito et Giuseppe Laterza, maison d'édition familiale, connue pour sa résistance au fascisme, ses liens avec la gauche italienne et son ouverture aux sciences humaines, principalement françaises. Laterza avait traduit avec succès en Italie l'*Histoire de la vie privée*, que coordonnaient Philippe Ariès et Georges Duby et dont j'avais dirigé le tome 4 (XIXe siècle). Pourquoi pas, disait-il, une *Storia della Donna* ? Georges Duby, consulté, acquiesça chaleureusement et conseilla de me joindre. C'était au printemps 1987 ; je sortais de la *Vie privée*, j'avais d'autres projets et fortement envie de refuser. Mais mes interlocuteurs insistaient. Georges Duby, en particulier, était convaincu de l'actualité de l'entreprise. Attentif aux événements contemporains, et au mouvement des femmes, qu'il percevait aussi par celles de son entourage — sa femme, ses filles —, il leur accordait, depuis le milieu des années 1970, une place grandissante dans sa réflexion, ses cours et ses écrits. « La Femme, l'amour, le chevalier », paraît dans *L'Histoire* en 1978, *Le Chevalier, la femme et le prêtre* en 1981. Il montre dans le pouvoir d'obstruction des femmes, dans leurs exigences plus grandes un agent de transformation du mariage où le consentement devient de plus en plus central. De même que l'amour courtois était une nouvelle tactique de séduction rendue nécessaire par les résistances des femmes. Les rapports amoureux étaient aussi des relations de pouvoir où les femmes jouaient leur partie. D'où son adhésion à une histoire qui ferait des rapports entre les sexes un moteur du changement. Point de vue assez exceptionnel parmi les historiens de sa génération et qui explique la jonction opérée avec les historiennes [22].

Placée devant mes responsabilités, je consultai mes amies du groupe de l'École des hautes études. Après des discussions, où nous commençâmes en fait à élaborer le contenu, nous décidâmes d'accepter. C'était une opportunité que nous risquions de ne pas retrouver, et que d'ailleurs aucun éditeur français ne nous avait proposée, le moyen de sortir d'une semi-clandestinité, de faire la synthèse (provisoire) de quinze ans de travaux, qui, du coup, y gagneraient en visibilité, de contribuer à la légitimité d'une histoire encore marginale, dans une perspective d'emblée européenne qui n'était pas pour nous déplaire. L'aventure valait d'être tentée puisque, après tout, on nous l'offrait.

C'était à l'automne 1987. En juin 1988, un colloque réunit à l'hôtel Talleyrand-Gallifet de la rue de Varenne, siège du Centre culturel italien, la plupart des quelque soixante-dix collaboratrices et collaborateurs de l'ouvrage, dont les cinq volumes parurent, parallèlement, en Italie et en France[23], entre 1990 et 1992. Affaire rondement menée, grâce à la compétence et à l'activité des directrices de volumes : Pauline Schmitt (I), Christiane Klapisch-Zuber (II), Arlette Farge et Nathalie Davis (III), Geneviève Fraisse et moi (IV), Françoise Thébaud (V) qui avait bien voulu se joindre au noyau initial. Ce fut un travail intense, mais auquel nous prîmes beaucoup de plaisir. Moi, en tout cas, qui fut peut-être, après tout, la principale bénéficiaire de cette affaire. En deçà, et au-delà, je pense aux étudiantes et doctorantes de Jussieu, dont beaucoup — pas toutes, malheureusement — ont intégré l'université. Grâce à elles, l'histoire des femmes continue. Alors, merci.

Il est rare de pouvoir concilier un projet qui soit, à la fois, individuel, intellectuel et politique (au sens le plus fort et citoyen du terme). L'histoire des femmes le permettait. C'est pour ma part ainsi que je l'ai vécue, et tout particulièrement à l'occasion de ce dernier travail. J'ai éprouvé le sentiment de retrouver les femmes que, si longtemps, j'avais fuies, leur amitié, leur gaieté, leurs angoisses, leur quête de sens ; celui de mieux comprendre ces lignées de femmes qui m'avaient précédée, dont ma mère, et ce faisant de me trouver moi-même...

Mais le profit n'était pas qu'existentiel. Il était intellectuel. L'histoire des femmes, en posant la question des relations entre les sexes, revisitait l'ensemble des problèmes du temps : le travail, la valeur, la souffrance, la violence, l'amour, la séduction, le pouvoir, les représentations, les images et le réel, le social et le politique, la création, la pensée symbolique. La différence des sexes se révélait d'une grande fécondité. Ce fil d'Ariane parcourait le labyrinthe du temps. Car du gynécée à la maison rurale ou bourgeoise, de la cité grecque à la démocratie contemporaine, il y avait des communications, des couloirs, qui n'existent peut-être pas au même degré dans les autres chapitres de l'agenda historique. Ces « lieux pour l'histoire » (A. Farge) des femmes, nous pouvions les parcourir sans nous y sentir complètement dépaysées. L'histoire des femmes et des rapports de sexes pose avec bonheur la question de la permanence et du changement, de la modernité et de l'action, des ruptures et des continuités, de l'invariant et de l'historicité... Objet d'enquêtes précises et nécessaires, terrain rêvé pour la micro-histoire, elle est aussi un terrain de réflexion majeur, « théorique » écriraient les Américains, épistémologique aurait-on dit dans les années 1970-80, pour la recherche, dira-t-on plus modestement maintenant. Elle interroge le langage et les structures du récit, les rapports du sujet et de l'objet, de la culture et de la nature, du public et du privé. Elle remet en cause les partages disciplinaires et les manières de penser.

Expérience irremplaçable pour celles et ceux qui l'ont faite, l'histoire des femmes n'a, par ailleurs, changé ni la démarche historique, réservée, ni les institutions universitaires, qui répugnent à lui faire une place, même modeste. Les inévitables conflits de territoire conduisent parfois à des tensions, internes et externes, accrues dont les plus jeunes chercheuses risquent de faire les frais. Et la France, sous cet angle, paraît plus archaïque que la plupart de ses voisins.

L'histoire des femmes n'a pas davantage changé leur place, ou leur « condition ». Toutefois elle permet de la mieux comprendre. Elle contribue à leur conscience d'elles-mêmes, dont elle est, plus sûrement encore, un signe. Dans les pays en voie de développement, où les femmes accèdent à la reconnaissance individuelle, c'est l'accompagnement fréquent d'une démarche identitaire, parfois contrariée, dont nous sommes les spectatrices complices, anxieuses et solidaires.

Ce livre, réunion d'articles divers, que je dois à l'amicale persévérance de Perrine Simon-Nahum, est porteur de ce fragment d'histoire auquel mon itinéraire dernier est étroitement mêlé. Il témoigne de quelques-unes de ses étapes, de ses découvertes et de ses errements, de ses débats et de ses tensions, de ses difficultés et de ses plaisirs, de ses interrogations premières qui n'ont rien perdu, elles, de leur acuité : « Femmes, qui sommes-nous ? D'où venons-nous ? Où allons-nous ? » Quel fut notre chemin en ce monde ?

Vous nous entendez ?

I
TRACES

La difficulté de l'histoire des femmes tient d'abord à l'effacement de leurs traces, tant publique que privées.

C'est de ces dernières qu'il est question dans les textes qui suivent : correspondances des trois filles de Marx, fragment d'un journal intime d'une pieuse jeune fille du faubourg Saint-Germain, livre de raison que, devenue mère, elle tint sur sa propre fille.

Siècle de familles, d'armoires et d'écriture personnelle, le XIXe siècle est un immense réservoir. Correspondances, journaux intimes, autobiographies ont été exhumés et analysés comme mode de communication et d'expression. Roger Chartier et son équipe ont scruté *les usages de la lettre*[1]. Philippe Lejeune a repéré une centaine de journaux de jeunes filles[2] qui montrent des personnalités autrement rebelles que la douce Caroline Brame, que les hasards de la recherche avaient mise sur le chemin de Georges Ribeill. Ensemble, nous avions édité l'épave retrouvée de son journal. Cette publication, recensée dans *L'Express*, nous avait permis de rencontrer sa petite-fille. Celle-ci nous avait alors confié le journal que Caroline, devenue Orville, avait consacré à sa fille Marie, tant désirée. Un autre type de journal nous était ainsi fourni, qui illustre l'assomption du « bébé » dans la constellation familiale de cette fin de siècle, contribution à l'histoire du sentiment maternel autant que de la petite enfance.

Très précieux pour la connaissance de la vie et du cœur des femmes, ces documents du privé ont des limites sociales étroites, dessinées par un accès éminemment variable à l'écriture. Le silence n'est brisé que pour les privilégiées de la culture. Il s'appesantit au contraire pour les ouvrières et plus encore pour les paysannes dont l'individualité nous échappe. Nous les apercevons en groupe, aux champs, à la foire, dans les noces ou les pèlerinages, à travers images, photos ou descriptions ethnographiques qui gomment nécessairement particularités et conflits, entretenant l'illusion d'un commu-

9

nautarisme rural quelque peu figé. De ceux-ci, nous n'entendons l'écho que lorsqu'ils troublent suffisamment l'ordre public pour devenir affaire de police et de justice. Délinquantes et plus souvent victimes, les femmes apparaissent alors par effraction[3].

L'opacité est un peu moins forte en ce qui concerne les femmes des classes populaires urbaines, plus observées (ainsi les monographies de famille de l'École de Le Play portent grand intérêt aux ménagères, pilier de la famille), plus présentes dans l'espace public, plus alphabétisées aussi. Les rares autobiographies de femmes du peuple, directes ou présentées sous forme de fiction, proviennent d'ouvrières accédant à l'individualité par l'écriture (Marguerite Audoux, Lise Vanderwielen) ou l'action militante (Lucie Baud, Jeanne Bouvier, Victoire Tinayre). Mais il s'agit là de traces imprimées, publiques. De l'amont familial, peu émerge et a été conservé[4].

Les sources privées renforcent par conséquent l'inégalité par la dissymétrie de leur éclairage. Elles ont un autre inconvénient : celui de souligner un peu plus les liens des femmes avec la sphère privée, puisque aussi bien, elles en émanent, d'inscrire le temps des femmes dans la répétition du même et la relative inertie du quotidien, d'en accentuer la féminité même, celle que Colette décrit avec tant de bonheur.

Entre fugacité des traces et océan de l'oubli, ils sont étroits les chemins de la mémoire des femmes.

PRATIQUES DE LA MÉMOIRE FÉMININE*

Au théâtre de la mémoire, les femmes sont ombre légère.

Le récit historique traditionnel leur fait peu de place, dans la mesure même où il privilégie la scène publique — la politique, la guerre — où elles apparaissent peu. L'iconographie commémorative leur est plus ouverte. La statuaire, manie chère à la IIIe République, a semé la ville de silhouettes féminines. Mais allégories ou symboles, elles couronnent les grands hommes, ou se prosternent à leurs pieds, reléguant un peu plus dans l'oubli les femmes réelles qui les ont soutenus ou aimés, et les femmes créatrices dont l'effigie leur porterait ombrage[1].

Mais il y a plus grave. Cette absence au niveau du récit se double d'une carence de traces dans le domaine des « sources » auxquelles s'alimente l'historien, en raison du déficit de l'enregistrement primaire. Au XIXe siècle, par exemple, les notaires de l'histoire — administrateurs, policiers, juges ou prêtres, comptables de l'ordre public — notent assez peu ce qui a trait aux femmes, catégorie indistincte, vouée au silence. S'ils le font, ainsi lorsqu'ils remarquent la présence des femmes dans une manifestation ou une réunion, c'est en recourant aux stéréotypes les plus éculés : femmes vociférantes, mégères dès qu'elles ouvrent la bouche, hystériques dès qu'elles gesticulent. La vue des femmes agit comme un clignotant : on les considère rarement pour elles-mêmes, mais plus souvent comme symptômes de fièvre ou d'abattement.

---

* « Pratiques de la mémoire féminine », *Traverses*, 40, IV/1987, p. 19-29. Numéro spécial « Théâtres de la mémoire. »

C'est que les procédures d'enregistrement, dont l'histoire est tributaire, sont le fruit d'une sélection qui privilégie le public, seul domaine direct d'intervention du pouvoir et champ des valeurs véritables. Le XIXe siècle a clairement distingué les sphères, publique et privée, dont l'agencement conditionne l'équilibre général. Sans doute ses sphères ne recouvrent-elles pas exactement la répartition des sexes. Mais grosso modo, le monde public, surtout économique et politique, est dévolu aux hommes, et c'est celui qui compte. Cette définition, claire et volontariste, des rôles s'est traduite par un retrait des femmes de certains lieux : la Bourse, la Banque, les grands marchés d'affaires, le Parlement, les clubs, cercles et cafés, hauts lieux de sociabilité masculine, et même les bibliothèques publiques. Simone de Beauvoir, plus tard, à la Bibliothèque nationale, est une figure de transgression intellectuelle. La ville du XIXe siècle est un espace sexué. Les femmes s'y inscrivent comme ornements, strictement disciplinées par la mode, qui codifie leurs apparences, vêtements et maintien, principalement pour les femmes bourgeoises dont le loisir ostentatoire a pour fonction de signifier la fortune et le rang de leur mari. Actrices au sens vrai du terme, elles défilent dans les salons, au théâtre ou à la promenade, et c'est à leur toilette que s'intéressent les chroniqueurs (voyez les *Lettres parisiennes*, du vicomte de Launay, alias Delphine de Girardin[2]).

Quant aux femmes du peuple, on en parle seulement lorsque leurs murmures inquiètent en cas de pain cher, lorsqu'elles font charivari aux marchands ou aux « proprios », lorsqu'elles menacent de subvertir par leur violence un défilé de grévistes.

En somme, l'observation des femmes d'autrefois obéit à des critères d'ordre et de rôle. Elle concerne les discours plus que les pratiques. Elle s'intéresse peu aux femmes singulières, dépourvues d'existence et davantage à « la femme », entité collective et abstraite à laquelle on attribue des caractères de convention. Sur elles, par d'enquête véritable, mais seulement le constat de leur éventuel déplacement hors de leurs zones réservées.

Un dernier exemple donnera une idée de ce déficit documentaire et de sa signification complexe. Les archives du crime, si riches pour la connaissance de la vie privée, disent peu sur les femmes, dans la mesure même où leur poids dans la criminalité est faible et décroissant (d'un tiers, environ, au début du XIXe siècle, il tombe à moins de 20 % à la fin), non pas en vertu d'une nature douce, pacifiée et maternelle, comme le prétend Lombroso[3], mais en raison d'une série de pratiques qui les excluent du champ de la vengeance ou de l'affrontement. L'honneur viril bafoué se venge par le meurtre. Le vol de grand chemin ou par effraction, le hold-up ou l'attentat étaient, jusqu'à une date récente, affaire d'hommes.

Ainsi, regard d'hommes sur les hommes, les archives publiques taisent les femmes. « Il faudrait toutefois ne pas oublier parmi tous ces hommes qui seuls, vociférant, clamaient ce qu'ils avaient fait ou ce qu'ils rêvaient de faire, les femmes. On en parle beaucoup. Que sait-on d'elles ? », écrit Georges Duby en conclusion du livre qu'il consacre au mariage dans la France féodale, *Le Chevalier, la Femme et le Prêtre*. Voilà bien toute la question.

LES SECRETS DES GRENIERS

Les archives privées, autre grenier de l'histoire, disent-elles davantage ? Oui, assurément, dans la mesure où les femmes s'y sont exprimées beaucoup plus abondamment, voire même où, secrétaires de la famille, elles ont été productrices de ces archives. Livres de raison où elles tiennent les annales du ménage, correspondances familiales dont elles sont les scribes habituels, journaux intimes dont la pratique est recommandée aux jeunes filles par les confesseurs, plus tard par les pédagogues, comme un moyen de contrôle de soi, constituent un gîte d'écrits de femmes dont tout atteste l'immensité. Mais que de destructions ont été opérées dans ces archives dont les épaves, conservées aujourd'hui à l'égal de leur intérêt enfin reconnu, nous suggèrent la richesse !

Ces destructions viennent des hasards des successions et des déménagements, d'un goût du secret qui cimente l'intrigue familiale, mais aussi de l'indifférence de descendants embarrassés par les legs encombrants de leurs prédécesseurs : indifférence aggravée par le caractère subalterne accordé à ces écrits de femmes. Les lettres des filles de Karl Marx ont été imparfaitement conservées et publiées tardivement ; en dévoilant les manies ou les faiblesses du père ou de l'homme privé, elles constituent même pour certains une manière d'inconvenance[4]. Autre exemple : la correspondance que Tocqueville échangeait avec son ami Gustave de Beaumont a été précieusement garder comme un témoignage unique sur leurs entreprises intellectuelles et politiques ; celle que, parallèlement, leurs épouses entretenaient, a disparu corps et biens.

Bien des femmes, du reste, pressentant l'indifférence, l'ont devancée en « mettant de l'ordre dans leurs affaires », c'est-à-dire en détruisant leurs carnets intimes, redoutant l'incompréhension ou l'ironie de leurs héritiers. Laisser derrière soi des lettres d'amour, n'est-ce pas introduire un tiers dans un couple dont le temps avait déjà altéré la belle image ? Il en va de même de l'amitié. Voici deux amies, Hélène et Berthe qui, durant quarante ans, ont échangé une intense correspondance. D'Hélène, il reste 625 lettres ; de Berthe, rien : elle a demandé à Hélène de tout détruire, ne souhaitant aucun témoin à leur amitié. Celle-ci résiste, mais finalement, déchirée, brûle les missives aimées[5].

C'est que, comme la lecture[6], l'écriture est souvent pour les femmes un fruit défendu. Pour reprendre le même exemple, le père d'Hélène s'irrite de la voir passer tant d'heures à sa correspondance. Elle doit se défendre et se cacher pour continuer ce qui, aux yeux du père, est enfantillage et gaspillage. Une certaine culpabilité accompagne cette transgression d'un domaine sacré. Cette part secrète de soi-même, ce péché qui fut jouissance, on n'en laissera pas de vestiges. Ainsi les femmes, souvent, effacent-elles d'elles-mêmes les marques ténues de leurs pas en ce monde, comme si c'était une offense à l'ordre que d'y paraître.

Cet acte d'autodestruction est aussi une forme d'adhésion au silence que la société impose aux femmes, faites, comme l'écrit Jules Simon, « pour cacher leur vie » ; un consentement à la négation de soi qui est au cœur des éducations féminine, religieuse ou laïque, et que l'écriture — comme aussi la lecture — contredisaient. Brûler ses papiers est une purification par le feu de cette attention à soi qui confine au sacrilège. Ce gigantesque autodafé a eu raison de la majeure part des écrits privés de femmes, en même temps que d'archives familiales dont leur longévité les faisait les gardiennes. La mort subite, les placards oubliés des grandes maisons provinciales sont les seuls pare-feux de cet incendie. L'image des femmes tisonnant leurs carnets intimes ou leurs lettres d'amour au soir de leur vie suggère la difficulté féminine d'exister autrement que dans le fugace instant de la parole et, par conséquent, celle de retrouver une mémoire dépourvue de traces.

Plus qu'à l'écrit interdit, c'est au monde muet et permis des choses que les femmes confient leur mémoire. Non aux prestigieux objets de collection, affaire d'hommes soucieux de conquérir par l'accumulation de tableaux ou de livres la légitimité du goût. Au XIXe siècle, la collection, plus encore la bibliophilie, sont des activités masculines. Les femmes se rabattent sur plus humble matière : le linge et les objets. Colifichets, cadeaux reçus lors d'un anniversaire ou d'une fête, bibelots ramenés d'un voyage ou d'une excursion, « mille riens » meublent des vitrines, petits musées du souvenir féminin. Les femmes ont la passion des coffrets, des boîtes et des médaillons où elles enferment leurs trésors : mèches de cheveux, fleurs séchées, bijoux de famille, miniatures qui, avant la photo, permettent d'emprisonner le visage aimé. Plus tard, photos individuelles ou de famille, mises sous cadre ou réunies en albums, ces herbiers du souvenir, alimentent une nostalgie indéfiniment déclinée. Recueils de croquis et de cartes postales mémorisent les voyages. Les femmes sont du reste invitées à réaliser de telles collections par l'ingéniosité d'une papeterie en plein essor. Agendas, *keepsakes* venus d'Angleterre incitent à la consigne des événements privés. « Sous la Monarchie de Juillet, toute jeune fille de bonne famille a son album qu'elle présente aux amis de la maison. C'est Lamartine qui ouvre celui de Léopoldine Hugo », écrit Alain Corbin. À la fin du XIXe siècle, l'éditeur Paul Ollendorf lance le *Recueil Victor Hugo*, transposition des *birthday books* britanniques ; la page de gauche est occupée par des extraits d'œuvres du Maître, celle de droite mentionne seulement la date du jour ; on s'en sert comme d'un recueil de poèmes, de pensées, un agenda ou un journal, peu intime car ouvert à l'entourage.

Ces pratiques impliquent l'idée d'une capitalisation du temps, dont les instants privilégiés peuvent être revécus par la remémoration, rejoués comme une pièce sans cesse représentée. Elles s'inscrivent dans un XIXe siècle qui fait du privé le lieu du bonheur immobile, dont la scène est la maison, les acteurs, les membres de la famille, et les femmes, les témoins et les chroniqueuses. Mais cette mission de mémorialiste doit respecter des limites implicites. Le personnel, le très intime en sont bannis comme indécents. Si la jeune fille s'enhardit jusqu'à s'approprier, timidement, le journal intime, la femme mariée y renonce. Pas de place pour une telle forme d'écriture et de pensée dans la chambre conjugale. Comme l'écriture, la mémoire féminine est familiale, demi-officielle.

Le linge, le vêtement constituent une autre forme d'accumulation. Le trousseau, soigneusement préparé dans les milieux populaires, ruraux surtout, est « une longue histoire entre mère et fille[7] ». La confection du trousseau, c'est un legs de savoir-faire et de secrets, du corps et du cœur, longuement distillés. L'armoire à linge est à la fois coffre-fort et reliquaire. L'épaisseur des draps, la finesse des nappes, le marquage des serviettes, la qualité des torchons prennent sens dans une chaîne de gestes répétés et festonnés.

Le linge est du côté de l'intime, le vêtement du côté du public. Il est lié à ces apparences dont le soin est un grand devoir des femmes, bourgeoises surtout. La mode, nouvelle forme de civilité, est un code auquel il convient de se soumettre sous peine de déchoir, une tyrannie qui s'exerce sur le corps des femmes à toute heure du jour, à chaque mois d'une saison. Devéria l'a montré en détaillant les tenues qu'une femme élégante doit porter, heure par heure.

Mais ce devoir, dont certaines tirent plaisir, d'autres un ennui profond, façonne la mémoire. Une femme inscrit les circonstances de sa vie au travers des robes qu'elle porte, ses amours, dans la couleur d'une écharpe ou la forme d'un chapeau. Un gant, un mouchoir sont pour elle des reliques dont seule elle sait le prix. La monotonie des années se différencie par la toilette qui fixe aussi la représentation des événements qui font battre le cœur : « Je portais, ce jour-là... », dira-t-elle. La mémoire des femmes est costumée. Le vêtement est leur seconde peau, la seule dont on ose parler, sinon rêver. L'importance des apparences fait que les femmes sont plus attentives à leur lexique. Le visage d'autrui est tout ce qu'elles peuvent se permettre. Par les yeux, elles pensent atteindre l'âme. C'est pourquoi elles se souviennent de leur couleur, à laquelle les hommes sont ordinairement indifférents.

UNE MÉMOIRE DU PRIVÉ

Ainsi les modes d'enregistrement des femmes sont-ils liés à leur condition, à leur place dans la famille et la société. Il en va de même de leur mode de remémoration, de la mise en scène proprement dite du théâtre de la mémoire. Par la force des choses, du moins pour les femmes d'autrefois, et pour ce qui reste d'autrefois dans les femmes d'aujourd'hui (et qui n'est pas mince), c'est une mémoire du privé, tournée vers la famille et l'intime, auxquels elles sont en quelque sorte déléguées par convention et position. Aux femmes de conserver les traces des enfances dont elles sont les gouvernantes. Aux femmes, la transmission des histoires de famille, faite souvent de mère en fille, en feuilletant des albums de photos auxquelles, ensemble, on ajoute un nom, une date destinés à fixer des identités déjà en voie d'effacement. Aux femmes, le culte des morts et le soin des tombeaux. Il leur incombe de veiller à l'entretien des sépultures. Aller fleurir les tombes des leurs, à la Toussaint, coutume instaurée depuis le milieu du XIXe siècle, devint un commandement des filles ou des veuves. La proximité du cimetière fixe parfois leur dernière demeure, comme s'il était une dépendance de la maison. Cette situation est encore accentuée par les guerres, notamment la Première Guerre mondiale, mangeuse d'hommes, dont les noms s'égrènent tragiquement sur les monuments aux morts des places de village. Mais d'elles, noires pleureuses, on ne se souviendra pas.

La mémoire des femmes est verbe. Elle est liée à l'oralité des sociétés traditionnelles qui leur confiaient la mission de conteuse de la communauté villageoise. Au village creusois de Martin Nadaud, la vieille Fouéssoune égrène à la veillée la geste du lieu. Mais lorsque s'instaurent les migrations qui, au seuil de l'hiver, ramènent de la ville les ouvriers du bâtiment, chargés de cadeaux et des rumeurs de la capitale, elle se recroqueville dans son coin et, peu à peu, se tait. Durant la veillée, désormais, « la parole est toujours au maçon, c'est lui qui fait tourner la tête des filles, c'est à lui que les parents accordent le plus volontiers la main de celles-ci [8] ».

Scène significative : sans doute y a-t-il eu, au XIXe siècle, un certain refus de la parole féminine, disqualifiée par les moyens de communications modernes, les succès bondissants de l'écrit : correspondance, cartes postales, journaux. Et, du même coup, perte insidieuse d'une fonction traditionnelle et rupture d'anciennes formes de mémoire.

LES RÉCITANTES

C'est pourquoi les développements récents de l'histoire dite « orale » sont d'une certaine manière une revanche des femmes. On sait tout ce que cette forme neuve de collecte des matériaux pour l'histoire doit aux expériences nord-américaines (Québec notamment) et polonaises, et surtout à l'ouvrage pionnier d'Oscar Lewis,

Les Enfants de Sanchez. Donner la parole aux déshérités, aux gens sans histoire, appliquer aux populations urbaines contemporaines les méthodes employées par les ethnologues pour les pseudo-« primitifs » : tels ont été au départ les présupposés de cette démarche. En France, elle s'est développée en diverses directions depuis les années 1970 : de la *public history* des grands acteurs sociaux, individuels ou collectifs, à l'humble « récit de vie » arraché aux « gens ordinaires ». Un certain populisme hérité de 1968, mais aussi le désir de conserver la mémoire de mondes qui s'écroulent — telle la Lorraine métallurgique et sinistrée — ont poussé dans cette direction [9]. Par son caractère non directif (ou semi directif), son exigence de participation de la part de l'observateur forcément plus impliqué que dans un banal questionnaire, le récit de vie doit plus à l'ethnologie qu'à la sociologie.

Les femmes ont été largement partie prenante de cette aventure, parmi les enquêtrices comme parmi les enquêtées, et c'est ce qui nous retient ici. À cela, plusieurs raisons. D'abord, la longévité nettement plus élevée des femmes (en France, actuellement, l'écart entre l'espérance de vie des hommes et des femmes est de huit points) [10] qui leur confère un statut effectif de témoin, survivant des époques révolues. S'agit-il de reconstituer l'histoire événementielle ou quotidienne, d'une famille ou d'un quartier, de saisir le « vécu » d'un grand événement public ? Pour l'entre-deux-guerres, plus encore, évidemment, pour le début du XXe siècle, ce sont les femmes qui restent. La plupart des chercheurs opérant par cette méthode en ont fait l'expérience. Nécessairement, ils ont affaire à un échantillon sexuellement inégal.

Deuxième raison : le mutisme des hommes, dans un couple, dès lors qu'il s'agit de souvenirs d'enfance ou de vie privée, contraste avec la loquacité beaucoup plus grande des femmes, soit que le travail et l'emprise de l'extérieur aient sur ce point atrophié la mémoire masculine ; soit encore que parler de soi-même soit contraire à l'honneur viril qui tient ces choses pour négligeables, abandonnant aux épouses le côté des berceaux et les questions du ménage. Cette conception d'une indécence du privé est particulièrement forte dans la classe ouvrière, toute tendue vers la réalisation de l'homme de marbre de la conscience de classe. Dire sa vie, c'est s'exposer, se livrer au regard de ses ennemis, cette bourgeoisie toujours prête au mépris. Telle était l'opinion de Proudhon qui s'est toujours refusé à écrire son autobiographie, par crainte de jouer les bateleurs de foire. « Les faits de ma vie sont moins que rien », disait-il. « Il n'est pas bon pour la liberté et l'honneur d'un peuple, que les citoyens mettent en scène l'intimité de leur vie, se traitant les uns les autres comme des valets de comédie et des saltimbanques [11]. » Les militants ouvriers, notamment ceux qui sont liés à la CGT et au PC, répugnent à parler de leur existence personnelle et se limitent à leur vie syndicale et militante. Que, sur la famille et le quotidien, on interroge les femmes ! Cet aspect des choses leur revient. Même dans un couple de tradition autogestionnaire (anarcho-syndicaliste) comme celui qu'a interrogé Jacques Caroux-Destray, le partage de la mémoire obéit à une définition très stricte des rôles sexuels. Amédée parle travail, grèves, action revendicative : Marcelle, logements, vie matérielle et histoire familiale [12]. Dans la remémoration, les femmes sont en somme les porte-parole de la vie privée.

Enfin, le féminisme a développé une immense interrogation sur la vie des femmes obscures. Rendre visible, accumuler des données, instituer des lieux de mémoire (archives de femmes, dictionnaires...) ont été l'un des soucis d'une histoire des femmes en plein essor, depuis une quinzaine d'années. Et à défaut de témoignages écrits, on a cherché à faire surgir le témoignage oral. On s'est interrogé sur le rôle des femmes dans les événements publics, par exemple la Résistance où l'action des femmes, dissimulée dans la trame du quotidien — un filet à provision, une tasse de thé — a été souvent considérable, aussi bien que sur leur existence particulière dans la société ordinaire. D'abord les femmes ont manifesté beaucoup de réticences, leur pudeur s'abritant derrière le prétexte de leur insignifiance. Dire « je » n'est pas aisé pour les femmes à qui toute une éducation a inculqué la bienséance de l'oubli de soi, au point que pour raconter sa vie, telle ouvrière — Lise Vanderwielen — préfère s'abriter derrière la fiction d'un pseudo-roman [13].

Tout dépend finalement de la nature du rapport avec l'enquêtrice : une certaine familiarité peut vaincre les résistances et libérer au contraire un désir refoulé de parler de soi, dans le plaisir d'être prise au sérieux et, enfin, sujet d'histoire. Les femmes ont pris l'habitude du magnétophone, y éprouvant même une certaine fierté. Les maisons de retraite féminines sont devenues des terrains d'enquête, avec des bonheurs divers, liés à la qualité des interlocutrices.

Ces expériences permettront peut-être un jour d'analyser plus précisément le fonctionnement de la mémoire des femmes. Y a-t-il, au fond, une spécificité ? Non, sans doute, s'il s'agit de l'ancrer dans une introuvable nature et le substrat biologique. Oui, probablement, dans la mesure où les pratiques socio-culturelles à l'œuvre dans la triple opération qui constitue la mémoire : accumulation primitive, remémoration, ordonnancement du récit, sont imbriquées dans les rapports masculins/féminins réels et, comme eux, produits d'une histoire.

Forme du rapport au temps et à l'espace, la mémoire, comme l'existence dont elle est le prolongement, est profondément sexuée.

LES FILLES DE KARL MARX*
LETTRES INÉDITES

J'aime les Correspondances, leur ton de confidence, leurs singularités, leur goût du détail futile, de cet « insignifiant » — si plein de sens — qui tisse le quotidien. Sans échapper aux codes qu'un siècle épistolier a savamment réglés, elles ont, sur les autobiographies, l'avantage d'une spontanéité plus grande, d'une moindre mise en scène. Les gens y apparaissent non dans la posture de leurs rêves, mais dans le désarroi de l'instant, avec leurs maux de tête et leurs mouvements d'humeur, leurs tracas et leurs projets. Les Mémoires rationalisent et statufient, sélectionnent et finalisent ; les petites touches pointillistes des lettres, dans leur fugacité incertaine, dessinent les contours flous d'existences en devenir. Rien n'est joué encore, tout est possible. Du moins, l'auteur le croit. Pour nous, qui savons, c'est une source supplémentaire de mélancolie : celle de Dieu, sans doute, s'il est bon...

Les Mémoires sont monologues impérieux, acte d'un pouvoir qui trie et censure sans appel et sans contradicteur. Les Correspondances tentent sinon un dialogue, du moins un échange avec un interlocuteur complice ou indifférent, proche ou opaque. Les rencontres, les malentendus, les silences, par lesquels vivent et meurent un amour, une amitié, une relation, y esquissent un art de la fugue. Loin des cérémonies officielles, les Correspondances introduisent à l'intérieur des couples et des groupes. Elles montrent l'envers du spectacle, les fatigues du héros, ses doutes et son train-train. Aussi les thuriféraires hésitent-ils à les rendre publiques. Non pas tant par respect de l'intime, si aisément violé pour l'ennemi, mais par crainte de l'ombre que la grisaille de la pratique risque de jeter aux splendeurs de la théorie. C'est pourquoi sans doute les Correspondances, approche de vérité, nous touchent tant aujourd'hui.

---

* Introduction à *Les Filles de Karl Marx, Lettres inédites*, traduits et présentées par Olga Meier et Michel Trebitsch, Paris, Albin Michel, 1979, p. 9-50.

Marx — le roi Marx — avait trois filles aux beaux noms sonores : Jenny, Laura, Eleanor, grandies à l'ombre protectrice et dévorante du *Capital*. Elles sont les auteurs et les principales destinataires de ces lettres, dans des proportions très inégales et variables au cours du temps. Jusque dans les années 1880, Jenny et Laura, les deux aînées, dominent le chœur familial que leurs mariages accroissent de voix françaises. Laura épouse Paul Lafargue en 1868, Jenny, Charles Longuet en 1872. Après l'amnistie des Communards et le départ pour la France des deux jeunes ménages, la petite Eleanor — onze ans au début de l'histoire — devient la grande, bientôt l'unique épistolière d'une correspondance que la mort des parents et de la sœur aînée réduit bientôt (dès 1883) à la seule relation avec Laura.

L'attachante figure de Tussy anime ce courrier dont elle est finalement l'artisan majeur : 69 lettres sur 106, adressées pour moitié à Laura, portent sa signature. Ardente à écrire — elle se dote dès 1889 d'une machine dont elle n'use, il est vrai, que pour les textes professionnels ou militants —, l'affectueuse, l'anxieuse, l'active Eleanor est avide de nouvelles. Enfant, elle en réclame de son père, meilleur correspondant des autres que des siens : « Tu ne pouvais pas rester absent toute une quinzaine sans écrire[1] », comme plus tard elle en quémande de la lointaine Laura. Séduite par la commodité des toutes récentes cartes postales, elle en introduit l'usage : « Juste un mot pour dire que vous allez bien me suffira » (1881), quitte à regretter ultérieurement leur abus : « Je ne me contenterai pas d'un minable petit bout de carte. Sincèrement, écris de temps en temps[2] », dit-elle à Laura dont l'indolence laisse parfois soupçonner une certaine indifférence. De même, après la mort de Jenny, Eleanor déplore le mutisme de celui qu'elle n'appelle bientôt plus que le « père » — son beau-frère Charles Longuet — qui la sèvre de ses neveux. Cette correspondance est aussi la longue plainte d'un cœur solitaire devant des lettres qui s'espacent à l'instar de liens qui se défont. Le concert s'achève en solo, à l'image de la vie.

Voilà donc une correspondance de femmes, femmes d'une même rive, qui se comprennent et qui s'aiment, dont la sonorité pourtant n'est pas exempte de nuages. Jenny la Sage accueille et comprend ; sa mort, à trente-neuf ans, déséquilibre à jamais le trio. Avec Laura la Belle, les rapports sont plus conflictuels dès l'abord ; elle juge Eleanor une « brave fille », mais se défie de ses fantaisies, comme le montre l'histoire de la lettre perdue : Tussy a-t-elle bien envoyé cette lettre de la mère mourante à sa fille Jenny ? Et dans les amours contrariées de sa petite sœur, elle se montre revêche et froide, prenant le parti de l'ordre : du Père. Entre elles, il existe une faille où la confiance se brise.

Ici, les hommes interviennent peu. Ils s'écrivent entre eux, et pour des matières nobles : Paul Lafargue donne au « cher Monsieur Marx » des nouvelles de l'Internationale qu'il tente d'implanter dans le Sud-Ouest. S'il écrit à sa belle-sœur, c'est pour affaires : elle le regrette. Comme dans tous les ménages, les hommes ajoutent un post-scriptum, ou mettent leur signature à la fin des lettres de leur épouse, responsable des relations familiales. Le genre épistolaire n'échappe pas à la division sexuelle des rôles.

Assez spontanées dans leur écriture, apparemment écrites sans brouillon, rapidement, terminées avec le bas de la feuille, ou la mort d'une lampe, ces lettres ont un accent de connivence, une ironie moqueuse qui sied à une famille assez imbue de sa supériorité ; elles se pimentent d'anecdotes, voire de potins. Le quotidien y tient, comme il se doit, une place essentielle, pour nous infiniment précieuse. Mais l'actualité politique, au fil du temps, se fait plus envahissante. S'agissant de cette famille, espaces privé et public interfèrent au point de parfois se confondre. Les événements de la chronique familiale rythment l'histoire du socialisme. L'entrée en scène, la sortie des personnages, au gré de l'état civil, articulent la pièce.

Acte I (1866-1872) : la scène se passe à Modena Villas, la grande maison des Marx, à Londres, pleine d'enfants et de chats, d'amis et de disciples. Cela s'appelle l'Aurore : côté jardin, la jeunesse des filles, leurs plaisirs, leurs amours, deux mariages ; côté cour, le livre I du *Capital* (1867), l'essor de l'Internationale, la flambée de la Commune. Espoirs. Déceptions.

1872-1880 : Intermède. Tout le monde est replié à Londres, devenue par la force des choses la capitale du socialisme. Peu de voyages, peu de lettres. Silence. En coulisses, Eleanor aime Lissagaray.

Acte II (1881-1883) : Nuit et brouillards : Paris et sa banlieue ; Londres et l'île de Wight. Décors : chambres de malades, veillées funèbres, cortèges mortuaires pour Jenny la mère, Jenny la sœur, Karl le père, le petit Harra Longuet. Eleanor rompt avec Lissagaray.

Acte III (1884-1890) : une femme, Eleanor Marx-*Aveling*, tente de vivre, intensément. Scènes multiples : Paris, Londres et sa campagne, la Suède, l'Amérique. Amour, théâtre, voyages et politique. Le développement des partis ouvriers, la naissance de la Deuxième Internationale marquent l'apogée de la collaboration des deux sœurs, sous la tutelle du « Bon général », Engels, dont Helene Demuth, la fidèle servante, tient la maison, jusqu'à sa mort (1890).

Acte IV (1890-1898) : fin de partie. Pour Engels dont la maison devient, jusqu'en 1895, le centre d'une action très balzacienne. Beuveries. Querelles de femmes : Louise Kautsky chasse Pumps, la nièce ivre, puis Eleanor. Histoires d'héritages : qui aura les Manuscrits de Marx — le prodigieux *Nachlass*, ce trésor ? Et qui l'argent d'Engels ? Fin de partie aussi, pour Eleanor qui y met elle-même un point final, le 31 mars 1898, en absorbant une forte dose de poison « pour chien ». Sa dernière lettre publiée ici, écrite trois mois auparavant, laisse percer sa grande lassitude, sans présager cette issue. La voici, pourtant, tout de blanc vêtue, allongée dans sa chambre du Den — la tanière —, cette maison qu'elle aimait. Enfin calme. Seule.

PORTRAITS DE FAMILLE

De cette Correspondance, la famille Marx est donc le théâtre et l'acteur. Surprenante famille, juive dans sa structure très patriarcale, victorienne dans ses mœurs, et traversée par un grand projet qui fait son unité et soude son destin. Feuilletons l'album ; au reste, les photos n'y manquent pas : les Marx sont friands de ce substitut du portrait. Jenny encadre elle-même celle que lui envoie son père, « en grand format », « splendide, tout à fait ressemblant. Aucun peintre n'aurait pu y mettre plus d'expression ». Et Laura commente : « Ta photographie m'a plu énormément. J'admire surtout les yeux, le front et l'expression : les premiers ont cette authentique étincelle coquine que j'aime tant dans l'original, et c'est la seule de tes photographies où se retrouvent à la fois l'expression de sarcasme et celle de bonté foncière » ; elle y décèle pourtant « un brin de méchanceté (...) redoutable pour tes ennemis[3] ».

Marx, — « Le Maître », Mohr, Challey, Old Nick, etc., l'abondance des surnoms soulignant sa présence — domine de toute sa stature cette tribu sur laquelle il règne, despote affectueux et tyrannique. Ses filles lui vouent un véritable culte. Coquettes comme des collégiennes, elles guettent leurs noms dans ses lettres, feignant la jalousie s'il mentionne l'une plutôt que l'autre. Complices, elles le taquinent sur ses fréquentations mondaines ou féminines, soucieuses, aussi, de se montrer à la hauteur par leurs lectures ou leur culture politique. Le séjour que Marx fait, en 1867, en Allemagne pour l'édition du *Capital* est l'occasion d'effusions épistolaires où seule, Laura, occupée de ses amours avec Lafargue, est plus distante. « Comme tu me manqueras le 1er mai », écrit Jenny qui remercie pour son cadeau d'anniversaire, tandis que Lafargue écrit à propos de Tussy : « Elle a besoin de vous à ce qu'il paraît pour pouvoir vivre[4]. » Au lendemain de ses noces, Laura écrit de Dieppe à son « Vieux Maître » : « Je n'arrive pas à imaginer que je vous ai tous quittés pour de bon. Si je devais m'étendre sur ce sujet avec toi, je te retiendrais trop longtemps[5]. »

Père affectueux, sans aucun doute, attentif aux petites choses de la vie, au rituel des fêtes ou des anniversaires, à la santé et à l'avenir de ses filles, comme il le fut jadis à leurs jeux, Marx était aussi un père très conformiste, ayant en matière d'éducation, de relations amoureuses, d'alliances matrimoniales et d'établissement, les idées de son milieu et de son temps[6]. Prudence, conviction, indifférence ? C'est difficile à dire. Il n'a pas l'air de se forcer beaucoup. Peu favorable au travail de ses filles, il n'apprécie guère que Jenny se place comme institutrice (elle le fait en cachette), ou qu'Eleanor veuille devenir actrice. Il lui paie ses leçons avec une réticence qui culpabilise la pauvre Tussy : « Je serais navrée de coûter si cher à Papa », écrit-elle à Jenny, ajoutant aussitôt : « On a dépensé très peu pour mon éducation[7] », songeant peut-être à ce qu'a coûté celle de ses demoiselles de sœurs. Des trois filles, c'est assurément Tussy, la petite dernière, qui a le plus souffert de l'autorité du père. Il l'a empêchée d'épouser l'homme qu'elle aimait, Lissagaray, qu'il n'estimait pas un parti convenable : plus âgé, ce Basque impétueux et loquace était trop libertaire, pauvre et aventureux. Il lui a brisé le cœur et s'irrite de sa dépression : Eleanor est hystérique, dit-il, comme tout le siècle. S'agissant des femmes, le Dr Marx rejoint le Dr Freud. Il fait d'elle la compagne de ses cures à Carlsbad, suivies avec une ponctualité toute hygiénique et, non sans remords, la garde-malade de sa vieillesse fragile. Durant sa pleurésie, elle soigne avec crainte et tremblement « ce patient terriblement grincheux[8] », appréhende ses emportements et redoute de se confier à lui : « Je n'ai jamais aimé me plaindre à Papa ; il me tance vertement, comme si je me "complaisais" à être malade aux dépens de ma famille[9]. » La famille, pour Marx, c'était surtout son œuvre, à laquelle tous les siens se sont sacrifiés, jusqu'à l'aliénation. « Tussy, c'est moi », disait-il : il faut redouter ces identifications propriétaires.

En contrejour, la Mère, attentive et discrète, mystérieuse présence aux traces effacées par les siens comme s'ils en redoutaient quelque ombre, quelque trou[10]. Celle qui fut jadis la « reine du bal de Trèves », la belle et brillante Jenny von Westphalen, de noble famille protestante, épousée non sans problèmes — les drames surmontés de la mésalliance avec un Juif allemand —, n'est plus que Mützchen (pour elle peu de surnoms), une femme usée, lasse d'avoir tant donné, vouée aux choses du foyer, sans cesse encombrée de courses et de paquets, femme d'intérieur comme les peindra Vuillard, cuisinant et cousant interminablement pour ses filles et ses petits-enfants. Les « robes du petit Fouchtra », son « petit chapeau » nourrissent sa fébrilité inquiète qui eût souhaité sans doute d'autres aliments ; un de ses derniers soucis est de savoir si « les culottes du petit Johnny lui vont ou pas ? » « Son aiguille toujours active commence à rouiller enfin », écrit Laura à quelques semaines de sa mort, en guise d'oraison funèbre.

À elle, on écrit peu, et de l'insignifiant : les cancans de cure, la chaleur qu'il fait, une ampoule due à des bas trop grands... composent les rares lettres que, du moins dans ce recueil, lui adressent ses filles. Celles-ci parlent d'elle avec une condescendance amusée, voire agacée, comme d'une bonne personne, un peu « bizarre », assez distraite pour apparaître en tenue légère à un visiteur ami, « vêtue de juste ce qu'il fallait d'atours disposés de telle sorte qu'ils révélaient plus qu'ils ne voilaient » ; assez provinciale pour courir les grands magasins et souhaiter au théâtre voir « quelque chose de bien parisien » et d'applaudir à *Vert-Vert* « qui fait les délices de la moitié féminine de Paris[11] » ; au demeurant, pleine de révérence pour le Grand Homme, dont elle suit les conférences, recopie les manuscrits et relit les épreuves avec application : « Mützchen a, semble-t-il, consciencieusement étudié le livre » (le *Capital*), écrit, à Charles Longuet, Jenny l'intellectuelle.

Ces petites moqueries n'empêchent pas une réelle affection pour celle qui fut ce qu'on a coutume d'appeler une « mère exemplaire ». L'âge, la maladie venant, le ton se nuance de pitié tendre, de gratitude émue, surtout chez les deux aînées, suffisamment engagées dans la vie conjugale pour comprendre ce que fut l'existence de leur mère, ce modèle obsédant. « Je crains que Maman ne se sente bien seule quand toi aussi tu seras partie », écrit Jenny à Laura en instance de départ pour Paris. « C'est vraiment cruel que, vieille et malade comme elle l'est, elle doive perdre tous ses enfants au moment où elle aurait le plus besoin d'eux[12]. » Ces lettres sont un précieux témoignage sur la clôture d'une vie envahie jusqu'au bout par les siens : « Maman n'est jamais trop malade pour prendre l'intérêt le plus vif et le plus tendre à toutes les petites choses qui font ta vie quotidienne », dit Laura à Jenny. Son dernier mot à son mari, celui qu'elle appelait jadis son « Sauvage », fut : « Bon ». Ainsi mourut la compagne de Marx qu'on n'ose appeler la mère du marxisme. On imagine le monument que lui eût élevé une République style Troisième : inspiratrice, ange venant du ciel et couronnant le penseur, ou femme agenouillée, pâmée, lui tendant les fleurs de la terre. L'Homme de Marbre refuse de telles allégories : celui de l'iconographie socialiste se dresse virilement seul [13]...

Père et gendres

Au début de l'histoire, Jenny et Laura ont vingt-deux et vingt et un ans. Ce sont de belles jeunes filles brunes, espiègles et gaies, d'excellente éducation et de bonnes manières, auxquelles les prétendants ne manquent pas. Laura se marie la première, en 1868, à Paul Lafargue [14], vingt-six ans, dit le « Nègre » à cause de ses ascendances cubaines, et plus souvent Tooley. Fils d'une (assez) riche famille bordelaise, il délaisse quelque peu ses études de médecine pour le journalisme, comme tant de jeunes gens dans le Quartier latin effervescent de la fin du Second Empire. Il collabore à *La Rive Gauche*, organe républicain radical fondé par Charles Longuet, son futur beau-frère, et participe à l'organisation du premier congrès international des étudiants à Liège. Exclu de l'Université de Paris pour avoir préconisé le seul usage du rouge comme emblème, il se réfugie à Londres, fréquente chez les Marx, s'y éprend de Laura, si belle en écuyère. Marx, qui le juge « très bon garçon, mais enfant gâté et par trop enfant de la nature [15] », négocie le mariage comme le plus tatillon des notaires et n'y consent qu'après des assurances formelles sur sa fortune : « Le père (*Lafargue*) m'a écrit de Bordeaux », confie-t-il à Engels (23 août 1866) ; « il a demandé pour son fils le titre de fiancé et m'a fait au point de vue financier, des conditions très favorables ». Le 2 avril 1868, par temps frais, Marx endosse sa redingote pour marier sa fille. Le jeune couple s'installe en France où Lafargue, par dépit et par inclination, s'occupe de presse plus que de médecine, ce qui inquiète Marx : « Je crains que le père Lafargue ne me soupçonne de pousser son fils à une action politique prématurée qui le fasse négliger ses devoirs professionnels [16]. » La guerre, le repli à Bordeaux devenue capitale, comme plus tard la mort de ses trois enfants, achèvent de détacher Paul d'Hippocrate : il sera l'introducteur en France du « matérialisme scientifique », futur fondateur avec Guesde du premier parti ouvrier se réclamant du marxisme. Pour le moment, c'est un jeune homme un peu hâbleur, un peu brouillon, qui se pique d'écrire et aime jardiner, bon père s'il s'agit de jouer avec ses marmots, bon époux au sens traditionnel, plein d'entregent et de zèle pour développer l'Internationale en Aquitaine. À quoi bon d'ailleurs ? Marx n'attache plus guère de prix à une association guettée par l'anarchisme, ce cancer dont il soupçonne Lafargue d'être atteint.

D'ailleurs Marx se méfie des Français, ces petits-bourgeois proudhoniens. Les communeux réfugiés à Londres ne lui inspirent qu'une confiance limitée. Pourquoi faut-il que ses filles succombent à leurs charmes ? À vingt-huit ans, Jenny, qui a voulu gagner sa vie comme institutrice et s'est essayée au journalisme sous le pseudonyme de Williams, s'éprend de Charles Longuet, de cinq ans son aîné, un Normand beau parleur, actif militant de l'Internationale, présentement lecteur au King's College d'Oxford : une compétence que Marx utilisera. Jenny lui écrit des lettres d'amour un peu conventionnelles, l'épouse en 1872 et le suit à Paris, après l'amnistie. Ils eurent beaucoup d'enfants, ce qui n'est pas nécessairement signe de bonheur à en juger par les lettres accablées de Jenny à ses sœurs. Plus radical que socialiste, Longuet plaisait modérément à Marx. Lorsque aux obsèques de Mme Marx, Charles crut bon d'évoquer le drame quasi racial que fut l'union de cette protestante avec un juif, Marx, qui détestait qu'on lui rappelât ses origines, le pria, par l'entremise de Jenny, d'éviter désormais de mentionner son nom dans ses écrits. Est-ce pour cela ? Après la mort de Jenny, les relations entre les deux sœurs et leur beau-frère veuf se dégradent, empoisonnées aussi par d'incessantes questions d'argent. Et lorsque, huit ans après la mort de sa femme, Charles a une liaison très conjugale avec une jeune Normande, ses belles-sœurs s'en offusquent et réprouvent ce reniement. Cette famille est exclusive autant qu'un club fermé ; il est aussi difficile d'y entrer qu'il est malaisé d'en sortir ; les liens affectifs se doublent d'adhésion intellectuelle et d'engagement politique et d'une allégeance quasi féodale.

Quant à Edward Aveling, il n'a jamais vraiment fait partie de la famille. Si Eleanor l'a fréquenté dès 1882, elle ne l'a aimé qu'après la mort de son père, redoutant peut-être l'hostilité prévisible de Marx à ce professeur de sciences imbu de darwinisme, adepte de la libre pensée et du malthusianisme, ami du radical Bradlaugh qui, après la Commune, s'était dressé contre Marx et l'Internationale, amateur de poésie et de théâtre : un de ces socialistes « bohémiens » et lyriques pour lesquels Marx, homme d'ordre, avait une profonde aversion. De toutes manières, il a fallu beaucoup de courage et d'amour à Tussy pour imposer son union libre (un peu forcée, et qu'elle vivra de la façon la plus conjugale) avec cet hédoniste par conviction et par tempérament, séparé d'une première épouse, et qui jouissait déjà d'une réputation douteuse. On le disait coureur de jupons, cynique, alcoolique, peu scrupuleux en matière d'argent, éternel endetté et quémandeur indélicat. En tout cas, l'opinion de gens aussi divers qu'Hyndman, Kautsky, Liebknecht — le vieux Library si fidèle — et Olive Schreiner, intime amie d'Eleanor, était nettement défavorable. Ils la mirent en garde ; elle n'en fit qu'à son cœur. Leur liaison devient publique en 1884 ; elle va durer quatorze ans et se dénouer dans la mort. De celui qu'elle appelle le Dr Aveling, comme pour mieux souligner son autorité, Eleanor parle assez rarement, toujours sur la défensive, sinon pour le justifier ou l'excuser. Sur ce point, Engels, peu enclin au moralisme, la soutient. Du reste, militant actif, journaliste instruit, Aveling, converti, pouvait être le fer de lance du marxisme dans le mouvement ouvrier anglais : un atout à ne pas négliger.

VISAGES D'ENFANTS

Au fil des pages, les vieux visages s'estompent, submergés par les photos d'enfants, dont Jenny et Laura furent si fécondes. Du temps de la grand-mère surtout, les lettres sont pleines de leurs mimiques et de leurs balbutiements : « Quel régal c'est pour nous de lire chaque petite histoire et anecdote qui les concerne[17]. » Leur mode d'élevage — allaitement maternel, artificiel, nourrice ? —, leur santé si délicate, leurs vêtements surtout — « la ravissante petite robe bleue de Tante Lolo », « le fameux costume de velours », « le costume marin »... —, auxquels, parfaits comédiens, eux-mêmes semblent attacher quelque importance, sont l'occasion de commentaires extasiés et émus. Voici Étienne, dit Mimi, Fouchtra ou encore Schnaps, si drôle avec son chariot : « un vrai petit singe qui imite chaque mot qu'on prononce et chaque geste qu'on fait », la petite Schnapine, la Maigriotte dont la mort culpabilise Laura. Contre l'avis de Paul, partisan de l'allaitement artificiel, elle veut nourrir elle-même son dernier-né, Marc-Laurent ; lorsqu'il dépérit à son tour, Jenny l'exhorte à prendre une nourrice : « Écoute les conseils de Maman à ce sujet[18]. » Marc-Laurent s'éteint, sans avoir eu le temps d'avoir un surnom ; et peu après, à l'âge douloureux de quatre ans, le cher petit Schnaps succombe, laissant Laura et Eleanor inconsolables. Seize ans plus tard, cette dernière écrit : « Je regarde la petite mèche de cheveux dorés qui m'est si précieuse et je me souviens [19]. » Témoignage sur une mortalité infantile qui demeure à l'époque très élevée : sur neuf enfants, quatre seulement ont survécu, les enfants de Jenny — Johnny, Wolf, Par, Mémé, douce et fragile, qui finalement vivra jusqu'à soixante-dix ans, continuatrice passionnée du souvenir familial. Sur eux se reporte toute l'affection frustrée des deux sœurs.

Anniversaires, photos, reliques pieusement conservées dans des médaillons : autant de signes d'une vie familiale intense qui s'alimente aussi par les vacances communes, les visites, les conversations dont les lettres ne sont que les suppléantes.

Autour du noyau central, croisent encore bien des silhouettes à peine entrevues : oncles, tantes, cousines et cousins, dispersés aux quatre coins du monde, jusqu'au Cap, mais toujours illégitimes par l'Angleterre, cœur de la civilisation, et dont les sœurs évoquent la venue, les mariages, les tracas, parfois l'encombrante présence : « Si tu veux bien me décharger de quelques tantes et cousines, je t'en serai ma foi très reconnaissante... »

Le général Engels

Ces liens familiaux dessinent un îlot privilégié de légitimité. Quoi qu'il fasse — et que n'a-t-il pas fait pour les Marx, jusqu'à endosser la paternité de Freddy Demuth, le fils naturel de Karl et d'Helen la servante, pour éviter un scandale à son ami —, Engels ne sera jamais tout à fait de la famille. Son mode de vie, beaucoup plus libre, ses amours souvent déclassés, toujours illégitimes, son goût de la fête, de la bonne chère et des beuveries en compagnie de son inséparable Jollymeier (Schorlemmer), sa verdeur parfois rabelaisienne dont rougit Eleanor, tout ce qui fait l'attrait de cette force de la nature, de ce tempérament généreux pour qui le symbole du bonheur était « un château margaux 1848 », tout cela choquait la sensibilité plus feutrée, le corps plus frêle, la décence des dames Marx. Les Marx en plaisantaient, se l'écrivaient même, si bien qu'à la mort de Karl, Eleanor entreprend d'épurer la correspondance : « Inutile de te dire que je veillerai avec *le plus grand soin* (sic) à ce que notre bon Général ne voie rien qui puisse lui causer de la peine [20]. »

Eleanor, qui avait tant goûté, petite fille, la maison chaleureuse et gaie de Tonton Engels et de Tante Lizzie (Lizzie Burns, la compagne d'Engels, morte en 1878), si différente de l'atmosphère plus guindée de son propre foyer, reprend à son compte toute cette répulsion puritaine. Elle appréhende les interminables déjeuners dominicaux — « toujours le même rituel : déjeuner, boisson, cartes, dîner et encore boissons » —, et les festivités de Noël, « ces horribles réjouissances », de plus en plus insupportables à sa mélancolie. Lorsque après la mort d'Helene Demuth, Pumps, la nièce de Lizzie, prend la direction plutôt chancelante du ménage d'Engels, l'écœurement de Tussy grandit : « Tout compte fait, c'est avec son ensorcelante saoularde de Pumps que le Général est le plus heureux[21]. » Eleanor se félicite d'abord de la venue de Louise Kautsky divorcée, puis bientôt remariée à Freyberger ; mais elle ne tarde pas à déchanter quand elle mesure la gravité de l'enjeu : la tentative de mainmise sur les manuscrits de Marx. « Les gens qui vivent avec le Général peuvent le manipuler à leur guise », écrit Tussy qui peint Engels « comme un enfant entre les mains de ce couple monstrueux » (les Freyberger). « Si tu savais comme ils le tyrannisent et lui font peur[22]. » Ses lettres donnent le spectacle navrant d'un homme à la dérive, sombrant dans un gâtisme alcoolique irrémédiable. Mais faut-il la croire complètement ? N'y a-t-il pas chez elle une part de fantasmes nourris par le sentiment, partiellement fondé, d'être exclue ?

D'autres témoignages, d'autres indices — par exemple la *Correspondance* avec Paul et Laura Lafargue, éditée par Émile Bottigelli[23], montrent un vieillard encore actif, lucide et bien informé. Au reste, c'est moins par la famille, que par l'œuvre de son compagnon qu'Engels se sentait requis. Il n'avait pas, et pour cause, cette passion des liens du sang, si forte chez les Marx. Bien qu'il ait respecté les droits des héritières, et au-delà, puisqu'il leur a légué à chacune des sommes confortables qu'il ne leur devait pas, il considérait sans doute qu'elles n'avaient pas nécessairement priorité en ce qui concerne les écrits économiques et politiques. Et puis, c'étaient des femmes. Peut-être le plus féministe des marxistes se méfiait-il de leur capacité en matière de théorie, domaine qui, aujourd'hui encore, demeure un apanage largement masculin. L'auteur des *Origines de la famille* remettait à plus tard la révision des rôles ; l'heure de la revanche sur la « grande défaite historique des femmes » n'avait pas encore sonné.

En tout cas, ces querelles empoisonnent les dernières années de sa vie, ses relations avec Eleanor et, par instant, avec Laura. Elles donnent à la correspondance de cette période un ton tristement balzacien, voire, avant la lettre, mauriacien : un « Nœud de vipères » qui s'étouffent de leur enlacement.

INTÉRIEURS

Le quotidien est plus aimable, et plus banal. Sous cet angle, rien — ou peu — ne distingue les Marx, du moins dans cette époque de leur établissement, des Brown ou des Smith. Document ethnologique, cette Correspondance nous introduit dans l'intimité d'une famille de la *middle class*, avec ses pratiques et son esthétique, son langage et sa vision des choses, mélange inextricable de tendresse vraie et de gestes convenus qui émeut et irrite à la fois.

Comme elles sont anglaises, ces Dames Marx avec leur sens du *cant* que dérange justement le laxisme d'Engels. Rien ne vaut à leurs yeux « cette chère Vieille Angleterre », Londres et ses journaux, Shakespeare et le savon Pears (introuvable à Paris). Dans ce « désert d'Argenteuil », Jenny évoque avec nostalgie le « Strand boueux » et ses réclames ; elle ne s'habitue pas à la tristesse des banlieues de Paris, que Laura conjure par de grands jardins clos, pas plus qu'Eleanor n'aime New York, « ville très sale et très médiocre », enlaidie par la verrue des « iniquités capitalistes [24] » qui lui masquent le panorama. La géographie des Marx est européenne et urbaine. Ils se déplacent beaucoup, atteints par la bougeotte que la vapeur donne aux classes moyennes, mais dans un périmètre ordinairement étroit, dessiné par les résidences familiales ou les sites de Congrès, autour du Channel ou du Rhin. Londres, Paris, Bruxelles, La Haye, Genève, Hambourg ; les villes d'eaux : surtout les stations balnéaires de la côte sud : Hastings, Margate, Eastbourne, Ramsgate, l'île de Wight... sont leurs lieux de prédilection. Malade, avide de chaleur, Marx se hasarde jusqu'à la Méditerranée. Au vrai, les Marx ne sont pas des voyageurs, à peine des touristes ; ils ne s'intéressent ni à la nature ni à l'art ; les livres comptent pour eux plus que les paysages ; les conversations ou les rencontres plus que la balade ou la rêverie. « J'ai envie de te parler un peu des gens », écrit Eleanor — au vrai, que faire d'autre à Carlsbad ? « Toutes les descriptions de paysage ne peuvent rendre compte de la réalité [25]. »

D'ailleurs, ils détestent le sous-développement et ses stigmates [26]. Jenny s'agace de l'inexactitude et de l'inefficacité des ouvriers français : « Ce qui rend la vie si difficile ici, c'est l'impossibilité d'obtenir que les choses soient faites ; les gens d'ici sont les pires lourdauds que j'aie jamais vus. Je ne t'en donnerai qu'un exemple pour que tu te rendes compte. Trois ouvriers, l'un après l'autre, ont essayé en vain de fixer une roue du landau, ce qui ne l'empêche pas de se détacher au bout de quelques minutes. Il en est ainsi pour tout[27]. » Elle se sent gagnée par la stupidité : « J'ai l'impression que quelques années, quelques mois même de cette vie en pays étranger et parmi des étrangers me rendront incurablement idiote[28]. » Jusqu'à Johnny qui « ne s'entend pas avec les petits Français rencontrés ici » ; le futur Jean Longuet, admirateur et ami passionné de Jaurès[29], se replie frileusement sur la seule compagnie de ses petits frères.

Plus sociable, Laura, elle aussi, comprend mal les réactions du peuple de Paris qu'elle juge « grotesque » devant l'invasion allemande, mésestime ses capacités de résistance et, du coup, se trompe complètement sur la suite des événements. Il est vrai qu'elle était cloîtrée chez ses beaux-parents à Bordeaux. Au reste, les Lafargue comprirent-ils jamais vraiment le mouvement ouvrier français ? C'est une question que pose aussi la lecture de leur *Correspondance*, par ailleurs si intéressante, avec Engels.

Le récit naïvement étonné que fait la jeune Eleanor de l'enterrement de Plantade, un restaurateur gascon dont l'établissement servait de point de ralliement à tous les communeux de Londres, illustre la difficile perception des différences culturelles. Procession avec port de la croix, enterrement civil, banquet arrosé de vin blanc suivant les funérailles, paraissent à Eleanor autant de « scènes très curieuses », « choses bizarres ». Les tables étaient couvertes de gâteaux, de biscuits, d'oranges, de noisettes et de toutes sortes de choses. Cela ressemblait plus à des noces qu'à des funérailles. Et Madame Plantade ne cessait de dire : "Voyons, mes enfants, mangez donc !"[30] » Les rituels africains n'ont pas davantage surpris les premiers explorateurs. L'exotique est quotidien, la différence constitue le Sauvage.

MAISONS ET JARDINS

En cette fin du XIXe siècle, le logement est un élément de « standing », discriminatoire des niveaux et des genres de vie ; il distingue la *middle class* du prolétariat. Les Marx participaient à cette symbolique et leur inquiétude immobilière n'était pas purement matérielle[31]. Fort mal lotis au début de leur existence conjugale, les Marx sont depuis 1864 confortablement installés à Modena Villas (Maitland Park, Hampstead) « un véritable palais, beaucoup trop grand, beaucoup trop cher », selon Mützchen que les dettes rendent malade. Ils le quitteront en 1875 pour un pavillon plus modeste, à quelques numéros de là. De cette heureuse époque, les filles ont gardé le goût des grandes demeures. Elles sont toujours en quête d'une maison avec jardin qui donne l'air pur indispensable à la santé et aux jeux des enfants, propice aux plantations et aux ébats des animaux familiers (Marx avait trois chats : Tommy, Blacky, Whisky). Laura passe beaucoup de temps à la recherche de la maison idéale : pas trop loin de Paris, pas trop isolée à cause des risques de cambriole — la banlieue est si peu sûre[32] —, et des rentrées tardives de Paul. De Neuilly à Draveil, les Lafargue déménagent sans cesse selon la pratique encore nomade du temps.

Plus bohême, sans cesse tentée par la roulotte des gens du voyage, Tussy est partagée entre les nécessités professionnelles de la présence à Londres et l'attrait pour la campagne anglaise. En 1887, elle s'installe avec Aveling dans un *cottage* à Dodwell, près de Stratford-on-Avon, ce qui comble à la fois son populisme — une « maison de journalier » —, son besoin d'identification théâtrale — « Tu te rends compte, Laura, le pays de Shakespeare » —, et son remords utilitariste : « Nous avons un quart d'arpent de jardin où nous pourrons cultiver plus de légumes qu'il ne nous en faudra[33]. » Sans doute en raison de la réputation dépensière d'Edward, Eleanor éprouve toujours le besoin de se justifier sous cet angle. Ses rapports avec l'argent ne sont pas simples, de toutes manières.

Ô maisons, ô châteaux ! Les deux sœurs rivalisent de passion pavillonnaire : « Nimmy nous a tant parlé de votre belle maison et du jardin (*il s'agit du Perreux*) qu'Edward en est terriblement jaloux. Vous battez notre château à plate couture », écrit Tussy à sa sœur qu'elle encourage à « vendre une partie de votre production. Avec un jardin pareil, vous pourriez vous faire un joli petit revenu[34] ».

Grâce à leur part d'héritage d'Engels, elles finiront par acquérir la maison de leurs rêves : superbe maison de Draveil, en bordure de la forêt de Sénart pour Laura : trente pièces, billard, orangerie, maison de gardien, parc et potager, dont le luxe de « palais » choque Eleanor[35]. Elle-même achète une maison beaucoup plus modeste dans le quartier de Sydenham — « J'éprouve une fierté toute juive pour notre maison de Jew's Walk », écrit la seule Marx qui ait revendiqué sa judéité. Elle la décrit, comme le ferait Georges Pérec, avec cette précision qui signe un emploi de la vie et du temps : « Rez-de-chaussée : grande pièce (à la fois bureau d'Edward et salle de séjour) ; salle à manger (qui s'ouvre sur le jardin de derrière), cuisine, office, garde-manger, caves à vin et à charbon, placards, grande entrée. Un escalier (facile à monter). Chambre à coucher. Chambre d'ami (*la vôtre*), chambre de bonne, salle de bains (assez grande pour servir à l'occasion de chambre d'appoint). Mon bureau ! ! ! » Électricité et chauffage au gaz[36]. Pour couper court aux commérages sur Aveling le profiteur, elle ajoute qu'il a payé les meubles en hypothéquant une propriété : « Il serait injuste que tu penses que c'est moi qui paie tout. » Le *Den* sera sa dernière « tanière ».

LES BONNES

L'entretien de ces maisons requiert du temps, surtout pour des consciences ménagères scrupuleuses que tourmentent le désordre et la poussière. C'est tout un train que les maîtresses de maison victoriennes laissent à leurs domestiques, symbole social autant que commodité de la vie[37]. Les parents Marx avaient eu Helene Demuth, et même, durant plusieurs années, sa jeune sœur. Lenchen, Nym : c'est le type même de la servante au grand cœur dont le XIXe siècle nous livre tant d'images ambiguës[38]. Corps et âme, elle a tout donné à ses maîtres, qu'elle a servis durant quarante ans (1850-1890, de vingt-sept à soixante-sept ans : une vie), au gré de leurs demeures et de leurs vicissitudes. Elle a élevé tous les enfants Marx, soigne les malades — « Tu sais quelle bonne infirmière elle fait[39] » — assisté les mourants. Sous couleur de vacances, elle vient aider Jenny et Laura à s'installer, seconder les jeunes mères empêtrées de leurs bébés. Si elles manquent d'argent, elle offre de leur en prêter, comme dans le célèbre feuilleton de *La Semaine de Suzette*, Bécassine le fera pour la marquise de Grandair : « Remerciez Helene pour les cinq francs, dites-lui que pour le moment nous sommes riches, mais que si dans quelques mois lors de notre déménagement nous avons besoin, nous nous adresserons à elle », écrit Paul[40]. Pourtant, on ne lui écrit qu'indirectement : « Dis à Helene... » ; on parle d'elle au possessif : « Notre Nim » ; avec une commisération fataliste : « la pauvre vieille Nim » ; on raille doucement son attachement naïf à ses petits trésors : « Dis à Helene que je ne pense pas qu'il y ait grand-chose à faire pour sa broche en or ; mais qu'elle n'imagine pas que nous avons renoncé... Seigneur ! Ce serait dilapi-

35

der sa fortune ! », écrit Laura non sans une cruelle ironie[41]. Ombre furtive et affairée, Helene — ses puddings, ses couvées — est toujours présente, mais en coulisse, comme le doivent de bons serviteurs, soucieux de rester « à leur place ». Au fond, d'elle, on sait très peu et sa mort même, en 1890, si importante dans le déroulement de l'intrigue, ne fait guère de bruit dans la Correspondance.

C'est qu'Helene est aussi un témoin gênant : elle a donné à son maître un enfant, conçu sans doute dans la promiscuité de l'étroit appartement du Soho — le Soho, cette sombre période des Marx —, durant une absence de Jenny : Freddy, né en juin 1850 (mort en 1929, à Londres[42]), l'enfant du mystère et du scandale, dont Engels, généreux et gaillard, assumera officieusement la paternité. Ses demi-sœurs l'ignorent longtemps (Jenny est morte sans rien savoir) et ne l'auraient peut-être jamais su si Eleanor ne s'était émue du sort inique fait à Freddy : « Freddy s'est comporté admirablement à tous égards, et l'agacement d'Engels à son endroit est aussi injuste qu'il est compréhensible. Je suppose qu'aucun de nous n'aimerait rencontrer son passé en chair et en os (...). Lorsque je vois Freddy, j'éprouve toujours un sentiment de culpabilité et d'injustice. Quelle vie que celle de cet homme ! L'entendre en parler est une souffrance et une honte pour moi[43]. » Elle revient à la charge deux ans plus tard, Freddy ayant des embarras financiers aigus : « Je ne peux m'empêcher de trouver que Freddy a été toute sa vie victime de l'injustice. Quand on regarde les choses bien en face, n'est-il pas extraordinaire de voir à quel point on pratique rarement toutes les vertus qu'on prêche ? », écrit-elle en pensant à Engels[44]. Celui-ci finit par s'irriter de ce reproche muet ; il fait savoir la vérité sur son lit d'agonie, par Sam Moore, son exécuteur testamentaire. Pour Eleanor, c'est un choc terrible, dont il est malaisé de mesurer les conséquences. Elle l'acceptera pourtant et fera de Freddy — son frère — le plus intime confident de sa tragédie personnelle.

Mais Nim appartient à un temps révolu. Les filles de Marx ont beaucoup plus de mal avec leurs servantes. Trouver une bonne sérieuse, honnête, propre, pas trop simplette, ni bavarde, est un souci constant. À Paris, les bonnes anglaises ne s'acclimatent pas mieux que leurs maîtresses. Il vaut mieux des Alsaciennes malgré le mauvais accent qu'elles risquent de donner aux enfants[45]. Les bonnes sont jeunes, volages ; elles s'en vont ; on les renvoie quand elles cancanent. Décidément — c'est le cri de l'époque — il n'y a plus moyen de se faire servir ! « J'ai été très prise car je n'ai plus de servante », écrit Laura[46]. Et en écho, Eleanor : « J'ai renoncé à avoir une bonne et je fais tout moi-même[47]. » Cet ascétisme ne dure pas : c'est la jeune Gertrude Gentry — celle qu'elle avait appelé « mon excellente mais plutôt stupide Gerty[48] » — qu'elle envoie chez le pharmacien quérir le fatal poison, au matin du 31 mars 1898. Gerty, son dernier visage, le premier témoin de sa mort.

LA QUESTION D'ARGENT

Pour tout cela, il faut de l'argent, beaucoup d'argent, toujours plus d'argent. Non que les Marx en aient au fond manqué[49]. Il est vrai qu'ils n'en gagnaient guère : si le journalisme procure quelques gains, ni l'économie politique ni le socialisme ne sont très lucratifs ! Mais ils ont au cours du temps recueilli toutes sortes d'héritages et de dons, principalement (c'est suffisamment connu) d'Engels lui-même qui, vivant et mort, a fait vivre tout le monde, Aveling compris. Les Marx ont « mangé » beaucoup de capital : la morale socialiste n'y trouvera rien à redire !

De la bourgeoisie, les Marx ont le train de vie, mais ni l'amour de l'épargne, ni l'esprit d'accumulation. Plus rentiers qu'entrepreneurs, ils recherchent les placements sûrs : Lafargue investit en valeurs anglaises les fonds venus de ses parents[50], mais Eleanor, après les remous de la Grande Dépression, préfère les rentes d'État aux actions pour placer la part des enfants Longuet, lesquels ne semblent pas en avoir été tellement satisfaits ; « Ils mettent notre patience à rude épreuve », soupire la tante, excédée de tant d'ingratitude[51].

Si les Marx sont toujours en déficit, c'est qu'ils dépensent beaucoup, ne se privant guère de voyages, de vacances, ou de théâtre, et que leur maison est somme toute assez confortable, du moins en cette période de Modena Villas, qui marque l'apogée de la famille. Des trois filles, Eleanor, jusqu'à la mort d'Engels, est la moins à l'aise. Pour l'anniversaire de la mort de Marx, elle manque d'argent pour fleurir sa tombe : « Comme c'était hier le 12, je suis allée à Highgate porter quelques fleurs. Je n'ai pas pu en prendre beaucoup parce que j'étais à court d'argent[52]. » « Tu ne peux savoir dans quel état de dèche chronique nous vivons », écrit-elle à Laura[53] dans ces années noires où les espoirs de succès théâtral s'effritent. En 1891, elle lui dit ne pas être assez en fonds pour faire le voyage du Perreux : « Il semble que les vacances et moi, ça fasse deux[54]. » Mais là encore, c'est une dèche relative, dont la référence n'est évidemment pas celle du prolétariat. Du reste, Eleanor, au contraire des Lafargue, perpétuels quémandeurs des chèques du Général, s'est toujours refusée à vivre aux crochets d'Engels, mettant un point d'honneur à gagner sa vie. D'autre part, Aveling, noceur invétéré, se charge de la mettre sur la paille, bien qu'elle soit sur ce point d'une pudeur extrême.

Après la mort d'Engels, avec les problèmes de sa succession, la question d'argent envahit jusqu'à l'obsession la correspondance des deux sœurs. « Je serai bien aise, soupire Eleanor, lorsque nous pourrons à nouveau nous écrire à propos d'autre chose que ces stupides (...) questions d'affaires[55]. » La question d'argent avait rendu sa mère presque folle ; elle a empoisonné sa propre vie quotidienne et finalement l'a tuée. La machination qui l'a conduite au suicide repose en grande partie sur les sordides calculs d'Aveling qui voulait se débarrasser d'elle, mais sans rompre officiellement, afin de conserver le bénéfice du testament qu'il lui avait extorqué et qui devait lui permettre d'éponger ses dettes et d'entretenir son nouveau — et légal — ménage. Ici, le mélo vire au drame, très sombre. Du Balzac, revu par Gaston Leroux. On croirait un de ces romans feuilletons alors si en vogue. Comme si aucune vie n'échappait à cette mise en scène collective que constitue le « style » d'une époque.

Voilà donc, avec le temps qu'il fait — que de brouillards ! —, les soucis constants de corps fragiles — petits maux, maladies graves, présence insistante de la mort —, la trame de ces lettres familiales. Comment s'étonner de cette pesée du quotidien puisque c'est justement leur fonction que de le dire ? Et comment s'étonner outre mesure du caractère bourgeois de cette intimité ? On n'échappe pas si aisément à son milieu, surtout quand, tout compte fait, on s'y plaît. La vie bourgeoise a ses charmes, pour les hommes surtout. Pour les femmes, c'est une autre affaire, on le verra. Encore faut-il le reconnaître et savoir que le marxisme n'a pas mûri seulement dans le fracas de la lutte des classes, mais aussi dans l'atmosphère douce-amère d'un *home* anglais.

LE « MOUVEMENT »

1866-1898 : en trente-deux ans le monde change même si les acteurs ne perçoivent qu'un long et lassant piétinement. Dans une conjoncture économique contrastée, marquée par les années très noires de la « Grande Dépression » génératrice de chômage et d'émeutes (par exemple Decazeville en France en 1886, Black Monday et Bloody Sunday en Angleterre en 1886 et 1887), dont on perçoit ici bien des échos, s'amorcent des restructurations qui préludent à la deuxième révolution industrielle : après le textile déclinant, celle du fer et de l'automobile. Le paysage social se modifie : en dépit d'une longue et massive persistance de la petite entreprise [56], les grandes usines et leurs ouvriers plus ou moins qualifiés deviennent le pôle d'attraction, du moins pour les marxistes qui voient dans le nouveau prolétariat le fer de lance de la Révolution. Mineurs, ouvriers du gaz, métallurgistes, succèdent aux tailleurs dans le vocabulaire professionnel de la Correspondance.

Le mouvement ouvrier connaît une croissance vigoureuse inscrite d'abord dans l'essor prodigieux des grèves, grande arme des travailleurs, puis, un degré en dessous, dans celui du syndicalisme dont les effectifs et les fonctions grandissent. Syndicalismes aux ambitions variables : révolutionnaire et autonome en France où la C.G.T. naît en 1895, réformiste en Grande-Bretagne, subordonné au Parti en Allemagne.

Le socialisme s'affirme, en effet, comme une force politique candidate à la conquête du pouvoir, même s'il hésite sur la marche à suivre : de la révolution imminente au grignotage électoral. Dans l'affrontement des lignes, le déchirement des sectes et les querelles de personnes, il s'organise en Partis nationaux rivaux. Au niveau international, après la liquidation de l'Association Internationale des Travailleurs — la Première Internationale — qu'au début du moins, Marx aurait voulu « un lien plus qu'un pouvoir », minée par la guerre franco-allemande et la lutte entre Marx et Bakounine, la Seconde Internationale, fondée en 1889, s'affirme comme celle des Partis. Elle est dominée par la puissante social-démocratie allemande, considérée comme la véritable héritière de Marx, la seule où l'autorité du Parti l'emporte sur la vitalité syndicale. Car cette période est aussi celle où la pensée de Marx se diffuse et se mue en « marxisme », sujet à des interprétations diverses, en dépit de ses fidèles gardiens [57].

Plongées dans le ressassement du quotidien, les filles de Marx ne pouvaient à l'évidence embrasser ce panorama. De tout cela, elles furent cependant les témoins, à la fois privilégiées et handicapées par leur position centrale : il faut être Jeremy Bentham pour croire qu'on voit tout du centre ! Le marxisme a d'abord été pour elles un quasi devoir filial, avant d'être un choix politique. Cependant, elles ont personnellement adhéré au « mouvement », comme dit Eleanor qui préfère cette expression à l'image plus parcellaire des « partis ». Si Laura agit, non sans regrets, par mari interposé, Eleanor a été une militante courageuse, dévouée, efficace, et très soucieuse de sortir de l'isolement du sérail pour combattre aux côtés des ouvriers eux-mêmes. Elle a, du reste, été plus loin en ce sens après la mort d'Engels, réticent devant le réformisme de la « Social Democratic Federation » fondée par H. M. Hyndman en 1881 et des organisations anglaises en général. Les luttes ouvrières sont, dans les lettres de Tussy, de plus en plus présentes.

Cette Correspondance ne fournit ni une chronique suivie de l'histoire du socialisme, ne serait-ce qu'en raison de ses lacunes, ni des révélations fulgurantes sur les événements et les hommes. Quelques moments cruciaux y trouvent néanmoins un éclairage plus vif : 1869-1871, les temps de la guerre franco-allemande et de la Commune (vue de l'extérieur) ; 1889, et la fondation de la Seconde Internationale. De façon générale, Eleanor étant la principale épistolière, le socialisme anglais bénéficie de la meilleure information.

Mais les processus importent ici plus que les événements. On perçoit, de l'intérieur, comment s'est faite la difficile construction du marxisme, aussi bien sous l'angle du texte que de l'organisation, les méthodes employées, les terrains privilégiés, les résistances rencontrées.

LE NOUVEAU TESTAMENT

Et d'abord l'œuvre du Père. De son vivant, Marx s'appuyait, non sans des réticences inquiètes, sur ses proches, leur faisant relire ou recopier ses manuscrits, vérifier des traductions. Femme, filles et gendres ont été sans cesse mobilisés à cette fin. « Papa m'appelle », écrit Jenny à son fiancé Longuet, répétiteur à Oxford ; « il veut que je lise avec lui la seconde livraison qui vient d'arriver » (il s'agit de la première traduction française du premier fascicule du *Capital* qui allait paraître chez Lachâtre en août 1872) ; et trois heures plus tard : « J'ai le regret de vous dire que la traduction est très relâchée, très négligée en fait. Il faudra y apporter nombre de corrections. Papa aurait presque envie d'aller à Oxford pour le faire... On m'appelle de nouveau[58]. » Ainsi la seule lettre d'amour de ce recueil est envahie par l'insistante présence du *Capital*.

Après la mort de Marx, l'obsession devient un impérieux devoir, surtout pour Eleanor en raison de ses responsabilités directes à cet endroit. D'abord au niveau du rassemblement des écrits. Si Eleanor accepte parfaitement que les textes « scientifiques » soient confiés aux membres de la social-démocratie allemande — elle-même fera appel à Bernstein et à Kautsky —, elle entend bien que les papiers privés, les lettres personnelles, restent propriété familiale. « C'est nous que cela concerne et personne d'autre. Les papiers, en particulier tous les papiers personnels, nous concernent *nous*, c'est à nous qu'ils appartiennent et même pas à Engels[59]. » Entre 1890 et 1895, elle livre pour leur possession une guerre d'abord sourde, puis de plus en plus ouverte, compliquée par les luttes d'influence autour du Général et les manœuvres assez retorses du Parti allemand pour s'assurer le monopole du *Nachlass*. Combat solitaire, car en dépit de ses objurgations — « Chère Laura, viens, *viens*, viens[60] » —, Laura ne vint jamais. Engels, en définitive, après des scènes mélodramatiques, culminant à la Noël 1894, fait d'elle la dépositaire des papiers familiaux, notamment de toutes les lettres écrites par ou à Marx ; avec toutefois une exception de taille pour sa propre correspondance avec Marx, confiée à Bebel, et soigneusement cadenassée dans un coffre dont seuls quelques intimes, dont Louise, mais pas Eleanor, avaient la clef. Lorsqu'elle s'en aperçoit, Tussy a le sentiment d'être flouée une nouvelle fois[61]. Dans l'espoir de récupérer au moins des copies de *toutes* les lettres de son père à ses nombreux correspondants, elle lance des appels dans la presse socialiste, essayant d'associer Laura, plus nonchalante, à cette gigantesque entreprise. Elle rêvait d'écrire une biographie de ce Mohr qu'elle avait tant aimé et qui continuait de la dévorer après sa mort. Mais Marx avait cessé de lui appartenir. En devenant marxisme, l'œuvre de Marx échappait nécessairement aux siens.

Sur l'histoire compliquée de l'*édition* de cette œuvre, les marxologues trouveront çà et là bien des informations utiles, par exemple sur la délicate mise au point du tome IV du *Capital* par Kautsky, qui ne paraîtra qu'entre 1905 et 1910 ; ou encore sur les recueils d'articles qu'Eleanor, admirative du talent journalistique de son père, tentait de publier, sans toujours d'ailleurs distinguer la part d'Engels, dont on sait qu'il servit à maintes reprises de « nègre » à son ami : ainsi pour *Révolution et Contre-révolution en Allemagne en 1848*, et pour divers articles de *La Question d'Orient*. Il aura fallu la publication de la *Correspondance Marx-Engels* pour qu'on puisse mesurer quelle contribution intellectuelle Engels a apportée au marxisme.

Eleanor s'efforçait aussi de développer les traductions, aussi bien en russe qu'en italien, veillant avec soin au choix des traducteurs, se défiant des éditions pirates. Tout ceci supposait une vigilance constante, une énorme correspondance, car les éditeurs se montraient souvent réticents, exigeaient des coupures. Ces livres n'étaient évidemment pas des *best-sellers*, même s'ils suscitent un réel intérêt : Tussy annonce avec jubilation qu'en quelques mois, on a vendu quatre cents exemplaires de *La Révolution en Allemagne* « qui semble très bien marcher », assez bon score en effet au regard des tirages du temps.

UNE AFFAIRE DE FAMILLE

À la mise en place d'organisations défendant la ligne de Marx, ses filles se montrent fort actives, au point que le marxisme est apparu d'abord comme « une histoire de la famille Marx[62] », de « cette vieille plaie qu'est notre famille[63] », écrit Eleanor qui souffre de ce jugement. Et il est vrai qu'en ses débuts, le marxisme s'est appuyé sur le noyau des filles et des gendres et sur le réseau des amis. Les relations interpersonnelles y sont fondamentales ; toutes les intelligentsias, qu'il s'agisse de l'ère des Lumières, ou du XXᵉ siècle[64] fonctionnent de façon informelle. Conversations, rencontres, visites, dîners, correspondance en constituent le moyen de communication ordinaire, dont la persistance, en parallèle ou au sein des organisations structurées qui justement se mettent en place, a été une source inévitable de conflits.

Amis ou ennemis de Marx, les Nôtres, les Autres : tel est à peu près la ligne de partage de ce Jugement dernier. Dans les associations, les congrès, on essaie de promouvoir les siens, contre les autres, de pousser ses pions au prix de manœuvres qui n'ont d'équivalent que celles des adversaires. On lira la lettre dans laquelle Tussy raconte « comment nous avons fait déléguer notre Baxie au Congrès », par clin d'œil et copinage, pour contourner Hyndman qui, assurément, n'était pas en reste[65]. Les intrigues culminent pour la fondation de la Seconde Internationale[66]. Bien sûr, des divergences fondamentales motivent ces dissensions ; mais le style d'intervention demeure à la fois personnalisé et possessif. « Notre congrès », dit Eleanor qui, dans un glissement sémantique révélateur, emploie « chez nous » aussi bien pour parler de sa maison, où se réunit effectivement l'état-major marxiste, que du Parti. « S'il se heurte à un refus, il démissionne et vient *chez nous* (...). Ce congrès international est *le nôtre*[67]. »

Cette personnalisation choque les travailleurs, habitués à plus de démocratie et conscients d'être manœuvrés[68]. Elle explique l'irritation, allant jusqu'à la haine, que les militants ouvriers de la « Social Democratic Federation » ou du possibilisme français ont pu ressentir contre la « clique » des intellectuels marxistes. Elle conduit, d'autre part, à un regard singulièrement myope sur la géographie socialiste. Eleanor oppose Paris possibiliste « à la province (...) dans sa quasi-totalité marxiste[69] », ce qui prête à sourire si l'on songe qu'à peine deux pour cent de la classe ouvrière française votait, avant 1905, pour le Parti ouvrier de Guesde[70]. « Pratiquement, toute l'Europe socialiste était avec nous », écrit-elle en 1889[71]. De tels fantasmes engendrent inévitablement la désillusion.

LA LIGNE JUSTE

Les rivalités de groupes ou de personnes recouvrent des différences de stratégie, de « ligne », guère explicitées dans cette correspondance et que nous rappellerons brièvement. Tous les socialistes d'alors croient à la Révolution sociale, qu'ils imaginent à la fois inévitable et imminente. Il y a, surtout dans les années de la Grande Dépression qui donne le spectacle du désarroi économique, une croyance en l'effondrement imminent du capitalisme, un messianisme révolutionnaire qui fait certaines nuits se lever en sursaut les militants quand ils entendent dans la rue des rumeurs. On en perçoit des échos assourdis dans les lettres d'avant 1890 ; du moins, à certains moments, le sentiment exaltant d'un développement irrésistible, d'une urgence haletante.

Mais au-delà de ce tronc commun, les différences s'accusent et divisent les socialistes comme un arbre de Jessé. Pour Marx et les siens, il faut constituer le Prolétariat en « partis ouvriers » organisés, susceptibles de prendre le pouvoir, l'appareil d'État, pour abolir la propriété privée des moyens de production, prélude indispensable à l'abolition de l'exploitation de l'homme par l'homme. La notion de « Parti » n'est d'ailleurs pas très claire : elle va d'une conception fédérative des organisations ouvrières à celle, en voie d'émergence, d'une organisation structurée d'adhérents, avec statuts, cartes, congrès, délégations, etc. Le qualificatif « ouvrier » a une signification idéologique plus que sociologique : il s'agit moins d'être ouvrier soi-même, que de travailler à l'avènement de la classe ouvrière, moteur de la lutte des classes et de l'Histoire. On sent, chez Eleanor, d'ailleurs beaucoup plus que chez les Lafargue, une réelle fascination pour la classe ouvrière, qui la fait courir de grève en meeting.

Dans la panoplie des armes, la violence n'est pas exclue. Cependant, à partir des années 1890, et notamment des succès socialistes aux élections législatives de 1893, tant en Allemagne qu'en France, la voie démocratique de la conquête du pouvoir par le suffrage universel paraît s'ouvrir et modifie peu à peu le discours et la tactique [72].

Les marxistes s'opposent aussi bien aux blanquistes, qui rêvent encore de coups de main et d'émeutes urbaines, qu'aux anarchistes [73] et plus encore aux possibilistes. En Grande-Bretagne, comme en France, ceux-ci sont les principaux rivaux dans la mesure même où le caractère concret de leur langage et de leur programme, notamment sur le plan municipal [74], leur attire la clientèle ouvrière la plus solide. D'où l'âpreté des oppositions, qui obsèdent cette correspondance ; Hyndman et la S.D.F. en Grande-Bretagne, Paul Brousse, puis après la scission de Châtellerault, Jean Allemane, sont les têtes de turc des Lafargue et des Aveling qui retrouvent à leur endroit la hargne de Marx contre Proudhon. Hyndman est « le plus matois des manœuvriers », selon Eleanor qui dénonce ses « basses intrigues. Toi qui connais les broussistes, tu n'auras pas besoin que je donne de détails [75] ». Elle s'indigne contre « ces ignobles mufles de Possibilistes [76] », contre « ce personnage parfaitement répugnant qu'est Allemane [77] », méconnaissant complètement la valeur de ce très authentique militant ouvrier. Ce ne sont que luttes de fractions autour de la rédaction des journaux et des délégations de congrès pour éliminer les représentants de la tendance adverse. Tussy s'en déclare à plusieurs reprises « écœurée » et se console en pensant que « c'est inévitable dans les débuts de tout mouvement [78] », voyant sans doute dans le possibilisme quelque « maladie infantile du prolétariat ».

Au sein de la S.D.F., les conflits culminent en 1884 et conduisent à la rupture qu'Eleanor raconte dans une lettre intéressante [79]. Cette scission donne naissance à la « Socialist League » avec William Morris, le futur auteur des *Nouvelles de nulle part* (1890), une des plus puissantes figures du socialisme anglais et les Aveling, qui animent le nouveau journal, *Commonweal* [80]. Cette organisation demeure squelettique ; les Aveling la quittent en 1886, Morris en 1890, et en 1896, après la mort d'Engels, les Aveling réintègrent la S.D.F., beaucoup plus représentative. La réconciliation, toutefois, n'est qu'apparente : « Nous allons officiellement travailler ensemble. Tu sais ce que signifient ces amitiés officielles », écrit Eleanor à Laura [81]. « Edward et Hyndman n'ont pas plus d'affection l'un pour l'autre que Paul et Brousse, mais c'est utile pour le mouvement, surtout en vue du prochain congrès. » Mouvement, congrès : l'éternel recommencement.

Les anarchistes constituent le second pôle de répulsion, surtout par la séduction qu'ils exercent sur Bax et la tolérance réticente de Morris à leur égard. « Les anarchistes seront notre plus grosse difficulté ici », écrit Eleanor, en 1885, à un moment où, effectivement, les anarchistes, misant sur les mouvements des sans-travail, tentent de faire une percée efficace. « Nous en avons un bon nombre à notre conseil et, par la suite, ils nous en feront voir de toutes les couleurs. Ni Morris, ni Bax, ni aucun des nôtres ne sait en vérité ce que sont ces anarchistes », souvent des étrangers, dont Eleanor soupçonne « la moitié d'être de la police [82] », selon le jugement pour le moins sommaire des socialistes du temps. Peu après, les anarchistes prennent la direction de la *Socialist League* et du *Commonweal* et les Aveling se retirent dès 1886, sous la pression d'Engels.

À la fin de sa vie, c'est Bernstein qui inquiète Eleanor qui voit, avec mélancolie, monter les eaux du « révisionnisme ». Tout en gardant toute confiance dans l'homme et sa loyauté — Ede est un ami fidèle, nullement intrigant —, Tussy déplore le pessimisme critique auquel il s'abandonne, après la mort du Général. « Le *Vorwärts* tombe de plus en plus sous l'influence de Bernstein, et ses articles démoralisants ne sont pas d'une très grande opportunité. Certes, une attitude critique est nécessaire et utile. Mais il est des moments où un peu d'enthousiasme même s'il manque d'esprit critique, a plus de prix. La position de Bernstein est néfaste pour le mouvement (...) Son attitude est indéfendable (...). Malheureusement, maintenant que nous n'avons plus le Général, il n'y a plus personne qui puisse avoir de l'influence sur Bernstein et le faire se ressaisir [83] », écrit Eleanor dans sa dernière lettre où tout vacille.

« Maintenant que nous n'avons plus le Général... » Quelle que soit la vivacité des critiques qu'Eleanor adresse au mode de vie et à l'entourage d'Engels, elle lui fait pleinement confiance quant au socialisme, et ces lettres confirment la fréquence et la force de ses interventions sur le versant anglais du socialisme, comme la *Correspondance Engels-Lafargue* éclaire son rôle côté français. Après la mort de Marx, la maison d'Engels est le Q.G. de la social-démocratie et de la Deuxième Internationale. Son influence dans la construction du marxisme et dans le visage qu'il s'est alors donné ne saurait être sous-estimée.

Gardienne vigilante des commémorations, Eleanor l'est aussi de l'orthodoxie du « mouvement ». La conception du « droit chemin » est chez elle très forte. « Bax est la bonté même », écrit-elle à propos de ce militant tenté par la générosité libertaire dont Tussy reconnaît elle-même qu'elle attire les meilleurs. « Il a seulement besoin d'être avec des gens qui le maintiennent dans le droit chemin[84]. » Ce vocabulaire de la rectitude porte en germe l'idée de « ligne juste », et son corollaire : celle de déviance, de dissidence. Il est surprenant de voir comme le marxisme a été conçu dès sa naissance, par ses zélateurs, sur le mode non pas d'une méthode, mais d'une vérité révélée, d'une marche à suivre.

Terrains de lutte : la presse et les congrès

La lutte, c'est moins celle des classes que des lignes et des fractions. Deux terrains privilégiés : la presse et les congrès.

De la presse, c'est l'âge d'or. Vers 1900, les quatre grands quotidiens français — *Le Petit Parisien, Le Petit Journal, Le Matin, Le Journal*, tirent chacun à près d'un million d'exemplaires. Les filles de Marx sont des lectrices avides, consommant volontiers plusieurs quotidiens par jour, friandes surtout, où qu'elles soient, de journaux anglais qu'elles estiment mieux informés et mieux construits. À la fin du Second Empire, Laura déplore le provincialisme des journaux parisiens et leur méconnaissance de la Grande-Bretagne. Jenny, en « exil » en France, regrette « tous les jours les placards des journaux londoniens qui permettaient de rester en communion avec des êtres qui vivent et combattent[85] ». Séparées, les trois sœurs s'envoient des journaux, des coupures de presse, commentent les articles de tel ou tel : la presse fait partie de leur existence de chaque jour.

Elles ambitionnent d'y écrire. Jenny s'y essaie en 1870 dans *La Marseillaise* ; sous la signature de Williams, elle envoie des correspondances sur l'Irlande, saluées avec enthousiasme par sa sœur Laura. L'œuvre journalistique d'Eleanor est importante, orientée vers la chronique et l'information concrètes. Journaliste, actrice : voilà bien des voies d'émancipation pour des intellectuelles, l'étroit chemin de création que le XIXe siècle consent aux femmes.

Pour leurs hommes, c'est un gagne-pain et une profession, en même temps qu'un mode d'expression indispensable au socialisme.

Tout organe de presse est un enjeu de luttes. Dans ces lettres où sont cités plusieurs dizaines de titres européens, on a un écho de celles qui mobilisent les Aveling pour la direction de *To Day, Justice* ou *Commonweal*, ou les Lafargue pour celle du *Citoyen* ou du *Cri du Peuple*, le brillant quotidien fondé par Vallès en 1883. Élaborer une presse du parti est un projet sans cesse repris, dont la *Correspondance Engels-Lafargue* montre la continuité côté français. De ce point de vue, les guesdistes ont eu plus de succès que leurs homologues britanniques. Quels cris de joie quand naît l'espoir d'un quotidien, lancé généralement en période électorale et sans lendemain. « Je ne peux pas te dire combien nous sommes heureux de savoir que vous allez enfin avoir votre propre quotidien à Paris. Si seulement nous avions pareille perspective », écrit Eleanor à Laura en 1892, en demandant que leur soit confiée la correspondance avec l'Angleterre [86]. Le projet n'aboutit pas, les guesdistes ayant une trop faible implantation à Paris pour atteindre un tirage suffisant. Quatre ans plus tard, lorsque Guesde, Lafargue et Chauvin — le « triumvirat » — entrent à *La Petite République*, quotidien socialiste indépendant, Eleanor s'enflamme : « C'est une *très* bonne nouvelle. Si seulement nous pouvions avoir un quotidien à Paris, tous les autres (j'entends par là les autres "partis") seraient vite fichus [87]. » Les deux couples se prêtent d'ailleurs assistance mutuelle, échangeant nouvelles et articles. Le caractère polyglotte des deux sœurs leur permet de jouer un rôle très efficace de traduction et de transmission des informations, et de constituer empiriquement une petite agence européenne de correspondance socialiste.

Effort sans cesse repris, car ces journaux ont une vie chaotique, pleine de bruit et de fureur — les duels entre journalistes sont fréquents à Paris —, une existence éphémère liée à leur faible tirage, surtout en France, où ils ne touchent que quelques milliers de lecteurs. Ils n'en constituent pas moins un pouvoir dont les Marx avaient parfaitement compris l'importance. Au reste, Eleanor admirait en Marx le journaliste plus encore, peut-être, que le théoricien. Là encore, le Père avait montré la route.

L'autre front, ce sont les congrès. Y être représenté confère à la fois légitimité et publicité. D'où l'intensité des intrigues pour le choix des délégations. Le mainmise des Aveling sur celle envoyée au congrès du Parti ouvrier français (guesdiste) à Roubaix, en 1884, provoque en retour l'éclatement de la S.D.F. La préparation du congrès de fondation de la Deuxième Internationale n'est qu'une suite d'intrigues à la mesure de l'enjeu, dont Eleanor, qui déploie une activité fébrile à cette occasion (« J'ai envoyé aujourd'hui cinq cents exemplaires de la dernière circulaire et quelque cent lettres et cartes postales, et je suis morte de fatigue [88] »), donne de nombreux aperçus. Conscient de la représentativité des possibilistes, Liebknecht répugne à les exclure et Eleanor a beaucoup de mal à redresser la mauvaise image de marque des guesdistes en Angleterre et en Allemagne. Finalement, deux congrès rivaux se tiennent à Paris en juillet 1889 — au moment où dans les fastes de l'Exposition universelle à l'ombre de la tour Eiffel, on célèbre le centenaire de la Révolution française — ; le congrès marxiste l'emporte. La Deuxième Internationale sera l'Internationale des partis, dominée par la social-démocratie allemande.

Désuétude du détail, modernité du processus. Ce qui s'esquisse sous nos yeux, c'est une certaine professionnalisation de la politique, si accaparante qu'elle exige activité à part entière et disponibilité totale et devient affaire de spécialistes, rompus au double jeu, au double sens, aux jeux florentins et aux effets de style. La montée de la politique professionnelle trouble Eleanor qui, dans sa lassitude, oppose à ces intrigues répétitives le « vrai mouvement » des travailleurs : celui des grèves et des luttes quotidiennes, l'action de masse, en somme, qu'elle semble, après la mort d'Engels, avoir redécouverte avec une passion accrue.

DESTINS DE FEMMES

Être femme n'est jamais facile, surtout en ce XIXe siècle qui, dans sa rationalité triomphante, a sans doute porté à son paroxysme la division sexuelle des rôles et des espaces, définissant la « place des femmes » avec une rigueur adossée au discours scientifique.

Être filles de Marx, qu'est-ce donc ? sinon la difficulté supplémentaire d'entrevoir une issue sans pouvoir l'atteindre, la souffrance de rêves frustrés, de désirs inassouvis ? Et c'est le spectacle, tendre et cruel, de ces vies écartelées qui fascine surtout. Comme trois « abeilles dans un bocal [89] », ces femmes se débattent sous le poids de ce qui constitue, pour elles, la « double tâche » : l'ordinaire des femmes : être fille, épouse, mère ; l'extraordinaire : l'image prestigieuse, le legs du Père dont elles se sentent comptables, voire coupables.

Elles ont eu la chance (dans l'univers borné des femmes victoriennes, oui, c'en était une[90]), et le malheur de vivre au point de départ d'une aventure inouïe qui allait bouleverser le monde, sans hélas ! le changer. Les premières, elles ont vu cheminer la taupe et sortir l'oiseau de Minerve. Cette trajectoire les a, à la fois et du même coup, libérées et enchaînées. Elles n'étaient pas, ne pouvaient pas être des bourgeoises comme les autres ; Hegel remplace pour elles les romans feuilletons et les journaux de mode ; beaucoup de ce qui compte dans le domaine de la pensée nouvelle a un jour croisé par la maison des Marx, elles l'ont rencontré ; la haute intelligentsia, l'avant-garde ouvrière ou politique, elles les ont connues ou entrevues. Et comme elles étaient douées, sensibles, intelligentes, elles en ont éprouvé de la curiosité, du plaisir, peut-être du bonheur. On peut imaginer — il faut imaginer, car ces lettres ne sont que les pointillés d'une vie — des moments éclatants, du moins excitants. Un grand vent a traversé leur vie. Elles ont senti trembler le monde et vaciller les choses. Elles ont été happées par ce « Mouvement » dont elles devinaient la force impétueuse et ignoraient le sens : pas plus que les hommes, les femmes « ne savent l'histoire qu'elles font ».

Mais en même temps, rien ni personne — et surtout pas leur Père — ne les dispensait du reste : assumer leur rôle, tenir leur place, et presque leur rang. À bien des égards même, elles étaient plus que d'autres assaillies de devoirs et de commandements : la maison, les enfants, le socialisme, qui n'est pas moins contraignant que l'Église des ménagères allemandes. Les voici doublement assignées à résidence : dans leurs foyers et dans le socialisme confondu avec l'amour dû et porté au Père. Bonnes filles, dévouées, dévotes, soignantes, discrètes, secrètes, secrétaires, copistes, traductrices, elles se sont mariées presque comme Marx le souhaitait : avec des hommes apparemment assez aisés pour les faire vivre, assez convaincus pour diffuser le *Capital*.

Maîtresses de maison, plus que ménagères comme il se doit de jeunes bourgeoises qui se réservent le plus noble de l'intérieur, laissant le sale à leurs bonnes et le jardinage à leurs époux, les voici, pétrissant des beignets, vernissant des meubles, chaulant des murs, renonçant à écrire pour manier balai et tête de loup[91], sans cesse occupées de déménager. L'ordre et la propreté sont l'héritage que, dans sa boîte à ouvrage, leur a laissé leur mère, dont elles se jugent indignes. Le remords se drape dans la plaisanterie.

Les maternités, les enfants sont un autre souci. Marx contre Malthus ? Jenny met au monde six enfants en dix ans de mariage, Laura en a trois en quatre ans, avant d'y renoncer sans doute. Enfants qui leur usent le corps : maternités difficiles, abcès au sein, et tout ce que la pudeur cèle, quitte à en périr. Jenny est morte d'un cancer de la vessie trop tardivement soigné et dont elle prenait les douleurs pour le symptôme d'une nouvelle grossesse, apparemment peu désirée. Mais peut-on parler de son ventre, de son corps de femme, même à ses sœurs ? Dans ces lettres où la maladie tient tant de place, c'est de celle des autres qu'écrivent ces perpétuelles gardes-malades, évoquant seulement en ce qui les concerne leurs fréquents maux de tête, leur asthme, leurs migraines, ou ces insomnies où se réfugie l'anxiété de tant de femmes.

Ces enfants fragiles leur créent des problèmes : l'allaitement est un conflit où s'affrontent les voix contradictoires des médecins, des sages-femmes et de la tradition féminine. Enfants malades qui rongent leurs jours et leurs nuits. Enfants aimés et dévorants dont elles assument seules le soin, tandis que leurs maris hantent les lieux des intellectuels masculins : bibliothèques, salles de rédaction, réunions publiques, voire prisons politiques (peu redoutables en ces temps républicains), ou sillonnent la France ou l'étranger. Elles connaissent le tourment d'avoir des enfants, la douleur de les perdre, le regret de n'en pas avoir (une tante est-elle vraiment une femme ?), la tristesse, l'amertume de l'ingratitude des enfants devenus grands, héritiers nonchalants ou critiques. Les filles de Marx ont été de bonnes mères, scrupuleuses, inquiètes, attentives, attendries, comme on doit l'être.

De bonnes épouses, aussi, élevées au rang de collaboratrices, seule promotion au fond consentie par des époux de gauche, même évolués. « Tu sais qu'autrefois Tooley ne voulait pas entendre parler des femmes en dehors de la cuisine ou de la salle de bal », écrit Laura, s'étonnant ? — de voir Paul admettre la présence d'une amie à la Bibliothèque nationale, ce sanctuaire de la masculinité[92]. L'union libre ne change pas grand-chose quand le mode de relation, dans le couple, reste le même : un échange inégal tendant à l'exploitation ; elle peut même constituer une commodité supplémentaire pour l'homme affranchi de toute obligation, « renard libre dans le poulailler libre », pour appliquer aux rapports des sexes la célèbre formule de Frédéric List. Aveling s'est accordé toutes les licences, y compris celle d'un mariage secret, s'octroyant les avantages louches d'une quasi-polygamie. Eleanor, concubine à regret, qui se faisait appeler Marx-Aveling, s'est refusé toute liberté. Des trois sœurs, c'est elle qui a le plus souffert des hommes.

Ces contradictions vécues, sinon assumées, donnent aux lettres une tension contenue, le plus souvent murmurée comme on le fait entre femmes — voisines de palier, compagnes de lavoirs, amies de pensions, cousines ou sœurs — et qui parfois explose en sanglots désespérés, voire en cris de révolte. Toutes trois, à des moments et des degrés divers, expriment l'envie, le désir fou d'échapper au destin habituel des femmes, de ne plus vivre par procuration intellectuelle ou politique, et la désillusion de ne pas le pouvoir. D'où ce désarroi qui prélude souvent à une « conscience féministe ».

« CETTE PRISON QU'EST UN FOYER »

Elles disent le « malaise de la ménagère [93] » devant la litanie du quotidien, le poids des choses matérielles, l'ennui de la couture, des maisons toujours dérangées, des enfants tout le temps malades. Elles ne partagent guère le goût de leur mère pour les travaux d'aiguille : « la couture n'est pas mon fort. Entre nous, ce n'est pas le tien non plus », écrit, gentiment complice, Eleanor à Jenny, en s'excusant de « l'exécution peu brillante » de jupons pour les enfants [94]. Jenny se plaint des « méchantes petites misères de la vie du ménage qui me paraissent plus lourdes à supporter que de gros ennuis [95] ». Eleanor en duo : « Comme j'aimerais qu'on ne vive pas dans des maisons et qu'on n'ait pas à faire de cuisine, de pâtisserie, de lessive et de ménage ! J'ai bien peur, malgré tous mes efforts, de ne jamais devenir une *Hausfrau* convenable. J'ai des goûts terriblement bohèmes [96]. »

Elles disent les maris absents, la solitude des femmes que les enfants coupent du vaste monde. Laura, pendant la Commune, seule à Bordeaux avec ses deux enfants et son bébé malade, imagine — à tort — Paul sur les barricades : « Cela ne me ferait rien si j'étais avec lui, car moi aussi je me serais battue. J'avais envie d'aller à Paris, mais je ne connaissais personne ici à qui confier les enfants (...). Quant à me sentir solitaire, j'ai l'habitude d'être seule. Depuis plusieurs mois, Paul n'est presque jamais à la maison et je n'ai pas bougé de chez nous depuis six ou huit mois [97]. » Lasse, si lasse, Jenny ose avouer la fatigue que lui infligent les « chers petits » qu'elle voudrait voir au diable : « Je souhaite parfois être délivrée n'importe comment de la tâche incessante de m'occuper d'eux. » À l'image mièvre de la jeune mère épanouie, nécessairement comblée, que ressasse le discours officiel, elle oppose celle de la femme rompue, rassasiée de berceaux, propos scandaleux aux yeux de la morale ambiante : « Je me sens misérablement, désespérément nerveuse, mal à l'aise mentalement et physiquement... Tu m'as toujours accusée d'être quelque peu misanthrope, maintenant j'ai perdu toute ma vitalité ; l'homme ne me réjouit pas et la femme non plus[98]. » Elle déplore le renfermement dans « cette prison qu'est un foyer[99] ».

Elles disent l'attente éternelle des femmes — « attendre indéfiniment », gémit Eleanor — qui ne disposent ni de leur temps ni de leur vie. Le socialisme les invite à la lutte des classes... mais à la patience dans leurs revendications féministes. Nouvelles Pénélopes dont l'Ulysse est la Révolution qui jamais ne vient.

Féministes, les filles de Marx ? Pas vraiment. Elles ne participent pas aux luttes ou aux organisations féministes de leur époque et éprouvent même de l'agacement à l'égard des femmes émancipées, telles Paule Mink, que Laura trouve un peu ridicule, Séverine qui « tape sur les nerfs » d'Eleanor, ou Annie Besant qu'elle jalouse pour ses anciennes relations avec Edward. Sur « la question des femmes », Tussy a écrit avec Edward un opuscule, *The Woman Question* (1886), inspiré du livre de Bebel dont la traduction anglaise, *Women in the Past, Present and Future*, venait juste de paraître, et qui subordonne la question des sexes à celle des classes et sa solution à l'avènement de la Révolution sociale, dans la plus stricte orthodoxie marxiste. Pourtant, au même moment, elle se passionne pour les héroïnes d'Ibsen — la Nora de *Maison de poupée* — et traduit *Madame Bovary*, cette Emma dont elle se sent parfois si proche.

ELEANOR, MA SŒUR...

Eleanor a tenté de vivre autrement sa condition de femme et sa foi socialiste, de mettre en accord théorie et pratique dont l'écart si souvent la trouble, de réconcilier morale et politique, de lutter contre la schizophrénie du militant. Son effort pathétique est au cœur de cette Correspondance largement utilisée par ses biographes[100], mais dont la publication faite ici pour la première fois éclaire de plein fouet ce singulier visage de femme.

La plus jeune des filles de Marx a porté plus que ses sœurs le lourd fardeau de la famille, le poids des parents vieillissants, les exigences de modèles contradictoires. Contre tout cela, elle a essayé de se révolter. Elle refuse le modèle féminin que lui offre sa mère autant que la tyrannie de son père. Elle aime contre lui, s'enthousiasme pour la cause irlandaise, pour le théâtre, tente malgré lui de devenir actrice. Travailler, gagner sa vie lui paraît la voie nécessaire de l'indépendance. Elle en parle longuement à Jenny, sa confidente préférée, en juin 1881, tout heureuse d'avoir trouvé des résumés d'articles pour une revue scientifique ; avec deux livres par semaine, elle espère pouvoir subvenir à ses leçons de diction : « J'espère que je réussirai, ce serait un tel soulagement. De toute façon, j'essaierai, et si j'échoue, tant pis. (...) Je sens que j'ai gâché ma vie assez longtemps et qu'il est grand temps d'entreprendre quelque chose [101] ». Quelque chose qui permette d'avoir cette « chambre à soi » dont Virginia Woolf dira plus tard l'importance pour les femmes.

Mais tous les obstacles s'accumulent contre elle. Elle passe par plusieurs crises graves : dépression nerveuse accompagnée d'anorexie mentale dans l'été 1881 ; deuxième crise en janvier 1882. Elle réside alors dans l'île de Wight battue par les vents de l'hiver, avec son père malade, grincheux, qui s'irrite de la voir déprimée, la juge égoïste, voire hystérique. Elle écrit alors à Jenny — Jenny qui va mourir — une lettre poignante et lucide où elle dit sa souffrance devant l'incompréhension des siens, son anxiété devant la fuite du temps et son inaction forcée : « Ce que ni Papa, ni les médecins, ni qui que ce soit ne veut comprendre, c'est que ce sont *les soucis moraux* (elle souligne, comme souvent, pour se faire mieux comprendre) qui m'affectent. Papa me parle de "repos" et de "prendre des forces" avant d'essayer quelque chose et il ne se rend pas compte que le "repos" est bien la dernière chose qu'il me faut et que je reprendrais certainement des forces si j'avais quelque chose de bien défini et du travail, au lieu de rester à attendre indéfiniment. (...) Cela me rend à moitié folle de rester ici alors que peut-être ma *dernière* chance de faire quelque chose s'évanouit. (...) Je ne suis plus assez jeune pour perdre mon temps à attendre, et si je ne peux pas faire cela bientôt, cela ne vaudra plus du tout la peine d'essayer [102]. » Maux de tête, insomnies — « depuis que je suis ici, je n'ai pas dormi six heures » —, contre lesquelles elle se refuse à prendre des somnifères : « Cela ne vaut pas mieux après tout que de boire et c'est presque aussi dangereux. » Elle refuse de s'en remettre aux médecins si bornés : « Ce qu'ils ne peuvent et ne veulent pas voir, c'est que les soucis moraux sont une maladie au même titre que n'importe quelle affection physique. » L'hystérie des femmes, c'est le résultat de cette impasse qui rend folle, la volonté et l'impossibilité d'en sortir : « Je n'arrive pas à étouffer mon désir de tenter quelque chose [103]. » Peu après, n'osant pas affronter son père jusqu'au bout, elle rompt ses fiançailles interminables avec Lissagaray non sans une « lutte terrible ». « Je me demande parfois comment j'ai pu y survivre. » Elle se jette à corps perdu dans le travail : « Le travail est ce qui importe le plus. »

Avoir, trouver, garder du travail : obsession constante, fondement de l'indépendance, moyen de ne pas être seule, de se réaliser. Superactive, Eleanor est toujours par voies et par chemins, cherchant dans l'accumulation des activités — traductions, journalisme, vie de théâtre, lutte pour la diffusion des œuvres de Marx, militantisme — un remède à son anxiété profonde, à son irrémédiable solitude. « On n'a vraiment pas le temps de se demander si la vie vaut la peine d'être vécue ou si elle est parfaitement odieuse [104]. »

La mort de Marx est pour elle à la fois peine profonde et libération visible. De 1883 à 1890, ce sont — peut-être — les meilleures années d'Eleanor. Helene devenue la gouvernante d'Engels, la voilà sans témoin ; elle cherche à échapper à cette enfance qui la tient prisonnière. Elle change de milieu, rencontre Aveling, partage son amour pour le théâtre, pour Ibsen qu'ils introduisent en Angleterre, court le vaste monde — Suède, États-Unis — traduit *Madame Bovary*, mène un peu — si peu — cette vie de bohème qui lui donne l'illusion de la liberté, préoccupée aussi de retrouver ces racines juives que les siens avaient reniées. Tout cela implique courage, volonté d'être soi, d'affronter et de confronter.

Brèves années de ce qu'on n'ose appeler bonheur : des témoins — Bernard Shaw, Olive Schreiner, sa seule amie vraiment intime et qui déteste Aveling — jettent un regard douteux sur cette difficile liaison, parlent de bruits de rupture dès 1885, voire de tentative de suicide...

À partir de 1888-1889, la vie militante prend le relais de la vie de théâtre, pleine d'échecs. Et sur ce plan aussi, Tussy a essayé d'aller plus loin. Lasse des querelles d'écoles, elle cherche le contact avec le milieu ouvrier, se lie avec Keir Hardie, tête de file d'un syndicalisme nouveau style, de masse et de combat, intervient comme oratrice — elle y excelle dit-on — dans les meetings de grèves, chez les mineurs d'Écosse, les métallurgistes ; elle assure le secrétariat du Congrès des verriers : « Pendant toute une semaine (...), j'ai eu à traduire et à sténographier les débats, et maintenant je suis en train de taper le rapport à partir de mes notes. » La machine à écrire a remplacé l'aiguille de sa mère. Elle soutient les grandes grèves, « question de vie ou de mort pour toute notre industrie verrière », menacée, là comme ailleurs, par le « redéploiement » de cette fin de siècle. À la même époque, il n'y a guère en France que Louise Michel qui puisse lui être comparée.

Mais l'accalmie — fébrile — est de courte durée. À partir de 1890, on sent monter à nouveau la marée de la solitude : du côté d'Engels autant que de celui d'Aveling, de plus en plus coureur et absent, sauf quand il est malade, profitant de son pseudonyme — Alec Nelson, son nom de théâtre — pour mener une double vie. « Je serais heureuse d'avoir une lettre de temps en temps, dit-elle à Laura, car tout en étant toujours très occupée, je suis aussi très seule. » Comme Jenny jadis, elle se sent « morne et bête », se plaint de son corps ; l'approche des fêtes, toujours redoutées, lui est un supplice : « Ces horribles réjouissances qui deviennent de plus en plus pénibles à mesure qu'on a moins le cœur à se réjouir. »

À son compagnon, elle garde pourtant un indéfectible attachement ; elle l'excuse, insiste sur son mauvais état de santé. La lettre qui clôt ce recueil, écrite trois mois avant sa mort, la montre à la fois fatiguée, solitaire, mais toujours confiante dans le mouvement ouvrier et fidèle à Edward. Il vient d'être opéré, elle projette de l'emmener en convalescence à Hastings, « loin des brouillards de Londres », comme jadis elle le faisait pour son père. Eleanor n'a jamais voulu — jamais osé ? — se révolter contre les hommes qu'elle a aimés et qui l'ont, chacun à leur manière, dévorée.

Trois mois plus tard, la découverte des mensonges et des trahisons accumulées (le mariage secret d'Aveling avec une jeune actrice, la question d'argent toujours recommencée...), la conduisait au suicide comme à la seule issue possible.

Avant elle, beaucoup de femmes socialistes ou féministes étaient ainsi sorties d'une vie brutalement murée. Je pense aux femmes saint-simoniennes, à Claire Démar, alertées par la vibrante parole d'Enfantin et ligotées par l'oppression de sa pratique, à tant d'autres. En tout état de cause, l'émancipation des femmes ne peut être que l'œuvre des femmes elles-mêmes.

Après elles, d'autres prendraient le même chemin : Laura elle-même, le 25 novembre 1911, dans des circonstances bien différentes, il est vrai : à soixante-six ans, un soir de fête, avec Paul, son vieux compagnon, et sans doute pour devancer les atteintes de la vieillesse. Il n'empêche : il n'est pas indifférent que deux sur trois des filles de Marx se soient donné la mort. Choix serein de libres volontés ? Désir las d'en finir devant les limites du possible ? Qui le dira ? Ont-elles éprouvé l'effrayant vertige que donne un discours

55

libérateur confronté à l'impasse d'une réalité carcérale ? En tant que femmes ?

Comme toute mort volontaire, celle des filles de Marx interroge les vivants.

Disons, pour finir, notre gratitude à Émile Bottigelli qui fut l'initiateur généreux et subtil de la publication de ces archives exceptionnelles, en donnant il y a vingt ans les trois volumes de la Correspondance Engels-Lafargue ;

à Marcelle Bottigelli pour avoir suivi la même voie d'ouverture et d'entreprise ;

à Olga Meier enfin et surtout, pour la présente traduction et publication faite avec tant de science, de talent et de respect.

CAROLINE RETROUVÉE[*]

Cette histoire commence comme un conte.

Georges Ribeill a découvert ce journal, non dans une vieille malle, mais aux puces, substituts de nos greniers perdus, chez un de ces bouquinistes où échouent les débris des bibliothèques vendues aux enchères, après que les libraires et les amateurs en ont extrait les ouvrages les plus cotés.

Ce gros cahier brun, relié, de format in-8°, portait une étiquette avec la mention manuscrite : « Journal de Caroline Brame. 17 mars 1865 — 12 avril 1865. 24 novembre 1864 — 16 mars 1865. 13 avril 1865. » Une fine écriture couvrait les 300 pages de cet agenda, soigneusement daté. Au rayon « Théologie et Religion » où il était classé, il voisinait avec divers ouvrages de piété, de morale et de civilité chrétienne — dont quatre de la romancière catholique du Nord, Mathilde Bourdon — provenant à l'évidence de la même bibliothèque. Tous étaient pareillement reliés de façon sobre et élégante, toile et bradel, la tranche portant gravés le titre, la date, parfois une fleur ; une petite étiquette numérotée suggérait un classement. Un seul était dédicacé, celui de l'abbé Chaumont, *Du gouvernement d'une maison chrétienne* (Paris, 1875) : « À Caroline Orville. Souvenir affectueux » (signature illisible). Cette bibliothèque de femme pieuse et distinguée avait visiblement été liquidée, il y a peu. Il flottait, autour de ces épaves désuètes, comme une atmosphère de débâcle.

Ce document avait quelque chose d'insolite et d'exemplaire, à la fois. De tels journaux intimes ne sont pas rares ; mais ils parviennent exceptionnellement au public. Leurs auteurs — femmes le plus souvent — les détruisent ordinairement au seuil de leur vieillesse, peu soucieux de s'exposer au regard indifférent ou ironique de leurs

---

[*] « Caroline retrouvée », présentation du *Journal intime* de Caroline B., Enquête de M. Perrot et G. Ribeill, Paris, Arthaud-Montalba, 1985, p. 7-11.

héritiers. Celui-ci doit sans doute sa survie à une mort prématurée, et son accès jusqu'à nous, à sa facture qui l'a fait confondre avec les autres livres de la bibliothèque. Son oubli même l'avait préservé de la destruction, ou de la censure. Perdu dans quelque coin obscur, ce journal, pure valeur d'usage, avait vraisemblablement été bradé à bas prix, peut-être dans la hâte d'un déménagement ou d'un départ. Il nous livrait, comme par effraction, la vie intime d'une jeune fille — d'une jeune femme — du faubourg Saint-Germain, à la fin du Second Empire.

Le caractère quasi ethnographique de ce texte nous a d'emblée retenus. Dans sa répétition, sa banalité même, il témoignait sur un mode de vie et de pensée aboli, y compris dans ses manifestations de piété, dont les rites nous sont devenus si étrangers. C'était, vue quotidiennement, de l'intérieur, une certaine « civilisation des mœurs » qui, longtemps, a hanté la société française comme un modèle de perfection.

Mais aussi passées les premières pages qui sentent l'examen de conscience [1], un certain ton personnel nous a attachés. Nous avons été touchés par l'expression d'une souffrance, d'un désir, l'esquisse vite refermée d'une aventure, et le consentement final à l'irrémédiable destin des femmes : un mariage arrangé dont on essaie de faire une union choisie. Nous avons été sensibles à cette voix d'une inconnue, femme entre toutes les femmes. Nous avons eu envie de lui donner la parole qu'elle n'avait peut-être jamais eue.

Mais qui était cette Caroline Brame, devenue Orville, que nous voyions ainsi vivre presque au jour le jour ? Ce fut le début d'une quête et d'une enquête : quête de l'auteur, enquête sur la famille, les lieux et les milieux, qui nous furent facilitées par l'abondance des noms propres consignés dans le journal.

Le père de Caroline, Édouard Brame, était un brillant fonctionnaire du corps des Ponts et Chaussées, auteur de projets futuristes de « métro » aérien. Sa notice nécrologique nous a fourni les premières pistes et permis de retrouver aussi bien la famille maternelle que paternelle de notre héroïne.

Par sa mère, Paméla de Gardanne, dont la mort en 1862 plane sur ce texte, Caroline appartenait aux milieux de l'art officiel parisien : Ingres, Hyppolite Flandrin étaient les protégés et les amis de son grand-oncle Édouard Gatteaux dont ils avaient d'ailleurs abondamment peint l'entourage : on doit à Flandrin un portrait de Paméla, aujourd'hui au musée de Lyon.

Les Brame appartenaient, au contraire, à la bourgeoisie industrielle lilloise. Leur fortune, considérable, avait été acquise par Louis Brame, entrepreneur de travaux publics. La seconde génération, celle d'Édouard, étendait ses ambitions : le textile, la politique, Polytechnique, et même l'Institut entraient dans son horizon par des stratégies variées où les mariages semblent avoir eu beaucoup de part.

Récente, cette dynastie devait s'avérer fragile et sans doute en saisissons-nous un point d'inflexion. La branche lilloise a prospéré. C'est de ce côté que s'est conservée la mémoire. Il y a une vingtaine d'années, un descendant actuel a confié à M. Jacques Foucart la tâche de faire une série de recherches généalogiques et notariales dont les précieux résultats sont déposés à la bibliothèque municipale de Lille. On y trouve, notamment, une « confession » où l'aîné des Brame, Jules, l'homme politique, s'explique sur le long conflit qui l'a opposé à son cadet, Édouard, le père de Caroline. Celle-ci fait des allusions indéchiffrables à ce drame qui a déchiré la famille et, parfois, déterminé le sort des femmes. Tant de violence derrière cette douceur triste...

La branche parisienne a eu moins de chance. Sans doute a-t-elle été victime de son choix d'un modèle aristocratique dépassé. Le frère cadet de Caroline, Paul, catholique convaincu, s'adonnait à la philanthropie ; on perd la trace de ses nombreux enfants. Les deux filles de Caroline, Marie et Renée, se sont mariées noblement, comme l'avait sans doute rêvé leur mère, alors décédée. Mais ce monde de châteaux a mal résisté aux guerres et aux crises qui ont fini par avoir raison de l'Ancien Régime. Ainsi, l'hôtel de la rue Saint-Dominique, demeuré plus d'un siècle dans la famille, a été vendu en 1969. Le château de Mareuil-en-Brie, propriété des Orville et passé à Renée de Vibraye, la seconde fille de Caroline, est aujourd'hui géré par une Société civile forestière. Signes d'avatars qu'il ne nous appartient pas de décrire.

Une excursion sur les lieux que Caroline évoque nous a donné l'image sensible d'un univers disparu. Le château de La Cave, dans la Nièvre, où elle rencontrait Albert Dumont qu'elle a sans doute aimé, est maintenant le siège bien délabré d'une colonie de vacances ; les ronces recouvrent l'escalier qui descendait vers l'étang qu'elle voyait de sa chambre, et qu'encadre un paysage plus solitaire que jamais. L'église voisine de Beaumont est le siège d'un pèlerinage annuel et n'ouvre plus qu'à cette occasion. Au cimetière, nous avons retrouvé la tombe d'Albert, mort à vingt-quatre ans, en 1871, pendant la guerre.

Ce décès, Caroline l'a appris à Spa où, demi-réfugiée, demi-malade, elle faisait une cure pendant que son mari, Ernest Orville, restait dans Paris assiégé. M. Foucart, avec qui nous sommes entrés en rapport, et auquel nous sommes infiniment redevables ainsi qu'à son fils, a bien voulu nous communiquer une cinquantaine de lettres adressées par Caroline à Ernest. Ces lettres ont un intérêt à la fois politique et individuel. Elles complètent le portrait d'une jeune femme qui tente, parfois désespérément, de réaliser un idéal du couple plus égalitaire et plus tendre, en somme traversé par la modernité. Nous en donnons quelques-unes.

Ainsi, le cahier brun devenait le centre d'un écheveau de plus en plus serré, à la limite, infini. À travers archives publiques et privées, monuments et musées, maisons et cimetières, et même quelques témoignages oraux plus frêles, apparaissait toute une archéologie familiale qu'il suffisait de chercher pour la découvrir. Certes, les familles notables, grâce surtout à leurs femmes « de loisir », laissent-elles plus que d'autres des traces, où s'inscrivent jusqu'à leurs secrets. Le partage inégal se poursuit jusque dans la mémoire. Elles n'en ont pas toutefois le monopole, en ces temps où l'écriture et bientôt la photographie deviennent d'usage plus courant. Elles connaissent aussi le grand nocturne de l'oubli.

Pourtant, ces trésors des familles viennent enrichir notre compréhension d'une histoire où le public et le privé se mêlent de façon inextricable. Ici, à travers brises et vents, nous avons cru voir émerger un nouveau et étrange personnage : une femme qui veut être une personne.

CAROLINE, UNE JEUNE FILLE DU FAUBOURG SAINT-GERMAIN SOUS LE SECOND EMPIRE *

Ce *Journal*, acheté aux puces avec un lot de livres pieux, provenant de la même bibliothèque [1], une cinquantaine de lettres retrouvées par la suite, c'est tout ce qui nous reste aujourd'hui de Caroline Brame (1847-1892), née et morte rue Saint-Dominique — en plein Faubourg — où elle vécut l'essentiel de sa brève existence. C'est peu, et finalement plus que pour la plupart, disparus sans laisser d'empreintes.

Nous ne sommes pas tout à fait certains que ce soit le texte premier. Une absence presque totale de ratures, quelques précisions ajoutées en marge, comme on le fait après coup en classant de vieilles photos dont on craint d'oublier le nom des modèles, quelques bizarreries formelles — ainsi des décalages entre la présentation matérielle et son énoncé [2] — suggèrent qu'il s'agit peut-être d'une recopie, par Caroline éventuellement. Son goût prononcé pour la remémoration autorise à le penser. « Le souvenir est une des grandes douceurs de la vie », écrivait-elle au soir de ses dix-huit ans. Reproduire son journal a pu être pour cette nostalgique une façon de retrouver le temps perdu de son adolescence, celui où elle avait encore un « avenir ».

Nous ne sommes pas non plus assurés d'avoir la totalité de ce qu'elle a écrit. Commencé le 24 octobre 1864, au retour d'un voyage en Italie, clôture possible de la vie de pensionnaire, le présent cahier s'arrête le 26 octobre 1868, à La Cave, en Nivernais, haut lieu d'un bonheur évanoui. Caroline est mariée depuis le 18 avril 1866 à

---

* « Caroline, une jeune fille du Faubourg Saint Germain sous le Second Empire », enquête sur *Le Journal intime de Caroline B.*, publié en collaboration avec Georges Ribeill, Paris, Arthaud-Montalba, 1985, p. 169-224.

Ernest Orville. Peut-être s'agit-il d'un fragment d'un journal plus étendu, même si certains indices inclinent à y voir une totalité.

Aux premières pages de ce texte, Caroline écrit : « On rit beaucoup de mes trente-six cahiers (...) tous arrangés dans le petit salon. » Cahiers de classe, carnets de voyage ou journal antérieur ? Assurément, on imagine mal aujourd'hui un journal intime à portée de main de l'entourage. Mais le petit salon est un espace plus proprement féminin. Et Caroline est la seule femme de la maison : sa mère est morte le 26 mai 1862.

À l'autre extrémité, même relative incertitude. Le journal s'achève à la dernière ligne du registre, quasiment au milieu du récit d'une journée : cette terminaison matérielle est-elle une fin réelle ? On doit cependant observer que, depuis son mariage, Caroline ne tient plus qu'exceptionnellement son journal, surtout pour évoquer des souvenirs. Devenu pèlerinage, le journal a totalement changé de fonction. Au vrai, il a cessé d'en être un. Le mariage, comme presque toujours, l'a tué. Une jeune fille a des secrets dont une femme ne peut disposer dans la chambre matrimoniale, si même elle se les autorise. Signe des temps : Michelet met la « confession » conjugale au cœur des rapports du couple moderne et réclame pour le mari le droit d'être le seul confident, le seul ami[3]. Ainsi, le journal a rempli son rôle de compagnon de l'adolescence inquiète, de confident des incertitudes du cœur. Rite et témoin de passage, il trouve là son unité, et sans doute son unicité.

Tenir son journal est, au XIXe siècle, une pratique relativement courante, et de plus en plus répandue[4]. Les origines et les significations d'une telle démarche sont multiples. On y retrouve le côté « agendaire » des livres de raison, soucieux de consigner les dépenses et le temps qu'il fait, de réguler ses ressources et bientôt le bien le plus précieux : l'emploi de son temps[5]. Par la chronique des maladies, le corps y prend sa place. L'âme aussi. Car les sources religieuses du journal intime sont essentielles. Du côté protestant, la tradition piétiste allemande, si vivante dans les églises protestantes américaines fin XVIIIe, début XIXe siècle, en recommande la pratique, surtout parmi les femmes. Dans la Genève calviniste, Amiel avait, dès treize ans, un « directorium », « registre à tranches d'or et fermoir », pour noter ses bonnes résolutions et ses manquements. Le journal devient alors examen de conscience et mode de contrôle de soi, dont on conseille l'usage aux jeunes pensionnaires au sortir du couvent.

Plus réticente devant les risques de débordement d'un moi

intempestif, l'église catholique oriente le journal intime vers l'action de grâces et la réflexion édifiante. Pourtant, monseigneur Mermillod, conseiller écouté des femmes chrétiennes sous le Second Empire, vantait la force apologétique d'écrits privés, comme ceux de Mme Swetchine ou d'Eugénie de Guérin dont selon lui la publication avait entraîné des conversions[6]. Le père Marquigny (de la Compagnie de Jésus) publiait, sous le titre *Une Femme forte*, le journal et la correspondance conjugale de la comtesse Julia Adelstan, pseudonyme d'une aristocrate lyonnaise, morte à trente ans en 1871[7]. Ce livre figurait dans la bibliothèque de Caroline qui en a souligné de nombreux passages dont le choix, du reste, en dit long sur ses propres obsessions. Bien entendu, Caroline n'a pu être directement influencée par cet ouvrage paru en 1873 ; les similarités de style, de fond, avec ses propres écrits sont néanmoins frappantes. C'est seulement la preuve de la force des modèles en circulation qui s'imposaient aux « diaristes » chrétiennes.

Mais, parallèlement, le journal tend à s'affirmer comme un espace d'expression personnelle. L'individu, parfois étouffé par le « terrorisme » familial si fort en cet âge d'or de la vie privée, aspire à retrouver, le soir, un coin à lui où respirer enfin. Pour certains, tel Amiel, cas extrême il est vrai, le journal incarne l'acte principal de la journée, voire la totalité de la vie, une fin en soi. En tout cas, le mouvement d'appropriation du journal par le moi intime est général.

Même si l'appétit d'écrire est au XIXe siècle une passion commune qui fait craquer les frontières sociales[8], le journal demeure, malgré tout, pour des raisons matérielles et intellectuelles, l'apanage des plus aisés. Deux catégories y sont particulièrement portées : les adolescents et les femmes. Compagnon de solitude, œuvre de célibataire, le journal accompagne souvent le passage d'un état à un autre. Il souffre, par la suite, de cette situation transitoire. Témoin gênant dont on rougirait, on le cache si bien qu'on l'égare ; et même on le supprime. Sans doute en reste-t-il plus qu'on ne croit dans les archives familiales, précieuses marques d'écritures et de vies, autrement perdues. Mais beaucoup ont été détruits par leurs auteurs qui redoutent le regard insensible d'héritiers indifférents. Que de papiers brûlés au soir d'une vie, pour préserver cette part de secret qui est au cœur de toute existence !

Caroline a conservé son journal. Elle n'a pas souhaité effacer ses traces. À moins que, surprise par la mort, elle n'en ait pas eu le temps. Peut-être même a-t-elle voulu nous les transmettre ? Toute écriture est, d'une certaine manière, volonté de vivre, ou de survivre. Toute écriture est message, et mystère.

L'ÉCRITURE DU JOURNAL

En 1864 et 1865, Caroline écrit son journal presque chaque jour, notamment dans la période d'intense angoisse existentielle qu'elle traverse. Elle écrit le soir, dans le silence de sa chambre, avant la dernière prière. Elle fait l'examen de sa conscience, et plus encore celui de son temps. « Ai-je bien employé ma journée ? », s'interroge-t-elle. « Ce devrait être toujours ma première pensée lorsque je suis près de Dieu : lui demandant de m'aider et de me pardonner ! » (17 juin 1865). Elle recense ses actions, bonnes ou mauvaises : actes de piété, œuvres de charité, côté blanc ; sautes d'humeur, gestes d'impatience, tentations mondaines, côté noir (pas très noir). Examen de piété quotidien, le journal dit par le menu les pratiques d'une jeune fille dévote.

Caroline récapitule ses occupations mondaines : courses, visites, dîners, réceptions, soirées. Elle mentionne avec précision ses menus déplacements dans Paris et, notamment, les personnes qu'elle a visitées, ou rencontrées, celles qui sont venues à son « jour » du mercredi.

Elle jauge, enfin, le contenu d'une journée en bonheur. « Que mettrai-je dans ce nouveau cahier ? Des joies ou des peines ? » (28 juin 1865). Elle fait de son journal le témoin de ses plaisirs et de ses appréhensions. Cette fonction grandit, surtout à partir de l'été 1865. Le mariage de sa cousine préférée, Marie Ternaux, ouvre pour Caroline un temps d'inquiétude sur son avenir et sur sa vocation : religieuse ou mariée ? Le journal est le substitut de la mère qu'elle a perdue, ou, du moins, le moyen de lui parler encore. « Le bon ami confident de tout ce que j'éprouve » (20 juin 1865) devient un instrument d'introspection, sinon de défoulement. À l'automne 1865, dans ce bref moment de liberté où elle respire enfin, Caroline parle moins de Dieu que d'elle-même et d'Albert qu'elle semble aimer. Moins de contrition et d'actions de grâce, plus de souci de soi. Le ton religieux recule au profit d'une expression plus personnelle.

Celle-ci demeure toutefois contenue. Le moi n'a pas conquis pleinement droit de cité, surtout paroisse Sainte-Clotilde où les prédicateurs invitent les jeunes filles à se défier de leurs nerfs : « Il y a de nos jours de belles et magnifiques inventions ; mais il en est une que je n'aime pas du tout, c'est le système nerveux », leur dit le père Bazin (23 mars 1865). La psychologie, triomphante à la fin du siècle, n'a pas encore envahi le roman et la conversation. Les barrières du « quant à soi » restent solides dans l'étiquette du Faubourg. Sur les mouvements de son cœur, Caroline est allusive, comme s'il n'était pas permis d'aller plus loin. « Mon Dieu, il y a dans ce moment une chose que je désire », écrit-elle (4 janvier 1866), et c'est une audace. « Mon Dieu que mettre ici !... Puis-je ouvrir mon cœur ! » (15 janvier 1866). Impossible aveu ! La décence contient les mots qui feraient exister les choses. « Oserais-je ? », « Dois-je le dire ? » risque-t-elle parfois, et c'est toute la question. La pudeur pèse sur ce journal comme sur ses pensées. Parole et vie, captives d'un modèle de comportement, nous demeurent opaques. Des codes irrépressibles décident de la présentation de soi et rendent illusoire la transparence. Il nous faut traduire les signes, lire entre les lignes, capter les allusions, nous insinuer dans les brèches et les failles, nous emparer des blancs et des demi-mots. Avide du secret des âmes, l'historien — sacrilège ? — voudrait être Dieu. Ou Freud, à défaut !

Caroline date son journal, avec une précision de notaire : jour à gauche, quantième, mois, année, quotidiennement répétée, à droite. Rythmes mondains des « jours », ordre liturgique, déplacements saisonniers — vacances d'été, chasses d'automne —, anniversaires familiaux auxquels Caroline est très fidèle, cherchant dans la coïncidence des dates quelque mystérieuse signification ; ces temporalités quadrillent un temps privé indifférent au monde extérieur, et dont le récit détaillé donne une impression d'infinitude. Étrange sensation de répétition infime et de péripéties interminables au sein de sociabilités closes qui forment autant de systèmes planétaires. Au travers de tels écrits intimes, nous entrevoyons des modes de perception et de régulation du temps que les grands médias modernes ont bouleversés.

Caroline écrit « je ». Elle tutoie sa mère, sa principale interlocutrice, avec Jésus et la Vierge. À eux, elle dit « vous », relatant surtout ces dialogues d'action de grâce où Jésus répond. Son langage exclamatif — « oh ! ah ! que... comme ! » — est celui de la prière et de la poésie. Elle use abondamment des points de suspension. Son style, toutefois, évolue, notamment après son mariage, vers plus de sobriété et de sécheresse. En quatre ans, Caroline a mûri. La petite pensionnaire, sujette aux fous rires et aux larmes, est devenue une jeune femme plus grave, moins prompte à s'amuser d'un rien. Elle n'a plus, il est vrai, de « chambre à soi » pour l'écriture du soir. Lorsqu'en 1870-1871, elle se retrouve seule à Spa, séparée de son mari par la guerre, elle lui adresse des lettres d'un ton personnel et déterminé qui surprend. Comme si, à la faveur de circonstances exceptionnelles qui légitiment son intérêt pour la vie publique, elle s'était, au moins provisoirement, libérée, affirmée.

De 1864 à 1868, voici donc quatre ans de la vie d'une femme, de dix-sept à vingt et un ans. Le journal dessine son univers, témoignage quotidien sur une ethnie qui n'en finit pas de mourir. Mais il nous livre aussi l'existence singulière d'une jeune fille aux prises avec les rôles et les convenances que la société lui impose, coincée entre ses aspirations et sa destinée. Conformiste, sans doute, résignée, peut-être, Caroline n'est pas cependant une « petite fille modèle » sans appétit ni désir. Elle a une nature qu'on devine ardente, un cœur aimant, un corps dansant, des insomnies et des rêves. Cette tension entre le monde et elle fait le charme de ce texte. Charme pervers, à la Patricia Highsmith, à laquelle, pourtant, elle ressemble si peu : celui des chemins dont on connaît l'issue, mais non les détours, des histoires dont on sait la fin sans que le suspense en soit pour autant aboli ; celui des pièges qui se referment, inéluctablement.

EN PLEIN FAUBOURG

Relations familiales et fréquentations mondaines définissent l'espace de Caroline. Paris, Lille, quelques châteaux plus ou moins campagnards forment les pôles majeurs de déplacements que les chemins de fer ont rendu faciles et réguliers. Deux incursions à l'étranger, en Italie et en Belgique, à Rome et Florence, Bruxelles et Anvers et leurs musées, ouvrent à peine cette aire structurée par les réseaux personnels. Espace limité, en somme, dont l'étroitesse est encore accrue par les restrictions mises à la circulation féminine, mais que Caroline fait pleinement sien. Elle ne se sent vraiment à l'aise que dans sa « chère capitale », souffre de la fatigue des voyages, exècre la province et juge Lille sinistre.

Paris, c'est la ville de ses ancêtres maternels, les Gatteaux, dont la présence est attestée au moins depuis le début du XVIIIe siècle[9]. Famille résolument parisienne : l'arrière-grand-mère Gatteaux n'avait-elle pas « refusé absolument d'accorder la main de sa petite-fille à un mari qui n'habiterait point Paris », obligeant Édouard Brame, le futur père de Caroline, à se mettre en réserve du corps des Ponts-et-Chaussées pour épouser Paméla de Gardanne ? Consciemment ou non, Caroline rééditera ce scénario : son attachement à la rue Saint-Dominique a sans doute pesé lourd dans le refus d'Ernest Orville, son mari, d'aller en province, étape nécessaire dans la carrière d'un magistrat, et dans sa décision finale de démissionner. Dans l'hôtel de la rue de Lille, où il a réuni de belles collections qu'il envisage de léguer au Louvre, l'oncle Édouard Gatteaux, ami d'Ingres et de Flandrin, réunit des artistes. Ses soirées du jeudi sont dédiées à la musique.

Édouard Brame, lui aussi, est un Parisien déclaré. Ses relations propres — ingénieurs, industriels, architectes — le conduisent plus souvent vers les nouveaux quartiers de la rive droite, le bois de Boulogne et les Champs-Élysées. Amateur des boulevards, il y entraîne ses enfants ; glaces chez Tortoni, Opéra-Comique, voire comédie à la Porte-Saint-Martin. Friand des plaisirs urbains, il emmène sa fille, mariée, à une fête de nuit au Cercle des patineurs ; elle y est « éblouie par les reflets de lumière électrique » (10 janvier 1868). Il apprécie le luxe, les chevaux et les belles carrosseries. Constamment par voies et par chemins, il accapare voiture et cocher, au grand dam de sa fille, toujours en quête de quelque fiacre introuvable, surtout quand il pleut.

Une jeune fille de la bonne société ne peut circuler seule. Mme Loupot, la gouvernante, Bertha, la femme de chambre, ou encore quelque dame amie accompagnent le plus souvent Caroline. Aller au Marais, voir son directeur de conscience, l'abbé Chevojon, ancien vicaire de Sainte-Clotilde, nommé à Saint-Denys-du-Saint-Sacrement[10], est une expédition problématique et toujours relatée. Et quelle aventure d'être sans cicerone ! « Me voilà partie seule avec Marie (c'était la première fois) pour aller chez mon oncle (...). Nous avons bien ri, Marie et moi, en pensant que personne n'était derrière nous, et il nous semblait que tout le monde nous regardait » (25 novembre 1864). De la rue Saint-Dominique à la rue de Lille, le trajet n'est pas bien long. Cependant Mme Loupot vient la rechercher pour le retour. Pour George Sand, circuler seule était le symbole même de la liberté : « Être toute seule dans la rue et me dire à moi-même, "je dînerai à 4 h ou à 7 h suivant mon bon plaisir ; je passerai par le Luxembourg pour aller aux Tuileries au lieu de passer par les Champs-Élysées, si tel est mon caprice", voilà de quoi m'amuser davantage que les fadeurs des hommes et la raideur des salons[11]. » Autre femme, autres mœurs.

Aussi, excepté les incursions quasi hebdomadaires au Marais pour se confesser, Caroline ne sort guère du faubourg Saint-Germain et de sa « chère paroisse » Sainte-Clotilde, dont la place est à la mesure de celle qu'occupent les exercices de piété dans son emploi du temps : messes matinales à la chapelle de la Vierge ou de Sainte-Valère, saluts, réunions du catéchisme ou des enfants de Marie à la chapelle des Catéchismes, rue Las Cases. Cette dernière est aujourd'hui occupée par une entreprise de restauration de monuments religieux. Mais l'église n'a guère changé, exemple presque unique à Paris de « revival » gothique, homogène jusque dans les détails des vitraux, des fresques et même du mobilier. Construite entre 1846 et 1857, c'est alors une église flambant neuve, d'ailleurs fort contestée. On reprochait à Gau, son architecte, originaire de Cologne, la froideur « germanique » de l'ensemble ! Ballu, qui paracheva l'œuvre, avait tenté d'y remédier par la splendeur des décorations, et notamment les peintures des chapelles, exécutées par cinq artistes, dont Lenepveu (chapelle Sainte-Valère) et Bouguereau (chapelle Saint-Louis, terminée en 1859)[12]. Caroline se sent bien à Sainte-Clotilde. Elle est sensible à l'ambiance du culte catholique, dont elle apprécie les fastes : fleurs, lumières, chants et musique, dans cette paroisse dont César Franck est l'organiste. Condensé de l'art religieux du temps, Sainte-Clotilde s'accorde avec son univers esthétique et le modèle. Dans les musées et les expositions, c'est la peinture religieuse que Caroline regarde et commente de préférence.

Il n'y a que quelques pas à faire pour gagner le 5, rue Saint-Dominique. Les parents de Caroline se sont fixés dans cette rue, tout de suite après leur mariage, d'abord à l'hôtel du duc de Bastard, puis à l'hôtel de Tavanne. Ils y ont succédé à leur amie, Mme Swetchine, qui tint à cet endroit, de 1826 à sa mort en 1857, un salon qui fut un creuset du catholicisme libéral ; Montalembert, Lacordaire, Falloux, plus rarement Tocqueville le fréquentèrent. Dans les années 1860, la vieille demeure du XVIIIe siècle est louée par appartements ; en 1864, les Barbet de Jouy occupent l'étage supérieur ; ils « descendent » de temps à autre aux soirées des Brame, en voisins. Après son mariage, le jeune ménage Orville reprendra leur appartement : « ce qui m'a fait, dit Caroline, infiniment de plaisir, puisque je resterai ainsi près de mon père, au milieu de toutes mes amies, dans ma chère paroisse. Comment remercier M. Ernest de sa condescendance pour moi ? » (9 mars 1865). Voici reconstitué l'hôtel de famille, rêve aristocratique de la grande bourgeoisie d'alors, désireuse de prendre racine en pleine ville, comme la noblesse le faisait sur ses terres [13]. Caroline mourra « en son hôtel » le 15 janvier 1892 ; et Ernest en 1910.

L'hôtel de Tavanne et sa cour ombreuse furent le véritable horizon de Caroline, son « nid ». Elle vante les charmes de « mon délicieux appartement, ma petite chambre, mon cher salon », la serre, si agréable pour les dîners d'été. La frontière du public et du privé passe à travers ces lieux. Le grand salon est réservé aux « jours », aux après-dîners d'ingénieurs d'où Caroline s'éclipse vite. Le petit salon est voué aux causeries intimes, entre amies ; au « coin du feu » — point focal de l'intimité — on évoque des souvenirs, on regarde des photographies, en brodant quelque ouvrage pour les pauvres ou pour l'église. Tout à côté, Caroline a fait aménager un « petit oratoire » dont elle est particulièrement fière.

Mais le véritable espace privé d'une jeune fille, c'est sa chambre : « ma chambre dont j'ai fait le sanctuaire de mes pensées, de mes désirs, de ma vie intime tout entière » (20 juin 1865), ma « cellule », dit-elle encore au plus fort de sa crise mystique. Partout où elle va, Caroline, grâce aux objets personnels qu'elle emporte et qui constituent pour elle autant de reliques, recrée son coin. À Fontaine, le château des Brame près de Lille, elle écrit son journal « devant un Christ, la statue de Notre-Dame-des-Victoires et l'image de sainte Thérèse, au milieu de mes livres aimés et de mes chers souvenirs » (19 juin 1865) [14]. Lorsqu'elle revient à Fontaine, mariée, Caroline montre sa « chambrette » à Ernest ; mais le lit de jeune fille est trop étroit ; le couple occupe « la grande chambre jaune » : « nous y étions parfaitement bien » (16 octobre 1867). Se marier, c'est en somme changer de chambre. Les bouleversements de l'existence s'inscrivent dans l'espace intérieur [15].

La chambre et le salon, ces deux pôles de la vie, sont d'ailleurs les deux seules pièces dont parle Caroline ; chez elles ou ses amies, elle n'en mentionne pas d'autres. Il est rarement question de salle à manger, jamais de cuisine ou de cabinet de toilette ; pas plus que de nourriture ou de soins du corps. Les dîners sont pour Caroline des réunions familiales ou mondaines, non des repas.

Caroline dit peu sur l'aménagement de cet intérieur dont elle est, au vrai, une bien jeune maîtresse de maison pour y prendre beaucoup d'initiatives. Elle y fait des « rangements » plus que des arrangements. Visiblement attachée à l'ordre des choses, cette cosmologie des femmes bourgeoises, elle se livre à des classements sans fin, toute contente d'avoir un « bibliorhate » (?) pour classer ses lettres, abondantes sans doute : la correspondance l'occupe beaucoup aussi. Plus tard, elle fera relier ses livres avec élégance, distinguant chacun d'eux par une fleur différente. Ainsi ont-ils abouti chez le bouquiniste où on les a retrouvés.

Apparemment bien « servie », elle met peu la main à la pâte, pour employer un vocabulaire de livre de cuisine bourgeoise qui n'est pas le sien. Donne-t-elle une réception ? Ce sont des « ordres » qu'il lui faut dispenser. La direction des domestiques, chapitre essentiel des manuels de savoir-vivre des femmes surtout chrétiennes, la préoccupe. Elle note comme une victoire sur elle-même cet acte d'autorité : « Il a fallu aujourd'hui faire preuve de fermeté et montrer mon autorité, or rien ne me coûte plus que cela ! Cependant j'avais donné un ordre, ils n'ont pas obéi et appelant Léopold je lui demandais la cause de cette conduite ; après qu'il m'eut donné ses raisons, moi qui connaissais la principale, je le lui fis comprendre avec un calme et une sévérité dont je ne me croyais pas capable, et je lui dis que lorsque je demandais quelque chose, je tenais à être obéie ! C'était mon premier acte d'autorité envers les domestiques et je l'avoue, il m'a coûté ; j'aime mieux dire toujours : c'est bien ! » (10 décembre 1864). De ces « ils » anonymes, on ne connaît bien sûr que les prénoms : Bertha, Jean, Edmond, modeste maisonnée. Caroline n'en parle que lorsqu'ils font défaut, par absence, maladie, ou par la mort, suprême trahison. « Ma pauvre Bertha, qui était depuis si longtemps avec moi, avec qui je pouvais parler de tous ceux que j'aimais tant, nous l'avons perdue en moins de quelques heures » (12 décembre 1868). Ainsi s'effondre un pan de souvenirs. En marge, elle a ajouté plus tard sans doute : « enterrée au cimetière de Neauphle [16] ».

Pas question, non plus, du décor de la maison de ses parents, ou de celle de ses amies. Une seule fois, elle décrit le salon lillois de sa cousine Marie Wallaert, comme celui de ses rêves : « Quelle jolie maison ! Comme elle est bien arrangée ! Le salon surtout est délicieux ! Les rideaux sont en satin bleu ciel, le meuble pareil, avec des médaillons Louis XV, la petite console où sont éparpillés ces mille riens si gracieux. Tout cela est frais, délicieux » (30 mars 1865). Le salon de Marie de Layre, son autre cousine, est « charmant en damas jaune ; la chambre à coucher est un vrai bijou en mousseline blanche et bleue » (4 décembre 1865). Ce goût de Caroline pour le mobilier XVIIIe siècle (de style à défaut d'être toujours d'époque), les tentures et les capitons, les teintes pastel, les « mille riens », ces bibelots qui submergent les intérieurs, est celui de son milieu et de son temps ; celui d'une bourgeoisie fascinée par l'aristocratie, modèle de la distinction, et qui, en matière esthétique, n'en finit pas de conquérir sa légitimité[17]. On aimerait savoir comment Caroline a meublé sa maison et si elle y a pris quelque plaisir. Appréciait-elle les œuvres d'art du grand-oncle Gatteaux qui semble avoir été un amateur véritable ? Et du décor de sa vie, des objets qui le peuplaient, que reste-t-il aujourd'hui ?

Autant Caroline aime Paris, autant elle déteste Lille, la ville paternelle des Brame. Chaque départ, ressenti comme un exil, est l'occasion d'exalter l'une et de dénigrer l'autre : « cette ville noire où je vais être condamnée à voir le soleil d'une chambre chaude et sans air » (3 décembre 1864). « De tous côtés on ne voit que des fabriques, ce n'est pas des plus gais ! » (4 décembre). Elle exècre le « pavé pointu et (les) tuyaux de cheminées » de cette ville industrielle, comme plus généralement tout ce qui *sent* l'industrie, associée à la pollution, la tristesse et la pauvreté. « Une promenade dans des quartiers impossibles ! Des fabriques d'où s'exhalait une odeur de Javelle » — *l'haleine des faubourgs* en somme[18] — lui gâchent une journée de ses courtes fiançailles. À Lille, froid, nuit, brouillard, fumées : elle y gèle, elle s'y ennuie. La maison où se meurt grand-papa Brame est sinistre, surtout la salle à manger, trop solennelle. Caroline se blottit dans sa chambre et dans son lit. Elle se lève tard pour échapper au froid. Personne à voir. Les salons de Lille sont plus fermés que ceux de Paris ; les dames plus compassées. Et puis, les dames Crouan, toujours les dames Crouan ! Elle croise Mathilde Bourdon, « la fameuse auteur de la *Vie réelle* » qui, tout de même, « a l'air si peu d'une femme bas-bleu » (23 juillet 1865)[19]. Telle une orpheline, escortée de Bertha, elle arpente « le sol glacé et humide du Nord », envie son père qui ne fait, comme toujours, que passer et n'attend qu'une occasion pour repartir.

Du Nord, elle critique tout : la sociabilité, le parler, les coutumes. Elle juge les soirées ennuyeuses et les dîners interminables, la conversation sans art. Les Lillois continuent de jouer aux cartes, tandis qu'à Paris, on joue la comédie. À la messe, la pieuse Caroline a du mal à retenir son hilarité en entendant le prône du curé dont « les gestes et tournures de phrase » lui paraissent comiques. Et les pratiques funéraires qui président à l'enterrement de son grand-père lui sont insupportables : entre l'inhumation et « les messes », une semaine après, il faut, en principe, ne pas se montrer. Si bien que la famille organise une escapade touristique en Belgique ! Elle visite les musées de Bruxelles et d'Anvers, sans complexes ni remords.

Seul le château de Fontaine, à Croix, à quelques kilomètres de Lille, trouve vraiment grâce à ses yeux. Loin des poussières qui font tousser, on y respire « le bon air ». Vie de famille, bienfaisance et « liberté des champs » donnent beaucoup de charme à ce séjour. Singulière « liberté des champs » que celle de ces jeunes filles, écrasées de chaleur sous leur crinoline, incapables de faire plus de quelques pas dans un parc sans recevoir le secours de la voiture à âne ! Cadichon n'est jamais très loin... Au vrai, la célébration de la nature revêt chez Caroline des accents quelque peu stéréotypés, comme sa perception des paysans. Femmes au lavoir, ou liant des gerbes de lin, paysans accueillant les châtelains à l'office paroissial sont un élément pittoresque du paysage, campés à la manière d'un petit maître. Les relations sont toutefois différentes à Fontaine, château de plaisance, et à La Cave, la propriété nivernaise des Dumont, véritable exploitation rurale. Lorsque les chasseurs, réunis à la Saint-Hubert dans les cuisines du château, trinquent avec elle et Albert, qui la leur présente, Caroline est ravie. La demoiselle de la rue Saint-Dominique s'imagine-t-elle en châtelaine du Nivernais ? « J'aime tant, dit-elle, ce qui rapproche des paysans » (3 novembre 1865).

Mais cette idylle champêtre est brève. Caroline, par inclination et par nécessité, n'a rien d'une George Sand. Résolument urbaine et parisienne, elle retrouve toujours avec joie son Faubourg, « mes chères habitudes » : « cette chère vie que j'aime tant, entre mon chez moi et mes amies, je suis si heureuse » (3 décembre 1864).

LES DOUX LIENS DE LA FAMILLE

En définitive, les lieux importent moins à Caroline que les personnes ; gorgés de présence, ils sont prétexte à remémorer les êtres. Et d'abord Paméla, sa mère, morte à trente-huit ans. Cette mère tant aimée hante ce journal. Elle en parle, elle lui parle, l'invoquant dans ses difficultés, s'interrogeant sans cesse sur ce que sa mère aurait dit, fait ou même pensé. Tout est prétexte à l'évoquer : les lieux et les dates. À Lille, « cette chambre que maman habitait » ; à Fontaine, la chambre sur la cour où « maman me faisait travailler (...) et j'ai eu là bien des distractions (...). J'y ai peut-être été grondée, mais aussi embrassée bien des fois ! » (16 octobre 1867) ; à Neauphle, la résidence campagnarde des Gatteaux, elle se remémore le petit salon où elle l'a vue si souvent pleurer. Le calendrier martèle la mémoire, avec ses coïncidences dont Caroline fait des correspondances : l'anniversaire de la mort de sa mère recouvre celui de sa première communion (un 26 mai aussi, 1859) ; elle se marie vingt ans après elle, qui le fit le 19 février 1846. La chronique familiale a la précision des annales d'un souverain.

Souvent, Caroline contemple le portrait que Flandrin a fait de Paméla en 1861, un an avant sa mort. Elle souffre de le voir prêté à l'exposition des œuvres du peintre : « J'avoue que ce n'est pas sans une grande tristesse que j'ai vu là le portrait de maman ! Ce souvenir vivant de ma mère, cette relique qui me rappelle si bien celle que je consulte dans mes hésitations, qui me console dans mes peines, j'aurais voulu le garder pour nous seuls et ne pas l'exposer au regard de tous » (15 février 1865). Profanation d'une intimité qui aspire au secret. Au même moment, Flaubert évoquant le lieu d'une rencontre amicale avec George Sand, lui écrit : « C'était même si bon que je désire n'en pas faire jouir les autres. Si vous vous servez de Croisset dans quelque livre, déguisez-le pour qu'on ne le reconnaisse pas (...). Le souvenir de votre présence ici est pour nous deux, pour moi. Tel est mon égoïsme [20]. »

La mort de sa mère a plongé Caroline dans une grande solitude. Elle a perdu la tendresse, les mots et les caresses dont son père, conforme à son rôle, est peu prodigue. « On m'aime, je le sais (...). Mais on ne me câline plus, c'est déjà l'affection sévère, l'enfance a disparu et on croit que mon cœur a suivi le cours des ans ! » La voici, sans guide au moment crucial où une jeune fille entre dans le monde et dans la vie. Selon un partage que le Second Empire catholique a consolidé, tandis que le directeur de conscience assure la conduite de l'âme, la mère est l'initiatrice des règles mondaines et des secrets du cœur de l'adolescente [21].

Avant la mort de sa mère Caroline, heureusement, a eu son premier bal, ce rite de passage qui intronise au monde. « Ah ! où est-il ce jour que je n'oublierai de ma vie, où pour la première fois je mettais le pied dans un salon rempli de fleurs et de lumières ! C'était mon premier bal et maman jouissait de mes premiers essais et de mes sourires ! Lorsque fatiguée, je restais inactive, je rencontrais les yeux de ma mère qui me souriaient et qui semblaient me dire : ne crains rien, je suis là » (17 décembre 1864). Désormais, il lui faut agir seule, assumer seule cette tâche de maîtresse de maison qu'elle trouve parfois si lourde. Comment s'habiller, cette chose si grave, se comporter ? Comment respecter ces convenances et ces codes qui régissent la vie mondaine et font d'elle un parcours plein d'embûches pour une jeune débutante ? À la veille de chaque réception, Caroline invoque sa mère comme un chevalier, Notre-Dame, avant une joute.

D'autant que cette mère est pour Caroline un modèle de perfection auquel elle voudrait s'identifier. « Mon seul désir c'est de devenir comme toi et de m'entendre dire : elle est comme sa mère ! C'est le plus bel éloge pour une fille, c'est le seul qui trouve hospitalité dans mon cœur » (17 avril 1865). Ce modèle est d'autant plus prégnant que toute la famille célèbre les louanges de la morte. Il existe, à son sujet, comme une légende héroïque : celle de la mère, de la femme du monde qui, presque à l'agonie, tient à assumer jusqu'au bout ses devoirs. La notice nécrologique d'Édouard Brame est, en 1888, un peu aussi celle de sa femme et peut-être Caroline y est-elle pour quelque chose ? « Le dimanche 3 mai 1862 s'ouvrit la retraite de première communion (de Paul, le frère de Caroline), la mère n'eut garde de céder à d'autres le soin d'y conduire ses enfants. Il faisait dans la chapelle une chaleur suffocante ; Mme Brame en sortit frappée d'une manière irrémédiable. Néanmoins, opiniâtre contre le mal, elle resta debout jusqu'au soir et reçut à dîner ses parents et quelques amis [22]. » Le code de l'honneur d'une maîtresse de maison est aussi impérieux que celui d'un capitaine de navire. Le lendemain, elle se couche et meurt, d'une pleurésie, dit-on. C'était le 26 mai 1862. Caroline avait quinze ans.

Mère sublime, Paméla est morte comme une sainte. Un soir d'été, dans la voiture qui les ramène de Lille à Fontaine, la tante Céline Ternaux fait à sa nièce Caroline le récit de ses derniers instants : « Quelques heures avant sa mort, ma mère qui était déjà bien près du ciel semblait souffrir davantage lorsque tout à coup sa figure s'illumina, elle sembla apercevoir un être invisible, lui sourit et s'endormit !... Qui était-ce, Jésus qui venait la chercher ?... La Sainte Vierge qui lui promettait de veiller sur nous ? Ou un des deux anges que Dieu lui avait enlevés ? » (20 juin 1865). Certes, de tels récits font partie de la littérature édifiante des « belles morts [23] ». Mais leur pieuse mise en scène s'impose aux agonisants comme à leur entourage et à la mémoire même. Il est bien des manières de mourir en ce XIXe siècle où explosent les croyances et les rites. Celle-ci maintient la grande tradition en lui ajoutant une connotation familiale frappante. Bordé de deuil, le ciel devient le cercle des intimes. Le journal de Caroline comporte deux autres récits de « bonnes morts » : celle de la jeune Claire de Bréda, celle du grand-père Brame.

Ainsi héroïsée, sanctifiée, Paméla Brame requiert de sa fille une vénération accrue. Comment être à la hauteur d'une telle mère ? Ce modèle angoissant de perfection pousse d'une certaine manière à faire retraite. « Ta fille comprend ce que tu étais, ce que tu es et elle ne veut pas rester indigne de toi. Oh ! comment ne pas dire au monde un adieu éternel pour s'abriter sous les ailes du couvent lorsqu'on a devant les yeux une telle preuve de la sainteté de sa mère... » (20 juin 1865).

Ce n'est pas ainsi, pourtant, mais par le mariage que Caroline imitera sa mère. Elle l'invoque à chaque instant de sa rencontre avec « monsieur Ernest » et, le soir même de son mariage, le 19 avril 1866, jeune fille encore, dans un texte qui mélange curieusement le présent et l'imparfait, comme s'il avait été complété après coup. « Ma mère, ma mère chérie, il y a vingt ans, le 19 février 1846, toi aussi, tu étais en blanc, promettant à mon père de l'aimer toujours... Je me sentais si seule, et mon cœur se brisait en pensant que ce ne serait pas ma mère qui me conduirait à l'autel ; cependant, élevant mes pensées et mes regrets plus haut, j'ai vu maman au ciel qui me bénissait, délicieuse extase qui m'a rendu le calme. »

Caroline nous livre le portrait idéalisé de sa mère : celui d'une jeune femme sérieuse et tendre, respectueuse de ses devoirs, raisonnable et soumise, pas nécessairement heureuse, et qui pleure en secret. Caroline, mariée depuis deux ans, navrée de ne pas avoir de « baby », évoque sa mère encore, dans le petit salon de Neauphle : « Si tu étais encore là, comme nous serions tous plus heureux. Il me semble que ta fille te serait une compagne car je crois que nos idées seraient les mêmes. Cette tristesse que je sens souvent me rapproche de toi. Je te vois dans ce petit salon pleurant quelquefois toute seule ; alors j'étais enfant, folle, gaie, heureuse, je ne comprenais pas les pleurs » (4 décembre 1867), écrit Caroline dans une des dernières pages de son journal. Paméla n'est plus pour sa fille un modèle inaccessible, mais une sœur dans l'épreuve du mariage, dans cette insondable mélancolie qui semble avoir été leur partage. En somme, la figure de son destin.

Avec le père, les relations sont nécessairement différentes. Polytechnicien, ingénieur des Ponts et Chaussées, administrateur des chemins de fer, auteur de projets remarquables et futuristes sur la circulation parisienne, ami de Baltard et de tout ce que Paris compte en aménageurs de l'espace, membre du Cercle agricole, parfaitement intégré à la société parisienne et à la modernité de la ville, Édouard

Brame est un homme public que les pesanteurs du Faubourg devaient bien irriter parfois. Un homme actif, très occupé, toujours par monts et par vaux — fait symbolique, il mourra dans sa voiture —, un absent qu'on attend toujours, souvent en vain, et qui déteste attendre. Accompagnant Caroline chez son confesseur, il s'impatiente de ne pas le trouver. « Mon père qui déteste attendre n'en pouvait plus... Une demi-heure se passe ainsi, mon père se lève et déclare qu'il ne restera pas cinq minutes de plus » (1er décembre 1864). Veut-elle se changer ? « Mon père ne me donna qu'une minute. »

Le temps des hommes est mesuré, précieux et légitime. Il bouscule celui des femmes. Édouard dérange souvent les projets de Caroline. Elle maugrée quand il lui amène impromptu quelque hôte à dîner. Elle se plaint de devoir toujours modifier ses plans, avec le sentiment d'être comptée pour rien. « Mon père ne se doute pas de la tristesse qu'il me fait éprouver en m'obligeant sans cesse à faire autre chose que ce qui m'occupe » (26 juillet 1865). À l'image d'un pouvoir des hommes qui ne s'exerce pas seulement dans la sphère publique, mais régit jusqu'aux détails de la vie privée.

Enjoué et sociable au Cercle, en ville, Édouard est au foyer, qu'il considère comme le repos du guerrier, toujours « triste et fatigué ». Il a des « affaires », des soucis, un « fardeau » un peu mystérieux pour Caroline qui en parle à mots couverts et s'interroge sur son rôle. « Que dois-je faire ? Comment apporter quelque douceur au milieu de tant d'ennuis ? Quel est mon devoir de fille ? » (5 décembre 1864). Cette incertitude atteint un degré si insupportable dans Lille sombre et glacé, que Caroline en vient à « désirer son départ », et se le reproche aussitôt. Alors, elle reste longtemps auprès de lui, « causant avec lui pour le faire sourire » (7 décembre). Mais qu'est-ce qui fait sourire Édouard ?

Édouard Brame pourtant se préoccupe de sa fille. Prévenant, il lui apporte « un charmant bouquet » pour son anniversaire, la convie au concert, l'emmène chez des amis, l'entraîne sur les boulevards et jusqu'au Bois, lui offre le voyage italien, élargissant, en somme, le monde un peu confiné où elle se meut. Enfin, il s'inquiète de son avenir, à savoir de son mariage, au contraire de certains veufs qui cherchent à garder leur fille. Au jour de l'an 1866, il lui en fait le vœu.

Jeune femme, Caroline appréciera davantage son père auprès duquel elle cherche d'ailleurs à rester. Jeune fille, elle estime qu'il ne la comprend pas. « Mon père est très bon pour moi, mais il comprend peu ce que je sens et c'est tout naturel ! » (10 juin 1865).

Naturel, parce que le monde des hommes s'oppose à celui des femmes, en ce cœur du XIXe siècle où le public et le privé forment deux sphères si distinctes que des hommes aussi différents que Michelet ou Tocqueville, et plus encore les Républicains[24], commencent à le déplorer. Tout les oppose : un autre espace social et matériel, un autre rythme, un autre langage, d'autres pensées. Chez les hommes, moins de piété, moins de loisir, même si ce loisir fait partie du système comme la distinction suprême[25], les affaires, la science, la technique. Caroline déteste ces affreux dîners d'ingénieurs auxquels il lui faut, de temps à autre, faire les honneurs de la rue Saint-Dominique : « Ils ne font que parler machine, rien n'est plus ennuyeux (...). Je crois que je ne serai jamais la femme d'un ingénieur » (11 décembre 1865). À ces dîners que le costume sombre des hommes rend si « noirs », combien elle préfère le chatoiement des étoffes féminines et la compagnie de ses amies ! Souscrirait-elle au jugement de Baudelaire qui voyait dans ces assemblées d'habits noirs « une immense défilade de croque-morts, croque-morts politiques, croque-morts amoureux, croque-morts bourgeois. Nous célébrons tous quelque enterrement[26]. »

Rien à attendre de Paul, son frère cadet de quatre ans. Lui aussi est un souci constant pour Caroline qui se sent des responsabilités à son égard, avec une grande difficulté à les assumer. Paul est de santé fragile ; il a eu, comme sa mère, une pleurésie dont le sinistre souvenir pèse sur toute la famille. Il est pâle, frêle, renfermé, lointain. « Pourquoi Paul est-il si triste ? Qu'est-ce qu'il a ? » (5 juin 1865), s'interroge sans cesse Caroline. « Je me demande toujours avec tristesse pourquoi il est aussi sérieux, aussi froid même » (2 juillet). Paul est interne dans un collège parisien. Il vient les jours de congé et aux vacances, tardives à cette époque[27]. Rue Saint-Dominique, il semble s'ennuyer et Caroline ne sait trop comment le distraire. Il s'anime un peu quand viennent ses camarades, ou à La Cave, ce lieu béni où il paraît s'amuser enfin. Paul sort plutôt avec son père qui l'emmène voir des expositions pour parfaire son éducation. Et Caroline se sent inutile : « Je me demande si je remplis entièrement mes devoirs de sœur » (28 mai 1865). Elle voudrait lui parler, le dorloter, le gâter. Mais le « petit Paul » va sur ses quinze ans ; il fait des études, il passe des examens, il a d'autres pensées. Caroline se heurte à l'opacité d'un adolescent qui se dérobe et peut-être se rétracte devant l'univers féminin. Paul est un homme,

77

un autre monde l'attend. Il ne sait pas encore que sa future femme, Marguerite Évain, croise déjà dans les parages, Marguerite qui mourra, elle aussi, à trente ans...

La famille, cependant, ne se réduit pas à cet étroit noyau. La branche maternelle n'est plus représentée que par le grand-oncle Gatteaux (1788-1881), attachante personnalité, familier d'Ingres jusqu'au cimetière, puisque sa tombe jouxte la sienne au Père-Lachaise. Ami des artistes et collectionneur fervent, ce célibataire avait joué un grand rôle déjà dans l'éducation de sa nièce Paméla, orpheline de bonne heure ; il s'occupe beaucoup aussi de Caroline, qui mentionne avec chaleur les dîners fréquents et les conversations avec le vieil homme qui sera son témoin de mariage, comme il avait été celui de sa mère. Au jeune couple Orville, il ouvrira toute grande la belle maison de Neauphle-le-Vieux, qu'Édouard Brame, entrepreneur impénitent, se plaît à transformer.

Les Brame sont autrement plus nombreux. Une vraie famille du Nord, d'entrepreneurs et de femmes dévotes, de celles qui font de la domesticité un culte et qui entrent en religion lorsqu'elles sont veuves, comme sous l'Ancien Régime : telle Marie Brame, fille d'Émile Brame et d'Émilie, mariée contre son gré à Achille Wallaert, d'une puissante dynastie textile, qui finira ses jours comme supérieure de couvent. Les Brame tiennent à Lille le haut de ce pavé pointu que Caroline n'aime guère. Ils se trouvent bien de l'expansion du Second Empire ; certains adhèrent au bonapartisme, comme l'oncle Jules, l'aîné, qui fait une longue carrière de député, ouvre en 1867 un bal officiel avec l'Impératrice et sera même ministre, ministre de la dernière chance, peu avant Sedan ! Tous les Brame, du reste, ne partagent pas son option.

La mort du patriarche, Louis Brame, grand entrepreneur de travaux publics — bon papa Brame — ébranle un édifice familial déjà fort lézardé, et notamment ce lieu de rassemblement autant que de convoitise qu'est Fontaine, lequel, dans les combinaisons familiales, échoit à Marie et Achille Wallaert. Les tensions d'intérêt sont fort vives et assombrissent les séjours lillois. Caroline, qui déteste les conflits comme un accroc dans un tissu, les évoque avec une pudeur qui n'en laisse pas soupçonner l'intensité. Notre enquête nous a appris combien ils furent dramatiques.

Ces conflits expliquent la quasi-absence, dans les relations et dans le journal qui les rapporte, de l'oncle Jules, et à un moindre degré de la tante Émilie qui n'avait guère apprécié les conditions du mariage de sa fille. L'un et l'autre réapparaissent au moment du propre mariage de Caroline, comme si celui-ci marquait un répit (une réconciliation ?) dans la longue rivalité qui a opposé les branches aînées et cadettes de la famille, et notamment Jules à Édouard, allié à sa sœur Céline, épouse de Mortimer Ternaux.

Avec ces derniers — l'oncle Louis, la tante Céline et leur fille Marie —, Caroline a, au contraire, des rapports quasi quotidiens..., bien qu'ils habitent sur la rive droite, rue de la Pépinière. Tante Céline entretient Caroline dans le souvenir de sa mère disparue ; mais elle tente aussi de la suppléer. Elle assiste la jeune fille dans ses devoirs mondains comme dans ses entreprises de piété. Marieuse obstinée, elle a sans doute manigancé l'alliance avec Ernest Orville, comme, dix ans plus tard, l'union de Paul avec Marguerite Évain dont le père avait été collègue de son mari dans la vie parlementaire. Tante Céline, figure exemplaire, comme il en existe dans toutes les familles et dans tous les romans[28], a joué probablement un rôle décisif dans la destinée de Caroline, pour le meilleur et pour le pire.

Caroline partage, au reste, toutes les joies de la famille. Ainsi la réception de l'oncle à l'Institut : « Bonne nouvelle ! Mon oncle Ternaux est reçu à l'Institut ! Il est membre de ce corps savant dont notre France est si fière ! dans la section des Sciences Morales et politiques ! (...) Merci Mon Dieu (...) *Te Deum !* Je me rappellerai moi une douce chose ; c'est qu'au moment où mon oncle a été nommé, nous étions dans l'Oratoire, ma tante, Marie et moi priant pour que tout réussisse ! Et cette prière vous l'avez exaucée, mon Dieu, merci » (11 mars 1865). Plus qu'à ces prières, l'oncle Ternaux devait son élection à ses ouvrages historiques, dont le *Nouveau Larousse Illustré* nous dit qu'ils sont « nettement contre-révolutionnaires et malheureusement trop partiaux » : *La Chute de la Royauté* (1854), *Le Peuple aux Tuileries* (1864) et *L'Histoire de la Terreur* (1862-1869)[29] dont la lecture éclaire la physionomie politique et idéologique du faubourg Saint-Germain à cette époque, du moins dans sa fraction la plus conservatrice.

Quant à Marie Ternaux, « ma cousine bien-aimée », son mariage avec le baron Edmond de Layre est un épisode décisif du journal et de l'existence de Caroline, la première brèche sérieuse dans ce groupe des jeunes filles auquel elle est si attachée et dont la dissolution, trop rapide à son gré, la plonge dans la mélancolie.

LE CERCLE DE MES AMIES

Le groupe des jeunes filles, le « cercle » comme dit Caroline, est [30] en l'occurrence greffé sur le Faubourg et plus encore sur la paroisse. Pas question, ici, de ces amies de pension qui jalonnent longtemps la vie des femmes, comme ce fut le cas pour George Sand, par exemple [31].

Le groupe a deux dimensions, correspondant à sa double fonction, religieuse et mondaine. D'abord, il est lié au rite de passage majeur qu'est la première communion [32] (1859 pour Caroline), poursuivie par le catéchisme de persévérance, les retraites et la réception à la confrérie des enfants de Marie. Caroline y retrouve Marie Holker, Marguerite de Fontanges, Thérèse de Bréda et c'est en termes de classe d'âge, presque de cohorte, qu'elle évoque leurs pratiques communes. Grand lieu de retrouvailles : la chapelle des Catéchismes, rue Las Cases. « Cher catéchisme, asile de mes premières années, chapelle bien aimée... Ô Marie, que j'étais bien près de vous, au milieu de mes chères compagnes », écrit-elle déjà nostalgique : « Enfin, nous ne sommes plus si nombreuses, beaucoup ont déserté le bercail » (27 novembre 1864).

Les jeunes filles de la paroisse font le catéchisme, assurent les quêtes, animent les œuvres, organisent des tombolas. Elles sont de tous les offices et de tous les sermons. Elles brodent des ornements sacerdotaux et visitent les prêtres, confidents de leurs joies et de leurs peines. Dans les soirées familiales, elles les entourent de leurs soins et de leurs taquineries. M. de l'Escaille, curé de Saint-Clotilde, assidu des dîners intimes, est un convive apprécié, « bon, gai, taquin », quand il ne cède pas à la somnolence : « Aujourd'hui, il ne cherchait qu'un fauteuil pour nous oublier tous dans les délices du sommeil » (9 mai 1865). Ce badinage, mi-mutin mi-lutin, fait partie des mœurs ecclésiastiques. Le clergé veille avec un soin jaloux sur ses jeunes ouailles dont il sait l'importance future, plus porté du reste à en faire des mères que des vierges. À l'heure où un grand débat s'ouvre en France sur l'éducation des filles, la paroisse Sainte-Clotilde cajole les siennes et les élève pieusement sur ses genoux.

Les jeunes filles ont entre elles toutes sortes de connivences : la piété, bien sûr, mais aussi les sorties, les courses, les lettres, les confidences, d'interminables bavardages, le rire et les larmes, cette double conspiration. « Sommes-nous enfants lorsque nous sommes ensemble ! Il n'y a pas de folies que nous ne saisissions à vol d'oiseau ! Pourvu que nous riions, le reste importe peu » (13 mars 1865). Rire de tout et de rien, rire aux éclats, sous cape, avoir des rires fous, des fous rires : « Les fous rires sont quelque chose de terrible » lorsqu'ils vous prennent à l'église ; débonnaires, les prêtres s'associent à ces petites conjurations. « Dire des bêtises », s'amuser, faire les folles. S'embrasser, se caresser. Jeux innocents, auxquels pourtant on se dérobe lorsqu'on devient sérieuse comme une grande personne. Ainsi Marguerite de Fontanges, ce bon petit diable soudain métamorphosé : « Comme elle est devenue raisonnable et sérieuse !... J'en suis stupéfaite. Malgré tout elle est encore gaie et folle même. Que de bêtises nous avons dites toutes deux ! J'avais beau l'embrasser, elle n'était pas généralement disposée à me les rendre, aussi lui ai-je fait une guerre à mort » (28 novembre 1864). Privée des câlins de sa mère, Caroline soupire : « J'ai besoin plus que tout autre de baisers, de caresses, j'ai besoin de m'épancher dans le cœur d'une amie » (3 mai 1865).

Pleurer aussi. Les larmes, que la décence ordonne de tarir en public, excepté dans les grandes circonstances — ainsi quand meurt bon papa Brame, « nous pleurions tous », hommes compris —, il importe de les contenir. « Que de fois j'ai dû retenir mes larmes ! » Offrir un visage lisse et clos, inexpressif comme celui des vierges de Bouguereau, contrôler son apparence : tel est l'idéal d'une civilité qui, en matière de rétention des émotions, atteint alors des sommets et fait de l'impassibilité une métaphysique[33]. « Le rire et les larmes ne peuvent pas se faire voir dans le paradis de délices. Ils sont également les enfants de la peine, et ils sont venus parce que le corps de l'homme énervé manquait de force pour les contraindre », écrit Baudelaire[34].

Pleurer en privé, à la dérobée, comme jadis sa mère. Avec des amies, ce partage des émotions et des larmes est permis. Caroline pleure avec Thérèse de Bréda la mort de sa cousine Claire, enlevée toute jeune encore par la fièvre typhoïde dans le château familial du Plessis-Brion[35]. Étrange douceur : « Que je me trouvais bien près de mon amie chérie, aujourd'hui qu'elle était triste, c'est la prérogative de la vraie amitié de partager les peines et les joies de ceux que l'on aime et d'être toujours là lorsqu'ils souffrent » (17 février 1865). Et quel bonheur suprême lorsqu'on peut communier ensemble, fondues dans les mêmes pensées, la même émotion, la même prière.

Ce privilège n'est donné qu'à quelques-unes : Marie Holker, Marguerite de Fontanges, Thérèse de Bréda surtout qui a l'immense supériorité d'être une voisine, 26, rue Las Cases, chez qui on peut aller sans chaperon, Thérèse, la première à laquelle Caroline annonce « la grande nouvelle » ; Stéphanie Dumont, plus terrestre et plus gaie : la sœur d'Albert, enfin. Thérèse, l'amie d'hiver, Stéphanie, l'amie d'été dessinent deux versants de la vie et du cœur de Caroline.

Priant, riant et pleurant, les jeunes filles se soutiennent aussi pour aborder le monde, ce nouveau monde qui les menace et les attend. Les réceptions sont les événements et les épreuves de leurs existences. Après la messe, le bal est leur principal souci. Bal de jeunes filles tel qu'Avy l'a peint : immaculé, sans les taches noires des hommes[36]. Premier bal, où sous le regard vigilant et fureteur des mères, elles font leur « entrée » comme jadis un monarque dans sa ville. Bals de fêtes, comme ceux du mardi-gras ou de la mi-carême, où l'austérité relative du Faubourg a bien du mal à contenir l'appétit sensuel du siècle. Bals mondains de toutes sortes, où s'esquissent des présentations porteuses d'alliances futures. Elles dansent, les jeunes filles, comme elles dansent ! Et Caroline frémit : « J'aimais ces salons si gais, ces danses, cette joie... »

Frêle esquif sur cette « mer agitée du monde », le groupe des jeunes filles n'est qu'une société passagère, une petite bande informelle et transitoire qui n'aura pas la solidarité des camaraderies des collégiens, futures « cliques » et francs-maçonneries d'affaires, soutenues par les associations d'anciens élèves, très vivantes au XIXe siècle. Le monde menace les jeunes filles et Caroline s'émeut de son empreinte : « Hélas ! que le monde a déjà prise sur elle ! », soupire-t-elle à propos de la belle Diane de Brou, qu'elle se rassure de voir intendante du catéchisme. Le mariage, surtout, décime le groupe des jeunes filles que Caroline voit fondre comme neige au soleil ; un soleil dont elle n'est pas bien sûre qu'il soit celui du bonheur.

Caroline tient la chronique de ces mariages avec plus d'anxiété que de joie. Retour d'Italie : Berthe Debange « se marie aussi ! Décidément toutes mes amies s'en vont et Thérèse a bien raison de dire que plus on *vieillit*, plus on se prive de choses douces et agréables. Malgré nos dix-sept ans, nous savons déjà tenir ce langage » (25 novembre 1864). Le mariage de Mlle de La Roche lui inspire des « pensées à la fois tristes et gaies » (27 décembre 1864) et celui de Marguerite Desmazières cette remarque désabusée : « Je ne sais pourquoi tous les mariages m'attristent » (25 mars 1865).

Le mariage de Marie Ternaux, sa cousine, la plonge dans le désarroi. « Nous sommes joyeux de son bonheur ! Cependant je ne le cache pas, il me coûte de penser que notre intimité de jeune fille va s'évanouir » (10 avril 1865). Elle y revient sans cesse dans les jours suivants : « Il y a des moments tristes pour moi, je ne peux dire ce que j'éprouve en pensant à ce mariage » (21 avril). Il accroît sa solitude : « On ne comprend pas ce qu'il y a de pénible pour une jeune fille de voir une amie se marier ; si l'affection reste la même, l'intimité s'affaiblit. » La souffrance est d'autant plus forte que Marie était plus qu'une amie : une cousine, une sœur. « C'est ma dernière cousine, je reste seule jeune fille et cette pensée m'attriste profondément » (3 mai).

Caroline vient d'avoir dix-huit ans et la voilà « doyenne » des enfants de Marie. « Ce titre m'effraie et il y a de quoi ! » (12 mai 1865). L'état de jeune fille est précaire, surtout au Faubourg, où l'on se marie jeune, à la manière aristocratique, avec des hommes plus âgés[37], parfois de beaucoup. Berthe Debange épouse un « ami de son père qui a le double de son âge », ce qui du reste offusque Caroline : « Cela ne me plairait pas du tout » (25 novembre 1864). Signe qu'elle a d'autres désirs.

Ce sentiment de la fugacité des choses nourrit la nostalgie de Caroline, si sensible à la fuite des jours. Il lui pose en même temps le problème de son avenir.

LE MONDE

Au-delà de la famille et des amies, les relations mondaines dessinent un troisième cercle, aisément identifiable grâce au soin minutieux avec lequel Caroline en dresse quotidiennement la liste. Livre de comptes, carnet de bal, ou de visites : le monde a son économie, tout aussi sérieuse que celle des affaires. Une centaine de noms forment le Bottin des Brame, les uns habituels (de Bréda, de Fontanges, de Missol, de Layre, Barbet de Jouy, Baleste, Holker, Bourgois, Lépine...), d'autres plus occasionnels (de Lihus, de Mortemart, de Beauveau, de Damas, de Ségur, de Pitray...), d'autres enfin exceptionnels (de Vassart, de Beaumont...). Les noms à particule y figurent pour moitié avec un relatif équilibre entre ancienne aristocratie et noblesse d'Empire (les Évain, les Reille, la princesse d'Essling). Beau salon, en somme, pour une famille d'origine bourgeoise, dont la fortune vient du service du Roi (les Gatteaux) et plus encore de l'industrie, mais qui semble avoir poursuivi obstinément un rêve d'ascension aristocratique, par les femmes, comme le suggèrent le mariage de Marie Ternaux et, plus tard, celui des deux filles de Caroline...

Plusieurs réseaux s'y rencontrent ou se superposent : les peintres et artistes de l'entourage de l'oncle Gatteaux : les veuves d'Ingres et de Flandrin, les Hébert, les Lépine — Jules est un intime —, Gustave Doré si élégant ; les ingénieurs, polytechniciens, architectes, médecins... liés à Édouard Brame ; les voisins de châteaux ou de paroisse... Dans l'ensemble, ce milieu ne brille pas par sa hardiesse philosophique ou esthétique. Rien à voir avec le salon intellectuel et libéral que tenait Mme Swetchine au même endroit quelques années plus tôt. Son art est celui du siècle, son goût, le juste milieu, sa politique, celle du pouvoir. Les Brame ont, pour leur part, plus ou moins franchement adhéré à l'Empire. L'oncle Jules est député bonapartiste du Nord. Le père de Caroline représente assez bien cette élite saint-simonienne qui a vu dans l'essor économique et le progrès technique du régime — celui des Expositions universelles et des chemins de fer — le couronnement de ses vœux et de ses talents. Mais il faudrait en savoir davantage et la réalité est sans doute plus complexe, n'excluant pas les divergences et les coteries.

De tout cela, il n'est du reste pas question dans le journal de Caroline, indifférente à la politique, affaire des hommes, et à la technique, domaine des ingénieurs. Deux fois seulement l'actualité y affleure. Tandis que passe, au loin — sur les boulevards — le convoi funèbre du duc de Morny, Caroline déplore que la curiosité des foules soit si peu attentive au salut de cette âme qu'attend le purgatoire (13 mars 1865). Plus tard, et beaucoup plus longuement, à propos de l'héroïsme des zouaves pontificaux défendant à Mentana le pape contre Garibaldi (12 novembre 1867). La politique n'entre en scène que par le biais de la morale ou de la religion, ou par la guerre, comme le montrent les lettres de 1870-1871, d'une tout autre tonalité.

Caroline se fait surtout l'écho d'une vie mondaine à dominante féminine dont les visites et les « jours » sont les rites et les obsessions. À partir de 1888, des annuaires spécialisés, comme *Le Livre d'or des Salons* dressent la liste des salons et des jours où les maîtresses de maison reçoivent. On y passe un temps plus ou moins long, selon les convenances, l'âge, le rang, le degré d'intimité. Pressé, on dépose une carte pour se rappeler au souvenir de la dame de céans. Caroline consacre le plus clair de ses après-midi aux visites. Il lui arrive de monter chez dix personnes différentes : que d'escaliers ! soupire-t-elle, signe d'une fragmentation des hôtels en appartements. Ce devoir lui pèse souvent : « Journée assommante s'il en fût (...). Il m'a fallu toute la journée faire des visites ! » Elle juge ces « obligations de société (...) parfois comparables aux croix bien lourdes qu'il faut porter » (21 décembre 1864). Un calvaire, en somme. Une « comédie » aussi : « en définitive on dit toujours la même chose ou à peu près » (7 mars 1865), surtout à Lille où, en l'absence de relations personnelles, l'arbitraire éclate plus encore.

Pourtant, respectueuse de l'étiquette — il lui arrive de regretter son affaiblissement —, Caroline se plie à ces usages. Et même, elle les intériorise au point de voir dans l'affluence à son « mercredi » et dans la qualité des visiteurs, non seulement le signe de l'affection qu'on a pour elle, mais l'indice de son insertion et de sa réussite. L'énumération des présents ressemble à un tableau de chasse. Et l'arrivée de notables inattendus a valeur de sacrement. Quelle émotion le 8 mars 1865 : « J'ai vu encore une fois la porte s'ouvrir et le comte et la comtesse de Vassart sont entrés ! Mme de Vassart est très distinguée, elle a été parfaitement aimable et m'a dit que maintenant elle viendrait me voir quelquefois. Combien on est bon de penser ainsi à moi, cela m'étonne toujours. » Notons, pourtant, la dégradation du rituel. Nul laquais pour annoncer le comte et la comtesse de Vassart. « La porte s'ouvre », poussée sans doute par M. de Vassart, s'effaçant, à peine, pour faire passer sa femme. Et quelle condescendance : « Mon enfant, je viendrai quelquefois... » N'empêche : l'éclat affaibli du cérémonial de Cour se survit dans ces salons dérisoires et pathétiques dont la volonté désespérée d'imitation et de perpétuation atteint un degré métaphysique. Elle fait du faubourg Saint-Germain un haut lieu de la mémoire et du temps perdu dont la recherche est celle d'un absolu, voire d'une éternité.

Mais avoir un jour, n'est-ce pas bien hardi quand on est une orpheline de dix-sept ans ? Les jeunes filles, habituellement, n'en ont pas. Une amie lui fait part d'un ragot de Faubourg. « Elle m'a dit qu'on trouvait singulier que j'ai un jour. J'ai su que c'était madame C. D. qui avait dit cela. Ce qui ne m'étonne en aucune façon, cette dame ne m'a jamais plu. » Et Caroline médite sa vengeance, preuve qu'un point sensible a été touché : « Certes si je suis jamais *Madame*, elle ne recevra jamais de moi la moindre visite de noce ! » (27 janvier 1866). Avoir son jour, c'est reprendre le flambeau des mains de la mère morte, s'inscrire dans ses pas, s'affirmer comme femme du monde ; le réussir, c'est être reconnue comme telle. L'enjeu est individuel autant que social.

Des dîners intimes achèvent la journée. Au noyau familial toujours élargi d'oncles ou de tantes, s'adjoignent quelques amis proches, et quelqu'un de « ces Messieurs » du clergé. Ces dîners ordinaires se terminent tôt, le plus souvent vers neuf heures ; onze heures est une aventure : « Jamais rien de semblable ne m'était arrivé ! », s'exclame Caroline un de ces jours de débauche (14 mars 1865).

À côté de ces dîners amicaux, il en est d'obligatoires qui lui pèsent. « Pénible fardeau », dit-elle d'un dîner de huit couverts où la conversation languit sans qu'elle parvienne à l'animer. « Ah ! le rôle de la maîtresse de maison n'est pas toujours à envier » (2 décembre 1864). Quant aux dîners d'hommes, chers à son père, dans la tradition bourgeoise instaurée sans doute à la manière anglaise, sous la Restauration[38], on sait ce qu'elle en pense.

Les soirées mondaines, par contre, vont aisément jusqu'à minuit. Elles sont beaucoup plus variées à Paris qu'en province. Lille s'attarde à des « soirées de cartes » qui n'ont plus cours dans la capitale. Ici, la musique, le chant tiennent une place importante. Mais il faut distinguer les morceaux d'agrément, exécutés par les familiers, surtout les femmes (Caroline passe beaucoup de temps à son piano) et les concerts d'amateurs éclairés, comme ceux qu'organise l'oncle Gatteaux. La fréquentation de l'Opéra-comique est assez courante, « Monsieur Ernest » est un habitué des Concerts Pasdeloup.

Les jeux de société se pratiquent surtout en famille et à la campagne. À Fontaine, « on a joué des charades dont les mots étaient *bagage* et *cigare*. En a-t-on dit sur ces pauvres fumeurs ! jusqu'à les comparer à des cheminées ! » (29 juin 1865). Mais la fureur, c'est de donner la comédie. Scribe, pourtant bien démodé, fournit un inépuisable répertoire : *Michel et Christine, Les Adieux au comptoir, Le Menteur véridique* font les délices des soirées de La Cave. Caroline se déguise en « bon père de famille », ce qui semble déplaire à Albert, qui la préfère en jeune fille... Visiblement, Caroline excelle à la comédie. La baronne Reille sollicite d'Édouard Brame qu'elle participe à la soirée théâtrale que donne la princesse d'Essling pour le lundi gras 1866. On joue *Le Baron de Fourchevif* et *Les Deux Timides*. Caroline incarne une soubrette : « Je me trouvais très drôle comme cela, sans crinoline ! » (12 février 1866). La métamorphose du théâtre convient à cette imaginative timide.

Dans les soirées huppées, on fait venir des artistes : Raoul Pugno, « ce petit prodige qui ferait croire à la résurrection de Beethoven ou de Mozart », est quelque temps la coqueluche des salons. D'ailleurs, c'est moins l'art que l'étrange, l'insolite qui attire, en ces temps de vulgarisation du magnétisme et surtout du spiritisme[39]. D'où le succès des prestidigitateurs et même des somnambules, presque toujours des femmes auxquelles on prête de façon classique une communication privilégiée avec l'au-delà des apparences. Caroline en voit une chez le comte de Vergès : « Ce qui m'a très peu charmée et un peu effrayée (...). Je suis intimement persuadée qu'elle ne dormait pas ! Mais malgré tout, cela impressionne ! » (31 janvier 1866).

Les bals couronnent la saison mondaine ; ils culminent au mardi gras. À minuit, tout s'arrête ; on entre dans l'austérité du carême, interrompue seulement pour la mi-carême, dont Caroline conteste le bien-fondé au nom de l'Évangile. Cette vie est astreignante, fatigante. On court toujours, on est pressé, le temps manque. « Nous avons causé de tous les plaisirs de l'hiver ! Elle (une amie) a eu dix bals, la malheureuse !... Mon Dieu qu'elle doit être fatiguée » (8 mars 1865). Caroline se plaint de n'avoir « pas une minute à elle », d'être submergée, harassée, au point de renoncer à des dîners, d'abandonner parfois des visites en cours de route, avec le sentiment d'une faute. Rentrant de la Nièvre, elle oppose « la vie calme, douce, simple » de La Cave à « ce vrai chaos que je vais retrouver à Paris » (27 mai 1865). Dix ans plus tôt, Mme Schwetchine, retrouvant, après un séjour à Fontainebleau, cette même rue Saint-Dominique, se plaignait à Tocqueville de « l'ahurissement de la rentrée dans Paris[40] ». Le thème du « tourbillon » parisien, qu'il soit mondain, dévot ou d'affaires, est un topique du discours, mais sans doute aussi une réalité. Ces femmes de « la classe de loisir » se doivent d'être toujours occupées[41].

Ce qui frappe, du reste, c'est la hantise du temps perdu, l'absence de flânerie reconnue comme telle, le besoin constant de légitimer l'emploi de chaque instant, de justifier de son utilité, de son *travail*. Ce mot revient souvent sous la plume de Caroline. Elle note soigneusement les propos d'un père jésuite à la conférence Saint-Maurice, à Lille : « La conférence était aujourd'hui sur le travail ! Le travail est obligatoire et on manque à cette obligation : 1) En ne faisant rien ou des riens. 2) En ne faisant pas ce que l'on doit faire. 3) En faisant mal ce que l'on fait » (12 décembre 1864). Bien que l'Église n'ait pas vraiment élaboré de théologie du travail au XIXe siècle[42], son message est traversé par les valeurs nouvelles. Or l'oisiveté est, à ce moment-là, une valeur contestée. L'Église la condamne comme les socialistes. « L'oisiveté, le farniente, c'est l'anéantissement, c'est la mort », dit monseigneur Dupanloup. La notion d'utilité pénètre les consciences et les mœurs. Par la vie associative ou la philanthropie, l'oisif doit servir à quelque chose, à la manière anglaise. Même les notables doivent s'occuper des affaires publiques, chercher à « faire carrière », ce qui ne signifie pas nécessairement gagner de l'argent.

L'oisiveté, à la limite acceptable pour les hommes, est toujours mauvaise pour les femmes que guette la tentation du rêve. De surcroît, Caroline, fille d'ingénieur, tiraillée entre l'idéal aristocratique du Faubourg dont la plénitude s'exprime encore dans l'harmonie d'une toilette et la perfection d'une réception, et l'activité productive des industriels du Nord et de son père polytechnicien, peut éprouver un certain malaise. Il est, en tout cas, significatif que son option religieuse, lorsqu'elle s'interroge sur sa possible vocation, soit celle de la sœur de charité, non de la carmélite contemplative : plutôt Marthe que Marie !

Une journée réussie est une journée remplie, où Caroline aura concilié trois types de devoirs : familiaux, mondains et religieux. Le pur « souci de soi », le droit d'« être en jachère » selon l'expression du psychanalyste Winnicott, y ont finalement peu de place. Mais il faut faire, très grande, sa place à Dieu.

MON DIEU !

Le journal, les journées, les pensées de Caroline baignent dans la piété. Sans doute le lecteur d'aujourd'hui, déshabitué d'un modèle dont il ne soupçonne même pas la relative proximité, la prégnance et l'influence, aura-t-il la tentation de s'impatienter et, du haut de sa liberté raisonnable, de regarder cette jeune fille comme une attardée, un esprit faible tout embué de prières. Qu'il y prenne garde cependant. Là est peut-être la cohérence d'une vision du monde et d'une sensibilité, la clef d'une éducation et d'une existence, comme elle fut celle d'un grand nombre de femmes du XIXe siècle et même du XXe siècle.

Le Faubourg est un haut lieu du catholicisme. Catholicisme divers : l'ombre de Mme Swetchine, dont on sait le rôle dans la recherche d'un catholicisme libéral, plane sur la rue Saint-Dominique. Bien qu'elle ait été une amie de ses parents, Caroline n'en parle jamais. Sa dévotion, catholique et romaine, est entièrement dirigée par le clergé séculier, celui de la hiérarchie, celui des paroisses, qui se plaît à insister sur la structure de l'Église et la primauté du pape dont l'infaillibilité sera bientôt proclamée. La « constitution de l'Église catholique », la « consécration des églises », la justification des fastes romains, nécessaires à la foi des humbles : voilà quelques-uns des thèmes de prêche notés par Caroline. Elle évoque monseigneur Mermillod — nommé par Pie IX évêque de Lausanne contre l'avis du Conseil helvétique — contant son sacre à Rome : « Pie IX au milieu de tous ces évêques qu'il venait de consacrer les a envoyés dans les différentes parties du monde où il y avait des âmes à sauver ! (...) Quel beau moment il a eu en parlant de la nécessité d'un temple pour le Seigneur ! Puis en disant comme quoi les pauvres aussi avaient besoin de fêtes, de spectacles, et où en trouveraient-ils de plus beaux que dans le temple du Tout-Puissant, dans la pompe des cérémonies, dans l'harmonie des chants, eux aussi ils ont besoin de distractions et d'amour ! » (1er mai 1865)[43].

La seule page politique du journal, fort intéressante, est relative à Mentana, évoqué « en direct », chez les Benoît d'Azy qui reçoivent dans la Nièvre le jeune ménage Orville, par Mme de Saint-Maur, donnant lecture des missives de son frère et de son fils, tous deux enrôlés volontaires pour la défense de l'État pontifical. Caroline vibre au récit des exploits des zouaves qui arrêtent les garibaldiens aux portes de Rome, cette Rome qu'elle a visitée avec ferveur en 1864, admirant surtout les peintures de la Sixtine à Saint-Pierre. L'héroïsme des soldats n'a d'égal que celui des sœurs de charité, présentes pour la première fois sur le champ de bataille, avant-garde d'un « féminisme chrétien » dont la Parisienne sœur Rosalie célèbre pour son activité et son indépendance d'esprit est une autre figure[44]. Traits de courage et fontaine miraculeuse : on manque d'eau. « Les sœurs de saint Vincent se mettent en prières et au même instant, on découvre une citerne cachée par des pierres et on a de l'eau pour tout le monde ! » (12 novembre 1867).

Ce catholicisme ultramontain et clérical est très traditionnel dans ses formes de piété et de croyance. Assistance à la messe, confession, fréquente communion en sont les actes majeurs. Caroline délaisse les messes tardives, mondaines et distraites, qu'affectionne son père — « On est bousculé, on prie mal, on ne voit pas le prêtre. Est-ce là entendre la messe ? » — et leur préfère les offices matinaux où, dans le silence et le recueillement d'une chapelle absidiale, elle prolonge son action de grâces. Recevoir le Christ est pour elle un privilège et une joie, qu'elle sollicite de son confesseur et qu'il lui refuse parfois, un acte redoutable aussi : il faut se défier des communions incomplètes, ne communier qu'en état de pureté. Dans le journal, de petites croix, en marge, indiquent les jours de communion : le dimanche, souvent aussi le lundi, rarement plus de trois fois par semaine. « Il m'a permis de communier trois fois », note-t-elle comme d'une exception. Il faut garder avec Dieu la distance du sacré. Ces jours bénis « où Jésus descend dans (son) cœur », elle lui parle, il lui répond. « Tout à coup au milieu du silence, j'entends ces paroles que l'enfant-Dieu me disait tout bas lorsque je lui eus confié mes chagrins, l'isolement dont je me trouvais si triste : Enfant chérie, ne suis-je pas tout pour toi ? Oh ! Jésus, lui ai-je répondu, oui vous êtes tout pour moi et rien ne m'est rien sans vous ! » (25 décembre 1864). En lui, elle épanche son cœur.

Et la communion est plus douce encore lorsqu'on la partage avec une amie très chère ou le groupe des jeunes filles. « Pour moi je ne suis jamais si heureuse que dans ces pieux et fervents instants où Jésus se donne à moi (...). Y a-t-il de bonheur comparable à celui d'entendre son Dieu adresser au fond du cœur de ces paroles qui font tant de bien » (12 mars 1865). Dans la fusion des cœurs, Caroline connaît la plénitude de la joie. « Le silence, le chant des cantiques, la piété, le recueillement, tout charme, tout pénètre, tout ravit ! On est là dans une sainte extase (...). Le cœur est embrasé d'amour et enfin lorsque l'on s'approche de l'aimable Jésus, lorsque les lèvres s'entrouvrent pour le recevoir, l'âme se tait, elle adore, elle remercie, et puis elle écoute » (25 mars 1865). Douces paroles, baisers brûlants, pénétration exquise, communion intime des cœurs, fusion totale : que ce modèle d'amour divin, issu de la mystique chrétienne et de l'amour romantique, sera difficile à égaler dans les terrestres amours[45]. Le plus beau jour de sa vie, « le grand jour » incomparable, reste pour Caroline celui de sa première communion, le 26 mai 1859, auquel elle associe d'autant plus volontiers le souvenir de sa mère qu'elle est décédée un 26 mai (1862).

Jésus, sa naissance, sa passion, son cœur, son sacrement forment l'essentiel d'une liturgie avant tout christique, qui culmine dans le cycle pascal. Caroline vit chaque instant de la Semaine Sainte avec ferveur, angoissée le jeudi saint, triste le vendredi, espérante le samedi, exultante le dimanche. Son émotion se coule dans les cérémonies ecclésiales. Avec le chapelet, le crucifix est son objet de piété favori. « Il faut avoir un crucifix, le presser souvent sur son cœur, le consulter toujours » (24 mars 1865). Il préside aux oratoires que Caroline se plaît à organiser.

La dévotion mariale, en plein essor[46], est l'autre pôle de cette piété qui, hormis saint Joseph, indispensable complément de la

Sainte Famille et intercesseur réputé, ou l'ange gardien souvent invoqué, néglige les comparses et la plupart des saints, sainte Thérèse exceptée. Même la Toussaint est célébrée en mineur et l'habitude d'aller sur les tombes, qui commence à se manifester pourtant[47], n'est pas encore entrée dans la famille de Caroline. Sensible à la mort, celle-ci l'est peu aux enterrements, et pas du tout aux sépultures et aux cimetières dont elle ne parle jamais.

Marie, vierge et mère, mobilise au contraire les ferveurs. Le cycle marial s'enrichit, le 8 décembre, de la fête de l'Immaculée Conception, dont Caroline aime l'office. Les nuits d'insomnie, elle prend son chapelet. Mais sa principale ambition est de recevoir « ce beau titre que nous désirons tant, celui d'enfant de Marie », avec « la livrée de Marie, blanc et bleu. Pur et délicieux » ! Elle s'y prépare par une retraite de plusieurs jours, véritable assemblée de jeunes filles, rite juvénile dont le recueillement n'exclut pas la gaîté.

Marie est pour Caroline doublement sa mère : elle s'est vouée à elle le jour de la mort de Paméla. Mais cette consécration redouble son émotion : « Enfant de Marie, qui pourra jamais exprimer ce que ce titre, glorieux et béni, contient de joies, d'amour, de consolations. Ah ! une enfant de Marie aime son Dieu, elle ne craint pas les croix, les épreuves, les sacrifices et ses joies véritables sont celles qu'on goûte au pied des saints autels ou dans le sanctuaire de Marie ! Pour elle le monde n'est qu'un vain mot et si quelquefois le démon tend ses pièges, elle se souvient que sa Mère a écrasé la tête du serpent, elle triomphe ! » (12 mars 1865). Marie est avant tout gardienne de la pureté et modèle de sacrifice et d'abnégation. Caroline l'invoque dans les grands choix de sa vie. Elle n'a pas pour elle cependant les élans du cœur, les accents de ferveur que lui inspire Jésus.

La prière tisse les jours, la prière privée relayant la prière publique, elle-même empreinte d'une certaine intimité. Caroline attache un grand prix à son oratoire, elle y fait des stations dans la journée, y entraînant parfois une amie chère ; elle y termine ses soirées. Elle met beaucoup d'acharnement à obtenir de l'évêché qu'on puisse dire la messe à la chapelle du château de Fontaine qu'elle s'occupe d'orner, dévalisant les boutiques de piété du quartier Saint-Sulpice. Quelle fierté lorsque, grâce à l'appui de tante Émilie et à la bonne volonté du curé de Croix, soucieux de ménager des paroissiens généreux, l'office y est célébré !

Nul quiétisme pourtant dans cette dévotion. L'Église de Pie IX est militante, parce que menacée par l'incrédulité qui provoque chez

Caroline inquiétude et effarement. Comment peut-on penser que l'hostie n'est que du pain ? Comment peut-on ne pas croire ? La pensée des incroyants la trouble ; elle voudrait les convertir ; elle souligne avec soulagement l'affluence à l'église et la présence des hommes. Le ciel est, pour elle, une évidence qui adoucit la mort, ce passage suprême sur lequel elle insiste beaucoup : dans cet instant où la communication s'établit avec l'au-delà, la manière de mourir est à la fois acte et signe. Chacun doit tenir son rôle dans ce drame du départ qui est aussi la joie du retour. Le récit de la mort du grand-père Brame est de ce point de vue remarquable.

Simple et naïve même, Caroline croit au pouvoir de la prière, spirituel, mais temporel aussi, au miracle en somme. Après la procession des Rogations, à Croix, elle écrit : « Le laboureur peut avoir confiance, la moisson sera abondante, Jésus a passé, les pauvres auront du pain et ils comprendront que c'est Jésus qui le leur donne » (25 juin 1865). À Mentana, la prière des religieuses fait jaillir l'eau : Lourdes n'est pas loin... Elle croit aux vertus du sacrifice et de la communion des saints. « Quelle belle vocation », dit-elle à propos des carmélites de l'avenue de Saxe ; « souffrir ainsi toujours pour Dieu afin de racheter les crimes qui se commettent par milliers et contrebalancer tout ce qui se fait dans le monde ! » (3 juillet 1865). On songe à Thérèse de Lisieux offrant son agonie pour la conversion de Pranzini, un grand criminel condamné à mort, et guettant les signes de son repentir.

D'où l'importance des actes, « actes de vertu » qui disciplinent la volonté et forgent, selon une pédagogie éprouvée, de bonnes habitudes, « ne serait-ce que de se lever à une heure fixe sans trop caresser son oreiller, ou bien de retenir un mot piquant qui aurait fait sourire en excitant l'amour-propre », ce qui effectivement la mortifie. Mais aussi le catéchisme et les œuvres. Le catéchisme, sous l'impulsion d'une pastorale plus moderne dont monseigneur Dupanloup se fait le zélateur[48], change de méthode : « On ne récite plus le catéchisme : mais en revanche on interroge sur les précédentes instructions après lecture d'un procès-verbal. Que les temps et les choses sont changés ! » (27 novembre 1864). Elle refuse cependant d'y occuper une fonction quelconque, en raison de ses charges de maîtresse de maison, et s'en retirera un peu plus tard.

Les pauvres ont le visage des enfants des asiles et surtout des jeunes filles des ouvroirs dont elle s'occupe, à Paris, à Neauphle ou à Fontaine, et que gèrent des religieuses. L'ouvroir parisien ne va pas fort ; il manque d'argent ; on ne peut rien faire pour les orphelines qui se présentent. Le conseil d'administration est « orageux », on secoue les bienfaitrices ; chacune décide de donner cent francs ; on organise quêtes et tombolas. Cet argent sert à l'établissement de jeunes filles pauvres ; Caroline va aux Batignolles, rare excursion dans un quartier plus populaire, rendre visite à Maria et Julie ; elle est touchée de la reconnaissance de « ces bonnes filles » (7 mars 1865). Les femmes riches aident et moralisent les femmes pauvres.

Dans le Nord, la misère sent plus fort. À l'asile de Croix, localité d'ouvriers du textile, où les femmes doivent travailler, quand elles ne sont pas trop chargées d'enfants[49], deux cent cinquante enfants sont réunis dans un amphithéâtre à gradins telles les salles d'asile qu'on pratiquait alors pour résoudre les problèmes d'encadrement[50] : « Nous avons été suffoqués par une odeur des moins agréables » (18 juillet 1865). Terrible « puanteur du pauvre », « sécrétions de la misère[51] ». L'hiver a été rude. « Les uns ont fait des dettes, les autres ont été malades, les troisièmes sont surchargés d'enfants et de fatigue ! Mon Dieu lorsqu'on voit ainsi la misère de près, comme on ne peut plus se plaindre du sort qui vous est fait ! Ah ! quelles sont légères mes petites privations en face des rudes combats que doivent livrer ces pauvres gens pour avoir du pain ! » (21 juin 1865). Il serait excessif de voir là le début d'une conscience sociale. Il n'en est pas moins significatif que dans le Nord, le pauvre prenne le visage de l'ouvrier. Au reste, Paul Brame poursuivra, plus tard, cette voie du catholicisme social.

Il y a chez Caroline une certaine réprobation du luxe. Elle blâme la cherté des cachemires offerts pour les noces, le raffinement excessif de la lingerie du trousseau de Marie Ternaux, le tourbillon des bals de la mi-carême, l'attrait de son amie Thérèse pour les courses de chevaux : « Thérèse a été aux courses, j'en suis encore stupéfaite » (11 juin 1865). Elle trouve exagéré le goût de son père pour les belles voitures : « Mon père est venu me chercher dans une nouvelle voiture, un superbe omnibus, mais à quoi nous servira-t-il puisque pour le moment nous n'avons aucune campagne ? » (9 octobre 1865). Caroline ou l'anti-dandy ? Au vrai, il s'agit moins d'un jugement social, encore moins économique, que moral. Les riches ont des devoirs, à commencer par celui de ne pas faire de dépenses inutiles et de penser aux pauvres — aux bons pauvres. Surtout, le luxe est la séduction du monde qui menace les petites filles modèles. Et ce, d'autant plus qu'il constitue pour Caroline la tentation et qu'elle y est au fond assez sensible.

Arbitre de cette morale : le directeur de conscience, l'abbé Chevojon[52], ex-vicaire de Sainte-Clotilde, auquel Caroline et ses amies continuent de se confesser, bien qu'il soit en terre lointaine, au Marais, devenu but d'expéditions hebdomadaires. Messe de l'abbé Chevojon : « Quelle ne fut pas mon émotion en le voyant en chaire ! Il me semblait être encore à ces heureux moments où il nous parlait à Sainte-Clotilde ! » (15 mars 1865). Chasuble pour les étrennes de l'abbé Chevojon : « Ce cher ouvrage qui m'a rendue parfois si heureuse, car je pensais à l'instant mille fois béni où il serait porté au saint autel par monsieur C. » (30 décembre 1864). Il semble avoir exercé un grand ascendant sur ces jeunes filles, l'abbé Chevojon, de quoi justifier Michelet et tous ceux, de plus en plus nombreux en cette fin du Second Empire, qui dénoncent l'emprise des prêtres sur les femmes, sans en avoir toujours mesuré les raisons. L'abbé Chevojon sait être apaisant, mais il est austère. Il a le sens du péché et la crainte du monde. Caroline lui confie-t-elle son acceptation d'un bal, le dimanche gras ? « Il me recommanda de ne pas danser avec trop d'entraînement, de me contenir, d'avoir Dieu avec moi ! Pas de valses surtout, a-t-il ajouté ! » (15 février 1865). Elle lui obéit partiellement ; sa danse — galop, polka ou cotillon — est souvent « effrénée », jamais langoureuse, plus proche de « l'exercice » et du jeu collectif que du duo, où l'Église voit poindre la sensualité de la danse moderne, ce corps à corps. Pourtant c'est encore trop. S'agit-il de soirée de théâtre chez la princesse d'Essling ? Monsieur C. « ne paraissait pas très content que je joue la comédie à Paris parce que cela fait trop parler de soi ». « C'est vrai », reconnaît-elle, scrupuleuse (12 décembre 1865). « Ne flattez pas votre corps », dit aussi M. de l'Escaille.

Ce corps, dont la piété des couvents, modèle de l'éducation des filles, fait l'ennemi à combattre[53], Caroline s'emploie en effet à le refouler, à l'effacer. Le silence sur les lieux du corps dans la maison n'a d'égal que celui qui pèse sur les apparences physiques. Caroline ne parle jamais de son corps, autrement que malade : un corps souffrant est pardonnable. De ses traits ou de sa silhouette, nous ne savons rien, pas plus que de ceux de sa mère ou de ses amies et il est peut-être significatif que nous n'ayons retrouvé, dans nos investigations, aucun portrait, aucune photo d'elle-même.

Aucune trace, chez elle, de cette physiognomonie à la Lavater qui faisait des correspondances entre le physique et le moral la clef de descriptions sans fin. Caroline loue pourtant la beauté et la grâce, mais toujours vêtues. C'est de robes qu'elle parle, non de visages.

Cela tient sans doute au rôle du théâtre, comme mise en scène de la vie quotidienne, qui se joue dans les salons et les réceptions. Cela tient surtout à l'importance de la « mise » dans les fonctions de représentation des femmes. Faire toilette, « cette chose si importante et si futile » (2 décembre 1864), si assommante parfois, est un devoir. « Pourvu que je sois convenablement mise, le reste m'est bien indifférent », écrira-t-elle à son mari qui lui reproche ses notes de couturière (lettre du 2 septembre 1870). Indispensable accompagnement d'une fête, les vêtements sont éventuellement décrits[54]. De ces toilettes, la forme importe moins que les couleurs : rose, bleu, rouge parfois, vert exceptionnellement (c'est plutôt excentrique et... américain!), et toujours le blanc triomphant des jeunes filles. Consubstantielles aux événements eux-mêmes, elles leur prêtent leurs tonalités. « Je portais, ce jour-là... », dira une femme qui se souvient. La mémoire des femmes est costumée. Et Caroline n'a sans doute jamais oublié les robes qu'elle portait aux soirées d'automne de La Cave, quand déjà il faisait frais...

ET MOI ?

Souffrant de devoir toujours s'incliner devant son père, Caroline partagée entre la révolte et le remords, s'écrie : « Ah ! l'égoïsme est un affreux défaut et cependant que de fois on est tenté de dire : et moi ? » (7 décembre 1864).

Souvent taxé d'individualisme, le XIXe siècle subordonne au contraire le moi intime aux objectifs de la vie privée et de la famille, figure centrale. *Le Souci de soi* n'y est pas valorisé comme il le fut aux deux premiers siècles de notre ère, par exemple chez les stoïciens dont Michel Foucault a analysé l'éthique[55]. Élément possible de déséquilibre, « le plus tyrannique des compagnons » selon Flaubert, le moi est un convive à surveiller, un ennemi à combattre, surtout à l'adolescence, cet âge doublement « critique », pour l'individu et pour la société. Rousseau consacre tout le livre IV de l'*Émile* à en décrire les dangers et à esquisser une pédagogie destinée à canaliser les pulsions et à « détourner de soi ».

En un sens, le journal est un moyen de lui imposer silence, non pas instrument d'analyse intérieur, mais exercice de contention et de contrôle de soi. « Dompter ma volonté et ne rien faire paraître », écrit Caroline. « Refouler tout ce que je sens. » Mais parce qu'elle a une réelle personnalité, le journal devient le théâtre de son doute et l'expression de son désir, ce désir qu'enfin elle laisse murmurer, avant de le congédier, à jamais peut-être. Il nous livre, comme par surprise, une histoire pathétique dans sa banalité même, et un portrait de femme auquel les lettres à Ernest (1870-1871) apportent un complément très substantiel et des retouches non négligeables. Une femme qui décidément ne parvient pas à imposer silence à son cœur et qui en souffre : « Allons, je suis bien punie de mon affection pour le *Moi (sic)*. Un peu d'élan m'eût fait tant de bien » (lettre à Ernest, 16 février 1871).

Cette jeune fille, assaillie de mélancolie, a de grands moments de gaîté. Caroline apprécie ce monde contre lequel on la met en garde : le chatoiement des couleurs, la somptuosité des bouquets, le scintillement des lumières, la délicatesse d'un bijou, l'élégance d'une robe ou d'une coiffure. Elle goûte la vie de société, féminine surtout, les soirées vivantes. Elle raffole de la comédie où l'on peut changer de visage, de sexe et de rôle. Elle aime la musique, le chant, par-dessus tout la danse dont elle jouit. Plaire, en somme, séduire, être reconnue : elle qui doute d'elle-même est ravie d'avoir du succès. Loin de l'abbé Chevojon et de sa face de carême, elle s'épanouit, dans cet automne 1865 qui a peut-être été le meilleur de sa vie.

Caroline a besoin d'affection, de tendresse, d'amour. Aimer, être aimée : tel serait son vœu. L'amitié, l'amour, c'est la communication, l'effusion, la fusion. La parole a beaucoup d'importance dans l'échange. Mais aussi les caresses, les baisers, dont cette enfant privée de mère dit avoir faim. « Les baisers complément indispensable à toute espèce de bonheurs » (30 novembre 1864). Étreintes enfantines, adolescentes, amoureuses ? La pudeur clôt les lèvres des jeunes filles. Mais leurs sens ?

Caroline a le cœur tendre. Elle souffre des inquiétudes de son père, de l'éloignement de Paul, du deuil de son amie, de la misère des pauvres, de la souffrance des chevaux. Elle partage la sensibilité naissante de son époque à leur égard ; à Lille, au Carrousel, elle oblige son père à partir devant l'indifférence qui accueille leurs chutes ; elle s'inquiète de ce que « ces malheureuses bêtes qui souffrent tant n'aient pas une récompense un jour. Cela me tourmente toujours » (2 mai 1865). Un paradis pour chevaux lui paraîtrait dans la nature des choses [56].

Mais en même temps Caroline doute d'elle-même et d'autrui ; des hommes surtout, et de leur sincérité. Sa nostalgie se nourrit du temps qui passe. Tout lui est prétexte à souvenir. Si jeune, elle vit déjà dans le passé, dont elle ferait volontiers son âge d'or : « Quel est celui qui même jeune encore ne voudrait pas retrouver les jours envolés ? » (29 novembre 1864). Les anniversaires — fût-ce celui de ses dix-huit ans — la rendent triste, tout autant que les fins d'année, les jours de l'an, prétextes à de sombres bilans, d'angoissantes prospectives. Chaque fête lui est occasion de compter les absents. Elle vit tout départ comme une mort et chaque retour en des lieux aimés comme un pèlerinage. L'idée que les choses vont finir lui gâche le présent, dont la jouissance lui est difficile. En dehors des facteurs personnels — l'ombre portée de la mort maternelle — on peut se demander si l'horizon du Faubourg, porté à la rumination du passé plus qu'à l'imagination du futur perçu le plus souvent comme une décadence, n'influence pas sa représentation du temps.

Caroline a un corps fragile, des rhumes fréquents. Elle a cette toux inquiétante qu'elle partage avec nombre de ses amies : « Marguerite tousse et paraît très sérieuse. Qu'a-t-elle donc cette chère amie ? » Elle doit souvent garder la chambre. Elle déplore sans cesse d'être fatiguée. « C'est terrible d'être toujours malade comme cela » (7 juin 1865). « Me voici toute souffrante ? Que c'est ennuyeux d'être comme cela » (23 juin 1865). Elle éprouve des malaises, fait ce que nous appellerions de la tachycardie : « Mon pauvre cœur faisait tic tac !... Je ne pouvais même plus respirer, il a fallu de l'éther et mille soins » (26 mai 1865). Maux d'estomac, insomnies fréquentes. « Je n'ai pas fermé l'œil de la nuit, aussi suis-je horriblement fatiguée, voilà ma toux qui me reprend » (14 juin 1865). Ses insomnies sont peuplées « des plus affreuses pensées ». Elle a des idées noires, « ces idées noires qui feront mon malheur » (22 juillet 1865). À Spa où, cinq ans plus tard, elle fait une cure, elle se plaint : « J'ai été reprise de ma douleur ordinaire dans le dos et à la poitrine » (20 août 1870). Comment ne pas penser à la tuberculose qui fait tant de ravages parmi les jeunes, cause plausible de la mort d'Albert Dumont, sous le soleil de Nice, espoir des « poitrinaires » ?

Caroline est hypersensible à l'environnement — au temps qu'il fait —, et aux circonstances. Après le mariage de sa cousine Marie, elle se sent déprimée. À Lille, elle a des poussées d'asthme. Par contre à La Cave, elle déborde d'entrain, toujours prête à prolonger les soirées dansantes. « Est-on jamais fatiguée lorsqu'on s'amuse ? Je ne le crois pas », écrit-elle, lucide (15 novembre 1865). Cette imaginative, qui évoque ses rêves sans les raconter, qui croit aux présages, aux mystérieuses correspondances, que l'orage met en émoi et qui a parfois d'étranges visions, est-elle sujette à ces affections « nerveuses » que l'on prête si volontiers aux femmes et qui impatientent le père Bazin, prédicateur de la retraite ? On murmure, on pense, on sent son corps avec les mots de son temps.

Mais ce qui plonge Caroline dans une mélancolie sans fond, c'est l'incertitude de son avenir. Elle voudrait prolonger cet état d'adolescente, où l'on ne voit pas encore les épines des roses — selon une métaphore qu'elle affectionne — et où, entre Dieu et ses amies, elle se sent bien. Mais ses compagnes disparaissent, happées par le mariage. Se marier ? Elle redoute la légèreté des hommes, leurs mensonges, les lendemains indifférents. « N'a-t-on pas malheureusement trop d'exemples de jeunes femmes qui n'ont trouvé dans ce mari, qui leur promettait tant, que duperies et tromperies ? » Du mariage, que sait-elle, cette jeune fille qui n'en évoque jamais que le cérémonial ? Est-ce là le bonheur, ce doux état stationnaire, ce « ciel sans nuage » dans la communication des cœurs dont elle rêve ? « Mon pauvre cœur qui aime tant a besoin aussi d'être aimé » (14 février 1865). Mais cela existe-t-il ? Pourquoi ce pessimisme que combat si fort sa cousine Marie Ternaux, sereine et gaie ?

Il est vrai qu'elle avait autour d'elle des exemples sinistres. L'enquête familiale, établie par Georges Ribeill à partir d'une importante documentation réunie sur ce point par Jacques Foucart, nous a appris comment s'était, en 1860, conclu le mariage de Marie Brame, fille d'Émile et d'Émilie, de quelques années son aînée. L'oncle Jules a laissé à cet égard un document au vitriol, matière première pour Marx et Mauriac, accusant Édouard d'avoir employé tous les moyens, de la séduction mondaine aux menaces de mort, pour empêcher l'union de Marie et de son cousin Georges, fils de Jules. Les deux jeunes gens s'aimaient d'amour tendre. Mais leur alliance aurait fait pencher la balance de l'héritage en faveur de la branche aînée et notamment Fontaine, le château désiré. Édouard, appuyé par son beau-frère Mortimer Ternaux, s'y était opposé avec la plus extrême violence, si l'on en croit Jules dont le rôle n'est pas non plus parfaitement clair en l'occurrence. Veuve, tante Émilie avait pris ouvertement le parti de sa fille ; elle avait même songé à fuir avec elle au couvent. Mais au bout du compte, elle avait dû céder à la pression familiale. Marie n'épouserait pas Georges, mais l'héritier d'une riche famille textile (les Wallaert) probablement malade. C'est du moins ce que Jules insinue dans une ultime lettre au patriarche, Louis : « Mon fils a un nom des plus honorables dont vous êtes le fondateur : je me suis efforcé de le maintenir à la hauteur où vous l'avez placé. Nous avons élevé nos enfants d'une façon à ce qu'ils ne le fissent jamais déchoir, et l'on préfère à Georges une famille que des épithètes blessantes désignent comme ne méritant pas l'estime générale. Georges, chacun le sait, est une plante qui a de l'avenir, l'autre est une plante déjà flétrie autrement que par un vice primitif de santé. » Le mariage fut bâclé en trois semaines. « On l'a mariée à un cadavre », disait-on dans la famille. Caroline ne devait pas ignorer ce drame.

Le mariage de l'autre Marie avec le baron Edmond de Layre avait au contraire plus que l'apparence d'un mariage heureux. En quête d'un modèle rassurant, Caroline lui accorde une place décisive. Elle en décrit les fastes — l'offrande de la corbeille de noces, l'exposition du trousseau — avec un détachement qui dissimule mal un désir délectable. Robe bleue, chapeau blanc, elle est demoiselle d'honneur et tous lui prédisent son tour prochain. « Oh ! non tout cela ne me fait pas envie ! D'ailleurs pourquoi désirerais-je me marier (...). Malgré le je ne sais quoi de délicieux qu'on doit éprouver ce jour-là, il ne me tente pas. J'aime mieux moins de faste et plus de certitude, j'aime mieux le voile noir que le blanc et le crucifix que toutes les parures ! » (6 juin 1865). Elle décide, ce jour-là, de se donner à Dieu et aux pauvres. Elle sera sœur de charité. « Adieu donc, avenir brillant. »

Pourtant l'été augmente sa perplexité. À Fontaine, le jeune couple de Layre en pleine lune de miel — ils partiront dans les Alpes suisses en voyage de noces un peu plus tard [57] — est charmant. Marie est « toujours la même », et Caroline insiste sur cette identité préservée en dépit du mariage, dont elle appréhende la mystérieuse métamorphose. Aucune solennité, aucune gêne pourtant ; mais une nouvelle image du couple, de nouvelles manières d'aimer qui émergent dans ces années 1860 et qui mettent l'accent sur une sensualité, dont on laisse soupçonner à l'entourage l'heureux accomplissement. « Qu'ils sont amusants tous deux, ils se taquinent et puis s'embrassent et cela au milieu d'éclats de rire et de chants continuels ! » (23 juin 1865). Pruderie chrétienne ? Aristocratique retenue, à la manière de la grand-mère de George Sand qui « n'employait jamais le mot d'amour [58] » et en eut proscrit les manifestations ? Caroline se dit choquée : « Je ne sais ce que l'avenir me réserve ; mais je dis ici qu'on ne me verra jamais si tendre publiquement » (27 juillet 1865). Pour Caroline, si vigilante vis-à-vis de son corps, les relations amoureuses doivent demeurer nocturnes et secrètes. Même le journal n'en doit rien savoir [59]. Mais comme le lui écrira plus tard son mari, non sans agacement, Caroline est un « volcan » qui ne demande qu'à exploser.

Marie et Edmond sont fraternels. Marie lui vante le mariage, Edmond lui parle de sa mère : « Il me comprend », dit-elle. Est-il donc possible de trouver un mari qui soit un tendre ami, auquel on puisse se confier ? Mais elle-même, n'est-elle pas « trop triste pour rendre un mari heureux » (22 juillet 1865) ? Pourtant son spleen recule. Elle reprend goût à la vie, elle se laisse aller à « ces rêves qui m'arrivaient en foule pour peupler ma solitude ». Elle se risque à des gestes nouveaux. Elle tire au pistolet ! Elle porte une jolie toilette, « robe blanche, rubans roses ». « Cette toilette jeune et riante me frappe en moi ; elle allait du reste avec mes idées qui étaient gaies aussi, souriant à l'avenir, espérant beaucoup et prononçant sans trembler le mot *bonheur !* » (27 juillet 1865).

Et c'est l'automne resplendissant de La Cave, chez Stéphanie et Albert Dumont. Caroline explose de gaîté et d'entrain, joue la comédie avec frénésie, sourit d'être en retard à la messe et danse avec Albert des « galops effrénés ». Caroline est même prête à fronder un peu pour prolonger les soirées qu'écourtent toujours les grandes personnes. « Je ne me reconnais plus », dit-elle (27 octobre 1865).

Albert est présent à chaque page du journal. Impossible de taire son nom. Albert est charmant, attentif, tendre. Le soir de la Saint-Hubert, il fait applaudir Caroline par ses chasseurs et ses gens et chante avec elle un duo, comme s'il en faisait publiquement sa Dame. Conversations sérieuses et douces avec Albert qui paraît de santé fragile : sur le mariage, les relations du mari et de la femme dans le couple (1er novembre 1865), sur « le premier sentiment qui doit guider un jeune homme ou une jeune fille dans le mariage. Je ne peux pas comprendre que ce soit l'argent ! » (12 novembre 1865). Lui non plus, visiblement. « Ces douces causeries me font du bien. Quelle tendresse, quel sérieux ! Oh ! mon Dieu vous voyez le vœu de mon cœur » (26 novembre). Avec tout de même cette note inquiétante, comme un écho de l'abbé Chevojon : « Que nous sommes donc jeunes pour nos âges ! » Ils ont tous les deux dix-huit ans.

Quelle peine lorsqu'il faut partir ! « La Cave, c'est pour moi la vie que j'ai toujours ambitionnée (...). Là je suis vraiment aimée. » Mélancolie des adieux : « Que votre départ me rend triste, disait Albert. Et moi, croit-il donc que je ne suis pas toute bouleversée » (1er décembre 1865). Albert donne à Caroline une petite chienne, appelée Guerrière, qui lui tient compagnie rue Saint-Dominique. « Je lui ai nommé son maître. Ah ! s'il était ici. Mais nos pensées sont-elles loin l'une de l'autre, je ne le crois pas ! »

(3 décembre 1865). « Je ne cesse de penser à La Cave. » Le 7 février 1866 : « C'est aujourd'hui qu'Albert a dix-neuf ans. » Le 14, elle reçoit de Nice, où Albert passe l'hiver, des « ne m'oubliez pas ».

En même temps, à Paris aussi elle éclate ; on ne la reconnaît décidément plus. Moins de salut et plus de sorties ; un grand appétit de vivre et de danser. Abbé Chevojon, où êtes-vous ? Beaucoup plus lointain, semble-t-il. Le monde l'emporte sur le Marais. Le 30 décembre 1865, à huit heures du soir : « J'ai eu l'idée d'aller au bal, c'était un peu tard pour me décider, mais j'aime l'impromptu. Je me suis amusée. » Mme Loupot qui la croyait prête à se coucher n'en revient pas. En janvier, lors d'un bal qu'elle considère de façon significative comme son « premier bal », elle a beaucoup de succès. « Dans mes polkas, je laissai la moitié de ma robe » (27 janvier 1866). Elle se laisse aller à ce vœu secret : « Mon Dieu, il y a dans ce moment une chose que je désire... »

Et pourtant, un autre scénario se met en place avec une surprenante rapidité. La famille de Caroline prend-elle peur de ces amours avec un si jeune homme, probablement malade ? S'effraie-t-elle de la nouvelle ardeur de Caroline, cette ardeur qui pousse généralement à marier les filles ? Rien n'est dit, tout est possible. Toujours est-il que, de retour à Paris le 2 décembre 1865, Caroline se mariera le 19 avril 1866, battant les records de sa cousine Marie Brame, puisque l'« arrangement » de son alliance n'aura duré que deux mois et demi !

Le journal permet d'en suivre la vive allure qui n'aura pas manqué d'intriguer le lecteur. L'abbé Chevojon, la tante Ternaux surtout, semblent avoir joué une partie décisive. Caroline attend le 16 décembre pour aller se confesser, redoutant peut-être ce qu'on va lui dire. Le 17, elle « écrit à (sa) chère Stéphanie une longue lettre de morale ». Méfiance. Le 27 décembre, on lui fait visiblement de premières avances : « Il me semble que ce dont on vient de me parler serait pour mon bonheur. Cette conversation m'a beaucoup émue. » La veille, elle a vu à la fois la tante Jules Brame et la tante Céline : alerte ! Elle invoque sa mère. Janvier se passe en incertitudes que son journal évoque à demi-mots. Le 17, elle reçoit la visite de la grand-mère d'Albert, Mme Mathieu : « Je ne peux dire le bien que cela me fait de me reporter par le cœur dans ce cher Nivernais où j'ai été si heureuse ! »

Mais les choses se précipitent en février. Le 10 : « Ma tante m'a reconduite et m'a parlé avec beaucoup de tendresse. Mon Dieu, dirigez ma barque comme vous le voulez ! » Le 14 : « Il s'est passé beaucoup de choses aujourd'hui, et j'en suis assez troublée. C'est un moment si grave qu'on ne peut y penser sans trembler. » Cependant qu'Albert, de Nice, lui envoie des « ne m'oubliez pas ! », le 16, conversation sérieuse avec l'oncle Mortimer : « Tout est si vague dans mon esprit. »

Le 18 février : première vision, à la messe à Sainte-Clotilde, de celui qu'elle appelle tout d'abord M. ..., et qu'on lui a désigné comme son futur possible. « Mon Dieu que votre volonté soit faite, c'est tout ce que je peux dire ! » Le 22, premier rendez-vous au Louvre, dont Baudelaire disait : « C'est l'endroit de Paris où l'on peut le mieux causer ; c'est chauffé, on peut y attendre sans s'ennuyer, et d'ailleurs c'est le lieu de rendez-vous le plus convenable pour une femme [60]. » En compagnie de Mme Loupot, elle arpente les salles de peinture, « ne le voyant pas, ce qui rendait mon impatience de plus en plus croissante. Enfin je l'aperçus et il fut le plus charmant cicérone »... Le 25, nouveau rendez-vous au musée du Luxembourg. Le 26, rencontre avec les parents de celui qu'elle nommera monsieur Ernest jusqu'au lendemain de son mariage ; le nom de Orville apparaît pour la première fois. Le 1er mars, aux serres du bois de Boulogne, où elle se rend escortée cette fois de son père et de tante Céline, il la demande en mariage. Pour toute réponse, elle lui « tend la main », geste d'une telle familiarité qu'il vaut tous les « oui » du monde [61]. « Alors nous avons beaucoup causé. »

Le soir, elle reçoit un bouquet de lilas et de roses blanches, qu'elle accueille comme le début de « gâteries » qui ne semblent pas avoir été bien fastueuses. Elle voit monsieur Ernest chaque jour, mais plutôt à des dîners, le soir ; et c'est un couche-tôt ! Elle fait la connaissance de sa future belle-famille Orville ; récit de promenade plutôt sinistre. Tante Émilie Brame, qui a l'habitude des mariages tristes, vient s'installer rue Saint-Dominique pour la guider dans le choix du trousseau. Il est beaucoup question d'affection ; mais d'amour ?

Le 19 avril, après une période de fiançailles dont la brièveté dans ce milieu était malgré tout coutumière, elle se marie avec une sobriété qui, elle, ne l'était pas. Le jour même, elle confie une dernière fois ses sentiments de jeune fille à son journal : tristesse, trouble, confiance.

Elle ne le reprendra qu'un mois plus tard, pour faire le récit peu exalté de sa lune de miel : huit jours de « voyage de noces » à Versailles (peut-être chez les Orville qui y résidaient ?) ; puis « visites de noces » à Paris, Angers, Nantes, Tours et enfin à La Cave, d'où elle écrit. Revoir Stéphanie et Albert l'a « beaucoup émue ». D'Ernest, elle loue la condescendance, l'affection. Elle parle tantôt de « ciel sans nuages », tantôt de « quelques nuages » dans sa météorologie du bonheur.

Désormais, le journal n'est plus que le confident très épisodique d'une jeune femme rangée et nostalgique qui a répudié « la folie de jeunes têtes exaltées », et se désole de ne pas avoir d'enfant. « Mon grand chagrin, c'est de n'avoir pas un baby que j'aimerais tant et me ferait accepter la vie sérieuse que je mène » (1er janvier 1868). De dix ans son aîné, Ernest visiblement n'est pas un boute-en-train. « Nous sommes allés danser à Azy un soir. Cela a été toute une affaire pour obtenir d'Ernest qu'il y vienne » (11 octobre 1868).

La Cave demeure le lieu de prédilection. Stéphanie y traîne une incurable mélancolie ; elle la morigène tendrement : « Le bonheur est-il dans cette vie imaginaire ? » Elle déplore qu'Albert « que je voudrais tant voir heureux », soit « de plus en plus triste. Pourquoi ? Je le lui demande souvent, mais s'en rend-il compte lui-même ? Mon Dieu, conduisez-le à celle qui doit faire son bonheur ». Le bonheur qui n'est, après tout que « l'accomplissement du devoir », l'acceptation de cet obscur dessein qu'on appelle « la volonté de Dieu ». Distillé par toute une éducation, le consentement scelle ces destins de femmes de manière irrévocable.

Le journal se clôt ici, avec le cahier lui-même.

Mais l'histoire ne s'arrête pas là encore. Les lettres que Jacques Foucart nous a ultérieurement communiquées, et dont on aura pu lire quelques-unes, ont, de façon tout à fait inattendue, inespérée, poursuivi notre relation avec Caroline mariée, confirmant et infirmant à la fois l'image que nous pouvions avoir d'elle, de son couple et de son destin.

Est-ce l'effet des circonstances exceptionnelles, celui d'une séparation qui lui confère une certaine autonomie, en dépit de la présence constante de la famille de son mari et d'une importante maisonnée ? Caroline s'y révèle beaucoup plus déterminée et vivante que dans son journal, submergé de modèles et de contention religieuse et morale. En dépit de ses problèmes de santé — nous percevons mieux aussi la souffrance d'un corps dont elle parle plus volontiers —, elle se montre active, passionnément intéressée par la guerre, toujours en quête de journaux et de nouvelles, ardente patriote, et son christianisme même prend une autre dimension, celle d'une idéologie politique. Mais en même temps, elle manifeste son désir de la personne et de l'amour de son mari, qu'elle voudrait tant rejoindre, puis voir revenir à tire-d'aile, la guerre finie. À la faveur de l'histoire et surtout du siège de Paris, elle lui confère une stature héroïque, sublime ; elle l'imagine tel un chevalier sur les « remparts » — les fortifications de Paris prêtent à la ville des allures de citadelle féodale qui doivent parler à son imaginaire —, boutant les « monstres » prussiens hors de France. Caroline, femme d'action, enrage d'être aux eaux ; elle se résigne mal à son exil en Belgique dont les sentiments germanophiles la choquent profondément.

Ce n'est plus à Dieu qu'elle s'adresse, mais à un homme qu'envers et contre tout, en dépit d'une froideur qui fait son tourment, elle n'a pas renoncé à aimer. Elle voudrait le contraindre à un amour qui semble bien pour elle ne pas aller sans quelque passion. La jeune fille, qu'effarouchaient les baisers des jeunes mariés de Layre, est une femme dont les mots expriment le désir de l'amour, de façon parfois presque incongrue, telle que nous l'avions connue. Affaire de codes, de convenances ? Quand on est femme, prend-on le langage dit des femmes ? Tendre, Caroline appelle Ernest « mon cher bijou », se proclame sa « petite femme » et déclare le « couvrir de caresses et de baisers », tout en signant « ta femme dévouée ». Le « tu » est de règle, et le retour au « vous » exceptionnel.

Le moins qu'on puisse dire est qu'Ernest ne semble guère répondre à son attente, bien qu'il se montre un très régulier correspondant. Dans les moments les plus tragiques, il lui fait des remontrances sur une note de couturière qu'il juge excessive. Révoltée et soumise à la fois, Caroline s'en explique et lui propose de passer avec lui une journée pour éplucher leurs comptes. Caroline a une pension et un livre où elle note son budget. « Je suis la première à désirer tout faire pour le mieux, et je t'assure que je compte de mon mieux pour dépenser le moins possible et rester bien mise (...). Tu me diras ce que tu crois exagéré ou déraisonnable et ce ne sera jamais sur une affaire d'argent que je te ferai la moindre difficulté » (2 septembre 1870).

Mais le plus dur à supporter, c'est l'indolence d'Ernest, le peu d'empressement qu'il met à la rejoindre à Bruxelles ou à Lille, quand la guerre est finie, au point qu'elle en a presque honte aux yeux de son entourage. Elle ironise : « Je tâche de sauver ma réputation, car enfin te voyant si indifférent, que penserait-on de mon caractère ! On ne manquerait pas de dire : pauvre M. Orville, c'est donc un enfer que son ménage ! » Surtout, elle se sent désespérément seule. « Je ne peux pas comprendre comment la raison peut l'emporter si complètement sur le cœur (...). Il y a des moments où on a de la peine à se soumettre » (12 février). Sans doute Ernest lui reproche-t-il ses sentiments excessifs : elle lui rétorque que « le volcan tâchera de devenir une mer de glace ».

À l'éloignement d'Ernest, s'ajoute l'immense chagrin que lui cause la nouvelle de la mort d'Albert, survenue à Nice le 8 février 1871, qu'elle apprend le 15. Elle se sent du coup complètement abandonnée et, dans une lettre pathétique (16 février), elle dit son quasi-désir de mourir. La conjugaison du malheur public et de la douleur privée signe comme l'écroulement d'un monde.

Parce qu'elles sont un rapport direct à l'autre, les lettres, mieux que le journal, montrent que Caroline était finalement le contraire d'une résignée. Son opiniâtreté en toutes choses a-t-elle eu raison de sa stérilité, qu'elle se reproche à Spa, comme si elle en était la responsable conformément aux opinions reçues ? Nous savons qu'elle a eu, quatorze ans après son mariage, le « baby » tant désiré : une fille qu'elle a appelée Marie, comme elle se l'était promis ; puis, quelques années après, une seconde fille, Renée, qui est demeurée rue Saint-Dominique fort longtemps encore, mariée au comte de Vibraye. Ironie du sort où Caroline aurait pu voir quelque présage : ce nom, celui d'une amie retrouvée à La Cave, est le dernier mentionné dans le journal : « C'est avec un vrai plaisir que je vois plus intimement Marie de Vibraye. »

Mais l'histoire ne s'arrête pas là. Grâce à sa petite-fille que notre publication avait touchée, nous avons eu accès au journal que Caroline avait tenu lors de la naissance et de la petite enfance de Marie. On le lira ci-après, comme le témoignage d'une quête romanesque et, à certains égards, exemplaire de ces traces, perdues et retrouvées, qui tissent la mémoire vacillante des femmes.

« MA FILLE MARIE[*] »

C'est à Emmanuel Le Roy Ladurie, lecteur attentif et journaliste efficace, que je voudrais rendre hommage. Le texte présenté ici — journal tenu de 1880 à 1891 par une jeune mère, Caroline Brame-Orville, sur sa fille, son Baby, comme elle dit longtemps — lui doit son exhumation. Et voici comment.

Au printemps 1984, paraissait le *Journal intime de Caroline B.* qu'un de mes collaborateurs, Georges Ribeill, avait, dans la foulée d'un séminaire sur les sources de la vie privée, trouvé et acheté aux Puces. Sollicités par un éditeur, Montalba, qui s'était fait une spécialité de ce type de documents[1] nous avions décidé de le publier, des recherches nous ayant permis de reconstituer le milieu social et familial de la diariste. Ce journal, assez typique d'une jeune fille du Faubourg Saint-Germain[2], laissait apparaître, sous le poids parfois étouffant des conventions et d'une envahissante piété, une nature sensible, délicate et aimante. Après une amourette sans issue avec un jeune homme de son âge, bientôt emporté par la tuberculose, Caroline épousait, en 1866, Ernest Orville, de dix ans son aîné. Elle raconte les péripéties de ce mariage « arrangé » de la manière la plus classique. Son journal de jeune femme s'achevait, assez tristement, sur l'ennui d'une union sans enfant.

Ce journal plut à Emmanuel Le Roy Ladurie. Il y retrouvait — me dit-il plus tard — l'image de femmes de sa famille dont il avait admiré le style, la manière de penser et de vivre. Il en fit un compte rendu élogieux dans *L'Express* (avril 1984). Celui-ci fut lu par la petite-fille de Caroline (Madame Gabriel Girod de l'Ain) qui, surprise et émue de ces retrouvailles, chercha immédiatement à entrer en contact avec les metteurs en scène de cet improbable retour. Des rencontres chaleureuses s'ensuivirent. Nous fîmes

---

[*] « Ma fille Marie. Histoire d'un bébé », in *L'Histoire grande ouverte. Hommages à Emmanuel Le Roy Ladurie*, Paris, Fayard, 1997, p. 431-440.

connaissance avec notre héroïne dont les photos nous livrèrent le beau visage inconnu, et nous apprîmes la suite de son histoire, dont nous ne connaissions qu'une sèche chronologie. Après quatorze ans d'un mariage stérile, Caroline avait eu deux filles : Marie en 1880, puis Renée en 1886. Elle était décédée en 1892 à quarante-quatre ans, à peine plus âgée que sa propre mère[3]. Notre interlocutrice était la fille de Marie. Elle n'avait pas, et pour cause, connu sa grand'mère, dont la blonde silhouette s'était effacée dans les tourments et les drames qui avaient marqué sa descendance. Mais elle avait conservé d'elle un journal que Caroline, diariste impénitente et mère enfin comblée, avait tenu sur la petite enfance de Marie. Journal-objet, déposé telle une relique dans un coffret en bois, taillé sur mesure, et joliment orné, ce qui sans doute lui a valu d'être mieux conservé que les autres cahiers du journal de Caroline, dont ne subsiste que l'épave que nous avons publiée. Généreusement Madame Girod de l'Ain en fit cadeau à Georges Ribeill, comme au découvreur du journal de son aïeule[4]. Cette histoire, pleine de rebondissements, illustre les vicissitudes des archives privées et plus spécialement des traces des femmes qui, la plupart du temps, n'en ont pas d'autres[5].

Le nouveau document retrouvé est fort original. Il est difficile de dire s'il témoigne d'une pratique courante ; je n'en connais pas pour ma part. Il atteste, en tout cas, d'un vif sentiment de la petite enfance, cible de soins, médicaux notamment, de plus en plus poussés, mais aussi d'un investissement maternel considérable[6]. Certes l'amour du bébé n'est pas nouveau et le XIXe siècle en offre de nombreux exemples. L'intérêt du présent texte réside dans son caractère immédiat et concret. Et d'abord dans le fait même de son existence. Consigner par écrit les étapes et les détails de la vie d'un bébé souligne la conscience qu'on a de son importance, qu'il s'agisse de la mémoriser, mieux que par les mèches blondes serrées dans un médaillon, ou de la gouverner. Ensuite, il nous informe sur un mode de prime éducation dispensée à une petite fille de la haute société que hantent les modèles aristocratiques[7]. Enfin, il plonge dans la relation intime qu'une mère tente d'établir avec cette enfant si désirée et qui, d'une certaine manière, lui devient de plus en plus étrangère, parce qu'elle devient une personne. Ce journal nous dit aussi la quête, la distance et la perte, comme toute histoire d'amour.

Matériellement, il s'agit d'un cahier de format 15 x 27 cm, format qu'affectionnait Caroline, dont 69 pages seulement ont été écrites, de 1880 à 1891. 1880 : c'est l'entrée dans la vie : « Marie est née le 31 mars à 8h 1/4 du soir, 5 rue Saint-Dominique, dans ma chambre située au 3e étage donnant sur le jardin. » L'accouchement a été pratiqué à domicile, comme il se devait alors, mais par une sommité : le docteur Tarnier, assisté d'une religieuse, mélange de tradition et de modernité. 1891, c'est « l'année de la première communion », rite de sortie de l'enfance — « La voilà presque grande fille » —, mais aussi terme de la vie de Caroline, disparue quelques mois plus tard (janvier 1892). Durant ces onze années, la périodicité est irrégulière et de plus en plus distendue. Il ne s'agit pas d'un journal mais de notations qui visent moins au compte rendu quotidien qu'au bilan récapitulatif des progrès accomplis par Baby, la chronique de toutes les « premières fois » : première panade, première croquette de poulet, première eau rougie, première dent, premier sourire, premier pas, premiers mots ; mais aussi début des actes sociaux (première pièce de théâtre, premier bain de mer...) et religieux (première prière, première messe, premier pèlerinage, etc.). Ce côté « introït », équivalent du mélancolique « jamais plus », a un aspect joyeux et conquérant, vivement ressenti par Caroline. D'abord sobrement factuelles, ces notations deviennent plus étendues dès qu'il s'agit de rapporter les mots ou des propos d'enfant, donnant lieu à de véritables dialogues. L'année 1884 — la cinquième année de Baby qu'on appelle plus souvent Marie — a droit à quinze pages, à cause surtout du récit des atteintes de deux maladies inquiétantes, petite vérole volante et angine couenneuse, mais aussi en raison de l'apogée d'une entente fusionnelle entre la mère et la fille. Puis les notes deviennent plus laconiques. Pour 1888, trois feuillets pour quatre mentions. 1889, « l'année terrible », occupe à peine un feuillet consacré aux préparatifs de la première communion prochaine dont nous n'aurons jamais le récit. Il est vrai que depuis mars 1886, Renée existe. A-t-elle droit aussi à son cahier ? C'est possible, car en somme il s'agit d'un agenda d'observations individuelles. En tout cas, il est peu question des relations entre les deux petites filles, distantes de six ans, ce qui contrarierait leur mère, inquiète d'une éventuelle jalousie. La santé de Caroline, aussi, se détériore ; elle passe de longues heures dans sa chambre ou sur sa chaise longue : « Maman est malade [...] et cela arrive trop souvent que maman est malade », se plaint la petite fille. Et puis Marie semble échapper à sa mère et déroger au modèle rêvé. Dès lors, l'agenda se fait plus elliptique, comme si Caroline répugnait à consigner les marques d'une déception.

Au fil des pages, s'esquisse la vie quotidienne d'un bébé de bonne famille, assurément privilégiée, confortable et réglée, surchargée de regards. Entre Paris (rue Saint-Dominique), Neauphle, Mareuil (la belle propriété des Orville en Seine-et-Marne), les résidences propres, les stations balnéaires — Arcachon, Biarritz, Houlgate — ou thermales (Saint-Sauveur dans les Pyrénées), les lieux de pèlerinage, etc., le couple se déplace beaucoup et Baby le suit partout, prenant très tôt ses repas avec ses parents, les escortant à la plage ou à Lourdes. Le pèlerinage à la grotte fait partie des grandes initiations, d'autant plus que les Orville croient aux vertus guérisseuses des eaux. Elles sauvent Marie d'une méchante dysenterie : « [...] la guérison fut instantanée ». Une campagne très policée, des animaux domestiqués — chiens, chevaux, poneys, mais ni chats ni oiseaux — forment un cadre de Bibliothèque rose. Tantes, cousins et cousines le peuplent, et plus encore les domestiques dont le choix judicieux est un des grands soucis de Caroline. À côté de l'indispensable et fidèle Joanna, du palefrenier Alexandre, les autres défilent. D'abord une nourrice « sur lieu[8] » qui disparaît subrepticement au sevrage, à dix-huit mois précis, considéré par Caroline comme une étape décisive, une rupture inévitable et douloureuse qu'elle vit elle-même dans la crainte et le tremblement, traversée de ces fantasmes de mort qui souvent l'assaillent : « Je ne sais quel nuage noir a passé devant mes yeux [...]. J'ai tremblé et pour la première fois peut-être j'ai eu peur et j'ai senti quelle place ce petit être si frêle tenait dans ma vie [...]. Le cœur des mères voit quelquefois de si loin [...]. J'ai appris aujourd'hui la mort d'une petite enfant de 18 mois, cela m'a bouleversée. » Heureusement, « tout s'est bien passé [...]. Voilà cette première épreuve terminée ». Vient ensuite, après une nounou éphémère, une nurse anglaise, Lotty Jones, jeune et gaie, compagne de la prime éducation (trois à cinq ans et demi) qui apprend à lire à l'enfant et reçoit en récompense une montre en or. Lorsqu'elle s'en va : « Pauvre Marie a bien pleuré. Méritait-elle tant de regrets, je ne le crois pas et j'avoue que c'est un grand soulagement pour moi que de ne plus la savoir auprès de ma fille. » Lotty était-elle trop espiègle ? C'est possible. En tout cas, la nouvelle bonne anglaise qui la remplace, Mary-Anne, « s'amuse trop avec Marie, cela l'énerve, l'habitue à avoir des caprices. Il faudra encore changer ». À six ans et demi, les choses deviennent plus sérieuses, et Marie est dotée d'une institutrice, mademoiselle Clerc, qui partira trois ans plus tard sur un échec. Deux autres suivront, marque d'une instabilité pas nécessairement souhaitée.

À la périphérie de cette constellation féminine, les hommes sont plus lointains. Hormis ceux de la famille — un père souvent maussade (quand Marie est renfrognée, Caroline dit qu'elle « ressemble tellement à son père » !), un grand-père épisodique (Édouard Brame) qui meurt en 1888 —, il s'agit des médecins, appelés très fréquemment, en raison des maladies et des nombreux malaises, et des prêtres, d'abord officiants assez distants que la pratique de la confession, dès sept ans, puis le catéchisme rendent de plus en plus présents. Ministres d'Hippocrate et disciples du Christ gèrent le corps et l'âme. Recours extérieurs à l'ordinaire des jours, ils figurent la science et le pouvoir.

La mère occupe le centre de cet espace relationnel, qu'elle crée par l'écriture, et qui dessine sa zone d'influence, son cadre de vie et le temps de son bonheur. Or la position de Caroline n'est pas aisée. Elle est souvent, et de plus en plus, souffrante et parce qu'elle a l'expérience de la maladie et de la mort, elle a tendance à la projeter partout. Elle vit dans une certaine solitude affective. Ernest, qui n'était pas un compagnon très gai pour la jeune mariée, ne s'est pas amélioré. Les deux époux font — c'est classique dans ce milieu [9] — chambre à part. Reprochant à la petite Marie son manque d'attention à son égard, Ernest se donne en exemple : ne va-t-il pas chaque matin embrasser son épouse, excepté les jours où il s'occupe de « ses vieux cuivres » ? Ernest morigène volontiers sa femme, ce qui fait dire à Marie, témoin d'une scène de ce genre : « Papa n'était pas content de maman ; pauvre Maman ! Décidément les hommes sont méchants pour les femmes ! » Caroline rapporte ces propos avec soulagement comme si elle était heureuse que sa fille prenne son parti. À côté des petits plaisirs, de ceux que donnent Baby, les chevaux et la mer, il flotte dans ce journal un dolorisme résigné, inhérent sans doute à un certain style d'écriture féminine, quelque peu élégiaque, mais aussi à une vision assez sombre de la destinée des femmes, celle qui attend Marie ; d'où les « pauvre Baby, pauvre chérie »..., qui émaillent l'évocation de ses malheurs présents et à venir.

C'est dire quel événement fut cette naissance et quelle aventure constitue cette enfance dont le moindre détail prend des dimensions d'épisode initiatique. Caroline a le sens du temps, de ce temps privé dont elle sait le prix, des étapes qui le scandent, des obstacles franchis, des sauts accomplis. Elle excelle à transformer le parcours enfantin en apprentissage semé de rituels. Elle en est le guide, presque le sphinx. Elle a un sens élevé de sa mission. Mais elle en jouit aussi. Sa relation avec cette petite fille très choyée est chaleureuse, riche en paroles et en gestes de tendresse. Câlins et baisers desserrent les interdits et les contraintes d'une civilité puritaine et ouvrent un jardin clos de douceur et de sensualité permise, un érotisme innocent dans cet univers où la distance des corps est la règle des comportements.

Caroline a une haute idée de son rôle d'éducatrice. « J'ai l'horreur des enfants gâtés et je tiens à ce que ma fille ne le soit pas, aussi lorsque j'ai dit une chose il faut que cela soit fait. C'est la seule manière de rendre les enfants sages et heureux. Ils ont tellement le sentiment de la justice que si on n'exige d'eux que des choses raisonnables, ils ne raisonneront pas. Mais si on les commande à tort et à travers, on ne pourra jamais plus rien obtenir d'eux. » Fermeté, raison, vigilance, persuasion, répétition sont les principes d'une pédagogie qui exclut totalement les châtiments corporels et use seulement de la « mise au coin » (dit « le petit coin »).

Mais quelles sont les priorités de Caroline ? Elle veille attentivement à la croissance et à la santé de Baby, à la régularité de son régime. Cette enfant tant désirée, elle a constamment peur de la perdre et l'angoisse des nuits sans sommeil accompagne chacune de ses maladies. Caroline se préoccupe vivement de l'éveil de sa fille, attentive à noter ses émotions, ses expressions (le rire et les larmes), ses mots et ses phrases, et l'agenda joue ici pleinement son rôle d'observatoire, tel que le préconisait Julien, un des créateurs du genre [10]. L'enfant reçoit une éducation discrètement sportive, favorable au contact avec l'eau (du moins les pieds dans la vague), au soleil (« être bruni » est positif), à la gymnastique (arrêtée il est vrai au bout d'un mois par crainte de fatigue), et l'équitation. Tout cela compose un modèle plutôt aristocratique, timoré de fragilité féminine, que complète l'usage d'une institutrice à domicile. C'est une « enfance au château », résolument séparée, très close dans le milieu, voire la cellule familiale. Le recours à une institution extérieure est exceptionnel, et presque punitif. Après la désastreuse année 1889, Marie est inscrite comme demi-pensionnaire au couvent de l'Abbaye-aux-Bois. Elle en conçoit un « immense chagrin » et verse des « larmes de désespoir ». Au point que la tendre mère, confortée par l'avis d'un médecin compréhensif, décide de la retirer et de la confier à une nouvelle institutrice « extrêmement ferme ».

Ce recours à des tiers est du reste vécu par Caroline comme une dépossession, et notamment l'arrivée de la première institutrice. « Mademoiselle Clerc vient d'arriver. Voilà ma fille presque séparée de moi. Dois-je l'avouer, j'ai eu le cœur gros lorsque je l'ai vue installée dans la chambre de son institutrice. Déjà je dois céder quelque chose de moi-même, je ne serai plus tout pour mon enfant, c'est un dur sacrifice à faire. Mais je le crois nécessaire. » C'est « le premier pas dans le chemin du Devoir ».

Passé l'acquisition des connaissances élémentaires, et d'abord du langage, primordial, plusieurs types d'apprentissage retiennent la mère institutrice. D'abord, celui de la civilité : manières de table (Caroline se désole que sa fille soit si lente...), de se tenir, de se comporter en société ; l'amabilité, la grâce, la modestie sont les vertus recherchées. Vient ensuite le savoir proprement dit : lecture, écriture, musique, récitation font partie des exercices quotidiens dont on vante la précocité. À cinq ans et demi, Marie sait lire des phrases. À six ans, elle joue la comédie.

Mais compte plus encore l'éducation religieuse et morale de Marie. Les premiers exercices de piété (la prière quotidienne, l'assistance à la messe, voire au Salut) sont affaire maternelle. Les prêtres n'interviennent que plus tard. Sept ans, l'âge de raison, est celui de la première confession. « Quelle émotion lorsque je l'ai vue entrer dans le confessionnal du père La Couture, curé d'Arcachon. Voilà son premier pas dans la foi chrétienne », écrit Caroline, étroitement associée à ce premier rituel. « La veille nous avions fait ensemble son petit examen de conscience » : premier d'une longue accoutumance à l'idée du péché. En revanche, quatre ans plus tard, la préparation à la première communion est le travail des clercs. Caroline aurait souhaité que sa fille soit suivie par l'abbé Chevojon, curé de Notre-Dame des Victoires, son propre directeur de conscience, pourtant si intransigeant, exemple étouffant d'une continuité sans faille. Mais celui-ci, âgé et souffrant, ne le pouvait pas. « Cela a été un grand chagrin pour moi, mais il était nécessaire que Marie soit suivie de très près. » Caroline la confie à l'abbé Nicolas auquel elle écrit pour lui recommander sa fille : « C'est une enfant pleine de cœur [...] qui, au fond, vaut mieux que ce qu'elle paraît, mais elle est *molle*, un peu insouciante, et n'a pas, à mon gré, assez d'ardeur dans ce qu'elle fait. » En tout cas, Marie a besoin de « *beaucoup* d'encouragements » (lettre du 15 mars 1891). Pour cette petite fille très suivie, il y avait peu d'échappatoires.

Mais il est question surtout d'attitudes morales, de *conduite* et de *caractère*, mots qui reviennent sans cesse. Caroline scrute les moindres signes du comportement de Marie, avec tendance à les lire comme indices d'un tempérament. À neuf mois, Marie, parée d'un ruban, se regarde dans la glace avec admiration. « Pauvre chérie, déjà penser à ses défauts », écrit sa mère. « Elle sera coquette et volontaire. » Au nombre des qualités : l'énergie (opposée à la mollesse redoutée), la patience, la générosité (le cœur de Caroline se serre lorsqu'elle croit voir des signes de jalousie de Marie vis-à-vis de Renée, sa cadette), la bonté, la simplicité. Caroline s'offusque du refus de Marie d'aller jouer avec des petites filles du village sous prétexte qu'« elles n'ont ni bas ni bottines ». « Cette réflexion d'une enfant de deux ans m'effraye. » La gentillesse vis-à-vis des domestiques est aussi appréciée. D'un autre côté, Caroline s'inquiète des colères de sa fille, de son amour-propre excessif, plus tard de ses distractions (elle est souvent « dans la lune » pendant les leçons de Mademoiselle) et de sa mollesse dans l'effort.

La petite enfance de Marie avait comblé Caroline. Elle vante les mérites de Baby en lui prédisant toutes sortes de vertus. Tout juste note-t-elle de « petites colères ». Mais elle semble désarçonnée par la croissance de sa fille. L'année 1889 (mais qu'attendre d'une telle année !) a été mauvaise : colères, crises de larmes, scènes avec l'institutrice, paresse. « Je ne savais que faire », note sobrement Caroline. D'où la mise en demi-pension chez les sœurs.

Caroline et sa fille s'éloignent l'une de l'autre, écart que la mort de Caroline allait rendre irrémédiable. Sa faiblesse est sans doute de ne pas en comprendre les raisons. Mais qui comprenait alors les problèmes de l'adolescence ? Cette tendre mère n'est pas nécessairement psychologue. Le culte de la volonté cimente ses principes éducatifs, comme il a scellé sa propre éducation et tant d'émotions féminines, qu'elles soient religieuses ou laïques. Caroline lègue plus qu'elle n'innove. Elle donne l'exemple même de la transmission qui, de mère en fille, soude la chaîne de la reproduction féminine.

Le journal se clôt sur cette réflexion à la fois heureuse et mélancolique : « Le 31 mars, Marie a onze ans. La voilà presque grande fille [...] et je retrouve en elle beaucoup de manières de penser de ma mère ! »

II
FEMMES AU TRAVAIL

La question du travail a constitué un front pionnier de la recherche sur les femmes. En sociologie d'abord, avec les travaux de Madeleine Guilbert, Évelyne Sullerot, Andrée Michel dès le milieu des années soixante[1]. En histoire, tant en Grande-Bretagne qu'en France.

C'est aussi un de ceux où furent remises en question les frontières traditionnelles, notamment avec la sociologie de la famille. Concernant les femmes, le statut matrimonial, primordial, conditionne le rapport au marché du travail, du moins à partir du moment où l'industrialisation sépare de plus en plus radicalement domicile et lieu de la production salariée. « Women, Work and Family » sont des réalités inséparables, disaient, dans le titre même de leur ouvrage, Joan Scott et Louise Tilly[2]. Leur contribution souligne un autre fait, assez général : la conversion précoce des historiennes du monde ouvrier à l'histoire des femmes, comme s'il y avait en l'occurrence une substitution d'objet, un glissement d'une figure de l'oppression à une autre. Cela explique également que les catégories et les mots de l'analyse marxiste, alors dominants dans le champ du travail, aient façonné d'abord ceux du féminisme. « Classe de sexe », « lutte des sexes » et patriarcat (au lieu de Capital) ont bercé les conceptions plus subtilement sausurriennes et derridiennes du « genre ». Christine Delphy[3] représente assez bien ce « féminisme matérialiste » qui préfère les pratiques sociales aux représentations, et accorde une place centrale au concept d'exploitation, étendu de l'économique au familial et au sexuel. L'évolution inverse d'une Joan Scott illustre l'influence du *linguistic turn* outre-Atlantique. Dans sa contribution à *Histoire des femmes en Occident*, elle s'intéresse non aux pratiques de travail des ouvrières, mais à la manière dont ce travail était perçu dans trois types de discours : patronal, syndical et de l'économie politique[4]. Aujourd'hui la question du

« genre » a largement pénétré la sociologie et, plus timidement, l'histoire[5].

Les historiennes, de leur côté, se sont intéressées en priorité aux « travaux de femmes », aux « métiers de femmes ». Infirmières, sages-femmes, domestiques, ouvrières de la couture ou des tabacs... ont dès le milieu des années soixante-dix retenu leur attention. Puis elles ont pénétré dans des sites de travail mixtes — ateliers de la passementerie stéphanoise[6], manufactures et usines, pour y scruter les modes de la division sexuelle du travail. Du reste, l'histoire industrielle a progressivement abandonné son ancienne indifférence à cet égard. Serge Chassagne, Denis Woronoff lui accordent une place non négligeable[7].

Deux novations à signaler : d'une part l'incorporation du « genre » dans l'étude du tertiaire, désormais le grand secteur d'emploi des femmes, qui se déploient dans un dédale de bureaux[8]. D'autre part, l'inclusion, récente, d'une problématique de la violence, du « harcèlement sexuel » et par conséquent du corps, du corps sexué, objet de pouvoir et de désir[9]. Si le droit de cuissage n'a jamais constitué une catégorie juridique réelle, comme l'a souligné à juste titre Alain Boureau[10], sa représentation imprègne l'imaginaire social, celui de l'encadrement qui se croit tout permis, celui du mouvement ouvrier qui se coule dans les mots et les images de la féodalité. C'est dire combien l'historiographie du travail des femmes s'est complexifiée depuis vingt ans.

Les textes qui suivent, reproduits à peu près dans leur ordre chronologique, illustrent une recherche personnelle profondément imbriquée dans ces problématiques qu'elle a parfois contribué à introduire. S'il y a un secteur où le « genre » me paraît pertinent et efficace, c'est bien celui du travail, dans toutes ses dimensions. Au point de souhaiter consacrer un jour au travail des femmes une synthèse renouvelée de ces apports multiples.

C'est dans la grève, objet de mes premières recherches, que je perçus la différence des sexes dans le travail. Elle y est éclatante et pourtant, je l'abordai avec une certaine timidité, une tendance à la traiter en termes de dispositions naturelles qui me fait qualifier le monde des ouvrières d'« univers de défaite et de soumission ».

Cinq ans plus tard, les perspectives ont changé et « la femme populaire rebelle », ma contribution à l'*Histoire sans qualités*, est le contraire d'une résignée. Dû à l'initiative de Pascale Werner, c'est un des premiers livres collectifs consacrés, en France, à l'histoire des femmes. Liées au mouvement, alors à son apogée, les auteurs

— Christiane Dufrancatel, Arlette Farge, Christine Fauré, Geneviève Fraisse, Élisabeth Salvaresi — universitaires pour la plupart, entendaient introduire dans leurs recherches les questions d'actualité, convaincues que « faire de l'histoire consiste à lancer des passerelles entre le passé et le présent, à observer les deux rives et à être actif de part et d'autre [11] ».

Sur l'économie du livre, autant que sur sa présentation, les discussions furent vives. Le choix du titre surtout s'avéra malaisé. Nous ne le souhaitions ni trop platement explicite, ni trop sexuellement défini. Faut-il voir dans cette hésitation la marque d'une « singularité » française qui cherche l'intégration plus que la distinction sexuelle ? Cet embarras premier est rétrospectivement intéressant. En tout cas, le titre, qui fut finalement et unanimement choisi, était suffisamment énigmatique et musilien pour en dissimuler le contenu et, en dépit de quelques bonnes critiques et de traductions ultérieures, ce livre, dont nous aurions voulu faire une espèce de manifeste pour l'histoire des femmes, n'eut qu'un retentissement limité. Décidément, nous n'avions guère le sens de la publicité.

Ma contribution porte la marque d'un certain populisme d'époque, dont Jacques Rancière fera un peu plus tard la critique [12]. On y sent le désir de rompre avec le misérabilisme de la femme victime et d'affirmer l'historicité des pratiques culturelles féminines. « Les femmes ne sont ni passives ni soumises. La misère, l'oppression, la domination, pour réelles qu'elles soient, ne suffisent pas à dire leur histoire. »

« Femmes et Machines » répondait à une sollicitation de *Romantisme*, désireuse de consacrer un numéro à la Machine fin-de-siècle et toujours très soucieuse d'inclure les femmes. Cette demande tombait bien car l'interrogation sur les effets sexués du machinisme et de l'industrialisation tourmentait les sociologues et les économistes. Exploitation renforcée ? Promotion des femmes, comme on l'avait prétendu pour la machine à coudre ? Ou, plus subtilement, nouveaux partages des qualifications et des pouvoirs ? Cet article tente de faire le point sur un sujet qui, depuis, a donné lieu à de nombreux travaux, notamment sur la machine à coudre et le travail à domicile [13].

Enfin, membre du comité de rédaction du *Mouvement social* depuis l'origine, j'ai eu le désir d'y importer la problématique des rapports de sexes, de faire connaître aussi les recherches qui se développaient à cet égard. Les textes ci-après constituent la présentation de deux numéros spéciaux. Le premier, « Travaux de femmes », porte surtout sur le XIXᵉ siècle. Il s'agit alors de rendre visible, à partir d'exemples empruntés à la domesticité, aux soins infirmiers, aux grands magasins, aux manufactures des Tabacs, les caractères de ces travaux qu'on dit ordinairement « bons pour une femme ».

Le second, publié presque dix ans plus tard, concerne le XXᵉ siècle et cherche davantage à problématiser ce qu'on appelle « métiers de femmes ». La réflexion sur la division sexuelle du travail avait entretemps considérablement progressé, en sociologie surtout, grâce à Danielle Kergoat, Margaret Maruani, Helena Hirata et leurs équipes.

Depuis dix ans, l'emploi des femmes, en dépit de la crise, s'est développé, mais, malgré une formation de plus en plus poussée, les inégalités se sont déplacées plus qu'atténuées, au point qu'on a pu parler de la « fausse réussite scolaire des filles » qui n'obtiennent pas sur le marché du travail le bénéfice de leur investissement dans les études [14]. La sociologie des rapports sociaux de sexes a de beaux jours devant elle.

GRÈVES FÉMININES*

Les femmes forment environ 30 % de la population industrielle active[1] et, en cette seconde moitié du XIXe siècle, leur part s'accroît (30 % en 1866 ; 37,7 % en 1906) : la stagnation de la population française, possible frein à l'industrialisation, conduit à puiser sans cesse davantage dans le « réservoir » féminin. Si la métallurgie, le bâtiment, les mines... demeurent des secteurs virils, les femmes grandissent dans l'industrie chimique (30 % des effectifs au recensement de 1896, notamment à cause des tabacs, voués au deuxième sexe), dans celle du papier (28 % ; même recensement) ; elles conservent leur primauté dans le textile (51 %) et règnent en maîtresses dans le vêtement (87 %). Textile et vêtement accaparent alors 73 % des travailleuses ; la confection se pratiquant encore largement à domicile, les « ouvrières de l'aiguille » incarnent, aux yeux de l'opinion, le type même de l'ouvrière. Les propos d'un rapport ouvrier de 1867 restent vrais : « Le lot de la femme est la famille et la couture[2]. »

Relativement récent, sans tradition, accablé par une domination bicéphale où l'homme et le patron se soutiennent, le prolétariat féminin offre tous les caractères de l'armée industrielle de réserve : d'emploi fluctuant, sans qualification, ses rémunérations sont inférieures de moitié environ à celles des hommes. Pour les ouvriers, le salaire féminin représente surtout un appoint, plus ou moins temporaire. La mère de famille cesse de travailler et toutes les monographies de familles décrivent comme crucial le temps de la maternité active. L'ouvrière subit une double exploitation : comme femme et comme ouvrière.

Voilà bien de quoi se révolter. Pourtant, la disproportion entre la place des ouvrières dans l'industrie et dans les grèves saute aux

---

* « Grèves féminines », *Les Ouvriers en grève (France, 1871-1890)*, 2 tomes, Paris, Mouton, 1974, I, p. 318-330.

yeux : de 1871 à 1890, 173 coalitions purement féminines, 5,9 % du total, représentant 33 368 participantes (3,7 %), indiquent une propension à la grève bien médiocre (0,123). En beaucoup plus grand nombre, il est vrai, les femmes ont participé à des grèves « mixtes » ; nos documents nous en signalent expressément 361 (12,3 % de l'ensemble), et sans doute la plupart des grèves du textile appartiennent à cette catégorie. Les grèves mixtes se caractérisent par une forte agitation : 37 % comportent des incidents (moyenne générale : 21 %), 31 % des manifestations de rues, près de 10 % connaissent des troubles et, en conséquence, des taux élevés d'intervention des forces de l'ordre (gendarmerie : 16 %, armée : 5 %). Bien loin de pousser à l'apathie, la mixité forme un mélange détonnant. Contrairement à toute attente, le textile, on le verra, tient bien sa partie sur la scène sociale, sans qu'on puisse y mesurer le poids exact des femmes. Elles se montrent surtout dynamiques dans les cortèges et les troubles mineurs, donnant de la voix et du geste, habiles à porter le drapeau, conspuer les patrons et briser les vitres.

Comme épouses de grévistes, les femmes jouent un rôle variable selon le rapport qu'elles entretiennent avec le métier ou l'usine de leur mari : la femme du mineur, très intégrée au monde de la houille, combative et présente, telle la Maheude, contraste avec la compagne plus distante de l'ouvrier urbain[3]. Très généralement, les ménagères inclinent à la prudence, plus accessibles pourtant à la brève flambée d'une grève qu'à l'austérité de l'engagement syndical.

L'attitude des femmes devant la grève mérite donc d'être appréhendée à plusieurs niveaux. Mais leur style apparaîtra mieux dans les grèves féminines proprement dites.

CARACTÈRE DES GRÈVES FÉMININES

Limitées dans leur ampleur (194 grévistes/grève en moyenne) et dans leur durée (8,5 jours : 43 % durent seulement un et deux jours), elles se cantonnent la plupart du temps à un établissement : usine textile, manufacture de tabacs ; on ne relève que cinq grèves généralisées et quatre grèves tournantes. Le plus souvent subites (87 %), défensives (57 %), peu organisées (61 % sans forme d'organisation), encore moins syndicalisées (9 % seulement), elles protestent plus qu'elles ne revendiquent.

86 % ne militent que pour un seul objet, le salaire (75 %), toujours menacé. La demande de réduction de la journée (12 %) s'at-

tache non aux dix heures, pôle des désirs masculins, mais seulement aux douze prévues par la IIe République. Tel est le but d'un important mouvement (juin-juillet 1874) des fileuses de soie d'Annonay, de Valleraugues et de Ganges (Hérault) ; travaillant de 5 h du matin à 7 h du soir, elles aspirent à ne faire que le tour du cadran : de 6 à 18 h[4].

De même, les ouvrières en lacets de Saint-Chamond[5]. Les tisseuses de chez Pochoy-Bruny à Paviot (Isère) allèguent la loi de 1848 avec nostalgie : en 1876, elles travaillent seize heures (de 4 h à 20 h 30)[6] ; en 1884, elles en accomplissent encore quatorze et demie effectives (de 5 h du matin à 8 h du soir, avec un arrêt d'une demi-heure pour déjeuner), et l'inspecteur Delattre décrit le sort des travailleurs non logés par l'usine qui « ont 3 à 4 kilomètres à faire pour retourner chez eux, de sorte que, rentrant souper à 9 h du soir et repartant à 4 h du matin..., ils n'ont que six heures au plus pour se reposer[7] ».

Pas de revendications proprement féminines, sinon peut-être un accent sur la fatigue accablante ou les rigueurs d'une discipline particulièrement tracassière : dans une pétition au préfet, les tisseuses de Saint-Denis de Cabanne « demandent d'être libres de prier ou non à l'usine. Les amendes affligées... aux ouvrières, elles demandent qu'elles soient employées au cas que les ouvrières soient malades » (sic)[8]. Pas l'ombre d'une invocation « féministe » à l'égalité des sexes. Plus qu'elles ne récriminent, les femmes se plaignent, membres d'une humanité souffrante, victimes d'un sort aveugle dont elles ne savent ou n'osent dénoncer les fauteurs : « ils, on », vague figure du destin[9]. « Citoyennes, nos souffrances ne sont-elles pas les mêmes ? Ne nous a-t-on pas tenues également dans la même ignorance, ignorance restreignant l'intelligence naturelle de la femme et ne lui permettant pas de se plaindre hautement des injustices dont elle est victime...[10] ».

Le ton demeure modéré, soucieux de justifier : « Les considérants de cette demande sont justes, raisonnables et légitimes[11] », empreint de déférence. Les ouvrières ne cessent d'appeler leurs patrons « Messieurs » ; elles s'adressent volontiers aux autorités (dans 7 % des cas ; moyenne générale : 5 %), notamment aux préfets, auxquelles elles décrivent, sur le magique papier timbré, des lettres respectueuses : « Nous vous prions, Monsieur le Préfet, d'user de vos droits et d'intervenir dans cette affaire afin que nous en venions à un arrangement honorable[12] », disent au préfet de l'Isère les tisseuses de Voiron qui croient en sa toute-puissance. Selon le maire de la ville,

« hier, on avait répandu au milieu de ces femmes que M. le Préfet devait arriver à 11 heures pour leur faire rendre justice et bon nombre s'étaient postées à la gare [13] ». On voit les dévideuses de Lyon, pourtant dotées d'une chambre syndicale, organiser une réunion publique pour faire signer une lettre des ouvrières à Mme Grévy [14]. Signe à la fois du prestige qui auréole les représentants de la République naissante et de l'espérance ouvrière. Lorsque, d'aventure, le succès couronne ces démarches, ordinairement déçues, la reconnaissance jaillit. Pour remercier le préfet, auquel elles attribuent le déplacement d'un directeur détesté, les cigarières de Marseille se forment en cortège pour lui porter une gerbe [15].

Les femmes se montrent inquiètes, légalistes. Les manutentionnaires de Vals sollicitent l'autorisation d'afficher un appel à la coalition [16] ; les glaceuses de fil de Saint-Chamond prient le préfet de « nous octroyer la permission de nous mettre collectivement en grève [17] ». Beaucoup subissent le frein d'une tradition de respectabilité qui, dans les régions de ferveur catholique, s'enracine dans le sens du péché. Dans les Cévennes, les catholiques hésitent plus que leurs camarades protestantes. À Ganges, ces dernières, « poussées par leurs maris, avaient fait des démarches auprès des ouvrières catholiques pour les engager à exécuter leur projet. Mais celles-ci n'ont pas voulu accéder à l'instigation qui leur était faite par les protestantes. Et par ce refus, elles n'ont pas osé se mettre en grève [18] ». L'Église, qui brandit ses foudres [19], pèse lourd sur les femmes et leurs représentations. Même apparemment libérées, elles éprouvent ce sentiment de « honte » qu'Edgar Morin a si bien discerné chez les Bretonnes de Plozévet, et dont la morale laïque, infiniment prudente pour l'éducation sociale en général, et pour celle des filles en particulier, ne les affranchira guère. Faire grève, pour beaucoup, apparaît comme un acte hardi, quasi téméraire, qui risque d'entacher l'honneur d'une « honnête femme ».

Les grèves féminines se heurtent à l'incompréhension d'une société pour laquelle la féminité, déjà difficilement compatible avec la situation d'ouvrière, l'est moins encore avec celle de gréviste. Les agents insultent les ouvrières [20]. La presse bourgeoise les caricature, insistant sur leur pittoresque, toujours à la limite de l'obscénité. On se gausse des corsetières — « la grève des dessous [21] » —, des serveuses des Bouillons Duval qui refusent de « payer les pots cassés » ; on traite ces « bonnes » d'« amazones ». Ou encore, sur un ton d'indulgence amusée, on plaide l'irresponsabilité. Ces « pauvres têtes folles [22] », « proies », « égarées [23] » apparaissent comme incapables

124

d'agir de leur propre initiative. Derrière elles, on cherche le meneur masculin[24]. Ces « inoffensives », il faut les traiter comme des enfants : « Avec les femmes, écrit le préfet de la Loire, il faut procéder autant que possible par intimidation et n'employer la force qu'à la dernière extrémité[25]. » Bref, on ne les prend pas au sérieux.

Les ouvriers eux-mêmes ne les soutiennent pas toujours. Chez Lebaudy, les casseuses de sucre, payées aux pièces, se heurtent à l'inertie des hommes, rémunérés à la journée[26]. À Lille, les bobineuses de l'usine Wallaert, ayant débrayé, le patron ferme l'usine : « les tisserands trouvent justes les revendications des ouvrières, mais ils les blâment parce qu'ils en souffrent[27] ». Il arrive que les syndicats refusent de les soutenir parce qu'elles ne sont pas syndiquées[28], ou parce qu'ils estiment leur action intempestive[29].

Ces obstacles expliquent la timidité, l'irrésolution des femmes. Une admonestation suffit à les faire rentrer. À Decazeville, soixante cribleuses protestent parce que, pour la même tâche, on a augmenté le salaire des hommes et pas le leur, procédé classique : « Quelques observations sévères de M. Vigné ont arrêté ce commencement de grève[30]. » Inexpertes, elles ne savent pas comment s'y prendre, hésitent à désigner des déléguées, se tournent volontiers vers les hommes, comme vers leurs tuteurs naturels. À Paviot, en 1884, alors que 90 % des grévistes sont des femmes, elles se donnent pour leader Henri Barruit, un célibataire, tisseur à l'usine, et pour secrétaire syndical un certain Roger, de Moirans[31]. D'où, curieusement, un taux un peu plus élevé d'interventions politiques dans leurs conflits (12 % contre 10 %). En effet, celles-là se produisent surtout en milieu neuf à l'organisation. Les leaders, voyant dans ces terres en friche une possibilité d'implantation, proposent leurs services. Flattées, rassurées par ces sollicitudes, les femmes les acceptent ; mais elles se dérobent ou se cabrent lorsqu'elles se sentent un enjeu[32]. Tout compte fait, elles se méfient de la politique et préfèrent, en tout cas, les modérés, la rondeur radicale à la violence anarchiste[33].

Elles se défient plus encore des invites féministes. Les blanchisseuses de Meudon, coalisées, boudent une réunion où Léonie Rouzade engage, sans succès, les auditrices à former une société de secours mutuel[34]. Durant la grève des teinturières en peaux de la maison Tissier (Paris, boulevard Arago) qui, par sa virulence, fit quelque bruit, le journal *L'Internationale des Femmes* tente deux meetings : l'un à l'Alcazar d'Italie, avec Louise Michel et Mme Astier de Valsayre, rédactrice à *L'Union des Femmes*, réunit six cents personnes, mais « l'assemblée est restée froide[35] » ; l'autre avec Tortelier et Louise encore, rencontre peu d'écho[36]. Le féminisme, à cette époque, reste un mouvement bourgeois, sans audience parmi les ouvrières.

Au reste, la plupart des tentatives d'organisation stable se heurte sinon à l'inertie, du moins à cette pusillanimité qu'engendrent la crainte et le scepticisme. Il y eut, pourtant, parallèlement aux premiers congrès ouvriers, et parfois entée sur eux, une vague d'efforts et de créations, inscrite dans la poussée générale de syndicalisation qui a marqué le triomphe de la République. À Paris, à Marseille, à Lyon et dans sa région (Vienne, Saint-Étienne, Grenoble, Saint-Chamond, etc.) surgissent des « comités d'initiative de Dames » — lingères, couturières, tisseuses... — susceptibles de muer en chambres syndicales. Entre 1878 et 1884, la majorité des grèves féminines du Sud-Est sont effectivement dirigées par de telles chambres.

Les femmes ont participé à la grande espérance républicaine des années 80. Il semble qu'elles aient vécu, obscurément, dans l'attente d'une libération. On en perçoit l'écho dans les discours de Mlle André, de Mlle Marie Finet, « l'orateur habituel du droit des femmes[37] » zélatrice, de l'association dans la vallée du Rhône, comme dans les considérants de statuts syndicaux[38] ou les propos de certaines grévistes : « Nous sommes des femmes ; 89 nous a faites citoyennes », proclament les serveuses des Bouillons Duval qui déclarent faire confiance aux « champions de la démocratie[39] » pour les défendre.

La « culture » des femmes à cette époque les rend particulièrement sensibles aux ondes messianiques. L'émoi que le 1er Mai 1890 a éveillé parmi elles en fournit un autre exemple[40]. Signe de potentialités que des leaders moins imprégnés de civilisation latino-chrétienne auraient pu faire jaillir, mais perpétuellement refoulées, déçues, déviées...

Tributaire de tout un environnement, le mouvement ouvrier français prenait lentement conscience du problème féminin. La question de « la femme », très souvent au programme des premiers congrès ouvriers, tend à disparaître ensuite des ordres du jour[41]. Les divers courants socialistes ou syndicaux s'avèrent peu préoccupés, voire peu favorables, à l'émancipation féminine. Pour les révolutionnaires, elle serait résolue seulement « par l'appropriation collective de tous les instruments de production[42] ». Pour les proudhoniens — et sur ce point la plupart des ouvriers l'étaient ! — le travail industriel contrarie fondamentalement la nature féminine ; la femme au foyer, épouse et mère, demeure l'idéal. Même les socialistes révolutionnaires conservent une optique populationniste ; le blanquiste Chauvière fonde le droit des femmes sur la maternité : « La femme... a droit à tous les soins et à tous les ménagements possibles pour donner au pays des enfants robustes. Si elle manque du nécessaire, elle ne donnera que des enfants malingres et chétifs[43]. » Reconstruisant le monde, Pataud et Pouget gardent, sur le chapitre des femmes, une prudente réserve[44].

L'absence d'organisation syndicale, jointe au refus particulièrement accentué du patronat de discuter avec des femmes, aisément remplaçables et renvoyées, rend la négociation difficile et favorise les incidents. Il s'en produit dans 25 % des cas (moyenne générale 21 % ; hommes seuls : 18 %) ; incidents d'ailleurs peu dramatiques : sorties en masse, chahuts, cortèges surtout (manifestations de rues dans 17 % des grèves ; contre 6,7 % pour les hommes seuls). Encore les femmes chantent-elles rarement autre chose que « La Marseillaise », affectionnant même en réunions des « romances sentimentales[45] » ; et elles brandissent le drapeau tricolore. Voici cinquante fileuses de Privas dont le patron, sous prétexte que « la Marianne n'a pas pété » aux élections législatives[46], vient de diminuer le salaire ; elles sortent de l'usine en chantant à tue-tête : « il nous faut trente sous et non pas vingt-cinq », puis entonnent « La Marseillaise » et rentrent chez elles. Pour étendre leur mouvement, les ouvrières de Bourg-Argental « se forment en bande, ayant en tête un petit drapeau porté par deux gamins de douze à treize ans[47] ». À Renage, les tisseuses « pour se rendre à la mairie ont traversé une partie du village en chantant et l'une d'elles portait un drapeau tricolore... Ensuite, une centaine d'entre elles sont entrées dans un café... où elles ont bu, dansé et chanté jusqu'à huit heures et demie du soir[48] ». Dans la vie grise de ces femmes, la grève revêt souvent l'allure d'une fugue, d'une fête[49].

On aimerait naturellement connaître les meneuses de grève. Mais l'obscurité, l'anonymat, le préjugé, les dissimulent plus encore que leurs camarades masculins[50], plus qu'eux suspectées, quoique différemment, taxées non « d'esprit fort », mais de « mœurs légères », non de conviction, mais d'« exaltation », non d'audace, mais d'« aplomb ». De Clotilde Pardon, trésorière du comité de grève des teinturières en peaux, on nous dit qu'elle a « plus de toupet que d'intelligence[51] ». Folle, coureuse, ou virago : la meneuse n'échappe pas au destin que lui fixe l'opinion. Femme jeune, en tout cas (sur

75 meneuses d'âge donné, 69 % ont de 15 à 34 ans), voire très jeune (42 % ont de 15 à 24 ans), notamment dans les fabriques de soieries, à l'image du personnel employé. Au contraire, dans les manufactures de tabacs, où l'on fait carrière, les vieilles cigarières mènent le jeu, instruisent les jeunes, gardiennes des « droits » et d'une tradition en formation [52].

Des noms, quelques âges constituent presque toute notre provende. À peine quelques silhouettes émergent-elles çà et là, saisies au détour d'une rue, au seuil d'une usine, révoltées d'un jour que la vigueur de leur protestation a conduites au poste de police. Voici Angélique Faligonde, soixante ans, bretonne de Nantes, dévideuse de laine chez Poiret, boulevard d'Italie, à Paris, célibataire, qui entraîne sa petite troupe de contestataires, célibataires aussi de vingt à quarante ans [53]. Voici Léonie Verget, née à Marseille, trente-trois ans ; elle vit maritalement avec un journalier, paie un loyer de 120 F par mois, travaille depuis quatre ans comme écosseuse de haricots chez Appert (XXe), peinant de 5 heures du matin à 11 heures du soir pour 0,70 F ; elle est arrêtée pour injures aux non-grévistes qui ne veulent pas, comme elle, réclamer 1 F ; selon sa fiche de police, « elle n'a pas d'opinion politique précise, mais elle est exaltée [54] ».

Les « organisatrices » (membres de commissions, oratrices de réunions, voire responsables de syndicats), moins soucieuses d'éclat, nous échappent plus encore. Les filles ou femmes de militants, adossées à un milieu qui les comprend et les soutient, jouent parmi elles un rôle certain. À Lyon, à Saint-Chamond, les épouses de Charvet et de Georges Payre, teinturiers, actifs militants, animent auprès de Marie Finet les « corporations des dames réunies » (1878) ; à Villefranche, la jeune Liégeon, compagne d'un anarchiste notoire, rédige des motions et tient la tribune des meetings [55]. Le militantisme féminin ne saurait se passer de l'approbation familiale. Déraciné, solitaire, le meneur est souvent un individu en rupture : situation invivable pour une femme, du moins ouvrière, qui ne peut agir que dans le sillage de l'homme.

Sociologie professionnelle des grèves féminines

Reste à esquisser brièvement la sociologie professionnelle des grèves féminines. 62 % (soit 105) appartiennent au groupe textile-vêtement dont plus du tiers (et 24 % de l'ensemble) ressortissent à l'industrie de la soie. Sociologie qui explique une géographie des conflits, concentrés dans le sud-est du pays (57 % dans dix départements de ce secteur) [56]. Au facteur industriel, peut-être convient-il d'en ajouter d'autres : influence du protestantisme, du radicalisme ? La femme donne l'impression d'être plus libre, d'avoir davantage son franc-parler. Elle rencontre un appui plus ferme de la part des républicains locaux [57].

Plusieurs types se dégagent : on en retiendra trois. Dans le groupe des cuirs et peaux et leurs annexes (chaussures, gants) (5,9 % des conflits), l'influence de la tradition masculine d'organisation se fait sentir. La chambre syndicale des mégissiers de la Seine supporte activement la grève des teinturières en peaux de chez Tissier en 1888, convoque plusieurs réunions, dont une conférence-concert, à leur profit, et les incite à s'organiser [58]. La solidarité des deux sexes s'avère particulièrement forte dans l'industrie de la chaussure : les piqueuses de la maison Celle-Mauco, à Lyon, en 1886, sont soutenues par le syndicat des cordonniers, de coloration anarchiste ; et si elles désavouent les tentatives de grève générale, elles constituent, à l'instar de leurs camarades, un syndicat. Mais le cas le plus remarquable se rencontre à Fougères : en 1889, les piqueuses syndiquées déclenchent un mouvement pour obtenir la hausse de leurs salaires, les hommes débraient sans revendication propre et les manifestations, fort houleuses, notamment contre la maison Houssaye, mêlent indistinctement le prolétariat des deux sexes [59]. Dans ces divers exemples, les ouvrières semblent bien intégrées au monde ouvrier.

Dans les manufactures de tabacs et les fabriques de soieries, les grèves présentent forcément plus d'autonomie, mais de façon bien différente. Filatures et tissages de soie du Sud-Est, décrites de longue date par Villermé, Reybaud [60] et tant d'auteurs, emploient une main-d'œuvre d'origine rurale, temporaire et généralement sous contrat : chez Bonnet, à Jujurieux (Ain), où, vers 1880, œuvrent un millier de jeunes filles de onze à vingt ans, les parents souscrivent un engagement de trois ans et demi ; en cas de rupture, ils doivent verser 50 centimes par jour [61] ! ce qui explique leurs réticences au débrayage. Les usines logent les ouvrières dans des dortoirs bondés, sévèrement tenus par des religieuses, les nourrissent chichement, les obligent à prier. Les journées vont de treize à seize heures, pour des salaires dérisoires, versés directement aux familles. Ces établissements, fondés initialement sur le modèle du Lowell américain, ressemblent en fait aux *workhouses* britanniques ou japonaises. Les économistes bourgeois, tel Paul Leroy-Beaulieu [62], les vantent ; les démocrates les dénoncent avec une vigueur accrue par l'anticléricalisme de l'heure. Ces critiques aident-elles les travailleuses à prendre conscience de leur exploitation ? Ou bien la crise, succédant à « un coup de fortune[63] », en aggravant encore leur condition, les pousse-t-elle hors de la résignation ? Toujours est-il qu'entre 1874 et 1890, de nombreux conflits, d'abord offensifs et axés plutôt sur les horaires, puis défensifs du salaire, ont agité les « couvents » soyeux. La maison Pochoy-Bruny à Paviot (Isère), type hybride puisqu'il combine l'internat de jeunes filles et les « casernes » pour ménages[64], en connaît pour sa part trois, dont l'un s'étire sur quarante-sept jours (1er février-20 mars 1884) avec de nombreux épisodes. Grèves mouvementées, vivantes, juvéniles, frondeuses, facilement contagieuses ; mais éphémères, instables, velléitaires sur le plan de l'organisation, et minées par la passivité, sinon l'hostilité, des familles paysannes, et par une conjoncture dégradée. D'où, en dépit d'une bonne combativité, des coalitions qui s'effilochent.

Les manufactures de tabacs présentent une structure originale : forte concentration d'une main-d'œuvre essentiellement féminine[65], stabilisée par de relatifs avantages de carrière (retraites)[66]. « Dans cette profession, l'apprentissage dure plusieurs années ; aussi le fait d'un renvoi cause-t-il un grave préjudice à celle qui en est la victime. L'admission y est recherchée et l'administration favorise à cet égard les filles des anciens ouvriers[67]. » Enfin l'existence d'un seul patron, l'État, unifie les conditions et les aspirations. D'où le développement d'un syndicalisme féminin (lui-même précédé d'une tradition mutuelliste) précoce (1887 : à Marseille, première chambre syndicale de cigarières), massif (en 1891, 7 800 syndiquées, 40 % des effectifs), unitaire, au demeurant fort corporatiste[68].

Les ouvrières des tabacs se signalent, parmi les femmes, par une propension à la grève particulièrement forte : 32. Ne formant que 0,5 % de la population féminine active industrielle, elles fournissent 16 % des grévistes féminines. De 1871 à 1890, elles ont soutenu neuf conflits, amples, mais ordinairement brefs[69], caractérisés par la vivacité de la concertation, la vigueur de la solidarité[70], la variété des formes d'organisation, la place, dans les griefs, des questions de discipline (amendes, punitions, mises à pied...) et des relations avec la direction. Un millier d'ouvrières se mobilise, à Marseille, durant quinze jours, pour obtenir le renvoi d'un chef de section abhorré, Roustan, « un véritable négrier » ; ce duel passionne l'opinion locale[71]. Les établissements de l'État n'offrent pas l'exemple du libéralisme : « C'est à donner envie d'être galérienne », s'écrie une vieille cigarière[72]. Néanmoins, les possibilités de médiation et de négociation y apparaissent plus aisées, le ministère ne soutenant pas ses fonctionnaires aussi fermement que le ferait, pour ses cadres, un patron privé. D'où, pour un milieu homogène et combatif, qui a son franc-parler, un jeu plus ouvert et plus réussi.

Exception dans un univers de défaite et de soumission.

L'ÉLOGE DE LA MÉNAGÈRE DANS LE DISCOURS DES OUVRIERS FRANÇAIS AU XIXᵉ SIÈCLE*

« Le lot de la femme est la famille et la couture (...). À l'homme, le bois et les métaux, à la femme la famille et les tissus. » Voici, exprimée de façon radicale par un délégué ouvrier à l'Exposition de 1867[1], la grande division sexuelle du travail et de l'espace social que la rationalité du XIXᵉ siècle a poussée jusqu'à ses plus extrêmes limites. Dans la symphonie concertante des discours sur la nature féminine, clef d'une inéluctable destinée, sur la spécificité des rôles des sexes définis par rapport à la famille fondamentale et nécessaire, le discours ouvrier à première vue ne détonne guère. On s'interrogera sur ses modalités, à travers quelques exemples, et plus largement sur la réalité qu'il recouvre et son degré de concordance avec elle. Est-il description idéalisée d'une pratique relativement conforme ? au contraire regret nostalgique d'un monde qui se défait ? ou encore expression d'un modèle présentement hors d'atteinte ? Quelle fonction — lyrique ou normative, plaintive ou offensive — joue ici le discours ?

CABET ET PROUDHON, CLASSIQUES DU PEUPLE

L'écrit des socialistes sur la femme et la famille est proliférant et divers[2]. Mais les suffrages du peuple ne vont ni à Enfantin, chantre de la réhabilitation de la chair, ni à Dézamy, partisan de l'union libre et du désenclavement familial au bénéfice de la communauté ; bien plutôt aux plus conservateurs sur ce point, à Cabet dans les

---

* « L'éloge de la ménagère dans le discours des ouvriers français au XIXᵉ siècle », *Romantisme*, « Mythes et représentations de la femme », p. 13-14, oct.-déc. 1976, 1976, p. 105-121.

années 1840, à Proudhon vingt ans plus tard. Cabet consacre, certes, un opuscule à *La Femme, son malheureux sort dans la société actuelle, son bonheur dans la Communauté*[3]. Sa dénonciation a des accents concrets (la femme battue...) ; mais ses remèdes visent au meilleur fonctionnement d'une cellule familiale essentielle. *Icarie* maintient la ségrégation du masculin/féminin, avec l'exclusion des femmes du droit de cité que, jadis, Condorcet réclamait, du moins pour les plus aisées d'entre elles. Le mariage est obligatoire comme gage de moralité, le célibat flétri comme « un acte d'ingratitude » ; l'adultère et même le concubinage, pardonnable dans une société inégale, deviennent des « crimes sans excuses ». Le choix du conjoint est soumis aux nécessités de la famille et du groupe, et la fréquentation des jeunes gens se déroule « sous les yeux de leurs mères », censeurs des bonnes mœurs. À l'atelier comme à l'école, les sexes sont séparés ; au bal, la femme ne dansera qu'avec son mari ; l'art bannit la nudité dans la peinture comme dans le roman. Le sens de la pudeur s'étend jusqu'aux cadavres. Pour l'autopsie, « le corps des femmes n'est confié qu'à des femmes : c'est une relique sacrée que ne doit pas profaner l'œil d'un homme ». Dans le ménage, où règne un rigoureux partage des tâches, le mari a « voix prépondérante » et la femme est définie comme « sa première compagne, (...) sa première associée, ou plutôt partie intégrante de lui-même, partie qui seule peut suffire au complément de son existence, partie sans laquelle son existence est incomplète et privée de bonheur[4] ».

Quant à Proudhon, interprète d'un monde embarqué dans la croissance économique, il prône la supériorité de la chasteté sur la sensualité, du travail sur le plaisir et voit dans la famille le meilleur moyen de domestiquer l'énergie libidinale pour orienter toutes les forces vers la production, parfaite illustration de la grande « répression sexuelle » attribuée à la société industrielle et dont Wilhem Reich se fera l'analyste. En ce qui concerne la femme, Proudhon adhère totalement au discours médical sur l'infériorité physique du sexe faible, reprenant à son compte toute la symptomatologie de cette infirmité : taille, poids, mensurations, boîte cranienne... Les fonctions de la femme s'inscrivent dans sa conformation : un vagin pour recevoir, un ventre pour porter, des seins pour allaiter — tels les côtes du melon — marquent sa destinée, faite pour l'homme et pour l'enfant. Nulle place ailleurs qu'au foyer.

« Courtisane ou ménagère », telle est l'alternative.

Or Cabet et Proudhon jouissent d'une large audience populaire. Le premier réussit à mobiliser dans toute la France un véritable réseau qu'on a pu considérer comme la première ébauche d'un « parti ouvrier[5] ». Le second est pour longtemps à la fois le maître à penser et l'interprète des ouvriers de métier qui forment l'armature des associations ouvrières et l'âme de l'autonomie fédérale.

LA PAROLE OUVRIÈRE : LE CONGRÈS DE MARSEILLE (1879)

Dans la seconde moitié du XIXe siècle, il est bien d'autres manières plus directes d'entendre la voix ouvrière. Parmi d'autres, les rapports des délégués aux expositions et aux congrès constituent une source intéressante par son caractère relativement collectif. Les délégués sont les porte-parole de groupes plus vastes qui les mandatent pour exprimer leurs vues et les censurent s'ils y substituent un message trop personnel. À Marseille, le représentant des ouvriers bijoutiers de la ville se fait rappeler à l'ordre parce qu'il se prononce contre l'émancipation de la femme, contrairement aux vœux de sa chambre syndicale ; son rapport est interrompu par des huées et ne sera pas publié (quel dommage !). D'un autre côté, ce discours de tribune est plus normatif des règles admises que descriptif de la pratique sociale.

« L'immortel congrès de Marseille » est le plus notable des trois assemblées (Paris, 1876 ; Lyon, 1878) qui marquent l'apparition de la classe ouvrière française comme force nationale, l'avènement du « Quatrième État » en quête de ses formes d'organisation et de son projet politique. Remarquable par ses résolutions finales — une majorité se prononça pour la collectivisation des moyens de production et pour la mise en œuvre d'une Fédération de tous les groupes ouvriers —, ce congrès ne l'est pas moins par la variété des participations individuelles et collectives, par la libération d'une parole abondante et enthousiaste et par l'ampleur des problèmes abordés.

La question « de la Femme » y figure dans son acception la plus large. Un simple relevé effectué à partir des ordres du jour des divers congrès corporatifs[6] montre ultérieurement le rétrécissement de l'énoncé à dater de 1888, réduit au seul « travail des femmes » presque toujours conjoint à celui des enfants ; puis l'évacuation complète de la question : après 1900, elle n'est plus jamais inscrite au programme des congrès nationaux et n'apparaît plus que sous la forme indirecte des « garderies d'enfants » (Congrès des Bourses, 1913). On se gardera d'ailleurs d'accorder trop d'importance à ce signe isolé. Plus que d'un dépérissement de la question de la femme en milieu ouvrier, il témoigne sur la mutation du discours militant liée au changement de l'institution syndicale elle-même, devenue plus fonctionnelle, appliquée à des points précis de revendication plus qu'à l'expression globale d'un milieu de vie[7].

Renouveau de l'action féminine

D'autres raisons expliquent l'accent mis sur la condition féminine en 1879, et d'abord l'action des femmes elles-mêmes, stimulée par la nouvelle conjoncture politique. Après l'obscurantisme de l'Ordre Moral si culpabilisant pour les femmes (avec l'École, ne portent-elles pas toujours la responsabilité des défaites militaires ?)[8], voici la République enfin conquise. Que fera-t-elle pour les prolétaires et pour les femmes ? Ces dernières expriment leur espoir de manières diverses. Hubertine Auclert a fondé en 1876 *Le Droit des Femmes* et elle est à Marseille « la déléguée de neuf millions d'esclaves ». Des associations corporatives féminines — chambres syndicales d'ouvrières, ou de Dames réunies — ont été formées à Paris, Lyon, Marseille, Saint-Étienne, Vienne, etc. ; des grèves mêmes éclatent (serveuses des Bouillons Duval de Paris, ouvrières en lacets de Saint-Chamond en 1878, tisseuses de Vienne en 1879) à l'occasion desquelles s'exprime de façon inhabituelle la revendication des travailleuses.

Tout cela sous-tend la parole féminine exceptionnellement présente au congrès de Marseille. En dépit d'un statut mineur puisqu'elles n'ont que voix consultative et délibérative, sept déléguées (dont cinq couturières) interviennent non seulement dans la séance dévolue à la Femme, mais dans les autres, comme porte-parole, mais aussi comme assesseurs ou secrétaires et dans les diverses commissions. On lira dans ce même numéro le remarquable rapport d'Hubertine Auclert, mais elle n'est pas seule, et les propos de Louise Meunier, Louise Tardif ou Julie Martin mériteraient d'être reproduits. Reprenant l'héritage de 1848, ils vont bien plus loin et pour timides qu'ils nous paraissent aujourd'hui, ils représentaient une percée telle qu'ils furent certainement mal entendus. Les remous suscités à la dernière séance par les résolutions d'Hubertine Auclert montrent en tout cas la résistance rencontrée. Il importait de préciser ce contexte pour apprécier le discours masculin qui seul nous retient ici, mais qui ne saurait être bien compris que dans le rapport à celui de l'autre sexe.

Jamais on n'a tant parlé, jamais on ne parlera tant de la femme dans un congrès ouvrier. Le compte rendu de la séance à elle consacrée occupe presque un dixième du volume (78 pages sur 831)[9]. Dans cette séance, malgré six rapports féminins, les hommes demeurent majoritaires : 9 rapports. Mais ils parlent des femmes en bien d'autres endroits, non seulement à propos des conditions de travail (il y a beaucoup d'éléments pour une peinture de l'ouvrière textile), ou de l'éducation, mais encore un peu tout le temps, par allusion, non pas, on le sent bien, à *la* Femme, mais à leur femme, celle du ménage et du foyer. Et alors le ton change. Les développements stéréotypés sur la mission féminine contrastent avec les insinuations relatives à la vie conjugale. Voici Godefroy, délégué des cochers parisiens, évoquant les récriminations féminines devant les exigences de l'action syndicale, thème classique et récurrent : « Votre jeune femme vous entourant de ses deux bras, vous dit en minaudant et en faisant une petite moue qui lui sied, d'ailleurs, à merveille : — Que vas-tu faire à cette société ? Tu ferais bien mieux de rester avec moi. Et puis, l'argent que tu vas donner, si peu que ce soit, fait faute à notre ménage. Dis-moi, en vérité, à quoi cela t'avancera-t-il ? À rien du tout. Tu travailles, n'est-ce pas ? Tu es dans un bon atelier ; que ceux qui n'ont pas d'ouvrage fassent comme toi : au lieu de s'occuper de politique, qu'ils s'en procurent. (...) Les récriminations finies, la petite égoïste s'assied sur vos genoux, donne un gros baiser, un autre, accompagne tout cela de délicieuses agaceries, et plus faible qu'un enfant, je vous vois lâchement répondre... [10]. » La distance entre les rapports de principe, un peu guindés, et la gouaille des incidentes suggère celle-là même qui sépare la tribune d'un congrès et la vie quotidienne.

On notera, d'autre part, des différences selon les orateurs. Tandis qu'Irénée Dauthier, ex-Internationaliste, cinquante et un ans, des selliers de Paris, incarne la pensée proudhonienne-type qu'il avait déjà développée au Congrès de Paris, Ferdinand Vedel, délégué des colleurs de papiers peints de Marseille, dénonce en termes vibrants « le préjugé de l'inégalité de la femme » cautionnée par une fausse science et fondement de toute son oppression : « Nous pensons que de la croyance à l'inégalité de la femme, sont nées toutes les causes de son infériorité morale et intellectuelle (...). Tout a été contre la femme » (p. 213). Cependant que Joseph Bernard, 23 ans, serrurier, militant anarchiste, croit que seule la Révolution peut régler les

137

rapports des sexes et qu'« il n'y a pas lieu de nous préoccuper de la femme dans la société actuelle, mais de nous préoccuper de ce qu'elle sera dans la société nouvelle » (p. 185). Nuances qui se fondent dans l'harmonie d'un discours unanime. Malheureuse victime de la nature et de la société, la femme, loin de l'usine hostile, devrait trouver protection dans la famille pour s'y consacrer à son ménage et à l'éducation de ses enfants.

« LA FEMME, CET ÊTRE SI FAIBLE... »

Sur le malheur de la femme, tous s'accordent. « Est-elle heureuse et libre ? (...) Est-elle émancipée ? Non » (p. 44). « Pauvre », « malheureuse » sont, avec « faible », les qualificatifs qu'on lui applique le plus souvent. « La situation de la femme est précaire » (p. 135). « La situation faite à la femme est déplorable » (p. 191). Pour la femme seule surtout, il n'est pas d'alternative : « mourir de faim ou perdre son honneur, conséquence logique de l'avilissement des salaires de la femme » (p. 135).

Au lieu de la corriger, la société aggrave l'inégalité native de la femme. La référence quasi constante à une nature féminine d'ordre physique qui détermine la place, le rôle et les tâches de la femme est un autre trait frappant. La femme est, d'abord, un corps « faible » aux « organes délicats », « fragiles », sujets à des « indispositions périodiques » qui conditionne son humeur changeante. « L'organisme féminin est soumis à certaine indisposition due à sa nature, depuis la puberté jusqu'au retour d'âge. Entre ces deux révolutions corporelles, il y a périodiquement des malaises ou des souffrances que la femme supporte plus ou moins facilement, selon le bien-être, les fatigues et les privations qui influent sur son caractère et le rendent doux et violent » (p. 174). Le monde féminin est celui de l'organique et pour le décrire, il faut parler le langage de la médecine et de l'hygiène.

Ce corps est menacé par les travaux industriels, par les machines qui lui infligent des positions déformantes, des maladies intimes que « (les jeunes filles) ne devraient même pas connaître de nom » (p. 283). Particulièrement suspecte, la machine à coudre, envahissante depuis le Second Empire, et dont on dénonce, autant que les méfaits d'une fatigue liée aux trop longues journées, les risques gynécologiques (pertes blanches, aménorrhées) et la dangereuse puissance érotique. « Un tel outil, par son mouvement continu, excite le délire hystérique » (p. 171). Dauthier cite longuement un mémoire de l'Académie de Médecine (1866) selon lequel l'usage prolongé de ces machines occasionne « une excitation génitale assez vive pour mettre (les ouvrières) dans la nécessité de cesser momentanément tout travail... et d'avoir recours à des lotions d'eau froide » (p. 176). Il faudrait trouver une mécanique qui remplace cet incessant mouvement des jambes. Inquiétantes machines que ces machines désirantes...

« L'AVILISSEMENT DE LA FEMME, LE RACHITISME DE L'ENFANT, LA DÉCADENCE DE LA RACE »

L'industrie détruit la beauté et surtout la santé de la femme et la détourne de sa fonction essentielle : la maternité. Les thèmes de la transmission de la vie, de l'importance de la santé de la mère pour celle de l'enfant sont soulignés maintes fois. « La santé de l'enfant vient de la bonne constitution de la mère que la plupart des industries ruinent en santé et en beauté » (p. 164). Enceinte ou en couches, la femme ne devrait pas travailler. Statistiques à l'appui, Dauthier montre le recul de la mortalité infantile à Mulhouse après l'instauration d'un congé de maternité de six semaines, pratique tout à fait inconnue au patronat français. De même sont dénoncés les ravages liés à la mise en nourrice. En cette seconde moitié du XIXe siècle, l'enfant devient un souci ouvrier.

Au-delà de la famille, c'est la santé de la race, dont les états de la conscription montrent la débilité, qui est en cause. Affaiblies par le travail en usine, les femmes seraient « incapables de donner le jour à une génération forte et saine, comme le réclame le relèvement de notre pays » (p. 283). L'idée d'une nécessaire régénération physique de la Nation s'affirme dans les années 1880 et c'est en son nom que Jules Ferry rendra obligatoire, par exemple, l'enseignement de la gymnastique. Plus largement encore, la vigueur des femmes du peuple conditionne l'avenir d'une humanité que la décadence bourgeoise a tari : « De la conservation de la santé de la femme, dépend la vigueur, l'énergie et la bonne conformation des êtres futurs. N'oublions pas que de l'amélioration de la femme dépend la civilisation ; que nous ne saurions trop avoir d'égards, de prévenances, de soins, de respect pour l'être qui porte dans son sein l'humanité qui nous succédera » (p. 221).

S'ils reprennent à leur compte la thèse de la différenciation sexuelle à laquelle la médecine du XIXe siècle a apporté la caution de la science, les ouvriers célèbrent aussi la famille, « pierre angulaire de l'édifice social » (p. 161) et forme privilégiée de sociabilité populaire et de soutien économique. « La femme ouvrière ne peut se séparer de l'homme ouvrier, car seule elle n'est rien, et l'homme de même ; réunis, ils forment la famille » (p. 185). L'ouvrier est d'abord un père de famille, pourvu de femme et d'enfants et sa revendication, salariale ou autre, sa pensée sur l'éducation, le travail, l'apprentissage, la sécurité... s'appuient constamment sur cette réalité. En dehors de toute discussion, elle apparaît comme la structure normale d'une existence où, de toute évidence, la parenté compte beaucoup.

Et tous le disent et le répètent : voilà le lieu de la femme. « Nous croyons que la place actuelle de la femme n'est pas dans l'atelier ou dans l'usine, mais dans le ménage, dans l'intérieur de la famille, parce que la femme qui travaille à l'atelier doit laisser son ménage sans direction et ne peut entretenir son intérieur », dit le modéré Irénée Dauthier. Et en écho, Bernard, l'anarchiste de Grenoble : « Élever ses enfants dans l'amour de la liberté et du travail, exécuter les travaux de couture et autres nécessaires au ménage, tel doit être le rôle de la femme » (p. 185). « Si au point de vue de l'indépendance et de la morale, la jeune fille doit travailler et recevoir un salaire pour vivre, il n'en est pas de même de l'épouse ; car là, la femme ne s'appartient plus, elle appartient à son mari et à ses enfants ; réunis, ils forment la famille. Et si nous disons à l'homme, qui a la santé, la force musculaire : à l'atelier ; nous disons à la femme, qui a la faiblesse, la beauté, la douceur et l'amour : au foyer domestique, à la famille. Oui, là est le rôle de la femme[11]. »

Elle doit être avant tout une *ménagère*. « La vraie femme de ménage qui sait soigner ses enfants et mettre de l'ordre dans son linge, cet ami de la famille pauvre, doit être considérée comme le ministre de l'intérieur et des finances de l'ouvrier et son travail est de beaucoup supérieur comme valeur à celui de l'homme » (p. 165). Le père, absent, délègue ses pouvoirs à sa femme pour la gestion du budget et la prime éducation des enfants. Comme le ménage paysan de l'Ancienne France dont il est issu et qui, sans doute, demeure un de ses modèles[12], le ménage ouvrier se définit par une rigoureuse division du travail, des rôles, des tâches et des espaces (intérieur/extérieur ; foyer, ménage/atelier, usine). D'où la résistance à l'industrie qui vient bouleverser cet équilibre, et tout un ensemble d'attitudes et de revendications concernant les modalités du travail féminin.

ÉLOGE DU TRAVAIL À DOMICILE

Rares sont ceux qui, comme Ytier, délégué des travailleurs d'Avignon, pensent que l'égalité des sexes passe par le travail : « Partisans de l'émancipation complète de la femme, nous ne saurions sans inconséquence refuser à la femme le droit au travail que nous réclamons pour nous-mêmes. (...) la femme doit travailler ; elle a tout intérêt à le faire ; elle deviendra, par ce fait, l'égale de son mari dans le ménage » (p. 202). L'idée de la nécessité d'un travail productif pour tous, chère aux Saint-Simoniens, est presque absente. Seul Bernard évoque une société future « basée sur la nécessité que tout être humain » (femme comprise) « aura de produire pour consommer » (p. 185). Pour la plupart, l'éminente dignité de producteur est affaire d'hommes.

L'idéal serait que le salaire du père soit suffisant. « Nous préférerions que la femme mariée ne s'occupât que du travail du foyer et qu'on mît en pratique cette maxime : que l'homme doit nourrir la femme » (p. 222). Il convient, d'ailleurs, de se défier de ceux qui cherchent des industries propres aux femmes : « le but réel est toujours d'opérer une baisse sur les salaires » (p. 771). Dans la pratique pourtant, le travail des femmes et souvent nécessaire à l'équilibre du budget. C'est un indispensable complément. Mais cela ne signifie pas que la femme doive aller en usine ! L'hygiène [13] et la morale devraient faire interdire aux femmes ces « enfers industriels ». L'atelier corrompt les jeunes filles et dégrade les femmes. Les premières y « perdent leur candeur et leur naïveté » (p. 203). Il faut (les) « éloigner des exemples peu édifiants et du langage trop familier, plus souvent ordurier, des ateliers » (p. 404). Surtout, elles sont en butte aux « caprices honteux » du patron et des contre-maîtres. « Ces malheureuses filles se résignent à laisser assouvir la passion brutale de ces êtres ignobles », mais la plupart du temps « leur renvoi suit leur déshonneur » (p. 80). La protestation contre la « lubricité » des contre-maîtres est un leitmotiv de la presse ouvrière, notamment dans les régions textiles ; la lecture de journaux comme *La Défense des Travailleurs* de Reims (1883-1887) ou *Le Forçat* du Nord est, à cet égard, édifiante.

Certains préconisent le retrait pur et simple des femmes des usines. « Son émancipation est d'être retirée de l'industrie pour en faire une ménagère. » Si c'est impossible, que du moins on prenne comme pour les enfants, auxquels la femme est si souvent associée, des mesures de protection : interdiction du travail de nuit, limitation des heures pour qu'elle puisse vaquer au ménage, interdiction de certaines tâches, non mixité au moins dans les ateliers de l'État[14]. Mais surtout, on demande que des travaux appropriés soient réservés à la femme « en harmonie avec sa nature et son tempérament » (p. 195). « La femme ne doit faire aucun travail contraire à la délicatesse de son sexe » (p. 751). « Les travaux réclamant peu de forces lui appartiennent naturellement. » Il convient de lui laisser « ceux qui s'harmonisent le mieux avec sa conformation, ses forces et ses aptitudes » (p. 202).

La couture réunit une fois de plus tous les suffrages. L'aiguille n'est-elle pas « l'outil féminin par excellence » (Jules Simon) et le tissu, par sa mollesse, la matière même du sexe faible ? D'autant plus qu'elle peut s'exercer *à domicile*. Pour Jules Simon, pour les industrialistes soucieux de morale, voilà la panacée, le moyen de concilier les devoirs de la femme au foyer et les nécessités de la production, la préservation de la Famille et la puissance économique[15]. Les ouvriers ne sont pas loin, pour d'autres raisons, de penser de même.

D'où leur hargne contre le travail des prisons, des couvents et des ouvroirs de toute nature, rendus responsables de l'avilissement des salaires féminins. En 1848 des pétitions avaient assailli la Commission du Luxembourg ; des manifestations, parfois d'une extrême violence, avaient eu lieu à Reims, à Lyon, à Saint-Étienne, contre certains pénitenciers et surtout contre des congrégations religieuses, type *Bon Pasteur* ou *Refuges* pour filles « repenties ». Un décret du 24 mars en avait ordonné la suspension « considérant que les travaux d'aiguille et de couture organisés dans les prisons ont tellement avili le prix de la main-d'œuvre, que les mères, les femmes et les filles des travailleurs ne peuvent plus, malgré un labeur excessif et des privations sans nombre, faire face aux besoins de première nécessité ». Mesure sans lendemain. En 1879, la plainte ressurgit, contre les couvents surtout, avivée par la force d'un anticléricalisme virulent, nourri de l'alliance de l'Église avec l'Empire. Prendre aux religieuses, vraies rivales des ouvrières, « ces mille travaux de confections qui permettraient à nos femme de travailler tout en soignant leurs ménages et leurs enfants » (p. 281), les confier à des associations employant, sous le contrôle de la Fédération ouvrière, « mères, femmes, filles, sœurs des travailleurs », constitueraient une mesure de protection de la femme et de la famille ouvrière[16].

La revendication d'un salaire égal à celui des hommes figure, certes, mais en mineur, et surtout par référence aux femmes qui doivent subvenir seules à leurs besoins et pour lesquelles il n'est guère d'issue que « la mort ou la honte ». Dénoncée comme une fatalité économique, la prostitution — on dit déjà « la traite des Blanches » (p. 602) — suscite effroi et réprobation, sur laquelle d'ailleurs surenchérissent parfois les « dames ». La citoyenne Chansard, déléguée des Dames réunies de Lyon, flétrit les « viles prostituées » qui ont préféré « un luxe honteux à cet enfer que la classe ouvrière appelle le ménage » et déplore que « les femmes éhontées qui sont à Saint-Lazare soient plus heureuses que nos mères de famille » (p. 182).

En définitive, la priorité accordée aux valeurs familiales fait que la revendication d'une égalité par le travail, d'une « libération » des femmes par le travail extérieur n'est nullement celle du mouvement ouvrier. Et c'est peut-être sur ce point que diffèrent le plus les deux discours, masculin et féminin. Y compris au Congrès de Marseille où les propos des femmes ont à ce sujet une tout autre tonalité. Le rapport final, dû à Hubertine Auclert et adopté, ne déclare-t-il pas : « Qui dit droit, dit responsabilité : la femme doit travailler, n'étant pas moins tenue de produire que l'homme, vu qu'elle consomme, le congrès émet le vœu qu'il y ait pour les deux sexes même facilité de production et application rigoureuse de cette formule économique : à production égale salaire égal ». Et s'il propose « dans l'ordre du travail une division équitable » fondée sur les capacités physiques, il suggère cette idée, à bien des égards bouleversante[17], que le muscle ne recouvre pas le sexe : « qu'aux être faibles, *hommes ou femmes*, soient dévolus les travaux qui réclament de l'adresse : aux êtres forts, les travaux qui exigent la dépense d'une grande force musculaire[18] ». Ajoutons qu'Hubertine Auclert n'est pas une ouvrière et qu'on ne saurait sans examen critique la tenir pour l'interprète de ce que pensaient les ouvrières elles-mêmes.

« LUI LA LUMIÈRE, ELLE L'ÉTEIGNOIR »

Quant à la revendication de l'égalité politique, elle est singulièrement freinée par l'argument qui sera, longtemps, celui de toute la gauche : les liens de la femme avec l'Église — la femme, le prêtre, sombre et redoutable image, où la femme, une fois de plus, joue le rôle de médiatrice, de porteuse de l'irrationnel.

Dans tous ces textes, perce une rancune avouée contre l'incompréhension des femmes pour les activités syndicales, leur résistance aux « sorties », aux cotisations de leur mari, leur jalousie peut-être pour cet échange viril dont elles sont exclues. Obstacle à la vie militante, la femme risque aussi d'être une éducatrice dangereuse, perpétuant dans la famille, et surtout de mère à fille, les influences cléricales. Par elle, par le confessionnal, l'Église insinuante s'infiltre dans le foyer. Le mari se sent espionné par le prêtre qui entretient la duplicité, la discorde dans le ménage : « Il ne faut plus qu'en confessant nos femmes et nos enfants, nous soyons confessés nous-même, et surtout malgré nous, par les prêtres qui ont su se les attirer » (p. 405). Ce grief, bien des fois formulé, et de nos jours encore (que de premières communions « pour faire plaisir à la bourgeoise »...) est l'expression d'un réel problème quotidien.

Indéniable quoique cachée, l'influence historique des femmes a été, de ce fait, plutôt pernicieuse. « Il n'est pas besoin de remonter bien haut dans l'histoire pour nous convaincre. Influence qui a été plus souvent funeste que bienfaisante, comme tout ce qui était clérical où elle puisait son inspiration. Personne n'ignore que selon qu'une illuminée, ou qu'une catin approchait du pouvoir, nous ayons eu tantôt excès de fanatisme et d'intolérance comme sous Charles IX, etc. ; tantôt excès de dépravation comme sous la Régence, où l'on disait que ce qu'il y avait de plus léger que le vent, que la plume, que la poussière, c'était la femme, quelquefois les deux réunis, comme sous le dernier empire. Et n'est-ce pas à l'influence d'une femme encore que nous devons l'effroyable guerre de 1870 ? » (p. 219). La femme, mauvais génie de l'homme. Qu'il est tenace le mythe de l'Ève éternelle !

Dans le présent, il n'est pas possible de donner l'égalité politique aux femmes. Même Bernard, le libertaire, s'insurge à cette pensée : « ... le droit politique est un droit dangereux quand il se trouve entre des mains qui ne savent pas ou qui n'ont pas l'indépendance matérielle de s'en servir. La femme n'est-elle pas dans ce cas et ne serait-ce pas lui donner une arme dangereuse que de lui donner ce droit, ne serait-ce pas tuer la Révolution le lendemain même de la victoire, ne serait-ce pas en un mot, la victoire du cléricalisme ? » (p. 187). Bestetti, délégué des cordonniers de Paris, recueille de « vifs applaudissements » lorsqu'il se prononce pour « la reconnaissance du droit à l'égalité de la femme, mais avec la réserve qu'il est absolument nécessaire que son éducation civile et politique soit faite » (p. 540). Une telle égalité suppose un changement total de la mentalité féminine : « En un mot, *qu'elles deviennent des êtres réellement humains*, ayant la raison de comprendre et qu'elles cessent d'être les joujoux des classes riches et les agents du cléricalisme dans les classes pauvres » (p. 187).

La superstition des femmes, motif pour leur refuser le droit de vote, l'est aussi pour justifier la pleine autorité du père de famille. « L'homme, qui en général ne professe aucune religion, ne tarde pas à voir dans sa compagne un agent du cléricalisme. Il se trouve ainsi dans la nécessité de dominer, de commander et de se faire obéir ; car il sait que, s'il obéit à sa femme, il ne sera pas le serviteur de sa femme, mais le serviteur du cléricalisme qui la dirige » (p. 184). Voilà qui légitime l'autorité du mari et du citoyen, la subordination de la femme dans le ménage et dans la cité. Les prolétaires reprennent à leur compte, contre les femmes, l'argument des lumières et des capacités qui, durant un demi-siècle, a servi à les exclure eux-mêmes.

« IL NOUS FAUT... DES ÉPOUSES MATÉRIALISTES »

Mais à qui la faute de cet obscurantisme ? Les réponses confluent. « La première cause de l'infériorité morale de la femme, vis-à-vis de l'homme, c'est la fausse instruction qu'elle reçoit. La femme, déjà faible par sa nature, est encore affaiblie par la superstition qu'on lui enseigne dans sa jeunesse et plus tard que lui enseigne le prêtre » (p. 184). « La femme veut avoir l'air de ne pas croire, et moins forte de caractère généralement que l'homme, elle a la plus grande peine du monde à se débarrasser de cette instruction religieuse qu'elle a reçue, enfant, et qui se transmet de mère en fille. Le milieu féminin dans lequel elle vit la maintient fatalement dans les erreurs du cléricalisme. Les siècles passent, le progrès industriel, commercial et social, suit avec rapidité sa marche ascendante et elle demeure toujours, à cause de sa première instruction, dans les mêmes errements » (p. 404). Ainsi l'éducation redouble les effets d'une faiblesse native.

Pourtant rares sont ceux qui tentent d'analyser les raisons de cette main-mise de l'Église sur l'instruction des filles et de cette constitution d'un « milieu féminin » superstitieux et clérical. Seul,

Vedel, un peu plus radical, souligne que cette emprise de l'Église s'explique par l'abandon dans lequel on a laissé la femme. « Le rôle de la femme a été méconnu par la société laïque ; seul le catholicisme en a compris l'importance et la puissance et quel précieux auxiliaire il en retirerait. Il lui a été d'autant plus facile de la gagner à sa cause, qu'elle était repoussée intellectuellement de la société civile, laquelle la considérait comme un être inférieur, fait seulement pour la coquetterie et la galanterie. L'Église ou le boudoir, telles devaient être ses occupations ». Cet accaparement n'est que le résultat d'une démission.

Il faut réintégrer la femme dans la société civile. « Il est temps qu'elle vive de notre vie. » Et pour cela, il faut créer pour elle des écoles où elle reçoive un enseignement professionnel qui permette à la jeune fille d'échapper à l'usine, mais surtout une éducation laïque qui fasse d'elle « une femme (...) utile dans la société », à savoir une épouse et une éducatrice éclairées. « Il nous faut pour les besoins de notre cause des épouses matérialistes » (p. 405), « un répétiteur pour nos enfants ». Mais le vague de ces plans d'éducation, comparés à ceux conçus pour les garçons, est très frappant. Il est peu question d'éducation commune des deux sexes, mais plutôt séparée. Et c'est toujours de formation maternelle et ménagère qu'il s'agit.

Ainsi donc, si les rapporteurs ouvriers admettent volontiers le « malheureux sort de la femme dans la société actuelle », s'ils accusent aisément l'Église de détournement de mineures, ils n'abordent guère les raisons de cette inégalité et de cette exclusion. Le soupçon d'une infirmité originelle de la femme affleure souvent dans leurs propos. Certes ils revendiquent, affirment la nécessité de l'égalité. Mais dès qu'on en vient aux mesures pratiques, les limites apparaissent vite, notamment dans l'ordre politique, affaire d'hommes dont, pour la paix des ménages, il vaut mieux sans doute que la femme ne se mêle pas [19]. L'idée de rôles des sexes fortement spécifiés demeure fondamentale. En exigeant des femmes une double tâche, un travail extérieur pour laquelle elles ne sont pas faites, l'industrialisation, — l'usine haïe —, ont dérangé l'harmonie du ménage. Comment la rétablir ? Et le remède est, à nouveau, celui de la retraite.

POINTS D'INTERROGATION

Bien des problèmes d'interprétation se posent. De qui, de quoi ce discours est-il représentatif ? L'idéal — l'idéologie, si l'on veut, à condition de n'y voir, comme Pierre Ansart, qu'un « symptôme énigmatique » — ici exprimés par les ouvriers de métier sont-ils partagés par la masse des travailleurs d'industrie ? Et par les ouvrières ? Jusqu'à quel point celles-ci intériorisaient-elles les valeurs de leurs « hommes » ?

Et comment situer ce discours dans le temps ? Quelle est sa durée, sa durabilité ? A-t-il évolué, notamment au début du XXe siècle, marqué par les débuts de la seconde révolution industrielle beaucoup plus vigoureuse en France qu'on ne l'a longtemps cru ?

À quelle réalité, à quel « vécu », ce discours correspond-il ? Quelle était la trame quotidienne de la vie familiale ouvrière en cette seconde moitié du XIXe siècle et qu'en est-il au juste du travail féminin ?

À ces questions, simples dans leur formulation, il n'existe pas de réponse assurée. Bien des recherches sont actuellement en cours qui permettront sans doute d'y répondre. Les remarques qui suivent, quelque peu pointillistes, n'ont qu'un caractère tout provisoire.

UN DISCOURS PEU CHANGEANT

Au niveau des textes de congrès, qui auraient pu fournir un « corpus » homogène, il n'est pas très facile de saisir une évolution. On l'a dit : la question de la « Femme » devient uniquement celle du « travail des femmes », puis disparaît. Mais bien d'autres sources analogues seraient à exploiter, tels les journaux et congrès professionnels. De façon générale, la crise des métiers qualifiés, liée à la pénétration du machinisme et à la division du travail, n'a, semble-t-il, fait que renforcer cette opposition au travail des femmes dans la grande industrie. Dans une représentation ouvrière non dépourvue de fondement économique, la femme est un prolongement de la machine et son apparition signifie baisse des salaires, déqualification. D'où dans les professions menacées, une véritable crispation antiféministe, qu'exprime, par exemple, cet article de *La Fonderie*, journal des ouvriers mouleurs : « La femme ne sait pas défendre le produit de son travail et c'est logique puisque *travailler n'est pas son œuvre naturelle* ». Plus que l'usine où elle est totalement déplacée, « le foyer est le lieu propre à l'exercice de ses sentiments ». Aux objections qu'il perçoit, l'auteur de l'article rétorque : « Quelques féministes me diront : — La femme, comme vous, a droit à la vie, et pour vivre, il faut qu'elle travaille —. Je suis d'accord avec eux sur le premier point, oui, chaque être a droit à la vie. Mais il ne faut pas que ce soit au détriment d'un autre [20] », en l'occurrence l'homme. Or, la nouveauté des débuts du XXe siècle, c'est l'extension du machinisme à des domaines jusque-là virils : verrerie, métallurgie, industrie du cuir, imprimerie. Dans ce dernier secteur, on sait tous les remous suscités par l'affaire Couriau [21], caractéristique de la réaction de rejet provoquée par l'arrivée des femmes dans un apanage masculin.

SEMAINE ANGLAISE ET VIE DE FAMILLE

Toutefois, le travail des femmes à l'extérieur progresse de façon inéluctable. Comment parvenir à préserver la famille dans ces conditions ? La Semaine Anglaise serait un moyen pour la femme de concilier sa double tâche. La CGT mène en 1912-1913 une campagne sur ce thème, fondé sur l'opposition du dyptique du foyer avec/sans la Semaine Anglaise. Sans : sombre dimanche. « Au lieu de pouvoir tenir compagnie au mari, aller avec lui et les enfants goûter le délassement d'une promenade en plein air, à la campagne l'été, loin du quartier triste et trop vu, la pauvre créature devra s'atteler au travail du matin au soir, et se résigner à laisser l'homme porter son désœuvrement de cabaret en cabaret, d'où il reviendra, c'est à craindre, la bourse allégée et l'esprit absent ; la récompense de la bonne ménagère sera le plus souvent d'être rudoyée ou même battue. Tel est le sort misérable fait à l'ouvrière ; à moins qu'insouciante, elle ne délaisse à son tour le foyer. C'est alors la ruine complète de la famille, l'enfant grandi dans un tel milieu devient trop souvent un déchet social. »

Avec : « La femme en possession de sa paye, a devant elle l'après-midi du samedi. La matinée de travail ne l'empêchera pas de faire alertement et gaiement ses emplettes chez les commerçants. Elle achètera avec discernement et sera plus à même, ayant le temps, de comparer et de choisir. Ensuite, elle ravaudera les vêtements, elle donnera au logis un aspect agréable et plaisant. La propreté aidant, l'homme se sentira beaucoup plus attiré dans son intérieur, il désertera tous les cabarets [22]. » Et l'iconographie nous montre une jeune femme — tisseuse, repasseuse en semaine —, lavant la vaisselle, balayant le samedi, et le dimanche, assise dans l'herbe auprès de la nappe d'un pique-nique, entre son mari qui pêche à la ligne à quelque distance, et un enfant, soigné, asexué, vêtu d'une de ces robes-sarrau qu'on portait alors dans les premières années, qui, tout près d'elle, cueille des fleurs[23]. Ces images riches de contenu, qui appellent un nouvel Ariès, sont d'interprétation délicate. Bien des représentations s'y mêlent : le grand rêve intact de la ménagère perdue, mais peut-être aussi l'ébauche du couple dans la société urbaine moderne, cellule restreinte, à la fois plus intime et plus solitaire. On a là, en tout cas, un témoignage de la force persistante et même ravivée du modèle familial dans le langage syndical et sans doute, au-delà (on peut en formuler l'hypothèse), dans les classes populaires auxquelles il s'adresse.

RÉSISTANCE DE LA FAMILLE EN MILIEU OUVRIER

La structure de la famille traditionnelle a sans doute été ébranlée par les effets conjugués du développement urbain et de la première révolution industrielle[24] et les mouvements migratoires qu'ils ont entraînés. Naissances illégitimes, abandons d'enfants, concubinage, déplorés par les moralistes et enregistrés par les statisticiens, sont les signes d'une désorganisation depuis longtemps soulignée par Louis Chevalier[25] et étudiée dans un contexte plus large par Edward Shorter[26]. Mais dans quelle proportion ? D'autre part, si les symptômes de cette démographie sauvage ne sont guère contestés, faut-il y voir un simple dysfonctionnement, un dérèglement provisoire lié aux circonstances (par exemple à la cherté du mariage pour un prolétariat urbain démuni) ? ou les éléments d'une contre-culture populaire où s'élaborent de nouveaux modes de comportements familiaux ? voire une véritable ébauche de révolution sexuelle de la jeunesse comme le voudrait E. Shorter ? Tout cela prête à controverse[27] et il faut attendre le résultat d'études précises, comme celles menées actuellement par Michel Frey et Jeffry Kaplow[28], notamment sur le concubinage et le mariage à Paris dans la première moitié du XIXᵉ siècle.

On peut hasarder quelques remarques. D'abord, la première révolution industrielle n'a pas toujours entraîné de déplacements spectaculaires de population parce qu'elle s'est souvent effectuée *à la campagne*, les manufactures ou usines s'implantant au plus près des sources de main-d'œuvre pour utiliser le potentiel familial sans le détruire. En effet, les industrialistes, s'ils veulent puiser dans le réservoir des femmes et des enfants, se montrent soucieux aussi de préserver la famille, pivot du système productif, de la morale du travail comme de la reproduction de la force de travail et des rapports sociaux. De même que le patronat a utilisé les capacités ouvrières en payant à prix fait le travail d'équipes autonomes, longtemps persistantes dans la métallurgie, de même il s'est servi souvent de la cellule familiale en l'absorbant peu à peu complètement. Ainsi la vie familiale a pu être renforcée par certaines formes d'implantation industrielle.

En second lieu, les migrations n'étaient pas le pur fruit du hasard, pas plus que ne le sont les migrations portugaises d'aujourd'hui. Leur canevas était souvent guidé par les relations de parenté qui leur fournissaient des épicentres, des relais, des réseaux d'aide et d'information. Les autobiographies ouvrières, œuvre généralement de professionnels voyageurs, apportent sur ce point de précieux renseignements. C'est vrai de Martin Nadaud, maçon de la Creuse, comme de Jean-Baptiste Dumay, mécanicien du Creusot [29], qui va d'oncle en cousin, pour revenir après un long périple s'embaucher chez Schneider sous la pression familiale. Les communautés provinciales avec leurs garnis, leurs gargotes, leurs bistrots, leurs bals, étaient très vivantes dans les villes où les quartiers populaires n'ont été longtemps qu'un conglomérat d'ethnies villageoises. De nos jours encore, les relations de parenté demeurent très intenses dans les milieux populaires [30] qui y trouvent un mode d'organisation mutuelle, une parade à l'anonymat urbain, à l'effrayante solitude du monde industriel.

Enfin, ces migrations, du moins dans la première moitié du XIXᵉ siècle, étaient souvent temporaires. La famille d'origine exige du jeune homme, jusqu'à la conscription (le service militaire ne joue-t-il pas le rôle de rite d'initiation ?), une partie du salaire. Le retour au village est périodique et un double circuit de femmes et de relations sexuelles tend à s'établir : à la ville, concubinage et recours aux prostituées, qui ne sont pas seulement d'usage bourgeois ; mais mariage au village, avec préservation d'une règle du jeu où les us et coutumes, le rôle des familles, peuvent avoir beaucoup d'importance. Le cas de Martin Nadaud ou de Dumay s'esbaudissant en ville mais, l'âge venu, prenant épouse au pays natal, sont assez caractéristiques. Bien entendu, ces exemples isolés ne sauraient suppléer des études statistiques menées, notamment, à partir des actes de mariage. Celles qui existent manifestent en général une endogamie persistante.

Ainsi, bien des indices suggèrent une réelle vitalité de la famille populaire et un legs du monde rural à la culture ouvrière urbaine. Le maintien de la famille a pu constituer une bouée de sauvetage, une forme d'autodéfense, de résistance aux atteintes de l'industrialisation. Pour traditionnel qu'il nous paraisse, le sens du combat ouvrier pour la famille nous échappe en partie. Il n'est pas pure reproduction du discours dominant ; il a ses finalités propres : la défense d'une identité, d'une autonomie, d'un espace, d'une intimité, d'un *chez soi* (d'un *quant à soi*) soustraits à la vie de travail, au contrôle de l'Usine[31].

À la fin du XIXe siècle, la famille apparaît en tout cas comme une grande réalité de la vie ouvrière. Des traits nouveaux la rapprochent sur certains points du modèle bourgeois décrit par Philippe Ariès : valorisation de l'enfant dont la santé, l'éducation, l'avenir deviennent des soucis prioritaires ; vie familiale plus intense, notamment dans cette notion moderne de temps hors travail qu'on appelle « loisir » ; acceptation des formes légales du mariage dont les systèmes d'allocations familiales, de sécurité sociale renforcent l'emprise.

La famille est ainsi un terrain de lutte, l'enjeu de forces opposées. Le discours sur la femme ouvrière doit être replacé dans ces perspectives. En ce qui la concerne, ces forces confluaient, plutôt qu'elles ne s'opposaient, pour renforcer la stature de la Ménagère. Il était essentiel pour tous — pour les ouvriers, mais aussi pour la société d'accumulation capitaliste qui aurait dû payer très cher le coût du travail ménager autrement presque gratuit, que la femme assumât ce rôle, envers et contre tout, quitte à cumuler la double tâche. L'emploi du temps proposé pour la Semaine Anglaise est démonstratif à cet égard.

Industrialisation et travail des femmes

Le travail des femmes à l'usine était évidemment la principale menace pour une famille demeurée prioritaire. C'est pourquoi le monde ouvrier lui opposait une si forte résistance. Mais a-t-il réussi ? Des travaux récents, ceux de Joan Scott et Louise Tilly entre autres[32], invitent à se défier des visions excessives du foyer déserté par la *mère*. Le travail industriel féminin conserve au XIXe siècle bien des traits de la société rurale. Travail d'appoint, il s'effectue dans la mouvance de la famille et selon ses besoins ; c'est pourquoi il est intermittent, fonction du mariage et du nombre des enfants. Les jeunes filles travaillent très jeunes, jusqu'à leur mariage, du moins jusqu'à la naissance de leur premier enfant, s'arrêtent pour reprendre éventuellement un peu plus tard, ou par la contrainte du veuvage. Elles aident à boucler le budget par des travaux de couture à domicile, quelques heures de ménage, quelques « journées » de blanchissage. Mais les femmes mariées qui travaillent à plein temps forment une minorité, 38 % seulement d'après le recensement de 1896. Encore est-ce la plus forte proportion du monde occidental.

Sous-qualifié, lié aux machines ou aux matières n'exigeant que peu de façonnage, ce travail s'exerce surtout dans le textile qui absorbe les trois quarts des ouvrières. Il est sous-payé : la vieille notion de salaire de *statut*, hérité de l'Ancien Régime, se survit dans celle de salaire d'appoint. « Les ouvrières peuvent mettre dans la circulation le genre d'occupation dont elles sont capables au-dessous du taux où le fixerait l'étendue de leurs besoins. » Car laquelle de ces femmes n'est pas « mère ou fille, sœur, tante ou belle-mère d'un ouvrier qui la nourrirait quand même elle ne gagnerait absolument rien », écrivait Jean-Baptiste Say en 1803[33]. Vers 1900, beaucoup se confortent encore de cette pensée. De surcroît la femme, dit-on, a moins de besoins : dans les prisons, les rations alimentaires allouées aux détenues sont moindres que celles des hommes. Même dans les grèves, le secours attribué aux ouvrières est inférieur.

Enfin, le travail industriel n'absorbe qu'une faible part de la main-d'œuvre féminine. D'après le recensement de 1906, sur 100 femmes actives, on compte seulement 25 % d'ouvrières, près de 36 % de travailleuses à domicile et 17 % de domestiques[34]. En somme 53 % des femmes s'activent dans ces secteurs les plus traditionnels, les plus ménagers à tous égards. On ne dénombre encore que 8 % d'employées et pourtant les femmes occupent déjà 40 % des emplois dans le « tertiaire ». Là est cependant la grande nouveauté. Autour des « dames » secrétaires, des « demoiselles » des PTT ou des grands magasins, s'amorce la véritable mutation du travail féminin, sa voie d'avenir.

L'image de l'ouvrière était restée répulsive et, pour beaucoup, antithétique de la féminité. Sous les dehors pimpants de la dactylo, voici que s'avance le prolétariat des temps modernes.

Ce n'est pas l'Usine, mais le Bureau qui mangera la Ménagère.

LA FEMME POPULAIRE REBELLE *

De l'Histoire, la femme est plusieurs fois exclue. Elle l'est d'abord au niveau du récit, qui, passé les effusions romantiques, se constitue comme mise en scène de l'événement politique. Le positivisme opère un véritable refoulement du thème féminin et, plus largement, du quotidien. L'austère Seignobos, grand-maître des études historiques à l'Université, met Ève à la porte, tandis que les murs de la Sorbonne se couvrent de fresques où flottent de diaphanes allégories féminines. « Sainte Geneviève veille sur Paris », « l'Archéologue contemple la Grèce », lui boutonné jusqu'au col étroit de sa redingote, elle vaporeuse dans ses voiles... Le « métier d'historien » est un métier d'hommes qui écrivent l'histoire au masculin. Les champs qu'ils abordent sont ceux de l'action et du pouvoir mâles, même lorsqu'ils s'annexent de nouveaux territoires. Économique, l'histoire ignore la femme improductive. Sociale, elle privilégie les classes et néglige les sexes. Culturelle ou « mentale », elle parle de l'Homme en général qui n'a pas plus de sexe que l'Humanité. Célèbres — pieuses ou scandaleuses — les femmes alimentent les chroniques de la « petite » histoire, tout juste bonnes pour *Historia*[1].

C'est aussi — deuxième tour de clef — que les matériaux qu'utilisent ces historiens (archives diplomatiques ou administratives, documents parlementaires, biographies ou publications périodiques...) sont le produit d'hommes qui ont le monopole de l'écrit comme de la chose publics. On a souvent remarqué que l'histoire des classes populaires était difficile à faire à partir d'archives émanant du regard des maîtres — préfets, magistrats, prêtres, policiers... Or, l'exclusion féminine est plus forte encore. Quantitativement

---

* « La femme populaire rebelle », in l'*Histoire sans qualités. Essais*, sous la direction de Pascale Werner, Paris, Galilée, 1979, p. 125-156. (article traduit en anglais, allemand, italien, espagnol, portugais, brésilien.)

mince, l'écrit féminin est étroitement spécifié : livres de cuisine, manuels d'éducation, contes récréatifs ou moraux en constituent la majeure part. Travailleuse ou oisive, malade, manifestante, la femme est observée et décrite par l'homme. Militante, elle a du mal à se faire entendre de ses camarades masculins qui considèrent comme normal d'être son porte-parole. La carence de sources directes liée à cette perpétuelle et indiscrète médiation forme un redoutable écran. Femmes emmurées, comment vous rejoindre ?

Cette exclusion n'est d'ailleurs que la traduction, redoublée, d'une autre : celle des femmes de la vie et de l'espace publics en Europe occidentale au XIXe siècle. La politique — la direction et l'administration de l'État — se constitue d'emblée comme un apanage masculin. La bourgeoisie, phallocrate de naissance, impose ici sa conception des rôles, cette rigoureuse séparation des sexes qui aboutit à un immense fossé, ce « désert de l'amour » que Mauriac a décrit : « Rien que cela, le sexe, nous sépare plus que deux planètes[2]. » Ainsi le silence sur l'histoire des femmes vient aussi de leur mutisme de fait dans les sphères politiques, longtemps privilégiées comme seuls lieux du pouvoir.

Le XIXe siècle a poussé la division des tâches et la ségrégation sexuelle des espaces à son point ultime. Son rationalisme a cherché à définir strictement la place de chacun. Place des femmes : la Maternité et le Ménage la cernent tout entière. La participation féminine au travail salarié est temporaire, rythmé par les besoins de la famille, qui commande, rémunérée d'un salaire d'appoint, confinée aux tâches dites non qualifiées, subordonnées et technologiquement spécifiques. « À l'homme, le bois et les métaux. À la femme, la famille et les tissus », dit un texte ouvrier (1867). La liste des « travaux de femmes » est codifiée et limitée. L'iconographie, la peinture reproduisent à satiété cette image rassurante de la femme assise, à sa fenêtre ou sous la lampe, éternelle Pénélope, cousant interminablement. Dentellière ou ravaudeuse, voilà bien les archétypes féminins. Vouées à l'univers de la répétition, de l'infime, les femmes ont-elles une histoire ?

N'appartiennent-elles pas bien davantage à l'ethnologie, si apte à décrire les faits et gestes de la vie ordinaire ? Et il est vrai qu'il y a là un apport, une démarche indispensables. Mais le risque est grand aussi d'enfermer une fois de plus les femmes dans l'immobilité des us et des coutumes, structurant le quotidien dans la fatalité des rôles et la fixité des espaces. Vision rassurante d'un monde rural sans conflits, le folklore est à certains égards la négation de l'histoire, une certaine manière de transformer en rites tranquilles les tensions et les luttes. Pourtant, ce sont les femmes en action qu'il importe de retrouver, innovant dans leurs pratiques, femmes animées, et non point comme des automates, mais créant elles-mêmes le mouvement de l'histoire.

LES FEMMES, EAUX DORMANTES

Tâche difficile, car les mythes et les images recouvrent cette histoire d'un épais linceul que tissent le désir et la peur des hommes[3]. Au XIXe siècle, la femme est au cœur d'un discours surabondant, répétitif, obsessionnel, largement fantasmatique, qui emprunte aux éléments leurs dimensions.

Tantôt c'est la femme feu, dévastatrice des routines familiales et de l'ordre bourgeois, dévorante, consumant les énergies viriles, femme des fièvres et des passions romantiques, que la psychanalyse, gardienne de la paix des familles, rangera au rang des névrosées ; fille du diable, femme folle, hystérique héritière des sorcières d'antan. La rousse héroïne des romans feuilletons, cette femme dont la chaleur du sang illumine la chevelure et la peau, et par qui le malheur arrive, est l'incarnation populaire de cette femme de flamme qui ne laisse que cendre et fumée.

Autre image, contraire : la femme eau, source de fraîcheur pour le guerrier, d'inspiration pour le poète, rivière ombreuse et paisible où se baigner, onde alanguie complice des déjeuners sur l'herbe ; mais encore, eau dormante, lisse comme un miroir offert, stagnante comme un beau lac soumis ; femme douce, passive, amoureuse, quiète, instinctive et patiente, mystérieuse, un peu traître, rêve des peintres impressionnistes...

Femme terre, enfin, nourricière et féconde, plaine allongée qui se laisse pétrir et fouailler, pénétrer et ensemencer, où se fixent et s'enracinent les grands chasseurs nomades et prédateurs ; femme stabilisatrice, civilisatrice, appui des pouvoirs fondateurs, socle de la morale ; femme entraille que sa longévité exceptionnelle transforme en ensevelisseuse, femme des agonies, des rites mortuaires, gardienne des tombes et des grands cimetières sous la lune, femme noire du jour des morts...

Ces images peuplent nos songes, irriguent notre imaginaire, trament la littérature et la poésie. On peut aimer leur beauté, mais récuser leur prétention de dire aussi l'histoire des femmes, masquée sous les traits d'une dramaturgie éternelle — quelque part, toujours, le chœur des femmes — et d'une symbolique figée dans le jeu des rôles et des allégories. Il faut s'en déprendre parce qu'elles moulent l'histoire dans une vision dichotomique du masculin et du féminin : l'homme créateur / la femme conservatrice, l'homme révolté / la femme soumise, etc. Par exemple, la vue des femmes comme relai du pouvoir qui serait au XIX⁵ siècle largement responsables de l'instauration d'une « police de la famille » (Jacques Donzelot)[4], femmes-gendarmes de la société, me paraît très contestable. Du moins peut-on en retourner l'argument : si les femmes étaient pour le pouvoir une telle cible, c'est d'une part à cause de leur importance véritablement pivotale dans la famille et, partant, dans la société ; mais c'est aussi sans doute en raison de leur opacité à la culture d'en haut, de l'inertie ou de la résistance qu'elles opposaient aux stratégies de domination du peuple. Plus que les hommes, happés par l'usine et les impératifs de la production, pris dans les filets de la modernité, produits par les institutions disciplinaires — l'école, l'armée — qui les concernent d'abord, fascinés par le « progrès » : l'écriture et la démocratie ; les merveilles des sciences et de la technique, les virilités du sport et de la guerre —, les femmes, ciment du peuple, sang des villes, ont été rebelles à la montée de l'ordre industriel.

LA MÉNAGÈRE ET SES POUVOIRS

Différente de la « fermière » (rurale) et de la « maîtresse de maison » (bourgeoise), la Ménagère est, dans la ville du XIX⁵ siècle, une femme majeure et relativement nouvelle. Son importance est liée à celle, fondamentale, de la famille, vieille réalité investie de multiples missions, dont la gestion de la vie quotidienne. Sa nouveauté réside dans sa vocation presque exclusive aux « travaux de ménage » au sens le plus large du terme. Dans la société dite traditionnelle, la famille est une entreprise et tous ses membres concourent, ensemble, à leur mesure, à sa prospérité. Bien qu'il y ait une répartition souvent très tranchée des rôles et des tâches, il demeure une certaine fluidité des emplois. Les travaux de ménage ne sont pas l'apanage exclusif des femmes, les hommes peuvent y concourir ; par exemple la préparation de certains aliments est leur lot. L'industrie textile à domicile aurait accentué cette fluidité : témoignages et images nous montrent des échanges de rôle, l'homme faisant la cuisine ou balayant, la femme terminant sa pièce. L'unité de lieu, associant dans un même espace domicile et travail, production et consommation, est favorable à cette alternance au reste limitée. D'autre part, le chef du ménage c'est l'homme. Le « ménager » — le terme apparaît au XVIe siècle — désigne le chef de cette entreprise qu'est le ménage.

La ménagère hérite de ses fonctions. La nouveauté de sa situation, au XIXe siècle, réside dans l'accentuation de la division du travail et dans la séparation des lieux de production et de consommation. L'homme à l'usine, la femme à la maison, s'occupant de son ménage. Tel est le schéma-type, même si dans le détail, il se complique et se brouille. Le vocabulaire ne s'y trompe pas : la « ménagère » à la fin du XVIIIe siècle éclipse définitivement le « ménager », qui tombe en désuétude au XIXe. C'est aux « bonnes ménagères » que Parmentier s'adresse en 1789 pour leur conseiller « la meilleure manière de faire leur pain ». Du même coup, la voilà en marge du salariat. Son travail n'est pas rémunéré (il est censé l'être par le travail du père de famille). Elle n'accède à l'argent que par les travaux d'appoint qu'elle s'efforce toujours de loger dans les interstices de temps que lui laisse la famille : activités marchandes — vente à l'étalage ou au panier, à la mode paysanne, persistante en dépit de toutes les règlementations exigeant de plus en plus patente et autorisation —, mais plus encore heures de ménage, de blanchissage, travaux de couture, garde d'enfants, courses et livraisons domestiques ; la porteuse de pain, silhouette familière, est presque toujours une femme mariée. Les femmes déploient une extrême ingéniosité à trouver dans les multiples trafics des villes, dont elles connaissent tous les replis, des ressources complémentaires qu'elles emploient à boucler le budget de la famille ou à lui procurer quelques menus plaisirs, ou qu'elles mettent en réserve pour les jours difficiles que les morte-saisons ramènent périodiquement. En temps de crise, ou de guerre, cet apport marginal devient essentiel. Les femmes s'activent alors en tous sens. Jamais elles ne travaillent autant que lorsque l'homme chôme. Il y a un vécu des crises, et des guerres, différent pour chaque sexe. Un temps économique différent.

Malgré tout, la ménagère dépend du salaire de son homme. Elle en souffre et récrimine, quitte à être battue. Au XVIIIe siècle, les femmes qui vont se plaindre au commissaire de police — Arlette Farge a retrouvé leurs dépositions dans les registres du Châtelet — déplorent que leurs maris ne donnent pas le nécessaire pour faire vivre les enfants. Et lorsqu'en 1831, la municipalité de Paris, en pleine crise, ferme aux femmes et aux enfants les chantiers de secours pour les réserver aux hommes, les mères défilent dans les rues avec leurs marmots : avec quoi vivront-elles ? Elles réclament la remise et la gestion de la paie et, semble-t-il, l'obtiennent. Vers le milieu du XIXe siècle, la plupart des ouvriers remettent leur paie à leurs femmes. Dans ses monographies de famille, Le Play insiste sur l'extension de cette pratique en France, qu'il oppose sur ce point à la Grande-Bretagne[5]. Celle que les mineurs de Montceau, avant 1914, appellent « la patronne », laisse à son mari une petite somme pour boire. Tout cela ne se fait pas sans conflits dont les éclats animent périodiquement les faubourgs, si le mari traîne plus qu'il n'est nécessaire au bistrot. À Saint-Quentin, vers 1860, les cabaretiers ont fait construire des hangars devant les cabarets pour les femmes qui, le samedi de paye, attendent en pleurant[6]. À Paris, « les ménagères se mettent aux fenêtres, descendent sur le pas des portes, et parfois, impatientées, le cœur angoissé, on les voit qui partent à la rencontre des maris, sur la route de l'atelier. Leurs largesses, dès qu'ils se sentent quelques sous en poche, elles ne les connaissent que trop ! (...) Et, dans la rue, des voix grondent ; dans les maisons, des injures volent, boueuses et coléreuses, des mains se lèvent[7] ». Le jour de paie, événement de la vie populaire, jour de liesse où la ménagère paie ses dettes et régale son monde, jour de colère contre les patrons injustes et les retenues arbitraires qui rognent le salaire, où souvent se décident les grèves — munis, on peut tenir —, est aussi un jour d'affrontement des sexes, où la ménagère se rebelle contre son impossible tâche : sans « oseille », faire bouillir la marmite.

La gestion de la paie est sans doute une difficile conquête des femmes, le résultat d'une lutte pleine d'embûches, où le patronat, soucieux de favoriser un « bon » usage du salaire, a parfois tendu aux femmes une main généreusement secourable. Comme cette société industrielle du Soissonnais décrite par Le Play vers 1850 : « Exerçant depuis deux ans un patronage bienveillant sur la population qu'elle emploie, (elle) a adopté la coutume de payer chaque semaine aux femmes le salaire gagné par leurs maris[8]. » Tels sont les pièges du salaire familial : la femme y est toujours coincée. En tout cas, la femme du peuple s'est montrée plus combative, plus avisée que la bourgeoise, à laquelle son mari verse une allocation pour l'entretien de la maison tout en se réservant la direction du budget, dans le cas, fréquent, de communauté matrimoniale. En somme, la ménagère a conquis le « droit à la paie ». Aujourd'hui encore, les ouvrières tiennent à ce qu'on a appelé un « matriarcat budgétaire [9] ». Il leur impose des charges, des soucis, voire des privations : ayant à cœur de joindre les deux bouts, la mère de famille — c'est classique — rogne sur sa part. Elle réserve au père — travailleur « de force » — le vin, boisson quasi exclusivement masculine, les meilleurs morceaux de viande, aux enfants, le lait et le sucre. Célibataire ou mariée, la femme est, au XIXe siècle, une sous-alimentée chronique. Et, en valeur moyenne, sa dépense vestimentaire est moindre que celle de son mari, elle qu'on dit frivole ! Gérer la pénurie, c'est d'abord se sacrifier. Malgré tout, c'est aussi la base du pouvoir des ménagères, le fondement de leurs interventions, souvent fracassantes, dans la cité.

La ménagère, tison du faubourg

> S'il n'y a pas de pain à la maison, la femme s'en mêle. Plus près des choses, plus violente, plus haineuse, elle apporte dans ses colères autrement de passion que son mari : « Ah ! si j'étais *l'homme*, on verrait. Les femmes sont le tison. »
>
> Henry Leyret, *En plein faubourg*, Paris, 1895.

Les ménagères ne font pas de budget à proprement parler. À quoi bon faire des comptes, dans un déficit perpétuel ? Les rythmes de la paie — la semaine, la quinzaine — voilà leur horizon. Mais elles surveillent les prix, attentives à leur moindre variation, n'acceptant que les hausses saisonnières, liées aux fatalités de la nature. En cas d'excessive cherté, elles se révoltent. Les troubles de subsistance, grande forme de troubles populaires encore au XIXe siècle, sont presque toujours déclenchés et animés par les femmes. L'insuffisance des moyens de communication, qui rend chaque région trop exclusivement tributaire de ses propres ressources, crée des goulots d'étranglement, des rigidités génératrices de hausse. Qu'une intempérie — pluies, sécheresse excessive, gel précoce ou tardif — survienne et voilà la rareté, aussitôt exploitée par les marchands, paysans riches, meuniers, voire boulangers, assez forts pour attendre, qui spéculent, stockant leurs grains, ou leur pain, plus rarement les pommes de terre, comme valeurs en bourse. Alors les femmes interviennent.

Leur vigilance s'exerce sur les marchés, grand lieu des femmes. En permanence, elles y surveillent qualités et quantités, régularité des approvisionnements et niveau des prix. Qu'une pénurie se signale — marchandises trop vite écoulées, ébauche de queues — les voilà en alerte. Qu'une hausse s'esquisse, elles murmurent. La rumeur s'enfle dans les rues, les cours, les quartiers, parmi les voisines. Au marché suivant, les prix s'emballent. Alors les femmes somment les blatiers de leur livrer du grain au prix coutumier ; s'ils refusent, elles s'en emparent, le taxent et le vendent elles-mêmes. Si le marchand cache ses sacs, elles s'en prennent à cet accapareur, renversent les étalages, le poursuivent de leurs cris, voire de leurs coups, jusque dans les arrière-boutiques des boulangers complices. Au petit jour, elles se massent aux portes de la ville, pour guetter l'arrivée des charrettes et s'emparer des sacs, qu'elles partagent auprès de la fontaine, où se rassemblent les femmes. Quand les marchés se vident, elles épient le mouvement des grains ; si le bruit court qu'un charroi circule vers quelque lieu, elles sortent, se rendent sur les routes ou auprès des canaux. Comme elles sont promptes à s'ameuter alors, à se passer le mot qui met en branle d'abord la communauté des femmes ! Elles emmènent souvent leurs enfants, leur assignant un rôle : faire le guet, porter un message, sonner le tocsin. Les mères de famille, les ménagères les plus chargées d'enfants, allaitant, parfois enceintes, animent ces troupes émeutières, mais on y voit aussi de vieilles femmes, gardiennes du marché, de jeunes célibataires soutien de parents âgés ou solitaires, journalières, ravaudeuses, blanchisseuses au maigre salaire pour qui cherté du pain est misère. Lors des graves troubles de 1817, plusieurs dizaines de femmes furent condamnées, en dépit de l'indulgence anxieuse des tribunaux pour les mères de famille, à la prison, aux travaux forcés et même à mort [10].

Dans ces troubles, les femmes interviennent collectivement. Jamais armées, c'est avec leurs corps qu'elles se battent, visage découvert, mains en avant, cherchant à déchirer les vêtements, suprême dévastation pour ces couseuses, s'en prenant aux insignes de l'autorité, — la fourragère des gendarmes —, plus soucieuses de dérision que de blessure. Mais surtout, elles usent de la voix ; leurs « vociférations » montent des foules affamées. Lorsqu'elles lancent des projectiles, ce sont des produits du marché, ou des pierres dont elles remplissent leurs tabliers, cas extrême. Ordinairement, elles ne détruisent ni ne pillent, préférant la vente taxée. Se défendant de voler, elles ne réclament que le « juste prix », l'imposant elles-mêmes devant la carence des autorités[11]. Contre les accapareurs et les pouvoirs inertes, elles incarnent le droit du peuple au pain quotidien.

Tel est le scénario classique, commun — avec des variantes, des déplacements dont la trajectoire dirait sans doute beaucoup de choses sur l'évolution du rôle des femmes au sein du peuple — aux troubles de subsistance dont le ressac affaibli rythme le siècle : 1816-1817, 1828, 1831, 1839-1840 (dans l'Ouest surtout), 1847-1848, 1868, 1897 : derniers troubles où la cherté du pain est au cœur de la protestation populaire. L'accroissement de la production, le développement des moyens de communication, et singulièrement des chemins de fer, les facilités d'importation ont mis fin aux vieilles pénuries. Avec elles, disparaît un terrain privilégié d'intervention directe des femmes : la lutte pour le pain. Le grand conflit moderne, c'est la grève, plus virile que féminine, parce que liée au salariat où la femme, d'abord, n'a qu'un rôle second.

Contre monsieur Vautour

Gardiennes du vivre, les femmes le sont aussi du couvert. Dans les villes populeuses du XIXe siècle, nullement équipées pour recevoir les vagues de migrants, le problème du logement n'a jamais été résolu. Célibataires, les nouveaux venus s'agglutinent dans des chambrées ou des garnis parfois loués à la nuit. Mariés, ils s'entassent dans les petits logements d'une ou deux pièces des vieilles maisons, et plus tard, en maugréant, des cités qu'ils exècrent. Le logis n'est pas un logement, mais le lieu de regroupement journalier de la famille, un abri changeant, car les départs sont fréquents. Les classes populaires ne luttent pas encore pour le logement, mais pour le loyer, toujours trop cher pour ces ruraux habitués à ne compter pour rien le feu et le lieu. Et le terme est un moment de conflit avec les propriétaires, les concierges, leurs représentants, et la police.

Dans ces affrontements avec Pipelet et Vautour, les ménagères jouent un rôle de premier plan, fait de ruse et de fuite. Quand le ménage ne peut payer, elles organisent ces déménagements clandestins dits à « la cloche de bois » parce qu'ils ne tintent guère (on dit à Lille « à la Saint-Pierre »). Les processions de charrettes à bras, sur lesquelles s'entassent les hardes du ménage, animent périodiquement les rues des grandes villes.

L'intervention féminine, en temps de révolution, peut prendre des formes plus aiguës. Ainsi en 1848, à Paris, le peuple demande la remise du terme. Les déménagements se font moins nombreux, moins furtifs et de fréquents incidents éclatent dans les quartiers pauvres, de La Villette à Charonne et à la Mouff. Ils revêtent la plupart du temps la forme de charivaris où les femmes, alliées aux marginaux — les chiffonniers par exemple — figurent à l'avant-garde. Aux cris de « les quittances ou la mort », battant casseroles et chaudrons, de bruyants rassemblements se forment sous les fenêtres du « proprio », pour exiger des reçus sans paiement. Hommes et ouvriers paraissent hésiter devant cet illégalisme : les femmes les traitent de « feignants », suprême injure, et s'en donnent à cœur joie, insultant, menaçant le Vautour et son Pipelet, encore plus détesté parce que plus quotidiennement subi. « Si vous ne voulez pas, on brûlera votre maison, puis on la pillera et la démolira. Quant à vous, nous vous ferons manger du foin, et nous vous pendrons. » « Les propriétaires sont tous des gueux et des canailles. Les portiers sont des gueux aussi. Il faut les tuer et incendier les Maîtres. » Pour de tels faits, plusieurs ménagères iront en prison.

À la fin du XIXe siècle, les compagnons anarchistes se font une spécialité de ce type d'action. À l'appel des ménagères en difficulté, les Chevaliers de la Cloche — Pieds Nickelés ou Pieds Plats — procèdent au déménagement clandestin. Timides esquisses de ces luttes urbaines dont le quartier, la consommation sont le terrain. L'espace de la ville appartient aux femmes et à ceux, au reste encore très nombreux, que l'atelier ou l'usine n'enferment pas douze heures par jour et qui connaissent la rue autrement que par effraction.

LES FEMMES CONTRE LES MACHINES [12]

Dans la lutte contre l'introduction des machines, destructrices du mode de travail traditionnel et porteuses de nouvelles disciplines, les femmes ont apporté aussi toute leur énergie. Tantôt elles animent les foules vengeresses qui, dans la première moitié du siècle, assaillent les « machines anglaises », avec d'autant plus d'ardeur que, parfois, émeutes de subsistance et *luddisme* (expression anglaise pour bris de machines) se mêlent dans une même conjoncture de crise. À Vienne, en 1819, lorsque arrive la « Grande Tondeuse » destinée à remplacer les tondeurs de laine à la main, les ménagères donnent le signal de la destruction, criant : « À bas la tondeuse ! » « La fille de Claude Tonnegnieux, boucher, jetait des pierres aux dragons et excitait les ouvriers par ces cris : "Cassons, brisons, hardi !" Marguerite Dupont, fileuse de Saint-Freny, a traité le lieutenant-colonel de "brigand". La femme de Garanda criait : "Il faut casser la tondeuse." Un dragon disait au peuple de la rue : "Allons, mes amis, nous sommes tous Français, retirez-vous !" et aux femmes : "Allons, mesdames, retirez-vous, ce n'est pas votre place. Vous devriez être près de vos enfants." Elles ont répondu : "Si, c'est notre place", et se sont retirées en marmottant. » À Saint-Étienne, en 1831, elles aident les ouvriers de la manufacture d'armes à détruire une nouvelle machine à forer automatiquement les canons de fusil, et le procureur du roi déplore : « Et ce qui est pénible à dire, c'est que parmi les plus acharnées contre la garde nationale se faisaient surtout remarquer des femmes qui, les tabliers pleins de pierres, tantôt en jetaient elles-mêmes, tantôt en donnaient à jeter. »

Non contentes d'être des auxiliaires, elles s'insurgent d'elles-mêmes contre les atteintes aux formes de production domestique auxquelles elles sont particulièrement attachées. Bien avant les machines, au temps de Colbert, les femmes d'Alençon, de Bourges, d'Issoudun s'étaient levées contre le monopole des manufactures royales et la menace d'un impossible enfermement. Ces femmes, occupées de leur ménage, refusaient de rester à la manufacture, passé le temps de l'apprentissage. Elles voulaient faire chez elles la précieuse dentelle, source d'argent frais nécessaire à payer l'impôt. Les troubles les plus graves se produisirent à Alençon, en 1665, lorsqu'un nommé Leprevost décida de leur forcer la main. « Il agit avec toute l'insolence d'un parvenu, déclara qu'il saurait bien triompher des résistances, et que les filles du pays seraient encore trop heureuses de venir gagner deux sous par jour à la fabrique. Les femmes s'ameutèrent au nombre de plus de mille, le poursuivirent et l'auraient tué s'il n'avait promptement cherché refuge dans la maison de l'intendant[13]. » On dut négocier et composer avec ces « bonnes femmes ».

À Rouen, en novembre 1788, leurs petites-filles boycottent la machine de Barneville installée au cloître Saint-Maclou, sous le patronage du curé et des sœurs et qui, disent-elles, entraînent des journées incompatibles avec les soins de la famille. En 1791, quand on voulut introduire des jennys à Troyes, « les fileuses s'ameutèrent contre elles : on les installa donc dans les campagnes ». À Paris, pendant la Révolution, les femmes se bagarrent pour obtenir du travail à domicile, si remuantes, qu'on leur cède parfois : « Il y en a dans les femmes surtout qui sont terribles, et vous savez, comme moi, que l'on a plusieurs exemples de révoltes exécutées par des femmes [14] », écrit un administrateur, traumatisé par le souvenir des 5 et 6 octobre 1789, jour où les ménagères et les femmes de la Halle allèrent à Versailles, chercher « le Boulanger, la Boulangère et le petit Mitron ». Et un autre : « Il vaut mieux laisser les femmes isolées et les occuper chez elles que de les rassembler en tas, car les personnes de cet état sont comme les plantes qui fermentent lorsqu'elles sont entassées [15]. »

De graves émeutes éclatent en mai 1846 à Elbeuf (l'usine et la maison du fabricant sont brûlées) lorsqu'un industriel veut introduire une trieuse de laine anglaise destinée à remplacer les femmes qui, jusqu'alors, faisaient ce travail chez elles et entendaient bien le conserver. En 1848, les femmes revendiquent l'abolition du travail concurrent dans les communautés religieuses. Dans la région lyonnaise, où se multiplient les internats de soie, qui, sous la direction de congrégations religieuses spécialisées, encadrent les jeunes paysannes, la révolte est particulièrement violente. À Lyon, à Saint-Étienne surtout, les femmes prennent la tête des cortèges tumultueux qui assaillent ouvroirs et couvents. Aux cris de « À bas les prêtres ! À bas les couvents ! », elles brûlent ourdissoirs et métiers mécaniques.

Les femmes pressentent dans les machines non seulement les concurrentes de leurs hommes, mais les leurs, ennemies directes des travaux manuels à domicile qui leur permettent de boucler leur budget tout en conservant un certain contrôle de leur emploi du temps. Elles y perçoivent la voie de leur enfermement. L'usine n'est guère appréciée des ménagères. Elles en connaissent les servitudes. Et la qualité d'ouvrière ne sera revalorisée au début du XXe siècle qu'en contre-coup des abus du « sweating system » (travail à domicile encadré dans l'industrie de la confection), liés en grande partie aux rythmes imposés par la machine à coudre. Et c'est encore toute une histoire, d'un rêve subverti. D'abord objet de désir de la part des femmes qui y voient le moyen de concilier leurs tâches et peut-être de gagner du temps — la Singer fait battre bien des cœurs —, la machine à coudre est ainsi devenue l'instrument de leur servitude : l'usine à domicile. Dans ce cas, l'autre est préférable.

Initiatrices d'émeutes, les femmes sont en outre présentes dans la plupart des troubles populaires dans le premier versant du siècle : émeutes forestières où les femmes défendent le droit au bois, aussi important que le pain pour les pauvres, émeutes fiscales, troubles urbains de toute nature, des menus accrochages avec la maréchaussée ou la police aux grandes révoltes qui ponctuent le siècle. Il est vrai que la forme de leur participation change : d'initiatrices, elles deviennent auxiliaires. En se militarisant, la révolution devient mâle, et relègue les femmes à la charpie ou aux fourneaux. Sous la Commune par exemple, on ne les tolère que comme infirmières ou cantinières. Il leur faut s'habiller en homme si elles veulent porter les armes. En tête des manifestations ou des cortèges, elles se figent en symbole. Et si la République s'incarne en Marianne, c'est sans doute une ultime manière de transformer la femme en objet[16].

La nature de la participation de la femme est à l'image, en correspondance avec sa place réelle dans la cité. Partout où il y a le « peuple », la femme est vigoureusement présente, Michelet l'avait bien senti. Dans les classes, par contre, elle a plus de mal à trouver son statut, parce que les classes sont structurées autour d'éléments qui ne leur sont pas familiers : la production, le salaire, l'usine. Dans la ville des quartiers, elles sont étonnamment présentes.

LA MÉNAGÈRE DANS L'ESPACE DE LA VILLE

L'étroitesse du logis urbain réduit à peu de chose ce qu'on y peut faire. Les « travaux de ménage » ne sont pas « faire le ménage », mais faire les courses, préparer les repas — cuire est un moyen de tirer parti de matières premières bon marché et coriaces —, s'occuper du linge, veiller aux enfants. Voilà qui dessine le temps des femmes — un temps morcelé, mais varié et relativement autonome, aux antipodes du temps industriel — et leur espace : non pas « l'intérieur » qui, pour elles, n'existe pas encore, mais le dehors. Les hommes partis au chantier, à l'atelier, la rue leur appartient. Elle résonne de leurs pas et de leur rumeur.

Ce qui frappe d'abord, c'est l'étonnante fluidité des femmes du peuple dans ces villes encore peu cloisonnées. « La femme comme il faut » que décrit Balzac, spectateur fasciné et nostalgique des quadrillages que la convenance bourgeoise établit en ville, est guindée dans son maintien, canalisée dans son itinéraire[17]. Elle couvre son corps selon un code strict qui la sangle, la corsète, la voile, la gante des pieds à la tête. Et la liste est longue des lieux où une « honnête » femme ne saurait se montrer sans déchoir. Le soupçon la poursuit dans ses déplacements ; le voisinage, espion de sa renommée, ses domestiques même la guettent ; elle est esclave jusque dans son logis qui l'assigne au salon. Sa liberté, elle tente de la reconquérir dans l'ombre et dans un code de signaux sophistiqués — lettres cornées, messages portés, mouchoirs tombés, lampes allumées — qu'on appelle la ruse féminine. Voilà bien la plus prisonnière des femmes.

La femme du peuple a plus d'indépendance gestuelle. Son corps demeure libre, sans corset ; ses amples jupes se prêtent à la fraude : jadis, les femmes simulaient la grossesse pour passer du sel au nez des gabelous comme elles le font ensuite aux octrois, aux frontières. Archétype de la femme-cachette : l'aïeule qui, aux premières pages du roman de Gunther Grass, *Le Tambour*, abrite sous sa robe un fuyard que la police recherche. La ménagère va « en cheveux » (les dames de la Halle jettent aux clientes trop revêches : « c'est pas parce que t'as un chapeau », insigne de bourgeoisie), indifférente à la mode et à ses commandements qui tyrannisent les femmes de la « classe de loisir [18] » à peine soucieuse d'une propreté que compliquent singulièrement les difficultés d'avoir de l'eau. Elle a le geste prompt, comme la répartie. Cette femme est un brûlot dont les autorités redoutent les réactions.

Pour cette glaneuse éternelle, la ville est une forêt où elle déploie son inlassable activité, toujours en quête d'une occasion de nourriture ou de combustible (les enfants passent beaucoup de temps aussi à ramasser le crottin). Elle furette, grappille, revend, reine des petits métiers et du menu commerce parisien qui, du reste, se masculinise progressivement au cours du siècle. En marge de la Halle, marchandes de quatre saisons, au panier, herbières, bouquetières... sillonnent la ville, déployant à tout bout de rue ou de trottoir leur « toilette » de légumes, de fruits, de fleurs, de rien. En temps de crise, les femmes se procurent quelque ressource en vendant jusqu'à leurs hardes et elles défendent pied à pied leur droit d'étalagiste contre les réglementations de plus en plus draconiennes des préfets de police qu'inquiètent ces rassemblements incontrôlés. Les femmes se glissent, s'insinuent partout, avec des densités plus fortes autour des marchés et des points d'eau, une prédilection pour les bords des fleuves, populeux et populaires, au gré de leurs courses et d'une géographie encore assez fluctuante. Pour elles, rien de sacré ; elles n'hésitent pas, par exemple, à traverser les églises en tenue matinale avec leurs paniers. Au point que vers 1835, le règlement de la paroisse Saint-Eustache, en plein cœur des Halles, enjoint aux suisses « de réprimer ceux qui causent du tumulte dans l'église ; d'empêcher qu'on y entre avec des paquets ou des provisions ; de ne pas y souffrir des personnes portant papillottes qu'ils doivent avertir *doucement* de sortir quelques minutes pour se présenter avec plus de décence[19] ». Doucement, tant on redoute les éclats de leurs voix !

Elles courent, les femmes, comme elles courent. Mais elles attendent aussi, avec déjà des stations obligées dont la liste s'allongera au cours du siècle, avec l'alourdissement des devoirs maternels — l'école, plusieurs fois par jour quand il devient immoral et dangereux de laisser aller seuls les enfants —, et la complication des équipements urbains. Peu à peu, les déambulations des ménagères cesseront de divaguer pour se muer en itinéraires plus rigides, canalisés par les boutiques, les équipements collectifs, les horaires de l'école et de l'usine, unanimement harmonisés par la « bonne heure », celle de la gare. À tout cela, les ménagères seront longtemps rebelles.

Femmes au lavoir

Arrêtons-nous un instant dans ce haut lieu de la sociabilité féminine, qui joue dans la vie du quartier un si grand rôle. Lieu ambivalent, riche d'incidents entre les femmes elles-mêmes dont la violence se donne souvent libre cours, au scandale de ceux qui, au nom de la respectabilité, refusent aux femmes le droit à la colère, aux cris, à la bagarre ; lieu de conflit, également, entre les femmes et le pouvoir qui s'irrite de ces éclats et plus encore du temps perdu des femmes. Lorsque, sous le Second Empire, on installe des lavoirs compartimentés pour éviter le crêpage de chignon et le bavardage, les ménagères protestent, et boycottent. Il faut y renoncer.

C'est que le lavoir est, pour elles, beaucoup plus qu'un endroit fonctionnel où laver le linge : un centre de rencontre où s'échangent les nouvelles du quartier, les bonnes adresses, recettes et remèdes, tuyaux de toutes sortes. Creusets de l'empirisme populaire, les lavoirs sont aussi une société de secours mutuels ouverte : qu'une femme soit dans le « pétrin », on l'accueille, on quête pour elle. La femme plaquée par son homme jouit au lavoir, où la présence masculine est réduite à celle des garçons taquinés, d'une sympathie particulière. Un enfant abandonné est sûr d'y trouver une mère, comme le raconte le roman populaire de Cardoze, *La Reine du lavoir* (1893). Les lavoirs sont des lieux de féminisme pratique. Les femmes y viennent plusieurs fois par semaine, deux ou trois en moyenne, souvent plusieurs fois par jour, sur le chemin de l'école. Chaque année, la Mi-Carême, fête des blanchisseuses, attire toute la population du quartier pour l'élection de la reine. Est-ce le triomphe de la laveuse sur la poissarde, souveraine du Carnaval ? Au milieu du siècle, la Mi-Carême distance Mardi Gras au rang des réjouissances urbaines [20].

Au lavoir, enfin, s'ébauchent parfois des formes d'organisation originales. Les blanchisseuses professionnelles sont parmi les plus turbulentes des salariées, promptes à la coalition et à la grève, tant à Paris qu'en province, profondément mêlées aux fièvres de la ville. En 1848, les blanchisseuses parisiennes ont formé une société, lancé des coopératives et, à Bondy notamment, accueilli dans leurs rangs les femmes — prostituées souvent — libérées de Saint-Lazare, comme les militaires enfuis de la prison militaire de Saint-Germain-en-Laye, qui, à la faveur de la Révolution, tentent de vivre autrement. Passionnante et brève expérience. De quoi susciter la hargne du pouvoir.

Napoléon III, qui avait jadis fui la prison dans une voiture de blanchisseuse, sait-il combien ces lieux sont dangereux ? Son règne commence le grand démantèlement des bateaux-lavoirs qui empiètent sur la circulation fluviale et l'implantation de lavoirs de terre, de plus en plus éloignés du centre de la capitale, comme la clientèle populaire chassée vers la périphérie par l'haussmanisation.

Plus nombreux, plus réglementés, les lavoirs deviennent les leviers d'une campagne d'hygiène où la propreté est présentée comme la sœur de la morale : « La propreté n'est pas seulement une condition de santé, elle profite encore à la dignité, à la moralité humaine, elle assainit, elle embellit le plus pauvre réduit, la mansarde la plus misérable, et suppose dans les familles, même les plus indigentes, *le sentiment de l'ordre, l'amour de la régularité* et une lutte énergique contre l'action dissolvante de la misère [21] », Trélat, l'aliéniste, le célèbre auteur de *La Folie lucide* (1861) est un des rapporteurs.

Laver, se laver, toujours plus. Mais aussi gagner du temps, ce temps dont les ménagères sont prodigues, mais qu'« elles pourraient employer ailleurs plus fructueusement », écrit Barberet qui calcule le nombre d'heures passées et leur équivalent monétaire : à Paris, trente à trente-cinq millions de francs par an. Amorce d'une réflexion sur le temps et la valeur du travail ménager, le lavoir est aussi le canal de sa mécanisation. Après 1880, se crée une véritable industrie du blanchissage, avec de grandes buanderies modernes à vapeur, où le travail est concentré, divisé, ordonné, hiérarchisé, le personnel réduit et masculinisé. Les hommes contrôlent les machines et les femmes conservent les emplois manuels subordonnés. Sans doute la peine du corps est diminuée mais comme toujours c'est payé d'un contrôle accru. Le lavoir devient moins accessible, moins féminin, moins libre, moins drôle. On bombarde les ménagères de prescriptions, on critique leurs pratiques : il faut remiser la brosse et le battoir, laver scientifiquement. Ce qui était parfois plaisir, prétexte à rencontre, devient devoir pesant, nécessité codifiée. Décidément, le lavoir n'est plus ce qu'il était !

LA MÉNAGÈRE, GARDIENNE DU FAUBOURG

La ménagère est l'âme du quartier et, par là, nœud d'une culture populaire originale qui s'oppose au modernisme unificateur. On a souvent fait des femmes les agents plastiques des modes nouvelles. De nos jours, la publicité les assaille et tente de leur plaire pour mieux les gouverner. Jadis, les séductions du colporteur ou de la boutique n'avaient pas la puissance d'enveloppement des médias. Bien au contraire, la femme du peuple urbain apparaît comme la trame des traditions des migrants et dans la mesure où l'autonomie culturelle est un gage d'indépendance, ferment de contre-pouvoir.

Dans le Paris du XIXe siècle, les arrivants se regroupent par quartiers dont l'unité est la maison-cour, survivance de la ferme villageoise. Les femmes règnent sur ces cours surpeuplées où, les jours de fête, flotte l'odeur des cuisines régionales. Les repas familiaux sont l'occasion de « parler pays ». Le compagnonnage a élevé à la dignité de « mères » ces femmes aubergistes qui hébergent les « passants », les renseignent sur les possibilités d'embauche, leur servent de secrétaires, de trésorières, seule femme — il est vrai — admise au banquet corporatif annuel. Tandis que se crée une « grande cuisine » bourgeoise, masculine, sucrée et grasse, soucieuse d'affirmer par sa richesse la rupture avec le rustique, les femmes mijotent les recettes provinciales. Les « chefs » se moquent du conservatisme des cuisinières. Le conflit des cuisines est à la fois culturel et sexuel.

Maîtresses du pot, les femmes le sont aussi de la parole. Bruits, rumeurs, nouvelles s'échangent dans les escaliers, les cours, à la fontaine, au lavoir, dans tous les lieux marchands semés au fil des rues avant d'être clos en boutiques. Vers 1840, les laitières s'installent chaque matin sous les portes cochères. « Pendant que le marchand de vin voit descendre chez lui une foule d'habitués mâles, alléchés par l'appât d'un verre de vin blanc, d'une goutte d'eau-de-vie, ou d'un journal, la population féminine se presse autour de la laitière. Là est établi l'entrepôt des nouvelles du jour et des cancans du quartier. La petite dame du premier a été battue par son mari ; le limonadier a fait faillite ; la fille des locataires du cinquième est courtisée par un étudiant ; le chat de la portière est mort d'indigestion ; le boulanger a été convaincu de vendre à faux poids ; le serrurier est rentré ivre chez lui... [22]. » La Bédollière ébauche ici la dualité des espaces : d'un côté, au cabaret, les hommes, le vin, la politique (le journal) ; de l'autre, dans la rue, les femmes, le lait, les faits divers. Mais derrière l'insignifiant, cette parole des femmes entretient tout un réseau de communications horizontales qui échappe à l'oreille du pouvoir. Tandis que, les premiers alphabétisés, les hommes sont captés dans les rêts d'un écrit qui d'abord leur vient d'en haut et peu à peu les façonne et les normalise, les femmes maintiennent par leurs murmures l'indépendance du peuple.

La parole des femmes conserve beaucoup de liberté d'expression ; elle résiste aux politesses, aux pruderies louis-philippardes. La sexualité ne lui fait pas peur, non plus que la scatologie. Les récits de lavoir effarouchent les philanthropes. Contenue dans les faubourgs, régulée dans les marchés, cette libre parole, verte et drue, explose dans la ville les jours de Carnaval, fête du quolibet et de l'injure [23]. Décrivant vers 1846 la salle commune des femmes au Dépôt de Paris, Alhoy et Lurine s'étonnent : « Toutes ces bohémiennes (ils parlent au figuré) chantent avec des voix rauques, elles jurent avec des voix charmantes, elles dansent avec des sabots, elles parlent d'amour en blasphémant, elles traduisent la poésie en argot, elles parodient la justice, elles se moquent de la police correctionnelle, elles jouent gaiement à la sellette, au carcan et à la guillotine sur l'air d'une romance nouvelle. Comparée aux salles des femmes, la salle des hommes mériterait un certificat de bonnes vies et mœurs [24]. »

Par son irrespect, son ironie, sa spontanéité, la parole des femmes est grosse de subversion. Elle entretient ce quant-à-soi, cette distance qui permettent aux humbles de préserver leur identité. De sauver leur mémoire. C'est aussi par les femmes, — femmes crépusculaires —, que se transmettent, et souvent de mère en fille, la longue chaîne des histoires de famille ou de villages. Tandis que l'école, les formes modernes d'organisation, le syndicalisme lui-même, construisent des histoires officielles, épurées et finalisées, les femmes gardent la trace de ce qu'on voudrait refouler. Pour écrire l'histoire populaire de la Révolution française, Michelet interrogeait les femmes. Par elles surtout s'est conservée au cœur des Cévennes la geste des Camisards. Les souvenirs de l'esclavage, aboli seulement en 1885, persistent dans le peuple brésilien par de vieilles aïeules. Et les quêteurs d'histoire orale savent d'expérience quelle différence de relation hommes et femmes nourrissent avec leur passé : hommes muets, qui ont oublié presque tout ce qui n'a pas de rapport avec la vie de travail ; femmes parlantes, qui n'ont qu'à laisser sourdre en elles la montée des souvenirs, pour peu qu'on les interroge seules : l'homme a trop pris l'habitude d'imposer silence aux femmes, de ravaler ses propos au rang du babillage pour que les femmes osent parler en sa présence.

RÉSISTANCE DE L'IMAGINAIRE

Faire taire les femmes. Les civiliser. Leur apprendre à lire. Mais l'imaginaire féminin se dérobe, refuse de se laisser coloniser par la voie de la science et de la raison. Lectrices de romans populaires, les femmes font le succès d'Eugène Sue et de tous ces auteurs à un sou dont Alfred Nettement et Charles Nisard déplorent le libertinage et la persistante indiscipline[25]. Donner de bonnes lectures aux femmes devient un thème du régime impérial. La création du *Petit Journal* en 1863, les facilités qui lui sont accordées (exemption du contrôle préalable) pour lui permettre, servi par les Messageries Hachette et le chemin de fer, d'arriver avant tous les autres, sont une tentative réussie pour coloniser l'imaginaire du peuple. Il s'agit de substituer les charmes du feuilleton régulier — et décent — aux brochures aléatoires du colporteur soumis aux risques du voyage à pied. L'éclatant succès du *Petit Journal* (un million d'exemplaires vers 1900) repose en grande partie sur l'attrait de ses feuilletons sur ses « fidèles lectrices ». Pourtant, à y regarder de près, il n'a pu réussir qu'en s'adaptant à leurs goûts. En définitive le feuilleton n'est moral que par sa fin qui exclut les mésalliances, fait mourir les usurpateurs, rend l'enfant à ses parents légitimes et démasque les faussaires. Ses péripéties, pleines de bruit et de fureur, reflètent une violence singulière[26].

C'est encore de culture du corps qu'il faudrait parler. Avant d'être les auxiliaires révérentes, anxieuses et toujours culpabilisées des médecins, les femmes du peuple ont été, au contraire, leurs principales rivales et les continuatrices d'une médecine populaire dont on tend aujourd'hui à réévaluer les vertus. Elles utilisent toutes les ressources d'une pharmacopée multiséculaire, connaissent cent manières de faire pour soulager les petits maux quotidiens qui laissent si souvent la médecine savante désarmée. À y regarder de près, ces « remèdes de bonne femme » révéleraient sans doute un réel savoir des souffrances du peuple, soucieux d'éviter la dépense, mais aussi de conserver son autonomie corporelle et de se soustraire au regard médical, ce regard qui ausculte, toise, classe, élimine et pour finir vous envoie à l'hôpital maudit [27].

FAIRE TAIRE LES FEMMES

Cette culture couvre le peuple comme une carapace isolante et protectrice à la fois. Dissonante par rapport au discours du progrès, elle est dangereuse non seulement parce que toujours susceptible de nourrir une résistance, mais plus encore parce qu'elle maintient dans la dissidence un peuple « sauvage » dérobé aux visées du pouvoir. D'où l'irritation qui se manifeste de plus en plus contre l'« arriération » des ménagères et la volonté de les éduquer.

La séparation des sexes dans la ville, le recul de la mixité sont un des chemins de l'ordre qui suspecte les promiscuités douteuses. Dorothy Thompson a montré comment, à la fin du XVIIIe siècle, les femmes anglaises siègent avec les hommes, leurs compagnons, dans les tavernes, *inns* ou *ale houses*, buvant et chantant avec eux, et prenant leur part des discussions politiques. La voix des femmes éclate dans les troubles radicaux du début du siècle. Puis voici qu'on les remarque, qu'on les regarde, on les fait asseoir, on les *autorise* à prendre la parole : ainsi dans les premières assemblées chartistes. Enfin, vers 1850, les *pubs* deviennent des lieux purement masculins, où les femmes ne sont pas admises, exclues, du même coup, des *trade-unions* qui y tiennent leurs rencontres [28].

Avec des modalités différentes, le même mouvement de retrait s'est dessiné en France. La joyeuse liberté des goguettes et des bals de barrières aux danses échevelées — « là, dansent sans souliers et tournoyant sans cesse des hommes et des femmes qui, au bout d'une heure, soulèvent tant de poussière qu'à la fin, on ne les aperçoit plus », écrit Sébastien Mercier du bal de Vaugirard [29] — fait place à des maintiens plus guindés où s'inscrit l'histoire de la danse. La non mixité rigoureuse du cercle bourgeois impose son modèle aux associations populaires. En Basse-Provence, par exemple, les Chambrées, ancien mode de réunions plébéiennes, expulsent peu à peu les femmes puisqu'elles ne votent pas. Le suffrage universel a accentué la tendance à la séparation des sexes, dans la mesure où l'éducation politique du peuple par le droit de vote s'est longtemps adressée à l'homme, et à lui seul [30]. Or le syndicalisme fonctionne sur le modèle parlementaire. À Roubaix, à Lille, vers 1880, les statuts des chambres syndicales stipulent que toute femme qui veut prendre la parole doit présenter une demande écrite par l'intermédiaire d'un membre de sa famille ! Même dans les syndicats les plus féminisés, comme les Tabacs, qui comptent d'excellentes oratrices, il est très rare de voir une femme occuper la tribune.

Un exemple encore, tiré des *Mémoires de Léonard*, de Martin Nadaud fera comprendre cette mise au silence des femmes, jusque dans les villages, par la modernité masculine et urbaine. Lorsque, à l'orée de l'hiver, les maçons de la Creuse reviennent au pays, tout auréolés du prestige de Paris, la vue de leur bourse garnie d'argent frais fait pleurer les mères, leurs cadeaux charment les filles, leurs récits fascinent ceux qui sont restés : on veut en savoir davantage. Et leur jeune et mâle parole, où miroitent les feux de la Capitale, réduit au mutisme les vieilles femmes gardiennes de la mémoire — telle la Fouéssoune, sage-femme et médecin du village — dont les contes berçaient les veillées. Elles se retirent peu à peu, dans l'ombre, tristes et silencieuses.

PRATIQUES FÉMININES ET SYNDICALISME

Le mouvement ouvrier, tout en faisant l'éloge de la ménagère, la préfère au foyer et se méfie de ses interventions intempestives. On le voit bien dans les troubles de cherté de 1911. Lorsqu'en l'été 1911, les denrées laitières et certains produits d'épicerie se mettent à hausser, les ménagères du Nord de la France s'ébranlent comme elles le faisaient jadis pour le pain. Les incidents commencent sur les marchés de la région de Maubeuge, s'étendent à tout le Nord minier et textile, et se multiplient un peu partout de Saint-Quentin au Creusot, pour finir dans les ports industriels de l'Ouest. De façon générale, la carte des troubles est industrielle : les femmes d'ouvriers sont les moteurs du mouvement. Elles manifestent en chantant « l'Internationale du beurre à quinze sous » et s'organisent en « Ligues des Ménagères » pour obtenir des municipalités la taxation des produits. À leur suite, des grèves éclatent un peu partout, les ouvriers — leurs maris — emboîtent le pas ; il y a des affrontements

173

violents, et des morts. Devant elles, pourtant, le syndicalisme se divise. Certains voient dans l'action massive et « spontanée » des femmes un « mouvement superbe », exemple même d'action concrète, populaire, démocratique, de nature à secouer les ouvriers « avachis » et fatalistes devant la hausse des prix. Mais la majorité redoute la violence de ce « mouvement curieux », la fugacité de telles flambées de colère, l'éphémère des ligues, et rêve de les transformer en mouvement « viril », conscient et organisé : « le syndicalisme doit hausser le peuple à la possibilité d'une mâle révolte ». En divers lieux, les militants tentent de muer les ligues en « syndicats de ménagères », d'enseigner aux femmes les mérites de l'organisation permanente, de prendre le mouvement en mains pour l'éduquer, le canaliser. L'année suivante, au congrès de la CGT au Havre, on préconise l'« éducation de la Ménagère pour la meilleure utilisation de son budget et l'acquisition de notions d'hygiène alimentaire [31] ».

Cet épisode illustre un des nombreux malentendus qui, en cette aube du siècle, séparent syndicalisme et mouvement des femmes. Le syndicalisme récuse les formes d'expression des femmes comme sauvages, irresponsables, peu conformes à la dignité des travailleurs. À Montceau-les-Mines, lors de la grande grève de 1899, les femmes se rendent en cortège à Châlons pour y demander audience au sous-préfet et lorsque celui-ci, peu soucieux de les recevoir, apparaît au balcon, elles se retournent et d'un mouvement d'ensemble parfait, qui suppose connivence, elles lui montrent leurs dessous. Inversion, dérision : armes classiques des femmes. Ce trait, transmis par la tradition locale, a choqué la respectabilité syndicale qui l'a gommé de ses récits. Autre exemple encore : à Vizille durant la longue grève des tisseuses en soie (cent jours de 1905), les femmes organisent des charivaris nocturnes ; armées de casseroles et d'ustensiles de cuisine, elles conspuent les patrons, le maire et ses adjoints, plusieurs jours de suite, dans la plus franche gaieté, comme jadis en compagnie des jeunes du village, elles le faisaient pour les barbons mariant une jeunesse. Jusqu'au jour où les socialistes de la ville, craignant à la fois les affrontements avec les forces de l'ordre et le ridicule, leur demandent de s'abstenir et d'avoir recours à d'autres formes d'action, plus décentes. La grève ne saurait être une fête.

Un idéal conjugué de virilité et de respectabilité a refoulé la rusticité campagnarde, les truculences populaires et les formes d'expression féminines qui souvent les prolongent. Entre le syndicalisme et les femmes, il y a plus qu'un problème d'inorganisation : un conflit sur les modes d'intervention et d'expression recouvrant une différence de culture et d'existence. En ce moment de l'histoire, les hommes sont plus politiques, les femmes plus « folkloriques » au sens profond du terme et, en ce nom, refoulées, récusées par la modernité.

Les femmes ne sont ni passives ni soumises. La misère, l'oppression, la domination, pour réelles qu'elles soient, ne suffisent pas à dire leur histoire. Elles sont présentes ici et ailleurs. Elles sont différentes. Elles s'affirment par d'autres mots, d'autres gestes. Dans la ville, dans l'usine même, elles ont d'autres pratiques quotidiennes, des formes concrètes de résistance — à la hiérarchie, à la discipline — qui déjouent la rationalité du pouvoir et directement greffées sur leur usage propre de l'espace et du temps. Elles tracent un chemin qu'il faudrait retrouver. Une histoire autre.

Une autre histoire.

FEMMES ET MACHINES AU XIXe SIÈCLE*

Selon une légende tenace, la machine serait au XIXe siècle la grande alliée des femmes, leur ouvrant, tel Moïse, la terre promise du salariat et, par là, de l'égalité et de la promotion. Techniciste, ou plus subtilement marxiste parce qu'alors médiatisée par la dialectique sociale, cette thèse voit dans l'industrialisation la clef du progrès féminin, la machine conjurant l'infériorité biologique et physique.

Machines légendaires

Dans la première moitié du siècle, la mécanisation du textile provoque l'afflux des femmes dans les usines mixtes, pivot de leur socialisation et de leur émancipation. Dans la seconde, la machine à coudre leur permet l'impossible conciliation entre tâches ménagères et salariat. Par cette innovation, « la plus importante dans la production des biens de consommation depuis l'invention du métier à tisser mécanique [...], les femmes pouvaient se libérer d'un long esclavage », écrit David Landes[1]. La « couturière en fer » met en quelque sorte l'usine à leurs pieds et les sacre reines de la technique. « Il semble que la femme ait connu sa plus grande gloire avec la machine à coudre », dit Gaston Bonheur. « Que cette machine fût destinée à la femme semblait lui conférer définitivement la royauté à la maison. Les hommes en étaient encore à leurs chevaux, à leurs charrues, à leurs grandes manœuvres en pantalon rouge et à leur manille. Le XXe siècle avait choisi la femme[2]. » La propagande républicaine pour conquérir l'opinion des femmes s'appuie sur la double image de l'eau, mieux distribuée par les fontaines publiques, et de

---

* « Femmes et Machines au XIXe siècle », *Romantisme*, « La Machine fin-de-siècle », 41, 1983, p. 6-17.

la machine à coudre, largement importée mais souvent affublée de noms patriotiques pour cacher une origine allemande[3]. Voici Jules Renard, candidat à la mairie : « Je cause avec les femmes, sauf les veuves, et à propos d'une machine à coudre, je fais l'éloge du XIXe siècle, de la République[4]. »

Plus tard, la machine à écrire introduit les femmes dans les bureaux. Les dactylos, nécessairement « accortes », chassent progressivement les copistes aux allures de clercs et font s'effondrer le vieil apanage du scribe : celui du manuscrit et de l'écriture. Les femmes pénètrent au cœur des citadelles du pouvoir : dans les ministères où elles apparaissent dès 1895, non sans provoquer bien de la mauvaise humeur[5] ; dans les affaires dont elles perceraient les secrets si une dactylo toute en doigté n'était pas sourde par essence. L'iconographie, la publicité surtout diffusent ces nouvelles images de la femme et du couple amoureux qu'elle forme avec sa Singer ou sa Remington.

L'idylle se poursuit dans le travail ménager. La mécanisation diminue la peine, libère l'emploi du temps, permet aux femmes bourgeoises disponibles de se livrer à la culture du corps et de l'esprit, aux femmes du peuple de produire davantage. Le lavage du linge, première opération domestique à être rationalisée, se fait dans de grandes buanderies modernes qui peu à peu se substituent aux anciens lavoirs, lieux essentiels de sociabilité féminine ainsi dissous[6]. La machine à coudre permet d'exécuter « soi-même » de ravissants « patrons » sans recourir nécessairement aux services de la couturière. L'Aspirateur, premier-né de la fée électricité, tel l'Archange Saint-Michel, terrasse la poussière, véhicule de la tuberculose. Dans la croisade de la ménagère contre la saleté, il est l'allié le plus sûr. La femme règne sur ses esclaves domestiques, délivrée du regard des bonnes sur son intimité et de douteuses promiscuités. Les travaux ménagers accèdent à la dignité des « Arts », dont la femme est l'ordonnatrice[7].

Dans cette union femme-machine, on célèbre un parfait mariage de convenance, fruit d'une harmonie préétablie. Le discours sur la machine est aussi un discours sur la nature féminine. Faible, la femme ne peut s'attaquer directement aux matériaux durs qui requièrent l'effort viril ; elle est vouée au mou, fils et tissus. Incapable d'invention, elle convient aux tâches parcellaires, répétitives, issues d'une division du travail que la machine accroît. « Les femmes n'ont pas d'imagination », écrit Jules Simon, « ou du moins elles n'ont que cette sorte d'imagination qui rappelle et représente vivement les objets que l'on a perçus. Elles ne créent pas, mais elles reproduisent à merveille ; ce sont des copistes de premier ordre[8]. » Sédentaire, la femme est à l'aise auprès de machines fixes, dont l'alignement quadrille le calme ordonné de l'atelier dont tant de gravures ou de photos nous livrent la vision archétypique. Lorsqu'on peut introduire la surveillance des religieuses, comme dans les tissages du Lyonnais, on se croirait dans un couvent, modèle obsédant de la discipline propre aux femmes[9]. Du coup, les voilà utiles et protégées, productives et surveillées. Passive, la femme a besoin de recevoir des ordres ; servir la machine, lui obéir correspond à son tempérament. Son corps, docile et souple, adopte sa cadence. Acuité de la vision, exercée à la finesse de la broderie au petit point, dextérité manuelle, doigté, agilité du pied qui pédale comme il danse, rythmique des gestes font de la femme comme l'appendice vivant de la machine, ainsi faite femme, érotisée dans le langage de l'atelier comme dans l'Art nouveau.

Toute nouvelle machine livrée aux femmes est présentée comme s'inscrivant dans une séquence naturelle de mouvements, exigeant une simple adaptation. De la machine à écrire, on dit qu'elle prend logiquement la suite du piano. « Parmi les besognes nouvelles auxquelles la jeune fille semble convenir admirablement, il faut citer celle de sténographe et de dactylographe. Les doigts de la jeune fille sont susceptibles d'une agilité qui jusque-là n'avait guère brillé que sur le piano. Cette agilité peut se déployer désormais sur des claviers plus utilitaires[10]. » On passe ainsi de la brodeuse à la piqueuse, de la pianiste à la dactylo, puis à la mécanographe, de la couturière en flou à la monteuse en transistor par glissement, sans qu'il soit besoin d'apprentissage ou de recyclage, mais simplement de cette « adresse » qu'on accorde si volontiers aux femmes tandis qu'on leur refuse toute « qualification ». On vante leurs « doigts de fée » ; on leur dénie la science que seul fonde un enseignement. Empirique, ou magique, leur savoir est sans qualité.

La machine, en divisant le travail, en le rendant plus facile, et moins musculaire, permet l'utilisation des capacités féminines et rehausse le prestige des femmes, en les rendant utiles et plus égales aux hommes. Selon Paul Leroy-Beaulieu, même l'égalité des salaires entre les sexes sera la conséquence de la mécanisation, par son corollaire, le salaire aux pièces, où les femmes peuvent, par leur zèle, rejoindre et dépasser les hommes[11], effacer le statut par le rendement. Tel est, du moins, l'avis des économistes libéraux, qui croient à l'expansion d'un marché du travail homogène.

La sorcière chevauche une poutrelle métallique. L'Ève nouvelle naît de la vapeur. Mais la technique a-t-elle de tels pouvoirs ? Aux femmes, la famille, les tissus, les machines simples...

Maîtrise technique et pouvoir des hommes

Les femmes ont-elles été promues par les machines ? Quelques-unes sans doute. Il est possible que les pionniers du machinisme aient tenté de s'appuyer sur les femmes. John Holker fait venir en France des contre-maîtresses britanniques et s'efforce de former un personnel d'encadrement féminin. Il n'est pas rare de trouver, tant en Normandie que dans le Midi provençal, des femmes surveillant des hommes dans les ateliers de la fin du XVIIIe siècle [12].

Mais au XIXe siècle, on ne retrouve guère ce type de situation. À y bien regarder, comme l'a fait Hélène Robert dans une étude minutieuse des changements de statut induits par la technique, la défaite des femmes est plus évidente [13]. Ainsi, la première phase de la mécanisation du textile, celle de la filature, fait disparaître très rapidement les fileuses au rouet, figures classiques des campagnes, au profit d'équipes usinières à direction masculine. Autour des nouvelles machines à filer anglaises, on assiste à une recomposition du travail dont le chef de famille, devenu chef d'équipe, est le bénéficiaire ; il emploie ses enfants, voire sa femme, comme auxiliaires, père fait contre-maître et recevant pour cela un salaire familial global. De façon similaire, dans l'indiennage, l'introduction du rouleau mécanique, vers 1836-1840, supprime les femmes et les enfants et renforce la masculinité du métier [14]. Dès qu'une machine est *réputée* complexe (et cette complexité serait à apprécier), les hommes s'en conservent la maîtrise.

Une trentaine d'années plus tard, la mécanisation du tissage, longtemps retardée par la mâle résistance des tisserands à domicile, attachés à l'autonomie de leur mode de production et à l'indépendance de leur habitat et de leur genre de vie aboutit au résultat inverse. Cette fois, c'est l'équipe familiale, dont *le* tisserand, maniant le lourd métier assisté de son épouse et de sa progéniture, était le responsable, qui se dissout. Dans les tissages mécaniques, la main-d'œuvre est enfantine et féminine et s'emploie à rattacher les fils ; les hommes occupent les emplois qualifiés de préparation et de finition, souvent entièrement manuels, refuges des savoir-faire et des secrets, relativement bien payés ; ils assurent l'entretien des machines et l'encadrement. Les contre-maîtres des usines textiles considèrent souvent les femmes, jeunes pour la plupart, comme leurs vassales, exerçant sur elles un véritable droit de cuissage, cause permanente de conflits. Des journaux comme *Le Forçat*, la *Voix du forçat*, la *Revanche du forçat*, où, entre 1883 et 1890, s'expriment les griefs des ouvriers du textile du Nord, sont remplis de la litanie de leurs méfaits lubriques. En 1905, à Limoges, dans une fabrique de porcelaine, c'est une affaire de ce genre qui provoque la grande grève, si violente, dont Clancier a raconté l'histoire *(Le Pain noir)*[15].

L'alternative, c'est le couvent-usine. Dans les internats soyeux de la région lyonnaise, développés à partir de 1835 sur le modèle du Lowell américain et dont les établissements de Jujurieux (dans l'Ain, usine Bonnet) et de la Seauve sont les exemples les plus illustres, l'encadrement est confié à des religieuses ; en 1851, un ordre spécial, celui des Saints-Cœurs-de-Jésus-et-de-Marie, à Recoubeau (Drôme) est fondé à cet effet. Dans ces établissements, les femmes entrent très jeunes (vers dix-douze ans), souvent par l'intermédiaire du curé de la paroisse, et elles restent jusqu'à leur mariage. Leurs salaires, ordinairement versé directement aux familles paysannes dont la plupart sont issues, servent à grossir les petites exploitations familiales et à constituer leur dot. Dans les montagnes du Lyonnais, on dit qu'un père qui a des filles est un homme chanceux. Environ cent mille jeunes filles travaillent dans ces internats vers 1880, date à laquelle commence une longue décadence, semée de grèves. Les femmes s'y montrent de plus en plus combatives, apportant dans ces conflits leurs formes d'action et d'expression propres. L'une d'elle, Lucie Baud, « meneuse » de la grève de Vizille en 1905, a laissé un court mémoire autobiographique, utile témoignage sur la condition des ouvrières des tissages mécaniques, où grandit la part des italiennes[16].

La mécanisation, on le voit, n'a pas d'effets univoques. Tantôt elle recompose le travail, le requalifie et le masculinise (filature) ; tantôt elle le découpe, le parcellise et le féminise (tissage). La place des femmes n'est pas réglée par la technique, mais par des questions de statut qui, traditionnellement — Natalie Davies le vérifie au XVIe siècle à Lyon[17] — attribuent aux hommes les postes de commandement, d'encadrement, les outils compliqués, et aux femmes les tâches d'auxiliaires, d'aides, les travaux d'exécution, effectués à mains nues, peu spécialisés, voire casuels, et toujours subordonnés. La mécanisation, si elle signifie la sortie hors du foyer familial et l'entrée plus massive des femmes sur le marché du travail industriel, n'implique ni leur libération, ni leur promotion, ni leur accès à la technique. La peur qu'on éprouve de leur émancipation sexuelle conduit même à les surveiller davantage. Dans l'usine, la machine reproduit, voire aggrave la division des tâches et la subordination féminine, l'autorité du contre-maître ou de la religieuse remplaçant celle du père. Et ce, d'autant plus qu'en raison du cycle de travail féminin, temporaire et intermittent parce que réglé par les besoins de la famille [18], la révolte est difficile et l'organisation le plus souvent impossible. Pour les ouvriers eux-mêmes, la grève est un acte viril et le syndicat n'est pas l'affaire des femmes [19]. Tandis que la machine les introduit dans l'aire publique, on veut obstinément les conserver dans l'espace privé : insupportable contradiction qui fera, un temps, le succès de la machine à coudre.

Au reste, les femmes ont souvent manifesté beaucoup d'hostilité aux machines, et il faut démentir ici la thèse de leur passivité, corollaire de leur consentement à une mécanisation promotionnelle imaginaire [20]. Leur attitude est, en fait, beaucoup plus nuancée et, comme il se doit, variable avec le temps. Les femmes acceptent, voire recherchent, les petites machines qu'elles peuvent s'approprier et domestiquer, comme les petites *jennies* anglaises, les très populaires « jeannettes », qui permettent à domicile une production accrue et, au moins au début, un gain plus élevé. Elles refusent les machines dont la taille suppose la concentration, comme leurs ancêtres avaient, au temps de Colbert, refusé de se laisser enfermer dans les manufactures [21]. À Rouen, en 1788, elles boycottent la machine de Barneville, installée au cloître de Saint-Maclou, sous le patronage du curé et des sœurs (l'alliance de l'église et de la machine est fréquente) et qui, disent-elles, les obligent à des journées incompatibles avec les soins du ménage [22]. En 1791, quand on voulut introduire des jennys à Troyes, « les fileuses s'ameutèrent contre elles : on les installa donc dans les campagnes, puis, plus tard, on en établit en ville [23] ». À Paris, pendant la Révolution, les femmes se bagarrent constamment pour obtenir de l'ouvrage chez elles. Autre exemple : en 1846, au cours de graves émeutes, l'usine et la maison d'un industriel, Jules Auroux, sont incendiées parce que cet industriel avait introduit une « trilleuse » de laine de fabrication anglaise, destinée à remplacer les femmes qui, jusque-là, faisaient cette besogne chez elles et entendent bien la conserver. En 1848, les femmes mènent souvent les groupes qui, à Lyon, à Saint-Étienne surtout assaillent couvents et ouvroirs accusés de faire concurrence au travail des ménagères ; respectant les objets du culte, elles brûlent ourdissoirs et métiers mécaniques dont le clergé, curieusement modernistes à cet endroit, a souvent été l'introducteur, d'où le caractère anticlérical de ces émeutes, où deux femmes trouvent la mort[24].

Les femmes défendent ainsi leur droit au travail et au travail à domicile. Elles s'insurgent contre la concentration et la destruction du mode de production domestique qui avait, si longtemps, régi la vie quotidienne. D'où leur présence active dans les luddites (ou bris de machines) qui, sans avoir assurément l'ampleur des mouvements anglais, ont existé notamment dans le Midi sous la Restauration, surtout dans l'industrie lainière, montrant la résistance de l'économie familiale et des professionnels artisans. Comme femmes d'ouvriers, les femmes jouent leur rôle tutélaire de ménagères qui protègent le niveau de vie de la famille à laquelle il faut « du travail et du pain ». Et ceci, d'autant plus que, souvent, émeutes de subsistance et luddisme se mêlent. À Vienne, par exemple, en 1819, lors des terribles troubles contre l'introduction de la « Grande Tondeuse » — ainsi personnifie-t-on la machine anglaise Douglas qui, telle une bête, dévore les tondeurs de draps, travailleurs très qualifiés, indépendants et rebelles — elles donnent le signal de la destruction. La fille de Claude Tonnegieux, boucher, jetait des pierres aux dragons et excitait les ouvriers par ces cris : « Cassons, brisons, hardi ». Marguerite Dupont, fileuse de saint-Frémy, a traité le lieutenant-colonel de « brigand ». La femme de Garanda criait : « Il faut casser la tondeuse ». Un dragon disait au peuple de la rue : « Allons, mes amis, nous sommes tous Français, retirez-vous », aux femmes : "Allons, mesdames, retirez-vous, ce n'est pas votre place. Vous devriez être près de vos enfants". Elles ont répondu : "Si, c'est notre place" et se sont retirées en marmottant. Deux d'entre elles ont été arrêtées[25]. »

On les retrouve à Limoux (juillet 1819), à Carcassonne (mai 1821) elles sont une centaine à rejoindre, avec leurs enfants, les quatre cents hommes rassemblés hors de la ville. À Saint-Étienne, le procureur du Roi déplore : « Ce qui est le plus pénible à dire, c'est que parmi les plus acharnées contre la garde nationale, se faisaient surtout remarquer les femmes qui, les tabliers pleins de pierres, tantôt jetaient elles-mêmes, tantôt en donnaient à jeter. » À Salvages (Tarn, 1841), elles poussent les hommes à briser une nouvelle boudineuse mécanique, les traitant de lâches, s'ils ne le font pas. Descriptions classiques du rôle incitateur et expressif que les femmes jouent dans toutes les formes de rassemblement populaire, du Carnaval et du Charivari aux manifestations de grève, et où il n'est pas toujours facile de démêler la réalité du stéréotype. On dénombre, en tout cas, des femmes parmi les inculpés.

Ouvrières, les femmes défendent aussi, comme les hommes, leur propre droit au travail. Ainsi dans le cas de l'émeute de la rue du Cadran, à Paris, en septembre 1831. Les découpeuses en châles du Sentier se mobilisent contre les machines importées de Lyon qui font en un jour l'ouvrage de cinq ou six ouvrières. Elles s'indignent « qu'on voulût faire à l'aide d'une mécanique ce qui, de temps immémorial, était l'office des femmes ». Pas de licenciements encore, mais une baisse des prix de façon, contre lesquels les travailleuses se coalisent. Elles envoient aux patrons des déléguées qu'ils refusent de recevoir. D'où des rassemblements tumultueux durant cinq jours, où s'expriment la haine des mécaniques, la hantise du pain cher et, en cet automne 1831, la grande déception du peuple parisien. Mais après tout, ce ne sont que des femmes, donc négligeables, dérisoires. « Émeute en jupons, république en cornettes », commente la *Gazette des Tribunaux* qui s'étonne que les inculpées soient si peu conformes au modèles de la virago : « Jeunes et jolies pour la plupart, elles tenaient leurs yeux timidement baissés, se justifiaient en balbutiant et aucune d'elles ne nous présentait ces traits mâles et marqués, cette voix forte et enrouée, enfin cet ensemble de gestes, d'organes, de figure et de mouvements qui nous semblent devoir être le type constitutif de la femme-émeute [26]. » Tant est forte la représentation du masculin et du féminin, rôles et images, à cette époque du XIXe siècle.

Ces quelques exemples, pour fragmentaires qu'ils soient, démentent la version du consentement joyeux des femmes à la machine. La mécanisation leur pose un double problème : celui de leur déqualification, dans la mesure où, à l'usine, on ne leur confie que des machines dites simples à un moindre salaire ; celui de la concentration avec pour corollaire soit leur élimination pure et simple de la sphère productive pour une bonne part de leur existence, soit la difficile conciliation de la double tâche, domestique et usinière.

D'où l'intérêt, au moins conjoncturel, que, dans un premier temps, la machine à coudre a suscité.

MACHINE À COUDRE ET TRAVAIL FÉMININ

Au tournant du siècle, bien loin de reculer, le travail à domicile connaît une expansion considérable dans la plupart des pays d'Europe occidentale, notamment en Allemagne et en France[27]. Ce phénomène est lié à l'essor de l'industrie du vêtement de série, la « confection », et répond à la place réelle et symbolique du linge et du vêtement, grande forme de consommation du XIXe siècle. Très rationalisée, cette industrie associe fabrication à domicile des pièces, avec une intense division du travail, et assemblage dans les ateliers de montage des centres urbains.

Greffée sur ce système de type ancien, la machine à coudre le renouvelle complètement et le porte au paroxysme de la production de masse. D'abord employée dans les ateliers eux-mêmes, elle se diffuse au domicile même des ouvrières. La prédominance anglo-saxonne est concurrencée à partir des années 1890 par la production allemande : 500 000 unités par an en 1890, un million en 1907. L'Allemagne fournit alors le tiers de la production mondiale. Sur 150 000 machines utilisées à Paris vers 1896, il n'y en a pas 20 000 françaises.

Posséder *sa* machine à coudre, c'est, pour une ouvrière, d'abord, un rêve, puis une nécessité en raison de la concurrence. Elle l'achète à crédit, par abonnement de type Dufayel. Dans un premier temps, la machine fait monter les salaires. « La rémunération des mécaniciennes est supérieure d'au moins un tiers, souvent de moitié, et quelquefois du double, à celle des simples couseuses », écrit Paul Leroy-Beaulieu en 1872[28]. Réduites à rien, ces dernières sont contraintes à se mécaniser. La tâche de la philanthropie est désormais d'accélérer le mouvement : « On doit profiter des enseignements de la science et se convaincre que désormais le meilleur mode de soulager et de prévenir les misères, c'est de propager les bonnes méthodes de travail et de répandre les bons instruments[29]. »

Pour les moralistes, comme Jules Simon, la machine à coudre réalise l'idéal féminin. La « petite fée du logis » permet à la femme de tout concilier et surtout de rester chez elle, son seul univers. « Les femmes sont faites pour cacher leur vie, pour chercher le bonheur dans des affections exclusives, et pour gouverner en paix ce monde restreint de la famille, nécessaire à leur tendresse native[30]. » La femme « cousant dans son intérieur », cette paisible image que répète à satiété la peinture bourgeoise de l'époque — de Fantin Latour à Vuillard — voilà qu'elle est possible aussi pour l'ouvrière rendue à sa dignité. Par la machine à coudre, « l'atelier domestique, qui était perdu, pourra se reconstituer, au grand profit non seulement de la morale, mais encore de la situation matérielle et pécuniaire de la famille », médite Leroy-Beaulieu qui brosse un idyllique tableau : « Comme l'on voyait autrefois, dans nos chaumières ou dans nos mansardes, le père, la mère, les enfants groupés autour d'un métier à tisserand et se partageant les tâches : ainsi l'on pourra voir la mère, les filles, l'aïeule aussi, car la machine ne fatigue pas la vue, travailler ensemble, qui à bâtir l'ouvrage, qui à le finir, qui à coudre à la mécanique. Le plus grand développement des machines amènera le rétablissement de l'industrie domestique[31]. » Notons-le : en lignée purement féminine. La machine à coudre, c'est l'usine-gynécée.

Son succès repose sur la mobilisation d'une armée de réserve féminine accrue par le caractère décent du travail lui-même. Les femmes d'employés besogneux, de petite bourgeoisie gênée qui, pour rien au monde, ne se seraient embauchées en usine, pratiquent la confection. Mais les principales clientes demeurent les femmes de la classe ouvrière, couturières de toujours, et principalement les femmes *mariées* mal résignées à n'être que ménagères et soucieuses d'apporter ainsi leur « salaire d'appoint » au budget familial dont elles sont souvent les gestionnaires.

En 1904, on compte en France près de 800 000 travailleurs en chambre, dont 86 pour cent de femmes et plus de 80 000 à Paris seulement. Au recensement de 1906, sur cent femmes actives, près de 36 pour cent travaillent à domicile.

Cette offre potentielle, conjuguée avec une production accrue par une mécanisation croissante, fait baisser les salaires, de façon catastrophique au début du XIXe siècle. Sur 217 femmes interrogées par l'Office du Travail (1905-1908), 60 pour cent gagnent moins de 400 francs par an, 83 pour cent moins de deux francs par jour, 60 pour cent moins de 0,15 F par heure ! Tous les observateurs insistent sur l'impossibilité de vivre avec de tels salaires et sur la misère des femmes seules, célibataires ou veuves, réduites à ce travail. C'est le *sweating system*, caractérisé par un minimum vital déclinant, une condition misérable tant sur le plan du logement que de la nourriture. La mécanicienne se nourrit de café au lait et sa « côtelette », c'est un morceau de Brie[32].

Philanthropes, moralistes, hygiénistes s'émeuvent désormais de cette paupérisation. Au début du siècle, enquêtes et prises de position se multiplient, comme celles de l'Office du Travail. Marc Sangnier et le *Sillon* développent des expositions itinérantes montrant « le Musée des exploitées » pour émouvoir le public. Madame Jean Brunhes, liée à l'école de Le Play, créé une *Ligue Sociale d'acheteurs* pour alerter les consommateurs, et surtout les consommatrices, sur les conséquences de leurs actes : les commandes précipitées, hâtives, accélèrent les cadences et allongent les veillées des ouvrières. La CGT tente de syndicaliser les ouvrières, mais en 1912, sur près de 100 000 travailleuses en chambre à Paris, il n'y en a guère plus de 270 qui se syndiquent... Quelques grèves, mais venant plutôt des ateliers ; les ouvrières à domicile ne suivent pas. Entre elles, le contact est pratiquement impossible : ne va-t-on pas jusqu'à leur interdire de parler ensemble, dans les magasins où elles rapportent leur ouvrage ! De façon générale, le syndicalisme chrétien réussit mieux.

À la veille de la guerre, nombre d'ouvrières déchantent. Le travail à domicile, c'est devenu l'usine chez soi, avec le plus terrible des régulateurs du temps : soi-même. Du coup, autant l'autre, la vraie : les journées y sont plus courtes, les salaires plus élevés, mieux garantis ; on y est moins seule et mieux protégée. Paradoxalement, la machine à coudre a été la propédeute de l'usine pour les femmes mariées qui vont y affluer pendant la guerre.

Machines et corps féminin

Les médecins faisaient à la machine à coudre d'autres griefs, d'ordre physiologique. Un rapport, présenté à l'Académie de Médecine en 1866, dénonce les ravages des organes féminins : pertes blanches, aménorrhées, peut-être stérilité. Ce qu'on incrimine surtout, c'est le mouvement des jambes, lié aux pédales : « Un tel outil, par un mouvement continu, excite le délire hystérique[33]. » Dans certains ateliers, la machine à coudre « provoque une excitation génitale assez vive pour mettre les ouvrières dans la nécessité [...] d'avoir recours à des lotions d'eau froide[34] ». « Les inconvénients de la machine à coudre sont dus à l'action très fâcheuse [...] des mouvements des pieds agissant alternativement sur les pédales ; ou bien encore aux effets de la trépidation de l'instrument, laquelle se propage par les membres supérieurs à la cavité thoracique et même à toute l'économie[35]. » Fait curieux, les médecins s'intéressent à l'utérus plus qu'à la vue et s'en prennent aux pédales plus qu'aux heures, aux cadences, aux conditions de travail elles-mêmes. De même que le taudis est rendu seul coupable de la tuberculose, la pédale est investie de toutes les responsabilités, dans une perspective où la tradition de Ramazzini, liant maladies professionnelles et gestes de travail, conflue avec la vision de la femme hystérique dominée par sa génitalité.

Ces inconvénients sont une cause possible de stérilité. Les jeunes ouvrières seront « incapables de donner le jour à une génération forte et saine, comme en réclame le relèvement de notre pays [36] ». Cause d'intérêt général : l'Académie des Sciences accorde une récompense aux sœurs Garcin pour avoir inventé une couseuse automatique : « Il faut donner à l'ouvrière une machine qui l'affranchisse des maux naissant du jeu de la pédale ; il faut trouver un moyen de mettre un mécanisme en mouvement indépendant du pied de l'ouvrière [37]. La pédale : voilà l'ennemie. Par elle, dit un délégué ouvrier au Congrès de Marseille, « elles ont des maladies qu'elles ne devraient même pas connaître de nom [38] ».

Hystérique, érotique, la machine touche la femme jusque dans son intimité la plus secrète. Le couple qu'elles forment devient suspect. Ces jambes en perpétuel mouvement, ne produisent-elles pas la jouissance de l'orgasme ? Cette symbiose entre femme et machine mécanise la femme et sexualise la machine. La machine devient femme. L'homme construit les machines, il les crée comme Dieu fit d'Ève. Il en est le maître et seigneur. Ajusteur, constructeur, il connaît par elle promotion et prestige. De la construction mécanique, les femmes sont exclues. Elles ne fabriquent jamais les machines, elles les servent, et encore les plus simples d'entre elles. Les femmes admirent les machines. Elles admirent la force des hommes qui font les machines et s'en servent. Dominer les machines, c'est, pour les hommes, une autre façon de dominer les femmes, comme ils le faisaient avec l'outil [39].

Dans les ateliers, on donne aux machines des noms de femmes. On les personnalise, on leur parle et on en parle, au féminin, comme d'une amoureuse ou d'une harpie, selon les jours. On les palpe, on les frappe, on les transperce. L'usine regorge de symboles phalliques. L'atelier des machines, ces « êtres de métal », est un lieu de la prouesse virile d'où la femme est physiquement exclue, mais constamment présente dans l'imaginaire, la parole, le désir ou le défi. Entre l'homme et la machine-femelle s'esquissent des rapports d'amour et de domination, de tendresse ou de haine, dont le couple Roubaud-La Lison, dans *La Bête Humaine*, est la sublimation littéraire la plus forte.

Cette confusion de la Machine et de la Femme est, du reste, au cœur du symbolisme et du fonctionnement même du Modern Style : Claude Quiguer l'a montré [40]. « À un niveau variable, la femme est sous-jacente à la plupart des images de la machine 1900 [...]. La machine est à l'homme ce que la Femme est à la Nature ou à Dieu : l'équivalent factice, artificiel et par là humain de la création naturelle ou divine[41]. » Est-ce une « interprétation régressive » de la technique, comme le suggère Walter Benjamin, ainsi ramenée à l'affrontement du principe mâle et femelle ? Le Modern Style tente, en effet, d'apprivoiser l'inconnu par le connu pour se rassurer, de conjurer le nouveau, la modernité, en les ramenant aux mythes éternels. D'où, à certains égards, son archaïsme formel.

Ainsi, tant au niveau du quotidien des ateliers qu'à celui de la symbolique de l'art, la technique est vécue et perçue à travers les rapports du masculin et du féminin, rapports de subordination plus que de partage, qui demeurent, en 1900, une forme majeure d'organisation du monde.

DE LA NOURRICE À L'EMPLOYÉE...*

TRAVAUX DE FEMMES
DANS LA FRANCE DU XIXe SIÈCLE

Ce titre, pluriel et parcellaire, indique les limites de ce numéro. On n'y trouvera pas une histoire globale du travail féminin qui, dans son détail comme dans son ensemble, reste à écrire, mais simplement l'illustration de quelques-unes de ses formes multiples.

Faut-il le rappeler ? Les femmes ont toujours travaillé. La valorisation, abusive mais signifiante, du travail « productif » au XIXe siècle a érigé en seules « travailleuses » les salariées et relégué dans l'ombre de l'auxiliariat conjugal boutiquières et paysannes, dites plus tard « aides familiales », et plus encore les ménagères, ces femmes majoritaires et majeures sans lesquelles la société industrielle n'aurait pu se développer. La séparation croissante entre lieu de « travail » et domicile privé, consécutive à la régression du travail domestique et à la concentration industrielle, a fait du travail ménager une spécialité, économiquement dévaluée parce que non quantifiable — un travail sale que les bourgeois confient à leurs bonnes —, et du foyer l'endroit de la consommation et de la dépense. Vision dichotomique beaucoup trop simple qui conduit à occulter le problème de la reproduction et de l'entretien de la force de travail et à nier l'immense travail non payé des femmes « au foyer ».

Les ménagères occupent pourtant dans les villes du XIXe siècle une place essentielle. Dans la première moitié du siècle, elles prennent d'ailleurs encore une part active à la production artisanale, soit que celle-ci continue de se faire dans ces maisons-cours, caractéristiques de la ville pré-hausmannienne, mélange de ferme et de cité, où, à Paris du moins, se regroupaient par ethnies les migrants de la province, soit qu'elles pratiquent chez elles une forme de sous-traitance qui, tout en changeant de nature, n'a jamais cessé d'exister tout au

---

* « De la nourrice à l'employée. Travaux de femmes dans la France du XIXe siècle », *Le Mouvement social*, 105, X-XII 1978, p. 3-10.

cours du XIXe siècle, apportant alors au ménage un « salaire d'appoint » qui devient fondamental en cas de crise ou de guerre. Il faut souvent de tels drames pour que la force de travail féminine soit estimée. Et il y a de ce fait un « vécu » des crises et des guerres spécifique à chaque sexe.

Mais c'est plus encore au niveau de la consommation — cette forme de production de « personnes sociales » — que la ménagère compte. En France, plus qu'ailleurs — plus qu'en Grande-Bretagne si l'on en croit les observations de Le Play —, elle dispose de la paie du mari, non sans batailles ni conflits qui jalonnent l'événementiel des faubourgs au XIXe siècle. Elle est « le ministre des Finances » des familles ouvrières ; l'équilibre des ressources dépend d'elle à bien des égards. D'où l'attachement des classes populaires au mariage (légal ou non) comme entreprise et à la famille comme mode de gestion autonome. La famille n'est pas une invention bourgeoise, même si les classes dominantes l'ont investie de fonctions multiples en raison même de sa centralité. C'est une réalité ambivalente, à la fois tanière, abri pour ses membres, et cible du pouvoir. Il n'est que de lire *Les Enfants de Sanchez* (Oscar Lewis) ou les textes émanant du quart-monde pour comprendre cette fonction de la famille pour le sous-prolétariat d'aujourd'hui.

La ménagère a en fait de grands pouvoirs, à condition de ne pas les apprécier au niveau formel qui est celui des pouvoirs masculins, y compris dans le déclenchement des mouvements sociaux : rôle direct lorsque le pain vient à enchérir, dans ces troubles de subsistance qui, au début du XXe siècle, font place aux troubles de cherté ; rôle indirect dans la décision de faire grève lorsqu'il devient impossible de joindre les deux bouts. « Tison du faubourg » (Henri Leyret), la ménagère est aussi sa gardienne, le sang d'une culture largement fondée sur la parole et le voisinage, pivot de toute une sociabilité horizontale qui s'oppose et bien souvent résiste aux formes modernes de relations verticales, aux hiérarchies de la domination.

Sur elle, pourtant, on ne trouvera rien ici, sinon la confirmation statistique de son rôle dans l'article très neuf que Louise Tilly, orfèvre en la matière, consacre à l'emploi des femmes mariées dans deux communes du Nord : Roubaix, ville du textile, Anzin, cité minière. Le dépouillement des listes des recensements quinquennaux de la population, qui comportent un dénombrement assez précis des foyers avec mention des occupations de leurs membres, montre, dans l'un et l'autre cas, le petit nombre de femmes mariées travaillant à l'extérieur comme salariées complètes. C'est la structure de la famille qui régit le travail salarié des femmes, et, notamment, le nombre des enfants, leur capacité de travailler modulée par leur âge et la pratique sociale. Les limitations légales du travail des enfants (lois de 1874, 1892), et plus encore leur scolarisation, ont du reste imposé aux mères de famille des exigences contradictoires : leur rôle maternel se trouve renforcé (c'est la mère qui surveille les devoirs et les leçons des jeunes écoliers) au moment même où leur salaire d'appoint devient plus nécessaire pour compenser la retraite des enfants hors du marché du travail. Cette situation conflictuelle illustre bien d'ailleurs celle de la femme, écartelée entre la multiplicité de ses tâches. Elle explique sans doute la pénétration accélérée d'un malthusianisme pratique dans la classe ouvrière française au début du XXe siècle et, à défaut des méthodes contraceptives autres que le vieux et masculin coït interrompu, les progrès de l'avortement de plus en plus pratiqué par les couples ouvriers (dans bien des familles de mineurs du Nord, la petite trousse à avortement fera bientôt partie du nécessaire familial) et par les femmes mariées qui refusent aussi bien les horreurs de l'infanticide que la fatalité des naissances non désirées. Faut-il, avec Angus McLaren, voir dans le développement de l'avortement dans la France d'alors une forme originale de féminisme populaire ? En tout cas, les attitudes devant l'enfant et la vie changent dans les classes populaires de ce temps.

Cette situation permet aussi de comprendre le regain de vigueur du travail à domicile dans la plupart des pays industrialisés au début du XXe siècle et l'essor de la machine à coudre, décrit pour l'Allemagne par Karin Hausen dans un article suggestif dont nous donnons un ample résumé, étude qui montre à quel point l'histoire des techniques ne saurait être dissociée du contexte social où elles s'enracinent. La machine à coudre, sous ses dehors débonnaires de grillon du foyer, capte les bras inemployés. Voici la force de travail des femmes mariées à son tour happée par un marché boulimique et de plus en plus segmenté. La « couturière en fer » impose son rythme à la cousette de jadis. Par elle, les cadences pénètrent au domicile des ménagères, d'autant plus sournoisement qu'elles semblent se les imposer elles-mêmes. Le rendement s'immisce dans les pores d'une journée dont les apparentes nonchalances suscitent de plus en plus l'irritation des managers et la convoitise des marchands. Par la machine à coudre, les ménagères perdent la maîtrise de leur emploi du temps. Ce dernier bastion de gestion autonome succombe à l'ordre industriel. La machine à coudre, c'est l'usine chez soi ! Dans ces conditions d'ailleurs, l'usine tout court peut être préférable. Beaucoup de travailleuses à domicile, épuisées par le *sweating system*, commencent à faire ce calcul : mieux vaut trimer aux ateliers ! Comme beaucoup de petits paysans acculés ou de tisserands acculés finissent par se résigner à l'usine, bien des femmes voient dans l'usine un moindre mal. À tout prendre, on y est moins seule et un peu plus protégée. La possible revalorisation de la qualité si décriée d'ouvrière, la revendication du droit des femmes *mariées* au travail salarié qui s'avive au début du siècle, s'enracinent sans doute dans cette situation de surexploitation. Du moins peut-on en faire l'hypothèse. La machine à coudre a été la propédeute de l'usine pour les femmes mariées et — cruelle histoire — l'antichambre des usines de guerre.

Il faut le redire : l'histoire du travail féminin est inséparable de celle de la famille, des rapports des sexes et de leurs rôles sociaux. La famille, plus que le travail qu'elle conditionne, est le véritable ancrage de l'existence des femmes et de leurs luttes, le frein ou le moteur de leur changement. À lui seul, le travail ne peut les libérer, même s'il peut y contribuer. Au vrai, le travail a-t-il jamais libéré personne ?

L'ATTRAIT DES SERVICES COLLECTIFS

De la nourrice à l'employée : les quelques cas présentés ici n'en sont pas moins exemplaires d'une trajectoire — du service personnel aux services dits tertiaires — et de la nature des emplois féminins.

La nourrice, dont Anne Martin-Fugier nous dit le tarissement en cette fin de siècle, nous introduit au monde de la domesticité, grand secteur d'emploi féminin s'il en fût. En dépit d'un recul amorcé depuis les années 1880, on dénombre encore près d'un million de domestiques (femmes pour les trois quarts) à la veille de la guerre. En 1906, sur cent femmes actives, dix-sept sont domestiques, proportion largement dépassée dans les grandes villes. À Paris, qui compte à cette date deux cent mille domestiques (soit 11 % de la population), il y a même une crise de recrutement liée à l'embourgeoisement de la capitale ; de véritables rabatteurs doublent le réseau paroissial et s'efforcent de rameuter les petites Bretonnes : *Bécassine*, l'héroïne dérisoire de *La Semaine de Suzette*, naît en 1905. L'organisation domestique change ; les grandes maisonnées à la Guermantes disparaissent au profit du ménage, relancé par la conduite automobile, mais surtout de la bonne unique, « à tout faire », dont l'armée peuple les sixièmes étages de la capitale. Toutefois, excepté quelques « fidèles servantes », vestige d'un féodalisme décadent, rares sont les femmes qui restent bonnes toute leur vie. Être bonne représente, pour la plupart, un moment de l'existence, les débuts dans la vie active, plus encore un mode d'acclimatation à la vie urbaine. On se place pour migrer, échapper à la médiocrité du village, au poids des contraintes familiales, ou pour cacher une grossesse dont le déshonneur n'échoit qu'aux filles. En ville, on peut espérer se refaire une virginité, amasser quelques sous et se marier. Pour mal payées qu'elles soient — en 1900, à Paris, elles débutent à 25-30 francs par mois, « nourries-logées » — les bonnes sont tous comptes faits souvent mieux rémunérées qu'une ouvrière et surtout, par les vertus de l'éloignement, elles peuvent disposer plus librement de leurs gages. De là à dire, comme Theresa McBride, que la domesticité est pour les femmes un mode de promotion sociale, est sans doute hasardeux. Tuberculose, syphilis — le mal de Paris, comme disent les Bretons —, prostitution sont aussi leur lot. Les avantages monétaires de leur situation s'accompagnent d'une condition matérielle indigne, d'une sujétion insupportable, d'une solitude parfois dramatique. Le recul de la domesticité est irrémédiable, les deux guerres l'achèveront. Déjà elle n'est plus qu'un stade de la vie, peut-être un rite de passage, une forme d'apprentissage et aussi un formidable canal de médiation culturelle dont le rôle reste à apprécier.

L'attrait des « services » collectifs se substitue au dégoût de servir. Être demoiselle de magasins, des postes, ou dame-secrétaire : voilà des métiers propres, relevés, et pour une petite bourgeoisie prolétarisée, en quête d'emplois pour ses filles, une issue honorable à l'humiliante entrée dans le salariat féminin. Les candidatures y affluent : 5 500 concurrentes pour 400 places à un concours de recrutement des PTT en 1894. La pénétration accélérée des femmes dans le tertiaire constitue une des nouveautés de ce début de siècle. En 1906, elles y occupent près de 40 % des emplois ; dans le commerce et la banque, elles sont 38 % (25 % en 1866, à titre indicatif, les recensements étant sujets à caution). Pourtant, que de mauvaise humeur de la part des collègues masculins, notamment dans les ministères où elles apparaissent en 1895, considérés comme des réserves mâles. C'est une fois de plus par la machine — à écrire, à calculer — que les femmes font leur entrée massive dans les bureaux. Les hommes leur abandonnent les bas échelons, se réfugient dans les grades supérieurs et conservent les postes de commandement. Les receveuses des postes ne peuvent accéder qu'à la direction de bureaux secondaires. Dans les banques, comme dans les grands magasins, les chefs de service, ou de rayons, sont toujours des hommes. La description de la discipline, militaire et paternaliste à la fois, des grands magasins où les inspecteurs, souvent anciens militaires médaillés, exercent sur les vendeuses une surveillance sévère et tatillonne, est un des aspects les plus intéressants de l'étude que Claudie Lesselier consacre aux employées de grands magasins. Il faudrait des recherches identiques sur la naissance de l'employée de bureau, cette inconnue. Là se forgent les formes nouvelles du travail féminin, sa voie d'avenir. Après la grisette, la lorette, la midinette, toutes plus ou moins liées à la couture, la silhouette de la dactylo — qui deviendra « la gentille petite »... dans les années 1930 — prend rang dans le long cortège des emplois — et des mythes — féminins.

Au recensement de 1906, les *ouvrières* forment 25 % de l'emploi féminin, dont les trois quarts dans le secteur textile-vêtement. La couturière, l'ouvrière à l'aiguille, incarnent aux yeux de l'opinion le visage aimable de l'ouvrière, le seul compatible, en somme, avec sa vocation naturelle. « Le lot de la femme est la famille et la couture », déclare un rapport ouvrier de 1867. « À l'homme, le bois et le métal. À la femme, le tissu et le vêtement. » Ce que la couture représente dans la vie des femmes est à l'image d'une société où le linge et le costume sont les grands biens de consommation marqués par toute une symbolique. On conçoit dans quel marasme l'effondrement de la couture, entre les deux guerres, a plongé les femmes. Mutation décisive : après la fin des nourrices, la mort des couturières. Toutefois, les femmes grandissent dans l'industrie chimique (30 % des effectifs en 1896, notamment à cause des Tabacs voués au deuxième sexe) et alimentaire (beaucoup de femmes dans les sucreries parisiennes, dans les conserveries bretonnes ou autres) et dans l'imprimerie, où leur intrusion provoque bien des remous, lorsque, non contentes d'être brocheuses ou receveuses de feuilles, elles prétendent devenir typotes (affaire Couriau, 1913).

Canuts de Lyon et ouvrières des Tabacs représentent ici deux versants du travail industriel des femmes. Le secteur, traditionnel, de la soie, est en pleine mutation qu'analyse Laura Strumingher ; les femmes y subissent de plein fouet les conséquences d'une mécanisation où l'Église, alliant l'autel à la machine, joue un rôle de premier plan. Les fameux internats de la soie, souvent tenus par des religieuses — on fonde à cet effet des ordres spéciaux —, sont l'exemple type de l'utilisation des formes traditionnelles d'encadrement au service de la discipline industrielle. En dépit des émeutes de 1848 où les femmes furent si actives, prenant à Saint-Étienne, plus encore qu'à Lyon, l'initiative des manifestations contre les couvents, le système s'amplifie dans la seconde moitié du siècle. Vers 1900, environ cent mille femmes — jeunes filles pour la plupart — travaillent dans les « couvents soyeux », mais la révolte y gronde. On lira à cet égard le témoignage remarquablement concret de Lucie Baud, ouvrière en soie, première secrétaire du syndicat des tisseurs de Vizille.

À cette époque d'ailleurs, la canuserie lyonnaise, entrée dans une irrémédiable décadence, n'est plus qu'affaire de femmes, Yves Lequin l'a montré, selon le processus classique par lequel les femmes accèdent aux plages désertées.

Le cas des ouvrières des Tabacs, décrit par Marie-Hélène Zylberberg-Hocquard, est original. Il offre, en raison des institutions de sécurité liées au monopole d'État, l'exemple rare d'ouvrières permanentes, faisant « carrière », fondant même des dynasties et déployant une activité syndicale assez exceptionnelle. Preuve que les formes du militantisme sont peut-être moins une question de nature que de statut ! Si les femmes se syndiquent peu, c'est en partie parce que la vie professionnelle est, pour elles, temporaire et secondaire, un intermède dans le champ de leur travail. Femmes entre elles, canutes et ouvrières des Tabacs font preuve, du reste, d'un haut degré de dynamisme et de conscience. À ce titre, elles mériteraient d'être comparées aux ouvrières des usines mixtes.

EXIGENCES TECHNIQUES ET CODE DE DISCIPLINE

À travers ces exemples, se dégage une forte spécificité du travail féminin : travail intermittent (excepté le cas particulier des Tabacs), rythmé par le statut matrimonial, les besoins du ménage, logé dans les interstices du tissu familial ; sous-payé parce que considéré comme apportant un salaire d'appoint, ce qui rend si difficile la situation de la femme seule, au point que tel directeur du personnel conseille à une candidate à l'embauche de prendre un protecteur ; soi-disant non qualifié, au sens, très actuel d'ailleurs (on sait tout l'arbitraire des grilles professionnelles d'aujourd'hui), où il ne s'agit pas de qualification intrinsèque, mais de position statutaire dans une classification aléatoire. En fait, les femmes ont souvent accompli de longs apprentissages, dans le cadre par exemple de ces ouvroirs qui, dès le XVIIe siècle (voyez les dentellières de Caen ou de Valenciennes), ont constitué les réseaux fins de mise au travail industriel des femmes. Et les métiers de la couture exigent dextérité manuelle, acuité visuelle, attention, soin méticuleux, tout autant que la mécanique de précision à laquelle les femmes se révéleront plus tard particulièrement aptes. La notion de « travail féminin » est liée à l'idée qu'on se fait de la « place » des femmes. Même la force physique est un critère contestable. Après tout, jusqu'à l'aube du XIXe siècle, bien des femmes travaillaient dans la construction, sur les chantiers de terrassement ; on en trouve encore vers 1850 sur ceux du chemin de fer, au grand scandale de Le Play qui y voit surtout les risques de l'immoralité. Lorsqu'en 1831, la municipalité parisienne ferme aux femmes et aux enfants les chantiers de secours pour n'y admettre que des hommes, les ménagères, stupéfaites, manifestent leur indignation. Et durant les guerres mondiales, bien des femmes ont découvert que le travail d'usine n'était en somme pas plus fatigant que les travaux de ménage.

Un autre caractère du travail féminin réside, justement, dans la place accordée au corps. On exige de lui une docilité particulière, lui imposant une tenue appropriée — décence de la présentation, du costume, rectitude du geste — ou lui assignant une position spécifique : femmes assises, fixées à leur couture, rivées à leur machine, les yeux baissés sur leur ouvrage, femmes qu'on voudrait silencieuses ; images de la couseuse, de la dentellière — cet archétype — auxquelles succèdent sans peine, comme par glissement, celles des confectionneuses à leur Singer, des dactylos à leur clavier. Les femmes manient de petits outillages qui viennent à elles. Les gestes du travail féminin mêlent exigences techniques et code de discipline.

Ou encore, le corps féminin fournit sa propre substance, ou sa texture : nourrices donnant leur sein, et qu'on tâte, prostituées livrant leur vagin. Les femmes donnent beaucoup plus que leur sueur. Leur corps est au centre d'un dispositif — de la vie, du désir — qui en fait l'objet d'un perpétuel investissement, alimentant des fantasmes dont Anne Martin-Fugier donne quelques exemples.

Mais le plus frappant réside sans doute dans la nature de la discipline imposée aux femmes, dont le statut d'éternelle mineure s'aggrave de l'habituelle jeunesse des ouvrières ou des employées et du perpétuel soupçon qui pèse sur leur sexualité. D'où le caractère sourcilleux d'une surveillance maniaque qui excède toujours le travail (chez les hommes elle tend à se réduire à la production), l'importance des exigences morales, un système de punitions (ou de récompenses) infantile, un discours qui oscille du paternalisme à la grossièreté. Un atelier de femmes ressemble toujours plus ou moins à une salle de classe, à un ouvroir. L'encadrement, enfin, accentue ces aspects ; religieuses ou petits chefs traitent toujours les femmes en élèves à dresser. Et le désir des hommes — désir de maîtres — n'arrange rien, au contraire. Certes, de l'internat soyeux aux grands magasins ou à la manufacture de Tabacs, les types de discipline diffèrent dans leurs modalités, mais finalement les ressemblances surprennent. C'est sous cet angle sans doute qu'on mesure le mieux ce que le fait d'être femme ajoute à celui d'être ouvrière.

Et pourtant, ces femmes ne sont pas accablées. Canutes lyonnaises, ouvrières des Tabacs, vendeuses de magasins... résistent, à leur manière. Bien que l'accent ait été mis sur les stratégies de domination, sur la condition plus que sur la conduite des femmes au travail, on trouvera de nombreux éléments pour l'étude des pratiques féminines qu'il faudra, plus tard, plus amplement décrire ; pratiques fort variées selon les contextes mais qui n'en comportent pas moins des points communs : rôle de la parole, du bavardage, des chants, de la dérision, grande arme féminine, et de toutes les formes individuelles de résistance à la discipline — comme la sortie, l'absentéisme ; et, dans les manifestations collectives, une prédilection pour l'action directe, concrète, capable d'attirer la sympathie de la communauté de quartier. Les manifestations féminines ont des allures de fête, elles s'inscrivent dans les plis des rites villageois, tels le Carnaval ou le charivari, et cela choque parfois les camarades masculins soucieux d'une respectabilité quelque peu raidie. Il ne faut pas juger l'action des femmes à l'aune de celle des hommes et conclure, par exemple, d'un faible taux de syndicalisation, ou de grève, à leur passivité. Spécifique, leur action se greffe sur leur forme d'expression particulière, dissonante, voire dissidente par rapport à l'ordre dominant. À ce moment de l'histoire, la culture masculine est plus politique, la culture féminine plus folklorique, au sens fort du terme.

QU'EST-CE QU'UN MÉTIER DE FEMME ?[*]

Les femmes ont toujours travaillé. Elles n'ont pas toujours exercé des « métiers ». À l'histoire de cette notion, relativement contemporaine et singulièrement ambiguë, ce numéro voudrait apporter une contribution[1].

En dépit des dispositions légales sur l'égalité sexuelle devant l'emploi, le marché du travail féminin est aujourd'hui, en France — et ailleurs —, fort étroit. La moitié des femmes actives se concentrent dans 20 % des occupations[2]. Les discriminations de fait s'enracinent dans les mœurs, produit de représentations de longue durée, remodelées au gré des besoins du temps.

Aujourd'hui, plus encore qu'autrefois, les « métiers de femmes », ceux dont on dit qu'ils sont « bien pour une femme », obéissent à un certain nombre de critères, qui dessinent autant de limites. Réputés peu accaparants, ils doivent permettre à une femme de mener à bien sa double tâche, professionnelle (mineure) et domestique (primordiale). La féminisation de l'enseignement secondaire repose sur cette idée d'un mi-temps dont le clerc consacrait à l'étude le volet que la femme donne à sa famille. Au point que, lorsqu'une enseignante obtient un vrai « mi-temps », elle a bien du mal à le dédier à ses objectifs propres (Marlaine Cacouault).

Ces métiers s'inscrivent dans le prolongement des fonctions « naturelles », maternelles et ménagères. Le modèle de la femme qui aide, dont Yvonne Verdier a décrit la prégnance quasi biologique dans le monde rural[3], qui soigne et qui console, s'épanouit dans les professions d'infirmière, d'assistante sociale[4] ou d'institutrice. Enfants, vieillards, malades et pauvres constituent les interlocuteurs privilégiés d'une femme, vouée aux tâches caritatives et secourables, désormais organisées dans le travail social.

---

[*] « Qu'est-ce qu'un métier de femme ? », *Le Mouvement social*, 140, VII-IX 1987, p. 3-8.

Enfin, ces métiers mettent en œuvre des qualités « innées », physiques et morales : souplesse du corps, agilité des doigts — ces « doigts de fée », habiles à la couture et au piano, propédeutique du clavier de la dactylo et de la sténotypiste —, dextérité qui fait merveille dans les montages électroniques de précision, patience, voire passivité qui prédispose à l'exécution, douceur, ordre. Les employeurs vantent ces « qualités féminines », en fait fruits de la traditionnelle éducation des filles, qui font des Dames des postes, si convenables, d'excellentes receveuses, des infirmières les meilleures auxiliaires du médecin d'hôpital, ou des ouvrières des grandes usines automobiles de l'entre-deux-guerres une main-d'œuvre rompue aux gestes monotones et à la discipline des chaînes. Des qualifications réelles déguisées en qualités « naturelles ».

Prototype du métier féminin : la secrétaire de direction, « attachée » à son cadre comme un lierre à son arbre, dont Josiane Pinto analyse les caractères. Intuitive, discrète, toujours disponible, elle sait s'adapter aux demandes les plus diverses, de la lettre d'affaires au bouquet de fleurs ou à la tasse de thé. Son aménité met en relief l'active virilité du maître surmené. Sa proverbiale « gentillesse », antidote de la séduction, exorcise une sexualité hors de propos. Ni intellectuelle ni coquette, elle doit être lisse et passe-partout, bon chic bon genre sans excès ni ostentation. Une telle image correspond à l'idéal développé dans les classes moyennes où la bonne éducation des filles est une forme de distinction et un moyen de promotion.

Des qualifications réelles déguisées en « qualités » naturelles et subsumées dans un attribut suprême, la féminité : tels sont les ingrédients du « métier de femmes », construction et produit du rapport des sexes. D'une certaine manière, ces qualités, déployées d'abord dans la sphère domestique, génératrices de services plus que de marchandises, sont valeurs d'usage plus que valeurs d'échange. Elles n'ont en somme « pas de prix ». Les employeurs y ont de longue date puisé, mais de façon différente selon l'organisation du marché du travail.

Natalie Zemon Davis a souligné la très faible spécialisation des femmes dans les arts mécaniques lyonnais au XVIe siècle ; employées comme bouche-trou ou auxiliaires, très proches des ouvriers « casuels » d'aujourd'hui, elles accomplissent des opérations variées, discontinues, complémentaires, apprises sur le tas, sans l'apprentissage formel qui, seul, confère un statut. Mariées, elles « œuvrent » dans l'atelier sans rémunération. Véritablement « sans qualité », elles n'ont aucune identité professionnelle[5].

L'industrialisation, dès sa première phase proto-industrielle, introduit une ségrégation sexuelle plus rigoureuse dans une division du travail plus poussée, qui induit des « spécialités » pour les femmes. L'indiennage est, sous cet angle, un laboratoire d'expériences. Pinceleuses, picoteuses, rentreuses, les femmes reçoivent un salaire qui n'a rien à voir avec leurs compétences réelles. « Malgré trois ans d'apprentissage, les rentreuses n'arrivent qu'à égaler le salaire des manœuvres sans qualification[6]. » Marginaux, leurs emplois sont liquidés par le progrès technique, dès qu'ils cessent d'être avantageux. Ce sont là « travaux de femmes », ordinairement temporaires, exercés à certains moments du cycle de vie ou dans le cadre domestique.

La notion de « métier féminin » prend véritablement corps au XIXe siècle, dans une conjoncture générale de professionnalisation, et dans un équilibre démographique favorable, en France, à l'appel aux femmes. Une réflexion sur la segmentation du marché du travail s'esquisse, dont Jules Simon et Paul Leroy-Beaulieu sont les témoins et les porte-parole, de façon bien différente. Très restrictif, le premier souligne l'incapacité des femmes au travail créateur — « elles ne créent pas, mais elles reproduisent à merveille ; ce sont des copistes de premier ordre[7] » —, les dangers moraux de l'usine et les avantages du travail à domicile, conciliateur de toutes les vertus. Interprète du libéralisme moderne, le second insiste au contraire sur la notion de « métiers propres aux femmes » et sur la possibilité d'en étendre le spectre par la formation et un judicieux emploi des aptitudes du sexe. C'est surtout le tertiaire qui lui paraît convenir : l'instruction — « les femmes ont d'instinct la connaissance de l'enfance » —, mais aussi commerce, banques, administrations publiques, postes et télégraphes[8]. La féminisation raisonnée de certains secteurs permet une meilleure utilisation des capacités productives.

Le cas des Postes, étudié par Susan Bachrach, est exemplaire d'un tel processus. L'emploi des femmes y progresse de façon spectaculaire dans les années 1870-1890, moment du grand essor des communications postales : à la campagne d'abord, où les receveuses « pot-au-feu » timbrent les lettres en faisant leur tricot ; en ville ensuite où on leur confie des bureaux paisibles dans les beaux quartiers ; les bonnes manières de ces petites-bourgeoises en mal de travail y font merveille. La mobilisation des femmes n'a pas seulement permis d'accroître les effectifs à bon marché ; elle a promu les hommes à une catégorie supérieure et réglé leurs problèmes de carrières. D'où leur acceptation relativement aisée du recrutement des femmes cantonnées dans une strate qui ne leur porte pas ombrage. On voit que les femmes ne jouent pas exactement le rôle d'une « armée de réserve » ; mais au contraire celui d'une main-d'œuvre dont les qualités spécifiques, la formation cachée, aident à résoudre des problèmes à la fois quantitatifs et qualitatifs. Le même processus est à l'œuvre dans l'industrie entre les deux guerres, comme le montre Sylvie Zerner. Dans les grandes usines, les femmes se substituent aux hommes (français du moins) qui, ainsi libérés, retournent vers l'artisanat de la sous-traitance et des garages qui les sauve de la déqualification.

Mais les femmes sont ensuite captives de ces métiers qui les accaparent et ne leur offrent guère, par ailleurs, de perspective de promotion salariale ou sociale, tant ils sont volontairement bornés. « Faire carrière » est de toute manière une notion peu féminine ; pour une femme, l'ambition, signe incongru de virilité, est déplacée. Elle implique, en tout cas, un certain renoncement, notamment au mariage. S'il n'existe pas, en France, de « barre légale » du mariage, comme dans d'autres pays européens, nombre de professions supposent le célibat. Dans les mines[9] comme dans les hôpitaux. Les infirmières de 1900, internées, sont l'objet d'une étroite surveillance (Véronique Leroux-Hugon), tandis que les hommes peuvent coucher en ville. Les deux tiers des receveuses des postes sont des « demoiselles » ; et en 1954 encore, plus de la moitié des professeurs de lycée. Dans l'atelier familial de passementerie revigoré par l'électricité, à Saint-Étienne, la fille aînée, pour poursuivre l'entreprise, reste fille, ou se marie tard (Mathilde Dubesset, Jean-Paul Burdy, Michelle Zancarini). Le célibat signifie exigence de disponibilité. Il paraît normal qu'une receveuse ne prenne pas de vacances, que l'infirmière ne connaisse point de dimanche, et la secrétaire, pas d'horaire fixe. Il y a quelque chose de religieux dans cette attente du dévouement des femmes à leur travail, quelque chose aussi du temps fluide et étiré des ménagères, hors des rigueurs de l'horloge salariale[10]. Le célibat, c'est aussi le « prix à payer » pour une volonté — ou une nécessité — de travailler dans un temps et un milieu qui rêvent de femme au foyer : les employés des postes n'épousent pas leurs collègues et celles-ci restent souvent seules, sans l'avoir toujours choisi[11] ; comme les contremaîtresses de Saint-Étienne, admirées et redoutées pour leur audace : oser exercer des fonctions d'autorité.

Codifier les métiers de femmes

Les tentatives de professionnalisation du XXe siècle voudraient entériner l'existence de « métiers de femmes », les limiter, les codifier. Elles proviennent de certains organisateurs, désireux d'améliorer la qualité du service qu'ils attendent des femmes et qui, d'autre part, se conforment au modèle général de scolarisation à l'œuvre à cette époque. Ainsi les médecins radicaux de l'Assistance publique de Paris, tel le Docteur Bourneville, qui veulent à la fois laïciser les hôpitaux et faire des filles de salle plébéiennes, venues d'une Bretagne un peu fruste, les « collaboratrices disciplinées et intelligentes des médecins ». La technicité importe ici moins que la propreté et la politesse. Les femmes aussi souhaitent accéder à une professionnalisation qui leur permet de transformer les qualités « naturelles » qu'on leur accorde en qualifications officiellement brevetées, seule manière de les monayer convenablement. Dans une société d'examens, il n'est pas d'autre voie que le passage par l'enseignement, et la sanction d'une note ou d'un concours.

L'histoire du travail ménager entre les deux guerres, tant en France (Martine Martin) qu'en Allemagne (Annick Bigot), illustre ce processus. Faire de la ménagère une professionnelle, telle est l'ambition d'une Paulette Bernège, poussée jusqu'à la caricature. Fini les recettes de Tante Marie et les savoir-faire de Grand-Maman ! Rien ne vaut l'enseignement ménager des cours et des écoles. Enseignement magistral, mécanisation, organisation scientifique de l'espace et du temps qui transforme la cuisine en laboratoire et la maîtresse de maison en ingénieur taylorien, le tout couronné par un Institut Supérieur Ménager et consacré par un Salon, organisé par le CNRS, sont les nouvelles voies du prestige. Il faut bien cela pour retenir les femmes à la maison et les détourner du salariat.

On saisit, du même coup, les changements de mentalité, la pénétration de la « valeur travail » et l'assomption des notions d'utilité et de production, qui achèvent de dévaluer le travail ménager aux yeux des femmes. Celles de Saint-Étienne, interrogées sur leur trajectoire, nient « avoir travaillé » quand elles n'étaient que ménagères : c'était une peine, une occupation, non un travail véritable.

En toile de fond de cette histoire, il y a, en effet, les femmes elles-mêmes, leurs aspirations et leurs représentations, particulièrement difficiles à connaître, tant le discours idéologique recouvre leurs paroles, façonne leur être social et jusqu'à leur mémoire. Au premier abord, le consentement paraît l'emporter sur la révolte : consentement aux attentes traditionnelles qui refusent aux femmes la compétence (« Être compétent, c'est se sentir un homme », dit une secrétaire), l'autorité (c'est bien connu : les femmes préfèrent être commandées par un homme...), et le droit à tous les niveaux d'emploi. Une certaine inhibition conduit les femmes à se cantonner dans les « métiers féminins », comme dans un apanage qui leur est laissé et que seul, elles peuvent occuper sans remords, et sans perdre la fameuse « féminité » qui les rend désirables. Soumission ou sagesse ? Choix ou nécessité ? Les femmes ne sacralisent pas assez le travail pour lui sacrifier leur vie privée. Et à l'heure actuelle, en dépit de la croissance continue des femmes actives, ce double choix paraît plus fort que jamais [12]. On conçoit qu'il soit générateur de tension duelle.

Mais comment interpréter seulement comme une adaptation aux circonstances, et notamment aux nécessités économiques, la volonté de travailler des femmes, qui caractérise la situation française depuis la fin du XIXe siècle ? Sylvie Zerner le montre bien, en déglobalisant les recensements professionnels dont les agrégats masquent les évolutions sectorielles : même les lendemains de la première guerre, où le bleu-horizon vire au bleu-layette, n'interrompent pas l'irrésistible mouvement des femmes vers le salariat le plus moderne. Les surintendantes d'usines, dont Annie Fourcaut a analysé les témoignages [13] se déclaraient frappées du refus des ouvrières de renoncer aux avantages (économiques et sociaux) de leur travail : affaire de gain, mais aussi de statut. Et les observateurs d'aujourd'hui disent la même chose.

On est, tout autant, frappé des résistances opposées à une véritable égalité. Les femmes dévalorisent tout ce qu'elles touchent : l'exemple des fileteuses en cycles de Saint-Étienne est, à cet égard, significatif. Les secteurs où elles entrent sont progressivement désertés par les hommes qui préfèrent reconstituer ailleurs des sites masculins intacts. La féminisation n'est pas nécessairement une conquête éclatante, mais la consécration d'une retraite. La mixité de l'emploi n'est jamais indifférenciation, mais une nouvelle hiérarchie des différences. Elle permet aux hommes de se distinguer. Dans l'enseignement globalement dévalorisé parce que féminisé, il est des matières nobles et prestigieuses, auxquelles les hommes s'accrochent, en fonction notamment des perspectives de recherche ou de fuite, et d'autres qui tombent en quenouille. La mixité n'empêche pas la recréation perpétuelle de filières sexuées ; ainsi dans les IUT, observés par Sylvie Chaperon.

Enracinée dans le symbolique, le mental, le langage, l'« idéel » (Maurice Godelier), la notion de « métier de femmes » est une construction sociale liée au rapport des sexes. Elle montre les pièges de la différence, innocentée par la nature, et érigée en principe organisateur, dans une relation inégale.

III
FEMMES DANS LA CITÉ

L'histoire des femmes s'est d'abord intéressée à leurs rôles privés, les prenant en quelque sorte là où elles étaient, dans leur corps, leur maison, leurs gestes quotidiens, au risque de les enfermer dans la répétition du même.

Toutefois la question du pouvoir s'est très vite posée, parce qu'elle fonde le rapport des sexes. On l'a déclinée sous toutes ses formes : le/les pouvoirs[1], influence, puissance, décision, etc. La distinction du public et du privé est apparue pour ce qu'elle est : une catégorie politique, expression et moyen d'une volonté de division sexuelle des rôles, des tâches et des espaces, productrice d'un réel sans cesse remodelé.

À ces interrogations initiales, se sont ajoutées des circonstances propres à la conjoncture française. Les commémorations — celle du bicentenaire de la Révolution, celle du cinquantenaire du vote des femmes — ont relancé la réflexion sur la « singularité » d'une citoyenneté si tardive et, par là, du modèle politique français réexaminé à la lumière du genre. Le mouvement des années quatre-vingt-dix pour la parité hommes/femmes en politique a posé de plein fouet l'interrogation de l'universel, du rapport sexe/genre/individu, les solutions proposées correspondant à des philosophies politiques différentes.

D'où l'intensité d'une production désormais orientée prioritairement vers la Cité. Pour la seule année 1997, une demi-douzaine d'ouvrages s'inscrivent dans ce champ[2]. En publiant les écrits politiques de George Sand (1843-1850)[3] et *Femmes publiques*[4], je participai à ce renouvellement de l'historiographie.

Les textes qui suivent sont partie prenante d'une dimension présente dès l'origine, mais singulièrement intensifiée depuis dix ans. *Cité* a ici deux acceptions : un sens juridique et politique relatif à l'existence de droits et plus largement à la « publicité » au sens où l'entend Jürgen Habermas : la construction d'une sphère publique des femmes, ou leur participation à l'espace, à l'opinion, à la communication publics. En second lieu, un sens spatial qui touche à la ville. Cette problématique de l'espace doit beaucoup à Michel Foucault, ce « nouveau cartographe[5] », si sensible à l'inscription des pouvoirs dans la matérialité des lieux et des regards, au point d'avoir suscité un questionnement géographique[6].

La publicité des femmes, à savoir leur place, leur fonction, leur rôle dans l'espace public, dans la formation de l'opinion et de l'imaginaire publics incitent à croiser plus vigoureusement le Genre et la Cité.

POUVOIR DES HOMMES, PUISSANCE DES FEMMES ?*

L'EXEMPLE DU XIXe SIÈCLE

La question du pouvoir est au cœur de la réflexion contemporaine. Des œuvres, comme celle d'Hanna Arendt ou de Michel Foucault, lui sont entièrement consacrées. Philosophes, anthropologues, sociologues convient à une vision complexe et nuancée du pouvoir, de son articulation et de son fonctionnement. Il n'y a pas un, mais des pouvoirs démultipliés dans le corps social. Le pouvoir n'a pas son siège seulement au centre, dans l'État : il existe tout un système de micropouvoirs, de relations et de relais. D'autre part, l'exercice du pouvoir ne passe pas seulement par la répression, mais — surtout dans les sociétés démocratiques — par la réglementation de l'infime, l'organisation des espaces, la médiation, la persuasion, la séduction, le consentement. En outre, l'exercice du (ou des) pouvoir(s) ne se résume pas à la contrainte et à la prise de décision ; il consiste plus encore à la production des pensées, des êtres et des choses par tout un ensemble de stratégies et de tactiques où l'éducation, la discipline, les formes de représentation revêtent une importance majeure. Le pouvoir est une machinerie dont les sources d'énergie, les moteurs et les engrenages varient au cours du temps. Au XIXe siècle, la distinction du public et du privé est une de ses modalités ; et l'hygiène tient une place centrale dans une politique qui est souvent une « biopolitique » (M. Foucault).

À cette représentation complexe du pouvoir, se superpose une vision également plus compliquée des rapports de sexes qui traverse l'ensemble du champ des études féministes et par conséquent l'histoire des femmes. À la suite des Américaines[1], on distingue le sexe, biologique, et le genre (traduction au vrai insuffisante de *Gender*),

---

* « Pouvoir des hommes, puissance des femmes ? L'exemple du XIXe siècle », *Femmes et Pouvoirs*, L. Courtois, J. Pirotte, F. Rosart (sous la direction de), Colloque de Louvain, 1989, Louvain, Nauwelaerts, 1992, p. 131-143.

construction socio-culturelle, produit des rapports sociaux développés dans le temps et que l'on peut, par conséquent, déconstruire. Prendre ce point de vue, à mon sens très fécond, c'est s'interroger sur l'évolution des rapports de sexes, au cours de l'histoire, à tous les niveaux de la théorie et de la pratique, des manières de penser, de dire et de faire, au niveau du langage qui est peut-être (c'est du moins l'opinion de Joan Scott) l'instance décisive. C'est tenter de réfléchir en termes de frontières, de partages, d'équilibre ; de séduction et d'amour ; mais aussi de conflits et de compromis, de déplacements, de pouvoirs et de contre-pouvoirs. Ce sont autant de notions-clefs pour étudier les rapports des hommes et des femmes dans les systèmes historiques de pouvoirs, de manière non pas descriptive et statique, mais problématique et dynamique. La tâche est immense, sans doute interminable. Elle semble tenter de plus en plus d'historiens [2]. On prendra comme sans prétention les remarques qui suivent, qui prennent appui sur le XIXe siècle [3].

DE LA PUISSANCE DES FEMMES : LES PEURS DU XIXe SIÈCLE

« Les femmes : quelle puissance ! », s'exclame Michelet, traduisant une représentation communément partagée selon laquelle si les femmes n'ont pas le pouvoir au sens restreint du terme, elles ont l'influence beaucoup plus diffuse et efficace des mœurs. De tout temps, les hommes ont eu peur des femmes. La Femme, c'est l'Autre, l'étrangère, l'ombre, la nuit, le piège, l'ennemie. La Femme, c'est Judith ou Dalila qui met à profit le sommeil de l'homme pour lui ôter sa chevelure : sa force. Cette peur ancestrale, primitive, liée peut-être à la sexualité (et que la psychanalyse exprime autant qu'elle tente de l'élucider), trouve à chaque époque son expression propre [4].

Du XVIIe au XIXe siècle, de tels discours sont récurrents. L'âge baroque représente les femmes triomphantes, en apothéose dans la peinture [5]. On célèbre le « mérite des Dames », tel Saint-Gabriel (1640) qui, dans son ouvrage soutient la thèse de la supériorité du sexe féminin et le malaise qu'en éprouvent les hommes [6].

Au XIXe siècle, l'idée selon laquelle les femmes ont le « véritable » pouvoir est fort répandue, notamment en France. « Quoique légalement les femmes occupent une position de beaucoup inférieure aux hommes, elles constituent dans la pratique le sexe supérieur. Elles sont le pouvoir qui se cache derrière le trône », selon un voyageur anglais de 1830 [7]. Selon Balzac, « dans les classes inférieures, la femme est non seulement supérieure à l'homme, mais encore elle gouverne toujours[8] ». Barbey d'Aurevilly dit des femmes du peuple, ces commères de la rue, qu'elles sont « poétesses au petit pied (...), matrones de l'invention humaine qui pétrissent à leur manière les réalités de l'histoire[9] ». On pourrait multiplier les citations d'auteurs connus ou obscurs, souvent si proches dès qu'il s'agit de la différence des sexes. Toutes traduisent l'idée que les femmes tirent les ficelles du pouvoir politique et de la vie domestique. En leurs mains, les hommes sont-ils autre chose que des marionnettes ?

Mais quelle est donc la nature de ce pouvoir féminin ? Il est occulte, caché, secret, tapi dans l'ombre, dans la nuit, douce ou maléfique, de l'ordre de la ruse qui enveloppe et surprend. La femme, c'est l'eau qui dort, le marécage dans lequel s'engloutit le guerrier, le silence qui dissimule. Un monde du mystère, de l'inconnu, angoissant, terrifiant. Les hommes du XIXᵉ siècle rêvent d'enfermer les femmes ; mais en même temps ils s'interrogent : qu'est-ce qui se trame dans le monde clos des femmes ? Même la rumeur des lavoirs suscite leur inquiétude[10].

Ce pouvoir des femmes est à la fois lié à la Nature et lié aux « mœurs ». Au premier ordre, appartient l'image de la puissance de la mère reproductrice, effarant pouvoir de vie enfoui dans ce ventre fécond, plus redoutable encore s'il refuse d'enfanter. Il s'y mêle la crainte des étranges savoirs de la femme sorcière qui échappent à la culture solaire des hommes. Au reste, plus un groupe social est proche de la nature, plus le pouvoir des femmes s'y affirme. Ainsi du Peuple, sauvage et féminin — sauvage parce que féminin[11].

Quant aux mœurs, par elles, les femmes, surtout les mères, « tiennent les destinées du genre humain », selon Louis-Aimé Martin[12]. Les hommes du XIXᵉ siècle s'appuient sur une double expérience : celle de la puissance des mœurs, plus fortes que les lois et contre lesquelles se brisent les volontés révolutionnaires les plus affirmées, la décision politique virile achoppant sur la société civile pétrie de féminité. L'autre expérience réside dans la résistance de la famille, dans l'efficacité de l'éducation, et par conséquent dans la prise de conscience du pouvoir des mères. Le XIXᵉ siècle croit aux capacités morales des femmes ; tantôt il les exalte, comme une force de régénération, une trame de continuité ; tantôt il les redoute comme un bloc d'inertie qui freine la modernité. De la mission civilisatrice des femmes à leur obscurantisme pesant si contraire au progrès, le XIXᵉ siècle fantasme le pouvoir féminin.

Il lui confère aussi une historicité à travers le Matriarcat décrit par les anthropologues : Bachofen, Morgan, inspirant Engels. Les sociétés barbares étaient matriarcales et matrilinéaires ; elles étaient quiètes, heureuses, mais stagnantes. L'irruption de la violence dans l'Histoire — la « grande défaite du sexe féminin » — c'est aussi le démarrage, le progrès. La virilité est guerrière, mais productive. La féminité est douceur languide. Et toujours l'efféminement menace d'engluer les sociétés[13]. Cette représentation reproduit la forme la plus traditionnelle du regard sur la différence des sexes. Mais en même temps, elle les projette dans un temps historique riche d'évolutions possibles.

Sur quoi repose cette peur du pouvoir des femmes, dans la famille, l'histoire et la société ? En mettant la sexualité au cœur de sa recherche, la psychanalyse tente de répondre à la question.

Le sentiment, si angoissant, de l'altérité féminine, fait fondamental, a été renforcé au XIXe siècle par la volonté même de division sexuelle des rôles, des tâches, des espaces, par le refus de la mixité qui aboutit à une ségrégation sexuelle plus vive. L'éloignement accroît le sentiment d'étrangeté.

Enfin, cette peur se nourrit des conquêtes féminines du XIXe siècle, de cette poussée continue qu'exercent les femmes dans tous les domaines des savoirs et des pouvoirs et dont le féminisme n'est que l'expression la plus aiguë. Il s'ensuit une crise d'identité sexuelle des hommes dépossédés de leurs prérogatives, crise récurrente, mais qui a, sans doute, atteint un paroxysme au début du XXe siècle[14]. Elle entraîne une double réaction : de misogynie traditionnelle (obscénité, dérision, sarcasme, caricature en sont les formes les plus banales) et d'antiféminisme raisonné.

Siècle de rupture et de modernité quant à la différence des sexes, le XIXe siècle est aussi celui de leur malaise.

LIMITER ET CANALISER LES POUVOIRS DES FEMMES.
EXALTER LA FEMME

Que faire devant une telle puissance des femmes ? Entendez le Parsifal de Wagner : « Le salut consiste à exorciser la menace que la femme représente pour que triomphe un ordre des hommes. »

Deux solutions : imposer silence aux femmes ; ou bien en faire les complices des hommes en exaltant La Femme. « La Femme est une esclave qu'il faut savoir mettre sur un trône » (Balzac).

Il convient de limiter leurs pouvoirs, leur emprise ; de contenir leur influence ; mais aussi d'utiliser l'immense potentiel qu'elles représentent, non seulement dans le domaine domestique ; mais de plus en plus dans le social par la philanthropie, puis le travail social. D'où tout un arsenal, juridique, éducatif, et une organisation rationnelle de la société dont la théorie des sphères (publique/privée) est une des formes les plus élaborées. Dans ces sociétés en voie de démocratisation, il n'est plus possible d'user de la seule violence (même si les femmes demeurent une cible privilégiée de violence) [15] ; entre les hommes et les femmes, un nouvel équilibre des pouvoirs s'instaure. Par quels discours, par quelles pratiques s'opèrent ces nouveaux partages, s'esquissent ces frontières différentes ? Il faut encore bien des recherches de détail, voire de micro-histoire (que devient par exemple le rôle du Salon, de plus en plus féminisé au XIXe siècle et, semble-t-il, dépolitisé ?) pour parvenir à une vision d'ensemble.

On ne saurait dire que la division sexuelle des rôles, des tâches et des espaces soit vraiment théorisée. La pensée philosophique de la différence des sexes est relativement pauvre [16] ; et le discours savant se rapproche sur ce point du discours populaire. L'un et l'autre répètent qu'il y a, en somme, comme deux « espèces » douées de qualités différentes et d'aptitudes particulières. Les hommes sont du côté de la raison et de l'intelligence qui fondent la culture ; à eux, la décision, l'action et, par conséquent, la sphère publique. Les femmes s'enracinent dans la Nature ; elles ont le cœur, la sensibilité, la faiblesse aussi. L'ombre de la maison leur appartient. Ainsi disent, à la manière des Anciens, les plus grands — Hegel, Fichte ou Comte — et, un ton en dessous, le chœur coassant des épigones. Marque d'un XIXe siècle très médicalisé : la référence au biologique. Les femmes sont malades de leur corps, de leur matrice et de leur cerveau dont la structure même les exclut de la création. Ces propos sont repris par les aménageurs de la société : hommes politiques tel Guizot, écrivains tel Ruskin.

La direction de la Cité ne peut être que masculine, et par conséquent la politique. La Révolution française reconnaît la femme civile, mais non pas citoyenne. En excluant les femmes des nouvelles formes de représentation, elle provoque, dans certains cas, une régression de leur situation par rapport aux sociétés d'Ancien Régime [17].

Le privé, dont les hommes restent les maîtres en dernier ressort, est cependant bien davantage laissé aux femmes dont le rôle domestique et familial se voit revalorisé, voire exalté. Le XIXe siècle ne nie pas la valeur des femmes, bien au contraire ; on fait sans cesse appel à leurs qualités propres dans l'intérêt de tous. Dans la seconde moitié surtout, on les exhorte à exercer leur pouvoir au dehors : à réguler les mœurs et les inégalités par la philanthropie, gestion privée de la « question sociale ». Certains secteurs leur sont dévolus : les enfants, les malades, les pauvres... Elles seront les pionnières du travail social. La maison bourgeoise n'est ni un harem ni un gynécée. Elle s'ouvre sur le monde. Et il convient d'en sortir.

La séparation des sphères est beaucoup plus subtile qu'il n'y paraît. Non pas seulement exclusion, clôture, renfermement ; mais distinction, utilisation, limites. D'autre part, il n'y a pas adéquation entre les sexes et les sphères. Tout le public n'est pas masculin, ni le privé, féminin. Et si la spatialisation joue fortement son rôle, elle ne commande pas tout. L'exercice du pouvoir ne se réduit évidemment pas à une géographie.

La loi, expression d'un pouvoir patriarcal de plus en plus condamné au compromis, fait du Droit un terrain majeur d'affrontement des sexes. Au début du XIXe siècle, après les secousses et remaniements de la Révolution, les Codes, dans toute l'Europe, définissent l'ordre civil et civique. Refusant la femme civique, la Révolution française avait reconnu l'existence d'une femme civile qui peut hériter, contracter, se marier librement (mariage = contrat civil), divorcer. Le Code Napoléon met des restrictions partout, au point que sur certains points et pour certaines catégories sociales, mieux valait l'Ancien Régime[18]. C'est surtout le mariage qui fait la différence. La célibataire est une « fille majeure » disposant de droits égaux. La femme mariée est une mineure, soumise à son mari jusque dans le secret de sa correspondance. Si elle travaille, elle ne perçoit même pas son salaire. Et la loi de 1907 qui, en France, lui reconnaît enfin ce droit, prend pour argument la santé de l'économie domestique et le soin des enfants qui du moins bénéficieront du salaire de leur mère, en cas d'incurie du père. Selon le Code civil, l'ordre publique repose sur le « bon citoyen », l'ordre domestique sur « le bon époux, bon père », dont parle Portalis. En interdisant le divorce, la plupart des Restaurations (en France, loi de Bonald de 1816) aggravent encore la sujétion féminine. Dans ces conditions, on comprend la dimension juridique du féminisme : nos « droits » disent les femmes.

Autres types de limites : l'accès au travail salarié, soumis en pratique, parfois en droit (notamment dans les pays germaniques) au statut matrimonial et au pouvoir du père. En Allemagne, par exemple, le célibat est exigé dans l'enseignement. De vastes domaines professionnels sont pratiquement interdits aux femmes. Savoir ce qu'elles peuvent faire est du reste un débat de l'économie politique qui construit par son discours la notion de « travaux », de « métiers » féminins, reposant soi-disant sur des « qualités innées » dissimulant en fait des aptitudes acquises [19].

L'accès à l'écriture, domaine sacré, est aussi une zone d'affrontements et de controverses. S'il n'est plus possible de « faire défense d'apprendre à lire aux femmes », comme le voudrait Sylvain Maréchal dans un projet de loi à peine imaginaire [20], du moins peut-on les cantonner dans des modes d'écriture privée (la correspondance familiale par exemple) et des formes publiques spécifiques (ouvrages d'éducation). La « femme auteur », ce « bas bleu » honni, s'attire tous les sarcasmes [21]. Une femme qui écrit, et surtout qui publie, est une femme dénaturée qui préfère s'abriter sous un pseudonyme masculin. Son succès fait scandale : on le ravale. Voyez George Sand et ses « romans rustiques ». Relégués au rayon de la Bibliothèque verte pour adolescents (*La Petite Fadette, La mare au Diable*), ils ont fait oublier l'œuvre multiforme d'un écrivain immense, qu'on redécouvre seulement aujourd'hui.

Les limites à ce que les femmes *peuvent* faire ne sont pas seulement d'ordre juridique, bien évidemment. Elles reposent sur l'opinion, largement façonnée par le sexe dominant, vigilante à définir La Femme-comme-il-faut. L'intérêt du XIXe siècle, sa modernité, c'est que ces limites changent.

Faire des femmes adaptées à leurs tâches « naturelles » — épouses, mères, ménagères —, c'est le rôle d'une éducation restée longtemps privée, affaire familiale et maternelle, affaire des Églises. L'instruction proprement dite tient d'abord et longtemps une place mineure, à côté des pratiques domestiques, morales et pieuses. Les liens entre femmes et religions sont anciens, puissants, ambivalents. Sujétion et libération, oppression et pouvoir y sont imbriqués de manière presque indissoluble. Les premiers textes — la première prise de parole des femmes dans l'histoire occidentale — proviennent de martyres chrétiennes : comme cette lettre de sainte Perpétue qui clôt le premier volume de la *Storia delle Donne* [22]. Si leur voix s'enfle au Moyen Âge, c'est grâce aux Ordres et aux couvents [23]. Ceux-ci n'abritent pas seulement leur résignation et leur fuite ; ils leur confèrent du pouvoir, incarné en de fortes figures de saintes ou d'abbesses. L'Église œuvre pour la protection des solitaires et des veuves, la reconnaissance de la dignité féminine, la nécessité du consentement dans le mariage d'une femme individualisée. Tout cela ne saurait être sous-estimé. Même au XIXe siècle, où la religion penche du côté de la soumission des femmes, les choses sont complexes, avec bien des nuances et des différences selon les confessions, riches en modèles éducatifs variés.

Chez les catholiques raidis contre le monde moderne, le rappel constant des femmes à leurs devoirs de gardiennes de l'ordre patriarcal l'emporte. Les femmes doivent renoncer, obéir et consentir à leur propre assujettissement. Pourtant, l'exaltation de la différence, du féminin (figure de la Vierge Marie) a pu nourrir une forte conscience de genre et, par là, un féminisme chrétien, parfois missionnaire et combatif, axé sur la promotion des valeurs féminines comme forme de salut[24].

Le protestantisme offre plus de brèches. Sa conception de la différence des sexes est profondément différente. Par exemple, au nom de la Bible, il a favorisé l'alphabétisation des filles plus précocement que dans les pays catholiques. Les *Revivals* (Réveils), tant en Amérique qu'en Grande-Bretagne, ont été très propices à la prise d'influence des femmes pieuses. D'une certaine manière, les femmes de pasteurs participent au ministère ; en plein essor, les diaconesses aussi. L'influence des protestantes dans le développement de nombreux mouvements féministes (notamment ceux qui luttent contre la prostitution) a été considérable.

En France, le protestantisme, support de la République, a fortement contribué à l'établissement d'un modèle laïque dont on ne saurait faire ni la simple reconduction de modèles religieux, ni l'équivalent de la libération des femmes. L'école laïque permettait aux filles de réelles possibilités d'intégration, malgré une non-mixité sans cesse réaffirmée pour maintenir les différences. Elle substituait la morale à la religion de manière contraignante. Mais elle contribuait aussi à la conscience croissante de l'importance des femmes. Vallès avait beau écrire : « Cette Université ! — Elle est aussi bondieusarde que l'Église, et plus lâche ! Bagne pour bagne, je préfère le couvent au lycée de filles. Professeurs pour professeurs, j'aime mieux les religieuses traditionnelles que les *pionnes* envoyées par le ministère[25]. » Un espace d'indépendance — sinon de liberté — était sans doute ouvert aux femmes. Institutrices et professeurs allaient fournir un grand nombre de pionnières au féminisme[26].

Les rapports entre religions, laïcité et rapport des sexes sont, en tout cas, un grand sujet de réflexion et de recherche.

LES FEMMES : EXERCICE ET CONQUÊTE DES POUVOIRS

Dans une société globalement dominée par le pouvoir masculin, les femmes ont néanmoins exercé tout le pouvoir possible. Les femmes du XIXe siècle — et sans doute de tous les temps — n'ont pas été seulement des victimes ou des sujets passifs. En utilisant les espaces et les tâches qui leur étaient laissés ou confiés, elles ont parfois élaboré des contre-pouvoirs qui pouvaient subvertir les rôles apparents. Les images abondent de femmes rayonnantes, de grands-mères régnant sur leur lignée, de mères « abusives », de maîtresses de maison autoritaires et régentant leur domesticité, de ménagères populaires que les hommes appellent « la bourgeoise » parce qu'ils leur remettent leur paie et qu'elles contrôlent leurs loisirs, de femmes quotidiennes ou exceptionnelles investissant le journalier ou le social. Le renforcement de l'image de la mère et de ses pouvoirs domestiques est un des thèmes de l'antiféminisme du début du XXe siècle. « Les Mères ! », écrit André Breton ; « On retrouve l'effroi de Faust, on est saisi, comme lui d'une commotion électrique au seul bruit de ces syllabes dans lesquelles se cachent les puissantes déesses qui échappent au temps et au lieu[27]. » Mais comment faire la part de ce qui est justement fantasme masculin, peur du changement, mutation réelle ?

Les remarques qui suivent ne donnent aucune réponse. Elles esquisseraient plutôt un programme.

L'aménagement du quotidien demeure le grand théâtre de la vie des femmes et la base de leur pouvoir, le lieu de leur travail, de leurs souffrances, mais aussi de leurs plaisirs. Elles y trouvent des compensations dont la nature doit être questionnée. Car si la masse des femmes consentent à leur rôle, y trouvent justification et souvent bonheur, sens à leur existence, voire sentiment d'une supériorité par rapport aux indépendantes qui refusent la sujétion au mariage, le sort le plus commun (90 % des femmes, et plus encore des hommes, se marient au XIXe siècle), ce n'est pas uniquement par la force des choses. Du moins celle-ci revêt-elle dans les sociétés plus démocratiques du XIXe siècle des formes plus douces et plus subtiles.

À la manière de Baudrillard[28], il faudrait faire l'histoire des plaisirs et des servitudes de la séduction : la galanterie, la coquetterie, le refus et le don de soi dans les rapports de sexes ; le rôle du corps et des apparences dans les stratégies de mariage où la beauté fait de plus en plus partie des termes de l'échange ; le pouvoir sexuel des femmes dans le ménage. Faire l'histoire des pouvoirs de l'amour et dans l'amour.

L'exercice du pouvoir domestique, dont Frédéric Le Play fut un des premiers observateurs dans ses fameuses monographies de famille, a fait l'objet de nombreux travaux qu'il faudrait remettre en perspective sous l'angle des rapports de pouvoir. Yvonne Verdier et Martine Segalen ont étudié les paysannes ; Anne Martin-Fugier, Geneviève Fraisse, Bonnie Smith surtout (pour ne parler que de la France) ont suivi les maîtresses de maison bourgeoises ; je me suis intéressée aux ménagères populaires[29]. Voir comment les femmes prennent possession de l'espace de la maison, de la rue ou du voisinage, comment elles y tiennent des réseaux de solidarité qui excèdent largement la famille pour structurer parfois le village ou le quartier, comment elles aménagent le temps à la fois surchargé et plus lâche du ménage, qui peut laisser des libertés, toujours un peu dérobées : la lecture, par exemple, figure longtemps une jouissance volée. De telles enquêtes éclairent les modalités du pouvoir quotidien des femmes[30].

Essentielle, la gestion économique du foyer, le rapport à l'argent et par conséquent, dans les foyers populaires, à la paie. Les bourgeoises gèrent ce que leur mari leur remet pour le fonctionnement de la maison dont la comptabilité leur revient. Les femmes du peuple, en France du moins, exigent et souvent obtiennent que leurs époux leur confient leur salaire, sans trop l'écorner le jour de la paie, jour de joie mais aussi de conflit dans les quartiers ouvriers ; elles leur rétrocèdent l'argent de poche qui leur est nécessaire. Du moins est-ce un idéal loin d'être respecté et de toute façon, gros de conflits. Pourtant, ce pouvoir de « ministre des finances » — ainsi appelle-t-on les ménagères — est moins éclatant qu'il n'y paraît. Responsables du budget, les femmes en sont aussi coupables ; en cas de restrictions, les privations leur reviennent d'abord. Elles sont souvent des sous-alimentées. À l'inverse, quand tout va bien, elles s'empiffrent et grossissent. Le rapport des femmes à la nourriture est ainsi traversé par les relations de pouvoir.

Dans l'aire domestique, les femmes — les épouses surtout — exercent des pouvoirs, délégués et compensateurs, sur leurs subordonnés : ascendants, souvent rudoyés, enfants morigénés, domestiques, femmes gouvernées par d'autres femmes, ce qui pose de manière éclatante le rapport sexe/classe. Dans les cas de famille élargie et de cohabitation des générations, fort pratiquée encore dans certaines zones rurales, l'autorité des belles-mères sur les brus est souvent raide. Ainsi se reconstruisent des hiérarchies, des pyramides où le pouvoir patriarcal, surdéterminant, apparaît pourtant comme dilué, extérieur, lointain.

On a coutume d'opposer la ruse féminine à la violence masculine. Sans doute faudrait-il déconstruire la part de stéréotype dans ce couple. La violence physique et sexuelle exercée sur les femmes est, certes, de plus en plus réprouvée au XIXe siècle ; moins, pourtant, que sur les enfants pour lesquels s'esquisse une protection légale (en France, lois de 1889 sur la déchéance paternelle et de 1898 sur les enfants maltraités). Un silence complice enveloppe les femmes battues (surtout dans les milieux populaires, mais pas seulement), violées, violentées. Les demandes en séparation de corps (à 80 % d'origine féminine) et de divorce (lorsqu'il est légal : en France, entre 1791 et 1816, et depuis 1884) allèguent pourtant majoritairement les sévices corporels. Une réflexion sur le pouvoir ne saurait faire l'économie de recherches sur les femmes victimes dont le corps douloureux est l'exacte antithèse du corps glorieux et éthéré de la Muse et de la Madone[31].

La constitution d'une sphère privée autonome fut une autre tactique.

Dans une lettre à Madame Swetchine (1856), Tocqueville déplorait que l'éducation, et notamment la religion, ait contribué à enfermer les femmes de son temps dans la seule sphère privée :

> « Je vois un grand nombre de celles-ci qui ont mille vertus privées dans lesquelles l'action directe et bienfaisante de la religion se fait apercevoir. Qui, grâce à elles, sont des épouses très fidèles, d'excellentes mères, qui se montrent justes et indulgentes avec leurs domestiques, charitables envers les pauvres... Mais quant à cette partie des devoirs qui se rapporte à la vie publique, elles ne semblent pas en avoir même l'idée. Non seulement elles ne les pratiquent pas pour elles-mêmes, ce qui est assez naturel, mais elles ne paraissent pas même avoir la pensée de les inculquer à ceux sur lesquels elles ont de l'influence. C'est une face de l'éducation qui leur est comme invisible[32]. »

Bien des femmes ont, en effet, entériné leur exclusion par le désintérêt, voire la dévalorisation des affaires publiques et de la politique — pas pour les femmes, inintéressant, voire futile préoccupation des hommes.

Elles ont investi toutes leurs énergies dans la construction d'une sphère privée, autonome, souvent joyeuse, qui donnait cohérence à leur vie, qu'elles érigeaient même en système de valeurs, voire en une véritable mystique féminine et du féminin et fondement d'une culture féminine et d'une « conscience de genre [33] ».

Par là, elles ont édifié un pouvoir social volontiers conquérant et se sont assigné une mission morale dont la philanthropie fut la forme la plus courante. À rebours, l'exercice de la philanthropie les initiait aux affaires de la Cité. Aux États-Unis comme en Grande-Bretagne, les matrones et dames d'œuvres des années 1830-1840 furent souvent les mères des féministes de la génération suivante.

Il y avait là une forme de féminisme moins soucieux de revendiquer l'égalité avec les hommes, regardés parfois avec une certaine pitié condescendante, que de promouvoir une autre vision du monde, appuyée sur des idéaux féminins, presque une alternative, critique de la société telle que l'ont faite les hommes [34]. Cela pouvait aller jusqu'à une culture séparatiste, le rêve d'un univers féminin sans les hommes, qu'on trouve dans de nombreux pays, en particulier en Allemagne. Le pouvoir féminin comme contre-pouvoir et comme pouvoir modèle. Les femmes comme ferment de régénération de l'humanité. Rien d'étonnant à ce qu'un tel modèle ait des racines et des accents fortement religieux.

Enfin, *last but not least*, c'est toute l'histoire des luttes féministes pour l'égalité des deux sexes, rendues possibles par les contradictions de la Révolution et de la démocratie naissante (mais exclusive) : histoire immense, relativement bien connue désormais, tant les travaux se sont multipliés [35]. Il faudrait relire cette histoire sous l'angle du/des pouvoirs. Quels pouvoirs revendiquent les femmes ? Quelles conceptions se font-elles de la politique, notamment ? Pourquoi y a-t-il unanimité sur les droits civils, en matière d'éducation, voire de travail, et divergences sur les droits civiques ? Comment comprendre — par exemple — le conflit qui oppose les féministes de 1848 — telles Eugénie Niboyet, Jeanne Deroin, Désirée Gay — à George Sand, grande figure de femme émancipée, qui fait de l'égalité civile le préalable absolu à l'égalité politique : « Les femmes doivent-elles participer un jour à la vie politique ? Oui, je le crois [...] Mais ce jour est-il proche ? Non, je ne le crois pas, et pour que la condition des femmes soit ainsi transformée, il faut que la société soit transformée radicalement. » Fait-on voter des esclaves ? Mais les femmes le sont-elles ? Juridiquement, oui : socialement, non :

> « Puisque les mœurs en sont arrivées à ce point que la femme règne dans le plus grand nombre des familles, et qu'il y a abus dans cette autorité conquise par l'adresse, la ténacité et la ruse, il n'y a pas à craindre que la loi se trouve en avant sur les mœurs. Au contraire, selon moi, elle est en arrière[36]. »

Alors ? Remettre les pendules à l'heure et procéder par paliers : telle est la position de Sand, illustrant un des grands débats du siècle sur la puissance et le pouvoir des deux sexes.

C'est la modernité du XIXe siècle d'avoir posé ces problèmes qui, d'une certaine manière, sont encore les nôtres aujourd'hui.

SORTIR[*]

« Une femme ne doit pas sortir du cercle étroit tracé autour d'elle », dit Marie-Reine Guindorf, ouvrière saint-simonienne, acharnée à briser cet encerclement et qui se suicidera de son échec[1]. Les hommes du XIXe siècle européen ont, en effet, tenté d'endiguer la puissance montante des femmes, si fortement ressentie à l'ère des Lumières et dans les Révolutions, dont on leur attribuerait volontiers les malheurs, non seulement en les enfermant dans la maison, et en les excluant de certains domaines d'activité — la création littéraire et artistique, la production industrielle et les échanges, la politique et l'histoire — mais plus encore en canalisant leur énergie vers le domestique revalorisé, voire vers le social domestiqué. La théorie des « sphères », dont Ruskin se fait l'interprète (*Of Queen's Gardens*, 1864), est une manière de penser la division sexuelle du monde et de l'organiser rationnellement, dans l'harmonieuse complémentarité des rôles, des tâches et des espaces, réconciliant ainsi la vocation « naturelle » avec l'utilité sociale.

Des espaces qui leur étaient laissés ou confiés, des femmes ont su s'emparer pour développer leur influence jusqu'aux portes du pouvoir. Elles y ont trouvé les linéaments d'une culture, matrice d'une « conscience de genre[2] ». Elles ont aussi tenté d'en « sortir » pour avoir « enfin place partout ». Sortir physiquement : déambuler hors de chez soi, dans la rue, pénétrer dans des lieux interdits — un café, un meeting —, voyager. Sortir moralement des rôles assignés, se faire une opinion, passer de l'assujettissement à l'indépendance : ce qui peut se faire dans le public comme dans le privé. Voici quelques-unes de ces excursions.

---

[*] « Sortir », *Histoire des femmes en Occident* (G. Duby et M. Perrot, dir.), IV, *Le XIXe siècle*, sous la dir. de Geneviève Fraisse et Michelle Perrot, Paris, Plon, 1991, p. 467-494.

Dans la cité

La charité, antique devoir des chrétiennes, avait dès longtemps conduit les femmes hors de chez elles : visiter les pauvres, les prisonniers, les malades traçait, dans la ville, des itinéraires permis et bénis. L'ampleur des problèmes sociaux, au XIXe siècle, transforme cet usage en exigence. Dans la philanthropie, gestion privée du social, les femmes ont une place de choix ; « the Angel in the house » est aussi « the good woman who rescues the fallen », et Ruskin considère cette activité comme extension des tâches domestiques. Catholiques et protestants — les premiers, plus directifs, les seconds, plus enclins à l'autonomie[3] — exhortent les femmes du monde à prendre en charge la situation matérielle et morale des plus démunis.

Des associations de plus en plus nombreuses, des ligues de toutes sortes — pour la tempérance, l'hygiène, la moralité... —, concurrentes parfois, sollicitent leurs efforts, en particulier ceux des femmes seules dont on redoute que l'oisiveté — et la stérilité — tournent à l'aigre. Dès 1836, la *Reinish Westfalian Association of Deaconesses* forme des infirmières protestantes, main-d'œuvre bénévole des hôpitaux, crèches, asiles, etc. : elles sont plus de treize mille à la fin du siècle en Allemagne. Sous le terme de « maternité sociale », on assiste à une véritable mobilisation féminine dans tout l'Occident. Mouvement de fond, qu'accélèrent les épidémies (*choléra morbus*, 1832), les guerres et leurs blessés, les crises économiques et leurs sans-travail, et qu'amplifie la gravité endémique des problèmes urbains : alcoolisme, tuberculose, prostitution.

De la charité au travail social

Pour ce « travail d'amour », les femmes ne doivent attendre aucune rétribution ; faire le ménage de la cité est aussi gratuit que celui de la maison. Des grands philanthropes, honorés, décorés et statufiés, on se souvient ; on a oublié la plupart des femmes qui, du moins dans le premier tiers du siècle, n'organisent pas d'assemblées et ne rédigent pas de rapports. Catherine Duprat a eu bien du mal à identifier les « figurantes muettes » de la Société de charité maternelle de Paris, si active pourtant sous la Restauration et la monarchie de Juillet[4]. Ainsi que l'écrivait Sylvain Maréchal, « le nom d'une femme ne doit être gravé que dans le cœur de son père, de son mari ou de ses enfants [5] », ou de ses pauvres, ses autres enfants. Dans l'obscurité d'un bénévolat anonyme, une immense énergie féminine a été engloutie, dont il est difficile de mesurer les effets sociaux.

Pourtant, la philanthropie a constitué pour les femmes une expérience non négligeable qui a modifié leur perception du monde, leur sens d'elles-mêmes et, jusqu'à un certain point, leur insertion publique. Elles se sont initiées à l'association, dans le cadre de groupements mixtes à direction masculine, puis féminins qu'elles finissent par prendre en main. Telles les *Elisabethvereine* des femmes catholiques allemandes de Rhénanie, particulièrement précoces (1830), la *Weiblicher Verein für Armen-und Krankenpflege* de la protestante Amalie Sieveking à Hambourg en 1832 [6], la *London Bible Women and Nurses Mission* de Ellen White en 1859 ou la *Charity Organization Society* d'Octavia Hill en 1869 [7]. Aux dames charitables, plus ou moins poussées par leurs confesseurs ou leurs maris, dont elles illustrent ainsi le nom, succèdent des femmes plus indépendantes, souvent célibataires ou veuves, indignées par la misère physique et morale, et animées par un esprit missionnaire. Octavia Hill, femme d'affaires avisée et membre de très nombreux comités, conçoit la philanthropie comme une science destinée à promouvoir la responsabilité individuelle ; son livre, *Our Common Land* (1877), empreint d'idéologie libérale, exprime une foi optimiste dans l'initiative privée qu'elle préfère à l'intervention de l'État. D'abord appuyées sur une élite aristocratique, expression distinguée de la classe de loisir, les associations, à mesure qu'elles se multiplient, drainent un public de classes moyennes, préoccupées de diffuser les préceptes de l'économie domestique par le biais de la bienfaisance, selon le vœu de Joséphine Butler (*Woman's Work and Woman's Culture*, Londres, 1869). Le recours aux femmes du peuple, éventuellement rétribuées, est parfois systématique ; les *Bible Women* de la *London Mission* sont des converties dont le langage et la familiarité (on les appelle par leurs prénoms) sont fort appréciés.

Méthodes et objectifs changent parallèlement. Au départ, il s'agit de « faire la charité » par les œuvres ; par la suite, d'une vaste entreprise de moralisation et d'hygiène. La collecte des fonds va des aumônes recueillies dans l'entourage et le voisinage, aux millions brassés dans les ventes de charité ou les *bazaars* (plus d'une centaine par an en Angleterre entre 1830 et 1900). Ces *Ladies' sale* étaient l'affaire des femmes, ravies de manier un argent souvent interdit et des marchandises passivement consommées. Elles s'initiaient aux mécanismes commerciaux et déployaient des trésors d'imagination.

Sous le couvert de la fête, elles inversaient les rôles, et, parfois, faisaient passer un message plus politique : il y eut des *bazaars* contre le libre-échange, au temps des Corn Laws, et des *antislavery bazaars* dans les villes américaines du Nord-Est.

La distribution des fonds connaît une mutation identique. La visite à domicile, destinée au repérage des « bons pauvres », devient de plus en plus sourcilleuse. Elle se mue en enquête, biographique et familiale, dont les dossiers s'entassent au siège des associations en un véritable fichier de la pauvreté. Les femmes acquièrent ainsi un savoir social et une habitude du terrain, quasi professionnels. D'autant plus que les pauvres sont désormais suivis et encadrés ; il s'agit de changer leurs habitudes, racines de leurs maux, et de restaurer leurs familles délabrées. Plus que les hôpitaux, fief d'une Florence Nightingale (1820-1910), ou les prisons, où s'illustrent Élisabeth Fry, Conception Arenal, Joséphine Mallet ou Mme d'Abbadie d'Arrast, voilà bien leur domaine de prédilection : la famille, cœur de la société, et notamment le couple « mère-enfants ».

Avant tout les femmes, qu'il faut connaître, éduquer et défendre. La *London Bible Women Mission* organise des *teas* ou des *mothers' meetings* pour dispenser des notions d'économie domestique et de puériculture et insuffler le désir d'un intérieur *clean* et *cosy* : une nappe propre sur la table du dîner, des rideaux aux fenêtres. Par les ménagères, on peut espérer lutter contre l'alcoolisme des maris et le vagabondage des enfants ; elles sont le moyen de la reconquête et le pivot de la paix sociale.

Mais la moralisation n'exclut pas la compassion, voire la révolte contre la condition faite aux femmes. Deux figures surtout ont suscité la protestation : la travailleuse à domicile et la prostituée. Contre les ravages de la confection, en pleine expansion dans la mouvance des grands magasins et de la machine à coudre, des philanthropes ont mené des enquêtes et tenté d'agir sur la consommation. Les Américaines organisent des ligues sociales d'acheteurs, qu'une disciple de Le Play, Henriette Jean Brunhes, introduit en France pour responsabiliser les clientes ; en réduisant leurs exigences ou en programmant mieux leurs achats, elles éviteront aux ouvrières des ateliers de couture ou de mode ces longues veillées génératrices de surmenage et de rentrées nocturnes. Bien accueillie par Charles Gide, actif coopérateur protestant, cette action fut fort critiquée par les économistes libéraux, mécontents de voir les femmes s'immiscer dans les sacro-saintes lois du marché et plus encore réglementer la production, apanage viril, par la consommation féminine. Des féministes, des syndicalistes, telles Gabrielle Duchêne et Jeanne Bouvier, créèrent un Office du travail à domicile, fortement documenté, et furent à l'origine de la loi du 10 juillet 1915 instituant pour la première fois contrôle du travail à domicile et minimum de salaire : deux mesures qui inaugurent un droit social nouveau[8]. La philanthropie, décidément, quittait son domaine, et les femmes sortaient de leur cercle.

Quant aux prostituées, des dames charitables aux féministes radicales, de Flora Tristan à Joséphine Butler, elles font l'unanimité de la pitié féminine, sinon celle de la thérapeutique. Saint-Lazare, prison de femmes, et hôpital des vénériennes, est un haut lieu d'action, surtout protestante (Émilie de Morsier, Isabelle Bogelot et l'Œuvre des libérées de Saint-Lazare). Tandis que Joséphine Butler développe une ardente croisade pour l'abolition de la réglementation de la prostitution, les associations philanthropiques réunissent « contre le vice » à Hyde Park, en juillet 1885, le plus grand meeting « moral » de tous les temps : deux cent cinquante mille personnes rassemblées au nom de la *purity*, contre la « traite des Blanches ». Quelle que soit l'ambiguïté de tels mots d'ordre, ils posent la question centrale du corps des femmes et de son appropriation marchande.

Dans la mutation de la philanthropie en « travail social », les *settlements* ont joué un rôle décisif. Il ne s'agit plus seulement de visites épisodiques, mais d'établissement à temps complet en terres de pauvreté : banlieues, quartiers excentriques, « zone », *east end* de toutes les capitales. D'inspiration protestante encore, le mouvement démarre en Grande-Bretagne avec le ménage Barnett à Toynbee Hall. Octavia Hill fonde le premier *settlement* féminin à Southwark (1887) ; d'autres ont suivi, animés par des célibataires, en rupture de bans, couples de sœurs parfois, ou des universitaires (par exemple, *The Women's University Settlement*) qui prolongeaient ainsi les communautés esquissées au collège. Martha Vicinus a évoqué la convivialité et les difficultés de ces groupes, minés par l'instabilité des jeunes filles qui hésitent entre l'austérité d'un engagement social permanent et son aspect émancipateur. Libres de circulation et d'allure, ces femmes — par ailleurs apôtres de la famille et de la maison — refusent le destin conjugal traditionnel et se comparent à leurs frères combattants de l'Empire. Les *slums* sont leur Afrique et leurs Indes[9].

En France, des expériences similaires d'éducation populaire se poursuivent dans les quartiers prolétaires de Charonne (l'Union familiale de Marie Gahéry) et de Levallois-Perret, quartier de chiffonniers, où la frondeuse Marie-Jeanne Bassot, catholique sociale proche du Sillon et influencée par Jane Addams et le modèle des *settlements* américains, veut faire de la Résidence sociale l'embryon d'une cité nouvelle. Ce mouvement, toutefois, a moins d'ampleur en raison de la tutelle soupçonneuse des prêtres et des tentatives de récupération de la droite ; après la Première Guerre, des groupements comme le Redressement français (Bardoux, Mercier), mobilisent « l'armée des volontaires » et notamment les femmes, « ouvrières de la charité », pour « faire reculer la barbarie », à savoir le communisme. Le premier congrès des *Settlements* en 1922 montre clairement cet effet d'embrigadement d'une action féminine qui, en l'occurrence, demeure réticente [10].

Sur les rapports de sexes dans la cité, la philanthropie a eu des effets multiples. Aux femmes bourgeoises, elle a fait découvrir un autre monde et pour certaines, ce fut un choc. Elles se sont initiées à la gestion administrative et financière, à la communication, à l'enquête surtout. Flora Tristan (*Promenades dans Londres*, 1840), Bettina Brentano *(Le Livre des pauvres)* avaient été les premières reporters de la misère [11]. « Mettez-vous au régime de l'enquête incessante », recommande Henriette Jean Bruhnes (1906), élargissant — et banalisant — leur démarche. Les femmes ont ainsi accumulé des savoirs et des pratiques qui leur ont conféré une fonction d'expertise potentielle. À travers le modeste personnel rétribué de la *London Mission* ou des *settlements*, par le biais des « rapporteurs de l'un ou l'autre sexe » institués par la loi française sur les tribunaux pour enfants en 1912 [12], par celui des premières femmes inspectrices des femmes (prisons, écoles, ateliers et usines), elles accèdent à des fonctions d'autorité et au travail social en voie de professionnalisation. Enseigner, soigner, assister : cette triple mission constitue la base de « métiers féminins » qui porteront longtemps la marque de la vocation et du bénévolat [13].

Par le champ du social, les femmes se voient reconnaître une compétence qui légitime leur désir d'autonomie gestionnaire. « Nous demandons qu'on nous confie ce qui est nécessaire pour cette mission toute spéciale », suggèrent en 1834 les dames de la Société de charité maternelle. « Des hommes administreraient mieux des établissements et des sommes considérables ; mais c'est à celles qui savent se dévouer et supporter les plus mauvais procédés, sans cesser d'aimer, qu'il appartient de persuader les classes inférieures de se soumettre à une vie rude [14]. » La modestie du ton se transforme en critique radicale et en ferme exigence, chez Octavia

Hill ou Florence Nightingale. Forte de son expérience de la guerre de Crimée, cette dernière entreprend de réformer non seulement les hôpitaux, mais l'armée, « le premier lieu où l'investissement initial de beaucoup de femmes leur permit d'accéder à la science et au savoir [15] ».

Arguant de leur aptitude au « ménage social », les philanthropes interviennent au niveau de l'habitat et des quartiers, dont elles ont une connaissance concrète. Elles contestent la gestion masculine. Les bourgeoises du nord de la France entrent en conflit avec les conseillers municipaux qui leur refusent les subsides demandés [16]. Les dames anglaises — telle Louise Twining — font campagne contre les administrateurs des Workhouses, système dont elles dénoncent l'inhumanité anonyme, et entreprennent la réforme des *Poor Laws*.

Ministres des pauvres, sur lesquels elles exercent aussi un pouvoir non dépourvu d'ambiguïté et de conflits de classes, elles se pensent comme des médiatrices de ceux qui, à leur image, n'ont ni voix ni vote. Entre femmes et prolétaires, il existe un lien symbolique, sinon organique, que les saint-simoniens avaient mis en évidence. « J'aime à agir sur les masses, dit Eugénie Niboyet, parce que c'est là que je sens toute ma puissance. Je suis apôtre [17]. » Au nom des exclus, des faibles, des enfants et avant tout des autres femmes, elles revendiquent un droit de représentation, local et même national. Le local est leur horizon véritable, celui où leurs réseaux, formels et informels, agissent le plus efficacement, surtout dans la première moitié du siècle. À Utica (État de New York), petite ville presbytérienne secouée de *revivals* ardents, il existe en 1832 quarante associations féminines (*Maternal Associations, Daugthers of Temperance*, etc.), vouées principalement à la protection des jeunes filles, menacées par la prostitution et le viol, et opérant une véritable police sexuelle [18]. Les suffragettes anglo-saxonnes s'appuient sur ce type de pouvoir pour revendiquer le droit de vote, d'abord au niveau municipal. À un moindre degré, les femmes interviennent au niveau législatif, comme groupe de pression, par l'association ou la pétition (divorce, protection du travail, etc.). Elles deviennent ainsi actrices de la cité et de l'État.

À ce titre, elles suscitent l'intérêt renouvelé des hommes, prompts à les utiliser, mais anxieux de leurs prérogatives. À mesure que le paupérisme se mue en « question sociale », l'intervention masculine se fait plus pressante. Le patronage, œuvre du Père, ne saurait être laissé à la seule bienveillance féminine. Déjà de Gérando (*Le Visiteur du pauvre*, 1820) souhaitait au rang des visiteurs davantage d'hommes engagés dans la vie active et susceptibles de procurer du travail. À la fin du siècle, les grandes figures de la philanthropie sont masculines : Barrett, Booth, fondateur de l'Armée du Salut, Henri Dunand, celui de la Croix-Rouge, Max Lazard, organisateur de la première conférence internationale du chômage (1910), etc. La gestion du social passe aux mains des politiques et des professionnels : médecins, juristes, psychologues, prompts à faire des femmes des auxiliaires cantonnées dans les emplois subalternes : infirmières, assistantes sociales. Un autre type de lutte, pour la formation professionnelle et la reconnaissance de diplômes garants d'un statut, commence. Ainsi se déplacent les enjeux.

La philanthropie a eu d'autres effets encore. Elle a établi des contacts entre les femmes des classes moyennes et contribué à créer, de la Nouvelle-Angleterre à Athènes, l'embryon d'une « conscience de genre », souvent matrice d'une conscience féministe. Selon Caroll Smith-Rosenberg, les *New Women* de 1880-1890 sont les filles des *New Bourgeois Matrons* des années 1850-1880 [19]. Ce creuset d'identité a été, aux confins du politique et du social, du public et du privé, du religieux et du moral, un laboratoire d'expériences.

Du côté des ouvrières

Dans la cité, les ouvrières sont doublement niées : comme femmes, car antithèse de la féminité (« ouvrière, ce mot impie », dit Michelet) ; comme travailleuses, puisque leur salaire, statutairement inférieur à celui de l'homme, est considéré comme un « appoint » au budget de la famille, qui définit leur tâche et leur destin. Des secteurs productifs entiers leur sont fermés. Et au XIXe siècle, l'identité ouvrière se construit sur le mode de la virilité, tant au niveau du quotidien et du privé que du public et du politique. P. Stearns souligne l'aggravation des rapports des sexes dans le couple ouvrier anglais à la fin du siècle [20]. Dorothy Thompson montre comment, à l'époque du chartisme, les femmes se retirent de l'espace militant ; leur voix s'affaiblit dans les meetings où bientôt leur présence même paraît incongrue, au point qu'elles sont exclues des *pubs* et des *inns*, désormais lieux de pure sociabilité masculine [21]. Avec bien des variantes, l'évolution est partout identique. Objet de violence dans la jungle urbaine et souvent dans la famille, de harcèlement sexuel dans l'atelier, le corps de la femme du peuple est approprié [22]. Pas d'autre reconnaissance pour elle que celle de mère ou ménagère. La « Mère des compagnons », ou *Mother Jones*— cette Irlandaise organisatrice du syndicalisme minier aux États-Unis — sont les seules présences tolérées par le mouvement ouvrier qui se veut mâle jusque dans ses symboles : torse nu, biceps gonflés, musculature puissante, le travailleur de force — l'homme de marbre — remplace dans l'imagerie la ménagère au panier[23]. Dans les manifestations, de plus en plus ritualisées et respectables, on se méfie de la violence et de la fantaisie des femmes ; on les tolère, certes, et on les mobilise, mais à leur place, comme porte-drapeau, ornement, ou couverture protectrice[24]. Même la mémoire les évacue : dans les autobiographies militantes, essentiellement masculines, il est peu question des mères et des épouses, souvent présentées comme des gêneuses larmoyantes, et bien davantage des pères, héroïsés par leurs fils.

Les femmes se retirent — comme groupe — de la rue avec le reflux de l'émeute de subsistance, grande forme de protestation des sociétés traditionnelles et de régulation d'une « économie morale » dont elles étaient le baromètre. Par le marché et l'exigence de la taxation des denrées, elles accédaient à la politique locale, voire nationale : les 5 et 6 octobre 1789, les femmes de la Halle, en ramenant de Versailles à Paris la famille royale, modifient fondamentalement l'espace du pouvoir. Encore très nombreuses dans la première moitié du XIXe siècle, avec une vague déferlante et culminante en 1846-1848, dans tous les pays européens, ces émeutes se raréfient ensuite avec l'amélioration des approvisionnements. Elles ont, en outre, tendance à se masculiniser, car les ouvriers de fabrique y tiennent une place croissante, et bientôt le syndicalisme. Lors de la crise de « vie chère » qui affecte les zones industrielles d'Europe occidentale en 1910-1911, des attroupements de plusieurs milliers de ménagères (qui en France se revendiquent de leurs aïeules d'octobre 1789) pillent les marchés et taxent les produits aux accents de l'*Internationale du beurre à quinze sous* ; elles s'organisent en « ligues » qui boycottent les spéculateurs et subissent de lourdes condamnations ; pourtant, les syndicats critiquent « ce mouvement instinctif, désordonné, aveugle » et entreprend de le transformer en « mâle révolte[25] ». Même scénario, en 1917, à Amsterdam, lors de la *Potato Riot*, subtile mélange de formes anciennes et nouvelles ; le leader du *Dutch Social Democratic Party* exhorte les ménagères qui ont pillé deux péniches à passer le relais à leurs époux et à leurs fils, en les incitant à la grève[26]. Syndicalistes et socialistes partagent, en

235

somme, les vues des psychologues des foules : ils redoutent leur féminisation, grosse de violence [27].

Geste de producteurs conscients et organisés, la grève est acte viril et de plus en plus rationnel. La violence y est ordinairement contenue et finalisée, et par conséquent l'usage des femmes. Les épouses des grévistes y ont certes leur rôle : aux fourneaux des cuisines collectives et des « soupes communistes », forme originale de secours au début du XXe siècle, dans les « soirées chantantes » de solidarité, ou dans les manifestations : ardentes à conspuer les patrons et surtout les « jaunes [28] ». Les femmes de mineurs, les plus intégrées à la communauté, conjuguent tous les modes d'action collective dont Zola, fasciné, a décrit le répertoire (*Germinal*, 1885) quelque peu épique. Pour les observateurs (commissaires de police par exemple), le nombre des femmes dans les meetings ou les cortèges indique le degré de mécontentement du groupe en conflit.

Les rapports de sexes dans les grèves mixtes mériteraient une attention spéciale ; malheureusement on les connaît mal, les sources ayant tendance à confondre hommes et femmes dans la pseudo-neutralité du masculin (« ils ») ; lors des négociations, on sacrifie aisément les revendications proprement féminines et l'inégalité du salaire est rarement remise en question.

Quant aux grèves de femmes seules, c'est encore une autre affaire : une rébellion insupportable pour le patron habitué à leur docilité ; pour la famille un désagrément irritant, aiguisé par la jeunesse habituelle des grévistes ; une indécence pour l'opinion qui oscille de la condescendance indulgente — « ces pauvres têtes folles » —, au sous-entendu sexuel ; un désordre dans le spectacle coutumier de la soumission féminine ; un scandale en somme. Le monde ouvrier n'aime guère les grèves de ses femmes, encore moins de ses filles, et les pousse à la reprise du travail, parfois brutalement : ce mari furieux ramène de force son épouse à l'usine et lui inflige, sur le seuil, une correction publique (grève des sucreries Lebaudy, Paris, 1913). Les syndicats soutiennent les femmes avec réticence ; dans leurs statuts, le taux de secours assuré en cas de grève est ordinairement inférieur pour elles, censées n'être pas chef de famille et qui, de toute manière, mangent moins ! Les grèves de femmes menacent la société patriarcale qui ne leur reconnaît pas plus cette faculté que le droit au travail.

On mesure la force de la dissuasion. Oser faire grève, c'est braver l'opinion, sortir de l'usine, c'est se comporter en filles publiques. Il y faut le courage d'un beau jour de printemps, des circonstances particulières : le « ras-le-bol » provoqué par une brimade supplémentaire, l'entraînement d'une « meneuse » dont le public fera inévitablement une mégère ou une virago : telle cette grosse ouvrière de Bermondsey décrite par Mary Agnes Hamilton (*Mary Macarthur*, Londres, 1925) qu'on crut voir, un matin d'août 1911 à la tête d'une armée de travailleuses en grève, femmes à l'odeur forte, couvertes de vermine, « habillées dans tout leur tralala avec boas de plumes et jaquettes de fourrure ».

Excepté dans certaines professions comme les tabacs, la propension des femmes à la grève est faible : en France, entre 1870 et 1890, elles représentent 4 % des grévistes alors qu'elles forment 30 % de la main-d'œuvre. Leurs grèves, généralement défensives, subites, peu organisées et médiocrement argumentées, sont plutôt des protestations contre la durée excessive et les rythmes harassants du travail, le manque d'hygiène, une discipline trop dure ou arbitraire. « Voilà longtemps qu'elles souffrent », disent les ovalistes de Lyon (1869). De courte durée, ces coalitions échouent fréquemment.

Elles n'en constituent pas moins des échappées, occasions uniques de « sortie » et d'expression dont les protagonistes se souviendront plus que le mouvement ouvrier. Quelques-unes furent des événements : grève des ovalistes (Lyon) dont s'empare la 1re Internationale tout en déniant à Philomène Rosalie Rozan, leader du conflit, tout pouvoir de représentation au congrès de Bâle ; grève des allumettières de Londres (1888) où, pour la première fois, les femmes font grève sans passer par les trade-unions masculins, s'adressant à Annie Besant pour former un syndicat et faire connaître au public leurs revendications et, de surcroît, l'emporter ; grève des femmes typographes d'Édimbourg qui, dans un remarquable mémorandum — *We women* — affirment au nom de leur compétence et de l'égalité leur droit à imprimer ; grève des vingt mille couturières en corsage de New York (1909), particulièrement riche en épisodes, bien connue grâce au journal-reportage de Theresa Malkiel[29].

Dans la rue, les ouvriers redoutent leurs débordements joyeux — chants, danses, autodafés — liés à leur jeunesse et à leurs pratiques culturelles. Dans l'espace interdit du meeting, elles découvrent l'ivresse de la parole et de la communion. Sur les murs, elles collent leurs affiches ; dans la presse, elles publient leurs manifestes, conquérant ainsi une part de l'espace public. Inexpertes, elles commencent par solliciter le secours de leurs compagnons ; mais progressivement, elles s'irritent de leur tutelle et se tournent vers d'autres femmes, socialistes ou, plus rarement, féministes ; Annie Besant, Eleanor Marx, Beatrice Webb, Louise Otto, Clara Zetkin, Paule Minck, Louise Michel, Janet Addams, Emma Goldman, etc., interviennent dans leurs luttes. Il s'esquisse parfois, non sans difficultés, un « front commun » des femmes qui inquiète encore bien davantage les responsables du mouvement ouvrier s'il tente de s'installer dans la longue durée du syndicalisme.

Le syndicalisme est moins encore l'affaire des femmes. Cotisations, lecture de journaux, participation à des réunions vespérales dans des cafés, sont autant d'obstacles. Mais il y a plus : le double problème du droit au travail et de la représentation. Comment, au nom de quoi les femmes pourraient-elles voter. Et pour qui ? Les hommes ne sont-ils pas les représentants naturels de la communauté familiale à laquelle elles sont toutes censées appartenir ?

Dans les secteurs d'emploi viril, les ouvrières se voient interdites de syndicats (tailleurs, ouvriers du livre), notamment en Allemagne où dominent les conceptions lassalliennes fondamentalement hostiles à leur travail. Ailleurs, les syndicats masculins les accueillent, avec réticence, puis avec plus de bienveillance quand, au début du siècle, ils prennent conscience de l'enjeu, déplorant même une passivité qu'ils ont tout fait pour créer. Car ils ne favorisent ni leur parole (dans le Nord, vers 1880, une femme doit remettre une demande écrite à cet effet par son père ou son mari !), ni leur responsabilité. Quelques femmes décoratives à la tribune, peu de permanentes, encore moins de déléguées aux congrès, lieux de pouvoir. Même dans les tabacs et allumettes, où les femmes constituent les deux tiers de la main-d'œuvre, les responsables sont majoritairement des hommes. D'où les faibles taux de syndicalisation féminine (rarement plus de 3 %).

Les premières initiatives sont venues souvent des femmes extérieures au monde ouvrier, engagées dans le mouvement associatif et qui voyaient dans l'union et la mutualité un moyen d'auto-éducation autant que de revendication. Louise Otto et son *Allgemeiner Deutscher Frauenverein* (Leipzig, 1865), Emma Paterson et la *Women's Trade Union League* (1874), Janet Addams et la *New Women's Trade Union League* (Boston, 1903), Marguerite Durand et les syndicats que soutient *La Fronde*, Marie-Louise Rochebillard Cécile Poncet et les « syndicats libres » de la région lyonnaise sont autant d'exemples de femmes conscientes de l'exploitation spécifique des ouvrières et de l'absolue nécessité de la non-mixité de leur organisation. Quel qu'ait pu être leur « maternalisme », elles ont favorisé l'émergence de militantes ouvrières qui surent conquérir leur autonomie.

Non sans heurts. Car les conflits étaient inévitables, avec les femmes aussi. La « conscience de genre » se brise sur les rivalités de pouvoir et les hiérarchies sociales. Les ouvrières reprochent aux « bourgeoises » de ne pas les comprendre, en matière de législation sociale : en France, au début du siècle, elles sont favorables à une protection que les féministes critiquent comme discriminante [30]. Durant la grève des vingt mille, les militantes de la couture — Rose Schneiderman, Pauline Newman — reprochent aux riches suffragistes new-yorkaises — Ava Belmont-Vanderbilt, Anne Morgan — leur goût du voyeurisme misérabiliste et de la réclame. « La brigade aux visons » se fait vertement remettre à sa place. Après tout, dit Emma Goldman, est-ce que l'accès d'Anne Morgan à la présidence des États-Unis changerait quelque chose à la condition ouvrière ?

Et puis les *ladies* considèrent rarement les femmes du peuple comme leurs égales, mais plutôt comme leurs domestiques potentielles. Lors de la guerre de Crimée, dans la petite troupe de soignantes que pilote Florence Nightingale, *ladies* et *nurses* ne cessent de se chamailler ; les secondes, qui se considèrent comme des infirmières, salariées et égales, refusent de faire le ménage des premières qui, de surcroît, entendent les encadrer jusque dans leurs loisirs. D'où un sévère rappel à l'ordre de Florence : « Il faut bien qu'elles comprennent qu'elles resteront exactement dans la position qui était la leur en Angleterre c'est-à-dire sous l'autorité de Madame la surintendante ou de ses adjointes [31]. » La question de la domesticité fut une constante pomme de discorde parmi les femmes, on le vit en France lors du Congrès de 1907 [32].

Ces tensions sociales sont redoublées par la question des races et des ethnies. L'antagonisme entre femmes *wasp* et femmes juives et italiennes tiraille la *Women's Trade Union League* et dans la grève des vingt mille, les contrastes culturels éclatent.

Le mouvement ouvrier — syndical et socialiste — a beau jeu de souligner des divergences et de refuser aux femmes comme telles le droit de représenter les ouvrières. Les femmes sont le suppôt de l'Église (argument français) et le féminisme est « bourgeois » par essence. Voilà bien l'argument propre à empêcher le « front de sexe », toujours suspect de trahison. La violence antiféministe de certaines femmes socialistes (Louise Saumoneau en France ; Clara Zetkin contre Helene Lange et Lily Braun en Allemagne), leur abandon du suffragisme viennent de là. L'antagonisme fut particulièrement vif en France et en Allemagne[33]. En Grande-Bretagne, où la sociabilité féminine était plus développée et le suffragisme spécialement éclatant, la situation était différente. Les tisseuses en coton du Lancashire, fortement syndiquées, sont en même temps des suffragistes militantes. Détournant à leur profit le système philanthropique des visites domiciliaires — celui-là-même des *Bible Women* — elles mènent dans les années 1893-1900 une ardente campagne de pétitions et réunissent près de trente mille signatures d'ouvrières que leurs déléguées portent au Parlement[34].

L'ÉLARGISSEMENT DE L'ESPACE : MIGRATIONS ET VOYAGES

« Toute femme qui se montre se déshonore », écrit Rousseau à d'Alembert. Combien plus celle qui voyage ! Le soupçon pèse sur les déplacements des femmes et notamment des femmes seules. Flora Tristan qui, durant son « tour de France », a souffert de cet opprobre — dans le Midi, de nombreux hôtels refusent de recevoir les isolées par crainte de prostitution — écrit un opuscule, *Nécessité de faire un bon accueil aux femmes étrangères* (1835), où elle préconise la formation d'une Société afin de les assister. Dotée d'un local et d'une bibliothèque, où l'on pourra lire les journaux, elle aura pour devise « Vertu, Prudence, Publicité » ; les adhérentes porteront un ruban vert bordé de rouge en signe de reconnaissance ; elles auront toutefois le droit au secret, nécessaire à leur *privacy* : projet qui préfigure les « foyers », multipliés dans la seconde moitié du siècle par les associations et les ligues, protestantes surtout[35].

Pourtant, les femmes ont largement participé à la mobilité qui, le développement des transports aidant, s'est emparée de la société occidentale, surtout après 1850. Migrantes par nécessité économique ou politique, elles ont été aussi voyageuses par obligation et par choix, ce qui ne fut pas sans conséquence sur leur vision du monde.

MIGRANTES DE L'INTÉRIEUR

Dans les mouvements pendulaires qui, en France par exemple, caractérisent d'abord les migrations intérieures, ce sont les hommes qui partent vers les chantiers ou les petits métiers urbains. Les femmes restent au village, gardiennes de la terre qu'elles exploitent et des traditions, au point de paraître archaïques aux revenants de la ville : au village creusois de Martin Nadaud, la vieille conteuse se tait à la veillée qu'accaparent les récits des jeunes maçons auréolés du prestige de la capitale[36]. Mais l'exode rural provoque le départ de familles entières. L'essor de la domesticité, surtout lié à la demande accrue des couches moyennes, celui de la couture, bientôt celui des services incitent les jeunes paysannes à se placer ; il s'effectue alors un rééquilibrage des sexes dans les centres urbains, avec des disparités très fortes selon les quartiers qui ne rendent pas toujours les rencontres faciles : les bals y pourvoient, et aussi la prostitution.

D'abord étroitement contrôlées par le milieu de départ et les réseaux de soutien, les migrantes s'affranchissent progressivement, pour le meilleur et pour le pire. Séduites et abandonnées, elles peuplent les maternités, recourent aux « faiseuses d'anges », alimentent une petite délinquance féminine (vols surtout) dont les Grands Magasins sont le lieu de prédilection et les tissus l'objet majeur. Mais aussi, elles épargnent, se constituent une dot pour un mariage plus choisi et s'acclimatent à la ville dont leur ingéniosité sait détecter les virtualités. Le besoin qu'on a d'elles les rend plus exigeantes ; la servante au grand cœur s'efface devant les femmes de chambre délurées — telle la Juliette d'Octave Mirbeau[37] —, ou les bonnes, insolentes, promptes à « rendre leur tablier ». Avant de se fixer dans la dépendance de Munby, son patron. Hannah Cullwick bouge sans cesse, comme elle le raconte dans son journal ; son cas de servante épousée, mais soumise aux caprices sexuels de « Massa », et jamais reconnue par la famille du maître, montre les limites de l'affranchissement servile[38]. Jeanne Bouvier, « montée » à Paris avec sa mère en 1879, est d'une surprenante mobilité, tout comme Adélaïde Popp à Vienne (Autriche). Par définition, il est vrai, ces femmes qui sont « devenues » quelque chose (Jeanne Bouvier organise ses *Mémoires* autour de ses trois « devenirs » : syndicaliste, écrivain, féministe) ont bougé. Le déplacement, condition nécessaire, certes non suffisante, du changement, voire de la libération, indique une volonté de rupture qui crée les possibilités d'un avenir.

Les migrantes rurales, notamment les domestiques, ont été des médiatrices culturelles des modes, des consommations et des pratiques urbaines, y compris dans le domaine de la contraception. À la fin du XIXe siècle, elles ont renversé les rôles. Leurs familles, du reste, répugnent désormais à les laisser partir : trop indépendantes, ces filles-là sont perdues pour la campagne où désormais le taux de célibat augmente, tandis que le nombre des femmes jeunes (de vingt à trente-neuf ans) est supérieur de 20 % à celui des hommes dans les grandes villes. Tel est du moins le cas français [39].

Autre figure de migrantes du travail : les gouvernantes — Miss, Fraulein, Mademoiselle... Filles d'élites désargentées, ou d'une bourgeoisie intellectuelle qui souhaite faire voyager ses filles à l'égale de ses garçons (les Reclus, protestants, étaient dans ce cas) elles ont un rayon d'action beaucoup plus étendu et circulent à travers toute l'Europe [40]. Henriette Renan réside plusieurs années en Pologne pour gagner l'argent nécessaire aux études de son frère. À l'inverse, des Russes viennent à Paris, comme Nina Berberova qui amasse des trésors d'observations pour son œuvre. Exploitées en raison de leur extranéité même, ces gouvernantes n'ont pas toujours bonne réputation. On leur reproche d'être intrigantes et séductrices. Pour l'amour de l'une d'elles, le duc de Choiseul-Praslin assassine sa femme ; ce scandale du règne déclinant de Louis-Philippe nourrit les stéréotypes.

MIGRANTES AU LONG COURS

Dans les migrations extérieures, le rapport des sexes a évolué de manière analogue. En début de période, la prédominance masculine est nette ; puis vient le temps des familles, et les taux s'égalisent. Les hommes viennent en avant-garde ; au mieux les femmes suivent. Le monde de la frontière est celui des guerriers et des pionniers, univers viril où les femmes sont rares et leur statut, comme leur image, écartelé entre la blonde *lady* et la putain plus colorée. La misogynie du western traduira plus tard cette situation.

Sous cet angle, les États-Unis sont un foisonnant laboratoire d'expériences que l'historiographie, féministe ou non, a commencé d'explorer. Les effets des migrations sont contradictoires. Tantôt le pouvoir de la famille, cœur de l'économie et des solidarités ethniques, est renforcé et les rôles des sexes accentués. Dans la Nouvelle-Angleterre des années 1780-1835, la *Women's sphere* développe d'intenses *bonds of Womanhood* (Nancy Cott) qui fournissent la base d'une « conscience de genre ». Parmi les *farmers* de la Prairie, dans les communautés ouvrières irlandaises ou italiennes, la mère est forte figure, la *m'mam* à laquelle Steinbeck a donné une dimension épique dans *Les Raisins de la colère*. Selon Elinor Lerner, dans le New York du début du XXe siècle, où la population compte 61 %

de Juifs, 13 % d'Irlandais et 13 % d'Italiens, le soutien le plus massif aux causes féministes, notamment suffragistes, provient de la communauté juive, tant bourgeoise qu'ouvrière ; l'opposition la plus violente et la plus tenace fut le fait des Irlandais ; les Italiens se divisaient, les originaires du Sud, où les femmes sont plus actives, y étant plus favorables que ceux du Nord [41].

Tantôt le desserrement de l'espace et de ses contraintes introduit un jeu propice à l'affirmation de soi. Lors de son voyage de 1832, Tocqueville fut frappé de la liberté de circulation et d'allure des Américaines, auxquelles le Code de Louisiane reconnaît précocement le droit au secret de leur correspondance. Grandes voyageuses, elles reviennent en Europe à la fin du XIXe siècle ; férues d'Italie, elles rivalisent avec les hommes dans la critique d'art (par exemple Lee Vernon, émule de Berenson en Toscane, ou Edith Wharton) ; à Paris, elles colonisent la rive gauche : Natalie Clifford Barney, l'amazone de la rue Jacob, Gertrude Stein, rue de Fleurus, incarnent la *New Woman*, émancipée intellectuellement et sexuellement, d'autant mieux acceptée qu'elle vient d'ailleurs et vit dans les marges de l'intelligentsia [42].

Femmes russes et femmes juives, souvent confondues, méritent une attention particulière. Elles furent plus que d'autres des rebelles et leur influence a été considérable. « Je ne veux pas seulement le travail et l'argent, je veux la liberté », disait une migrante juive arrivant à New York [43]. Les *Mémoires* d'Emma Goldman sont un récit exemplaire du voyage comme moyen d'émancipation [44].

Aux colonies [45]

Associées d'abord à la contrainte, les migrations coloniales n'ont pas bonne réputation. En France, les condamnées aux travaux forcés peuvent, après 1854, choisir le bagne d'outre-mer. Quelques-unes en firent la demande ; mais au total, le nombre des transportées fut faible : 400 pour la Nouvelle-Calédonie entre 1870 et 1885 ; en 1866, à Cayenne, pour 16 805 hommes, on dénombre seulement 240 femmes [46]. Après 1900, on mit un terme à cette expérience manquée. Déportée de la Commune, Louise Michel a laissé sur les Canaques un témoignage sensible et informé et rêvé de retourner libre à « la Nouvelle » (Calédonie) pour vivre avec les indigènes de nouveaux rapports.

Les femmes libres ne partent pas spontanément. L'armée française les en dissuade. Les quelques femmes d'officiers qui, avant 1914, s'y risquent sont assez isolées. Les auxiliaires ont mauvaise réputation ; Isabelle Eberhardt projetait de consacrer un roman *(Femmes du Sud)* à ces oubliées. Quelques tentatives furent faites par des sociétés philanthropiques pour attirer des femmes vers les colonies de peuplement. La Société française d'émigration des femmes aux colonies, fondée en 1897 par J.-C. Bert et le comte d'Haussonville, soutenue par la *Revue des Deux Mondes* et la *Quinzaine coloniale*, fit un appel d'offres ; 400 à 500 candidates y répondirent, femmes cultivées, mais pauvres, dont les lettres portent témoignage sur l'imaginaire féminin de la colonie, mélange d'exotisme, d'attrait missionnaire et de désir de promotion. Ce fut sans suite. La Grande-Bretagne était beaucoup plus engagée dans la colonisation de peuplement. Entre 1862 et 1914, plusieurs dizaines de sociétés firent partir plus de 20 000 femmes ; certaines étaient animées par des féministes qui voyaient là le moyen de procurer un débouché aux *redundant women* qui se morfondaient dans la médiocrité : ainsi la *Female middle class Emigration Society* (1862-1886), dirigée par Maria S. Rye et Jane Lewin, la première orientée vers la recherche de jeunes filles pauvres comme domestiques, la seconde plus préoccupée de promotion pour classes moyennes. Mais cette tentative féministe d'émigration coloniale fut un échec (302 départs seulement) et après 1881, la FMCES fut absorbée par la *Colonial Emigration Society* : beaucoup plus efficace, mais simple bureau de placement au service des coloniaux.

Les pratiques de la société coloniale renforçaient les ségrégations les plus traditionnelles et, sauf exception, ce n'est pas de ce côté qu'il faut attendre un élargissement de l'horizon. La venue des métropolitaines a plutôt fait reculer le métissage, comme le montre l'exemple des Signares au Sénégal, ces femmes noires unies aux premiers colonisateurs blancs. Quelques rares femmes ont eu un regard neuf, telle Hubertine Auclert en Algérie (*Les Femmes arabes en Algérie*, 1900), et les écrivaines que dénombre Denise Brahimi[47].

Quelques autres ont profité de l'extension des empires pour assouvir leur désir d'Afrique ou d'Orient.

Voyageuses

À côté de ces migrations sans retour, aux origines souvent dramatiques, les voyages, liés notamment à l'essor du tourisme et du thermalisme, fournissaient aux femmes des milieux aisés des occasions de sortir de chez elles. Les médecins, pourtant, modéraient leurs ardeurs en insistant sur les méfaits du soleil qui gâte le teint, et des transports chaotiques, mauvais pour les organes. Surcharger les femmes de précautions et de soucis — l'encombrement des malles, l'angoisse des horaires, du malaise ou des mauvaises rencontres — contribuait à les dissuader. Bains de mer et villes de cure renforçaient la ségrégation sexuelle et sociale ; les femmes n'accédaient ni à la pratique de la natation, ni au sublime du rivage dont l'ivresse était réservée à leurs compagnons [48]. Pourtant des échappées étaient possibles où le regard, aiguisé par les interdits, devenait un mode privilégié de liaison et de possession. Le dessin, les croquis du carnet de voyage, bientôt l'appareil photo autorisaient des « prises de vue ». À l'horizon, s'avancent les jeunes cyclistes garçonnières de la plage de Balbec (Proust, *À l'ombre des jeunes filles en fleur*).

Dans le monde protestant, plus timidement et tardivement dans les milieux catholiques, le voyage s'inscrit dans la phase finale de l'éducation des jeunes filles. La pratique des langues étrangères leur ouvre l'horizon permis de la traduction, possible affaire de femmes. Ou encore elles vont contempler les trésors d'art de l'Italie ou des Flandres qui ont fourni tant de modèles à leur patiente copie. Les musées n'étaient-ils pas, selon Baudelaire le seul lieu convenable pour une femme ? Une jeune fille, pourtant, y apprend beaucoup sur l'anatomie masculine et les éducateurs catholiques préfèrent les églises. Au début du XXe siècle, l'équivalent du « grand tour » pratiqué depuis longtemps par les garçons, devient accessible à leurs sœurs. Marguerite Yourcenar (1903-1988) en a largement bénéficié [49]. Voyageuse, traductrice, écrivain, elle est issue de cette nouvelle culture féminine, à la fois classique et européenne, et elle la portera au sublime de la création. Le voyage fait, en tout cas, désormais partie de l'imaginaire féminin, nourri de lectures, d'objets et d'illustrations prodigués par les magazines, style *Tour du Monde* ou *Harper's Bazaar*, et les Expositions universelles. La Méditerranée, l'Orient, proche et lointain, plus tard l'Afrique s'inscrivent dans la géographie mentale des Européennes, bovarysme exotique ordinairement flottant. Mais à quelles ruptures peut conduire un jour le désir de partir ?

Plus que le voyage de consommation culturelle, nous intéresse ici le voyage action, celui par lequel des femmes tentent une véritable « sortie » hors de leurs espaces et de leurs rôles. Pour cette transgression, il faut une volonté de fuite, une souffrance, le refus d'un avenir insupportable, une conviction, un esprit de découverte ou de mission : celui par exemple qui pousse la saint-simonienne Suzanne Voilquin vers l'Égypte, la comtesse Belgiojoso de l'Italie opprimée vers la France libératrice, les étudiantes russes vers le « peuple », les femmes enquêtrices vers les quartiers pauvres des villes, — le Peuple, puis l'Ouvrier incarnant pour beaucoup la figure sublime de l'Autre[50] —, les philanthropes, les féministes ou les socialistes vers leurs congrès. De ces derniers, on ne saurait mésestimer l'importance dans la formation politique des femmes ; système de communication efficace et scène de représentation, ils permettaient aux délégués de faire leur apprentissage de la tribune, des relations avec l'opinion et la presse, des « affaires » internationales. Dans ses *Mémoires*, Emma Goldman attache un grand intérêt à ses déplacements militants : ils rythment sa vie ; toujours par voies et par chemins, de meetings en « tournées » de conférences, elle est le type même de la voyageuse militante pour laquelle comptent les gens et la parole plus que les paysages, à l'opposé du tourisme que Marx lui-même exécrait. Jeanne Bouvier, déléguée en octobre 1919 au Congrès international des travailleuses à Washington, fait un récit émerveillé de son voyage transatlantique, de l'accueil convivial et de l'organisation de la *National Women's Trade Union League*, qu'elle rêve d'implanter en France[51]. Le théâtre avait toujours été une ambition de femmes, dont pourtant elles étaient exclues comme metteurs en scène[52]. Le congrès était une revanche spectaculaire, occasion d'un voyage légitime. On voit leur sérieux ; on peut imaginer leur plaisir secret.

Plaisir redoublé par l'écriture dont le voyage était l'occasion ou le déclencheur. L'Allemande Sophie La Roche (1730-1807) aurait eu la passion du voyage si elle avait pu : de passage en Suisse, elle entreprend l'ascension du mont Blanc et la raconte : son *Journal d'un voyage à travers la Suisse* est considéré comme le premier reportage sportif féminin. Lydia Alexandra Pachkov, russe, deux fois divorcée, correspondante de journaux de Saint-Pétersbourg et de Paris, fait de la littérature de voyage sa profession ; en 1872, elle parcourt l'Égypte, la Palestine, la Syrie, s'enivre de Palmyre où l'avait précédée lady Jane, et donne au *Tour du Monde* un récit fort documenté : il fit naître en Isabelle Eberhardt (1877-1904) le « désir d'Orient » qui devait la conduire beaucoup plus loin encore. Convertie à l'islam, cette fille illégitime d'une grande dame russe exilée en Suisse, guerroie en Afrique du Nord sous les traits de

Mahmoud, jeune rebelle qui fascine Lyautey ; morte à vingt-sept ans, elle laisse une œuvre inédite vouée aux humbles du Maghreb[53].

Alexandra David-Néel (1868-1969), exploratrice, orientaliste devenue bouddhiste, a laissé de son voyage en Extrême-Orient un *Journal* composé des lettres qu'elle adressa à son mari jusqu'à la mort de celui-ci en 1941. Après plus de trente ans de séjour en Asie, elle finit par rentrer, en 1946, âgée de soixante-dix-huit ans, nantie d'une extraordinaire documentation, notamment photographique, qu'on peut voir aujourd'hui dans sa maison-musée de Digne.

Allant d'une lamasserie à l'autre, escortée de ses porteurs, elle a parcouru les hauts-plateaux tibétains, en quête de matériaux pour l'œuvre d'orientaliste qu'elle voulait édifier, en quête de paix avec elle-même : « Oui, quand on a été là-haut, écrit-elle à Philippe, il ne reste absolument plus rien à voir ni à faire, la vie — une vie comme la mienne qui n'était qu'un long désir de voyage — est finie, a atteint son ultime objet »[54].

Quant à Jane Dieulafoy (1851-1916), jeune fille de bonne famille élevée au couvent de l'Assomption, rien en apparence ne la prédisposait à devenir la « dame qui s'habillait en homme », une des premières femmes archéologues qui, avec son mari, découvrit en Perse la fameuse frise des guerriers assyriens, aujourd'hui exposée au musée du Louvre dans une salle qui porte leur nom oublié. Elle épouse Marcel, polytechnicien et ingénieur, parce qu'elle partage son attrait pour l'Algérie et l'Orient et sa conception compagnonnique du couple. Elle se veut son « collaborateur » et elle-même insiste sur le masculin. D'abord auxiliaire, elle tient les notes de voyage, assume la responsabilité de la photographie et de la popote, puis elle prend une part croissante au travail archéologique, développe ses observations sur la société iranienne, s'intéressant particulièrement aux femmes dont elle peut pénétrer l'intimité, et devient écrivain. De retour en France, après deux expéditions en Perse, elle se résignera difficilement aux conventions et, en dépit des railleries de l'opinion, elle ne quittera plus jamais sa tenue masculine ; cheveux coupés courts, silhouette menue, elle ressemblait à un adolescent, androgyne figure qui a hanté la Belle Époque. Féministe par son existence plus que par ses revendications, elle prit parti contre le divorce qui choquait ses convictions catholiques. Le voyage n'abolit pas toutes les frontières ; il met à nu, au contraire, les contradictions[55].

Le voyage ne règle rien en lui-même. Mais quelle expérience !

Par lui, ces femmes connaissent d'autres cultures. Elles accèdent à la création ; elles expérimentent de nouvelles techniques et leurs liens avec la photographie est frappant. Cet art, d'abord considéré comme mineur, qui comporte tant de manipulations, et l'enfermement dans la chambre noire, pouvait être laissé aux femmes ; bientôt certaines s'y illustreront (Julie Margaret Cameron, Margaret Bourke-White, Gisela Freund...). Elles pénètrent des disciplines nouvelles : l'archéologie, l'orientalisme, non sans éprouver la misogynie qui voudrait les cantonner au rôle d'amateurs : « Tu ne vis pas dans ces milieux, tu ne peux pas te douter de quoi sont capables certains hommes, leur haine du féminisme gagnant chaque jour du terrain », écrit Alexandra[56].

Elles ont, surtout, affirmé leur liberté de sujet : dans leurs pratiques vestimentaires et leur mode de vie, leurs choix religieux, intellectuels et amoureux. D'une manière ou d'une autre, en le payant souvent très cher, elles ont brisé le cercle de l'enfermement et fait reculer la frontière du sexe.

Quels types de rupture favorisent, au XIXe siècle, l'émergence des femmes dans l'espace public et, notamment, politique ? Qu'est-ce qui modifie à cet égard les rapports de sexes ? Il s'agit ici non pas de la « condition » des femmes, pour laquelle l'histoire des techniques — la machine à coudre, l'aspirateur... —, ou celle de la médecine — le biberon, les méthodes contraceptives... —, tout ce qu'on a coutume d'appeler « modernisation » devraient être prises en compte[57] ; mais bien plutôt des femmes comme *actrices*. Quel est, en l'occurrence, l'impact de ce qu'on a coutume d'appeler *événements* ? Qu'est-ce qui fait *événement* en la matière ? La notion ne devrait-elle pas en être élargie ou modifiée ? étendue à la culture, ou au biologique ?

Il existe, ainsi, des livres-événements dont l'impact modifie la conscience des lecteurs et qui, suscitant conversation, contact et échanges, lui fait prendre corps. *A Vindication of the Rights of Woman* (Mary Wollstonecraft), *The Subjection of Women* (J. Stuart Mill), *Die Frau und der Sozialismus* (August Bebel) ont pu, comme plus tard *le Deuxième Sexe* (Simone de Beauvoir, 1949), être de ceux-là ; et tout aussi bien des romans : *Corinne* (Mme de Staël) ou *Indiana* (George Sand) fournirent à bien des femmes de nouveaux modèles d'identité. Par son existence tout autant que par son œuvre, George Sand semble bien avoir été, par-delà les frontières, et notamment en Allemagne, une figure libératrice. Dans ce champ des influences, la recherche est ouverte.

Quels furent les effets des modifications des systèmes d'enseignement sur les regroupements de femmes (comme les collèges anglo-saxons, lieux de sociabilité et bases d'action), ou la naissance de professions pionnières (telles les institutrices, partout cible et phare, jusqu'à Salonique) ? L'ouverture, puis la fermeture des études de médecine en Russie autour de 1880 ont joué un rôle décisif dans la constitution d'un groupe — les étudiantes en médecine — particulièrement dynamique en Europe[58]. Assurément, l'événement éducatif traduit souvent un rapport de forces politique, et il le cristallise.

Étant donné l'importance du corps et de la santé, on peut admettre aussi l'existence d'événements biologiques. Le choléra de 1831-1832, à un moindre degré celui de 1859 ont requis les femmes ; en les faisant pénétrer dans les quartiers pauvres, ces épidémies modifiaient leur regard et leur parole et leur conféraient un droit à l'expertise : Bettina Brentano et ses amies allemandes, devant l'impuissance des remèdes classiques, préconisent le recours à l'homéopathie et à la prévention hygiénique. Les fléaux sociaux — tuberculose, alcoolisme, syphilis — ont constitué des fronts où les femmes montaient en première ligne, avec la conscience de se battre pour les femmes, victimes plus qu'agents de ces maux. Telle Joséphine Butler à l'occasion du *Contagious Desease Act*, elles développaient parfois une critique radicale de la « civilisation masculine » à laquelle elles opposaient un idéal de « pureté ».

De manière générale, la gestion de l'hygiène, des soins infirmiers, celle des professions médicales et par-dessus tout la gynécologie et l'obstétrique ont été des terrains d'affrontement des sexes dans tous les pays, de l'Oural aux Appalaches ! Dans la scène de la naissance, les matrones ont désormais disparu. Entre médecins et sages-femmes, exclues des césariennes et du forceps, la bagarre est rude, aggravée par le soupçon de l'avortement qui pèse de plus en plus sur les sages-femmes. À la fin du XIXe siècle, l'angoisse démographique fait que le contrôle des naissances devient affaire d'État. La répression judiciaire contre l'avortement et le néo-malthusianisme se durcit, conduisant les femmes à prendre une conscience politique de leur corps, comme le montre Judith Walkowitz.

Œuvre de parlements émanant du seul suffrage masculin, la loi est alors l'expression sans partage d'un pouvoir patriarcal qui règle le rapport des sexes d'une manière qu'on ne saurait appeler « bon plaisir » — elle obéit au contraire à une logique forte — mais qui y ressemble parfois. Les débats de ces clubs masculins fournissent du reste des morceaux de bravoure à l'anthologie de la misogynie. La plupart du temps, on légifère peu sur les femmes : à quoi bon, puisque tout est dit dans les codes, qu'il suffit de conserver. Sinon pour les « protéger », ainsi dans le domaine du travail où elles sont d'abord assimilées aux enfants ; d'où leurs réticences devant des mesures qui risquent d'être discriminantes. Les lois réellement égalitaires sont plus rares et leur genèse pose toujours problème : à quelle motivation obéit le législateur ? Nicole Arnaud-Duc a souligné l'ambiguïté de la loi française de 1907, accordant aux femmes mariées la libre disposition de leur salaire, afin de leur permettre de mieux gérer le budget familial. C'est pareillement le spectacle de la condition des pauvres qui a déterminé les parlementaires anglais à réformer le droit féminin de la propriété. L'utilité sociale pèse plus que l'égalité sexuelle.

Beaucoup de femmes étaient conscientes de l'obstacle des lois, auxquelles elles se heurtaient journellement et qui sans cesse leur rappelaient leur infériorité. Des procès faisaient parfois éclater l'iniquité de leur sort et cristallisaient leur opinion. Ainsi l'affaire Norton, à l'origine de la réforme du divorce et du droit de propriété des femmes mariées. Séparée de son mari en 1836, Caroline Norton était devenue une femme de lettres célèbre ; mais mariée sous le régime de la communauté, ses gains appartenaient à son mari qui, pour s'en emparer, l'accusa — en vain — d'adultère avec le Premier ministre, puis se fit attribuer la garde de leurs trois enfants. Elle protesta dans un pamphlet retentissant qui fut à l'origine de l'*Act* de 1839, lequel accordait aux mères séparées des droits plus précis quant à leurs enfants. En 1853-1855, elle revint à la charge (*English Law for Women in the 19th Century*, 1853 ; *Letter to the Queen on Lord Cranworth's Marriage and Divorce Bill*, 1855). Son action fut relayée par celle de Barbara Leigh Smith (1827-1891), fille d'un parlementaire libéral, qui parvint à la fois à mobiliser l'opinion féminine et à susciter l'intérêt de *the Law Amendment Society*, présidée par Lord Brougham. Le *Divorce Act* fut voté en 1857. Il contenait des dispositions importantes, mais insuffisantes en ce qui concerne le droit de propriété des femmes ; bien des batailles seront nécessaires pour que, d'Act en Act (1870, 1882, 1893) les femmes mariées, et pas seulement divorcées, puissent gérer librement leurs biens, en raison notamment de l'opposition des Lords. Il y faudra l'action conjuguée des féministes et des démocrates (J. S. Mill ou Russel Gurney), mais aussi la manifestation d'une opinion publique féminine, attisée par des faits divers dramatiques, comme celui dont fut victime Suzannah Palmer, acculée à la misère. Au plus fort de la bagarre législative, des pétitions comportant des milliers de signatures parvinrent au Parlement et un député, important industriel, rapportait qu'il ne pouvait pas franchir la porte de son usine sans que ses ouvrières l'assaillent de questions au sujet de l'avancement de la réforme [59]. Il en fut de même en France en 1831-1834 : la tentative libérale pour le divorce fut appuyée par une intense campagne de pétitions où les femmes insistaient sur leurs souffrances [60]. La lenteur de la réforme, disaient les féministes, prouvait la nécessité de reconnaître le droit de vote aux femmes pour qu'elles puissent faire entendre leurs intérêts. Liant droits civils et droits politiques, elles montraient ce qu'était fondamentalement le droit au divorce : la reconnaissance des femmes comme individus, « le premier pas sur le chemin de la citoyenneté des femmes [61] ». D'où la résistance acharnée des traditionalistes. « Ne touchez pas à la famille française, car c'est, avec la religion, la dernière force qui nous reste », s'écriait Mgr Freppel en 1882, au cours de débats d'une violence inouïe [62]. L'alliance des républicains de tous bords — francs-maçons, protestants et juifs — fut nécessaire pour qu'enfin la loi Naquet aboutisse en 1884.

Parce qu'il est un point de rupture fondamentale, le divorce est un bon exemple de ce qu'est la loi : un champ de forces qui sans cesse se recomposent, une bataille où se mesurent les groupes en présence, la profondeur des obstacles, la nature des alliances, les changements de l'opinion. Pour les féministes, médiatrices entre la politique et l'ensemble des femmes, c'est un moment crucial d'un combat incessant où elles peuvent tester leur représentativité. Dans les féminismes du XIXe siècle, la dimension juridique est essentielle, parce que le Droit est la figure du Père.

DU CÔTÉ DE DIEU : LES RUPTURES RELIGIEUSES

L'intensité des liens entre femmes et religion confère une particulière résonance aux événements religieux. Liens complexes de discipline et de devoir, de sociabilité et de droit, de pratiques et de langage, les religions ont pesé comme une chape de plomb sur les épaules des femmes ; mais elles leur ont également apporté consolation et secours. Aussi la féminisation des religions au XIXe siècle peut-elle être lue à double sens : comme un embrigadement, et comme une prise d'influence[63]. De pouvoir, non : celui-ci restait mâle, à l'égal du politique.

Surtout dans l'Église catholique, raidie dans la contre-Révolution et dans le dogme gémellaire de l'Infaillibilité pontificale et de l'Immaculée Conception. De ce côté, les brèches furent rares, et plus fréquentes les mobilisations et les croisades. Lorsque l'Église pousse les femmes vers la politique, par le truchement des ligues (ainsi la Ligue patriotique des Françaises[64]), c'est pour conforter un modèle familial parfaitement conservateur. La femme qu'elle exalte, c'est toujours la femme à la lampe, ou sous la lampe. Le catholicisme social largue un peu les amarres ; mais ses effets sur les rapports de sexes sont induits plus que directs.

Le protestantisme est beaucoup plus riche en ruptures, et Jean Baubérot en analyse les raisons. Le piétisme allemand a favorisé l'expression des femmes au temps de Goethe. Les *revivals* anglais et américains sont autant de failles propices à leur parole. En Nouvelle-Angleterre, à la fin du XVIIIe siècle, les Bostoniennes Esther Bure et Sarah Prince, femmes cultivées dont la correspondance dit l'amitié et la ferveur, Sarah Osborne et Suzanne Anthony, femmes du peuple de Newport, animent des groupes, voire une *Female Society*, très radicaux dans leurs pratiques religieuses et sociales[65]. Dans le premier tiers du XIXe siècle, le second *Great Awakening* multiplie les sectes agitées par des prophétesses, telles Jemina Wilkinson ou Anna Lee, fondatrice du shakerisme. Dans une provisoire égalité des sexes, les femmes, souvent alliées aux marginaux, subvertissent à la fois les symboles, les rites et le message. Elles critiquent l'injustice et la licence de la nouvelle société urbaine : la *Female Moral Reform Society*, fondée à New York en 1834, s'en prend à l'hypocrisie du « double standard » et entreprend, sans grand succès, de convertir les prostituées[66].

En Grande-Bretagne, le renouveau religieux, méthodiste surtout, beaucoup plus conservateur en matière de rôles sexuels, conduit les femmes à la résistance. Certaines adhèrent à un rationalisme où le social prend la place du sacré : telle Emma Martin (1812-1851) qui, peu à peu réduite au silence, et devenue une « paria », décide au bout du compte de se faire sage-femme, chemin que suivra parallèlement la saint-simonienne Suzanne Voilquin. D'autres transfusent leurs énergies dans un socialisme millénariste pénétré de croyance dans le salut par les femmes. Johanna Southcott (1750-1814), domestique du Devonshire, entend des voix lui annonçant qu'elle est la « *Woman clothed with the Sun* » et entreprend un prêche qui convertit de nombreux fidèles : plus de 100 000, dont 60 % des femmes, à sa mort. L'owenisme, mélange de science sociale fort rationnelle et de millénarisme verbal, exalte aussi la mission de la Femme [67].

Tout comme — hors référence religieuse précise — le saint-simonisme français, extraordinaire bouillon de culture d'un féminisme moral, apostolique et épris de liberté : il va chercher en Orient la Mère du Salut, suscitant, sur le passage de ses apôtres, l'enthousiasme des femmes, appelées à « une parole égale à celle de l'homme [68] ». Désirée Véret, Jeanne Deroin, Eugénie Niboyet, Claire Démar ont parlé, agi, écrit avec une foi messianique. Quelle déception quand le Père repousse d'une manière toute cléricale celles qu'il avait appelées à lui ! Départs et même suicides furent alors nombreux.

Toutes ces sectes, liées à une archéologie commune, peut-être au tremblement de terre révolutionnaire, furent des expériences de prise de parole et de responsabilité, dont l'héritage allait irriguer le siècle.

Du côté de la mère patrie :
guerres et luttes d'indépendance nationale

Acte viril par excellence, les guerres ont plutôt tendance à consolider les rôles traditionnels. Dans une discipline renforcée, appuyée sur un discours volontiers culpabilisant, surtout pour les femmes, chaque sexe est mobilisé au service de la Patrie, les hommes au front, les femmes à l'arrière. Les voici, cousant, faisant de la charpie, cuisinant, soignant surtout. Les associations patriotiques de dames allemandes s'y emploient en 1813 et il faut l'esprit des Lumières de Rahel Varnaghen pour inciter à soigner aussi l'ennemi. La comtesse Belgiojoso, qui aspire à une activité politique, se voit confier en

1849, par Mazzini, l'organisation des services hospitaliers et ambulanciers de Rome ; elle embauche des femmes du peuple, courageuses mais dévergondées, qu'elle entreprend de discipliner : « J'avais formé un sérail sans le savoir », dit-elle ; elle les défendra néanmoins contre d'acerbes critiques[69]. Lorsque les bénévoles se professionnalisent et donnent leur avis, les conflits surviennent : ainsi pour Florence Nightingale en Crimée, ou pour les étudiantes en médecine russes qui tentent de profiter de la pagaille de la guerre russo-turque de 1878 pour faire reconnaître, sans grand succès, leurs qualifications.

Beaucoup de femmes aimeraient combattre : être Clorinde, Jeanne d'Arc ou la Grande Mademoiselle, monter au créneau, manier l'épée. Mais les armes leur sont interdites : « Serait-il convenable et même décent, que les jeunes filles et les femmes montassent la garde, fissent des patrouilles ? » interroge Sylvain Maréchal[70]. Il pourrait ajouter : « et efféminent les soldats », car c'est de sexualité qu'il s'agit aussi. La loi du 30 avril 1793 renvoie dans leurs foyers les femmes aventurées aux armées et leur interdit désormais toute prestation militaire ; il en subsistera quelques-unes, dissimulées[71]. Mais l'opprobre désormais s'attache à celles qui s'enrôlent. En 1848, la raillerie salace poursuit les Allemandes, et surtout les Vésuviennes de Paris, ces femmes du peuple armées, qui avaient l'audace de revendiquer une « Constitution politique des femmes », le port du costume masculin et l'accès à tous les emplois publics, « civils, religieux, militaires ». Daumier, Flaubert, Daniel Stern (Marie d'Agoult) elle-même les tournent en dérision[72].

Les pays méditerranéens se comportent différemment. La participation féminine à la guerre d'Indépendance grecque, non seulement dans le ravitaillement, mais dans la défense armée a frappé l'opinion internationale. Il y eut même des commandantes de la Révolution au niveau de l'état-major, de manière durable et sur un pied d'égalité avec les hommes : femmes riches, filles ou veuves d'armateurs des îles, qui mettaient leur fortune et leur prestige au service de la cause. Deux figures célèbres : Lascarina Bouboulina (1771-1825), la « Grande Dame » mécène de la Société des amis, qui prépara le soulèvement ; elle joua un rôle majeur dans le siège de Tripoli où elle réussit à négocier le salut des femmes du harem de Hourchit Pacha ; et Mado Mavrogenous (1797-1838), qui décida les notables de Mykonos, son île, à adhérer à l'insurrection. Après le massacre de Chio (1822), elle organise une milice qu'elle commande les armes à la main ; elle adresse une lettre « aux Dames parisiennes » qu'elle exhorte à soutenir la cause des chrétiens grecs contre la menace de l'islam : « Je désire un jour de bataille, comme vous soupirez après l'heure du bal », leur écrit-elle. Reniée par sa famille, pour avoir dilapidé l'héritage dans cette guerre, elle mourra seule et dans la misère[73]. L'image de la femme soldat, compatible avec une vision aristocratique et religieuse, était devenue insupportable à ce siècle bourgeois, pour lequel la violence des femmes — criminelles, guerrières ou terroristes — est un scandale que les criminologues (Lombroso, *La Femme criminelle*) tentent de naturaliser pour la neutraliser.

Le soutien des femmes aux luttes nationales doit prendre d'autres formes, plus tolérables. La reine Louise de Prusse, les comtesses polonaises en exil, la comtesse Markievicz en Irlande, la princesse Christina Belgiojoso... mirent leur influence au service de leur pays. Journaliste, historienne, amie d'Augustin Thierry et de Mignet, la dernière fit tout pour obtenir l'appui des intellectuels et du gouvernement français. Elle se désolait souvent de sa relégation : « C'est un travail forcé qu'il me faudrait ; non seulement un travail de plume, mais une action. Mais où trouver pareille chose pour une femme[74] ? » Les hôpitaux furent son partage ; puis la brouille avec Mazzini, la ruine, l'exil en Turquie. Car on se défie de ces femmes qui prétendent jouer un rôle politique. L'expérience, collective cette fois, des Irlandaises de la *Ladies' Land League* en fournira un dernier exemple.

Engagés dans la lutte pour la défense des fermiers irlandais, les leaders de la *Land League* (Parnell) incitaient les femmes à les seconder. Mais sous l'impulsion des *Parnell's sisters*, Ann et Fanny, elles organisèrent en 1881 une *Ladies' Land League* autonome sur le modèle américain. Refusant de se limiter à la charité, elles prirent en main la résistance aux évictions, fournissant aux spoliés des abris de fortune, les *huts*. Radicalisant le mouvement, elles préconisent le refus du paiement des loyers, ce qui leur vaut l'inimitié des propriétaires et des plus riches fermiers. En dépit de leurs collectes, leur budget est en déficit : prétexte à souligner leur incapacité gestionnaire. Surtout, l'opinion, évêques en tête, protestants et catholiques, critiquent leur sortie publique. Ces femmes qui, dans les meetings, se tenaient timidement dans le fond de la salle, montent sur l'estrade et, en dépit de leur retenue — Ann Parnell était toujours en noir et parlait lentement et tranquillement —, c'est inadmissible. Les familles désapprouvent ces femmes qui sortent la nuit et les déshonorent. Ne sont-elles pas emprisonnées avec les détenues de droit commun ? Mary O'Connor purge une peine de six mois avec les prostituées. En décembre 1881, la *Ladies' Land League* est interdite ainsi que les meetings de femmes ; et de la *Irish National League*, elles sont exclues. Fanny Parnell meurt à trente-trois ans ; Ann se brouille avec son frère et se retire sous un nom d'emprunt dans une colonie d'artistes. Elle se noie en 1911 en nageant dans une mer trop forte ; de son expérience, elle a laissé un récit : *The Land League, Story of a great shame*, longtemps demeuré inédit faute d'éditeur, où elle ne parle pas de son rôle[75].

Auxiliaires ou remplaçantes, les femmes doivent, la paix revenue, s'effacer. Les luttes d'indépendance nationale ne modifient pas les rapports de sexes : le XXe siècle nous le dit aussi. Pourtant, ces femmes qui se sont rencontrées ont du mal à revenir purement et simplement au foyer. La génération allemande de 1813 a largué les amarres sur le plan privé. Les Américaines de la guerre de Sécession investissent dans la philanthropie et le féminisme l'énergie déployée dans la lutte pour l'abolition de l'esclavage.

Révolution, ma sœur ?

Les révolutions — on l'a vu avec la « Grande » qui ouvre le siècle et ce livre —, parce qu'elles mettent en jeu le pouvoir et la vie quotidienne, déséquilibrent les rapports de sexes. Leur histoire jalonne celle du féminisme, comme le montre Anne-Marie Käppeli. Tandis que la guerre impose silence aux vouloirs individuels au nom de la raison d'État, la Révolution, du moins dans ses débuts, autorise l'expression du désir ou du malaise dont elle est issue. Pourquoi pas ceux des femmes ? Ces « grandes vacances de la vie » ne les concernent pas, pourtant, au même degré que les hommes, occupées qu'elles sont à assurer la vie matérielle des leurs, toujours plus difficile en ces circonstances. Mais enfin, ces désordres engendrent bien des possibilités de circulation et de rencontres.

Les révolutions ne font pas plus l'unité des femmes que celle des hommes. Le camp contre-révolutionnaire a eu ses héroïnes et ses fidèles ; les prêtres non jureurs ont été soutenus par elles et l'argument sera souvent employé contre le droit de vote féminin. Mais tel n'est pas notre propos, bien plutôt celui des « droits », dont la proclamation s'accompagne de conditions, l'universel définissant ses limites et ses exclusions. Dans cet espace contradictoire, prend naissance le féminisme qui, en France du moins, est d'abord plus juridique que social. Rejetées du côté des étrangers, des mineurs, des serfs ou des pauvres, les femmes retireront parfois de ce voisinage un pouvoir de représentation.

Les femmes ne sont pas au premier plan des révolutions. D'abord elles apparaissent dans l'ombre, auxiliaires habituelles. Ainsi les femmes des 5 et 6 octobre, ou de la fête de la Fédération, dont Michelet loue le rôle unifiant et maternel. Puis elles souffrent de ne pas être prises en compte. Elles recherchent des alliés : Condorcet, quelques girondins sous la première révolution ; saint-simoniens en 1830, ouvriers en 1848 ; libres penseurs, francs-maçons et démocrates ensuite. L'alliance avec le socialisme a été, en tous pays, la plus fréquente et la plus conflictuelle, surtout dans la seconde moitié du XIXe siècle, parce que le socialisme des partis pense *classe* d'abord et répugne à toute organisation autonome des femmes. Or la mixité signifie le silence imposé aux femmes par des porte-parole qu'elles n'ont pas choisis : ou le chahut grivois que suscitent leurs réunions. En juin 1848, Eugénie Niboyet, lasse du tintamarre auquel elle est affrontée, déclare que « désormais aucun homme ne serait admis, s'il n'était présenté par sa mère ou sa sœur » (*La Liberté*, 8 juin 1848), ironique retour des choses. Il faut, sous peine d'étouffement, des associations, clubs, réunions et journaux purement féminins. On sait ce qu'il en advint partout et toujours.

Et les restaurations suivent les révolutions. De la Grèce othonienne à l'Allemagne du Biedermeier, de la France de Charles X à l'Angleterre victorienne ou à l'Amérique jacksonienne, elles tentent de remettre de l'ordre dans les mœurs, rendues responsables de l'anarchie politique. La subordination des femmes en est un des composants ordinaires : le Code civil n'est-il pas pire que le droit coutumier ? Certains juristes le pensent. Des femmes aussi : « Les femmes sont plus privées de tous droits que sous l'Ancien Régime », lit-on en 1838 dans le *Journal des Femmes*. L'idée de régression, analogue à celle de la paupérisation, s'oppose chez les femmes militantes à l'optimisme progressiste du siècle. Elle se conforte de la vision anthropologique du matriarcat primitif et le marxisme apporte sa caution à cette « défaite historique » des femmes. Abandon des alliées, répression du pouvoir, immense indifférence créent un profond sentiment de déception qui alimente le « nous » de la conscience de genre.

Ainsi, les rapports de sexes apparaissent dans l'Histoire comme un processus dynamique, nourri des conflits que font surgir un grand nombre de ruptures d'importance inégale et de types fort variés. Histoire syncopée ? C'est la vision qu'on en conserve d'ordinaire, et que le récit masculin, indifférent ou méprisant, véhicule toujours. En réalité, des liens invisibles, le tissu d'une mémoire existent probablement entre ces commotions. Par la presse, les souvenirs, l'héritage — de mère en fille souvent — une certaine transmission s'opère et, par elle, se forme le dessin de groupes conscients, fondement d'une opinion. Faire l'histoire sexuée de l'opinion publique, voilà en tout cas ce qui nous reste à écrire...

LA PAROLE PUBLIQUE DES FEMMES[*]

C'est entendu : les femmes parlent, et d'abord entre elles, dans l'ombre du gynécée ou de la maison ; mais aussi au marché, au lavoir, lieu de commérage redouté des hommes qui craignent ses confidences. L'incessant murmure des femmes accompagne en sourdine la vie quotidienne. Il exerce de multiples fonctions : de transmission et de contrôle, d'échange et de rumeur. Les femmes racontent, disent — et médisent —, chantent et pleurent, supplient et prient, clament et protestent, caquettent et plaisantent, crient et vocifèrent. La voix des femmes est un mode d'expression et une forme de régulation des sociétés traditionnelles, où prédomine l'oralité. Mais leur parole appartient au versant privé des choses ; elle est de l'ordre du collectif et de l'informel ; elle se profère par le bouche-à-oreille de la causerie, au mieux dans le quasi rituel de la conversation, élevée, dans les salons aristocratiques ou bourgeois, au rang d'un art, celui du « beau langage ». Marc Fumaroli a superbement montré comment, des Précieuses aux femmes des Lumières, s'est constitué sinon un contre-pouvoir, du moins « un espace de jeu qui rend possible les *respons* entre voix féminines et voix masculines, et qui fait de l'esprit leur point d'accord parfait[1] ».

Ce qui est refusé aux femmes, c'est la parole publique. Sur elle, pèse une double interdiction, citoyenne et religieuse. « Ne permettez point à une femme de parler en public, d'ouvrir une école, de fonder une secte ou un culte. Une femme en public est toujours déplacée », dit Pythagore[2]. Les femmes pourtant sont le chœur de la cité ; requises, elles acclament les héros, se lamentent dans les cortèges funèbres ; mais en groupe anonyme toujours, et non point comme personne singulière.

---

[*] « La parole publique des femmes », *Nationalismes, Féminisme, Exclusions. Mélanges en l'honneur de Rita Thalmann*, Berlin, Paris, Peter Lang, 1994 ; p. 461-470.

Le christianisme va-t-il changer les choses ? Il semble qu'il y ait d'abord quelque effervescence. Aussi Paul aborde la question. Héritier d'une tradition juive autant que grecque, il impose silence aux femmes : « que les femmes se taisent dans les assemblées », dit-il dans la célèbre *Épître aux Corinthiens*, d'ailleurs objet d'exégèse. Car il est admis qu'une femme peut prophétiser, à condition d'avoir la tête couverte afin de masquer le signe le plus tangible de sa féminité, mais prophétiser n'est pas prêcher [3].

C'est que le Verbe est l'apanage de ceux qui exercent le pouvoir. Il est le pouvoir. Il vient de Dieu. Il fait l'homme. Les femmes sont exclues du pouvoir, politique et religieux. Au Paradis, Ève a définitivement perverti la parole des femmes. Le christianisme les admet à la foi et à la prière, mais dans le silence du repentir. L'Église primitive admettait certaines tolérances. On dit que Marie-Madeleine convertit par sa prédication le Midi de la France. Mais cette excentrique était une marginale. En tout cas, à partir du XIIe siècle, l'Église réserve strictement le prêche aux clercs et les instruit pour cela. Les femmes constituent leur auditoire muet. « Dans un même mouvement, toute parole féminine fut bientôt regardée avec prudence ou méfiance par de nombreux clercs, et soumise au crible des confesseurs, témoins et censeurs de maints élans mystiques [4]. » La parole publique des femmes dans l'Église relève désormais de la subversion, voire de l'hérésie. Les Vaudois n'y trouvaient rien à redire, admettant qu'une femme prêche si elle le fait bien. De même les Cathares ou les Lollards.

Rien d'étonnant, donc, à ce que la Réforme, d'ailleurs présentée comme une femme aux langues de serpent, laisse parler les femmes. Celles-ci confessent leur foi devant les juges hostiles, qui leur rappellent les « commandements » de Paul et leur tranchent la langue. Elles prêchent en langue vulgaire, comme Marie Dentière qui exhorte ses sœurs à suivre l'exemple de la Samaritaine « laquelle n'a point eu honte de precher Jésus et sa parole, le confessant ouvertement devant tout le monde [5] ». Dans nombre de villes d'Allemagne, de Suisse et surtout de France, les femmes montent en chaire. La révocation de l'édit de Nantes multiplie les prédicantes. Dans les Cévennes des Camisards, on en dénombre sept (sur une soixantaine de prédicants). Isabeau Vincent, humble bergère de seize ans, prophétise en dormant. Au Désert, des paysannes prononcent des discours en état de transes, annonçant l'Apocalypse s'il n'y a pas repentance. Par la suite, des prises de parole analogues se produiront à l'occasion des *Réveils (Revivals)* qui, entre 1750 et 1850, secouent périodiquement les églises protestantes. Ainsi, se lèvent aux États-Unis Anna Lee fondatrice du shakerisme, ou dans le Devonshire anglais, Johanna Southscott (1750-1814) ; cette humble domestique entend des voix qui lui disent qu'elle est la « *Woman clothed with the sun* » et elle entreprend des prédications qui convertissent jusqu'à cent mille fidèles [6].

Quoique d'un tout autre ordre, le saint-simonisme français présente des analogies avec ces mouvements. Son ardent appel aux prolétaires et aux femmes, suscite chez ces dernières une espérance qui les pousse à écrire — il y a alors une floraison de pétitions, correspondances, confessions et journaux de femmes — et à parler. Les apôtres du reste s'adressent à elles, comme le raconte ce compagnon : « Elles veulent nous voir, nous entendre encore. Des groupes se forment ; les conversations s'engagent et jusqu'à onze heures les bosquets du jardin retentissent d'entretiens animés, de conférences religieuses dans lesquelles la parole de la femme s'élève, égale, à celle de l'homme [7]. »

Mais il s'agit toujours, on le voit, de situations limites. Dans le temps : cette parole d'effraction se produit « dans les craquements des origines, ou sur les marges, ou dans le vide des Églises effondrées [8] ». Dans la forme : la parole des femmes est singulière, de l'ordre de l'inspiration ou de la prophétie. Telles les Sybilles ou les Pythies, les prédicantes disent l'avenir. Par elles passe un flux divinatoire tellurique, un souffle divin. Comme si la nature supposée des femmes — Michelet le dira des sorcières — faisait d'elles un canal pour les forces de l'au-delà. Lorsqu'elles parlent, elles sont des substituts, des courroies de transmission, des *médiums*, de Dieu ou du Diable : de l'Esprit. Nicole Edelman a fait l'histoire des somnambules, mediums et spirites, si nombreuses au XIXe siècle, extraordinaire parole nocturne de femmes, sourde revanche contre les exclusions et les interdits du pouvoir [9].

Car le pouvoir même hérétique redoute la parole des femmes. Il a rapidement fait de leur fermer la bouche. Ainsi Luther en Allemagne, Antoine Court dans les Cévennes rappelant à son tour aux églises du Désert la première *Épître aux Corinthiens*, ou le Père Enfantin obligeant les femmes à se confesser publiquement plutôt qu'à prêcher. De même encore, et plus gravement étant donné la conjoncture et ses enjeux, les Révolutionnaires français qui, effrayés de voir ces femmes qui « ont la rage de courir les assemblées et font du boucan de leurs voix enrouées » les chassent des tribunes qu'elles occupaient sans cesse et font fermer leurs clubs, leur interdisant

261

désormais de parler politique[10]. Restaurer l'ordre, c'est imposer silence à ce désordre : la parole des femmes.

Le XIXe siècle français est, à cet égard, particulièrement dur et vigilant. Il la cantonne plus que jamais au privé, à la famille, à la maison et à la charité. Il lui assigne des fonctions précises. Même la conversation de salon est vidée de ce qui avait fait sa force et son charme. Finis les salons des Lumières où les maîtresses de maison abordaient sans discrimination avec leurs hôtes les sujets les plus graves. Désormais, la politique est devenue affaire trop sérieuse pour être traitée au salon : c'est Guizot qui le dit[11]. Les femmes « comme il faut » ne parlent pas politique et se détournent discrètement si d'aventure leurs invités s'en entretiennent. S'il demeure quelques grands salons littéraires, les salons politiques sont rarissimes. Qu'une femme ait de telles intentions — avoir un salon politique — elle doit, en tout cas, ne recevoir que des hommes, comme le fit à la suggestion de quelques-uns de ses amis, la comtesse Arconati-Visconti.

Cette exclusion du politique s'accompagne d'une éviction des femmes de tous les lieux où l'on parle politique et où on la fait des Assemblées, par exemple. En Grande-Bretagne, l'interdit est si fort que Flora Tristan, pour pénétrer dans l'enceinte des Communes, doit s'habiller en homme et se faire accompagner. Dorothy Thompson a montré comment les femmes du peuple, présentes au début du siècle avec leurs compagnons dans les *pubs* et les *inns*, y ont été peu à peu réduites au silence, puis reléguées dans les angles obscurs et finalement éconduites au fur et à mesure que ces lieux devenaient des espaces de meetings[12]. Car le mouvement ouvrier n'apprécie guère que ses femmes, qu'il préfère ménagères à tout autre chose, interviennent dans les instances militantes. Admises à adhérer aux syndicats, les ouvrières ne peuvent y exercer aucune fonction ni même prendre la parole. Selon les statuts de la Chambre syndicale ouvrière de Roubaix, fondée en 1872, « les femmes attachées à la fabrique de Roubaix seront admises à jouir des bienfaits de la Chambre syndicale. En conséquence, elles pourront être reçues comme adhérentes, mais elles ne pourront adresser d'observation ou de propositions [...] que par écrit et par l'intermédiaire de deux de ses membres[13] ». Ailleurs, il est précisé qu'elles doivent passer par un homme de leur famille, père, époux ou frère. Ce type de disposition, toujours envisagées et la plupart du temps adoptées, du moins avant la loi de 1884, font néanmoins l'objet de discussions. Ainsi chez les ouvriers tailleurs de Paris, en 1874, un certain Cognet soutient les dispositions restrictives : « La place de la femme n'était pas dans une assemblée, où le calme fait parfois défaut, et où elle s'exposerait peut-être à se faire manquer de respect, soit par ses adversaires, soit à cause de sa qualité de femme. » Godfrin, par contre, demande l'abrogation de l'article incriminé et finalement l'obtient : « Le droit est inséparable du devoir », dit-il [14]. Dans les congrès ouvriers de la fin du siècle, et plus encore dans ceux de la CGT après 1895, on aborde assez souvent la question de la participation et de la représentation des femmes, non sans hésitation et gêne et lorsque telle ou telle est admise à la tribune, c'est un petit événement [15]. On poussait souvent les femmes à avoir leurs propres organisations. Tout cela avait évidemment un effet dissuasif. Enquêtant sur « l'état d'âme du prolétariat féminin », un certain Bonnardel constate : « À la Bourse du travail de Paris, on m'a donné des renseignements très précis sur les Syndicats féminins existants : le résultat n'est pas brillant, même pour ceux qui ont fusionné avec les hommes. Les femmes assistent en petit nombre aux réunions et l'on remarque qu'elles prêtent une oreille distraite aux discussions. Elles ne réclament presque jamais, ne paient pas leurs cotisations, on ne les voit que pour demander du travail : dans ces conditions ces syndicats font l'office du bureau de placement [16]. » Et voilà comment on fabrique une « nature », une « âme » féminines.

Les femmes sont pourtant présentes dans les meetings de grève. On souhaite même qu'elles y viennent, comme épouses, à titre de support, ou d'ornement. Les commissaires de police notent d'ailleurs leur présence et comptabilisent leur nombre, symptôme à leurs yeux du degré de solidarité familiale et par conséquent, des chances de durée d'un conflit. De même dans les soirées de soutien, souvent « chantantes », les Dames sont conviées, avec même un tarif réduit. Auditrices ou spectatrices, les femmes constituent la parterre. Mais elles entrent beaucoup plus difficilement en scène.

Pourtant, des brèches lézardent le mur du silence. Travail, féminisme et mouvement ouvrier en sont les principaux agents. Le travail requiert le corps des femmes, leurs gestes plus que leur parole. À l'usine, au bureau, la discipline du silence est sévère, surtout pour la main-d'œuvre féminine, si juvénile (dans les prisons, les rigueurs de la règle du silence imposée aux femmes susciteront l'indignation d'Edmond de Goncourt) [17]. Puis, les femmes accèdent à l'enseignement. Mais cette parole éducative, dispensée à l'enfance, dans l'enceinte quasi privée de la classe, change d'abord peu les choses. Il en va tout autrement lorsque les femmes se mêlent d'être avocates.

Comment une femme peut-elle plaider ? Elle n'en a ni les capacités vocales ni l'autorité. L'art oratoire, porté au pinacle par la Révolution, est « la revanche ostentatoire de la vertu virile et de l'éloquence masculine » sur l'efféminement de la conversation de salon[18]. Aussi les prétentions d'une Jeanne Chauvin, docteur en droit depuis 1892, à devenir avocate suscitent-elles un débat public et parlementaire. On use de tous les arguments défavorables : « le manque de force physique, l'extrême difficulté pour une femme de plaider "à la latine", ce qui n'aurait rien à voir avec les plaidoiries américaines, et le danger couru par les magistrats livrés aux manœuvres de la séduction féminine, la nature poussant les femmes à user de leur coquetterie[19]. Aussi, après le vote de la loi du 30 juin 1899 leur accordant le droit de plaider, Lucien Descaves commente : « Si tout le monde, à ce moment-là, n'avait eu les yeux fixés sur Rennes où l'on attendait l'arrivée de Dreyfus, l'événement de la semaine [...] aurait été le triomphe du féminisme[20]. »

Le féminisme, dès l'origine, est prise de parole et volonté de représentation des femmes. Les militantes forment des groupes, parfois directement destinés à l'apprentissage de la parole. Vera Figner raconte dans ses mémoires comment elle organisa à Zurich un cercle de femmes à cet effet : « Les femmes n'osent pas prendre la parole dans les réunions. Si nous nous réunissons entre nous, nous apprendrons promptement à nous exprimer. Je propose la formation d'un *verein* dont les hommes seront exclus[21]. » Se produire en public est bien plus difficile. En 1848, les hommes chahutent les conférences de femmes, au point qu'Eugénie Niboyet est obligée de les en exclure. Daumier caricature férocement les oratrices de clubs et le *Charivari* fait des gorges chaudes sur leur physique et surtout sur leur voix. Sous la Troisième République, le féminisme devient une véritable tribune, notamment par les congrès qui se succèdent à partir de 1878 et que les responsables, se sachant épiées, ont à cœur d'organiser avec « calme, mesure et prudence », exerçant elles-mêmes une censure sur tout excès de langage[22]. Les femmes apprennent à maîtriser leur discours et leur image publique. Les congrès ont joué un rôle de propédeutique de la parole dont il faudrait mesurer les modalités et les effets. On recherche désormais celles qui « savent parler ». Hubertine Auclert, qui avait osé en 1879 représenter « neuf millions d'esclaves » au congrès ouvrier de Marseille, grand moment dans l'histoire de la parole publique des femmes, Louise Michel, Nelly Roussel, Pauline Kergomard, Blanche Cremnitz, qui prend justement pour pseudonyme « Parrhisia »

— ou « la liberté de parler » — sont en France des oratrices appréciées ; et chaque pays a les siennes.

Le féminisme a créé un espace de parole féminine, désormais admis, avec plus ou moins de condescendance. Le mouvement ouvrier, syndical ou socialiste, a permis une relative confrontation entre les sexes dans une mixité toujours difficile et contestée. Il faudrait comparer sous cet angle les divers pays européens. Du trade-unionisme britannique, de la social-démocratie allemande ou de l'anarcho-syndicalisme français, lequel a été le plus ouvert à la parole des femmes ? Quelques femmes ont laissé dans leurs autobiographies le témoignage de ce que fut pour elles le difficile apprentissage de la parole publique, mais aussi du plaisir qu'elles en ont éprouvé. Pour Emma Goldman, jeune juive émigrée aux États-Unis, c'est la progressive conquête de la liberté. D'abord, elle est poussée en avant par son ami Johann Most : « Il était décidé à faire de moi une oratrice et à me faire parler en public [23]. » Mais Most utilise sa jeunesse et son charme pour faire passer son propre message. Il lui écrit ses discours et Emma en souffre de plus en plus. Le sentiment de dépossession et de dédoublement qu'elle éprouve est tel qu'elle décide de rompre avec lui. Prêter sa voix à la parole d'autrui est pire encore que le silence. C'est au cours d'un meeting à New York pour des ouvriers expulsés qu'Emma se sent inspirée ; elle monte à la tribune ; on l'acclame ; elle devient « Emma la Rouge ». Désormais très sollicitée, elle court conférences et meetings au point d'en désespérer son nouvel amant ; pour la retenir, il tente de se suicider, « juste pour te faire peur et te guérir de ta manie des meetings que rien n'arrête, pas même la maladie de l'homme que tu prétends aimer [24] ». Mais décidément, Emma préfère la jouissance de la parole à celle de l'amour. Plus rien n'arrêtera son voyage en anarchie où elle déploie sa parole.

Adélaïde Popp, dans *La Jeunesse d'une ouvrière* (1909) [25], a raconté sa lente pénétration au sein d'un parti socialiste autrichien spécialement misogyne. Lorsqu'elle assiste pour la première fois à une réunion du parti, elle accompagne son frère : « Jamais à ma connaissance les femmes n'assistaient aux réunions du parti, et mon journal s'adressait toujours aux travailleurs hommes (...). J'étais la seule personne de mon sexe dans la salle, et tous les regards se dirigèrent sur moi avec étonnement quand je passai. » Elle fréquente désormais ces réunions, mais en silence : « Je n'osais proférer une parole, je n'avais pas même le courage d'applaudir. » Elle a pourtant la passion de l'actualité : « Les évènements publics me passionnaient

(...). Tout ce qui touchait à la politique m'intéressait vivement. » Frustrée de parole, elle lit le journal socialiste, la *Zukunft*, à haute voix dans l'atelier et ses collègues disent d'elle : « Cette fille parle comme un homme », ce qui la comble d'aise. Chez elle, elle monte sur une chaise et s'entraîne à prononcer des discours. Lorsqu'elle prend la parole pour la première fois dans une réunion publique sur le travail des femmes, on l'écoute et ce succès la bouleverse. Et comme Emma Goldman, elle se lance dans la pérégrination militante et oratoire. Sa famille, sa mère surtout, s'inquiète de ses excursions dans des quartiers excentriques et de ses rentrées fort tardives. La ville, la nuit, n'est pas pour les jeunes femmes. Elle acquiert une réputation certaine pour son aisance oratoire, si exceptionnelle que les ouvriers s'interrogent sur son identité. Les mineurs de Styrie la voient comme une archiduchesse : les tisserands disent qu'elle est sans doute un homme déguisé en femme : « Car seuls les hommes savent parler ainsi. »

Bien entendu, on peut s'interroger : pourquoi ce désir de parole publique ? Pourquoi cette volonté de monter à la tribune pour s'adresser aux autres ? Pourquoi préférer l'art oratoire à celui de la conversation, à l'échange, au jeu plus égalitaire de la parole privée ? Sans doute y a-t-il là le triomphe d'une conception masculine, et assimilationiste, au détriment d'une voie alternative de la sociabilité. Peut-être. Mais l'usage de la parole publique signifie autre chose. Il est symbole du pouvoir et forme de l'accès à la sphère publique dont les femmes étaient exclues, à cause, disait-on, de leur voix faible, enrouée, aiguë et de leur incontinence verbale.

S'approprier le discours et le maîtriser, c'était s'approprier le monde et tenter l'amorce de cette révolution symbolique inachevée — interminable ? — qui est au cœur du mouvement des femmes. Une grande aventure en somme.

LES FEMMES ET LA CITOYENNETÉ EN FRANCE[*]

HISTOIRE D'UNE EXCLUSION

La citoyenneté est une notion complexe, polysémique, plurielle. Au sens large, elle signifie participation à la vie de la Cité (elle-même définie comme l'ensemble des citoyens), jouissance des droits qui lui sont attachés, exercice des devoirs qui lui sont attribués. On pourrait distinguer en outre une citoyenneté civile, une citoyenneté sociale, une citoyenneté politique, qui, toutes, ont posé des problèmes d'accès pour les femmes. Entrer dans la Cité, avec des droits reconnus et égaux, a toujours pour elles fait question. Mais parmi ces droits, les droits civiques et politiques ont constitué un cercle de citoyenneté particulièrement résistant et fermé. Et, de surcroît, en France plus qu'ailleurs.

Dans l'histoire contemporaine de la démocratie occidentale, la France se distingue en effet par la hauteur de l'obstacle opposé aux femmes au triple niveau du droit de vote, « octroyé » en quelque sorte par une ordonnance gaullienne de 1944 ; de la représentation, qu'elle soit locale ou plus encore législative, qui demeure une des plus faibles d'Europe ; enfin de la participation à l'exécutif. Cette dernière a toujours été le « fait du Prince », que celui-ci s'appelle Léon Blum, Valéry Giscard d'Estaing, François Mitterrand ou Jacques Chirac, comme s'il fallait un talisman particulier pour ouvrir les portes du temple, « un sésame, ouvre-toi » pour faire s'écarter les parois de la grotte mystérieuse. Et les épisodes, contrastés, dont Édith Cresson ou les « Jupettes » (surnom donné aux femmes ministres et secrétaires d'État du premier gouvernement Juppé après leur limogeage) ont été les héroïnes malheureuses, illus-

---

[*] « Les femmes et la citoyenneté en France. Histoire d'une exclusion », in Armelle Le Bras-Chopard et Janine Mossuz-Lavau (sous la direction de), *Les Femmes et la politique*, Paris, L'Harmattan, 1997, p. 23-39.

trent la fragilité de l'accès des femmes à ce noyau ultime du pouvoir politique.

Cette situation intrigue de la part d'un pays pionnier dans la proclamation des Droits de l'homme et du citoyen et dans l'établissement de la démocratie et de la République. « Énigme », disait Madeleine Rebérioux dans un échange avec Pierre Rosanvallon (à propos du *Sacre du Citoyen*, 1992). Faut-il parler seulement de « retard » d'une France traînant un peu les pieds, puis se résignant à admettre les femmes au cœur des Saints ? Geneviève Fraisse récuse cette expression qui lui paraît trop nonchalante (1995). Faut-il alors parler de « singularité » (Ozouf, 1995), voire de « spécificité » française ? Mais alors liées à quoi ?

Il semble que les nombreux travaux réalisés depuis quelques années permettent d'y voir un peu plus clair. Notons au passage combien ils sont récents. D'une part, l'exclusion des femmes de la politique paraissait si naturelle qu'elle ne faisait pas question et que nos manuels scolaires ont tranquillement parlé du « suffrage universel » établi en 1848 sans se soucier du fait qu'il n'était que masculin. D'autre part, la politique, ni même le pouvoir, n'ont été le premier souci d'une histoire des femmes déployée (ou redéployée) dans les années 1970, dans la mouvance d'un mouvement plus préoccupé du corps, des mœurs ou de la culture. Les femmes comme « sujets politiques » n'étaient pas la préoccupation majeure. L'incitation première est venue, comme il est logique, des politologues (Mossuz-Laval, Sineau, 1983). L'actualité y a eu sa part : les commémorations (celle de la Révolution française, celle de la Libération) et les débats, récents et actuels, sur la parité, aiguillon majeur. Mais a joué aussi le développement propre d'une réflexion sur pouvoir et rapports de sexes (pouvoir et genre) dont la politique n'est après tout qu'un cas particulier : au vrai très particulier. Les travaux sont maintenant nombreux, voire foisonnants notamment sur deux points : la Révolution française, scène primitive, exemplaire, sans cesse revisitée ; les luttes de femmes et le féminisme, dont nous avons désormais une connaissance quasi panoramique, grâce aux travaux des jeunes historiennes qui ont restitué aux actrices de la pièce toute leur stature.

Mais il est temps de frapper les trois coups. D'abord pour rappeler les principaux épisodes. Puis pour tenter de comprendre le nœud de l'intrigue et le jeu des interactions.

Tel fut le titre d'un livre pionnier de Christine Fauré (1985). Notons d'emblée la difficulté, l'ambiguïté du vocabulaire. S'agit-il d'exclure les femmes, définitivement ou provisoirement ? S'agit-il d'une inclusion progressive, liée à l'obtention par elles de l'acquisition de capacités préalables ? S'agit-il d'une tentative de définition fonctionnelle des rôles, des tâches et des pouvoirs sexuels donnée comme harmonieuse ? Sur tout cela, les débats ne manquent pas.

D'abord, la Révolution française, elle définit une citoyenneté sélective dans son contenu et dans ses acteurs. La citoyenneté civile est distinguée de la citoyenneté politique. Les femmes accèdent à la première, dans une certaine mesure et jusqu'à un certain point, mais qui est loin d'être négligeable. L'égalité dans l'héritage rompt avec les anciennes coutumes, souvent très inégalitaires. Ainsi l'abolition du droit normand, particulièrement machiste, est à l'origine du crime de Pierre Rivière : il tue sa mère parce que « les femmes ont pris le pouvoir », écrit-il dans sa célèbre confession (Foucault, 1973). L'établissement du mariage comme contrat civil, susceptible d'être rompu par le divorce, y compris par consentement mutuel, est une avancée considérable sur laquelle le Code civil napoléonien reviendra en faisant du mariage patriarcal la clef de voûte de la famille et de la société. On fera désormais la distinction entre « filles majeures », célibataires relativement égales en droits, et les femmes mariées soumises à l'autorité du mari chef de famille, telles des mineures. Mais une brèche a été créée.

En revanche, les femmes sont exclues de l'exercice du droit de cité. Elles sont citoyennes passives comme les enfants, les pauvres et les étrangers. Siéyès, principal organisateur du vote en 1789, le disait clairement : « Tous ont droit à la protection de leur personne, de leur propriété, de leur liberté, etc. Mais tous n'ont pas droit à prendre une part active dans la formation des pouvoirs publics ; tous ne sont pas citoyens actifs. Les femmes, du moins dans l'état actuel, les enfants, les étrangers, ceux encore qui ne contribueraient en rien à soutenir l'établissement public, ne doivent point influer activement sur la chose publique. » L'énoncé est clair. Il instaure une rupture entre société civile et société politique, souligne la spécificité de l'action publique et politique et en exclut les femmes, présentement incapables d'y accéder. Les femmes sont faites pour être protégées. Selon Portalis, rédacteur du Code civil, on leur doit « une protection perpétuelle en échange d'un sacrifice irrévocable ».

Cette exclusion va-t-elle de soi ? Oui, pour l'ensemble des hommes et pour la plupart des femmes, au demeurant massivement paysannes et éloignées de cette scène nouvelle. Seule une minorité revendique le suffrage pour les femmes : Condorcet (*De l'administration des femmes au droit de Cité*, 1790) qui conteste tous les arguments opposés au vote des femmes, ou Guyomar (Sledziewski, 1989, 1991). Tandis qu'Olympe de Gouges, dans sa *Déclaration des droits de la femme et de la citoyenne* (1791), en dix-sept articles, revendique nettement la totale égalité politique. Cette Girondine sera guillotinée et son procès est riche d'enseignements quant à la disqualification des femmes en politique. Chaumette déclare : « Souvenez-vous de cette virago, cette femme-homme, l'impudente Olympe de Gouges, qui a abandonné tous les soins de son ménage parce qu'elle voulait s'engager dans la politique et commettre des crimes [...]. Cet oubli des vertus de son sexe l'a conduite à l'échafaud » (Scott, 1996). Les clubs de femmes seront fermés, ainsi que la Société des Citoyennes républicaines révolutionnaires, qui servaient aux femmes de lieux d'expression et d'apprentissages politiques (Godineau, 1989 ; Fraisse, 1995).

UNE EXCLUSION ACCRUE PAR LES SECONDE ET TROISIÈME RÉPUBLIQUES

Le fossé se creuse de plus en plus entre citoyenneté sociale et citoyenneté politique d'une part, entre les hommes et les femmes d'autre part, dans l'exercice de la citoyenneté, et ceci pour plusieurs raisons :

— du fait que le suffrage dit « universel » devient le critère de la souveraineté et qu'il est accordé à l'ensemble des hommes en 1848, les femmes se trouvent encore plus rejetées ;

— cependant, le rôle social des femmes est davantage reconnu ; leur éducation se développe et l'on fait de plus en plus appel à leur charité ou à leur philanthropie, voire à leur expertise ;

— la loi de 1884 créant la liberté syndicale la reconnaît pour tous, hommes et femmes, une femme mariée pouvant adhérer à un syndicat sans la permission de son mari (alors même qu'elle ne peut pas travailler sans son autorisation), contradiction sur laquelle on n'a pas assez réfléchi.

La révolution de 1848 est sous cet angle une étape décisive. En dépit d'un féminisme exceptionnellement actif, exprimé dans des journaux, des clubs, dans la candidature de Jeanne Deroin (Riot-Sarcey, 1994), elle opère une rupture décisive entre socialisme, mouvement ouvrier et féminisme, unis par le saint-simonisme qui faisait des prolétaires et des femmes les deux piliers du changement. Désormais le féminisme sera dit « bourgeois » et le mouvement ouvrier fonde son identité sur la virilité. Dans son cours au Collège de France (1850), Michelet tend même à accuser les femmes de l'échec de la République, incriminant leurs liens avec les prêtres, thèse classique. D'où, ajoute-t-il, la nécessité de les éduquer.

Le Second Empire creuse encore un peu plus le fossé politique entre les sexes. D'un côté, l'Église accentue son emprise sur les femmes, de l'autre, Proudhon ratifie la division sexuelle des rôles en les fondant sur la nature ; la ménagère est, à ses yeux, comme d'ailleurs à ceux de Michelet, la seule identité possible pour une femme, ce que répétera à satiété le mouvement ouvrier. Néanmoins, le débat continue, s'amplifie et des progrès considérables sont réalisés dans le domaine de l'instruction surtout. En 1861, Julie Daubié devient la première bachelière française, non sans d'âpres contestations, en attendant de faire aussi une licence et de publier *La Femme pauvre*. Cependant qu'en 1867, le ministère Victor Duruy oblige les communes de plus de mille habitants à ouvrir une école primaire de filles et crée les premiers « cours secondaires » pour les jeunes filles.

La Troisième République amplifie considérablement cette amorce d'égalité dans l'instruction. L'École Ferry n'est pas mixte, mais résolument égalitaire (Ozouf, 1992) et Paul Bert ouvre les premiers lycées de filles (loi de 1880). Ceci répond au désir républicain d'avoir des « compagnes intelligentes », capables de barrer la route à l'Église ; mais répond aussi à une forte demande d'une petite et moyenne bourgeoisies soucieuses de l'accès au travail salarié de leurs filles (Isambert-Jamati, 1995). Les temps changent.

La Troisième République va-t-elle enfin reconnaître la citoyenneté politique des femmes ? Beaucoup l'espèrent, telle Hubertine Auclert au Congrès ouvrier de Marseille (1879) et dans son journal *La Citoyenne*, où elle développe une argumentation solide et raisonnée (Klejman, Rochefort, 1989 ; Scott, 1996). Beaucoup d'hommes, mêmes démocrates, hésitent encore (ainsi Léon Richer, pourtant féministe et franc-maçon, la maçonnerie n'ayant pas été, il est vrai, à la pointe du combat suffragiste).

Autour de 1900, d'éminents juristes — Duguit, Hauriou, Esmein — s'interrogent. Ils ne voient pas de raison juridique valable pour refuser le suffrage aux femmes, à partir de 1906, certains s'y déclarent même favorables. Mais pour eux la Nation excède la Citoyenneté. Les femmes appartiennent à la première, pas nécessairement à la seconde. Le droit de suffrage est une fonction, pas un droit (ce que disait déjà Siéyès). Ils insistent sur la complémentarité des sexes, Hauriou pense que les femmes ne peuvent pas gouverner : « éminemment discontinues, elles se plieront difficilement au métier de l'homme politique ; ni elles ne tiendront à l'exercer ; ni les électeurs ne tiendront à leur confier » (Ortiz, 1995).

Pendant ce temps se développe un féminisme suffragiste qui, sans avoir l'éclat du mouvement britannique, n'en est pas moins vigoureux. L'opinion évolue : celle des femmes, de plus en plus désireuses de voter, comme le montre l'empressement de cinq cent mille d'entre elles à répondre positivement à un référendum organisé sur ce point par un grand quotidien. « Les femmes (ou les Françaises) veulent voter » devient un slogan repris entre les deux guerres. L'opinion des députés évolue aussi, puisqu'une majorité se déclare en 1914 favorable au suffrage féminin. Le Sénat fait échouer ce projet de loi, selon un scénario qui se reproduira six fois durant l'entre-deux-guerres.

Durant la guerre 1914-1918, les féministes déposent les armes et s'enrôlent, pour la plupart, dans l'effort de guerre. Mais tandis que, dans nombre de pays européens, le droit de vote est reconnu aux femmes à l'issue du conflit, la France politique d'après l'armistice est résolument hostile aux femmes, renvoyées à leur rôle de mère et de ménagère et priées de quitter les lieux du travail. Elles résisteront fermement à ces injonctions, autant pour le salariat que pour la natalité. Et les jeunes filles commencent à affluer dans les universités, acclimatant résolument la figure de l'étudiante, tandis que, cheveux coupés courts et jupes aux genoux, la silhouette féminine se libère des carcans d'avant-guerre. Bel exemple de force d'obstruction des femmes qui poursuivent obstinément leur chemin dans la société civile.

C'est toujours le domaine politique qui se ferme. Rapidement réorganisé, souvent avec les mêmes dirigeantes, rajeuni toutefois de l'appui des premières générations d'« intellectuelles » (institutrices, professeurs, avocates), le féminisme fait pourtant du droit de vote son objectif principal, brandissant banderoles et pancartes et scandant le désormais fameux « les femmes veulent voter ». Défilés et manifestations se succèdent, notamment devant le Sénat, temple de la virilité, où quelques-unes s'enchaînent pour montrer leur détermination (Bard, 1995). Mais au dédain de la droite (Louis Marin excepté), s'ajoute l'hostilité déclarée du Parti radical et la relative indifférence de la SFIO qui n'en fait pas une de ses priorités. D'où la déception que constitue le Front populaire. Certes, Léon Blum nomme pour la première fois trois femmes (Cécile Bruncschvicg, Irène Joliot-Curie et Suzanne Lacorre) comme sous-secrétaires d'État. Mais la question du suffrage des femmes ne figure pas au programme du Rassemblement populaire et aucune proposition de loi n'est déposée en ce sens (Bard, 1996). Tandis que dans les manifestations de rues et les usines occupées, on voit de plus en plus de femmes.

Au nom de « l'éternel féminin » et de l'ordre familial, le régime de Vichy préconise une représentation des femmes dans les conseils municipaux (Muel-Dreyfus, 1996), non comme individus, mais comme mères.

L'Assemblée consultative d'Alger, par l'ordonnance du 21 avril 1944 (article 17), tranche enfin la question : « Les femmes sont électrices et éligibles dans les mêmes conditions que les hommes. » Enfin. Non sans d'ultimes objections relatives à l'absence des hommes prisonniers, qui risquerait de rendre aventureux le vote d'épouses privées de « leurs éducateurs naturels » (Du Roy, 1994). Argument ressassé de l'incapacité « naturelle » des femmes à l'exercice de la vie civique, celui qu'on retrouve encore sous-jacent dans les dernières propositions du gouvernement Juppé (mars 1997). Avant de prétendre à des « quotas » acceptables aux législatives, les femmes doivent d'abord faire leurs preuves aux européennes, aux élections régionales et locales.

En tout cas, en 1945, les femmes françaises votaient pour la première fois de leur histoire. 5,6 % d'entre elles étaient députées, proportion quasi identique à celle d'aujourd'hui (6 %). Mais parmi elles, on comptait près d'un quart de veuves. Députées, oui : mais comme remplaçantes d'un homme manquant.

GENRE ET POLITIQUE. ÉLÉMENTS D'UNE SPÉCIFICITÉ FRANÇAISE

Il importe, une fois de plus, de le rappeler : l'accès des femmes au pouvoir, et singulièrement au pouvoir politique, a été toujours et partout difficile. La Cité grecque, premier modèle de la démocratie, si souvent invoqué par les républicains et les révolutionnaires français, les excluait radicalement. Et presque autant la république romaine. Dans le monde contemporain, on donne souvent en exemple l'Inde ou le Pakistan. Mais il convient de souligner le rôle de la famille dans de telles accessions : les femmes remplacent un père, un époux morts, de mort violente souvent. Elles perpétuent leur présence et leur corps. Et lorsqu'elles refusent de le faire, on le leur reproche, ainsi pour la belle-fille d'Indira Gandhi, Sonia, peu désireuse de succéder à son mari assassiné. Rien d'individuel en ces occurrences, bien au contraire. On cite également le cas Thatcher, première femme à devenir Premier ministre (1979) en Europe occidentale. Mais, outre qu'effectivement la tradition anglo-saxonne est plus ouverte au pouvoir des femmes, Margaret Thatcher parvient à la faveur de la crise à s'imposer à son parti et par lui, à l'Angleterre. La « dame de fer » s'inscrit dans le mythe de la femme sauveur, aussi dangereux que son contraire, la femme sorcière ou démoniaque, et reposant sur une idée symétrique de la naturalité du féminin.

Néanmoins, les blocages paraissent en France particulièrement forts. Toute une série de facteurs ont été avancés qui peuvent permettre de comprendre cette identification, théorique et pratique, du politique aux hommes.

D'abord *le poids du passé*, si présent dans « ce cher et vieux pays », cimenté par son histoire. L'héritage franc exclut les femmes de la succession au trône, elles ne peuvent être que régentes. Toute Régence est appréhendée comme un moment dangereux, propice à toutes les intrigues et à tous les dérèglements. Aux deux extrémités du spectre : Blanche de Castille, à la foi pieuse et *virago* (Le Goff, 1996), et Catherine de Médicis, pour Michelet l'exemple incarné de la catastrophe qu'est le pouvoir fait femme. La tradition britannique est sous cet angle fort différente (Zemon-Davis, 1991). Or la Révolution, par un décret du 1er octobre 1789, reconduit la loi salique, en faisant ainsi une loi constitutionnelle de la nouvelle monarchie (Fraisse, 1995).

De même, les femmes ne détiennent pas de fief, maillon essentiel de la féodalité. Elles n'exercent pas de suzeraineté sur un territoire et sur des hommes. Or le modèle du fief informe et modèle la représentation politique moderne à l'œuvre dans le système des circonscriptions et du scrutin majoritaire uninominal. Elles y parviennent, là encore, seulement comme remplaçantes d'un membre de leur famille. Il est du reste remarquable que ce système fonctionne particulièrement bien au Front national. Dans l'idéologie d'extrême-droite, les femmes n'ont pas d'individualité propre et prolongent la famille, le couple qui les incorporent. Le « parachutage » des candidats est, en France, fort mal vu, mais plus encore pour les femmes.

Autre héritage du passé : le modèle de Cour qui a façonné de manière efficace la « civilisation des mœurs » (Élias) et instauré un certain type de rapports, insinuant, entre les hommes et les femmes, celui de la courtoisie (Duby, 1991), de la galanterie (Hepp, 1992) dont l'apparent agrément recouvre une manière de mettre les femmes à distance des choses sérieuses, en orbite autour du pouvoir des hommes, pour elles à jamais hors d'atteinte, comme un astre trop brûlant. La galanterie écarte les femmes des joutes politiques où leur fragile beauté n'a rien à faire. Elles sont faites pour l'amour et le repos du guerrier, non pour la guerre. La galanterie tant vantée d'une douce France ainsi dépourvue de guerre des sexes, à l'opposé du modèle américain honni, est en fait profondément discriminante. Yvette Roudy confiait à Mariette Sineau qu'il lui était « impossible de parler politique avec François Mitterrand en raison de sa galanterie instinctive » (Sineau, 1988). Elle dissimule également une grande défiance pour l'influence politique des femmes dont Marie-Antoinette fut la figure décriée, que les révolutionnaires et les organisateurs de la Cité mettent en avant pour justifier l'éloignement des femmes de la pratique politique : elles la pervertiraient. La politique est décidément chose trop sérieuse pour être abandonnée aux salons et à la conversation des femmes, disait Guizot, qui, tels Barante, Rémusat, ou Royer-Collard, instaurateurs de la politique moderne, récusent la « frivolité » d'un XVIIIe siècle trop féminin (Rosanvallon, 1985). Le « grand homme » dont ils rêvent prend résolument ses distances par rapport à la femme qui ne peut être « grande », au pire « petite femme » (de Paris).

Deuxième ensemble de facteurs : la manière dont s'est opérée *la rupture politique* entre Ancien Régime et modernité est également éclairante. Elle a contribué à sacraliser le pouvoir politique. Le Citoyen se substitue au Roi, décapité. Il reçoit par ce sacrifice le baptême du sang. Ce processus victimaire et dramatique interdit toute banalisation et place la politique sur l'autel des grands rites. Le Citoyen revêt du monarque immolé les attributs et la majesté. Objet d'une conquête, le pouvoir politique a quelque chose du sanctuaire et du château-fort, comme, plus tard, l'Élysée sera un palais. Un tel transfert de sacralité ne peut s'opérer qu'au bénéfice du mâle, seul digne du *Sacre du citoyen* (Rosanvallon, 1992). Dans cette complexe tradition française, faite d'un mélange d'Ancien Régime et de Révolution, très tocquevillien, l'activité la plus noble et le service public appartiennent à ce substitut des princes que sont les hommes.

La question de l'Église et de la culture catholique viennent encore achever de masculiniser le nouveau pouvoir politique. Suspectes d'alliance avec l'Église, qui effectivement mise sur elles au XIXe siècle, de sujétion à l'égard des prêtres qui sont censés les manipuler par le confessionnal, les femmes apparaissent comme des traîtresses en puissance. C'est tout le thème du pouvoir occulte et nocturne des femmes qui resurgit. Michelet, convaincu de l'importance stratégique des femmes, se fait l'interprète de cette thèse (cf. *La Femme et le prêtre*). Il leur attribue l'échec de la Révolution, celle de la République de 1848. À plus forte raison prêche-t-il pour leur éducation, attirant au Collège de France, en 1850, un auditoire féminin nombreux et fervent (Michelet, 1995). Toujours est-il que l'argument de la catholicité a été souvent invoqué pour refuser le droit de suffrage. Radicaux et francs-maçons, vigies de la libre pensée, y étaient particulièrement réticents pour ces raisons, principalement entre les deux guerres et jusque dans l'Assemblée d'Alger de 1944. Leur méfiance était renforcée alors par la construction d'un féminisme chrétien lui-même converti au vote des femmes (Bard, 1995). Les femmes ont été un enjeu de pouvoir constant entre Église et laïcité.

Enfin, la construction d'une citoyenneté universaliste et individualiste a créé pour les femmes une situation inextricable. Ni par leur nature, ni par leur fonction les femmes ne sont reconnues comme des individus. Elles n'en ont pas les capacités physiques. Thomas Laqueur a montré comment, au XVIIIe siècle, le développement des sciences naturelles et médicales a sexualisé les genres, pensés depuis la Renaissance de manière plus abstraite et ontologique. Dans ce schéma, les femmes sont plus que jamais assignées à leur corps, ancrées dans une féminité contraignante. Vouées à la reproduction, elles sont l'utérus vacant qui reçoit la semence. L'excès de leur sang les rend malades, voire hystériques. Au XIXe siècle, on leur découvre des nerfs spécialement irritables, un cerveau moins bien organisé. L'espace public n'est pas pour elles ; elles sont faites pour « cacher leur vie » (Jules Simon) et vaquer dans l'ombre protectrice du foyer.

Car la famille est leur partage, leur lieu et leur devoir. De cette famille, elles sont des membres indispensables, mais soumis à l'autorité du mari et père qui à la fois gouverne et représente la famille. Or la famille est le principal interlocuteur de l'État. Anne Verjus fait remarquer combien le système censitaire de suffrage était familialiste ; même l'exclusion des domestiques se justifiait aussi par leur appartenance à une maisonnée, du moins jusqu'en 1848 qui, de ce point de vue aussi, constitue une coupure. Cette conception familialiste rode longtemps et c'est à ce titre qu'on envisage la possibilité pour les femmes de parvenir à l'électorat : comme veuves ou remplaçantes d'un mari absent (cf. Vichy).

Pierre Rosanvallon a beaucoup insisté sur cette difficulté politique et structurelle (1992). Il a opposé sur ce point féminisme français, acculé à défendre la capacité individuelle des femmes, et féminisme anglais susceptible de revendiquer l'accès au politique en termes identitaires. « Dans l'approche utilitariste de la démocratie qui domine dans les pays anglo-saxons, les femmes conquièrent les droits politiques en raison de leur spécificité. On considère qu'elles introduisent dans la sphère politique des préoccupations et une expertise propre [...]. C'est en tant que femmes, et non en tant qu'individus qu'elles sont appelées aux urnes. » Parce que les femmes représentent les femmes, sans leur présence, c'est la moitié de l'humanité qui n'est pas représentée. Tels étaient les arguments avancés par Mrs Fawcett, Mrs Pankhurst et leur allié, John Stuart Mill. En Grande-Bretagne les féministes revendiquent la politique au nom du sexe, alors que ce même sexe est en France disqualifiant. La « conscience de genre » est du même coup facilitée en Grande-Bretagne, alors qu'en France, elle est constamment menacée par l'atomisation. L'attitude de George Sand qui estimait prématuré en 1848 de donner le droit de vote aux femmes parce qu'elles « n'avaient pas d'individualité propre », et faisait de l'acquisition des droits civils un préalable absolu, conforterait cette thèse argumentée et séduisante qui a le mérite de prendre le problème à bras le corps et de le traiter en termes de logique politique. On peut néanmoins lui objecter que l'argument individualiste est employé aussi par les Anglo-Saxonnes, et qu'à l'inverse les Françaises ne se privent pas de mettre en avant le « nous, les femmes » du genre (cf. Sian France Reynolds, communication inédite). Enfin « la faiblesse du féminisme français », si souvent invoquée, vient en partie de l'ignorance historiographique qu'on en avait et que les travaux des jeunes historiennes ont largement dissipée. La densité plus forte de la sociabilité féminine dans le monde anglo-saxon explique par ailleurs une identité plus affirmée.

Sur ces fondements, la politique se définit et s'organise comme un *domaine masculin et exclusif des femmes.*

Sa définition s'appuie au XIXe siècle sur la théorie des sphères, tentative européenne de rationalisation de la société où les rôles, les tâches et les espaces sont des équivalents des sexes. Le public, dont la politique occupe le cœur, appartient aux hommes. Le privé, dont la maison occupe le centre, est délégué aux femmes (sous le contrôle des hommes). La famille opère la jonction entre les deux. Le Code civil atteste son caractère patriarcal.

Cette définition se fonde sur un double argument : celui de la Nature, dont nous avons déjà parlé, et celui de l'utilité sociale, qui rend les choses beaucoup plus acceptables. Ce siècle, qui a compris la dynamique des mœurs, plus fortes que la loi, disent certains, et de l'éducation, clef de la production des humains, célèbre l'importance des femmes et de leur citoyenneté sociale. N'auraient-elles pas le « vrai » pouvoir ? À quoi bon les laisser accéder à la politique ?

Dès lors, la politique s'organise comme un système masculin où les femmes sont totalement disqualifiées, puisqu'elles ne peuvent ni choisir, ni gouverner, encore moins représenter (Fraisse, 1995). On peut prendre la féminité comme emblème, saturer l'espace public de symboles féminins (Agulhon, 1979 et 1989). Mais les femmes ne peuvent être ni électrices ni députées.

La politique est une noble activité, un métier d'hommes, lié à la culture virile, celle des qualités innées (l'abstraction, la volonté de la décision, le courage) et de plus en plus à des compétences acquises par de grandes Écoles fermées aux femmes. C'est un lieu d'exercice de la parole publique, de l'affrontement, éventuellement brutal. Elle s'appuie sur les Cercles, équivalents français des clubs anglais tout aussi masculins (Agulhon, 1977), où se confortent et se soudent les fratries fréquemment nées au collège et au lycée. Ultérieurement, les partis politiques reprennent ce modèle de la fratrie masculine, d'une société monosexuelle où les femmes sont d'abord impensables, puis déplacées, vécues comme une douloureuse intrusion, en tout cas une bizarrerie incongrue.

Que dire du "look" politique ? Il n'a pas été davantage élaboré pour des femmes. Trop féminines, elles suscitent la convoitise qui les transforme en objet. Plus masculines, elles s'attirent le sarcasme. Il est préférable d'avoir un certain âge et une allure maternelle. Sur la scène politique, la femme est un objet déplacé, offert aux regards masculins.

La politique suppose du temps, des horaires illimités, un loisir opposé au temps domestique des femmes (Gaspard, 1995).

Enfin, la conception même de la politique comme compétition

sans merci, bataille et mise à mort (au moins symbolique) est éloignée des valeurs dites féminines. Il y a dans la politique une singulière violence qui n'attire pas nécessairement les femmes.

Ces conditions peuvent contribuer à expliquer l'engagement relativement faible des femmes en politique. Au XIXe siècle, il n'en était pas question. Et l'expérience, à la fois exceptionnelle et paradoxale, de George Sand, impliquée au plus haut niveau auprès du Gouvernement provisoire de la République de 1848 dont elle rédigeait les *Bulletins*, tout en se distanciant lorsque les circonstances — en l'occurrence les journées de juin — affaiblissent la position de ses amis, dans une position de relative extériorité liée à sa non citoyenneté de femme, est significative dans son originalité.

La difficulté est si grande de s'aventurer dans ce domaine, où il n'y a que des coups à prendre, comme le disent toutes les femmes publiques, comme le montrent les difficultés de Nicole Notat (Secrétaire générale de la CFDT) en novembre 1995 et à nouveau à l'automne 1996, où l'on vit resurgir les attitudes les plus misogynes, se référant aux femmes tondues de la Libération, que beaucoup de femmes renoncent. Le problème est également posé du consentement ou de l'acquiescement des femmes à leur rôle, d'autant plus qu'il est célébré et magnifié par un discours, plus ou moins double, invoquant les mœurs plus fortes que la loi et célébrant la puissance des femmes. D'autre part, les femmes ont développé, par la charité et la philanthropie, muées souvent en travail social plus professionnel, une intervention dans la Cité qui leur a conféré une véritable expertise et le sentiment d'une citoyenneté sociale efficace. À côté de l'État providence, n'y avait-il pas une maternité sociale, parallèle ou complémentaire ? Parce que la politique leur était inaccessible, les femmes ont pu la dévaluer, négliger même sa portée symbolique et sa spécificité. La politique ? Jeux masculins, futiles et assez vains. Les femmes n'ont-elles pas mieux à faire ?

Enfin, les femmes ont, en France — et voilà bien une spécificité — investi un effort considérable dans l'accès au salariat, ceci depuis le milieu du XIXe siècle, servies par les besoins de main-d'œuvre du marché français et par les nécessités économiques d'une petite bourgeoisie appauvrie et désireuse d'instruction et d'emploi pour ses filles. Toujours est-il que dès la veille du premier conflit mondial, le taux d'activité des femmes en France, y compris celui des femmes mariées, était un des plus élevés d'Europe. Il l'est toujours aujourd'hui, à peu près à l'égal du Danemark. Cette intégration massive des femmes au salariat, avec des profils de carrières permanentes tout au long de la vie, est le fait majeur des trente dernières années, que la crise a plutôt stimulé que freiné. L'indépendance et l'autonomie des femmes, confrontées d'autre part à la profonde modification des formes de la famille (familles monoparentales à large dominante féminine par exemple) passent désormais par là.

Il n'est par conséquent pas aisé de trouver du temps libre pour la politique. D'autant plus que le partage des tâches domestiques et familiales a relativement peu évolué et que la double journée, le poids et le souci des responsabilités journalières demeurent pour la plupart des femmes le lot ordinaire.

En somme, il existe deux verrous principaux à l'entrée des femmes en politique : les partis et le foyer.

Ce verrouillage tient au système de valeurs qui cimente la société. Dans un livre récent, *Masculin/Féminin. La pensée de la différence* (1996), Françoise Héritier montre en anthropologue les racines de l'inégalité dans la pensée symbolique et l'existence, dans toutes les sociétés, d'un domaine réservé masculin considéré comme instance supérieure de prestige et de pouvoir. Ce domaine n'est pas immuable ; mais il se recompose et se redéfinit en fonction des hiérarchies propres à telle ou telle époque. Dans les sociétés démocratiques, la politique est une de ces instances supérieures, et plus encore en France où, pour toutes les raisons historiques indiquées, il fait l'objet d'une valorisation spécifique. D'où la résistance des hommes dans ce nœud gordien du pouvoir, apanage viril si contraire à la douceur d'une féminité érigée en mythe. Il n'est pas surprenant que les femmes rencontrent de telles difficultés pour y parvenir.

Les actuels débats et combats pour la parité en politique montrent à la fois l'évolution des esprits et la force de la crispation.

En cette fin de siècle — et de millénaire — de nouveaux partages s'esquissent entre les sexes.

Et pour quelle Cité ?

LE GENRE DE LA VILLE[*]

La ville du XIXe siècle, plus précisément encore la ville française, a-t-elle été un lieu d'hospitalité pour les femmes ? Y a-t-il à cet égard une différence des sexes ? La question du genre et de la ville — du genre dans la ville — est relativement neuve. Un *Guide bibliographique* publié en 1992 par le CNRS et dû à une équipe de l'université d'Aix-Marseille comporte 549 titres[1]. Toutefois, certains sont assez périphériques par rapport au sujet « femmes/ville », traitant de l'un ou de l'autre, plus rarement des relations entre les deux.

Deuxième remarque : cette question est extrêmement connotée, débordée par les représentations et les stéréotypes. Il y a une vision catastrophique de la ville au XIXe siècle, vision largement morale, de la ville dangereuse pour tous, mais plus encore pour les femmes dont elle menace la vertu. La ville prostituée, prostitutionnelle culmine dans la représentation de « Paris-Babylone ». Le vocabulaire est significatif qui oppose, par ailleurs, la « femme publique », l'horreur, à « l'homme public », l'honneur. La première est propriété commune — la putain ; le second, la figure même de l'action. L'espace public, dont la ville est une forme, souligne avec éclat la différence des sexes.

Troisième remarque : quand les hommes et les femmes du peuple parlent de la ville, ils ne renvoient pas nécessairement cette image péjorative, mais une autre, beaucoup plus positive. Il existe un « amour de la ville chez les ouvriers français au XIXe siècle[2] », bien que la prudence s'impose en raison du caractère sélectif des témoignages, produits la plupart du temps par ceux qui ont réussi. La dissymétrie sexuelle est là aussi très forte, en raison des difficultés que les femmes, du peuple surtout, ont à accéder à l'écriture, et de surcroît à cette forme de l'écriture de soi qu'est l'autobiographie[3].

---

[*] « Le Genre de la Ville », *Communications*, 1997, 65, « L'Hospitalité », dirigé par Anne Gotman, p. 147-163.

Il est assurément d'autres sources pour saisir la place des femmes dans la ville, policières[4] et judiciaires notamment. La thèse d'Anne-Marie Sohn, qui repose sur le dépouillement de quelque sept mille dossiers judiciaires sur des conflits privés mettant en scène des femmes, du peuple pour les trois quarts, entre 1880 et 1930, apporte de très nombreux éléments au sujet qui nous retient[5]. Globalement, l'auteur pense que la ville s'est, au bout du compte, avérée être plutôt un espace de libération et de liberté pour les femmes, et de modernisation des rapports sociaux et sexuels, conclusion à laquelle, pour ma part, je souscris. Marâtre souvent, la ville fut aussi l'ouverture des destins, une frontière des possibles, inégalement sans doute selon les sexes, mais pour les femmes aussi.

Quelques perspectives cavalières, démographiques, économiques et culturelles sont nécessaires à l'intelligibilité des rapports de sexes dans l'espace urbain. Les statistiques du XIXe siècle permettent de préciser la nature sexuelle des flux migratoires et la répartition des sexes dans les villes, notamment dans Paris. Dans la première moitié du siècle, prévaut un déséquilibre : surcroît d'immigration masculine, femmes rares, surtout entre vingt et quarante ans. Dans la seconde moitié du XIXe siècle, à partir des années 1880, stabilisation des migrants et venue plus massive des femmes rétablissent un certain équilibre. Le développement de la domesticité, consécutif à l'embourgeoisement de la cité, crée même un excédent féminin, notamment à l'ouest de la capitale. Ces variables sont importantes pour des phénomènes comme la prostitution, la violence sexuelle, etc. Il y a une demande de femmes qui en fait souvent une marchandise, une valeur d'usage et même d'échange[6]. Les lieux de rencontre des sexes séparés, comme les bals, sont essentiels. Paris est, au XIXe siècle, une ville qui danse, et pas seulement pour son plaisir.

Il faudrait faire une place particulière aux femmes seules, partout prédominantes : au recensement de 1851, au-dessus de cinquante ans, on dénombre 27 % d'hommes seuls pour 46 % de femmes seules (34 % de veuves et 12 % de célibataires). « La ville, dégorgement traditionnel du trop plein rural, devient l'horizon ordinaire des célibataires ; elle fabrique autant qu'elle attire les solitaires[7]. » On l'avait observé au XVIIIe siècle et cela se confirme au XIXe : trois villes sur quatre ont, au recensement de 1860, un excédent féminin. Les Britanniques, affrontés au même problème, dénoncent les *redondant women* dont on ne sait que faire. Les veuves et les femmes âgées, inactives, posaient un problème particulier. Beaucoup étaient hébergées par leurs enfants, car la corésidence a persisté beaucoup plus longtemps qu'on ne le croit. Les « gâteuses » aboutissaient à l'hôpital qui n'était pas spécialement organisé pour les recevoir. Les hospices de vieillards, structures d'accueil spécifiques, ne se sont véritablement développés que dans la première moitié du XXe siècle[8], lorsqu'on prend conscience d'un problème de la vieillesse principalement urbaine, et féminine, souvent d'origine provinciale, mais qui n'envisage plus nécessairement de revenir au pays pour y mourir.

Ces migrations nous invitent à abandonner l'idée de femmes emmurées et immobiles. Les femmes du XIXe siècle bougent, se déplacent, voyagent, prennent le coche d'eau, les berlines, bientôt le chemin de fer qui prévoit du reste des compartiments pour femmes seules. Ces migrations posent la question des lieux d'accueil. Peu d'institutions, mais des réseaux familiaux et de proximité qui font de Paris un grand village[9]. Les Auvergnats se regroupent en courées correspondant à leur commune d'origine ; ainsi rue de Lappe. Le rôle de la famille comme instance de solidarité et de sociabilité est plus central que jamais. De cette hospitalité privée, les femmes bénéficiaient comme les hommes ; elles y déployaient leurs qualités de ménagères et de cuisinières. Les plus isolées étaient les jeunes domestiques, placées par leurs familles, « nourries et logées » dans des sixièmes étages souvent sordides, affrontées plus que d'autres à la solitude et à la séduction[10]. En dehors de ces structures privées ou patronales, il y avait peu de formes d'hospitalité pour les femmes, qui ne pouvaient guère fréquenter les hôtels garnis ou les cafés, lieux d'hommes.

Toutefois le soupçon pèse sur les déplacements des femmes et notamment des femmes seules. Flora Tristan, grande voyageuse s'il en fut — ses *Promenades dans Londres* (1840) sont un captivant témoignage de la différence des sexes dans une grande capitale et des difficultés de la circulation féminine — s'était vue refuser l'hospitalité dans certains hôtels du Midi qui affichaient : « interdit aux femmes seules », par souci de respectabilité. Elle écrivit en 1835 un opuscule, *Nécessité de faire un bon accueil aux femmes étrangères*, où elle préconise la formation d'une Société pour les assister. Dotée d'un local et d'une bibliothèque, où l'on pourra lire les journaux, elle aura pour devise « Vertu, Prudence, Publicité » ; les adhérentes porteront un ruban vert bordé de rouge en signe de reconnaissance ; elles auront toutefois droit au secret, nécessaire à leur *privacy* : projet qui préfigure les « foyers », multipliés dans la seconde moitié du siècle par les associations et les ligues, protestantes surtout et dont il faudrait faire l'inventaire[11]. On se souciait en effet de plus en plus des dangers courus par les jeunes arrivantes.

Les adhérentes de la Ligue de protection de la Jeune fille ou de l'Œuvre des gares se postaient dans les grandes gares parisiennes pour éviter que les migrantes crédules ne se laissent circonvenir par les raccoleurs et les proxénètes, agents d'une « traite des Blanches » qui drainait la « chair fraîche » dans des réseaux de plus en plus étendus, de la Pologne à Rio ou Buenos-Aires.

Deuxième série de données proprement urbaines. Les migrations avaient introduit une certaine confusion des espaces et des sexes. D'où progressivement le désir d'ordonner la ville par circulation des flux et spécialisation des espaces. À ces deux niveaux, les femmes sont touchées. Les femmes du peuple circulent, utilisent la ville comme une forêt, un territoire de libre parcours où trouver sa subsistance et gagner sa vie. Elles grappillent le combustible, écument les marchés, revendent les occasions. Vendeuses à la toilette, étalagistes, elles utilisent la chaussée au point que le préfet de Police Gisquet prit en 1836 des mesures pour limiter, puis interdire leur trafic. Disperser et canaliser les foules est un des principes de l'haussmannisation, qui touche les classes populaires et principalement les femmes. Entre public et privé, le trottoir, après la chaussée, est un lieu de lutte sourde pour l'appropriation de l'espace. Prolongement de la maison, mais au-delà du seuil, à qui au juste appartient-il ? Les riverains n'ont-ils pas, aujourd'hui encore, l'obligation de son déblaiement en cas de gel ?

Il faut tenir compte, enfin, de données socio-culturelles qui définissent de façon de plus en plus stricte le public et le privé[12], catégories politiques grossièrement équivalentes aux sexes. De là recul général de la mixité, du moins de la confuse et douteuse mixité de la foule et du peuple et définition d'espaces propres à chaque sexe dont le mélange est considéré comme périlleux, porteur de désordre, d'immoralité, d'hystérie. Les théoriciens des foules (Gustave Le Bon, Gabriel de Tarde, Taine...) incriminent particulièrement la présence des femmes. Zola lui-même fait d'elles les signes et les ferments de la violence : ainsi dans la célèbre marche des mineurs de Montsou de *Germinal* (1885)[13]. L'évolution des cafés est en l'occurrence un précieux indice. Jacqueline Laouette, dans sa thèse sur « les débits de boisson » (1871-1914[14]), a comparé la Bretagne et le nord de la France. En Bretagne rurale, le café reste un endroit mixte, où hommes et femmes se retrouvent, boivent et « crêpent » ensemble. Par contre, dans le Nord industriel, l'estaminet est de plus en plus masculin et les femmes « honnêtes » hésitent à y pénétrer, même lorsqu'il s'agit de venir chercher un mari qui, un jour de paie, s'y attarde un peu trop. L'évolution est partout identique. Les photos de Robert Doisneau, sur les bistrots de Paris, dans les années 1950, illustrent ce point d'aboutissement : haut lieu de la sociabilité masculine, le bistrot, forme populaire du café parisien, comporte quelques rares silhouettes de femmes, timides, entrées presque par effraction.

La politique a joué son rôle dans la mesure où elle se définit au XIXe siècle comme une activité spécifiquement masculine, et pas seulement en ville. Lucienne Roubin, Maurice Agulhon l'ont montré à propos de la « chambrette des Provençaux » et d'autres lieux méridionaux de sociabilité virile[15]. L'exemple anglais est plus frappant encore. Dorothy Thompson a décrit le processus d'exclusion des femmes dans les *pubs* et les *inns* devenus les centres nerveux du chartisme. La respectabilité de la politique populaire passait par l'exclusion des femmes. Pour des raisons analogues, Guizot et les organisateurs de la démocratie en marche refusaient que la politique soit l'affaire des salons, chose trop sérieuse pour être laissée à la frivolité féminine[16].

Le retrait physique et politique des femmes de l'espace public s'accompagne d'une invasion de leur image. Le corps féminin est l'objet d'un investissement symbolique multiforme. Politique : la Marianne incarne la République, figure de mère robuste et nourricière[17], tandis que la Germania, plus guerrière, représente l'Empire allemand après l'unité. La statuaire foisonnante du XIXe siècle multiplie les allégories féminines aux frontons des gares ou des banques, place des muses aux côtés des grands hommes qu'elles couronnent. Tandis que la publicité commençante couvre les murs d'affiches identifiant l'attrait d'un produit à la femme qui le présente ou l'accompagne. Le Modern Style excelle en la matière. Pour Mucha, croquer le biscuit LU, c'est consommer la femme associée aussi aux nouvelles automobiles. Les sinuosités, les volutes du corps féminin adoucissent et acclimatent la modernité des machines[18]. Les villes du XIXe siècle sont submergées d'images de femmes.

Si l'on ajoute à cela les phénomènes religieux, le développement prodigieux du culte de la Vierge Marie et des figures de saintes, comme Thérèse de Lisieux, l'implantation des couvents, des pensionnats, des petites écoles, des ouvroirs — structures d'accueil qu'il faudrait d'ailleurs cartographier —, on conçoit que les rapports des femmes avec l'espace urbain se situent au croisement de nombreuses variables qui interviennent dans la « mise en scène de la vie quotidienne », dont Erving Goffman a montré toute la complexité du simple point de vue psycho-sociologique.

Les formes et les lieux de l'hospitalité sont forcément tributaires de ces conditions.

Les frontières des sexes au XIXe siècle : l'exemple de Paris

Ces frontières bougent singulièrement. La tendance est d'abord celle d'une ségrégation croissante et d'une nouvelle ritualisation sexuelle de l'espace. Mais démocratisation et effet de masses tendent toujours à les déborder. D'autre part, de nettes différences opposent quartiers bourgeois et populaires. De cette géographie fluctuante, nous ne pouvons dessiner ici que quelques courbes de niveaux.

Des espaces interdits aux femmes ; c'est, par exemple, le cas de la Bourse, du moins à partir du Second Empire qui virilise le commerce de l'argent. Jules Vallès en est le témoin satisfait. « Les femmes, qui faisaient des opérations à la Bourse, se tenaient autrefois dans cette galerie. On les en a chassées, et celles que l'on y rencontre aujourd'hui sont des spectatrices indifférentes. Ces dames se tiennent maintenant, quand il fait beau, dans les jardins qui entourent la Bourse, et, quand il fait mauvais, nous ne savons trop où. On a tout fait pour empêcher les femmes de jouer à la Bourse, et l'on a eu raison. Nous ne parlons point pour elles, mais pour les malheureux agents qu'elles ont tant de fois fatigués, tourmentés, assommés (...). La plupart des femmes postées en sentinelles perdues le long de la Bourse, rangées en compagnie contre la grille, sont laides comme les sept péchés capitaux et vieilles comme le diable (...). On sait que quelques-unes faussent le règlement, prennent une culotte, des bottes et un tuyau de poêle, et, ainsi déguisées, se mêlent à la foule des spéculateurs [19]. » Le travestissement est un mode de transgression des interdits. Tandis que le petit commerce demeure largement ouvert aux femmes, la finance, la Banque, les « affaires » leur échappent complètement. Et par conséquent les théâtres de leur pratique.

Les lieux intellectuels de culture ne se montrent guère plus accueillants. Des musées, Baudelaire dit pourtant qu'ils sont les seuls endroits convenables pour les femmes ; lieux de fréquentation mondaine, voire de présentation matrimoniale, mais aussi de travail pour les copistes qui s'affairent dans la Grande Galerie du Louvre, le dessin faisant partie de l'éducation des filles, voire de leur possible gagne-pain. Les bibliothèques, aujourd'hui si féminisées, leur font grise mine au XIXe siècle : lire, écrire, est-ce affaire de femmes ? Le babouviste Sylvain Maréchal publia en 1801 un *Projet de loi portant défense d'apprendre à lire aux femmes*, texte d'humeur peut-être, en tout cas condensé des stéréotypes d'alors sur le rapport réticent des femmes aux livres et à l'activité intellectuelle[20]. On y lit : article 52 : « La raison *veut* qu'en attendant l'entier accomplissement de la présente loi, les femmes s'abstiennent de lire et même d'assister aux séances publiques ou particulières des Instituts, Académies, Cercles ou Sociétés littéraires, Portiques ou Veillées des Muses, Musées, Lycées, Prytanées, Athénées, etc. ; comme aussi de suivre les catéchismes et les cours, de *hanter les bibliothèques* (je souligne), etc. Ce n'est pas leur place : les femmes ne sont bien que chez elles ou dans une fête de famille. » Article 60 : « La raison *veut* que tous les bons livres soient lus aux femmes, mais non lus par elles », etc. On redoutait leurs méfaits sur une imagination toujours prête à batifoler.

La réalité était certes différente. Les femmes, surtout en ville, étaient largement alphabétisées, et de surcroît grandes lectrices, mais en privé. Situation paradoxale qu'a très précisément décrite Françoise Parent dans sa thèse sur « Les cabinets de lecture à Paris sous la Restauration[21] » : au début du XIXe siècle, plus de la moitié des tenanciers de ces officines étaient des femmes, mariées ou plus souvent encore veuves ; mais les femmes « comme il faut » n'y venaient pas ; elles y envoyaient les plus instruites de leurs domestiques, ces femmes de chambre avisées qui, avides de romans, influaient sur les lectures de leurs maîtresses, ce que raconte Henri Monnier dans *Le Roman de la portière*.

Une fois par an, au moment des examens du brevet de capacité, on réservait les bibliothèques publiques aux jeunes filles. C'était la « quinzaine des institutrices », que Maxime du Camp décrit en termes grivois et amusés[22]. On comprend la jouissance d'une Simone de Beauvoir, fervente de la Bibliothèque nationale : entre les deux guerres, les étudiantes y faisaient une entrée remarquée et c'était un territoire tout nouvellement conquis.

Soif de lecture : soif d'écoute aussi. Les femmes se pressaient aux prêches des prédicateurs en vogue ; elles firent le succès d'un Lacordaire. Ou encore aux cours du Collège de France, qui, contrairement à ceux de la Sorbonne (du moins dans la première moitié du siècle), leur étaient accessibles parce que « publics ». Elles affluaient à ceux de Michelet, surtout lorsqu'en 1850 il mit à son programme « Éducation de la femme et par la femme[23] ». Il fallut réserver des rangs entiers « aux dames ». « Les bas-bleus de Paris s'y donnent rendez-vous ; il y a quelques jolis minois, beaucoup d'atroces », commente Henri Dabot, interprète de la misogynie ordinaire des étudiants[24].

Ceux-ci appréciaient les grisettes, ces jeunes ouvrières qui tenaient leur ménage et leur lit[25], mais refusaient toute présence féminine, qu'il s'agisse de conciliabules politiques ou simplement de cours. Lorsque Julie Daubié, dotée d'un baccalauréat conquis de haute lutte en 1861 (il y fallut l'intervention du saint-simonien lyonnais Arlès-Dufour et de l'impératrice Eugénie), prétendit dans la foulée préparer une licence de lettres, elle y fut autorisée par le rectorat de Paris, mais à condition de ne pas suivre les cours, pour éviter toute contestation ; elle le fit donc en autodidacte. En 1893, le cours du professeur Larroumet à la Sorbonne fut chahuté « pour protester contre la présence des femmes dans l'amphithéâtre[26] ». Les professeurs étaient tout aussi réservés, notamment en droit, discipline dont l'austérité semblait incompatible avec la présence féminine. Les tribulations de la première étudiante en droit sont exemplaires. Il fallut l'intervention du Conseil de l'Université pour que l'appariteur consentît à la laisser entrer. « Nous avons hésité à accorder à Mlle Bilcescu l'autorisation qu'elle demandait par crainte d'avoir à faire la police dans les amphithéâtres », dit à la fin de l'année un professeur qui se félicitait du résultat : « Vous l'avez respectée comme une sœur et nous vous en remercions[27]. » Signe de temps nouveaux : dès 1901 est créée une Association des étudiantes de Paris qui se donne pour objectif de faciliter l'intégration des jeunes filles, y compris sur le plan de l'emploi.

Notons-le au passage : même à l'intérieur de la maison, la bibliothèque, le cabinet de travail, quand ils existent, sont territoire masculin où les femmes ne pénètrent pas : le tabernacle du dieu pensant. Les Goncourt décrivent ainsi la maison de Sainte-Beuve : « ...il y a deux Sainte-Beuve : le Sainte-Beuve de sa chambre d'en haut, du cabinet de travail, de l'étude, de la pensée, de l'esprit ; et un tout autre Sainte-Beuve descendu, le Sainte-Beuve dans la salle à manger, en famille, avec son secrétaire Troubat, sa correctrice d'épreuves, sa maîtresse la Manchotte, Marie la cuisinière et les deux bonnes. Dans ce milieu bas, il devient un petit-bourgeois (...) hébété par les ragots des femmes[28]. » Texte à prendre évidemment à plusieurs degrés et qui ne nous donne pas nécessairement le plan des maisons bourgeoises, mais qui exprime une représentation des rôles sexuels et de leur traduction dans l'espace, qu'il soit domestique ou public.

De même y eut-il de fréquentes protestations tout au cours du XIX siècle contre la présence des femmes dans les audiences des cours de justice, notamment lors des procès criminels. Le *Génie des femmes* (1845) écrit que ces spectacles trop impressionnants risquent de tarir le lait de celles qui allaitent. Lors du procès de Troppmann, assassin dont le crime (il avait tué une famille entière) défraya la chronique (1869), on prit la décision de repousser les femmes au fond de la salle, « innovation très heureuse », dit la *Gazette des tribunaux*[29].

Les espaces militaires et sportifs étaient les plus masculins de tous. Toute femme qui s'approche d'une caserne est suspecte. Seules les dernières des prostituées, les « pierreuses », pauvres femmes à soldats, rôdent à ses abords. Tandis que le défilé militaire, dont les femmes sont spectatrices, inscrit dans la ville la marche de la virilité triomphante.

L'essor des stades et des rings indique le développement d'un loisir viril qui entend s'affranchir de l'emprise de la famille sur le temps libre. Contre la féminisation de la vie privée, ils affirment les droits d'une sociabilité masculine, fort légitime, mais qui montre à quel point le couple moderne « travail salarié / loisir » s'est construit sans les femmes[30]. Dans les milieux populaires, le samedi (celui de la semaine anglaise, qui se développe autour de 1900-1914), les hommes se rendent au stade voir le match de foot, tandis que les femmes font le ménage. Le dimanche restant le jour des familles. Le cinéma a été, par comparaison, beaucoup plus mixte, voire très féminin.

DES LIEUX FÉMININS DANS LA VILLE

Au XIX siècle, en raison de conditions de logement plus que médiocres, l'intérieur ouvrier représente peu de chose et les gens du peuple ont tendance à « vivre dans la rue[31] ». Les femmes surtout, que leurs fonctions poussent vers l'extérieur : dans les cours, si importantes dans les immeubles pré-haussmanniens, dans les rues pour y chercher l'eau des fontaines, des combustibles (matériaux de construction, crottin), des vivres à bon marché. La ville est pour ces éternelles cueilleuses une forêt où braconner sa vie. Quand les hommes sont partis au travail, pour de si longues journées, la rue appartient aux femmes. Elles en ont un usage qui n'est pas sans parenté avec ce que décrit Serge Gruzinski à Mexico[32], en plus dense assurément.

La fonction marchande des femmes, tant au niveau de la vente que de l'achat, s'inscrit dans l'espace des marchés de toute nature. Le XIXe siècle tend à limiter, à spécifier les lieux de l'échange, à faire des marchés couverts, grande préoccupation du Second Empire, en somme à faire rentrer les marchands — et les femmes — dans des endroits précis et clos, plus faciles à limiter et à contrôler. Or, la tendance des femmes est de vendre partout, en plein air. La Bédollière (*Les Industriels*, 1842) décrit l'éventaire de la laitière, ordinairement installé sous les portes cochères, comme un lieu fluide de parole, où se disent « des nouvelles du jour et des cancans du quartier » et il l'oppose à la boutique fermée du marchand de vin, « qui voit descendre chez lui une foule d'habitués mâles, alléchés par l'appât d'un verre de vin blanc, d'une goutte d'eau-de-vie ou d'un journal ». La dichotomie « boutique/rue », « vin/lait », « journal/parole » recouvre celle du masculin/féminin qui opère comme une structure du discours autant que de l'espace social.

Peu à peu, la marchandise rentre dans les marchés couverts et les boutiques. Les éventaires disparaissent, comme s'effaceront plus tard les marchandes de quatre saisons qui, au XIXe siècle, assurent une part majeure du commerce de détail dans les interstices du réseau, encore lâche, d'une distribution dont elles pallient les manques. Mais halles et boutiques dessinent les mailles d'un filet serré, ordonné et réglementé, comme le sont aussi les jardins publics qui progressivement remplacent les terrains vagues. Les boutiques deviennent les principaux rendez-vous des femmes, des points forts et fixes de leur vie quotidienne et de quartiers plus structurés, espaces intermédiaires doués d'un fort pouvoir d'intégration[33]. Les formes de l'hospitalité changent dans un tissu urbain densifié, à la fois plus confortable et plus discipliné, où les circulations des sexes se modifient imperceptiblement.

Les Grands Magasins, haut lieu des femmes, du désir contrôlé des femmes, fournissent à eux seuls l'exemple d'un espace à analyser tant sur le plan spatial que sous l'angle du travail et de la consommation[34]. Dans les commencements, le personnel est masculin et la clientèle, féminine. Le personnel se féminise après la grève de 1869 ; il est intéressant d'observer le rôle contraignant du logement par l'entreprise. Les jeunes gens, demeurant en ville, ont mené la grève ; les jeunes filles, logées par les magasins, ont dû rester passives ;

désormais le patronat préfère ces « demoiselles » dociles par nécessité ; elles envahissent les rayons dont les chefs restent toutefois des hommes, souvent sous-officiers en retraite, agents d'une discipline toute militaire.

L'ambiguïté est tout aussi forte dans le domaine de la consommation. Zola a montré à quel point les Grands Magasins étaient des temples de la tentation et du plaisir : plaisir du luxe, où, dans une débauche de lumières et de parfums, les femmes rêvent de beauté et caressent les tissus comme elles le feraient d'un corps amoureux. Rien d'étonnant à ce que le vol de Grand Magasin devienne au XIXe siècle une forme majeure d'une délinquance féminine par ailleurs décroissante, geste de couturières en mal de fournitures, d'ouvrières en quête de colifichets, de femmes du monde obsédées par la nouveauté. Les psychiatres ont analysé, à longueur de pages, leur kleptomanie comme une forme d'hystérie, expression d'une sexualité de substitution. Foyer de fantasmes, le Grand Magasin nourrit l'imaginaire de la ville sexuée.

UN ESPACE FÉMININ TYPE : LE LAVOIR

Entre les femmes et l'eau, le lien est immémorial. Il est renforcé au XIXe siècle par le souci du linge, clef d'une première révolution industrielle essentiellement textile, souci rendu plus obsédant par l'exigence d'une propreté encore largement illusoire en raison de la faiblesse des équipements[35]. L'impossibilité de stocker le linge sale, comme on le fait en campagne où les grandes « buées » ne se produisent que plusieurs fois par an, oblige les femmes à des lessives quasi hebdomadaires, voire plus fréquentes. La lessive s'insinue dans leur emploi du temps et le lavoir, dans leur pratique quotidienne.

Traditionnellement, les lieux de lessive étaient très dispersés. On lave partout où il y a de l'eau, au fil des rivières, aux fontaines, auprès d'un puits, voire dans une flaque. Mais cette dissémination fait place à une politique plus volontariste de concentration. Premier stade : les bateaux-lavoirs, en bordure de Seine, délimitation d'un espace spécifique de lavage. On en compte plus de soixante en 1880. Mais déjà les urbanistes du Second Empire ont entrepris de les éliminer pour des raisons économiques — ils gênent l'extension des docks et le trafic fluvial — et socio-politiques : on veut désengorger le centre de Paris au profit des quartiers périphériques. D'où la construction de lavoirs dits « de terre ferme ». Le peuple, les femmes surtout, quitte la Seine et la perde.

Le lavoir de terre ferme est un espace organisé. Dans sa configuration externe : sous la Troisième République, on y plante un drapeau, symbole de l'alliance entre la République et l'eau ; dans sa structure interne fondée sur une division des opérations ; dans sa discipline — le maître du lavoir est un homme — ses horaires, ses techniques.

Mais c'est aussi — surtout ? — un lieu d'hospitalité et de sociabilité pour les femmes qui attendent du lavoir tout autre chose que le blanchissage du linge. On le mesure, par exemple, à travers le roman populaire de Jules Cardoze, *La Reine du lavoir* (Paris, 1893 ; édition illustrée de 1396 p.) qui décrit de façon très vivante la vie quotidienne d'un lavoir à la fin du siècle. Il s'y passe beaucoup de choses, entre les femmes (ici l'adoption par le lavoir de l'enfant naturel d'une mère abandonnée, Jenny, qui devient l'enfant du lavoir), entre elles et l'extérieur. À la pause de midi, les chanteurs ambulants font danser les ménagères, tandis que le placier en photographie vient leur proposer à l'aide d'accessoires une image transfigurée d'elles-mêmes qui participe aux nouvelles présentations de soi qui, telle une houle, parcourt cette fin de siècle.

Le lavoir apparaît, lui aussi, comme un lieu ambivalent. Centre d'une réelle solidarité féminine, matérielle (on y quête pour les femmes dans le « pétrin »), affective, culturelle, d'une culture populaire de quartier dont les blanchisseuses et les ménagères sont un des piliers (ainsi elles animent les fêtes de la Mi-Carême, fête des laveuses) le lavoir est aussi un moyen d'éducation de l'espace-temps de la ménagère que les organisateurs estiment excessivement morcelé, fluide, irrationnel. Ils déplorent ce temps perdu et c'est par le biais de la lessive qu'on a commencé à réfléchir au budget-temps de la ménagère et à une rationalisation possible de la production domestique. La mécanisation et l'aménagement des lavoirs sont tentés à Paris sous le Second Empire ; dans le quartier du Temple, on installe à grands frais un lavoir copié sur des modèles anglais ; il échoue parce que, séparées les unes des autres par des cloisons, délimitant de petites cases individuelles, les femmes ne pouvaient plus parler entre elles. Bel exemple d'une résistance féminine à une forme d'hospitalité urbaine qui ne leur convient pas. La mécanisation des lavoirs se poursuit néanmoins dans la seconde moitié du siècle, mettant progressivement fin au lavoir comme lieu de femmes. Dans les lavoirs mécanisés, les machines sont confiées à des hommes, les femmes perdent le contrôle des opérations du lavage et circulent dans un espace-temps dont elles n'ont plus la gestion et la jouissance.

Le lavoir, lieu de sociabilité des femmes, devenu le moyen de leur socialisation, constitue un observatoire privilégié des modes d'hospitalité urbaine.

LIEUX MIXTES. LE PROBLÈME DE LA MIXITÉ DE L'ESPACE URBAIN AU XIXe SIÈCLE

Au nom de la rationalité de l'ordre, le XIXe siècle pousse très loin la division sexuelle des rôles et par conséquent des espaces. Sous l'angle urbain, la tendance générale est celle d'un recul de la mixité spontanée et du développement d'une mixité organisée. Du moins est-ce le projet, perpétuellement menacé par le flux des arrivants et les résistances populaires. Bien entendu, il ne s'agit pas d'opposer un espace villageois spontané à un espace urbain contrôlé. Au contraire : c'est sans doute parce que la « foule » urbaine apparaît comme inorganisée et sauvage, comme le comble de la confusion dangereuse, que les pouvoirs tentent d'y introduire un ordre. Les découvertes de Pasteur, les microbes, les théories de la contagion et de la propagation des maladies infectieuses ont renforcé encore le soupçon du caractère malsain des promiscuités de toute nature, et notamment sexuelles.

La réglementation anxieuse de la prostitution, forme extrême de mixité organisée, a rendu la ville nocturne encore plus inhospitalière aux femmes, suspectées d'être des « clandestines » dès lors qu'elles déambulent seules, passée une certaine heure[36]. De même le vagabondage des femmes devient-il de plus en plus intolérable. Les théories anthropologiques du temps soutiennent d'ailleurs ce thème de la femme sédentaire — conservatrice, civilisatrice — opposée à l'homme nomade — aventurier, guerrier, chasseur, prédateur, mais aussi découvreur, inventeur. Voici une anecdote révélatrice, que rapporte la *Gazette des tribunaux* (24 XI 1869) : un père de famille vient pour la septième fois réclamer son fils inculpé pour vagabondage ; âgé de quinze ans, il est habillé en fille et a été arrêté comme tel, en compagnie d'un petit garçon. Le père : « Je ne peux pas arriver à le retenir à la maison. Il trouve toujours moyen de se sauver. Je croyais avoir trouvé une idée supérieure en l'habillant en fille, me disant : Ça l'empêchera d'aller vagabonder ! Ah ! bien oui.

Vous voyez ! Il a filé tout de même. L'an dernier, je l'ai fait mettre à la Roquette pendant un mois ; ça n'y a rien fait. Faut qu'il vagabonde... ». Du même coup, on mesure l'extrême importance du costume et pourquoi, lorsqu'elles veulent sortir de leur condition de femmes, certaines s'habillent en homme : George Sand, bien sûr, Flora Tristan pour pénétrer au Parlement britannique, Rosa Bonheur pour peindre (elle dut solliciter une autorisation de la préfecture de police de Paris, une ordonnance napoléonienne interdisant aux femmes de s'habiller en homme), Louise Michel pour combattre dans la Commune, et bien d'autres pour toutes sortes de raisons. S'habiller en homme, c'est pénétrer dans l'espace interdit, s'approprier des lieux réservés, les rendre mixtes. Ce geste de défi symbolise les exclusions que le XIXᵉ siècle a imposées aux femmes.

L'étude des manifestations en fournira un dernier exemple. Grande forme de la vie démocratique, la manifestation n'est en France jamais réellement permise puisqu'il faut toujours en solliciter l'autorisation auprès des pouvoirs publics[37]. Vincent Robert a montré comment, néanmoins, la manifestation s'est acclimatée à Lyon entre 1848 et 1914, jouant sur le nombre qui fait sa force, la présence de la foule, le geste et la parole plus finement ritualisés. Usitée par des catégories sociales et politiques de plus en plus diverses, la manifestation se normalise. Deux traits cependant la caractérisent : à large dominante ouvrière, elle est aussi, comme la politique, affaire d'hommes et de plus en plus exclusive des femmes, surtout après 1848 où s'affirme une culture démocratique dont la dignité se drape dans les plis de la virilité. Sous la Seconde République, à Lyon, comme à Paris, les manifestations féminines sont considérées comme celles de « filles perdues », « défilant en corps » ; même les Voraces, ultra-révolutionnaires lyonnais, les condamnent. Et que n'a-t-on pas dit dans la capitale des Vésuviennes, ces femmes qui prétendaient porter les armes et monter la garde[38]. Les femmes peuvent bien figurer dans les manifestations, mais à leur place, fonctionnel ou rituelle, de porte-bannière, porte-drapeau, soutien ou ornement ; jamais pour elles-mêmes. Toute manifestation de femmes, gréviste, ou féministe, est perçue comme inconvenante ou subversive. Représentation souvent intériorisée par les femmes qui par la suite se sentiront aussi déplacées dans les manifestations qu'à la tribune des meetings. Si la rue quotidienne est hospitalière aux femmes, la rue politique les repousse au nom d'une conception virile de la publicité.

Ces remarques assurément n'épuisent pas le sujet de l'hospitalité urbaine. Il faudrait entreprendre un inventaire de ses lieux et de ses formes, publiques et privées, dans la diversité de ses fonctions. Mais on ne peut faire abstraction de la différence des sexes qui parcourt et quadrille la ville, espace social, ethnique et sexué.

IV
FIGURES

Flora Tristan et George Sand ne s'aimaient guère. Elles s'agaçaient de leur comportement respectif. Flora jalousait George, célèbre quand elle peinait à se faire publier. George s'irritait des récriminations de Flora. Au vrai, ces contemporaines se sont tout juste croisées. Flora est morte en 1844 et George, vingt-deux ans plus tard (1876). Plusieurs traits les rapprochent pourtant, au point qu'on a pu parler de « vies en miroir » : leur révolte contre la condition des femmes, qu'elles ont éprouvée l'une et l'autre dans leur chair ; leur volonté de justice sociale, plus ouvrière chez Flora, consciente des mutations industrielles et urbaines, objet de sa recherche, plus classiquement populaire chez George, amie et soutien des ouvriers écrivains et poètes, issus des vieux métiers : boulanger, maçon, menuisier... ; enfin, leur identique souci de morale en politique[1].

Au vrai, les textes qui suivent, distants et disparates, n'ont aucune intention comparative. Je les ai écrits à la demande de deux hommes, de génération différente, mais également convaincus de l'intérêt d'étudier les femmes dans l'histoire. Stéphane Michaud leur a consacré l'essentiel de son œuvre et il s'est attaché à faire connaître Flora Tristan, la « paria », par des publications diverses et des colloques[2]. À celui de Dijon, j'ai voulu évoquer l'activité de Flora, enquêtrice, étonnante voyageuse qui veut *voir*, pour comprendre la question sociale qui la hante, et meurt en chemin.

George Duby, pour sa part, déplorait que dans la collection qu'il dirigeait à l'Imprimerie nationale, « Les acteurs de l'Histoire », destinée à publier de grands textes de portée politique ou sociale, il n'y eut point de femmes. Il me suggéra les *Lettres au peuple*, de George Sand, dont j'ignorais tout. Vérification faite, ces opuscules étaient trop minces pour constituer un livre. Mais ils me donnèrent l'idée de réunir l'ensemble des écrits politiques de George Sand et la quête s'avéra si fructueuse que je dus me résigner à ne publier qu'un seul volume, mais exhaustif, de ses écrits entre 1843 et 1850, temps de son plus grand engagement. Merci à l'Imprimerie nationale, et notamment à Jean-Marc Dabadie, de m'avoir autorisée à reproduire ma présentation.

L'histoire des femmes s'écrit d'abord sur le mode de l'exception : celle des pionnières qui brisent le silence. Portraits, biographies, parcours sont une de ses voies possibles, très fréquentée ces derniers temps[3].

Rien de tel ici. Quelques pas seulement, des fragments de vie, un bout de chemin avec deux femmes, exceptionnelles par leur stature, leur existence hors normes et surtout par leur commune passion publique.

FLORA TRISTAN, ENQUÊTRICE*

En 1840, au moment où Flora Tristan publie les *Promenades dans Londres*, l'enquête sociale est devenue, en France et plus encore en Grande-Bretagne, une démarche relativement courante. « Pour gouverner le corps social, il faut le connaître, pour le connaître, il faut l'étudier dans son ensemble et dans ses parties, savoir le rôle que chaque partie joue dans l'ensemble ; connaître son origine, son histoire, sa population, son territoire, ses mœurs, son esprit, sa force, sa richesse », écrit Marbeau dans un texte qui traduit l'organicisme de l'époque [1].

Inquiétante tumeur de la société industrielle, le « paupérisme » est un terrain majeur d'investigations. En l'absence d'institutions officielles, l'État — en France — a recours à l'Académie des sciences morales et politiques pour laquelle Villermé réalise son célèbre *Tableau de l'état physique et moral des ouvriers qui travaillent dans les manufactures de coton, de laine et de soie*. Philanthropes, économistes, administrateurs, médecins surtout scrutent les bas-fonds urbains, les quartiers trop denses où s'entassent les migrants et que ravage le choléra-morbus en 1832 [2]. La topographie médicale sert de modèle à ces monographies qui privilégient le lieu plus que le groupe social. Toutefois, dans la lignée d'un Ramazzini, les maladies professionnelles attirent l'attention sur les conditions des métiers et les journaux ouvriers, tels *L'Atelier* ou le *Populaire*, développent leurs observations dans cette direction. Cependant qu'une démographie balbutiante discerne l'inégalité des riches et des pauvres devant la mort, angoisse existentielle, critère de niveau de vie.

Enquêter a pris, d'autre part, un sens moderne. Il ne s'agit plus seulement de compilations érudites de documents préexistants, même si le souci de rassembler des séries de faits « mesurables »

---

* « Flora Tristan, enquêtrice », in Stéphane Michaud (sous la dir. de) *Un fabuleux destin : Flora Tristan*, Dijon, Presses universitaires, 1985, p. 82-94.

rend ce travail — la statistique proprement dite — indispensable. L'exigence d'observation directe, venue des voyages de découvertes autant que des pratiques médicales ou scientifiques, pousse à la recherche sur le terrain. Il faut « aller voir ». L'Angleterre, terre première de la révolution industrielle (repoussoir pour les uns, modèle pour les autres, pour tous inépuisable laboratoire) tient dans les itinéraires et les ouvrages une place de choix. En 1840, Buret publie *De la misère des classes laborieuses en Angleterre et en France*. « Mon ouvrage est l'exposition du grand drame social que l'Angleterre va dérouler aux yeux du monde », écrit Flora. « Le rôle important que joue l'Angleterre fait désirer de la connaître[3]. »

Inscrite dans une pratique déjà établie, la démarche de Flora n'a rien en elle-même d'exceptionnel. Mais Flora est une femme, ce qui, en l'occurrence, est à la fois prédisposition et obstacle. Prédisposition parce que les femmes sont d'habituelles « visiteuses du pauvre[4] ». Dès longtemps, les devoirs de la charité les conduisent dans les hôpitaux, les prisons, au domicile des familles nécessiteuses. Entre les femmes et les lieux de la souffrance, il existe un lien intime qui passe par le sentiment du péché. Flora, comme plus tard Simone Weil, se sent coupable de l'exploitation ouvrière ; elle a le remords du luxe et, pour cela, la haine du bourgeois. Progressivement, l'Église, puis l'État sauront capter ces dévouements pour leurs politiques d'assistance et de contrôle moral, faisant des femmes un instrument de « travail social[5] », sans toutefois que cela implique autre chose que des déplacements menus, dans le voisinage, la paroisse ou le quartier.

Les obstacles à l'enquête lointaine sont autrement importants. Au XIXe siècle, la circulation des femmes seules (bourgeoises surtout) pose problème. La définition du politique comme apanage masculin leur ferme bien des espaces publics[6]. Flora en fait l'expérience : en avril 1838, on lui dénie, comme femme, le droit de participer au premier banquet anniversaire de la mort de Fourier[7]. À leurs banquets, les compagnons n'admettent aucune femme, en dehors de la Mère. Pourtant, en ces années 1840, la clôture est loin d'être totale. Des femmes participent aux « prédications » et aux missions saint-simoniennes[8]. Flora a des émules : Mrs Trollope, en Angleterre, et Mrs Fry qui inspecte les prisons ; mais surtout Bettina Brentano-von Arnim, en Allemagne, qui, en 1840, mène une investigation systématique dans le quartier de Berlin où affluent les tisserands pauvres[9].

LES PRATIQUES DE FLORA : VOIR, ÉCOUTER, SENTIR

L'enquête sociale tient dans la vie et l'œuvre de Flora une place importante : quatre voyages en Angleterre et la publication, en 1840, des *Promenades dans Londres* ; le périple de 1843-1844 à travers plusieurs villes du sud de la France (le Nord et l'Ouest devaient suivre), dans le double but de fonder l'Union ouvrière et d'écrire un livre sur « l'état actuel de la classe ouvrière sous l'aspect moral, intellectuel et matériel », qui s'appellerait *Le Tour de France* — périple brutalement interrompu par la mort, à Bordeaux, et sur lequel il nous reste un journal de voyage, publié seulement en 1973. C'est sur ce texte, surtout, que je m'appuierai. Il a la précision de l'instantané, le charme de l'inachevé et de l'intime. Surtout, il dévoile, mieux que tout écrit public, la subjectivité de l'enquêtrice, les souffrances de l'apôtre aux prises avec une réalité qui lui résiste, l'originalité enfin de sa démarche.

Soucieuse de présenter « un livre de faits », Flora voulait « tout connaître », « tout observer », écrit d'elle sa disciple Éléonore Blanc[10], effrayée de sa frénésie. Flora pense, comme Buret, que « le meilleur moyen de donner une idée vraie de la misère, c'est d'en voir et d'en toucher les signes matériels ». Première grand reporter féminin, elle croit aux vertus du voyage, au choc des images, surtout au mystérieux pouvoir du regard. D'abord parce qu'elle établit toute une série de correspondances entre l'extérieur et l'intérieur, le physique et le moral, conformément aux représentations d'une époque où se mêlent deux systèmes de lecture des apparences : le déchiffrement des codes vestimentaires, et celui, plus subtil, de l'enveloppe corporelle.

Les costumes disent les mœurs. « Il est inutile de comprendre le langage d'un pays pour en deviner les mœurs ; tout au dehors vous les révèle, et les costumes plus que tout autre chose », écrit Flora en remarquant, à Londres, la place des poches, cousues « par en-dessous », pour déjouer les pickpockets[11]. Aussi note-t-elle avec soin le débraillé ou la rigueur d'une mise, la saleté ou la propreté à laquelle elle est très sensible, comme à une qualité morale. Voici le rédacteur d'un journal de Dijon, le *Spectateur*, qui lui est hostile : « Cet homme est une chenille ! Ah quelle sale et dégoûtante chenille ! La laideur immonde de cet homme, sa chemise sale, dégoûtante, sa vieille redingote sale et déguenillée [...][12] ». « Par instinct, j'ai une antipathie profonde pour tout ce qui est laid, et je dois le dire, l'expérience et l'étude est venu (*sic*) confirmer ce que cet instinct m'avait révélé », écrit-elle ailleurs. « C'est que, sauf quelques exceptions fort rares, une belle âme ne se rencontre jamais sous une vilaine enveloppe [13]. »

Elle se fait ici l'écho de Lavater, le père de la physiognomonie, véritable coqueluche de cette première moitié du XIXe siècle. Comme lui, Flora pense que « l'âme se reflète dans le visage », moins dans sa structure que dans ses jeux d'expression. Elle leur accorde une grande attention. D'un même mouvement, elle scrute figures et caractères. « J'examine toutes les figures : elles sont froides, sèches, dépourvues d'élévation, d'intelligence ; mais en revanche, on y lit les caractères prédominants de la vanité, de l'outrecuidance, de l'entêtement quoique joint à une très grande mobilité d'idée [14]. » De Savinien Lapointe, le poète-ouvrier rencontré chez Béranger, elle dit : « Il est tellement bouffi de vanité que cela lui sort par les yeux. Voilà un garçon que j'ai deviné à première vue [15]. » Plus que tout, la direction d'un regard livre la conscience. Des « regards obliques » signent l'hypocrisie ou le quant-à-soi de ceux que la surveillance oblige à se dérober. Ainsi des ouvriers anglais : « Il est difficile de rencontrer leur point visuel : tous tiennent constamment les yeux baissés et ne vous regardent qu'à la dérobée en jetant sournoisement un regard de côté [16]. »

C'est aussi que le regard est la porte de l'âme et, par là, un mode de communication privilégié entre les êtres. Flora Tristan croit au magnétisme, au pouvoir qu'il lui donne sur un auditoire, à la puissance de sympathie susceptible d'unir deux personnes également douées de fluide. Elle décrit ainsi sa rencontre avec Éléonore Blanc, cette jeune blanchisseuse lyonnaise dont elle fit sa fille spirituelle : « Le magnétisme de ces regards fut si puissant sur moi que la séparation qui s'opéra entre nos corps ne put le détruire [...]. Le regard est évidemment la manifestation de l'âme et cette manifestation est si puissante qu'elle prend aux yeux de notre imagination une forme, un corps qui nous devient palpable. Le fluide qui s'échappe des regards est chose réelle [17]. »

Flora ne se contente pas de voir. On a souligné déjà son « exceptionnelle qualité d'écoute [18] ». Elle cause : « ce que j'appelle parler aux ouvriers, c'est-à-dire causer avec eux, les laisser exprimer eux-mêmes leurs besoins [19] ». Elle questionne avec talent, comme le montrent certaines entrevues rapportées : ainsi sa conversation avec Mgr de Bonald, archevêque de Lyon. Les dialogues transcrits dans *Le Tour de France* donnent à ces notes beaucoup de vie.

On y trouvera aussi de nombreuses notations d'odeurs auxquelles

Flora, aériste convaincue comme toute l'hygiène de son temps, est très sensible[20]. Mais ces odeurs sont elles-mêmes codées ; elles renvoient à une caractéristique physique ou morale, à une situation individuelle ou collective : effluves de corps mal lavés (« ces hommes exhalaient une puanteur telle que mon estomac se souleva »), densité d'un auditoire rustique (« en entrant j'ai été suffoquée par une odeur de sueur »), misérable entassement des lits à l'hôpital qui l'assaille comme un remords : à l'Hôtel-Dieu de Lyon, elle ne peut « supporter l'influence des odeurs et des miasmes qui me frappent à la tête, à l'estomac, à moi, heureuse de ce monde, qui jouis de l'air pur, de l'espace, et d'un certain confort de propreté[21] ».

La misère est une donnée sensorielle qui s'observe par tous les sens. Elle se hume, elle s'entend, elle se voit. À condition toutefois d'éviter toute mise en scène préalable, trompeuse. Flora pratique des visites impromptues qui mettent ses interlocuteurs dans l'embarras. Ici des ouvriers pleurent d'être vus dans leur dénuement[22]. Là, une dame des « ateliers princiers » — ceux que l'on montre aux princes ! — déplore d'être surprise dans le désordre :

— Elle vient seule visiter les ateliers, sans se faire annoncer ou accompagner par de ces Messieurs du conseil des prud'hommes ou autre personnage ?

— Oui, Madame Tristan veut voir tout par ses yeux et tel que les choses sont en réalité[23].

« J'ai pénétré dans les coulisses ; j'ai vu le fard des acteurs[24]. »

Objets d'enquête

L'objet de l'enquête, c'est la « misère ouvrière », mais dans l'acception la plus large du terme : « l'état moral, intellectuel, matériel », selon le sous-titre du *Tour de France* ; les mœurs et le niveau culturel autant et plus que les conditions de travail ou d'existence, même si l'on trouve beaucoup de notations à ce sujet. D'où le choix des lieux d'investigation : les villes, révélatrices des rapports sociaux et expression de la vie culturelle ; leurs équipements, les quartiers populaires ; secondairement, les lieux du travail.

L'usine, il est vrai, est un espace privé qu'on ne peut visiter qu'avec le patron, sous le regard fuyant, craintif ou narquois des ouvriers. Flora s'y risque pourtant. À Londres, elle explore une grande brasserie, la Barclay Perkins, et une usine à gaz, la Horse Ferry Road Westminster, dont elle admire les installations techniques et la rationalité opératoire — « Je fus dans l'admiration de toutes ces machines, de la perfection, de l'ordre avec lequel tous les travaux sont conduits[25] » et dont elle déplore les conditions sanitaires. À Roanne, elle pénètre dans trois fabriques de cotonnades, des caves humides qu'elle juge « homicides[26] ». À Marseille, elle inspecte deux usines de construction mécanique et s'entretient avec les directeurs.

Trois choses la retiennent surtout : d'abord l'hygiène des ateliers — aération, humidité, entassement — responsable à ses yeux de la mauvaise santé ouvrière, plus que l'acte de travail lui-même. Son regard clinique est, sur ce point, celui de Villermé et de la plupart des médecins de l'époque[27]. Ensuite, la modernité de la production à laquelle, femme d'ordre et de progrès, elle est plutôt favorable, proche en cela des industrialistes saint-simoniens. Enfin, la discipline et surtout le sentiment de subordination et de crainte que les ouvriers manifestent vis-à-vis de patrons qui, la plupart du temps, les méprisent. « Je puis prédire une chose, c'est que le jour où la révolte des salariés éclatera contre les chefs d'usine, il se commettra des vengeances comme jamais encore on en a vues. Les maîtres seront rôtis vifs et mangés par les ouvriers », écrit-elle à Marseille[28].

Pour rencontrer les ouvriers, mieux vaut voir la ville. À Londres, elle s'intéresse surtout au déchet que fabrique le capitalisme, à la frontière ténue qui sépare les classes laborieuses et dangereuses, à l'ampleur de la criminalité, à la marginalisation de toute une partie de la population, à la mise à l'écart et à la surexploitation des minorités ethniques, Juifs et surtout Irlandais, des enfants et des femmes. D'où la composition de son livre, où, selon François Bédarida, les prisons occupent 20 % de la surface, la prostitution 14 %, les salles d'asile 11 %. Non par goût des bas-fonds ou du sensationnel (bien que l'ouvrage n'échappe pas à un certain romantisme de la misère urbaine), mais pour montrer l'envers du décor, de ce libéralisme qui n'est en fait qu'une manière plus radicale d'exploiter les pauvres, démunis de toute protection et de tout pouvoir. L'anglophobie de Flora trouve ici matière à une expression virulente.

En France, la démarche comme l'objectif sont différents. Il s'agit de sonder le niveau intellectuel et politique des ouvriers, en vue de « constituer la classe ouvrière ». Priorité est donnée aux mœurs, appréciés par la physionomie (complexion et costume), les comportements familiaux et collectifs. Elle reconnaît les républicains à leur barbe[29], et le particularisme des prolétaires parisiens à leur mode vestimentaire : la blouse, et la casquette par lesquels ils commencent à se distinguer[30]. C'est aux lieux et aux formes de la sociabilité populaire que Flora s'intéresse surtout[31]. Elle sillonne les quartiers, assiste dans les églises aux cérémonies du culte, révélatrices des croyances et des superstitions. Ses descriptions de la messe dominicale à Saint-Étienne ou de la Fête-Dieu à Lyon montrent la vitalité des pratiques religieuses qui choquent son anticléricalisme foncier[32]. Elle s'attarde devant les tréteaux de foire, va au théâtre et au bal. La voici à celui des tailleurs de pierre, à la Rotonde, à Lyon :

« Il y avait là deux mille personnes, ouvriers et ouvrières. La physionomie de ce monde ne ressemble en rien au monde du même genre à Paris. Ici une tranquillité parfaite, de l'ordre, du froid même jusque dans le plaisir[33]. »

Elle fréquente cabarets et cafés, « place publique » des journalistes toulousains. À la suite des « chevaliers du café », ces intellectuels provinciaux dont elle se méfie en raison de leurs aspirations au pouvoir local, et surtout des artisans des compagnonnages, les meilleurs de ses guides, elle pénètre dans les chambres où se tiennent les réunions privées des sectes socialistes, dont aucune ne trouve grâce à ses yeux. Les cabettistes, dont elle dénonce l'idéal familial — « un chacun chez soi propre et confortable, un petit jardin à soi seul, [...] l'autorité du père et du mari — paraissent les mieux implantés[34] ». On est frappé de la vitalité de cette sociabilité formelle et informelle. Observatrice fine et avisée, attentive au détail — par exemple aux manières de pleurer[35] —, Flora apporte une remarquable contribution à une ethnologie des pratiques populaires urbaines au XIXᵉ siècle.

IDENTIFICATION D'UNE FEMME

Qu'y a-t-il de spécifiquement féminin dans l'enquête de Flora ? En quoi sa condition de femme influe-t-elle sur sa pratique ?

Le fait d'être femme complique moins le voyage lui-même que le contact avec l'espace politique. Certes, Flora se plaint des inconforts du trajet, de la médiocrité des hôtels, de leur saleté. Elle partage avec d'autres femmes raffinées — et souvent suspectées — le désir de se laver, de prendre un bain, qui rapproche ces femmes des dandys et de leur culture du corps. Elle apprécie l'élégance. À Lyon, « chez une des Mères qui avait un petit salon, afin que je sois reçue dans une pièce proprement meublée, on m'a apporté un verre d'eau sucrée sur un joli plateau avec une petite cuiller d'argent, ce qui est fort rare chez les Mères[36] ». Fort rare en effet. « Tous ces inconvénients rendent les voyages excessivement pénibles, fatigants, désagréables. Je ne sais en vérité quels sont les gens qui peuvent voyager pour leur plaisir[37]. » Mais en cela Flora partage le sort commun. Une seule fois, elle se heurte à une discrimination sexiste : à Montpellier, l'hôtel du Cheval Blanc « ne veut pas recevoir de femmes ». « Fait nouveau à noter », souligne-t-elle[38].

Il en va différemment de son action politique. Là, elle rencontre scepticisme et refus, sarcasmes et calomnies. Reçoit-elle des hommes ? On en fait ses amants[39]. On s'étonne de sa présence dans les cafés où les journalistes passent leurs journées. « Ce qui fait notre supériorité sur vous femmes, c'est que nous autres hommes nous vivons continuellement sur la place publique », reconnaît l'un d'entre eux[40]. La *galanterie*, cette façon de nier l'égalité des sexes, empêche l'échange intellectuel. « Votre titre de femme empêche qu'on discute vos opinions avec toute liberté », confesse un journaliste toulousain, qu'elle réussit du reste à faire parler durant deux heures[41] ! Au Café de Paris, à Saint-Étienne, où elle prend son déjeuner chaque matin, les artilleurs lui font les yeux doux[42]. Par contre, les officiers mathématiciens lui battent froid « parce qu'ils ne permettent pas aux femmes d'avoir de l'intelligence[43] ».

Le champ du politique surtout est une chasse gardée masculine. À Lyon, Rittiez, journaliste au *Censeur*, lui déclare : « Il ne convient pas qu'une femme se mêle de la politique, la France ne peut marcher sous un cotillon[44]. » Commentaire de Flora : « Pour moi, voilà la cause de cette haine que tous les hommes me portent. Jalousie d'homme à femme. » On ne veut pas lui reconnaître la maternité de son « petit livre » : « on le trouve trop bien écrit, trop bien pensé pour être l'ouvrage d'une femme[45] ».

Toutefois, c'est surtout dans la bourgeoisie, notamment parmi la petite bourgeoisie intellectuelle qui convoite le pouvoir et l'identifie à la masculinité, que l'opposition est la plus vive. Flora la concurrence sur son propre terrain. Et ces républicains laïcs n'aiment guère cette image de la « Femme-Guide », dérivée de la religion de la Mère saint-simonienne. Avec les classes populaires, qui n'ont pas encore viré leur cuti à la virilité, les difficultés sont tous comptes faits moins grandes. À propos des ouvriers de l'arsenal de Toulon, Flora note : « Mon titre de femme ne les éloigne pas, comme cela arriverait si je m'adressais aux bourgeois, mais il les attire[46]. » Sur le bateau, Flora cause sans problème avec spahis et mariniers. Dans les auberges du compagnonnage, la direction appartient aux Mères, souvent instruites et solidaires. Avec les femmes des canuts lyonnais, les contacts sont excellents. Elles viennent nombreuses aux réunions mixtes et Flora réussit à organiser une réunion de femmes, ce qui lui vaut cette répartie du commissaire, médusé : « une réunion de femmes ! Et vous pensez que je donne là-dedans ?[47] », croyant voir dans ce faux-semblant la couverture d'une réunion politique. Pourtant, raconte Flora, « j'eus ma réunion de femmes — elles étaient neuf — toutes très disposées à m'entendre et très disposées à suivre mes conseils, qui étaient qu'elles devaient s'occuper des affaires politiques, sociales et humanitaires. Je leur démontrai que la politique entrait jusque dans leur pot-au-feu et elles comprirent fort bien ».

Dans l'enquête elle-même, Flora accorde une place particulière aux femmes, à leur condition. À Londres comme à Lyon, elle s'intéresse aux prostituées, « infâme métier » qu'elle voudrait voir aboli. À Nîmes, elle est outrée par le spectacle du lavoir qu'elle voit de la fenêtre de son hôtel. Ce lavoir n'a pas de plan incliné, si bien que « ce n'est pas le linge qui est dans l'eau, non, c'est la femme qui lave qui est dans l'eau jusqu'à mi-corps ». D'où toutes sortes de maux : rhumatismes aigus, grossesses pénibles, avortements, maladies de peau, etc. Ces femmes se succèdent de mère en fille, et les philanthropes de la ville n'y prêtent aucune attention ; « je suis la seule qui ait vu les femmes dans l'eau », écrit Flora, qui projette « un article foudroyant pour qu'il ameute la presse et tous les cœurs généreux[48] ».

Au-delà de la condition des femmes, Flora est très attentive aux rapports des sexes dans le ménage et dans la cité, au pouvoir des femmes et à leur culture politique. Son regard est du reste sans indulgence. Il n'y a pas chez elle de « sororité » globale, pas plus que d'ouvriérisme inconditionnel. À plusieurs reprises, elle a maille à partir avec des ménagères, hostiles à son influence sur leur mari, — la femme de Gosset, le « père des forgerons » parisiens, l'injurie violemment[49] —, ou qui lui reprochent de méconnaître la profondeur de leurs sentiments maternels[50]. Il lui arrive souvent de juger les femmes du peuple excessivement crédules, dominées par l'Église, plus ignorantes encore que leurs époux. Même Éléonore Blanc, sa fille bien-aimée, la déçoit parfois.

Dure réalité pour Flora qui prêche l'avènement du pouvoir des femmes, identifié à l'amour[51], et qui préconise la subversion du rapport des sexes dans la vie quotidienne. Flora éconduit les jeunes gens qui lui font la cour : « je veux qu'en amour ce soit [la femme] qui prenne l'initiative[52] », écrit-elle à l'un d'eux. Renverser le rituel de la déclaration d'amour, aussi codé que le plus royal des cérémonials de Cour, voilà bien le signe d'un féminisme radical qui n'avait guère de chances d'être entendu.

Équête et imaginaire : les préjugés de Flora

Enquêtrice, Flora n'en demeure pas moins une idéologue, et sa perception est sous-tendue par ses représentations et ses choix. Pénétrée de la supériorité de la ville sur la campagne, de Paris sur la province, du Nord sur le Midi, elle porte sur les gens et les mœurs un regard extérieur, peu réceptif à la différence et qui la fait d'autant mieux ressortir. Tisserands de Roanne, rubaniers de Saint-Étienne, ces « villes nulles », la sidèrent par leur rusticité. « Ils ont toute la ruse et la bêtise des campagnards », dit-elle des uns ; et des autres : « Tous parlent patois, sont mis avec des sabots et le reste à l'avenant. C'est tout à fait paysan de la montagne. On lit sur leur figure la bêtise la plus complète. » Ils sont « hideusement laids, gros, bouffis (...), repoussants à voir. Du reste la conformation de leurs têtes dit bien ce qu'elle renferme ; elle présente tous les caractères de l'idiotisme[53] ». « [...] Expression de ces figures ! Jamais je n'en ai vu d'aussi bêtes, d'aussi laides ![54] » Peintre, elle eût peut-être dessiné cette population ouvrière comme, quarante ans plus tard, Van Gogh fera des pauvres tisserands de Nuenen, les « mangeurs de pommes de terre », à la limite de l'animalité. Très sensible aux traces de la campagne dans la ville, elle souffre de voir les paysans « envillisés », et les animaux dans les rues de la cité. Cette présence rurale ne revêt à ses yeux aucune poésie, bien au contraire. Elle risque d'annuler l'urbanité, difficile conquête de la culture sur une nature toujours menaçante et dangereusement proche.

Les villes elles-mêmes sont trop souvent médiocres : « des trous de villes ». Toutes les villes en général, petites ou grandes, sont mal situées, mal bâties, mal aérées. « Ce qu'on nomme fort improprement des habitations [...] ne sont autres que des gros ou petits tas de pierres entassés les uns sur les autres, le tout jeté là sans ordre, sans goût, sans pensée, sans la moindre harmonie ». Béziers, Avallon, Roanne... sont des villes « nulles ». Saint-Étienne surtout la désespère : « Cela dépasse tout ce que j'ai vu jusqu'à présent [...]. On ne comprend réellement comment il peut y avoir en France une ville de soixante mille habitants vivant dans un tel état de crétinisme[55] ». Marseille, « ville omnibus », n'est qu'un « ramassis de banqueroutiers juifs ou arabes[56] ». Il n'y a guère que Lyon qui trouve vraiment grâce à ses yeux. Et Paris, « la seule ville au monde qui m'ait jamais plu ».

En somme, la France est un désert culturel. « Pauvre France, elle n'est pas belle à voir dans les départements ! et plus on va et plus les bourgeois deviennent petits, avares, mesquins[57]. » Dans le Midi, elle se sent complètement étrangère. Elle déteste les formes de culture et de sociabilité méridionales : les théâtres ambulants, les saltimbanques, les bonimenteurs et les baladins. Les cérémonies bariolées d'un catholicisme baroque, processions, ex-votos et peintures naïves lui semblent l'expression d'un paganisme vulgaire et sensuel. Les mendiants ont des allures picaresques qui lui font peur. Et « tous parlent ce patois », dit-elle des langues d'oc. « Je n'avais jamais encore éprouvé une semblable répulsion pour aucune population[58] ». Dans le grand débat qui oppose alors partisans du Nord industrieux et du Midi heureux, elle eût sans hésiter soutenu les premiers[59].

Quant aux ouvriers, « ils sont affreux à voir de près ![60] » Ils lisent peu, excepté à Lyon et à Paris, sont défiants parce qu'ils sont ignorants. Ils sont englués dans leurs particularismes de métiers, de quartiers (à Lyon, la Guillotière jalouse la Croix-Rousse), de compagnonnages ou de sectes. Dépourvus de générosité, ils poursuivent leurs intérêts privés, s'enferment dans le modèle bourgeois de la famille étroite (Flora parle de « son horreur des bons pères de famille »). Ils sont prisonniers des rites religieux : à Lyon, trois icariens offrent à Flora « une énorme couronne de myrthe et de laurier » qu'elle refuse ; il ne faut plus couronner des individus, mais seulement « l'idée », leur dit-elle tout en plaçant la couronne sur son « petit livre[61] ».

C'est ainsi qu'elle entend les secouer, leur dire leurs quatre vérités, non seulement en privé, mais en public. Ce qui lui vaut plus d'une algarade. Ainsi avec le menuisier Roly, qui veut qu'on cache les défauts des ouvriers aux yeux des bourgeois. « Ainsi, Monsieur, vous voulez que je vous guérisse sans voir vos plaies. — Oui, Madame[62] ». Flora soupire : « C'est réellement la stupidité des ouvriers qui est capable de rebuter, de refroidir, de dégoûter l'âme la plus ardente[63]. »

La déception de Flora est grande. Elle vient de ce que, comme beaucoup d'intellectuels, elle attend des ouvriers le Salut. Elle voit en eux une avant-garde, le levain du monde futur[64]. Profondément unitaire, comme tous les romantiques[65], elle se plaint sans cesse des singularités qui rendent la communication illusoire ; elle déplore « ce milieu incohérent et morcelé où nous vivons[66] ». Elle rêve d'une France jacobine, unifiée par la langue et la culture, et d'une classe ouvrière homogène qu'elle s'emploie à « constituer », terme significatif du volontarisme des fondateurs. « Je vis dans l'unité ; et je veux, j'ai besoin d'y faire vivre tous nos frères[67]. »

Alors, il lui vient des visions iconoclastes. Purifier la ville de la plaie de la prostitution. « Que ferais-je d'un pareil monde si j'étais gouvernement ? J'en débarrasserais la société d'une manière ou d'une autre, mais très certainement je ne le laisserais pas subsister[68]. » Faire table rase du passé. « Lorsque je serai "servante générale" de l'Europe, j'aurai à ma solde une bande noire dont l'emploi sera d'aller raser certaines villes comme étant le seul et unique moyen d'en faire sortir les prisonniers » (à savoir les habitants), et une bande blanche pour édifier de magnifiques palais-villes[69]. » Non pas des phalanstères, comme Fourier ; mais des cités de soixante mille habitants. Détruire, dit-elle ; mais pour reconstruire ce « monde nouveau » dont elle se sent porteuse, et qui ne pourra se réaliser qu'avec la génération ouvrière future. L'enquête nourrit l'utopie — une utopie spatialisée, comme presque toujours —, manière de transcender une réalité qui résiste.

Cette relation difficile, voire douloureuse, entre l'enquêtrice et son objet fait le principal intérêt de ce *Tour de France*. Le choc des cultures, la fracture des consciences, les incompréhensions montrent la distance qui sépare l'imaginaire du quotidien. D'une part, des ouvriers divers dans leurs pratiques et leurs aspirations, la fragmentation des lieux, la vitalité des groupes et leur riche foisonnement. D'autre part, la puissance des représentations qui, d'ores et déjà, s'incarnent dans la classe ouvrière en fusion, idéalisée, voire fantasmée, des réformateurs et des révolutionnaires.

L'enquête nous renvoie, comme en miroir, le visage de Flora, en proie à ses doutes et à ses rêves.

SAND : UNE FEMME EN POLITIQUE*

Dans le panthéon des écrits politiques contemporains, rares sont les femmes. Rien d'étonnant à cela. Elles n'ont accédé que fort tardivement à la citoyenneté, en France plus qu'ailleurs, puisqu'elles n'y votent que depuis 1944. Celles qui, sous la Révolution française, avaient prétendu accéder à la plénitude des « droits de l'Homme », s'étaient entendu rappeler que les femmes n'avaient pas, « au moins dans l'état actuel », comme disait Sieyès, organisateur du suffrage, la stature individuelle nécessaire au plein exercice de la citoyenneté active. Madame Roland s'était contentée d'un rôle d'auxiliaire, esquissant une figure de compagne intelligente, modèle des épouses de grands hommes, telles que le XIXᵉ siècle les célébrerait. Les plus protestataires furent vigoureusement tancées. Olympe de Gouges fut guillotinée, même si ce ne fut pas pour cette seule raison. Les clubs de femmes furent fermés et les citoyennes rappelées à leurs devoirs d'épouse et de mère, nourricière et institutrice. Napoléon surenchérit et rétablit, par le Code civil, le père dans la plénitude de ses droits. Madame de Staël, cette femme qui écrivait autre chose que des romans et osait dire son mot sur les affaires de l'État, fut pour lui le visage du diable : il l'exila. Le XIXᵉ siècle accrut encore la séparation du public et du privé, considérés comme des sphères équivalentes aux sexes. Cette rationalisation du monde s'appuyait sur le double argument de la nature, une nature revisitée par la biologie qui arrimait le genre au sexe[1], et de l'utilité sociale, sur une vision de la complémentarité, clef de l'harmonie. Même les femmes les plus « publiques » — ce seul mot pose problème —, écrivains ou maîtresses de maison tenant salon, se hasardaient peu dans la politique, ce sanctuaire masculin, dont Guizot faisait un métier

---

* « Sand » : une femme en politique », Présentation de George Sand, *Politique et polémiques (1843-1850)*, Paris, Imprimerie nationale, collection « Acteurs de l'Histoire », 1997, p. 7-57.

313

d'homme[2] et Tocqueville, la tâche la plus virile et la plus noble, le seul loisir digne de l'aristocratie dans une démocratie en marche. « Je déteste les femmes qui écrivent, surtout celles qui déguisent les faiblesses de leur sexe en système », écrit-il dans ses souvenirs de 1848, pour mieux souligner l'équité de son jugement fort louangeur de George Sand, rencontrée alors qu'elle était pourtant « une manière d'homme politique[3] ».

L'expression même souligne le caractère exceptionnel d'une démarche dont Sand elle-même ressentit la singularité jusqu'à sa mort (1876). Pressée par Michel Lévy, l'éditeur de ses œuvres complètes, de réunir divers essais dans un volume qui serait intitulé *Politique et Philosophie*, elle lui répond le 7 janvier 1875 : « J'ai changé le titre de *Politique et Philosophie* en celui de *Polémique* parce que je n'ai pas fait de politique proprement dite[4]. » Elle demandait par ailleurs à revoir certaines « lettres », forme familière de ces essais, et refusait d'inclure les *Bulletins de la République* : « Ils ont été soumis au gouvernement provisoire, je n'en ai pas la responsabilité. » Indice des difficultés d'une femme — fût-elle Sand — en politique et par conséquent de l'édition de tels écrits.

Devions-nous respecter ce vœu ? Il nous a semblé que non, du moins pas tout à fait. La présente édition rassemble la part politique des écrits polémiques de Sand, de son entrée dans ce champ, jusqu'à la fin de la Seconde République, jusqu'au coup d'État du 2 décembre 1851 qui, s'il ne fut pas, pour elle, le signal du départ, fut à coup sûr celui de l'exil intérieur. Au vrai, notre intention première était de présenter une édition complète des écrits politiques de Sand. Car sa réflexion après 1851 est captivante. Mais son expression publique s'est raréfiée, du moins jusqu'en 1870. C'est dans la correspondance qu'il faut chercher l'approfondissement de sa pensée sur la démocratie. Travail d'une autre nature qui excédait le cadre de cette collection. Nous avons préféré établir une édition exhaustive de tous les textes politiques publiés par Sand en cette période de son plus grand engagement. La plupart avaient été repris dans tel ou tel tome posthume de ses œuvres complètes, principalement dans *Questions politiques et sociales* (1879), *Souvenirs de 1848* (1880) et *Souvenirs et Idées* (1904). Quelques-uns — *Fanchette* (1843) ou les *Bulletins de la République* (1848) — n'avaient jamais été reproduits depuis leur parution initiale. Notre présentation, rigoureusement chronologique, vise à donner une idée du parcours politique de Sand et des formes de son intervention. Chaque période, chaque texte étant situés dans leur conjoncture particulière, nous tenterons de montrer ici en quoi Sand fut à la fois illustrative, exceptionnelle en son temps et pourtant paradoxale.

RACINES

La vie de Sand (1804-1876) recouvre et recoupe les tumultes du siècle. Sa quête illustre le difficile établissement de la République en France en ce temps où la Révolution française n'est pas encore terminée, où il s'agit au contraire de renouer les fils rompus de son projet, au gré des aspirations et des interprétations de chacun, du moins des grandes familles qui se réclament de cet héritage. Quant à elle, Sand s'affirme très tôt — dès 1830 ; elle a vingt-six ans et n'est encore qu'Aurore Dudevant — comme une républicaine, et dès les années 1840, comme une socialiste. Ces convictions cimenteront toute sa vie.

Elles s'enracinent dans son enfance, telle que du moins elle la présente dans *Histoire de ma vie*, autobiographie écrite à un moment crucial (1847-1854) où la rétrospection prend des formes de confession civique. Le souci de soi s'inscrit alors dans la conscience avivée du temps collectif dont l'auteur revendique l'engendrement[5]. La Révolution française a bouleversé sa famille. Elle en est, d'une certaine manière, née. Par sa grand-mère, Aurore de Saxe, bâtarde du maréchal de Saxe, et mariée à Dupin de Francueil, fils du fermier général et économiste Claude Dupin, George Sand, née Aurore Dupin, plonge dans l'Ancien Régime : celui de l'aristocratie, dont son aïeule voulait lui inculquer l'art de vivre et la « grâce ». Par son père, Maurice, « soldat au service de la République », combattant des campagnes d'Allemagne et d'Italie, brillant officier des armées impériales que la petite Aurore suivit en Espagne occupée, elle appartient à la nouvelle société à laquelle son père adhérait pleinement. Maurice exhortait l'aïeule, réticente, ruinée et résignée, à « faire bon marché de la fortune et du rang que la Révolution nous a fait perdre », l'invitant à s'inscrire dans l'inéluctable mouvement de l'Histoire. En cette figure, héroïsée, du père, qu'on retrouve dans nombre de récits d'enfance de cette époque, George Sand se reconnaît fièrement : « Mon être est un reflet, affaibli sans doute, mais assez complet du sien. » Sa filiation révolutionnaire est, d'abord, paternelle.

Par sa mère, enfin, Sand est « fille du peuple de Paris ». Sophie est une jolie ouvrière en modes dont le père, Antoine Delaborde, vendait des serins et des chardonnerets sur le quai aux Oiseaux, après avoir tenu un petit estaminet avec billard[6]. C'étaient des gens de peu, voire de rien. Sophie et ses sœurs eurent, sous la Révolution, une existence difficile, vivant de leur aiguille, peut-être de leurs charmes. De blanc vêtue, Sophie incarne en 1792 la Déesse Raison ; ce qui ne l'empêche pas d'être arrêtée un peu plus tard, sans y rien comprendre. Elle suit aux armées un galant qu'elle quitte pour Maurice, rencontré à Milan. Entre Maurice et Sophie, enceinte d'Aurore, c'est un mariage d'amour, une mésalliance imposée par Maurice à sa mère et aux siens : « Il va épouser une fille du peuple, c'est-à-dire qu'il va continuer à appliquer les idées égalitaires de la Révolution dans le secret de sa propre vie. Il va être en lutte dans le sein de sa propre famille contre les principes d'aristocratie, contre le monde du passé. Il brisera son propre cœur, mais il aura accompli son rêve[7]. » « Ce qui ne serait point possible aujourd'hui le fut alors, grâce au désordre et à l'incertitude que la Révolution avait apportée dans les relations [...]. Les rouages des lois civiles ne fonctionnaient pas avec régularité[8] », écrit George qui puise dans le caractère extraordinaire de sa naissance un principe d'identité politique.

Ni aristocrate, ni bourgeoise, Sand est une métisse sociale. Elle en a conscience, elle l'assume, elle s'en targue, même si elle en a parfois souffert. Le mépris de sa grand-mère, qu'elle adorait, pour sa mère, qu'elle aimait, mais avec laquelle elle avait peu de points communs, blessa son cœur d'enfant. Elle prit résolument le parti de sa mère. « Le petit appartement si pauvre et si laid » de la rue Duphot, demeure de Sophie, devint « la terre promise de mes rêves ». Elle goûte le pot-au-feu rustique plus que les sucreries dont se régalent les « vieilles comtesses » des réceptions de sa grand-mère. « Je suis ici *chez nous*, dit-elle. *Là-bas*, je suis chez ma bonne maman[9]. »

Sand a réalisé très tôt l'inégalité sociale sensible jusque dans la mémoire. Du côté de son père, à Nohant, des objets, des correspondances, des généalogies, les étonnants récits de la grand-mère, merveilleuse conteuse au demeurant. Du côté de sa mère, rien : « Ma mère ne parlait presque pas de ses parents, parce qu'elle les avait peu connus, et perdus lorsqu'elle était encore enfant. Qui était son grand-père paternel ? Elle n'en savait rien, ni moi non plus. Et sa grand-mère ? Pas davantage. Voilà où les généalogies plébéiennes ne peuvent lutter contre celles des riches et des puissants de ce monde. Eussent-elles produit les êtres les meilleurs ou les plus pervers, il y a impunité pour les uns, ingratitude envers les autres. Aucun titre, aucun emblème, aucune peinture ne conserve le souvenir de ces générations obscures qui passent sur la terre et n'y laissent point de traces. Le pauvre meurt tout entier, le mépris du riche scelle sa tombe et marche dessus sans savoir si c'est même de la poussière humaine que foule son pied dédaigneux [10]. » D'où l'idée de proposer un modèle d'autobiographie démocratique, de favoriser l'expression des écrivains ouvriers et de mettre en scène, dans les romans, les gens du peuple pour faire entendre leurs voix étouffées.

Fille de la Révolution, de la liberté et de l'amour, Sand ratifie le choix de son père et y conforme le sien. « Mon sang royal s'était perdu dans mes veines en s'alliant, dans le sein de ma mère, au sang plébéien [11]. » « Je suis la fille d'un patricien et d'une bohémienne [...] Je serai avec l'esclave et avec la bohémienne, et non avec les rois et leurs suppôts [12]. » Sur ce pacte fondamental, Sand ne variera pas. Sa conviction démocratique et égalitaire vient de là ou du moins elle l'assigne à cet endroit. Elle vient de l'expérience de l'injustice, elle vient du cœur, d'un sentiment éprouvé, mais raisonné et susceptible de fonder un combat politique.

ITINÉRAIRE

Jusqu'en 1830, pourtant, Aurore Dupin, devenue en 1822 Dudevant, ne semble guère s'intéresser à la chose publique. Elle en parle sur le ton badin des femmes du monde qui ont mieux à faire que de s'occuper de ces futilités. « Je ne veux pas vous parler politique, écrit-elle à Charles Meure ; c'est trop savant pour moi et trop ennuyeux par-dessus le marché [13]. » Les élections surtout l'assomment : « On ne parle que d'élections [...] Toute cette canaille électorale me sort par les yeux et par les oreilles [14]. » Elle affecte d'être dépassée par le débat d'idées. « Je suis trop femme (je le confesse à ma honte) pour être un bien chaud partisan de telle ou telle doctrine [15] », écrit-elle à Duris-Dufresne, le candidat libéral qu'elle et Casimir, son mari, soutenaient à La Châtre depuis 1827, et qu'elle félicite poliment pour sa réélection.

La révolution de 1830 ébranle cette indifférence et amorce une conversion manifeste dans sa correspondance. Dès le 31 juillet, elle évoque les événements de Paris sous l'angle, bien féminin, de la compassion : « Le sang de tant de victimes profitera-t-il à leurs femmes et à leurs enfants ? [16] » Elle parle du « grand œuvre de rénovation » auquel elle souhaite collaborer : « Je me sens une énergie que je ne croyais pas avoir. L'âme se développe avec les événements. » La Châtre se montre relativement active ; la Garde nationale s'organise et Casimir y prend part. Les nouvelles parviennent difficilement, par les voyageurs de la diligence de Châteauroux. Chaque soir, elle se rend à La Châtre et lit les journaux. Mais c'est à Charles Meure, surtout, qu'elle parle de ses convictions. Dans une lettre du 15 août 1830, elle fait une profession de foi républicaine qu'elle réitère le 17 septembre : « Je suis républicaine [...]. Qu'est-ce qu'être *libéral* ? Je ne donne pas dans l'eau rose, dans l'eau tiède encore moins. Il nous faut une belle et bonne république [...] (non une tyrannie sanglante comme ce qu'on appelait république au temps passé) mais une constitution plus généreuse, plus profitable aux dernières classes de la société, moins *exploitable* par les ambitieux[17]. » Sans doute conviendrait-il d'être plus hardi. Mais que peut une femme ? « Si j'étais homme, je me donnerais la peine d'exprimer mûrement ma velléité de république. Je me livrerais à des études sérieuses que je n'ai pas faites et que je n'ai pas besoin de faire [...]. Tant que je n'ai pas de barbe au menton, je puis bien m'amuser sans inconvénient à bâtir ma petite chimère dans mon cerveau. » C'est sans importance. Ainsi les événements politiques posent-ils la question de la différence des sexes, une différence qu'elle éprouve avec des sentiments partagés entre le regret de l'impuissance et le plaisir de l'irresponsabilité qui laisse une femme libre de « faire un roman de sa vie, de s'entourer de fantômes ». Au même moment, elle rencontre Jules Sandeau, décide de rompre avec Casimir, et d'écrire. À tous points de vue, l'été 1830 est charnière. Il fut éclatant, le soleil de juillet.

Mais la déception vient vite. La révolution est « pourrie », écrit-elle à Charles Meure. « Je ne comprends pas où l'on va, ni où l'on veut aller [...]. Le gouvernement est sans force, la volonté publique sans unité. » En même temps, elle réalise qu'elle ne peut se satisfaire d'un changement dynastique ou de « la forme théorique d'une constitution ». « C'était une grande réforme de la société que, moi, j'aurais voulu et un instant je me suis figuré bêtement qu'un grand changement de notre système légal ramènerait chez nous les vertus étouffées ou corrompues par l'ancien ordre des choses [...]. J'aurais dû me rappeler que les mœurs font les lois et que les lois ne font pas les mœurs[18]. » 1830, c'était en somme un coup pour rien. Mais « il se fera une grande révolution », c'est inévitable. Et cela la réjouit : « J'aime le bruit, l'orage, le danger même, et si j'étais égoïste, je voudrais voir une révolution tous les matins, tant ça m'amuse [19]. »

L'effervescence de Paris, où la voici au printemps 1831, la fait vibrer : « J'ai été partout et [...] j'ai tout vu de mes yeux. » Attitude de reporter qui sera souvent la sienne. D'ailleurs le journalisme la tente. *Le Figaro* l'emploie un temps comme « ouvrier-journaliste, garçon-rédacteur ». Elle y donne des échos satiriques anonymes qui manquent d'ailleurs de déclencher des poursuites en raison de leur impertinence. Le 20 février 1831, elle assiste à une séance de la Chambre des députés qui la déconcerte : « La politique absorbe tout. Elle occupe tout le monde, et au point où nous en sommes, les idées sont représentées [...] par des noms propres. » Quant au roi, il ignore tout de l'opinion : « De quoi lui sert-il de sortir à pied, le parapluie au bras, de donner des poignées de main au rempailleur du coin, s'il ne connaît pas l'opinion et les besoins de son peuple ? » En attendant la révolution à venir, elle se livre à ce goût pour l'écriture qui l'envahit : « Le métier d'écrire est une violente et presque indestructible [passion] [20]. »

De retour à Nohant — déjà son refuge et sa force —, elle s'y adonne sans retenue. « Depuis que je suis ici, je n'ai pas ouvert un journal », ce lien avec le monde. « J'ai de la politique plein le dos », écrit-elle à Meure en mai 1831 [21]. Et six mois plus tard : « Bien loin d'avoir fait de la politique, j'ai fait un misérable roman [22]. » Ce roman, le premier qu'elle signe et publie seule, la rend immédiatement célèbre : c'est *Indiana* ou l'avènement de George Sand.

Et pourtant George faillit sombrer avec les républicains massacrés le 6 juin 1832 au cloître Saint-Merry. « Le 6 juin m'a jetée brutalement dans la vie réelle. » « Il a *tué Indiana* » et plongé son auteur dans un double rejet : celui de la violence politique, celui de l'utilité de la littérature. « J'ai horreur de la monarchie, horreur de la République, horreur de tous les hommes, je voudrais être un chien », écrit-elle à Laure Decerfz [23]. « Il me semble impossible *à présent de jamais rêver à des romans.* » Et à Charles Meure : « Je hais les rois et les héros non moins sanguinaires, qui veulent proclamer la liberté *à tout prix.* Je vais tâcher d'oublier les uns et les autres à Nohant. Mais où finit la politique ? [24] ». Et que faire de sa vie ?

La saturer d'amours — Marie Dorval, Musset... —, de révolte — elle se sépare de Casimir — de voyages et d'écriture : temps des romans de protestation contre l'esclavage des femmes scellé par le mariage (*Valentine, Lélia, Jacques*...). La rencontre avec Michel, célèbre avocat de Bourges et ardent républicain, en avril 1835, redonne à la politique tout son éclat et précipite l'évolution de Sand, qui a peut-être exagéré l'influence de son amant : « J'étais vierge par l'intelligence ; j'attendais qu'un homme de bien parût et m'enseignât. Tu es venu et tu m'as enseignée », lui écrira-t-elle en janvier 1839, alors qu'elle sent vaciller sa flamme [25]. Quoi qu'il en soit, ces quatre années 1835-1839 sont dominées par lui, cet Éverard auquel, incertaine encore de son orientation, elle adresse sa *Sixième Lettre d'un voyageur* [26]. Elle s'y peint en « pauvre diseur de métaphores », « artiste et bohémien », « historiographe » de celui qui a choisi la puissance et la gloire, tandis qu'elle préfère la liberté des bois. « Mon pauvre frère, j'aime mieux mon bâton de pèlerin que ton sceptre [...]. J'ai pris l'habitude de faire de ma vie une véritable école buissonnière où tout consiste à poursuivre des papillons le long des haies. » À son interlocuteur qui lui reproche son « athéisme social », et l'incite à l'utilité, à la philanthropie et à l'intervention, elle répond par une profession de foi littéraire : « Je suis de nature poétique et non législative, guerrière au besoin, mais jamais parlementaire. » « Ne sera-t-il pas permis aux ménestrels de chanter des romances aux femmes, pendant que vous ferez des lois pour les hommes ? », conformément à la séparation admise des sphères et des sexes. Néanmoins, en « pauvre enfant de troupe », elle se met « au service de la vérité » et de « l'avenir républicain ».

L'occasion lui en est fournie par le procès des accusés d'avril 1835, dont Michel est, avec Garnier-Pagès, Ledru-Rollin et Barbès, un des avocats [27]. Chaque jour, habillée en homme, au milieu d'une centaine d'autres travestis que la Garde nationale feint d'ignorer et dont la présence traduit l'intérêt des femmes pour ces lieux interdits, elle pénètre dans l'enceinte de la Chambre des pairs. Elle écrit la « lettre des défenseurs aux accusés », que toutefois Michel corrige pour la rendre plus violemment éloquente. Ainsi entre-t-elle en politique par effraction et comme auxiliaire, en femme compatissante aussi, puisqu'elle ouvre une souscription pour les condamnés et leurs familles [28]. Elle brûle de servir. Michel n'est pas le seul à l'encourager. Emmanuel Arago l'exhorte à « travailler » selon ses capacités. Or les bras manquent moins que les têtes, les plumes, les talents de l'imagination. « Tu as une grande et sainte mission » : celle du pouvoir des mots et de la puissance de l'art dont les saint-simoniens découvrent au même moment la force prophétique. Qu'elle écrive donc : par exemple une « seconde lettre politique » comme celle d'un voyageur adressée à Éverard, et qu'Arago a tant appréciée [29]. Ainsi se dessine le rôle des artistes, continuateurs des philosophes, ancêtres des « intellectuels », que Sand aura, pour sa part, beaucoup contribué à entraîner dans le sillage de la République en marche[30].

L'attitude politique de Sand se radicalise. Elle entre en conflit avec Buloz et la *Revue des Deux Mondes* à propos d'un article du professeur Lherminier qui traitait Alibeau, auteur d'un attentat manqué sur la personne de Louis-Philippe, d'« infâme assassin ». « Alibeau est un héros », réplique Sand, ce que Buloz ne peut admettre[31].

Elle approfondit sa réflexion sur la Révolution française dans laquelle elle voit une lutte de classes, comme la plupart des historiens de son temps : Thiers, Guizot, Buchez et Roux, dont elle lit l'*Histoire parlementaire de la Révolution française* (1834-1838, 40 volumes). De plus en plus jacobine, elle est hostile à Mirabeau et aux girondins. Ces « hommes étroits d'idées et faibles d'esprit [...] n'étaient que des *juste-milieu*, qui voulaient le règne de la classe moyenne, [...] une république bourgeoise ». Tandis que Robespierre « le plus grand homme des temps modernes [...] voulut que le pauvre cessât d'être pauvre et que le riche cessât d'être riche ». Mais « le Titan » (= le Peuple) fut vaincu par « cette immense *classe aisée* qui aimait le luxe, et qui se souciait fort peu que le peuple ait du pain ». La Révolution « a fini avec la mort de Robespierre ». Aujourd'hui, « le Titan abruti ne donne aucun signe de vie », bien que l'inégalité soit plus forte que jamais avec « un prolétariat pire que l'esclavage ». Mais il se réveillera : « Un jour viendra[32]. »

Elle demeure cependant plus républicaine que socialiste, sceptique devant le saint-simonisme dont Adolphe Guéroult lui vante les mérites. Grâce à lui, elle participe à plusieurs réunions et établit des contacts. Très réservée sur la publicité des mœurs et la « promiscuité » des sexes, sur la vision d'une révolution progressive et la croyance aux vertus salvatrices de l'Orient (l'expédition d'Égypte la plonge dans la perplexité), elle adhère néanmoins à la critique de la propriété : « Voilà en quoi j'ai toujours vénéré le saint-simonisme[33]. » Mais les saint-simoniens sont trop doux. Il faudrait allier leur patience avec l'énergie des républicains. Entre les deux, il y a complémentarité plus qu'opposition. Elle l'écrit à « la famille saint-simonienne » de Paris qui lui a très civilement offert des étrennes : « Nous pour détruire, vous pour rebâtir », leur dit-elle. « Tandis que les bras énergiques du républicain feront la *ville*, les prédications sacrées du saint-simonien feront la *cité*. Vous êtes les prêtres, nous sommes les soldats[34]. » Pourtant, lorsque, de retour des Baléares avec Chopin, pour dix ans dans sa vie, et les enfants (Maurice et Solange), elle apprend l'émeute de la Société des saisons et son dramatique échec — la condamnation à mort de Barbès et Blanqui, commuée en détention perpétuelle, de nombreuses arrestations —, elle désapprouve : « Encore du temps perdu [35]... »

Elle ne croit pas à l'insurrection dont elle redoute la violence mortifère, mais, bien davantage, aux mouvements sociaux appuyés sur le peuple. Aussi est-elle attentive aux conflits des années 1840. Grèves ouvrières et manifestations contre les fortifications, symbole d'un nouvel embastillement — « quelle geôle, quel bagne [36] » —, rassemblent des masses. À l'automne 1840, trente mille ouvriers parcourent les rues de la capitale que quadrillent les troupes. « Tout Paris était en émoi, comme il s'agissait d'une révolution [37]. » « L'idée révolutionnaire s'est réveillée » et elle croit entendre « un craquement révolutionnaire [38] ».

La républicaine devient socialiste. L'amitié et la collaboration avec Pierre Leroux sont à cet égard décisives et dominent les années 1840 [39]. Elle trouve dans sa philosophie sociale et religieuse des principes et une vision du monde — « la seule claire pour moi [40] » — qui la satisfont enfin. Le syncrétisme de Leroux conforte son idéal égalitaire et moral. La révolution sociale lui paraît désormais l'indispensable complément de la révolution politique. Mais l'une et l'autre devront s'appuyer sur une « révolution morale » : celle des esprits et des cœurs, d'essence religieuse. « Ce qui nous rend toujours si ardents à une révolution morale dans l'humanité, c'est le sentiment religieux et philosophique de l'égalité » (*id.*). Elle en vient à une religion beaucoup plus personnelle, comme le montrent aussi bien son roman *Spiridion* [41] que ses lettres à l'abbé Rochet. Anticléricale, elle prend ses distances avec la dévotion, y compris pour sa fille Solange, qu'elle détourne de l'assistance à la messe dominicale. Comme Pierre Leroux, elle voit en Jésus un homme saint et, dans les Évangiles, « une religion de progrès et d'amour ». Or « l'Église marche en sens inverse ». Elle croit à un processus révolutionnaire qui consiste à favoriser « l'instinct divin des peuples », dépositaires sacrés du vouloir de Dieu. « La voix du peuple est la voix de Dieu », dit Leroux [42].

Elle aspire désormais à produire un art plus utile qui « provoque l'émotion » et « ébranle les cœurs [43] », analyse les conflits sociaux et contribue ainsi à l'éducation des « masses », qui ont « l'*instinct* du vrai et du juste [44] », mais pas encore la conscience. Ses romans se font plus dénonciateurs (ainsi *Horace*), mettent en scène des ouvriers

(*Le Compagnon du Tour de France*, 1842, dont le héros, Pierre Huguenin, est inspiré d'Agricol Perdiguier) ; ou des situations sociales explosives (*Le Meunier d'Angibault, Consuelo, La Comtesse de Rudolstadt*). C'est l'époque des « romans socialistes », en quête d'une forme nouvelle — de style et de langage — autant que de nouveaux acteurs[45]. Car il n'est pas question pour elle de « réalisme », fût-il social ; mais d'une modification de l'art en profondeur, dans ses structures mêmes, qui le rende plus « vrai[46] ». L'art de Sand n'est pas notre propos, mais il importe de souligner que les écrits politiques obéissent à une logique de sa pensée et qu'ils font corps avec son œuvre.

Ce changement de cap et d'horizon fut d'ailleurs vivement ressenti par ses amis (ainsi Sainte-Beuve[47]) et plus encore par son éditeur. Le conflit éclate à propos d'*Horace*. « Je vous demande de vous abstenir de parler contre la propriété et de trop proclamer les idées républicaines », lui écrit Buloz qui ose espérer qu'*Horace* n'a pas été écrit « uniquement pour célébrer les idées d'insurrection et de communisme (Vous n'êtes pas communiste, j'espère ?) ». Et il l'incite à rester « parmi les braves gens[48] ». La *Revue des Deux Mondes*, quant à elle, « combattra les tendances de désorganisation sociale par devoir et par conviction ». Sand refuse les modifications suggérées, qu'elle considère comme une censure et finit par lui retirer *Horace*, en lui retournant l'avance consentie (3 000 F). D'où des problèmes financiers difficiles au moment où elle entretient un ménage (avec Chopin), une maisonnée et une entreprise (*La Revue indépendante* fondée avec Leroux).

L'intervention pour les écrivains ouvriers s'inscrit dans la même perspective. « C'est dans le peuple, et dans la classe ouvrière surtout, qu'est l'avenir du monde », écrivait Sand à Perdiguier[49]. Favoriser l'expression et la création populaires devient un souci prioritaire. La correspondance voit surgir une foule de noms nouveaux : à côté de Perdiguier et de sa femme Lise, la couturière (désormais celle de George), Gilland le serrurier, Vinçard, Magu, Reboul, Adélaïde Bousquet, et surtout Charles Poncy, le maçon de Toulon. Tous rêvent d'écrire[50]. Elle les y encourage, leur prodiguant des conseils non dénués de maternalisme. Poncy se mêle-t-il de composer des chansons d'amour ? Elle le sermonne pour son goût de la volupté. « Êtes-vous un poète bourgeois, ou un poète prolétaire ? Si vous êtes le premier des deux, vous pouvez chanter toutes les voluptés et toutes les Syrènes *(sic)* de l'univers sans en avoir jamais connu une seule [...]. Mais si vous êtes un enfant du peuple, et le poète du peuple, vous ne devez pas quitter le chaste sein de Désirée [sa femme] pour courir après les bayadères et chanter leurs bras voluptueux [...]. Le poète du peuple a des leçons de vertu à donner à nos classes corrompues[51]. » Elle l'exhorte à la fidélité : « On aime toujours plus, quand on n'aime qu'une seule femme » ; et au chant du travail : « Jamais vous n'êtes plus touchant et plus original que quand vous êtes maçon, homme du peuple et tendre époux de Désirée[52]. » Elle lui conseille de lire Pierre Leroux, « la religion de la poésie », qui pourrait inspirer à Poncy « la poésie de la religion ». Elle lui propose des corrections formelles, le fait lire à son entourage et s'efforce de le publier, non sans mal. Elle préface son *Chantier* et lui suggère d'écrire des *Chansons de chaque métier* qu'elle présentera également (1850). « C'est le peuple qui éclate par votre voix, vous êtes sa gloire. Oh ! représentez donc toujours son âme et son esprit[53]. » L'enjeu est double : faire entendre le peuple et affirmer son droit à la création, que lui contestent les savants, tels Sainte-Beuve ou le professeur Jules Lherminier, auxquels elle répond dans *La Revue indépendante* : « Il y a dans le peuple, dans les prolétaires, tous les talents, toutes les sortes de génie[54]. » Comme Leroux, elle défend le « sacerdoce poétique » du peuple.

Enfin, Sand a pris conscience du pouvoir grandissant de la presse dans la formation des opinions et de l'insuffisance de celle qui existe. Elle déplore la platitude du *National*, le conservatisme « juste-milieu » de la *Revue des Deux Mondes*, la faiblesse de la presse provinciale, en dépit des efforts d'hommes comme Lamartine. Entre 1841 et 1845, une revue — *La Revue indépendante* — et un journal — *L'Éclaireur de l'Indre* — vont requérir ses finances et son travail. La revue répond au projet ardent de Pierre Leroux dont *L'Humanité* — « un beau livre » — l'a conquise. Irritée par la tournure de plus en plus antidémocratique de la *Revue des Deux Mondes*, elle accède à son désir, quitte Buloz et, avec Louis Viardot et Pierre Leroux, elle fonde *La Revue indépendante*, qui lui doit son titre — « Votre titre est admirable. Je savais bien que c'est vous qui seriez la marraine », lui écrit Leroux[55] — et nombre de ses meilleurs textes : trois romans (*Le Compagnon...*, *Horace*, *Consuelo*) et une série d'articles (ceux relatifs à la poésie des prolétaires notamment). Elle corrige les poésies de Savinien Lapointe et aide Achille Leroux, frère de Pierre, à mettre au net son roman, *Le Prolétaire*[56]. Surtout, c'est dans *La Revue indépendante* (des 25 octobre et 25 novembre 1843) que George Sand publie *Fanchette, lettre de Blaise Bonnin à Claude Germain* qui marque son entrée directe en politique. Elle prend fait et cause pour Fanchette, pauvre « idiote » que les sœurs de l'hospice de La Châtre avaient voulu perdre pour s'en débarrasser. Indignée, elle entend remuer les consciences contre la cruauté des religieuses, l'hypocrisie des mœurs et l'inertie de l'administration, complice. Malgré ses efforts — *Fanchette* est tirée en brochure et vendue au profit de la victime —, il s'avère difficile d'alerter l'opinion, en raison de l'absence d'un journal d'opposition. Du coup, elle lance *L'Éclaireur de l'Indre* que les frères Leroux impriment dans leur atelier de Boussac. « Je suis dans la politique jusqu'au cou », écrit-elle à Maurice [57]. Elle allait bientôt s'y immerger tout entière.

Après 1845, elle s'éloigne de Pierre Leroux, dont les besoins financiers et les subtilités théoriques la lassent [58]. Elle se rapproche de Louis Blanc qui lui demande pour *La Réforme* sa collaboration et son alliance. Elle accepte la première et signe un contrat pour deux romans, mais le met en garde pour la seconde : « Je crains que vous ne trouviez mon éducation politique bien incomplète et mes curiosités religieuses un peu indiscrètes. Je ne demande pas mieux que d'être endoctrinée [...]. Je suis femme encore par l'esprit, c'est-à-dire qu'il faut que j'aie la foi pour avoir du courage [59]. » Elle donne à *La Réforme* (21 janvier-19 mars 1845) *Le Péché de Monsieur Antoine*, selon elle roman socialiste et communiste, où elle compare plusieurs formules d'organisation communautaire (à chacun selon ses capacités, ou selon ses besoins), pour conclure au choix impossible et à la nécessité de la réunion [60].

« LA RÉPUBLIQUE NOUS SURPREND TOUS [61] »

Très absorbée par les tensions qui font de Nohant un théâtre de drame familial, Sand est moins attentive à l'actualité. Elle qui guettait depuis longtemps un « craquement révolutionnaire » n'a pas entendu celui de février. Elle gère sa rupture avec Chopin et avec sa fille Solange, prépare *Histoire de ma vie* et se plonge dans les lettres de son père. Elle correspond avec Mazzini, l'interroge sur les événements d'Italie dont, attentive au mouvement des nationalités, elle perçoit l'intérêt. Mais à Hortense Allart qui lui confie que Thiers la lit, elle répond qu'elle-même fait son profit de l'*Histoire du Consulat et de l'Empire*. « Il n'est pas de ma religion du tout, mais puisqu'il faut que nous subissions l'hérésie politique et sociale, je désire que M. Thiers culbute M. Guizot, et que nous respirions un air un peu moins mortel [62]. » Elle ne croit pas que cette « querelle » (Guizot-Thiers) passionne le peuple et elle sous-estime la campagne des banquets. « Borie est sens dessus dessous à l'idée qu'on va faire une *révolution* dans Paris. Mais je n'y vois pas de prétexte raisonnable dans l'affaire des banquets », écrit-elle à Maurice le 18 février. Elle l'adjure d'ailleurs de se tenir à l'écart : « se faire assommer pour Odilon Barrot [...], ce serait trop bête. Écris-moi ce que tu as vu *de loin* et ne te fourre pas dans la bagarre[63]. » Mais très vite, le ton change. Le 23 : « Nous sommes bien inquiets ici [...]. Il faut que tu reviennes tout de suite [...] ta place est ici, s'il y a des troubles sociaux. Une révolution à Paris aurait son contrecoup immédiat dans les provinces, et surtout ici où les nouvelles arrivent en quelques heures[64]. » Grâce à l'essor des communications — chemins de fer et poste — les choses ont bien changé depuis 1830. Et, plus encore, la position de Sand.

Le 1er mars, elle n'y tient plus et court à Paris. Le tome VIII de sa *Correspondance* permet de suivre très précisément son emploi du temps que la politique envahit désormais complètement, dans la réconciliation des contraires et une unité personnelle enfin trouvée. « Les chagrins personnels disparaissent quand la vie publique nous appelle et nous absorbe. La République est la meilleure des familles. Le Peuple est le meilleur des amis. Il ne faut pas songer à autre chose », écrit-elle le 6 mars à Frédéric Girerd[65].

Le peuple est grand et les dirigeants, honnêtes. Les dirigeants, elle « les rencontre tous les jours » et se met à leur disposition. Le peuple, elle admire sa maturité — il « a été sublime de courage et de douceur[66] » —, et, consciente de l'image révélatrice des manifestations, elle contemple avec émotion les grandioses funérailles des victimes de février ; « 400 000 personnes pressées depuis la Madeleine jusqu'à la colonne de Juillet ; pas un gendarme, pas un sergent de ville, et cependant tant d'ordre, de décence, de recueillement et de politesse mutuelle qu'il n'y a pas eu un pied foulé, pas un chapeau cabossé. C'était admirable. Le peuple de Paris est le premier peuple du monde[67]. »

Elle entre dans la grande période de son activité et de la production de ses écrits politiques, qui remplissent les trois quarts de ce livre. Ils ponctuent sa démarche, elle-même rythmée par la vague, déferlante puis refluante, des événements. Il n'est pas nécessaire d'en redire ici le détail, mais plutôt d'en cerner les grandes lignes et d'esquisser un portrait de Sand, politique, au sommet de son intervention.

L'action politique de Sand revêt plusieurs formes et s'inscrit dans un double espace complémentaire et souvent antagoniste : Paris et la province. Sand est à Paris durant la phase ascendante de la révolution (du 1er au 7 mars, puis du 21 mars au 17 mai), au cœur de ce peuple qui incarne à ses yeux la révolution même. Elle réside à Nohant, dans ce Berry honnête et un peu lent qu'elle s'efforce de convertir à la République, d'abord pendant la campagne électorale (7-21 mars), puis durant la déroute (à partir du 18 mai), dans ce mouvement pendulaire, classique chez elle, d'alternance entre le chemin de l'aventure et le repli sur l'intimité du village[68].

La correspondance permet de saisir les difficultés de la politique locale, l'intensité des résistances et des préjugés, les réticences paysannes devant l'hégémonie de Paris et les craintes à la perspective d'un communisme assimilé à la collectivisation des terres[69]. Réduire cet écart, éduquer la province, mais aussi la faire reconnaître et exister, autrement que par les notabilités, ont été pour Sand un objectif constant, clairement exprimé lors de la création de *L'Éclaireur de l'Indre*. Le premier appel qu'elle lance, le 3 mars — *Un mot à la classe moyenne* —, vise la réconciliation des classes mais aussi des lieux. « Paris vient de donner un grand exemple au monde. Paris est la tête, le cœur et le bras de la France. » Mais « Paris n'est le foyer de la vie que parce qu'il est le rendez-vous de la France entière. Les indigènes de la métropole ne sont qu'une fraction du grand corps social. [...] Paris, c'est vous, c'est moi, c'est nous tous. [...] Le temps des Girondins et des Montagnards est passé sans retour. » Thèse qu'elle reprendra souvent sous forme de dialogue entre Blaise Bonnin, cultivateur (celui de *Fanchette*), et son frère Claude, ouvrier des villes. Convaincre les gens des campagnes qu'ils n'ont rien à redouter du « gouvernement de Paris » et de sa fiscalité, au moment de l'impôt des 45 centimes n'est pas une mince affaire et la « parole » de Blaise Bonnin doit être éloquente pour démontrer que Paris est « la grande commune des communes, la paroisse des paroisses. Rien de ce qui se passe là ne vous est étranger. Paris est à vous comme votre place publique, comme votre église est à vous. » Le tout dans l'unité de la France : « Il n'y a qu'une France, et tuer un Français, c'est faire couler son propre sang[70]. »

Sand s'implique vigoureusement dans la politique locale : à Nohant, dont Maurice devient le maire[71] ; à La Châtre où elle tente de mobiliser les démocrates ; au niveau du département où elle suit avec attention les campagnes électorales et leurs résultats. « Le ministre m'a rendu, en quelque sorte, responsable de la conduite de mes amis[72]. » Trouver pour la future Assemblée des candidats à la députation qui soient des hommes du peuple n'est pas une mince affaire, comme le montre l'exemple de Poncy. Elle le pousse à se présenter à Toulon. Il se dérobe, arguant de son incapacité oratoire : « Je ne sais pas développer ma pensée au public avec la parole, [...] pour ces raisons je n'ambitionne pas le titre glorieux de représentant attendu que rien en moi ne justifie cette ambition[73]. » Les difficultés étaient encore plus grandes en Berry, tant au niveau des troupes, peu éduquées, que des chefs. « Ce qui nous manque absolument ce sont des initiateurs », écrit-elle à Henri Martin pour le convaincre de venir prendre la tête de liste. « La députation c'est le rôle le plus important à prendre, et dans ce pays-ci vous seriez la tête et le cœur de tous [...]. Vous instruiriez ce paysan et cet ouvrier que nous allons chercher, car nous ne les avons pas sous la main encore[74]. » Rude besogne, d'autant plus que les Berrichons ne supportent pas les « étrangers ». « Ici, comme dans tous les départements du centre, l'amour de la localité est une passion. Les hommes du pays se disputent pied à pied l'honneur de nous représenter. On choisira parmi eux, sans qu'il y ait moyen de *parler* seulement d'un *étranger*. Comment voulez-vous que les populations rurales comprennent, du jour au lendemain, que leur clocher n'est pas la métropole du monde ? La révolution nous prend bien à court. Les élections viennent trop vite, surtout pour le paysan qui ne pense pas vite[75]. » Elle propose au ministre de l'Instruction publique (Hippolyte Carnot) d'envoyer des ouvriers en tournée dans les départements « pour révolutionner et catéchiser les paysans et les ouvriers » ; Gilland et Lambert s'y essaieront, sans grand succès. Sand se lasse : « Je ne vois aucune chance de réussir dans l'Indre », écrit-elle à Louis Viardot ; et à Pauline : « Si je ne retournais à Paris, où le contact de ce pauvre peuple si grand et si bon m'électrise et me ranime, je perdrais ici, non la foi, mais l'enthousiasme. Ah ! Nous serons républicains *quand même*, fallût-il y périr de fatigue, de misère, ou dans un combat[76]. » De retour à Paris, le 21 mars, Sand ne se désintéressera jamais du Berry, prodiguant à Maurice des conseils pour gérer la commune et « républicaniser nos bons paroissiens[77] ». Le village berrichon n'était pas le village varois. Mais de tout cela il restera quelque chose.

C'est désormais Paris qui l'accapare et la soutient. On la sollicite de toutes parts, et en plus haut lieu. Le Gouvernement provisoire lui demande le secours de sa plume ; elle écrit des circulaires administratives pour le ministre de l'Intérieur et celui de l'Instruction publique qu'anime le saint-simonien Jean Reynaud[78], lequel lui passe commande de brochures populaires (*Paroles de Blaise Bonnin*). Surtout, à la suggestion d'Étienne Arago, elle rédige des éditoriaux pour le *Bulletin de la République*, par lequel le Gouvernement provisoire s'efforçait de faire connaître ses positions. Entre le 25 mars et le 29 avril, elle donne 9 contributions, toutes anonymes, mais dont la paternité, attestée par les mentions de sa correspondance, ne fait aucun doute. Ces textes, dont elle avait la responsabilité morale, mais non politique, devaient être relus par tel ou tel membre du Gouvernement, selon un protocole soigneusement établi, mais non toujours respecté. D'où les problèmes qui surgirent à propos du *Bulletin* n° 16 (15 avril) dont la désinvolture relative aux résultats des élections provoqua une crise qui mit fin à sa collaboration.

Depuis longtemps Étienne Arago considérait le théâtre comme un « moyen révolutionnaire[79] ». Elle s'y investit. Elle écrit un prologue pour l'ouverture gratuite du Théâtre-Français, devenu Théâtre de la République. De nombreux artistes apportent leur concours : Pauline Viardot, dont Sand voudrait faire la cantatrice de la République pour « conquérir le peuple et le pouvoir[80] », Rachel, Augustine Brohan, etc. La représentation a lieu le 6 avril en présence du Gouvernement provisoire. « Ce qu'il y avait de plus beau c'était le public, le peuple propre, calme, attentif, intelligent, délicat, applaudissant à propos, ne faisant pas le moindre bruit dans les entractes, enfin un peuple plus décent que les abonnés des Italiens ou de l'Opéra » qui se croient tout permis, notamment vis-à-vis des actrices : parfaite antithèse, en somme, de la représentation que la bourgeoisie donne habituellement du peuple[81].

Cependant, elle rêve d'une « revue » qu'elle voudrait faire « à moi seule, à ma guise ». Viardot lui apporte son concours financier, Borie, Thoré, leur plume. Le premier numéro de *La Cause du Peuple* (dont sans doute Sartre et les gauchistes de 1968 ignoraient tout ?) paraît le 9 avril. Sous sa signature, cette fois, elle développe ses analyses politiques et donne quelques-uns de ses reportages les plus réussis. Grâce à Thoré, militant républicain et critique d'art depuis 1834, l'art occupe une place notable.

De quoi être débordée : « Je ne sais auquel entendre, on m'appelle à droite, à gauche. Je ne demande pas mieux [82] » ; exténuée : « Je suis écrasée de fatigue [83] » ; mais heureuse de cette fusion de l'individuel dans le collectif. « Il n'est pas de poésie personnelle, de doux repos, de retraite, de chacun pour soi. La poésie est dans l'action, maintenant, toute autre est creuse et morte [...]. La retraite est dans notre cœur et non dans notre chambre. Notre *chez nous* c'est la place publique, ou la presse, l'âme du peuple enfin [...]. La République, c'est la vie », écrit-elle à Poncy [84], comme en lointain écho à la protestation poétique du Voyageur de naguère. Le ménestrel, le « garçon de charrue [...] chaussé de bas bleus et de souliers ferrés », le « pauvre enfant de troupe » était au cœur de la cité.

« Me voilà occupée comme un homme d'État », écrivait Sand à Maurice. Elle était de fait mêlée de près aux instances du pouvoir. Elle travaille souvent fort tard au ministère de la rue de Grenelle. Certains « conciliabules » du Gouvernement provisoire se tiennent dans sa « cambuse » du 8, rue de Condé, à deux pas du Luxembourg, où siège Louis Blanc, qu'elle voit presque chaque jour, très attentive à la marche des ateliers nationaux et à leurs vicissitudes. Avec Ledru-Rollin, submergé, les contacts sont plus compliqués. « J'ai attendu Monsieur Ledru-Rollin jusqu'à minuit, écrit-elle à Lockroy ; je n'ai pu le voir que cinq minutes ; il y avait là tant de monde que ce n'était pas le moment » de lui parler [85]. L'informel — rencontres, conversations, recommandations — l'emporte sur le formel et l'institutionnel, situation habituelle et sans doute plus favorable pour une femme. Sand glisse des propositions, suggère des initiatives, reprises assez mollement. Très sollicitée par ses amis et relations, soit pour une protection, soit pour une place, elle se démène autant qu'elle peut, un peu offusquée parfois du crédit qu'on lui prête : « Malheureusement, au milieu de tous les *propos* qu'engendre la situation, mon grand crédit n'est qu'un propos de plus [86]. » Elle participe à la préparation de certaines manifestations, comme celle des clubs, le 16 avril, pour laquelle elle renonce à Nohant : « Il se prépare une manifestation politique à laquelle je dois assister absolument ; manifestation toute pacifique, mais qui doit réparer bien des sottises, et bien des actes coupables [87]. » Cependant il est probable qu'on a exagéré son influence : ses détracteurs, mais aussi certains de ses amis, notamment Marie d'Agoult, qui jalousait quelque peu celle que plus tard, avec Juliette Adam, elle appellera « la Reine ». On pourrait parler plutôt d'« observation participante » : position privilégiée d'un dehors-dedans qui confère beaucoup d'intérêt à ses analyses. Tocqueville, qui la rencontre le 4 mai, se souviendra longtemps de leur acuité : « Je ne doutais pas que nous fussions à la veille d'une lutte terrible ; toutefois, je n'en compris bien tous les périls que par une conversation que j'eus [...] avec la célèbre Madame Sand[88]. » La profondeur de ses considérations sociales frappe l'auteur de *La Démocratie en Amérique*.

La situation se dégrade, en effet, et Sand en est le témoin lucide. « Ici, tout va de travers, sans ordre et sans ensemble, écrit-elle à Maurice le 16 avril au matin. Il y aurait pourtant de belles choses à faire en politique et en morale pour l'humanité. Malgré les bourgeois, il y aurait mille moyens de sauver le peuple[89]. » Le soir du même jour, elle fait à son fils un récit navré des « quatre conspirations » qui ont conduit aux cafouillages de la manifestation. « Aujourd'hui, Paris s'est conduit comme La Châtre. » L'échec de cette démonstration la persuade qu'il n'y a pas grand-chose à attendre et, comme toujours, surgit la tentation de Nohant : « Si cela continue et qu'il n'y ait plus rien à faire dans un certain sens, je retournerai à Nohant écrire[90]. » Paris est redevenu le lieu de la rumeur. « On dit à la mobile que la banlieue pille, à la banlieue que les communistes font des barricades. C'est une vraie comédie. Ils ont tous voulu se faire peur les uns aux autres, et ils ont si bien réussi, qu'ils ont tous peur pour de bon[91]. »

Le *Bulletin* nº 16 (15 avril) dans lequel elle avançait que si le résultat des élections était « l'expression des intérêts d'une caste », alors on pourrait en ajourner les résultats — attitude qui illustre la fragilité de la démocratie —, provoque contre elle une levée de boucliers : « [...] pour un *Bulletin* un peu froide que j'ai fait, il y a un déchaînement de fureur incroyable dans toute la classe bourgeoise » (*id.*). Elle n'en finira pas de devoir s'expliquer à ce sujet. *La Cause du Peuple* ne prend guère : « On est trop préoccupé, on vit au jour le jour. » Climat peu propice aux idées. Elle veut pourtant rester à Paris jusqu'à l'installation de l'Assemblée nationale. Le 20 avril, la fête de la Fraternité, qu'elle contemple du haut de l'Arc de Triomphe avec les membres du Gouvernement provisoire, la rassérène. Elle en donne une description lyrique, mais aussi politique, attentive aux signes de la modernité démocratique. Une foule qu'elle estime à un million d'âmes (surévaluation liée à l'inexpérience : on ne sait pas encore mesurer de telles masses), défile durant douze heures, de la Bastille à l'Arc de Triomphe — d'est en ouest, dans la totalité de l'espace parisien — et au-delà vers la banlieue ; une foule composite mais unissant le civil et le militaire, le peuple et l'armée : « Quatre cent mille fusils pressés contre un mur qui marche, l'artillerie, toutes les armes [...], tous les costumes, toutes les pompes de l'armée, toutes les guenilles de la sainte *canaille*, et toute la population de tout âge et de tout sexe pour témoin [...], se mêlant au cortège[92]. » Mais dès le lendemain, les élections déchaînent les passions. Sand assiste à l'Hôtel de Ville à l'attente des résultats. Souvent le spectacle de la rue la réconforte, quand elle doute ; « Je descends dans la rue, et je me rassure en entendant ce qui se dit dans les nombreux clubs en plein air qui remplissent Paris à l'heure qu'il est[93]. » Elle décrit la physionomie du public dans le premier article qu'elle donne à *La Vraie République* de Thoré (2 mai), désormais sa seule tribune. Car *La Cause du Peuple* s'est tue, après trois numéros, le 23 avril. Et le 29, elle donne son dernier papier au *Bulletin de la République*. Pourtant, elle croit toujours au pouvoir de l'écriture. « Ce mouvement de l'esprit est, en ce moment, comme un courant électrique » (*id.*). Et « les instincts de la foule » lui paraissent plus sûrs que les intuitions des hommes politiques. Lueur d'espoir ? Les résultats des élections sont meilleurs que prévus. « Partout déjà commence une réaction de l'opinion saine contre l'opinion bourgeoise[94]. »

Mais l'accalmie dure peu, au village comme à Paris. À Nohant, une petite bande de partisans du député Charles Delavau, venue de La Châtre, se porte au château en proférant des « injures atroces » contre George Sand et menaçant de mettre la maison à sac. À Paris, le 15 mai, sous prétexte de déposer une pétition en faveur de la Pologne, la foule envahit le Palais-Bourbon et des leaders proclament la dissolution de l'Assemblée nationale. Cette caricature de coup d'État échoue mais entraîne une série d'arrestations, dont celles de Barbès, Blanqui, Raspail et bien d'autres. Sand désapprouve : « La journée d'hier nous remet en arrière de dix ans. Quelle déplorable folie ! [...] Quel affreux chaos ! Nos amis au pouvoir ! Emmanuel [Arago] ambassadeur et Barbès au cachot[95]. » Thoré aussi était dans le coup : Son « coup de tête tue son journal ; pour moi [...], je ne puis accepter la responsabilité de pareilles aventures » (*id.*). Certains voudraient pourtant la lui attribuer, voyant dans le *Bulletin* n° 16 le scénario de la journée du 15 mai. D'aucuns prétendent l'avoir vue dans la manifestation, haranguant la foule rue de Bourgogne, pratique entièrement contraire à ses habitudes. Elle vit dans la crainte de perquisitions. Les siens — famille, amis — la pressent de partir, voire de s'exiler en Italie, ce qu'elle refuse.

LES DÉBUTS DE L'EXIL INTÉRIEUR

Son exil, c'est Nohant, où le 17 mai elle est de retour. Elle éprouve très fortement le désir de retraite : « Je ne vous parlerai pas *politique* », écrit-elle à Jules Boucoiran, en soulignant le mot, comme toujours lorsqu'elle s'en éloigne. « J'en ai par-dessus la tête. C'est, à l'heure où nous sommes, un tissu de fables, d'accusations, de soupçons, de récriminations, et l'affaire du 15 mai, absurde et déplorable, n'a pas contribué à remettre les esprits en veine de fraternité. » Consolation : « Nohant est superbe [...] je crois retrouver le paradis [96]. » Elle en jouit, non sans ce remords qui accompagne toujours le retour au privé, surtout après les terribles journées de juin. « On se reproche presque de jouir d'un certain bonheur domestique, lorsque tant de victimes ont payé de leur sang, de leur liberté [...] l'idée pour laquelle on eût voulu souffrir ou périr avec elles [97]. »

Les journées de juin la désespèrent. « Je souffre d'un pareil dénouement à notre beau rêve de république fraternelle [98]. » « Il n'y a qu'à pleurer, et je vois l'avenir si noir que j'ai grande envie et grand besoin de me brûler la cervelle [99] », tandis que de folles rumeurs circulent dans le pays, selon lesquelles elle cacherait des armes et des insurgés, « plus Ledru et Lamartine en personne [100] ». « Je me sens abattue, consternée, vieille de cent ans, et faisant de vains efforts pour conserver l'espérance [101]. »

Mais elle reprend courage : la plume et la pensée. Dans de longues lettres à Mazzini, alors son principal correspondant, mais aussi à Poncy, Hetzel, etc., elle approfondit sa réflexion politique et sociale. Comme certains de ses amis (Rollinat par exemple), elle commence par voir dans l'insurrection de juin un possible complot de l'étranger. Mais la dimension sociale des choses s'impose comme une évidence. « La France n'a pas compris le caractère de la révolution que Paris lui a imposée et c'est là le mal, [...] *ce n'est pas une révolution politique, c'est une révolution sociale* », écrivait-elle à René de Villeneuve en soulignant l'intensité de la misère ouvrière [102]. Les journées de juin sont une lutte de classes : « La richesse de tous est devenue l'enjeu d'une classe privilégiée, et aujourd'hui, cette classe prétend plus que jamais être *propriétaire* de la propriété de l'État [103]. » Il faut donc s'attaquer à ce problème central. Elle distingue la propriété individuelle, nécessaire et légitime, et la propriété sociale qui doit être gérée par l'État. Elle condamne le communisme, mais se prononce pour un « communisme social » qui anticipe ce qu'on appellera collectivisme, appliqué aux chemins de fer, aux voies de communication, aux assurances... « Plus les sociétés se civilisent et se perfectionnent, plus elles étendent le fonds commun, pour faire contrepoids à l'abus et à l'excès de la propriété individuelle [104]. » « Toute la science sociale, qui devient forcément aujourd'hui la question politique, consistera donc à établir cette distinction [105]. » Cette nécessaire et inéluctable transformation ne doit pas être l'œuvre de la violence, qu'elle récuse, plus que jamais hostile à l'insurrectionnisme blanquiste. Au vrai, la violence est présentement du côté de la bourgeoisie. La répression de juin déconsidère la République : « Je ne crois pas à l'existence d'une république qui commence par tuer ses prolétaires. Voilà une étrange solution donnée au problème de la misère. C'est du Malthus tout pur [106]. »

Elle réalise la faiblesse des assises populaires d'une telle République, en cet automne 1848 qui est celui de l'élection présidentielle. Les paysans, dont la situation économique, sans être catastrophique (la récolte a été bonne), n'est pas brillante, n'aiment guère « *c'te petite république* à laquelle ils ne comprennent rien. Ils croient que Napoléon n'est pas mort et qu'ils votent pour lui en votant pour son neveu [107]. » Les ouvriers ont plus de maturité : « Il y a une minorité sublime dans les villes industrielles et dans les grands centres, sans aucun lien avec le peuple des campagnes et destinée pour longtemps à être écrasée par la majorité vendue à la bourgeoisie. Cette minorité porte dans ses flancs le peuple de l'avenir [108]. »

Dans l'immédiat, elle n'aime guère Cavaignac, mais elle le préférerait à « une ignoble restauration impériale, bourgeoise et militaire, dans la personne de Louis-Napoléon [109] », tout en soulignant l'indigence du choix : « La question est entre le sabre sanglant de l'Algérie et l'épée rouillée de l'Empire. Je ne sais en vérité pour qui je voterais si j'étais homme [110]. » Louis-Napoléon ayant essayé de se prévaloir de leur ancienne amitié en publiant la lettre que, le 26 novembre 1844, elle lui adressait, au fort du Ham où il était détenu, elle prend publiquement ses distances : « M. Louis Bonaparte, ennemi par système et par conviction de la forme républicaine, n'a point le droit de se porter à la candidature de la présidence [111]. » Son élection, le 10 décembre, ne la surprend pas outre mesure. « Tous se sont vengés en se jetant dans l'inconnu. C'est une grande faute sans doute, mais le peuple ne connaît pas les calculs de la politique et il va où son instinct le pousse [112] », instinct dont elle commence à douter.

À certains égards, elle se sent libérée par ce vote qui lui signifie en quelque sorte son congé. « Je me suis sentie alors comme résignée devant cette volonté du peuple qui semble nous dire : "Je ne veux pas aller plus vite que cela, et je prendrai le chemin qui me plaira." Aussi ai-je repris mon travail comme un bon ouvrier qui retourne à sa tâche, et j'ai beaucoup avancé mes Mémoires[113]. » La voici rendue à la littérature. Elle écrit pour *La Petite Fadette* « une espèce de préface » où elle explique « pourquoi je reviens aux bergeries ». Jugé sans doute trop sulfureux, le texte ne sera du reste pas publié dans le quotidien *Le Crédit* qui donne le roman en feuilleton à partir du 1er décembre[114]. Dans ce dialogue avec un interlocuteur imaginaire, elle dit son désespoir présent — « Nous étions tristes, nous sommes devenus malheureux » —, et sa foi en l'avenir, « aux destinées de la Révolution ». Mais « la foi compte par siècles, et l'idée embrasse le temps et l'espace, sans tenir compte des jours et des heures ». La conviction démocratique, elle en est désormais persuadée, sera affaire de longue durée. Il faut revenir à l'art et à la poésie : « [...] puisque nous ne pouvons plus donner que cela aux malheureux, faisons encore de l'art comme nous l'entendions naguère » : du temps de la *Lettre d'un Voyageur* et du dialogue avec Éverard. La voici, à nouveau, en réserve de la République. « Depuis mai, je me suis mise en prison moi-même dans ma retraite, qui n'est point dure et cruelle comme la vôtre, mais où j'ai peut-être eu plus de tristesse et d'abattement que vous », écrit-elle à Barbès, captif à Vincennes[115].

Sand publie encore trois textes directement politiques où elle exprime clairement ses positions, en matière sociale (préface à Victor Borie, *Travailleurs et Propriétaires*), sur l'élection de Louis-Napoléon Bonaparte, contre la répression qui commence. Le projet de construction d'une prison politique à Nossi-Bé est le signe avant-coureur des déportations qui s'annoncent[116].

C'en est fini de l'action directe, brève mais intense parenthèse dans la vie de celle qui fut une des femmes les plus politiques de son temps. Elle demeure intensément fidèle à ses convictions. « Je n'ai qu'une passion, l'idée d'*égalité* [...]. Mais c'est un beau rêve dont je ne verrai pas la réalisation. Quant à *mon idée*, je lui ai voué ma vie, et je sais bien qu'elle est mon bourreau[117]. »

EXEMPLARITÉ

Tel fut cet itinéraire à bien des égards exemplaire ; telle fut cette expérience exceptionnelle et paradoxale d'une femme dans ce domaine réservé qu'était alors la politique. Exemplaire, Sand vit dans le temps d'une histoire ouverte par la Révolution française, au rythme heurté des espoirs et des désillusions des républicains, comme eux soutenue par la perspective d'un mouvement à poursuivre et à terminer [118]. Elle en illustre le courant républicain et socialiste. Enracinée dans une enfance, carrefour emblématique, confortée par un choix personnel qu'aimante un vif sentiment de l'injustice, sa foi en la République, fille de la Révolution, est fondamentale et fondatrice. Cette République doit être celle du suffrage « universel », seul moyen de donner le pouvoir au peuple, que, d'abord, elle sacralise et sanctifie. Elle sera sociale car l'inégalité de classes est criante et l'État doit y remédier. Attachée à la devise républicaine trinitaire [119], Sand subordonne néanmoins la liberté à l'égalité. Elle condamne l'individualisme dont l'antidote est la solidarité qu'elle préfère à la fraternité. Elle participe à « la haine du bourgeois » que partagent tant de démocrates, à leurs yeux personnification d'une classe égoïste, aveugle et infidèle à ses origines [120]. Entre les écoles socialistes, toutefois, Sand a longtemps hésité. Des saint-simoniens, elle a retenu la critique de la propriété et s'est défiée du reste. Fouriériste ? Pas davantage. « Votre *Démocratie pacifique* est froidement raisonnable, et froidement utopiste. Tout ce qui est froid me gèle, le froid est mon ennemi personnel [121]. » Elle parle peu de Cabet, appréciera davantage Proudhon. Pierre Leroux lui a donné les arguments et la synthèse qu'elle cherchait ; il a libéré son désir d'utopie. Elle opère sa « conversion » dans les années 1840-1845 et son enthousiasme pour la révolution de Février, qu'elle n'avait pas vu arriver, vient à la fois de son pacifisme et de ses capacités d'achèvement de 1789 : la réalisation de la citoyenneté politique, l'établissement d'une cité socialiste. « Le socialisme est le but, la République est le moyen. » Et la réforme de la propriété, le cœur. Sur tout cela, Sand a des intuitions et des positions plus qu'une doctrine. Elle n'est pas une théoricienne, notamment en matière économique. Mais ses interrogations n'en sont pas moins révélatrices des mutations en cours.

C'est dans la pratique et l'observation quotidienne que Sand modifie ses principes politiques, largement hérités, non sans hésitation parfois. Son éloge juvénile de Robespierre, le saint républicain, s'accompagne d'un rejet croissant de la Terreur et de la guerre civile. Elle désapprouve la violence, d'où qu'elle vienne : violence de la répression d'État, mais aussi violence populaire dont elle redoute l'éventuel aveuglement. Les « masses » sont toujours susceptibles de se transformer en foules. Elle partage avec nombre de ses contemporains l'aversion pour le sang [122]. Chantre de la nature, elle goûte assez peu l'air de la ville. Par contre, elle apprécie l'urbanité des habitants de la cité. Elle fait confiance aux ouvriers des villes beaucoup plus qu'aux paysans politiquement arriérés et qu'elle s'est donné pour mission de convaincre. Sans grand succès pour l'heure. Au moment où nous la quittons, « il se passe peu de jours sans que les ivrognes de cette jolie ville [La Châtre] en passant devant ma maison crient *à bas les communistes...* [123] »

Sand a un sens très vif de la nécessité de faire l'opinion publique. La République est un apprentissage, privé — et sur ce point l'éducation qu'elle donne à Maurice est significative [124] —, et public. Son écriture politique se veut une pédagogie. D'où la forme de *Lettres* ou de dialogues : il s'agit de s'adresser à l'autre pour le persuader, de discuter pour convaincre. Elle ébauchera en 1851 un « traité de civilité virile et républicaine » malheureusement sans suite. Elle est sensible au pouvoir de communion qui émane des fêtes et des manifestations. Elle découvre le théâtre, désormais forme majeure de son activité créatrice et souvent de sa contestation ; principalement sous le Second Empire. Toutefois, son idéal est la conviction intime, forgée par la conversation, l'échange épistolaire et la lecture personnelle. L'échec de la Révolution, plus tard le résultat du plébiscite la porteront à réfléchir à l'importance du temps dans les changements politiques. « Le socialisme n'est encore qu'une tendance qui se dégage du chaos des projets, des idées vraies et fausses, bonnes et mauvaises qui s'agitent dans les esprits [...]. J'ai toujours la plus grande foi dans l'avenir de la Démocratie. C'est la Loi de Dieu, la nécessité de l'histoire, mais pour le moment je ne vois point son action dans les faits, et le germe paraît à peine à mes yeux. Je vois bien des agitations, bien des lumières acquises, bien des instincts de lutte, mais la chose suprême, le *dévouement*, sans lequel on ne fera rien de durable, le *sentiment public*, l'esprit de véritable fraternité, je n'en aperçois point le progrès sensible et rassurant [125]. » Le suffrage universel est la meilleure et la pire des choses sans les Lumières. Mais les Lumières ne s'imposent pas.

Elles se diffusent comme ces ondes — le magnétisme, l'électricité, les fluides —, dont la science saisit la circulation dans le monde invisible. Le rôle des écrivains et des artistes est d'y participer par les mots et les images. Sand puise là sa certitude de l'utilité de l'art et sa conception d'un roman « idéaliste », dans la mesure où il cherche à susciter chez le lecteur des émotions génératrices de sentiments altruistes (ce qui, bien plus tard, l'opposera à Flaubert). Elle cherche à dessiner des figures positives qui poussent le lecteur à prendre position, à s'identifier.

Sand appartient au courant des écrivains du XIXe siècle, fils des Lumières et ancêtres des « intellectuels », pour lesquels l'action publique est une urgence. Ressort de cette attitude : l'obsession de l'injustice et du malheur, assortie de la conviction qu'on peut y changer quelque chose et que l'intervention est un devoir. « Je me soucie bien d'être heureuse en vérité, écrit Sand en 1842 à Henriette de la Bigottière ; ce n'est point là ce qui m'occupe ; je cherche mon devoir », à savoir la solution du « problème social [126] ». Et au comédien républicain Pierre Bocage : « Si j'étais égoïste, je me sentirais fort heureuse, mais comme je n'ai pas encore le cœur desséché par la vieillesse, j'ai souvent le spleen en songeant que le calme et le bien-être de ma maison et de ma famille ne donnent ni la paix, ni l'aisance ni la liberté à des millions d'êtres humains qui n'ont pas le nécessaire. C'est une grande question de savoir si nous avons le droit d'être heureux au détriment des misérables [127]. » Vingt ans plus tard : « Nous ne voulons pas dormir sans avoir la conscience soulagée de ce remords public qui nous rend insupportable l'injustice sociale [128]. » Ce sentiment d'appartenir « au camp des injustes » (François Mauriac), cette obsession de la misère du monde qu'éprouvera jusqu'à la mort une Simone Weil, et qui ont sans doute des racines chrétiennes, sont un des moteurs de l'engagement.

L'engagement de Sand — mot qu'elle n'emploie jamais — est politique au sens large. Elle entend se mettre « au service » d'une « cause » : celle du peuple, selon le titre de son journal. Engagement constant dans sa direction, mais ponctuel dans ses formes, au gré des circonstances et des rencontres, d'autant plus qu'il n'existe ni partis ni associations stables. Les relations interpersonnelles, les amitiés et les réseaux y jouent un rôle de premier plan. Nohant n'est pas seulement un refuge individuel, mais une ligne de repli pour les persécutés, un maillon dans la chaîne démocratique, un lien entre Paris et la province, la France et l'étranger. La correspondance privée est un moyen privilégié de communication et d'information. D'où d'ailleurs le fait qu'elle soit étroitement surveillée, ainsi que Nohant, sous le Second Empire. La modernité politique émerge lentement d'un modèle construit par la sociabilité des Lumières. Sous cet angle, le Second Empire, facteur de modernisation économique, a été un frein du moins jusqu'en 1860 où reprend le mouvement vers la démocratie [129]. Nohant sous le Second Empire est un Guernesey intérieur, moins spectaculaire que celui d'où Victor Hugo jette ses fulgurants anathèmes, mais non moins efficace et significatif dans sa maturation. Un lieu témoin, comme Sand est un écrivain témoin.

PARADOXES

Ici s'arrête l'exemplarité de Sand. Femme en politique, elle est au contraire exceptionnelle et souvent paradoxale. Le paradoxe sandien réside dans le contraste entre la hardiesse de l'action personnelle et la timidité, voire la nullité, de la revendication collective concernant l'égalité politique des femmes. Sand se comporte comme un individu oublieux de son sexe et indifférent au genre auquel elle appartient. Ce paradoxe est inhérent à la situation ambivalente qui est la sienne, aux contradictions auxquelles cette pionnière est confrontée, elle qui subvertit les frontières, usurpe les domaines masculins, brouille les pistes et assume des identités multiples.

Sur le plan personnel, elle s'accommode de son sexe : « Mon sexe avec lequel je m'arrange fort bien sous tous rapports », écrit-elle. Elle semble, à première vue, accepter le partage des territoires et en jouer dans le plaisir de la dualité. Elle se veut homme lorsqu'elle écrit ; refusant la médiocrité de la littérature dite « féminine », elle récuse le statut de « femme-auteur » dont elle connaît les relégations ; elle assume complètement son pseudonyme masculin, pratiquant une logique grammaticale qui fait qu'elle parle toujours d'elle-même au masculin dans ses écrits publics, au point qu'elle n'a pu accéder au « je » féminin qu'en 1863 dans la *Confession d'une jeune fille* [130]. Elle se veut homme encore dans ses courses équestres, ses libres voyages et ses déambulations urbaines, se travestissant avec aisance et fumant de même. Mais elle se veut femme lorsqu'elle est amante (ainsi dans les lettres brûlantes de désir adressées à Michel de Bourges lorsqu'il la quitte), mère et plus encore grand-mère ; lorsqu'elle s'occupe de sa maison et fait des confitures avec un égal bonheur.

Sand éprouve néanmoins, fortement, les prisons du sexe, cette différence qui se traduit par la subordination des femmes aux hommes et dont le Code civil est, en France, l'expression légale, la plus patriarcale qui soit. Elle n'a cessé de protester contre le pouvoir infondé et si souvent injuste du « sexe à barbe », comme elle dit plaisamment des hommes. Dans sa vie privée, ce « scandale de la liberté » qu'a si bien conté Joseph Barry[131], qui fut celui de choix librement assumés, envers et contre tout et tous. Dans son œuvre littéraire dont l'émancipation des femmes est une dominante, sinon une constante et qui fut pour tant de femmes françaises et européennes un message et un levier. Dans des textes plus directement polémiques, comme les *Lettres à Marcie*, vibrante protestation contre le mariage tel qu'il est, l'absence de droit au divorce et les stupidités de l'éducation des filles, « le grand crime des hommes envers elles ». Ces *Lettres* parurent si hardies à Lamennais qui en avait accepté la publication dans son journal, *Le Monde*, qu'il en interrompit la publication après six numéros (février-mars 1837).

Et pourtant, les vues de Sand, pour l'ensemble des femmes, sont loin d'être révolutionnaires. Peut-être sont-elles devenues plus conformistes avec le temps : moins l'âge que le poids si conservateur d'un Second Empire victorien. Mais même dans les années de la rébellion romantique, Sand s'insurge à maintes reprises contre les visées émancipatrices et la liberté sexuelle prônée par certaines femmes saint-simoniennes, une Claire Démar par exemple. Elle critique la « douteuse promiscuité » préconisée, souvent à leur seul profit, par Enfantin et ses disciples. « Les femmes crient à l'esclavage ; qu'elles attendent que l'homme soit libre, car l'esclavage ne peut donner la liberté », écrit-elle dans les *Lettres à Marcie*. Elle donne priorité à la question sociale. Et puis, « l'égalité n'est pas la similitude ». Sand semble adhérer à la division sexuelle des rôles et des tâches qui caractérise la conception des « sphères » publique et privée à l'œuvre dans la rationalisation du XIXe siècle. « La femme peut bien, à un moment donné, remplir un rôle social et politique, mais non une fonction qui la prive de sa fonction naturelle[132] » ; et elle se moque souvent des femmes qui veulent jouer des rôles dits masculins, se comporter comme des hommes. Dès 1837, elle conseille aux femmes d'« élever leur intelligence avant d'espérer faire fléchir le cercle de fer de la coutume [...]. C'est notre corruption qui fait notre esclavage. » Ce qu'elle redira avec fermeté en 1848. Sand fait parfois montre d'une certaine misogynie à l'égard de ses contemporaines, qu'elle juge trop peu évoluées. À la manière d'une Mary Wollstonecraft, elle déplore leur frivolité, leur ignorance, conséquence de leur mauvaise éducation, question à ses yeux prioritaire[133].

Au vrai, Sand elle-même se pense comme une exception. Elle veut tout : « Je me sens guerrier, je me sens orateur, je me sens prêtre », fait-elle dire à Marcie, son interprète, revendiquant ainsi les trois fonctions interdites : les armes, la parole et la prière, et révoltée d'entendre son interlocuteur lui répondre : « Vous ne pouvez être qu'artiste, et cela, rien ne vous en empêchera », ce qui jette un jour singulier sur l'estime accordée à cette profession. « Je suis un poète, c'est-à-dire une femmelette », écrit le voyageur à Éverard, entérinant ainsi le jugement commun [134]. Il est dur d'être une femme exceptionnelle dans le monde des hommes, ce que Germaine de Staël avait bien senti [135].

C'est pourquoi, ayant éprouvé si souvent les difficultés de la féminité, Sand exprimera, plus tard, le désir d'abolir les frontières, surtout dans sa correspondance avec Flaubert, si riche à cet égard : « Il n'y a qu'un sexe », lui écrit-elle en 1867 (elle a soixante-trois ans) ; « Un homme et une femme, c'est si bien la même chose que l'on ne comprend guère les tas de distinctions et de raisonnements subtils dont se sont nourries les sociétés sur ce chapitre-là [136]. » « Quelle idée avez-vous donc des femmes, ô vous qui êtes du Troisième Sexe ? » interroge le Troubadour [137], désignant ainsi la voie de l'invention d'une nouvelle identité sexuelle, en rupture avec les strictes définitions du siècle [138]. Mais avant 1850, on n'en est pas encore là.

Cette identité féminine, subie, assumée, revendiquée ou contestée — les masques de Sand sont multiples, elle en change selon les époques et les circonstances — a-t-elle influé sur sa pratique politique ? Oui, indéniablement, et de plusieurs manières. D'abord, dans les formes d'expression, liées aux contraintes culturelles ou politiques. Vouée aux larmes, une femme peut toujours déplorer. Sand se joint spontanément au chœur des pleureuses. Elle plaint les victimes. Les événements dramatiques lui arrachent des élans de compassion, d'autant plus qu'elle est écartée de la scène publique : « J'ai comme mal à mes entrailles quand le sang coule », écrira-t-elle en 1871, alors qu'elle est purement spectatrice de la Semaine sanglante [139]. En même temps, elle intervient, quête, pétitionne, intercède, tente d'obtenir des secours ou des grâces. Cette fonction médiatrice, essentielle après le coup d'État, irritera souvent ses amis et se révélera modérément efficace. Mais ce retour à un rôle féminin traditionnel n'est pas avant 1850 ce qui domine.

Parler n'est pas aisé. Sand a souvent fait état de ses difficultés à cet égard. Elle a intériorisé l'interdit qui pèse sur la parole publique des femmes : « C'est comme une timidité naturelle [...] c'est comme une mauvaise honte qui nous fait craindre de dire tout haut ce que nous ressentons le plus vivement ; c'est une impossibilité absolue de nous manifester par des paroles, là où nous voudrions et devrions savoir », écrit au tribun Éverard le voyageur-Sand [140]. La voilà donc dédiée à l'écrit, commise aux écritures de la République.

En raison même de la législation, le choix des moyens est forcément indirect. Les femmes n'ont que le droit de pétition (et Sand leur en recommande l'usage). Elles n'ont ni le droit de réunion, ni d'association ou de manifestation (les hommes non plus, mais on tolérait leurs pratiques). Encore moins le droit de vote. Sand, même si elle s'intéresse vivement aux élections, faisant campagne pour tel ou tel, commentant les résultats, fêtant les succès démocratiques, ne peut y prendre part directement. Tantôt elle regrette cet obstacle, tantôt elle s'en réjouit, la politique étant ce qu'elle est : médiocre. À Charles Delavau, opposant de La Châtre, qui lui écrit pour s'excuser des clameurs dont elle a été localement victime, elle justifie son refus de se mêler « à des intrigues et à des manœuvres électorales. C'est ce que je n'ai jamais fait, c'est ce que je ne ferai jamais », ajoutant du reste que les hommes feraient bien d'en faire autant [141].

Assignée par son sexe à une position d'observatrice, d'auxiliaire, au mieux d'inspiratrice, au vrai de scribe, l'« égérie » de la République — comme disent ses détracteurs, ressassant le sempiternel cliché qui confère aux femmes le pouvoir occulte de l'ombre et des coulisses — a en réalité un rôle modeste. « Je suis dans un tout petit cercle de choses », disait le voyageur [142]. Sand donne le sentiment de s'en accommoder. D'une part, parce qu'elle doute de ses capacités : « Je ne suis pas une intelligence politique, quoique j'aie des sentiments et un certain sens des idées sociales et philosophiques », confie-t-elle en 1843 à Mazzini [143], de tous ses admirateurs le plus respectueux de son intervention, le plus ardent aussi à l'y pousser. La spécificité de l'action politique la retiendra souvent.

D'autre part, cette situation frontalière offre des possibilités d'écartement et de retrait dont elle use volontiers, jusque dans la matérialité du départ. Lorsqu'il se passe quelque chose, elle saute dans la malle-poste, plus tard dans le train dont elle vante les mérites, adepte résolue de l'invention de la vitesse et de la rapidité ferroviaire [144]. Quand Paris la lasse ou l'écœure, elle part pour Nohant, son havre de salut. « Inspiratrice et non instigatrice, la femme rencontre la politique par instants fugitifs, exceptionnels », écrit Geneviève Fraisse [145] qui analyse, à propos de Sand justement, le rapport toujours distancié aux institutions, distance assignée, mais souvent ratifiée comme une aubaine et une force. La place des femmes n'est-elle pas ailleurs que dans la politique, cette intrigue sans morale ? N'est-elle pas justement dans les mœurs, dans la vie ordinaire et profonde ? Cette attitude critique, si féminine, clef d'une certaine indifférence des femmes en matière politique, est aussi, parfois, celle de Sand, du moins lorsqu'elle éprouve désillusion et désenchantement. « La politique proprement dite, je la déteste », écrit-elle à Hortense Allart[146] ; et à Edmond Plauchut : « Moi j'avoue que je déteste ce qu'on appelle aujourd'hui la politique, c'est-à-dire cet art maladroit, peu sincère et toujours déjoué dans ses calculs par la fatalité ou la providence, de substituer à la logique et à la vérité, des prévisions, des ressources, des transactions, la raison d'État des monarchies, en un mot[147]. » Lorsque la politique cesse d'être un combat pour le socialisme — autre nom pour la justice sociale —, lorsqu'elle n'est plus qu'expédients, qu'elle se réduit à cette *politique proprement dite* que Sand souligne dans ses lettres, alors mieux vaut faire autre chose. En 1848, elle écrit à Jérôme-Pierre Gilland, un de ces poètes ouvriers dont elle a tant soutenu l'effort : « Vous savez que je n'ai pas de *passions politiques* dans le sens étroit du terme [...]. Ce qui m'affecte, ce n'est donc pas le monde politique proprement dit, c'est le monde moral affreusement malade et égaré. Les hommes sont sans courage. » C'est pourquoi elle revient au roman, qui permet de parler au cœur et, par les émotions, de réveiller les consciences. « S'il s'agissait d'écrire une doctrine, j'aurais été plus prudente et moins vague dans mes appréciations. Mais alors je n'aurais pas été une femme et j'aurais fait autre chose que des romans[148]. » À Mazzini qui regrette de ne pas la voir en exil, « protestant au sein de l'orage », elle répondra en défendant le droit à la littérature : « Un véritable artiste est aussi utile que le *prêtre* et le *guerrier* [...]. L'art est de tous les pays et de tous les lieux[149]. » L'art des femmes contre la politique des hommes : c'était déjà le dilemme du voyageur de 1835. Mais le ménestrel de jadis est devenu un grand écrivain, conscient de sa valeur et du pouvoir de l'écriture.

Cette position de relative extériorité permet de mieux comprendre le conflit de Sand avec les femmes de 1848 dont Michèle Riot-Sarcey a retracé les combats[150]. En donnant aux seuls hommes le droit de vote, la République de 1848 avait accru la marginalité des femmes et rompu les liens que les socialistes s'étaient plu à nouer entre femmes et prolétaires. En déclarant

343

ce suffrage « universel », elle avait aggravé le soupçon d'une définition sexuée — et masculine — de l'universel. D'où une vague de féminisme actif, ardent, égalitaire. Des femmes comme Eugénie Niboyet, Désirée Véret, Jeanne Deroin et quelques autres, saint-simoniennes ou fouriéristes pour la plupart, avaient fondé des journaux — *L'Opinion des femmes, La Voix des femmes...* —, lancé des pétitions, organisé des manifestations et ouvert des clubs, chahutés par les mauvais plaisants, caricaturés par Daumier, Gavarni et *Le Charivari*. Ces femmes revendiquaient le droit au travail et au suffrage dans des textes remarquables, s'appuyant à la fois sur l'argument de la justice et celui de l'utilité sociale : les femmes pourraient apporter à ce « grand ménage » qu'est l'État leurs compétences de ménagères. Elles décidèrent de mettre à profit les élections d'avril 1848 à l'Assemblée nationale pour mener une campagne de protestation. La candidate qui s'imposait à leurs yeux, c'était Sand, femme émancipée, républicaine, socialiste, célèbre entre toutes : « Être mâle par la virilité, femme par l'intention divine [...]. Elle s'est faite homme par l'esprit, elle est restée femme par le côté maternel », écrivait Eugénie Niboyet[151]. Mais elles lancèrent cette candidature sans consulter l'intéressée. Grave erreur : Sand, consciente de son « capital symbolique », n'était pas ainsi manipulable. En outre, elle n'était pas favorable au vote des femmes dans la situation actuelle. Elle le fit savoir, sèchement.

Le conflit opposait des personnalités, mais aussi des logiques mettant en jeu des différences de conceptions de la citoyenneté. Sand s'est expliquée en divers endroits sur sa position, notamment dans le *Bulletin de la République* n° 12 (6 avril 1848), et surtout dans une *Lettre aux membres du Comité central*, à la vérité non publiée à l'époque, pas même envoyée semble-t-il, si bien que les femmes concernées n'en eurent pas connaissance et que le débat n'eut malheureusement pas lieu.

Les arguments de Sand sont de différents ordres. D'abord, comme la plupart des socialistes dont elle ne se sépare pas sur ce point, elle donne la priorité au social. « C'est maintenant ou jamais que les femmes instruites, qui prétendent au titre de *bons citoyens*, doivent oublier leur personnalité ; et si elles veulent prouver leur mérite, c'est en faisant abnégation d'elles-mêmes pour ne s'occuper que des pauvres femmes et filles du peuple. » La revendication du droit de suffrage a « un caractère aristocratique ». « En admettant que la société eût beaucoup gagné à l'admission de quelques capacités du sexe dans l'administration des affaires publiques, la masse des femmes pauvres et privées d'éducation n'y eût rien gagné. La société qui va se reconstruire sera émue profondément des pétitions simples et touchantes qui se formuleront au nom du sexe entier[152]. » La misère, l'ignorance, la subordination de la « masse des femmes », voilà ce qui fait l'identité du « sexe entier ». Les femmes éduquées ne doivent pas séparer leur sort de celui des plus démunies. Leur citoyenneté est de l'ordre du social, non du politique.

Deuxième argument : les femmes ont mieux à faire que de s'occuper de politique. La parole publique leur sied peu. Qu'elles exercent donc leurs talents de persuasion dans le domestique. « Mères infortunées qui avez vu vos enfants, pâles et sombres, après l'heure, et tomber dans vos bras avec le frisson convulsif de l'horreur et de l'épouvante ! parlez à vos époux, à vos frères, à vos fils. C'est une grande prédication que celle de l'affranchissement sérieux et moralisateur de la femme. C'est vous qu'elle concerne, et il n'est pas besoin de bouches éloquentes qui se fassent vos interprètes. Vous serez toutes de grands orateurs au foyer domestique. » En somme, Sand ne remet pas fondamentalement en cause la théorie des sphères et reste attachée à la division des rôles et des tâches qu'elle implique. La maternité demeure le centre de la féminité.

Troisième argument, le plus insistant, voire le plus percutant : celui de la nécessaire priorité de l'obtention des droits civils. Privées de ces droits, les femmes sont actuellement des esclaves. Elles ne peuvent être des citoyennes parce qu'elles ne sont pas des individus autonomes. Acquérir cette autonomie est une étape première qui doit requérir toute leur énergie. « Les femmes doivent-elles participer un jour à la vie politique ? Oui, un jour, je le crois avec vous ; mais ce jour est-il proche ? Non, je ne le crois pas, et pour que la condition des femmes soit ainsi transformée, il faut que la société soit transformée radicalement. » « Étant sous la tutelle et dans la dépendance de l'homme par le mariage », les femmes ne pourraient remplir « honorablement, loyalement, un mandat politique » qui suppose l'autonomie de corps et d'esprit, de jugement et de décision. « Quant à vous, femmes, qui prétendez débuter par l'exercice des droits politiques, permettez-moi de vous dire encore que vous vous amusez à un enfantillage [...]. Quel bizarre caprice vous pousse aux luttes parlementaires, vous qui ne pouvez pas seulement y apporter l'exercice de votre indépendance personnelle ? Quoi, votre mari siégera sur ce banc, votre amant peut-être sur cet autre, et vous prétendez représenter quelque chose, quand vous n'êtes pas seulement la représentation de vous-mêmes ? » Tant que la femme ne sera pas libre, elle aura tous les vices de l'esclave, toutes les incapacités de l'opprimé. Son affranchissement passe par l'obtention des droits civils « que le mariage seul lui enlève [...]. Oui, l'égalité civile, l'égalité dans le mariage, l'égalité dans la famille, voilà ce que vous pouvez, ce que vous devez demander, réclamer[153]. » Si la célibataire — « la fille majeure » — est civilement égale, la femme mariée a un statut de minorité. C'est d'abord le Code civil, code inique, qu'il faut abroger.

La logique de Sand est proche de celle que Pierre Rosanvallon décrit comme étant à l'œuvre dans le système français de démocratie individualiste qu'il oppose au système anglo-saxon de démocratie communautariste. Dans ce dernier, c'est à cause de leur sexe que les Anglaises — ou les Américaines — sont admises à voter : femmes, elles représenteront les femmes. En France, ce genre même constitue le principal obstacle à leur accession à la citoyenneté, car cette particularité les empêche de parvenir au statut plénier d'individu, substrat du citoyen. La difficulté que les femmes françaises ont éprouvée à se faire reconnaître comme individus serait la clef (ou une des clefs) de la fameuse « exceptionnalité française » : ce singulier retard de la France, terre des Droits de l'homme et de la République, et pourtant dernier pays d'Europe à accorder le droit de vote aux femmes (le 21 avril 1944[154]).

Le conflit qui oppose Sand aux militantes de 1848 a donc une portée beaucoup plus générale. Il confronte deux logiques : l'une plus communautariste (celle des féministes), l'autre plus universaliste (celle de Sand) et par conséquent deux conceptions de l'identité des femmes.

Cette opposition ressort assez clairement d'un échange que, à la même époque, Sand entretient avec Eliza Ashurst et qu'elle rapporte à Mazzini : « L'*homme* et la *femme* sont tout pour elle, et la question de *sexe* [...] efface chez elle la notion de l'*être humain*, qui est toujours le même être et qui ne devrait se perfectionner ni comme homme ni comme femme, mais comme âme et comme enfant de Dieu[155]. » Voici deux conceptions diamétralement opposées de la différence des sexes : Eliza l'affirme comme centrale, allant jusqu'à l'essentialiser ; George la nie, refusant du même coup de mettre en cause la notion d'homme universel, au moment où sa participation à la politique lui en démontre pourtant l'illusion.

Comme Olympe de Gouges, comme tant d'autres qui remettent

en cause les frontières du sexe et s'interrogent sur les canons de la féminité, Sand n'avait que des paradoxes à offrir [156].

Son expérience, si riche, montre à quel point la citoyenneté politique s'était constituée au XIXe siècle comme le cristal de la virilité.

V
DÉBATS

L'histoire « des femmes » pose de très nombreuses questions, à commencer par son titre, constituant les femmes en objet. Est-elle légitime ? Ferait-on l'histoire des hommes ? Les femmes ont-elles une histoire ? Est-elle possible ? Le déferlement des images permet-il de faire autre chose qu'une histoire des représentations et des perceptions ? Les pratiques, le sujet « femme » sont-ils atteignables ? Un sexe n'existant que dans sa dualité et sa différence par rapport à l'autre, peut-on faire autre chose que l'histoire de la différence des sexes ? Et comment expliquer que cette différence, parce qu'elle paraît incontournable et de l'ordre de l'universel évidence, soit si peu prise en compte non par la pensée philosophique, qui la questionne depuis fort longtemps, mais par la recherche philosophique contemporaine[1] ?

Ces questions, et bien d'autres encore, jalonnent la démarche historienne. L'*Histoire des femmes en Occident* (1991-1992), parce qu'elle constituait une cristallisation relativement spectaculaire (3 000 pages, 5 volumes, 72 auteurs) du travail accompli, en raison aussi de ses limites, imperfections et inachèvement, peut-être même en raison de son existence quelque peu provocante, avait soulevé objections et controverses, plus rudes d'ailleurs aux États-Unis, où Lawrence Stone, éminent historien, stigmatisa « The use and abuse of *her* story[2] », qu'en France, où l'indifférence polie est un moyen usuel de marquer ses distances. Le silence, toujours... Nous avions tenté de susciter la discussion par un colloque à la Sorbonne, en 1992, dont le *Monde des débats* se fit l'écho et dont les actes ont été publiés et partiellement repris par les *Annales*[3].

Depuis, travaux et publications de toutes sortes se sont multipliés. Foisonnant, l'objet « femme » est aussi un peu éclaté. Sa problématisation demeure hésitante. La perspective du « genre », toujours controversée, s'est cependant diffusée, comme le montre Françoise Thébaud dans la plus récente des synthèses historiographiques[4]. Au-delà des monographies un peu closes, on s'est intéressé à des formes plus transversales de rapports entre les sexes : amour[5], violence[6], désir, séduction, galanterie, misogynie, antiféminisme[7], sexualité, quoique bien plus timidement, notamment en ce qui concerne l'homosexualité féminine, trop peu étudiée[8]. Création, politique, corps, images : voilà des fronts pionniers. Les confrontations avec d'autres cultures, par exemple à l'occasion des nombreuses traductions ou présentations à l'étranger, de *Histoire des femmes en Occident*, sont riches d'enseignements et nous renvoient notre propre image. Ne pas avoir pris en compte suffisamment la présence, par et pour les femmes, des autres cultures au cœur de l'Occident, avoir peut-être contribué par une définition inévitable, mais forcément arbitraire, à la cristallisation d'une frontière plus imaginaire que réelle, est d'ailleurs un de mes regrets quant à cette *Histoire*. Nul doute que le développement de l'histoire des femmes dans les autres pays, aujourd'hui en plein essor, nous conduira à des révisions, élargira l'horizon et changera les perspectives. Le monde est notre avenir.

Les textes qui suivent sont parcourus par ces questionnements, abordés plus directement ailleurs. Je les situerai brièvement. Et d'abord *la guerre* : change-t-elle, a-t-elle changé, dans ses expériences singulières, les rapports de sexes ? Pour les uns, elle constitue une rupture propice à l'irruption des femmes en des lieux jusque-là interdits ; pour d'autres, elle opère au contraire une réitération de l'ordre des sexes, hommes au front, femmes à l'arrière et les remplaçant de la manière la plus traditionnelle qui soit. Le colloque de Harvard (1984), dont mon article rend compte, concluait en ce sens, ainsi que Françoise Thébaud, dans la mise au point qu'elle a donnée à l'*Histoire des femmes*[9]. La « culture de guerre » a bénéficié du renouveau des études sur la Première Guerre mondiale qui, toutes, soulignent la violence dont le corps des femmes, assimilé au sol ennemi, est la cible[10]. Comme Catherine Marand-Fouquet, j'ai tendance à penser que « c'est dans la paix que se construisent les remises en cause des modèles séculaires[11] ». Mais n'est-ce pas un stéréotype ? En somme, le débat continue.

Et qu'en est-il du droit de cuissage, thème du livre de Marie-Victoire Louis, qui traite, sous ce titre, des diverses formes de harcèlement sexuel dont les femmes ont pu être victimes, principalement au travail ? Alain Boureau, dans l'épilogue de son propre livre, *Le Droit de cuissage. La fabrication d'un mythe*[12], brillant essai d'histoire culturelle, voit, dans le propos de Marie-Victoire Louis et dans ma présentation, la marque d'une croyance persistante et infondée en l'existence d'un droit du seigneur qui n'a jamais existé. Il n'y a, en effet, pas l'ombre d'une preuve juridique de la réalité d'un tel droit. Sa démonstration est convaincante. Quête de vérité, l'histoire des femmes ne saurait prêter le flanc aux mythologies de la domination. *Dont acte.* Par contre, on ne peut souscrire à cet autre jugement : « La croyance en l'existence possible du droit de cuissage suppose, chez l'historien, ce qui me paraît être une faute majeure : le mépris pour les êtres humains qu'il observe. La notion de *droit* de cuissage semble impliquer celle de consentement de la part de la victime. » Certes non. Pas plus que le long silence des femmes sur les brutalités et les viols dont elles ont été l'objet ne peut être interprété en termes de consentement par les témoins et les historiens d'aujourd'hui. On se trouve, une fois de plus, renvoyé à la signification du silence et à ses interprétations en miroir. Georges Vigarello vient de montrer, par l'étude de procès pour viol (XVIe-XXe siècles), comment le consentement des femmes est toujours présupposé par les juges, ce qui longtemps rendit impossible de porter plainte[13].

On peut d'autre part s'interroger sur la signification et les effets d'une telle croyance — le droit de cuissage — dans l'imaginaire social. Cette « fable » n'a-t-elle pas contribué à banaliser le harcèlement sexuel et le viol qu'une coutume, supposée réelle, rendait licite, voire prestigieuse, dans la conception d'un honneur viril qui emprunte tant au modèle aristocratique ? Pourquoi l'appropriation violente du corps des femmes qui, elle, fait partie des réalités, s'est-elle drapée dans cette image ? Assimilant le capitalisme et le patronat à une « nouvelle féodalité », le mouvement ouvrier leur en attribuait les abus[14]. Dans tous les cas, le corps des femmes est vu comme un fief, un terrain de libre parcours pour lequel on se bat. Aussi paraît-il légitime de poser la question du genre à la *représentation* du droit de cuissage.

Et qu'en est-il des *images*, de leur capacité de représentation et de leur perception ? Dans *Histoire des femmes en Occident*, leur place avait été réduite pour des raisons économiques. Nous avions tourné la difficulté en sélectionnant plus rigoureusement les images, réunies en un cahier central — du moins dans l'édition italienne — et choisies en fonction de leur valeur représentative dans l'imaginaire d'une époque.

Georges Duby avait souhaité prolonger cette réflexion en un volume distinct qui prenne le problème à bras-le-corps. Son introduction à *Images de femmes* constitue un discours de la méthode sur l'usage de l'image par l'historien, plus habitué à manier des textes. Contextualiser l'image, reconstituer ses conditions matérielles de production, s'interroger sur sa fonction, sur la série iconographique dans laquelle elle s'insère pour en saisir la signification d'ensemble : telles sont quelques-unes de ses recommandations. En l'occurrence, il insistait sur ce qui était pour lui une obsession : la force de l'initiative masculine qui contraint les femmes à n'être que les spectatrices, plus ou moins consentantes, d'elles-mêmes. « Les femmes ne se représentaient pas elles-mêmes. Elles étaient représentées (...) Aujourd'hui encore, c'est un regard d'homme qui se porte sur la femme » et s'efforce de la réduire, ou de la séduire. Dans *Les Mystères du gynécée*[15], magnifique analyse de la fresque de la Villa des Mystères à Pompéi, Paul Veyne n'est guère plus optimiste : « Bref, le regard n'est pas simple et la relation entre la condition des femmes et l'image de la femme l'est encore moins », écrit-il. Tandis que Françoise Frontisi-Ducroux, au terme d'une captivante étude sur le « sexe du regard », conclut à la quasi impossibilité d'atteindre le regard des femmes, « construction de l'imaginaire des mâles ».

Du moins peut-on faire l'inventaire des représentations de la féminité, ce que *Images de femmes* réussit, avec une équipe composée pour partie de collaboratrices de l'*Histoire des femmes* (Chiara Frugoni, Anne Higonnet), pour partie d'hommes nouveaux (Michel Rouch, Joël Cornette). On peut aussi s'interroger sur la manière dont les femmes voyaient, vivaient leurs images, les acceptaient ou les refusaient, les utilisaient ou les récusaient, les subvertissaient ou en étaient captives. C'est le sens de ma contribution qui ne fait qu'effleurer le sujet.

Il y a là, en effet, un champ de recherches et de réflexion d'une brûlante actualité. En ces temps de surmédiatisation, les femmes risquent d'être plus que jamais une image-écran, à la fois masque lisse des identités particulières, et toile offerte à la projection des fantasmes les plus divers. Et lorsqu'elles créent — car cela de plus en plus arrive — quel est leur degré de liberté ?

Au royaume des images, quel fut, quel est le pouvoir des femmes ?

Autre problème : la distinction du public et du privé, élément constitutif de l'imaginaire des sociétés occidentales et mode de gouvernement. Son histoire a suscité de nombreux travaux dans le dernier demi-siècle. C'est plus tardivement qu'on y a fait intervenir la différence des sexes. Le livre de Jane Elshtain, *Public Man, Private Woman*[16] marque de ce point de vue un tournant. Cependant, on a eu tendance à superposer de manière trop évidente les sexes aux sphères, assimilant les hommes au public et les femmes au privé de manière quasi consubstantielle. Les dernières n'étaient-elles pas les héroïnes du domestique ? Puis les choses apparurent plus complexes. On perçut les imbrications, les fluctuations de frontières, cela d'autant plus que les médias les traversaient, les rendant perméables et confuses. Les femmes pénétraient dans le public ; les hommes régentaient le privé dont ils détenaient plus d'une clef. Les jeux étaient subtils et les zones, indécises, comme l'étaient aussi les rôles sexuels.

Le colloque, organisé à Amiens sur « *Public/Privé* », pose fort bien la question. Il interroge « le brouillage de la distinction public/privé, illustré par l'effacement des repères axiologiques, le rapprochement des systèmes normatifs et l'imbrication des sphères publique et privée pensées à l'origine comme radicalement différentes ». Le colloque, à dominante juridique, parlait surtout politique, droit, ethnicité. J'y ajoutai la différence des sexes : histoire de simplifier les choses...

Au bout du compte, on peut se demander si le point nodal de subordination des femmes n'est pas le privé, initialement soustrait au droit qui ne prétend connaître que l'ordre public, laissant à la famille — et au père — un libre arbitre très arbitraire. Ce privé, si politique, on comprend qu'il soit l'épicentre des tensions, et que le droit soit un des fronts pionniers des luttes des femmes. La critique du droit comme réalité sexuée est du reste au cœur de la pensée féministe contemporaine.

« Identité, égalité, différence » : en matière de sexes, ces questions traversent toutes les sciences sociales. C'est pourquoi le colloque réuni à Paris (6-7 mars 1995) par la Mission de coordination chargée de préparer la conférence mondiale de Pékin (septembre 1995), en fit son axe de réflexion. Les Actes du colloque, publiés dès l'automne suivant, constituent une bonne vue d'ensemble de l'état de la recherche féministe et sur les femmes en France, treize ans après le colloque de Toulouse de 1982[17]. Ils témoignent du développement de ce qui est devenu un « champ ».

J'étais chargée de l'introduire, aux côtés de Suzan Moller Okin, Cecilia Amoros, Ilhem Markouzi et Chizuko Ueno. Mon texte visait seulement à donner une idée des recherches accomplies en histoire autour de cette trinité problématique. Texte destiné à être dépassé et que, pour cette raison, j'ai hésité à reproduire ici. Je ne l'inclus qu'à titre de témoin clignotant.

Du livre de Mona Ozouf, *Les Mots des femmes* (1995), j'avais rendu compte dans *Libération,* disant à la fois mon admiration pour les dix portraits de femmes qui constituent l'essentiel de l'ouvrage, et mes réserves sur l'*Essai sur la singularité française,* qui les suit. Malencontreusement écourté, mon article parut raide. Je le regrettai.

À la demande de Pierre Nora, désireux d'ouvrir dans *Le Débat* une discussion sur l'ouvrage et sur ses thèses, je rédigeai un papier plus argumenté. Bronislaw Baczko, Élisabeth Badinter, Lynn Hunt, Joan Scott participaient également à cet échange de vues.

Mona Ozouf a répondu dans le même cahier par un papier brillant et argumenté qui vaudrait d'être amplement débattu, « Le compte des jours ». Elle explique sa démarche, répond aux critiques, réfute les principales objections. Elle insiste en particulier sur le rapport au temps qui lui paraît être un trait féminin irréductible et qui explique, à ses yeux, la sourde résistance des femmes au volontarisme ravageur des hommes de la Révolution. « Un homme peut croire qu'il édifie sur la table rase une société inédite et se voir lui-même en "homme nouveau". Femme nouvelle ? La conscience féminine du temps, spontanément burkéenne, s'inscrit en faux contre cette utopie. »

Rendant compte de « Vingt ans dans l'histoire des femmes » dans un récent numéro rétrospectif de *L'Histoire*[18], elle revient plus généralement sur la notion de « genre » comme catégorie de l'analyse historique, qui ne la satisfait guère. Elle incline à « accepter l'existence, dans la condition humaine, d'une part qui n'est pas élue, mais reçue » : le fait féminin, en somme, que justement l'historiographie féministe des vingt dernières années s'est efforcée de déconstruire, jusque dans ses fondements symboliques, ceux-là mêmes que Françoise Héritier voit comme une structure expliquant la « valence différentielle des sexes » qu'elle retrouve dans les diverses cultures comme un quasi invariant.

Ainsi, au-delà de la « singularité » politique française, c'est toute une conception de l'historicité des rapports de sexes qui est en jeu, une démarche qui cherche à reculer le plus loin possible les limites de l'irréductible, et pour cette raison trouve dans l'œuvre de Michel Foucault des instruments de réflexion.

Michel Foucault, dont la pensée a pour moi beaucoup compté, je l'avais rencontré d'abord autour de la prison : j'ai eu l'occasion de le rappeler ailleurs[19].

Michel Foucault ne s'intéressait pas particulièrement à l'histoire des femmes et se méfiait un peu des féministes. Toutefois, il avait salué leur mouvement avec une sympathie solidaire. Sa mort prématurée a interrompu le dialogue que nous aurions peut-être poursuivi à cet égard. On peut en tout cas trouver dans la « boîte à outils » qu'il voulait faire de son œuvre beaucoup d'instruments utiles dans ce champ de recherches et de réflexion. Les Américaines s'en étaient aperçu les premières, non sans critiques parfois acerbes.

Cet article, texte d'une communication présentée au colloque organisé au Centre Pompidou sous le titre « Au risque de Foucault », tente simplement de faire le point à cet égard.

SUR LE FRONT DES SEXES :
UN COMBAT DOUTEUX *

L'idée que les guerres ont changé, voire bouleversé, les rapports de sexes et donné aux femmes des pouvoirs nouveaux est fort répandue. C'est un lieu commun du discours politique et de la littérature. Le héros du roman de Joseph Roth, *La Crypte des capucins*[1], le dernier des von Trotta, fait prisonnier dès le début de la guerre dans l'été 1914, rentre pour trouver sa femme, épousée dans la hâte du départ, émancipée économiquement et sexuellement ; devenue lesbienne, elle le quitte pour l'Amérique, en lui abandonnant leur fils. L'effondrement de la famille et du couple accompagne et symbolise celui de l'Empire austro-hongrois, si même il n'en constitue pas le principal ferment de dissolution : le féminisme est souvent considéré comme le symptôme le plus évident de la décadence des mœurs et de l'individualisme corrupteur. Chez Roth, comme chez Michelet[2], quand les femmes usurpent le pouvoir, l'histoire se dérègle. Chez Proust aussi, en un certain sens. Dans le Faubourg Saint-Germain du *Temps retrouvé*, « douairière gâteuse » qui ignore les codes et confond les rites, les femmes qui ont, par le sexe et la culture, préparé dès longtemps leur avènement, règnent enfin : Odette, maîtresse du Duc, Madame Verdurin, légitime princesse de Guermantes, scellent, par leur ascension, la mort d'une aristocratie et la fin d'un monde.

Ainsi, la littérature traduit les fantasmes, les peurs ou les rêves d'une époque, qui constituent une part, mais une part seulement, de sa « réalité ». Celle-ci est plus complexe, comme l'a suggéré un récent colloque — « Women and war » — organisé par le Center for European Studies, à Harvard en janvier 1984 ; suggéré parce qu'il ne peut s'agir encore de synthèse, tant les recherches sont,

---

* *Vingtième siècle*, n° 3, juillet 1984, numéro spécial : « La guerre en son siècle », p. 69-76.

curieusement, peu développées en ce domaine[3] ; et aussi, en raison d'une inégale répartition des pays et des thèmes abordés.

Douze communications principales : quatre sur la première guerre mondiale, huit sur la seconde ; et quant à la répartition géographique : quatre sur la France, trois sur la Grande-Bretagne et autant sur les États-Unis, deux sur l'Allemagne. L'angle d'attaque était plus culturel et politique qu'économique. Il s'agissait généralement de voir quelles représentations sous-tendaient les politiques sociales, l'iconographie ou les romans, comment fonctionnait le rapport masculin/féminin dans l'imaginaire et le discours politique. Peu de statistiques, hormis une recension préalable de Charles Maier pour comparer les pays selon l'évolution de leur population féminine active (1895-1950), le taux du divorce ou l'accès au droit de suffrage. Plutôt des analyses de textes ou d'images : les affiches des guerres fournissent un matériau exceptionnel dont les Parisiens ont pu voir quelques exemplaires à l'exposition organisée à la Conciergerie[4] ; et des études de cas, comme celui des veuves de guerre dans l'Allemagne de l'entre-deux-guerres (Karen Hausen). Une place particulière a été accordée à l'enquête orale, dans les récits de vie des résistantes françaises recueillis par Paula Schwartz et Margaret Weitz, la première s'intéressant particulièrement aux femmes communistes, la seconde s'attachant, au contraire, à retrouver la diversité des origines et des trajectoires singulières.

Mon propos n'est pas de rendre compte de ces communications qui feront d'ailleurs l'objet d'une publication prochaine, mais de dégager quelques idées majeures. Ce qui frappe surtout, c'est le caractère spectaculaire, mais superficiel et provisoire, des changements liés aux guerres. La plupart du temps, ils n'altèrent pas véritablement les rôles traditionnels des sexes. Si elle travaille, la femme le fait comme mère ou comme épouse qui remplace le soldat ; humble doublure, elle n'œuvre pas pour elle-même. D'où le reflux en quelque sorte « naturel » des après-guerres, simple retour à la « normale ». D'autant plus que ces lendemains de bataille sont souvent marqués par des poussées de « privatisation », comme dirait Albert Hirschman[5], centrées sur la famille, dont la femme est le pivot, véritable repos du guerrier et berceau du futur. Le seul féminisme possible est alors maternel et ménager. Gloire à Christine Frederik et à Paulette Bernège, chantres de la cuisine taylorisée, de la ménagère ingénieur du *home* et de l'aspirateur[6] !

Cette rétrogradation moderniste apparaît mieux encore si on la situe dans le plus long terme. Ainsi, au début du XXe siècle, s'esquissait un nouveau type de femme — la « new woman » des féministes, l'« Ève nouvelle » d'hommes désireux de « compagnes intelligentes », comme Jules Dubois — dont les velléités d'indépendance économique, voire sexuelle, contrastent singulièrement avec les femmes culpabilisées, soumises, prosternées aux pieds des autels des héros, morts ou vivants, de l'après-guerre. Loin d'avoir un pouvoir d'accélération, les guerres auraient ainsi un effet bloquant, de freinage. Mais les déceptions et les rancœurs accumulées auraient pour résultat d'accentuer les contradictions, d'attiser au fond la lutte des sexes et de préparer, au bout du compte, l'explosion du féminisme.

Tel est le constat auquel ont finalement souscrit la plupart des participants à ce colloque et voilà sans doute l'essentiel, qui renverse bien des perspectives. Mais il faut y regarder de plus près.

PENDANT LA GUERRE : DES CHANGEMENTS...

Sur le front du travail d'abord. Les femmes accroissent notablement leur part dans la population active et pénètrent dans des secteurs qui leur étaient jusque-là quasiment fermés : les transports, certains bureaux, la grande industrie métallurgique[7]. Elles découvrent, souvent avec plaisir, le maniement d'outils et de techniques ignorées. Voici Marcelle, la femme d'Amédée, dont Jacques Caroux-Destray a enregistré les témoignages parallèles. Après l'exode de 1940, elle travaille chez Fichet, le fabricant de coffres-forts : « Je gagnais plus qu'Amédée, beaucoup plus qu'en faisant des ménages [...]. J'ai longtemps gardé mes fiches de paye [...] parce que ça me faisait plaisir de voir comme j'avais bien gagné [...]. Je travaillais au chalumeau. Je découpais des pièces. Je travaillais beaucoup et ça faisait des étincelles... Je faisais le travail d'un homme mais je trouvais ça bien moins fatigant que les ménages[8]. » Bien des femmes ont constaté, comme elle, que le travail en usine n'était ni plus difficile ni plus fatigant que les ménages, et tellement mieux payé. D'où l'air conquérant et alerte de *Rosy the Riveter*, incarnation légendaire de l'ouvrière américaine de la Seconde Guerre mondiale[9].

Les femmes accèdent à de nouvelles formes d'expression, comme le syndicalisme. Aux États-Unis, leur taux de syndicalisation passe de 9,4 % en 1940 à près de 22 % en 1944 ; elles occupent des postes de responsabilité, poussées d'ailleurs par les hommes qui les exhortent à soutenir le syndicat (communication de Ruth Milkman). Elles pénètrent dans les bastions de la haute éducation : à la Sorbonne ou à Oxford déserté.

Elles découvrent de nouveaux espaces de liberté. Elles ont allégé leur vêtement, vivent de façon plus pratique, circulent plus librement, conduisent des ambulances et des motos. L'étau de la surveillance familiale s'est desserré. Les convenances se sont atténuées devant les horreurs de la guerre. Les rituels de fiançailles, si prolongés dans l'Angleterre victorienne, se sont dénoués dans l'urgence. La rencontre amoureuse et sexuelle a été hâtée, transformée par la hantise de la mort[10]. Peut-être le spectacle du champ de bataille a-t-il contribué à l'avènement du couple moderne, centré sur une exigence de réalisation individuelle et non plus patrimoniale. Mais aussi l'opacité s'est accrue entre des êtres séparés. Vera Brittain, dont le *Testament* constitue sur l'intime de la guerre un document exceptionnel, a le sentiment de perdre son fiancé, avant qu'il ne meure sans avoir évoqué son nom[11]. L'amour et la guerre : quelle histoire !

Mais limités

Ces changements, toutefois, sont étroitement limités par les rôles sexuels traditionnels qui se trouvent même renforcés. L'infirmière incarne à la fois la femme soignante et la mère. Le *nursing* permet à beaucoup de femmes de se rapprocher des souffrances de ceux qu'elles aiment. Vera Brittain renonce à Oxford, qu'elle avait tant désiré, pour l'hôpital. Sur les épaules des filles, le poids des familles, et singulièrement des pères, frustrés de l'avenir de leurs fils, se fait plus lourd : insupportable contradiction qu'a vécue Vera.

Dans la Résistance, les femmes les plus actives étaient en général jeunes, célibataires, sans enfants. Elles ont dû souvent attendre la mort d'un proche ou s'éloigner des leurs pour y participer. Pourtant, là encore, elles ont assumé le plus souvent des tâches (dites) subalternes, prolongeant leurs fonctions habituelles. Secrétaires, elles retrouvent leurs machines à écrire ; agents de liaison, elles cachent les messages dans leurs sacs à provision, jouant de leur jeunesse, de leur féminité même pour tromper l'occupant ; maîtresses de maison, elles offrent leur cuisine ou leur salon aux réunions clandestines sous prétexte d'une tasse de thé. Fait classique : de tout temps, les jupes des femmes ont dissimulé les combattants. Mais cette féminisation même fait que leurs actions ne sont pas réellement prises en considération. Il s'est attaché à cette résistance aux allures ménagères la même dévalorisation qu'au travail ménager, compté pour rien. Qui se souvient encore de « la mère du maquis » de Thouars, qui, telle une mère aubergiste du compagnonnage, veillait au ravitaillement et au bien-être des hommes ? Sur 1059 Compagnons de la Libération, il n'y a que six femmes ! Les résistantes elles-mêmes ont d'ailleurs tendance à souligner le caractère mineur, infime, d'une participation dont on connaît pourtant le prix : « Je n'ai rien fait de spécial », est un propos ordinaire des femmes interviewées par Margaret Weitz ou Paula Schwartz, dont la plupart ont été déportées. Tant il est difficile pour une femme de se reconnaître et de se faire reconnaître un rôle public.

Si elles veulent faire de la résistance « sérieuse », à part entière, par exemple dans les réseaux communistes, les femmes doivent se masculiniser, rompre avec leur famille, leur quartier, sacrifier leur vie privée et jusqu'à leur apparence : Nicole Lambert coupe ses cheveux. C'était, dit Annie Guéhenno, comme une entrée en religion. L'adhésion à une éthique virile mêlant société secrète et ordre militaire.

No man's land

Pourtant, ces modifications contenues ont été mal vécues par les hommes, notamment durant la Première Guerre mondiale. Enfermés comme ils ne l'avaient jamais été derrière les barbelés, dans une guerre de tranchées dont le piétinement, dans le sang et la boue, était la caricature dérisoire des images de la guerre virile et triomphante, ils éprouvent le sentiment d'une régression. Le fiancé de Vera Brittain déplore d'être réduit à l'état d'un « homme des bois sauvage ». Tandis que, loin d'eux, les femmes accèdent à l'espace et aux responsabilités publics, à une plus grande mobilité, eux vivent la guerre comme une retraite, une impuissance publique et privée. Ils redoutent d'être trompés, usurpés, renversés par ces femmes qui, à l'arrière, pénètrent le secret de leurs affaires et de leurs métiers. Ils ont peur d'être dominés, possédés par ces femmes qui les soignent comme des enfants. Ils craignent cette infantilisation des hôpitaux de la guerre, l'humiliation des corps dénudés, abîmés, manipulés. À leurs yeux, l'infirmière est maîtresse plus qu'esclave, déesse plus que suppliante — telle Catherine Barclay dans l'*Adieu aux armes* d'Hemingway. Un poster américain de la Croix-Rouge en 1918 montre une gigantesque infirmière berçant un homme miniature immobilisé sur un brancard de poupée : « The greatest mother in the world », la Piéta nouveau style. Un autre représente des femmes à leur fenêtre, calmes, élégantes, disant aux hommes qui défilent militairement : « *Go !* », comme si, perverses, elles les poussaient vers le front. Le thème de l'émasculation, réelle et figurée, hante la littérature de la guerre et de l'après-guerre, qu'étudie Sandra Gilbert le façon suggestive [12].

Elle montre aussi comment, dans ces mondes sexuels distincts, se développent les attitudes homosexuelles de tonalité très différente : détendue, plutôt joyeuse chez les femmes dans une littérature lesbienne assez abondante où s'exprime parfois l'utopie d'un monde sans hommes (Charlotte Perkins Gilman, *Herland*, 1915) [13] ; plus crispée, agressive et misogyne chez les hommes. La fraternité des armes nourrit, après guerre, un antiféminisme souvent virulent. Tandis que, du côté des femmes, se fait jour une culpabilité rampante propice à la soumission.

APRÈS-GUERRE : FEMME AU FOYER, REPOS DU GUERRIER

En tout état de cause, les brèches ouvertes par les guerres sont rapidement colmatées quand revient la paix, notamment en ce qui concerne le travail et les rôles privés. Dans le domaine public, les choses sont plus subtiles. L'octroi du droit de vote aux femmes intervient après la Première Guerre mondiale aux États-Unis, en Grande-Bretagne et en Allemagne ; après la Seconde, en France et en Italie. Mais il ne s'accompagne pas d'un accès véritable des femmes à la vie politique. Bien au contraire : les femmes sont renvoyées, au nom même de leur civisme, à la sphère privée, proclamée la clef des reconstructions et des redressements nationaux.

Ainsi, il se produit une surféminisation du discours politique dont Denise Riley a montré la force en ce qui concerne la Grande-Bretagne de l'après-Seconde Guerre, mais qui existe, avec des modulations différentes, dans tous les pays occidentaux. L'Allemagne de Weimar ne connaît que les veuves (600 000 en 1918) et la pratique assistancielle qui s'élabore à leur endroit se fait au nom des enfants des héros ; le contrôle de la vie privée des femmes est souvent soupçonneux (Karen Hausen). Ailleurs, parce que la famille est au cœur d'une politique sociale soucieuse avant tout de la natalité, d'éducation des enfants et de plein-emploi, la conception qu'elle a de la femme est très instrumentale. Les femmes ne sont jamais visées en tant que telles, mais comme mères. C'est la même chose aux États-Unis des années 1950. Sonya Michel souligne combien l'intérêt de l'enfant, véritable leitmotiv de l'après-guerre, est devenu pour les femmes un devoir obsédant, appuyé par tout l'arsenal de la psychologie et de la psychanalyse. Anna Freud et Dorothy Burlingham ont fourni aux partisans de la mère au foyer une panoplie de justifications psychopathologiques, confortées par les expériences catastrophiques de la guerre. L'émotion suscitée par les enfants martyrs des camps, par les orphelins de guerre (on se souvient de l'impact de films comme *Allemagne, année zéro*) a pesé de tout son poids pour le renforcement de la cellule familiale retrouvée, havre de paix et de salut.

Ce noyau dur de la famille bloque les évolutions. Jane Jenson le met en lumière à propos de la France de la Libération. Tandis que la femme est enfin reconnue comme citoyenne et, en principe, comme travailleuse, le droit familial ne change pas. Le chef de famille règne toujours en maître, appuyé sur le Code Napoléon. Le discours de la gauche porte la marque de cette contradiction ; par exemple, dans un même texte, François Billoux, pour le PCF, proclame le droit au travail des femmes et la nécessité d'une protection maternelle et infantile ; le bloc « mère-enfants » est conçu comme inséparable sans que soit envisagée la possibilité d'une divergence possible de ses composantes individuelles. La famille est envisagée comme une unité, et non pas comme un terrain éventuel de lutte démocratique. La famille reste le pivot de la société, régulateur de l'économie (avec salaire familial et allocations, de nature à décourager les femmes de travailler) et de la morale.

Confrontées à leurs devoirs féminins, les femmes doivent abandonner souvent contre leur gré — diverses enquêtes font état, un peu partout, du désir de conserver son job — les positions conquises dans le travail. C'est spectaculaire en France après la Première Guerre mondiale ; à la faveur de la reconstruction des usines, les femmes, souvent taxées de « profiteuses », sont quasiment sommées de retourner chez elles ; la féminisation croissante du tertiaire ne compense pas les emplois perdus. Même chose aux États-Unis, après la Seconde Guerre : le management s'efforce de revenir à la division sexuelle d'avant-guerre. Les femmes, assez fortement syndiquées, se battent alors au nom de l'égalité ; elles revendiquent le droit au travail et refusent toute mesure de protection, toute discrimination, négative ou positive ; elles jouent l'unité de la classe, plutôt que la distinction des sexes. Mais elles ne réussissent pas, parce que la majorité de l'opinion aspire aux « tyrannies de l'intimité » (R. Sennett), y compris parmi les femmes.

LA MYSTIQUE FÉMININE [14]

La question du consentement des femmes à leurs rôles est, comme toujours, cardinale. De ce point de vue, les enquêtes d'Anne-Marie Tröger, menées, à Berlin et au Hanovre, auprès des femmes allemandes nées avant 1938, sur leur mémoire et leur perception de la guerre, sont pleines d'intérêt. La plupart de ces femmes adhéraient au national-socialisme sans analyse particulière. Elles disent leur ignorance des camps de concentration, refusent de se considérer comme responsables et se définissent d'abord comme des victimes. La guerre pour elles ? Avant tout les bombardements et leur terrifiante beauté. Quelque chose comme une catastrophe naturelle, dont la fin même est assimilée à quelque changement météorologique. L'histoire est singulièrement absente de cette représentation dominée par la fatalité.

Dans un autre registre, l'étude d'Andra S. Walsh sur les « *women's films* » hollywoodiens dont le succès, auprès du public féminin, a été immense, montre la persistante adhésion à l'idéal domestique traditionnel, si toutefois on admet que le succès d'un produit médiatique signifie une certaine adéquation entre message et récepteur. Ces films font de l'intimité leur principal théâtre, et des protagonistes familiaux, leurs acteurs favoris. Mères acculées au drame par l'insouciance de leurs époux ou de leurs fils, femmes écartelées entre leur travail et leurs exigences privées, épouses en proie au doute sur leur compagnon, les unes et les autres incarnées par Bette Davis, Joan Crawford ou Katherine Hepburn, sont les héroïnes de ces films domestiques, très conformistes dans leur *happy end* marqué par le rétablissement du bonheur dans l'ordre. Les femmes y sont, la plupart du temps, des « héroïnes positives » — en ce sens la fameuse misogynie du cinéma américain est en déroute —, dont le dévouement et le sacrifice rétablissent un équilibre compromis par l'égoïsme ou la duplicité des hommes. On songe au *domestic novel* des bourgeoises du Nord de la France, dont Bonnie Smith a scruté le fonctionnement, tout à fait analogue [15]. La seule subversion de ce « féminisme domestique » réside dans la place accordée aux femmes comme moteur de l'action. Pour les spectatrices, comme pour les lectrices, il y a là un principe d'identification dont le succès même suggère un assez grand conformisme en matière de rôles sexuels. C'est contre cette *feminine mystique* que s'élèvera Betty Friedan en 1963 dans un livre qui est un des premiers manifestes théoriques du féminisme américain. Notons que le *Deuxième sexe* de Simone de Beauvoir date de 1949. En tout état de cause, il faudra des années encore pour que ces analyses théoriques s'incarnent dans des mouvements plus massifs.

Quant au thème du pouvoir social des femmes fondé sur la sphère privée, il est récurrent. On le voit aujourd'hui aux États-Unis à travers des ouvrages comme celui de Jean Bethke Elshtain (*Public Man, Private Woman*[16]) ou l'attrait des thèses de Carol Gilligan[17], sacrée femme de l'année 1983 par un grand magazine américain.

Guerre et rapports de sexes

En somme, jusqu'aux années 1970-1980 qui, de ce point de vue, sont — toutes proportions gardées ! — révolutionnaires, les rapports masculins/féminins, dans la théorie mais plus encore dans la pratique, n'ont pas fondamentalement changé[18].

Les guerres ont eu, sur eux, des effets multiples et contradictoires. Tantôt, elles ont précipité des évolutions qui s'esquissaient ; tantôt, au contraire, elles les ont refoulées. Dans le premier cas, le droit de vote dont on a vu qu'il a toujours été promulgué après les conflits. Ceux-ci ont fait aboutir une revendication féministe ancienne, mais en la dénaturant. En Grande-Bretagne, comme en France, les luttes des femmes pour le suffrage étaient intenses, comme l'a montré Steven Hause[19]. Mais la guerre y met fin. Du coup, l'octroi du droit de vote aux femmes, après l'armistice, apparaît surtout comme une récompense pour leurs actions de citoyennes ou de résistantes, non comme le fruit de leurs combats. Ce bon point accordé par le pouvoir paternel à ses filles reconnaissantes n'a pas le même sens qu'un droit de vote arraché par le suffragisme féminin. En France, par exemple, on crédite ordinairement le général de Gaulle d'avoir décerné ce prix de vertu, en oubliant complètement les mouvements antérieurs. Au reste, pour important qu'il soit, l'exercice du droit de vote ne signifie pas pour autant la participation des femmes à la vie et surtout au pouvoir politiques.

Dans d'autres cas, les guerres stoppent ou freinent des évolutions largement amorcées avant elles. Ainsi, en France, au début du

XXe siècle, tout suggère que s'esquisse une « nouvelle femme », plus indépendante économiquement — la part des femmes dans la population active s'accroît fortement, notamment dans le secteur tertiaire —, plus émancipée dans son corps et ses aspirations. De nombreux indices permettent de le percevoir. Face au vieil Adam, rechigné dans la contemplation morose de sa décadence[20], et de la montée des foules bestiales et féminines[21], c'est une nouvelle Ève qui s'avance. Le vif sentiment de cette mutation avait, du reste, ranimé une misogynie latente, mais assoupie, et qui s'exprime, jusqu'au délire, dans une littérature antiféministe proliférante[22], où se retrouvent Zola et Barrès, Mirbeau et Darien et tant d'épigones. Elle culmine dans le *Manifeste futuriste* de 1909, où Marinetti s'en prend avec violence et brio aux musées, aux bibliothèques, au féminisme et aux femmes : « Nous voulons démolir les musées, les bibliothèques, combattre le moralisme, le féminisme, et toutes les lâchetés opportunistes et utilitaires. Nous voulons *glorifier la guerre* — seule hygiène du monde — le militarisme, le patriotisme, le geste destructeur des anarchistes, les belles idées qui tuent, et le *mépris de la femme*[23]. » La guerre, en bandant les énergies viriles, fournit en somme une revanche et une planche de salut. Elle remet chaque sexe à sa place. Dans son principe et dans son domaine, elle est profondément conservatrice. C'est d'ailleurs une des raisons du pacifisme féministe dont Virginia Woolf, entre autres, sera l'interprète, notamment dans *Trois guinées*.

La guerre est, en somme, génératrice de frustrations, dans la mesure où elle ferme les issues qui s'entrebâillaient, ou qu'elle avait elle-même ouvertes. Ainsi, elle contribue à accroître la tension entre les sexes, la conscience que chacun d'eux a de lui-même. À terme, elle attise le féminisme futur.

CORPS ASSERVIS*

Le corps est au centre de toute relation de pouvoir. Mais le corps des femmes l'est de manière immédiate et spécifique. Leur apparence, leur beauté, leurs formes, leurs vêtements, leurs gestes, leur façon de marcher, de regarder, de parler et de rire (provoquant, le rire ne sied pas aux femmes, on les préfère en larmes) font l'objet d'un perpétuel soupçon. Il vise leur sexe, volcan de la terre. Les enfermer serait la meilleure solution : dans un espace clos et contrôlé, à tout le moins sous un voile qui masque leur flamme incendiaire. Toute femme en liberté est à la fois un danger et en danger, l'un légitimant l'autre. S'il lui arrive malheur, elle n'a que ce qu'elle mérite.

Le corps des femmes ne leur appartient pas. Dans la famille, il appartient à leur mari qui se doit de les « posséder » de sa puissance virile, plus tard à leurs enfants qui les absorbent tout entières. Dans la société, il appartient au Maître. Les femmes esclaves étaient pénétrables à merci. Le système féodal établit des distinctions de temps et de classe. Le seigneur a droit au pucelage des filles serves. Ce « droit de cuissage » ou de « jambage » serait attesté par des textes divers dans de nombreux pays d'Europe, avec des possibilités de rachat, pour les barons impécunieux. On discute de la réalité des pratiques, voire de l'existence d'un tel droit et des travaux en cours — tel l'ouvrage annoncé d'Alain Boureau — nous éclaireront sur la construction sociale de cette étrange relation de sexes. Mais qu'un tel principe, voire une telle représentation, aient pu exister n'en demeure pas moins significatif. Georges Duby nous apprend que si l'amour courtois protégeait la Dame, de plus en plus exigeante sur les manières d'aimer, « le courtois était autorisé à traquer à sa guise la masse des vilaines pour en faire brutalement sa volonté[1] ». Dans

---

* « Corps asservis », préface à M.V. Louis, *Le Droit de cuissage, France, 1860-1930*, Paris, L'Atelier, 1994, p. 8-13.

les demeures seigneuriales, prostituées, bâtardes et servantes étaient livrées sans entrave à la concupiscence des jeunes mâles, admis à les forcer. Et la domesticité de la Cour fournissait ordinairement une réserve sexuelle au bon plaisir du Prince[2].

Certes, avec le temps, l'intériorisation des valeurs religieuses, les progrès de civilité, la montée du sentiment amoureux lié à un usage des plaisirs qui suppose le souci de soi, les choses ont changé. Mais lentement, incomplètement et inégalement selon les milieux sociaux. La virilité repose sur la représentation d'un désir mâle, naturel, irrépressible, auquel il faut un exutoire. Au XIXe siècle, la prostitution vénale est considérée comme une hygiène nécessaire qu'il suffit de réglementer[3]. Et le recours à la servante de ferme (voyez Maupassant) ou à la petite bonne dans les milieux bourgeois, comme un moindre mal. Forme de dépendance héritée de l'Ancien Régime, la domesticité reste fortement marquée de servitude corporelle[4]. Et de manière générale, les « services », secteur d'emplois largement féminins, comportent l'idée d'un engagement physique. Comme si une femme ne pouvait pas vendre seulement sa force de travail, assignée à l'usage et sans faculté de parvenir à la relative liberté de l'échange.

Cet enracinement des femmes dans le territoire de leur corps est une des clefs de leur extrême difficulté à accéder au salariat, même ouvrier. Car la révolution industrielle n'apporte pas pour elles d'abord de bouleversement, sinon l'extension de leur servitude élargie du cercle familial à l'atelier et à l'usine, avec les mêmes caractères de non qualification, de précarité d'emploi et de dépendance sexuelle. L'embauche, la promotion, les gratifications sont aux mains d'une direction et d'un encadrement masculins, fortement tentés d'user de leurs prérogatives pour en tirer tout le plaisir possible. D'autant plus que la main-d'œuvre est jeune — on est ouvrière de onze-douze ans à vingt-cinq ans —, fraîche, vierge et sans défense.

Or le XIXe siècle a plutôt aggravé la sujétion des filles. De même que la loi Le Chapelier avait aboli jurandes et maîtrises et toutes les formes de protection lentement élaborées par les artisans, de même ont été supprimées les mesures qui, sous l'Ancien Régime, autorisaient les filles séduites à rechercher leur suborneur. Il existait, dans les communautés villageoises, un quasi devoir d'épouser la fille enceinte, évidemment mal supporté par des hommes de plus en plus mobiles. Le Code Napoléon met ces hommes à l'abri des récriminations féminines en interdisant la recherche de paternité, qui ne sera autorisée à nouveau qu'au début du XXe siècle. Conséquence : voilà le renard libre dans le poulailler (soi-disant) libre, pour reprendre la célèbre formule de List appliquée au libre-échange. Et la courbe des naissances illégitimes bondit, avec celle des abandons d'enfants. Comme les prolétaires dépourvus de droits sociaux, les femmes, les filles surtout, sont livrées à l'exploitation du plus fort. Lorsque de surcroît il est le patron et le chef, tout est possible.

De cette surexploitation des filles, le XIXe siècle, fût-il ouvrier, n'a pris pourtant qu'une conscience tardive, à la dimension de la méconnaissance, voire du mépris de leur souffrance, quantité négligeable. Certes, les moralistes, catholiques surtout, dénoncent l'immoralité des usines et leurs douteuses promiscuités. C'est un thème majeur de l'économie sociale et des enquêtes comme celle du Docteur Louis-René Villermé. Mais ils stigmatisent la sexualité ouvrière, taxée de bestiale, jamais celle des employeurs. Et ils représentent les femmes comme excitantes, voire excitatrices, plus souvent que comme victimes. La solution qu'ils proposent, c'est la non-mixité, hantise d'un temps soucieux de séparer en tout et partout les sexes, réalisée dans les usines-couvents de la région lyonnaise ; ou encore le travail à domicile dont Jules Simon se fait l'apôtre. Le retrait, la soustraction, donc, et finalement l'enfermement dans la maison protectrice. Le mouvement ouvrier n'est pas loin de penser de même. Mais c'est le droit au travail des femmes, et leur liberté individuelle, qui sont ainsi contestés.

Vers la fin du siècle, pourtant, le ton change. La lubricité des directeurs d'usines et surtout des contre-maîtres, ces « valets », ces « chiens-couchants du capital », haïs à la mesure de leur trahison de leurs frères de galère, est un thème récurrent des journaux ouvriers, notamment dans la presse socialiste du Nord de la France, où les « tribunes des abus » du *Forçat, Cri du Forçat, Revanche du Forçat*, etc., qui se succèdent dans les années 1885-1890, retentissent d'indignation devant leurs attentats à la pudeur des femmes et des filles de la classe ouvrière, atteinte dans son honneur et dans sa dignité par ce « droit de cuissage » que s'octroient ces « nouveaux seigneurs ». Qu'il entre dans cette désignation une part d'imaginaire politique et social, sans doute. La République naissante forge son identité sur le thème de la Révolution libératrice, destructrice des anciens privilèges y compris pour les femmes. Socialisme et mouvement ouvrier se coulent dans ces représentations. Les capitalistes sont les « nouveaux féodaux » dont le pouvoir est pire encore ;

371

l'usine est un fief qui réduit les travailleurs au servage et livre aux patrons le sexe des filles [5].

Il faut pourtant se garder de ne voir là que métaphore de la lutte sociale. Il est probable même que la croyance à l'analogie du propos a servi de voile commode à la brutalité des choses. Pourquoi se soucier de ce qui ne serait que discours ? De même qu'on nie le viol des femmes devant le tribunal sous prétexte que tout se passe dans leur tête, voire dans leur désir fantasmé, de même on a sous-estimé l'exploitation sexuelle réelle dont les femmes, et singulièrement les filles du peuple, ont été la proie et que migrations, urbanisation, industrialisation ont dans un premier temps accrue, en affaiblissant les liens sociaux traditionnels. Pourtant, on a beaucoup parlé de paupérisation, mais pas de sexualisation.

Peu de travaux historiques ont abordé ce sujet. L'histoire de la sexualité est longtemps demeurée taboue. Celle de la violence exercée sur les femmes plus encore. Les hommes la perçoivent peu ; ils ont tendance à la minimiser. Les femmes se sont attachées aux héroïnes positives, aux femmes actives, rebelles et créatrices, plutôt qu'aux victimes. Encore ont-elles préféré l'analyse des souffrances de la maternité [6] à celle du viol ou du harcèlement sexuel.

Les sources, d'autre part, sont difficiles d'accès. Les archives judiciaires sont à cet égard les plus riches ; mais elles sont doublement sélectives. D'une part parce qu'elles s'appuient d'abord sur l'évidence de crimes ou de délits réalisés et constatés, la plupart du temps hors d'un commun qui, faute de plaintes, demeure caché. Ensuite parce que le recours à la justice suppose un courage qui s'appuie sur la conscience de son droit et l'espoir d'être entendu. Et ce geste se développe, en effet, au XIXe siècle, jusque dans les campagnes du Gévaudan, comme l'ont montré les travaux d'Élisabeth Claverie et Pierre Lamaison qui y voient le signe d'une progressive individualisation [7]. Mais les femmes et les jeunes filles sont malgré tout les dernières à y recourir. Il n'est pas surprenant que celles qui l'osent s'affirment comme des rebelles, féministes à leur manière, ainsi nombre de celles qu'Anne-Marie Sohn a retrouvées au terme d'une longue et captivante quête dans les dossiers judiciaires de la Troisième République [8]. Encore ces femmes s'insurgent-elles dans le cadre privé et familial. Dans l'entreprise, c'est presque impossible. Elles savent bien ce qu'elles risquent : la moquerie, l'opprobre, le renvoi, l'obligation de fournir des preuves alors que la parole d'une fille séduite, ou harcelée, pèse peu devant celle d'un homme honorable puisque justement le patron ou le chef. D'où le silence résigné qui enveloppe la sujétion, l'humiliation quotidienne, la gêne, la peur, l'angoisse, le secret emporté parfois dans la fuite, voire dans le suicide. Ce silence originel est un obstacle à la connaissance du citoyen comme de l'historien.

Marie-Victoire Louis a voulu percer cette double chappe de plomb, parce que, comme Marcelle Capy, elle est convaincue qu'« étaler au grand jour la peine des femmes est pour le moment la meilleure façon de leur être utile ». Elle a mobilisé des sources extrêmement variées : judiciaires bien sûr, mais aussi parlementaires, ouvrières (presse, études des grèves), littéraires (Maupassant, mais aussi Léon Frapié, Victor Marguerite ont été sensibles à cette injustice), juridiques enfin. La question de la « séduction dolosive » a suscité l'intérêt des juristes, sollicités par les féministes, au tournant du siècle ; thèse de droit et interventions législatives se sont multipliées et le chapitre que Marie-Victoire Louis leur consacre est d'un particulier intérêt. Donnant à « droit de cuissage » le sens d'atteintes à la dignité des femmes, l'auteur a traqué les gestes et les paroles qui tissent la violence ordinaire. Probe, soucieuse des nuances, son enquête n'a négligé aucune piste, aucun lieu, aucune profession, mais son apport le plus neuf concerne le monde des usines. Sans mélodrame ni complaisance, elle analyse les effets pervers de la domination sexuelle dans le travail qui transforme parfois les femmes en complices et en concurrentes. Le despotisme du sérail repose sur le consentement des victimes muées en rivales. Mais ce consentement extorqué est une négation supplémentaire de leur liberté. Elle montre les raisons du silence des unes et des autres, la tacite complaisance des hommes qui minimisent ces « histoires de femmes », rapidement reléguées au second plan dans les revendications de grèves dont elles ont été parfois le détonateur. Elle souligne la résignation des femmes habituées à supporter ce qu'on — à savoir leurs propres mères — leur a enseigné être leur inéluctable destin. Dans cette passivité Madeleine Pelletier, lucide et indomptable, voyait la clef de voûte du malheur féminin. Qu'elle cesse et le système s'effondrera, pensait cette sympathisante du syndicalisme d'action directe.

Pourtant, au tournant du siècle, les femmes s'impatientent. Une aspiration générale au respect de soi traverse toute l'Europe ouvrière, jusque dans la lointaine Russie où les grèves dites de « dignité » se multiplient [9]. Les travailleurs refusent l'injure, l'interpellation grossière, et même le tutoiement. Ils exigent d'être traités avec politesse et civilité ; ils revendiquent des armoires pour changer de vêtement et des toilettes convenables. Ils ne supportent plus qu'on touche à leurs filles et à leurs femmes. Cet empiètement sur leur vie privée devient intolérable à la sensibilité libertaire qu'exprime *Le Père Peinard*. De son côté, le féminisme, en plein essor[10], dénonce la sujétion du corps féminin. Après Flora Tristan et Julie Daubié, Marguerite Durand, Séverine, Marcelle Capy, Aline Valette, etc. multiplient constats et protestations et se battent pour tous les droits — civils, économiques, politiques, sexuels même — des femmes. Les résultats législatifs sont encore minces, mais c'est le signe autant que le moyen d'une « conscience de genre » contagieuse.

Elle gagne en effet les femmes du peuple elles-mêmes, de plus en plus frémissantes, désireuses de respect et de propreté, avides de bonheur. Dans leur vie privée, selon la thèse d'Anne-Marie Sohn. Dans leur vie de travail, comme le montre Marie-Victoire Louis en s'appuyant notamment sur les grèves de femmes où les revendications salariales sont souvent moins importantes que la durée du travail, les questions de discipline et de droit à la dignité. Fait de longue durée, mais qui s'accentue à l'aube du siècle nouveau. Signe des temps : la grève des porcelainiers de Limoges, en 1905, un des conflits les plus célèbres de la Belle Époque par sa ténacité et sa violence (des barricades et un tué dans la vieille cité limousine), dont Georges Clancier a fait la matière du *Pain noir*, est une révolte contre le droit de cuissage qu'un certain Penaud, chef de fabrication chez Haviland, exerçait sur les ouvrières. Le mot est, ici, clairement employé et la chose, dénoncée, jusque dans des complaintes, tragiques ou comiques. Cette fois le syndicat ouvrier local et la CGT soutiennent les ouvrières. Les journaux, les députés évoquent ces pratiques qu'on découvre soudain assez générales. L'opinion s'insurge. Et la direction finira par exclure Penaud, après bien des hésitations. Marie-Victoire Louis analyse finement ce conflit exemplaire dont le syndicalisme comme les historiens ont eu par la suite tendance à gommer l'essentiel, tant ils ont du mal à admettre la réalité et l'illégitimité de la violence sexuelle exercée sur les femmes.

Dimension majeure de l'histoire des rapports de sexes, la domination des hommes sur les femmes, rapport de forces inégales, s'exprime souvent par la violence. Le procès de civilisation l'a fait reculer sans l'abolir, la rendant plus subtile et plus symbolique. Il subsiste néanmoins de grands éclats d'une violence directe et sans fard, toujours prête à ressurgir, avec la tranquille assurance du droit de pouvoir disposer librement du corps de l'Autre, ce corps qui vous appartient. Cet ouvrage nous en donne un exemple proche. Il y en aurait bien d'autres sans doute. En cette fin de siècle tourmentée où les équilibres et les régulations patiemment élaborés semblent partout remis en cause, les failles des inégalités — celle des sexes et toutes les autres — peuvent jouer encore et toujours. Comme s'il fallait tout inventer, le bonheur, la liberté et l'amour.

Le beau livre de Marie-Victoire Louis dissipe une part d'ombre de l'histoire des rapports entre les sexes que toujours menacent les ténèbres du silence nocturne.

LES FEMMES ET LEURS IMAGES[*]
OU LE REGARD DES FEMMES

Aux images de femmes, les cinq volumes de l'*Histoire des Femmes en Occident* avaient accordé une place particulière. Ils avaient tenté de répondre à cette question : quelles sont les représentations dominantes — ou marginales — que les hommes (car il s'agit d'eux presque exclusivement) ont données des femmes ? Et comment les interpréter ? Le critère de la représentation primait celui de la beauté, même si — on l'espère — il ne l'anéantissait pas. Le second est, au contraire, prépondérant dans ce livre. Le croisement de la représentation et de la beauté ne simplifie pas les choses.

Qu'est-ce donc que la beauté ? « Une promesse de bonheur », dit Stendhal, dessinant l'espace du désir. Le sentiment de bien-être, ou de souffrance, que nous procure la contemplation d'un objet, d'un paysage, d'un être harmonieux, cette harmonie n'étant peut-être que la conformité aux normes d'une époque. Car le regard est tyrannique autant qu'assujetti. Pour s'en affranchir, « on est prié de fermer les yeux », dit Freud. Et Levinas : « La meilleure manière de rencontrer autrui, c'est de ne pas même regarder la couleur de ses yeux. » Car l'esthétique est une violence aussi.

Au cœur de cette passion, les femmes. Dans la dualité qui, depuis l'origine du monde, oppose le masculin et le féminin, la beauté leur est associée comme la force l'est aux hommes. La Femme incarne la Beauté ; la Beauté s'incarne en la Femme. Elle est l'ornement du ciel et de la terre, comme elle doit être celui de la cité et de la maison. Au guerrier fatigué, au chasseur fourbu, au voyageur épuisé, au manager surmené, elle présente la lisse douceur de son visage souriant (le rire déforme ; il appartient aux hommes, ou au diable), ou la tendre rosée de ses larmes. Elle offre la quiétude d'un corps

---

[*] « Les femmes et leurs images ou le regard des femmes », in Georges Duby (sous la dir. de), *Images des femmes*, Paris, Plon, 1992, p. 175-180.

aux replis secrets dont le dévoilement, étroitement codifié par les bienséances de la pudeur, est source de plaisir, brutal ou raffiné, selon un *ars erotica* qui distingue les civilisations, et dont l'évolution même est un indice des rapports des hommes et des femmes.

Les images des femmes disent, ou suggèrent, les songes, les angoisses et les aspirations des hommes. Dieu créa la femme? Démiurge, l'artiste n'en finit pas de la recréer. Dans cette fresque interminable, faite de répétitions, de réminiscences, de variations modulées et de brusques ruptures, l'historien, spectateur ébloui, tente de repérer permanences et changements où se mêlent de manière quasi inextricable structures d'un langage codé et expression de sensibilités nouvelles. Mais est-il possible de passer de l'autre côté du miroir? Les femmes, ces créatures, comment ont-elles vu et vécu leur mise en images? Qu'en pensaient-elles? Dans quelle mesure ont-elles tenté de se conformer ou de se dérober aux modèles imposés ou proposés? Ont-elles souffert de leur écart à des idéaux corporels ou vestimentaires inaccessibles? Comment ont-elles essayé de les infléchir, de s'en emparer, d'en jouer, d'en jouir, ou de les subvertir? Quelle était, en somme, la nature de leur regard? Sur cette dimension essentielle de l'histoire, nous sommes très peu informés parce que, aussi, nous avons peu cherché. De manière générale, on s'est médiocrement interrogé sur les usages sociaux de l'image. Bien moins encore, voire pas du tout, sur ses usages sexués[1].

Faute d'une enquête à ouvrir, on ne peut que saisir quelques traces d'un intérêt des femmes pour leur représentation, quotidienne ou sublimée : ici, l'autoportrait d'une copiste médiévale insinué dans la majuscule d'un psautier ; là, les protestations des dames florentines contre le noir auquel on voudrait les assigner ; ailleurs, la pétition de dames du tiers état se plaignant au roi des contraintes de l'apparence : « Si la nature leur a refusé la beauté, les femmes épousent sans dot de malheureux artisans, végètent péniblement dans le fond des provinces, et donnent la vie à des enfants qu'elles sont hors d'état d'élever. Si au contraire elles naissent jolies (...), elles deviennent la proie du premier séducteur[2]. » Tout récemment, l'actrice Sandrine Bonnaire, affrontée comme d'autres jeunes comédiennes à la misogynie des metteurs en scène, et comme elles décidée à faire triompher le droit au talent de l'expression individuelle, s'insurge : « Si les gens me voient moche, c'est pas grave. C'est quand même important d'être une personne avant d'être une image[3]. »

Pour les femmes, l'image est d'abord tyrannie. Elle les confronte à un idéal type physique ou vestimentaire. Elle leur suggère le bien et le beau. Comment se tenir, s'habiller, selon l'âge, le rang, le statut social ou matrimonial, selon le lieu et l'heure. Sur les femmes pèse l'œil inquisiteur de la famille, du voisinage ou du public. Bien entendu, ce pouvoir des images change avec le temps, en fonction de la place du corps et de la beauté dans l'échange sexuel ou le spectacle social, et selon le degré de médiatisation visuelle de la cité. De moindre poids sans doute à l'époque des miroirs rares, des psychés inexistantes — George Sand se vit entière pour la première fois à quatre ans, en 1808, dans celle d'un château royal d'Espagne —, en un temps où pour les plus humbles il n'existait d'image de soi que dans l'opacité d'une vitre ou à la surface d'une eau dormante. Liées aux lavoirs et aux fontaines, les femmes n'avaient-elles pas un privilège sensoriel ? Quelle pouvait être alors la perception d'un visage ? Le monde des images figurées constituait peut-être un univers en soi, séparé, véritablement imaginaire ; le monde des autres, mystérieux et lointain, sans communication avec le quotidien. La beauté est inaccessible, inutile, voire redoutable, comme le répètent tant de proverbes paysans : « Ciel pommelé, femme fardée ne sont pas de longue durée », « Belle femme, mariage d'épines », etc.

La multiplication des images de toute nature, jusqu'à l'explosion du XIXe siècle — « Glorifier le culte de l'image », dit Baudelaire — a eu des effets contradictoires, accroissant à la fois et en même temps la prégnance des modèles et des normes et les virtualités des jeux identitaires. Tandis que la peinture quitte les cimes du religieux ou de l'épopée historique pour se faire familiale et familière et que se développe le goût du portrait que la photographie vient combler et exciter, la mode et ses oukases, égrenés dans les planches des magazines féminins, rythment la vie d'un nombre croissant de femmes, asservies, avec plus ou moins de (dé)plaisir, aux commandements de l'imitation et de la distinction. « Le vêtement d'une femme doit avoir un sexe. Une femme doit être femme de la tête aux pieds[4] », écrit Sébastien Mercier à l'ère des Lumières. Ce modelage des apparences s'étend au corps lui-même, mis en morceaux et en coupe réglée. La physiognomonie scrute les visages, la chiromancie examine les mains ; une anthropométrie sourcilleuse établit des mensurations idéales, instrument de torture pour les aspirantes au titre de « Reine de Beauté », symbolique triomphe de la norme. L'incorporation de l'idéal de minceur, générateur d'anorexie, forme de la dépression féminine, est le signe extrême du piège des images. D'où l'anxiété croissante que les femmes, désormais assignées à la beauté, nourrissent vis-à-vis de leur paraître. D'autant plus que la caricature ridiculise les irréductibles ou les rebelles. « Les Républicaines qui portent cocarde sont laides à faire peur », dit un révolutionnaire. Plus encore les oratrices de clubs, les féministes, les institutrices, les « intellectuelles », forcément repoussantes. Peur d'être laide, peur de vieillir deviennent des angoisses féminines.

Mais l'image est aussi source de jouissance : plaisir d'être figurée, célébrée, embellie, vierge au porche d'une cathédrale, dame aux fresques d'un château, au petit point d'une tapisserie, héroïne, ou femme ordinaire, aux cimaises des musées dont Baudelaire écrivait qu'ils sont les seuls lieux convenables pour une femme. À la contemplation de la beauté de leur sexe, les femmes sans doute n'étaient pas insensibles, pas plus qu'aux jeux de la coquetterie et aux charmes de la séduction, forme subtile de pouvoir, aujourd'hui étendue à l'ensemble des acteurs sociaux, au point que certains sociologues parlent de « féminisation » de la société (cf. Baudrillard, Maffesoli). L'éducation des filles, dans l'ombre des ouvroirs murmurants, des reposoirs odorants, les pratiques quotidiennes des femmes les plus modestes les ont très tôt initiées à des sensations olfactives et tactiles aux gammes étendues ; en particulier, à un univers textile, chatoyant et coloré — linge, étoffes, rubans, parures, cotonnades et indiennes qui au XVIIIe siècle font rêver les jeunes paysannes —, dont la convoitise et la possession gourmande expriment la sensualité de corps désirants. « Il me prenait des palpitations en songeant combien j'allais être jolie : la main m'en tremblait à chaque épingle que j'attachais[5] », dit la Marianne de Marivaux, interprète subtile des nouveaux jeux de l'amour. La conscience de l'image de soi entraîne l'envie de la gérer, voire de la produire. Les Florentines du Quattrocento s'insurgent contre les ordonnances austères qui proscrivent leur goût du luxe — thème classique des mercantilistes et des moralistes. Elles multiplient les « astuces foisonnantes » pour s'y soustraire, pétitionnent et, par Nicolosa Sanuti, leur porte-parole, élèvent une protestation solennelle : « De toutes nos forces nous nous opposerons à ce que nous soient arrachés nos ornements et nos parures, car ce sont les insignes de nos vertus[6]. » L'ampleur délibérée du vertugadin lui permet de dissimuler le fruit d'amours illicites. « Par leurs vêtements les femmes participèrent de façon visible à l'autocréation dont Burckhardt fait un trait décisif de la culture de la Renaissance[7] », écrit Diane Hughes, leur historienne. Christine de Pizan souligne d'ailleurs le droit d'être belle pour soi-même. Elle se représente dans ses miniatures, comme Clara Peters, peintre de natures mortes du XVIIe siècle, qui répète sept fois son visage dans les sept godrons d'un gobelet[8] : expression d'une revendication féminine du droit au portrait, au demeurant très générale, qui s'amplifie au XIXe siècle.

Pour modifier les images, il faudrait s'en emparer. Cette conquête féminine de l'image, moins connue que celle de l'écriture, plus difficile encore, à en juger par la douloureuse histoire de Camille Claudel, reste en grande partie à écrire : matière d'un autre livre dont on trouvera ici des fragments[9]. Dans la peinture, la photographie (longtemps considérée comme art second, elle fut plus ouverte), le cinéma surtout, la publicité et même la caricature (merveilleux talent de Claire Brétécher), les femmes ont réalisé des avancées substantielles, marginales pourtant, tant est grande l'inertie des structures, et forte la résistance qui leur est opposée. Aussi ont-elles encore peu modifié leur propre représentation et l'univers visuel en général qui demeure largement œuvre masculine. La route est ouverte pourtant. Mais elle sera longue, et il faudra beaucoup de temps pour que les femmes parviennent au monde si longtemps interdit de la Création, domaine divin. Et pour que, ce faisant, incorporant ces voix étouffées, ces perceptions différentes, ces expériences autres, cette étrangeté même, l'art devienne vraiment universel, englobant toute la Beauté du monde.

PUBLIC, PRIVÉ ET RAPPORTS DE SEXES *

Si Marie-Antoinette fut une reine scandaleuse, ce n'est pas seulement parce qu'elle trompait le Roi (la Cour en avait vu d'autres et n'était pas si prude), mais parce qu'elle affichait de nouvelles conceptions des rapports du public et du privé. D'un côté, cette femme, étrangère de surcroît, intervenait dans les affaires du Royaume. De l'autre, elle exigeait d'avoir un espace propre, soustrait au regard de tous, pour y vaquer à ses plaisirs, recevoir ses intimes et y goûter les joies de l'amitié. Les « petits appartements », ou le hameau étaient une manière d'inscrire dans le paysage versaillais la prétention à un nouveau mode de vie. Ce qui lui valut la remontrance outrée de Madame Campan : « Les rois n'ont pas d'intérieur ; les reines n'ont ni cabinets, ni boudoirs. C'est une vérité dont on ne saurait trop les pénétrer [1]. » Au XVIIIe siècle, une nouvelle idée du bonheur [2] consubstantiel à la constitution d'une *privacy* se fait jour, dans la bourgeoisie principalement, qu'influencent les modes anglaises. D'où la ire de Madame Campan, hostile justement à l'embourgeoisement de la Monarchie : l'usage du boudoir incarne à ses yeux la perversion féminine [3].

PUBLIC/PRIVÉ : UNE FRONTIÈRE CHANGEANTE

Si le *privé* au sens de *secret* (actes, gestes, espace...) a, selon les anthropologues (Barrington Moore par exemple) [4], toujours existé, si, du moins, on en trouve trace dans toutes les cultures, son contenu est éminemment variable dans le temps et l'espace. Norbert Elias a montré comment les sociétés occidentales avaient, depuis la

---

* « Public, privé et rapports de sexes », in Jacques Chevallier (sous la dir. de), *Public/Privé*, publication du CURAPP (Centre universitaire de recherches administratives et politiques de Picardie), Paris, PUF, 1995, p. 65-73.

Renaissance, construit leur civilité par la mise à distance du corps et de ses fonctions quotidiennes. La lecture de Kafka, que toute proximité physique exaspère, — « je ne peux pas supporter la vie commune avec des gens », écrit-il à Felice Bauer — suggère, dans l'excès, combien l'écartement individuel fut effectif[5].

Au vrai, plutôt qu'une ligne, le privé est une zone délimitée par deux frontières : d'un côté, l'intimité du moi, la chambre obscure, la forteresse du for (fort) intérieur ; de l'autre, les territoires du public et du privé auxquels le XIXe siècle s'est efforcé de donner la consistance de sphères, pour des raisons et avec des modalités variables selon les pays européens. En Grande-Bretagne, les facteurs économiques et la société marchande conduisent à distinguer le domestique et la consommation de la production et du travail. La séparation entre le cottage et la fabrique inscrit dans l'espace quotidien leur complémentarité. Les recherches de Leonor Davidoff et de Catherine Hall ont mis en évidence l'organisation spatiale des modes de vie. Dans le chapitre (« Sweet Home »)[6] qu'elle a consacré dans *Histoire de la vie privée* au modèle anglais du XIXe siècle, la dernière décrit l'évolution des manières d'habiter d'une famille de marchands drapiers de Manchester sur trois générations et les variations concomitantes de la maison, des rôles masculins/féminins et de leurs représentations. Bonnie Smith a suivi une démarche identique à propos des bourgeoises du nord de la France[7]. Durant la première moitié du siècle, les épouses des industriels (du textile surtout) demeurent dans l'enceinte de l'usine dont, souvent, elles tiennent une partie de la comptabilité et suivent la gestion. Après 1860, l'entreprise familiale cède le pas aux sociétés capitalistes ; patrons et directeurs vont habiter hors de la fabrique. Ainsi, à Roubaix, de riches villas dites souvent « châteaux » s'élèvent le long du boulevard de Paris. Production et domestique sont désormais nettement distincts. Les maîtresses de maison dirigent leur maisonnée, enfants et domesticité, construisant une culture de la reproduction très cohérente qui donne son sens au moindre détail (la couture par exemple). Sur les deux rives, catholique et protestante, de la mer du Nord, s'édifie un modèle bourgeois du travail et du foyer dont les femmes incarnent les vertus.

En France, les facteurs politiques comptent davantage, en raison du poids plus lourd de la Monarchie et de l'expérience révolutionnaire. En ce qui concerne les rapports du public et du privé, celle-ci a été cruciale et d'ailleurs contradictoire : Lynn Hunt l'a bien montré[8]. Il faut du reste distinguer ses effets à court et à long terme.

Dans l'immédiat, le privé, c'est l'égoïsme de l'élite, le mal en somme. On soupçonne les « intérêts privés ou particuliers » de contrarier le changement et d'abriter l'intrigue et le complot. D'où une surveillance accrue qui incombe à tous les citoyens. Pour Marat, qui se veut « l'œil » de la Révolution, la dénonciation est un devoir sacré. Seule la vie publique vaut qu'on s'y consacre. Elle postule la transparence dont rêvait Rousseau : « Si j'avais eu à choisir le lieu de ma naissance, » disait-il, « j'aurais choisi un État où tous les particuliers se connaissant entre eux, les manœuvres obscures du vice, ni la modestie de la vertu, n'eussent pu se dérober aux regards et au jugement du public », garant de la conscience morale. Ce qui suppose proximité, voisinage, quotidienneté : un modèle vertueux de république villageoise. Dans un espace-temps renouvelé, les hommes de la Révolution envisagent de créer un homme nouveau, par une pédagogie du signe et du geste qui va de l'extérieur vers l'intérieur. Mais ce projet volontariste et relativement totalitaire s'était heurté au caractère dérisoire des moyens et surtout à la résistance des mœurs, plus têtues que la Loi (ainsi jamais le Decadi ne remplaça le dimanche, jamais le nouveau calendrier ne réussit à s'imposer).

À plus long terme, la Révolution accentue la définition des sphères publique et privée, héritage des Lumières, valorise la famille et différencie les rôles sexuels en opposant hommes politiques et femmes domestiques (et cependant dites *citoyennes*). D'autre part, en déclarant l'inviolabilité du domicile, où il est interdit de perquisitionner sans mandat (1791) et la nuit (1795), en prenant des mesures pour la protection de la correspondance privée, selon Mirabeau « *le dernier asile de la liberté* », la Révolution dessine les bornes d'une *privacy* et esquisse l'embryon d'un *habeas corpus*. Comme si la puissance de l'État et la protection des individus cheminaient en couple, dans le jeu subtil des interactions suscitées par l'emprise accrue du pouvoir. Si l'on ajoute à cela, la destruction des corps intermédiaires — « Entre l'État et les individus, il ne doit y avoir que le vide », selon Pétion —, on mesure l'ampleur du chantier politique qui attendait les organisateurs de la Cité.

Comment reconstruire un lien social dans ce champ dévasté ? Les réponses sont évidemment diverses et font toute la richesse de la pensée et de l'action politique au XIXe siècle. Définir les relations entre État et société civile, entre collectif et individuel devient le problème majeur auquel socialistes et libéraux ne proposent pas les mêmes solutions. Trois traits cependant les rapprochent, au moins formellement : la méfiance pour l'individu, la confiance quasi universelle en la famille, l'intérêt pour la distinction du public et du privé comme facteur de rationalité. À la solitude de l'individu, les socialistes — tels Pierre Leroux, George Sand — opposent la solidarité avec une conscience de plus en plus forte de l'unité du « corps » social. À son isolement, facteur de despotisme, les libéraux proposent le contre-feu de la sociabilité (ainsi Tocqueville).

Sur l'importance de la famille, instance de régulation fondamentale, il y a unanimité. Atome de la société civile, elle est la gestionnaire des « intérêts privés », dont la bonne tenue est essentielle à la marche des États. Clef de voûte de la production, elle assure le fonctionnement économique et la transmission des patrimoines. Cellule de la reproduction, elle engendre les enfants, auxquels elle dispense une première socialisation. Garante de la race, elle veille sur sa pureté et sa santé. Creuset de la conscience nationale, elle transmet les valeurs symboliques et la mémoire fondatrice. La « bonne famille » est le fondement de l'État : d'où l'attention croissante qu'il lui porte et son intervention en cas d'incapacité des familles pauvres, les plus contrôlées. La famille, enfin, assure la médiation entre individu, société civile et État, comme le souligne Hegel (*Principes de la philosophie du Droit*, 1821). Par sa nature duelle, la famille instaure la communication entre le public et le privé, puisqu'aussi bien elle appartient aux deux.

DES « SPHÈRES » AUX SEXES

La distinction du public et du privé est à la fois une forme de gouvernementalité et de rationalisation de la société au XIXe siècle. En gros, les « sphères » sont pensées comme des équivalents des sexes et jamais la division sexuelle des rôles, des tâches et des espaces n'a été poussée aussi loin. Aux hommes, le public dont la politique est le centre. Aux femmes, le privé, dont le domestique et la maison forment le cœur. Sur ce point, peu de différence entre les révolutionnaires et leurs successeurs. « Les fonctions privées auxquelles sont destinées les femmes par la Nature même tiennent à l'ordre général de la société », dit Amar à l'automne 1793 ; « elles ne doivent pas sortir de leur famille pour s'immiscer dans les affaires du gouvernement ». Condorcet excepté, qui revendique avec éclat le droit de vote et la qualité de citoyennes à part entière au moins pour les femmes « éclairées », les hommes de la Révolution, jacobins ou enragés, refusent aux femmes le droit de vote, voire le droit à la parole (les clubs de femmes sont fermés en novembre 1793) et à l'écriture. Les plans d'éducation sont très généralement sexistes, lient les filles au fuseau et au rouet en limitant leur scolarisation au strict nécessaire. Car les filles appartiennent à leurs mères chargées de leur préparation à leur indépassable avenir : la famille. En 1801, Sylvain Maréchal — un babouviste radical — dépose un projet de loi «*faisant défense d'apprendre à lire aux femmes*», symptomatique en son délire.

Avec des variantes, le XIXe siècle ressasse ce double discours de l'incompétence publique et surtout politique des femmes et de leur adéquation à la famille, leur vocation naturelle. Deux grands types d'arguments cimentent ce raisonnement : celui de la nature et celui de l'utilité sociale. Thomas Laqueur (*La Fabrique du sexe*, 1992)[9] a récemment montré comment s'est effectuée, à partir du XVIIIe siècle, avec l'essor de la biologie et de la médecine une «sexualisation» du genre, pensé jusque-là en termes d'identité ontologique et culturelle beaucoup plus que physique. Le genre, désormais, se fait sexe. Hommes et femmes sont identifiés à leur sexe ; les femmes sont assignées au leur, ancrées dans leur corps de femme jusqu'à en être captées et captives. Cette biologisation de la différence des sexes, cette sexualisation du genre ont des implications théoriques et politiques considérables. D'un côté, elles portent en germe de nouvelles perceptions de soi. D'un autre, elles confèrent une base, un fondement naturaliste à la théorie des sphères. Cette naturalisation des femmes, rivées à leur corps, à leur fonction reproductrice maternelle et ménagère, et exclues de la citoyenneté politique au nom de cette identité même, apporte une assise biologique au discours parallèle et conjoint de l'utilité sociale.

Beaucoup plus usité, fonctionnel et d'accent progressiste, celui-ci ne prétend pas à un fondement physique, mais à une utilisation harmonieuse des compétences dans la complémentarité des deux sexes pour le plus grand bien de la société tout entière. Ce discours, dont Michelet est un des ténors, célèbre volontiers les femmes, leurs potentialités et leurs qualités qu'il s'agit de mobiliser pour la cause commune. Plus moderne et égalitaire en apparence, il est tout aussi réducteur parce qu'il suppose toujours l'idée d'une nature féminine clef des qualités innées qu'il s'agit d'exploiter. Il pose aussi, de manière plus subtile, la question de l'existence des identités sexuées, dont la réflexion féministe contemporaine a montré le caractère historique et culturellement construit[10]. Mais le discours de l'utilité sociale avait l'immense avantage de la positivité et de l'éloge. Comme tel, il séduisait les femmes et suscitait leur consentement. Il illustre le propos de Michel Foucault selon lequel la gouvernementalité contemporaine repose sur la persuasion autant et plus que sur la répression et la dénégation.

De nombreux exemples montreraient comment ces principes étaient effectifs et modelaient le quotidien. En voici deux : l'organisation de l'espace et la distribution de la parole, au vrai très liées.

L'ESPACE ET LA PAROLE

Au principe général de sexuation des espaces, le XIXe siècle ajoute sa préoccupation politique — et morale — de ségrégation. Il n'aime la mixité que dosée et réglée. Les femmes se retirent des lieux du pouvoir : Parlements, Cours de Justice, Bourse leur sont désormais fermés ou du moins difficiles d'accès. Flora Tristan à Londres, George Sand à Paris ne pénètrent aux Communes ou à la Chambre des Députés que travesties et accompagnées. Les procès politiques excluent les femmes. Ceux d'Assises arguant de l'émotivité féminine tentent du moins de les cantonner au fond de la salle d'audience. La Bourse leur ferme la porte, surtout à partir du Second Empire qui leur interdit de spéculer ; et Vallès décrit le spectacle, à ses yeux lamentable, de vieilles boursières agrippées aux grilles par leur passion. Même la Bibliothèque Royale (Nationale) est réservée aux hommes, comme la plupart des bibliothèques publiques. Celles-ci sont vouées aux institutrices pendant la période de leurs examens et Maxime Ducamp s'amuse de cette « quinzaine virginale ». L'accès au livre conserve quelque chose de sacré et de mâle. Comme la lecture du journal dont les femmes lorgnent les « rez-de-chaussée » et leurs romans feuilletons.

Il en va de même des lieux de sociabilité. Dorothy Thompson a montré comment dès le premier tiers du XIXe siècle, les femmes s'étaient progressivement effacées, puis retirées des *inns* et des *pubs* britanniques, sous l'influence notamment du Chartisme qui les réduit au silence dans les meetings avant d'éliminer leur présence. Plus tardivement et à un degré moindre, le processus est identique en France dans les cafés et cabarets. Plus la région est industrielle, plus ils sont masculins, comme l'a établi Jacqueline Lalouette : les cafés bretons sont plus mixtes que les estaminets flamands, où, à la fin du XIXe siècle, une « honnête » femme pénètre avec hésitation.

La culture du café populaire, comme celle du club ou du cercle bourgeois[11] est nettement masculine. En ces endroits, parfois fermés, mais de contenu public — on y parle politique, actualité... —, les femmes n'ont pas de place.

Les femmes ont leurs lieux à elles : les marchés, les lavoirs, les boutiques, plus tard les Grands Magasins ; mais en somme assez peu de lieux de sociabilité propres, en dehors des églises qui tentent au contraire de les accueillir. Associations pieuses ou charitables ont délibérément recruté des jeunes filles et des femmes quelque peu délaissées par les instances publiques. Assurément tout le public n'est pas masculin dans l'espace de la ville où circulent les femmes et de plus en plus. Nombre de lieux sont mixtes ou neutres ; il existe des zones de brouillage et d'interférences ; des lieux de rencontres organisées aussi, comme le bal. Mais la différenciation sexuelle des espaces et la non mixité demeurent le canevas d'organisation majeur, à l'œuvre à l'école comme dans les sorties d'usines ou de bureaux.

La maison est certes le lieu des femmes, mais tout autant celui de la famille et des frontières complexes y règlent la circulation et la distribution des pièces. Maîtres et serviteurs, parents et enfants, mari et femme s'y croisent. Le rapport public/privé s'y insinue : le salon, dont Habermas a fait l'épicentre de la « publicité » bourgeoise[12], se différencie de la salle-à-manger du repas familial et plus encore des chambres où se jouent conjugalité et intimité. Au bout du compte, la maison bourgeoise au cours du XIXe siècle accorde sans cesse plus aux hommes ; bureau, billard, fumoir marquent leur territoire comme s'il fallait échapper à l'omniprésence des femmes. Celles-ci, par contre, ont peu d'espace propre, notamment pour le travail et l'écriture. D'où la revendication de Virginia Woolf d'avoir « une chambre à soi », condition de l'activité intellectuelle. Les travaux de Monique Eleb montrent que l'habitation domestique et singulièrement la maison bourgeoise sont des carrefours d'influences, des machineries compliquées dont les architectes sont les démiurges et qui expriment les rapports changeants du public et du privé, des hommes et des femmes[13].

L'organisation du public et du privé passe par des dispositifs spatiaux dont Michel Foucault a souligné l'importance dans les technologies du pouvoir[14]. Leur examen est par conséquent immédiatement révélateur et suggestif. Mais on pourrait prendre d'autres exemples plus complexes parce que, à première vue du moins, plus immatériels. Ainsi de la parole des femmes[15]. La voix des femmes est un mode d'expression et de régulation des sociétés traditionnelles, où prédomine l'oralité. L'incessant murmure des femmes accompagne en sourdine la vie quotidienne. Il exerce de multiples fonctions : de transmission et de contrôle, d'échange et de rumeur, mais il appartient au versant privé des choses, de l'ordre du collectif et de l'informel, bavardage plutôt, dont on redoute le bruit et les excès : « Ces bavardes de femmes, que l'on entend caqueter à travers les portes, ne finiront-elles pas par se taire ? » (George Sand). Car l'inutilité du bavardage appelle le souhait du silence : forme sournoise de la dénégation [16]. D'où l'effort des précieuses et des salonières de l'Europe des Lumières — de Paris à Berlin, de Madame du Deffand à Rahel Varnhagen — pour maîtriser l'art de la conversation, cette forme de possession du monde par la parole égalitaire [17]. Madame de Staël en aura toute sa vie la nostalgie.

Ce qui est refusé aux femmes, c'est la parole publique. Sur elle, pèse une double interdiction, citoyenne et religieuse. Pythagore et Saint Paul disent presque la même chose : « Que les femmes se taisent dans les assemblées » (*Épître aux Corinthiens*). Elles pouvaient prophétiser, non prêcher, être médiatrices de Dieu, non son ministre. Il faut les failles des hérésies ou des réveils protestants, occasions de prédications féminines qui marquèrent pareillement le saint-simonisme. Mais il s'agit toujours d'une parole d'effraction, jaillie de fractures et de marges. Car le pouvoir, même hérétique, redoute la parole des femmes. Il a rapidement fait de leur fermer la bouche. Restaurer l'ordre, c'est imposer silence aux femmes. Ce que fait la Révolution en chassant les citoyennes des tribunes de la Convention, en fermant les clubs, et en instaurant un art oratoire inspiré de la République romaine et marqué du sceau de la virilité triomphante. L'organe des femmes y était nécessairement déplacé.

Le XIXe siècle redouble de précautions. Même la conversation est vidée de ce qui avait fait sa force et son charme. Finis les salons des lumières où les maîtresses de maison abordaient sans discrimination avec leurs hôtes les sujets les plus graves. Désormais, la politique est devenue affaire trop sérieuse pour être traitée au salon : c'est Guizot qui le dit [18]. Les femmes « comme il faut » ne parlent pas politique ; c'est déplacé et mal élevé. Aussi, s'il demeure quelques grands salons littéraires, les salons politiques sont beaucoup plus rares et, alors, excluent les femmes, comme le fit sur les conseils de Gambetta la comtesse Arconati-Visconti.

En dépit de quelques ouvertures, socialisme et mouvement ouvrier se montrèrent peu soucieux de faire monter les femmes à la tribune. Adélaïde Popp, dans *La Jeunesse d'une ouvrière* (1909)[19], a raconté sa lente et difficile pénétration au sein d'un parti socialiste autrichien spécialement misogyne. Elle finit par s'imposer comme oratrice dans les meetings ouvriers, non sans intriguer beaucoup ses interlocuteurs. Les mineurs de Styrie la voyaient comme une archiduchesse et les tisserands disaient qu'elle était sans doute un homme déguisé en femme : « Car seuls les hommes savent parler ainsi. » Tant les stéréotypes ont la vie dure.

Les brèches se produisirent ailleurs : d'un côté par le biais des professions de la parole. L'accès de Jeanne Chauvin au métier d'avocate et à l'exercice de la plaidoirie (il y fallut une loi : 30 juin 1899) ouvre une ère nouvelle. D'autre part, le féminisme fut, sous la Troisième République, une véritable tribune, notamment par les congrès, qui ont joué un rôle efficace de propédeutique de la parole publique des femmes.

D'autres modifications affectèrent encore la position des sexes dans leurs rapports au public et au privé. De manière générale, le privé fut revalorisé et avec lui, la puissance des mœurs et celle des femmes. D'autant plus que sollicitées d'intervenir dans le champ de la philanthropie, elles y développèrent une « maternité sociale » qui faisait paraître d'autant plus absurde leur exclusion du politique. Deux guerres et presque un demi-siècle de luttes seraient nécessaires à leur conquête du droit de suffrage. Et, sans doute, plusieurs décennies pour la réalisation d'une égalité effective.

L'articulation du public et du privé est un des problèmes majeurs des sociétés démocratiques. Elle est au cœur de la théorie politique comme de la vie quotidienne. Le croisement avec la différence des sexes est une manière d'en pénétrer le fonctionnement et d'en saisir les déplacements.

IDENTITÉ, ÉGALITÉ, DIFFÉRENCE*
LE REGARD DE L'HISTOIRE

Ces trois termes, qui font l'objet de notre colloque, ne constituent pas des alternatives. Même si, pour la commodité de l'exposé, nous pouvons les distinguer, c'est quelque peu artificiel. Ils doivent être pris ensemble : « L'identité des sexes et leur différence ont été pensées en fonction l'une de l'autre. Cette mutuelle dépendance pourrait être le point de départ d'un travail philosophique », écrit Geneviève Fraisse [Fraisse, 1991, p. 21]. L'histoire pourrait reprendre ce programme à son compte. Le lien entre ces trois termes, c'est, en somme, la notion de *Gender*, défini comme « construction sociale et culturelle de la différence des sexes ». Cette notion, née aux États-Unis, et parfois aujourd'hui remise en question, a pénétré les recherches historiques françaises sur les femmes, en dépit, ou peut-être à cause, des difficultés de traduction qui autorisent une certaine souplesse. Pour nous, cela signifie que l'histoire dite des femmes ne trouve tout son sens que dans l'analyse, la déconstruction — si l'on veut — de la différence des sexes, dans la relation à l'autre sexe. Nous sommes nombreuses — et nombreux — à penser que le genre, catégorie de la pensée et de la culture, précède le sexe et le module [Hurtig, Kail et Rouch, 1991], que le corps n'est pas la donnée première. Le corps a une histoire ; il est représentation et lieu de pouvoir, comme l'ont montré Michel Foucault [1976, 1984] et, récemment, Thomas Laqueur [1992]. Et l'identité n'est pas davantage établie définitivement ; elle n'est pas cause, mais « effet instable et jamais garanti une fois pour toutes d'un processus d'énonciation d'une différence culturelle » [Scott,

---

* « Identité, égalité, différence. Le regard de l'Histoire », in Mission de coordination de la quatrième conférence mondiale sur les femmes (Hélène Gisserot, Annie Labourie-Racapé édit.), *La Place des femmes, Les enjeux de l'identité et de l'égalité au regard des sciences sociales*, Paris, Ephesia, La Découverte, 1995, p. 39-56.

1994, p. 29]. Même la psychanalyse, qui se donne souvent ou parfois comme l'ultime explication de la différence des identités sexuelles, est un savoir produit par cette différence elle-même [1]. Les notions de « partages, frontières, conflits, composition/décomposition/recomposition », etc., nous paraissent, dans cette analyse, fondamentales, plus que le repérage des traits donnés comme identitaires.

Deux autres points me semblent encore essentiels.

1°) La confrontation des théories et des pratiques, par exemple, en ce qui concerne l'égalité. De ce point de vue, je persiste à distinguer au moins deux niveaux de la représentation, ou de la réalité, comme on voudra.

2°) La question du pouvoir peut difficilement être évitée dès qu'il s'agit de rapports de sexe, même si ces rapports ne se réduisent pas au seul pouvoir. La question de la domination masculine comme principe organisateur de la pensée, de la société et de l'histoire est assurément ce qui fait problème et cela pour plusieurs raisons. D'abord, le risque de transfert d'une catégorie d'analyse : le sexe à la place de la classe, avec toutes les simplifications que cela comporte. Ensuite, le risque de recours à un invariant, alors même que nous refusons tout fixisme et faisons de la différence des sexes — du genre — une perpétuelle reconstruction. « Aussi loin que l'on regarde à l'horizon de l'histoire, on ne voit que de la domination masculine », avions-nous écrit en introduction à l'*Histoire des femmes en Occident* [*HDFO*, 1990-1992]. Nous avons récusé par exemple la théorie du matriarcat et montré comment elle avait été élaborée par l'idéologie du XIXe siècle [Georgoudi, 1990, p. 477-493]. Je resterai fidèle à cette formulation. En voyant mieux, peut-être, les objections qu'on nous oppose. À savoir :

1°) Si la pensée est radicalement dominée par les hommes, alors les femmes ne peuvent pas même penser leur propre oppression et écrire leur histoire [Bourdieu, *in* Duby et Perrot, 1993, p. 66] point de vue réfuté récemment par Mona Ozouf, qui soutient à juste titre qu'on peut — qu'on doit — lire *les mots de femmes* pour saisir leur expression autonome [Ozouf, 1995].

2°) Il n'y a pas que le pouvoir. La culture n'est pas seulement le produit d'une relation de pouvoir, comme nous le soutenions dans un article collectif paru dans les *Annales* [Dauphin, mars-avril 1986], propos qui avaient suscité les vives réactions de certaines de nos collègues ethnologues [2]. Tout cela mérite en effet discussion.

Ces paradigmes généraux conditionnent, me semble-t-il, toute réflexion ou toute recherche sur les trois termes qui nous sont proposés. Il convient de dire encore combien dans une telle quête les historien-nes sont tributaires des autres disciplines. Ils sont redevables à l'anthropologie dont la différence des sexes est le pain quotidien, à la sociologie qui, très tôt, a mis en lumière le lien « travail-famille », indissociable lorsqu'il s'agit des femmes, à la littérature, qui nous introduit au monde de l'imaginaire, à l'esthétique, si précieuse pour la saisie des images des femmes, etc. L'objet « femmes » est nécessairement pluriel, multiforme, pluridisciplinaire ; il fait voler en éclats les divisions traditionnelles du savoir si fortes chez nous dans une organisation académique qu'elles tétanisent, verrou majeur au développement des recherches dans le secteur qui nous intéresse. Sous cet angle institutionnel, nous n'avons pas beaucoup avancé depuis dix ans (colloque de Toulouse, décembre 1982 ; ATP « Femmes » au CNRS, 1983-1989). D'où l'intérêt de cette rencontre qui nous permet de prendre la mesure des choses et d'affirmer notre existence. Ce qui nous unit dans ce domaine, quelles que soient nos divergences, normales et fructueuses, d'interprétation, me paraît plus fort que ce qui nous divise.

Tentons, donc, de répondre au programme qui nous est proposé et dont les thèmes, encore une fois, se répondent et s'entrelacent comme les motifs d'un art de la fugue. J'emprunterai mes références principalement à l'histoire moderne et contemporaine.

DE L'IDENTITÉ

C'est peut-être le thème de *l'identité* qui a été le plus fréquemment abordé et qui se révèle le plus riche. Car la définition du « masculin/féminin » est souvent — pas toujours — centrale dans la pensée philosophique, religieuse, morale, comme dans le discours médical qui, à certaines époques, se prétend regard de la science. Ces aspects ont donné lieu à beaucoup de travaux et sont très présents, par exemple, dans les divers volumes de *HDFO*. Un des ouvrages les plus novateurs à cet égard est celui de l'Américain Thomas Laqueur, *Making Sex (La Fabrique du Sexe)* [Laqueur, 1990]. Situé dans le sillage de Michel Foucault et de son *Histoire de la sexualité*, ce livre montre comment s'est effectuée à partir du XVIIIe siècle, avec l'essor de la biologie et de la médecine, une « sexualisation » du genre qui était jusque-là pensée en termes d'identité ontologique et culturelle beaucoup plus que physique, en dépit de la tradition de Galien. Le genre, désormais, se fait sexe, comme le

Verbe se fait chair. Hommes et femmes sont identifiés à leur sexe ; en particulier les femmes y sont assignées, ancrées dans leur corps de femme jusqu'à en être prisonnières. On assiste alors à la biologisation et à la sexualisation du genre et de la différence des sexes. Les implications théoriques et politiques de cette mutation sont considérables. D'un côté, elle porte en germe de nouvelles manières de perception de soi et notamment la psychanalyse (l'opposition phallus/utérus, la définition de la féminité en termes de manque, de creux, la « petite différence » fondant le grand différend). D'un autre, elle apporte une base, un fondement naturaliste à la théorie des sphères — le public et le privé — identifiées aux deux sexes, théorie par laquelle penseurs et politiques tentent d'organiser rationnellement la société du XIXe siècle. Cette naturalisation des femmes, rivées à leur corps, à leur fonction reproductrice maternelle et ménagère, et exclues de la citoyenneté politique au nom de cette identité même, confère une assise biologique au discours parallèle et conjoint de l'utilité sociale.

Ce recouvrement du genre par le sexe instaure « une biopolitique des rapports de sexe » qui est au cœur de la modernité. Toute réorganisation politique s'accompagne d'une redéfinition des identités sexuelles. À cet égard, la constitution des nationalismes et des États-nations est riche d'expériences. On en mentionnera quelques exemples. Eleni Varikas [1991] a montré comment la nation grecque au XIXe siècle s'appuie sur la différenciation sexuelle et la réclusion des femmes, « forme privilégiée de résistance à l'occidentalisation brutale et à l'invasion des mœurs étrangères ». Rita Thalmann [1982] et Claudia Koonz [1989] ont donné une démonstration analogue pour le national-socialisme. Sous une forme plus bénigne et non moins insidieuse, Vichy mise sur la féminité ; la Révolution nationale développe une politique systématique en direction des femmes-mères, allant jusqu'à préconiser qu'on leur accorde le droit de vote au nom de la famille [Eck, 1992]. L'islam, intégriste et nationaliste d'aujourd'hui, fait partout dans le monde de la réclusion des femmes un principe fondamental. Le voile, l'antique voile imposé aux religieuses au IVe siècle par les pères de l'Église pris d'angoisse par les tentations de la chair, est le substitut de l'impossible renfermement. Dans l'espace public, il souligne la nécessaire clôture des femmes, terre des hommes. La violence du conflit aujourd'hui en Iran, en Algérie ou en Afghanistan suggère la force de l'enjeu. C'est pourquoi, quelles que soient les limites de la laïcité, prompte elle aussi à faire de la différence des sexes un question d'ordre moral, elle offre infiniment plus de liberté[3]. On ne saurait pour autant l'absoudre complètement. La République a été, en France, très identitaire, notamment dans la sphère politique, la figure de Marianne étant la sublimation symbolique d'une exclusion de fait [Agulhon, 1979, 1989].

De manière générale, des guerres, surtout nationales (mais les guerres contemporaines le sont toujours), sont l'occasion d'une mobilisation identitaire, partie prenante de cette « culture de guerre » sur laquelle les études se sont récemment multipliées. Bien loin de contribuer à l'égalité des sexes, comme on l'a souvent avancé pour la Première Guerre mondiale, elles renforcent une définition stricte de leur rôle, dont la confusion est assimilée à la décadence. Aussi l'efféminement des hommes a été souvent invoqué comme une des causes de l'échec de la guerre de 1870, et la virilisation des femmes comme un facteur de celle de 1914. Celle-ci, en mettant les hommes au front, les femmes à l'arrière et substituées à eux, mais dans une pure fonction de remplaçante et d'auxiliaires, rétablit l'ordre du monde.

Le colloque d'Harvard [Higonnet, 1987], les travaux de Françoise Thébaud [1986, 1992] sur la Première Guerre mondiale ont montré qu'il ne faut pas se laisser prendre au piège des apparences qui projettent l'irruption des femmes dans des lieux (grandes usines métallurgiques par exemple) ou des métiers (conductrices de tramways...) où jusque-là elles n'entraient pas.

La guerre finie, ces suppléantes sont priées de regagner leurs foyers. La question des effets qu'introduit malgré tout ce brouillage provisoire des identités est d'un autre ordre.

Le registre des *usages sociaux des identités sexuelles* est tout aussi fourni. Les travaux d'Anne Martin-Fugier [1983] et de Bonnie Smith [1981] pour la France, d'Ute Frevert [1986] pour l'Allemagne, de Leonor Davidoff et de Catherine Hall [1987] pour l'Angleterre victorienne, de Nancy Cott [1977] et Caroll Smith-Rosenberg [1986] pour les États-Unis, de Michela de Giorgio pour l'Italie, d'Eleni Varikas [1988] pour la Grèce, etc., ont montré comment les bourgeoises avaient construit l'identité féminine en insistant sur l'utilité sociale. La maîtresse de maison, « ange du foyer », règne sur l'identité de la maison, du *home*. Ces femmes de « la classe de loisir », porteuses de distinction aristocratique, dont Veblen avait, dès le début du siècle, discerné les fonctions de représentation, obéissent à des règles de civilité et de mondanité aussi rigoureuses qu'une étiquette de cour, dont elles dérivent [Smith,

1981]. Les diktats de la mode commandent leur apparence, une apparence de plus en plus intériorisée, allant du vêtement aux formes du corps et à la texture de la peau. L'exigence de beauté, l'obligation contemporaine de minceur, génératrice d'anorexie, et aujourd'hui condensée dans le culte des *top models*, ont été décryptées par Denise Bernuzzi de Sant'Anna ou par l'étude très foucaldienne de Sandra Bartky sur le façonnement du corps féminin [Bernuzzi de Sant'Anna, 1994 ; Perrot Ph., 1981 ; Bartky, 1990].

Quant à la classe ouvrière, la construction de son identité s'est opérée sur le mode de la virilité, à savoir : valorisation de la production matérielle et occultation du travail domestique de reproduction, compté pour rien dans la théorie marxiste de la valeur ; exaltation des grands métiers virils : le mineur, le métallo, le terrassier ; engouement pour les sports les plus physiques — football, rugby, boxe — dont les femmes ne sont que des spectatrices éventuelles, et célébration des dieux du stade ; exaltation du militant comme mâle soldat de l'armée du prolétariat, vision de la révolution comme lutte armée, métaphores militaires appliquées à la lutte de classe, etc. Le fer, le feu, le métal de l'ordre, le sang du sacrifice sont les emblèmes de la classe ouvrière, qui encense par ailleurs les vertus de l'indispensable ménagère. Éric Hobsbawm a montré comment dans le dernier tiers du XIXe siècle s'est effectuée la masculinisation de la symbolique ouvrière qui culminera dans *L'Homme de marbre* du film d'Andreï Wajda [Hobsbawm, 1978 ; Perrot M., 1976]. De manière plus générale, les catégories socialement dominées ont tendance à réaffirmer leur identité par le biais de la virilité et de la soumission des femmes. C'est un trait constant du populisme, d'autant plus insidieux qu'il se veut justement populaire.

Marquer la différence sexuelle est une forme de pouvoir, et la peur de l'indifférenciation sexuelle [Fraisse, 1989] est au cœur des crises identitaires masculines, qui presque toujours répondent aux tentatives des femmes pour sortir de leur propre assignation. Celle du début de ce siècle, liée à l'essor considérable du féminisme occidental, a été spécialement vive. Annelise Maugue en a montré les aspects français ; Jacques Le Rider, les dimensions germaniques, autour de Karl Krauss et d'Otto Weininger [Maugue, 1987 ; Le Rider, 1982, 1990]. Dans *Sexe et Caractère* (1903), publié comme un testament peu avant son suicide, ce dernier tente de renouer avec la définition classique du genre détaché du sexe et façonné par la culture, tout en réaffirmant la force de la hiérarchie du masculin et du féminin comme fondement irréductible de la pensée et de l'organisation du monde. Cependant que le *Manifeste futuriste* de Marinetti (1909) invite à « combattre le moralisme, le féminisme » (notez la classique association des deux) et « à glorifier la guerre, seule hygiène du monde ».

Dernier volet, et non le moindre, de cette recherche identitaire : comment les femmes elles-mêmes, et les féminismes, se sont-ils situés par rapport à la définition qu'on leur imposait ? Les pionnières, ces femmes « exceptionnelles » qui déplaçaient les frontières, devaient toujours affronter individuellement le soupçon qui pesait sur leur féminité : étaient-elles bien des femmes, celles qui sortaient du pré carré de leur sexe ? Le cas des femmes auteurs du XIXe siècle est à cet égard exemplaire [Planté, 1989] et notamment celui de George Sand, dans ses hésitations mêmes. Celle dont Flaubert disait qu'elle était le « seul grand homme » du siècle, tout en faisant l'hypothèse qu'elle pourrait bien être « du troisième sexe », tergiversait. Tantôt elle revendiquait sa féminité, voire sa maternité dont elle se faisait bonheur et gloire, y voyant l'ancrage, voire la destinée de toutes les femmes... Tantôt, elle la récusait énergiquement, dénonçant l'esclavage des femmes, scellé par le mariage, marque d'un patriarcat qui rendait à ses yeux présentement impossible l'accès à la citoyenneté politique : d'où son refus cinglant de la candidature que des femmes lui offraient en 1848. Sand acceptait le sexe, dont elle niait parfois la différence même : « Il n'y a qu'un sexe. Un homme et une femme, c'est si bien la même chose que l'on ne comprend guère les tas de distinctions et de raisonnements subtils dont se sont nourries les sociétés sur ce chapitre-là. » Mais elle refusait le genre tel que son temps le définissait. Elle revendiquait la liberté du choix individuel, mais restait sourde à la conscience de genre puisque aussi bien elle le contestait[4].

« Conscience de genre » : cette notion a été avancée notamment par Eleni Varikas à propos des femmes grecques du XIXe siècle pour désigner le sentiment d'une similarité de condition et de destin exprimé par un « nous les femmes » qui peut aussi bien préluder à un féminisme ardemment égalitaire qu'ancrer les femmes dans l'acceptation de leur irréductible différence [Varikas, 1988]. En effet, cette « conscience de genre » s'articule souvent à l'idée d'une supériorité des femmes comme gérantes de la famille, ferment de la société, remède aux maux de l'État, qui n'est jamais qu'un « grand ménage », comme disaient presque dans les mêmes termes Jeanne Deroin et Hubertine Auclert pour appuyer leur revendication du droit de suffrage, voire comme salut du monde. Les saint-simoniennes tenaient parfois ce langage, comme les femmes chrétiennes, décrites par Bonnie Smith, ou encore une Louise Kopp, chantre de la maternité rédemptrice[5]. Les féminismes sont, à cet égard, partagés. Ils oscillent de l'extrême virilité — Madeleine Pelletier déplore cette catastrophe d'être une femme et se fait l'apôtre de la « virilisation des femmes »[6] — à l'extrême féminité. Cette féminité pouvant être la maternité (cf. Louise Kopp ; aujourd'hui Antoinette Fouque), le célibat, voire la virginité ultime rempart à la domination masculine (cf. Arria Ly)[7] et/ou l'homosexualité. On comprend bien comment l'homosexualité, tant masculine que féminine, trouve sa force première dans une vigoureuse affirmation identitaire. « Tandis que le thème de l'émancipation hétérosexuelle est souvent lié à l'in-différenciation des rôles masculins et féminins, l'émancipation homosexuelle passe actuellement par une phase de définition très stricte de l'identité masculine », écrivait Michaël Pollak [Pollak, 1982]. Il aurait pu aussi bien dire « féminine » si l'homosexualité ne s'était pas pensée le plus souvent comme androcentrique.

Ces stratégies identitaires s'avèrent parfois très contraignantes et rendent difficile l'affirmation d'une subjectivité. Comment dire « je » au sein du « nous » ? Comment revendiquer une différence dans l'identité ? C'était bien le problème de Sand, de Virginia Woolf ou de Simone de Beauvoir.

Mais cette « conscience de genre » peut aussi déboucher — a débouché effectivement — sur l'analyse de l'inégalité. Elle fonde la revendication anglo-saxonne de la citoyenneté qui s'appuie sur le droit des femmes à être représentées en tant que telles, au nom de leur spécificité, argument que déroulent John Stuart Mill, Helen Taylor et Mrs Fawcett [Rosanvallon, 1992].

C'est alors que la question de l'identité croise celles — très liées — de l'égalité et de la différence que, faute de temps, je traiterai encore plus succinctement.

DE L'ÉGALITÉ ET DE LA DIFFÉRENCE DES SEXES

La différence des sexes apparaît, au regard des anthropologues, comme le principe organisateur des sociétés. Les œuvres respectives de Claude Lévi-Strauss et de Françoise Héritier sont à cet égard fondamentales. La dernière concluait la présentation qu'elle avait faite à Beaubourg dans le cadre du cycle organisé, il y a trois ans, sur « la différence des sexes », par cette proposition simple : « Une société sans différence des sexes est inconcevable. » Pour Claude Lévi-Strauss, cette différence est inhérente à la pensée elle-même ; c'est une structure cognitive qui gère les systèmes symboliques et les catégories de langage. Ce qui permet de comprendre l'intérêt porté aujourd'hui par certaines féministes américaines à la déconstruction du langage, le fameux *linguistic turn* d'une Joan W. Scott par exemple.

Cette différence implique-t-elle nécessairement inégalité ? En principe, non. Mais en pratique, anthropologues et historiens concluent par l'affirmative. Leurs explorations, spatiales ou temporelles, indigènes ou exotiques, ne leur livrent que de la domination masculine : domination des systèmes de valeur et de représentations, domination plus complexe des pratiques et de leur classement : de l'idéel et du réel. Les historiennes, pour leur part, ont fait litière des thèses du matriarcat originel et déconstruit les antiques mythologies des femmes au pouvoir (ainsi des amazones).

Quatre domaines pourraient être historiquement analysés et l'ont été en large part. Premièrement, l'analyse des temps, des arguments et des représentations de l'inégalité. Tantôt elle est franche et massive, affirmation tranquille d'une évidence voulue par Dieu, dictée par la Nature et, de surcroît, nécessaire au fonctionnement familial et social. Dieu, la Nature et la Société, voilà bien la Trinité de la différence des sexes. Tantôt elle s'énonce voilée. À l'époque moderne, elle s'appuie sur le double argument de la biologie et de l'utilité sociale, on l'a vu. Ou encore, elle se love dans le discours consensuel, plus « soft », des temps contemporains, rythmé par la douceur quelque peu idyllique de la complémentarité, ou du leitmotiv de « l'égalité dans la différence », chère aux démocrates du XIXe siècle, de Paris à Athènes : de Michelet à Grigorias Papadopoulos, chantre de cette complétude heureuse dans son livre intitulé *La Femme grecque* (1866), où il se fait l'apôtre d'une éducation nouvelle, susceptible de produire des citoyennes éclairées et des « compagnes intelligentes » comme le souhaitent également les rapporteurs de la loi Camille Sée qui, en 1880, fonde en France l'enseignement secondaire des jeunes filles. Ce souci d'une nouvelle forme de l'échange conjugal, où la parole et le dialogue trouveraient une place, culmine dans « l'amour fusionnel » qui, trop souvent, se réduit à l'absorption de l'épouse par son mari, devenu, selon le vœu de Michelet, son seul confident, substitué au confesseur. La modernité du couple repose sur la représentation d'une complémentarité sexuelle assez fortement identitaire.

Deuxième ensemble de recherches : l'analyse des pratiques organisatrices de l'inégalité. On soulignera ici l'extrême importance du Droit. Yan Thomas a montré par le menu comment avait opéré à cet égard le Droit romain, dans une étude qui constitue un modèle méthodologique [*HDFO*, I, p. 103-159]. Les coutumes d'Ancien Régime avaient été naguère revisitées par Josyane Moutet, dans un travail demeuré inédit. Le Code civil, cette bible de l'inégalité sexuelle contemporaine, a fait l'objet de nombreuses études [Arnaud-Duc, *HDFO*, IV, p. 87-120 ; Théry et Biet, 1989].

Cela explique la sensibilité juridique des femmes et des féministes et la fréquence du recours individuel aux tribunaux [Claverie et Lamaison, 1982] et du recours collectif à la loi ou de lutte pour ou contre la loi. Si l'on en croit les résultats d'un sondage d'opinion effectué par le ministère des Affaires sociales à l'occasion de la journée du 8 mars, cette sensibilité paraît quelque peu émoussée puisque, contre 6 % des femmes interrogées qui voient dans la vote de nouvelles lois la clef d'une meilleure organisation « hommes/femmes », près de 80 % invoquent « l'évolution des mentalités ». Indice, peut-être, d'un certain découragement devant l'ineffectivité des lois et la persistance de l'écart entre Droit et situation de fait.

Aussi ces situations doivent-elles être soigneusement décryptées et les études de secteurs ou de cas se révèlent ici très efficaces. Je citerai comme particulièrement significatifs et relativement bien visités tant par les historiens que par les sociologues, la division sexuelle du travail, l'éducation, la prostitution.

Sur la division sexuelle du travail, on dispose d'un grand nombre d'études, quantitatives (critiques des recensements, par exemple, comme producteurs de la différence des sexes) et qualitatives, globales ou sectorielles, sur l'industrie surtout, mais aussi sur les services. Domestiques, infirmières, enseignantes ont fait l'objet de nombreuses monographies. Dans une thèse récente, Delphine Gardey [1995] a étudié le « monde des employés de bureau au XXe siècle » au crible du *gender*, comparant systématiquement les positions, carrières et comportements professionnels des hommes et des femmes occupés dans un même site d'emplois. Ces études ont permis de mieux saisir les mécanismes de constitution des métiers dits « féminins », presque toujours dévalorisés tant en prestige qu'en salaire : l'insidieuse question des qualités « innées » déguisant des qualifications acquises, mais du coup moins rémunérées parce que prétendument non apprises ; la concentration des femmes dans un petit nombre d'emplois en dépit d'une ouverture de principe de tous ; la distance persistante entre le niveau de formation et de réalisation professionnelle, les filles anticipant souvent par avance les difficultés qui les attendent et du coup, bornant leurs ambitions [Duru-Bellat, 1989]. Autrefois comme aujourd'hui, il apparaît impossible de séparer travail et famille en ce qui concerne les femmes, même si leur entrée à part entière dans le salariat est maintenant un fait accompli. D'autre part, on est conduit à prendre davantage en compte les éléments symboliques, tant sont prégnants dans nos sociétés de l'image et de la communication les facteurs de prestige, de look, de distinction, de représentation de soi. Le moins qu'on puisse dire est que sous cet angle les rapports du masculin et du féminin demeurent discriminants.

Troisième axe de réflexion : quelles furent les attitudes — individuelles et collectives — des femmes (et des hommes aussi) devant les inégalités qu'elles eurent à affronter et qui tissaient leur vie quotidienne ? L'approche biographique, tant des femmes « exceptionnelles » que des femmes ordinaires, dans la totalité de leur parcours, ou dans un segment d'existence, voire dans la fugacité d'une circonstance ou d'un instant, permet d'appréhender la force de la résistance ou du désir par lequel une femme s'affirme comme sujet et revendique le droit de choisir son destin. Récits des autobiographies ou de l'enquête orale, fragments de vie livrés par les archives judiciaires, tels que les a recueillis Anne-Marie Sohn, ouvrent ici les portes de la chambre close, de l'intime et du for intérieur, refuge des femmes.

Au niveau collectif, le féminisme, dans sa pluralité, a été un agent très actif des luttes pour l'égalité. C'est un des chapitres les plus fournis de l'histoire récemment écrite par des jeunes historiennes : Michèle Riot-Sarcey, Laurence Klejman et Florence Rochefort, Christine Bard, Françoise Picq, bientôt Sylvie Chaperon [8]. Elles ont fouillé archives et bibliothèques, dépouillé correspondances et organes d'une presse syncopée mais dense, et ainsi redonné toute sa place à cet acteur oublié, souvent par les femmes elles-mêmes, toujours menacées par l'amnésie, forme insidieuse de la dénégation. Il n'est plus possible désormais, après l'apport de ces travaux, de parler de « faiblesse du féminisme français », sans nier pour autant sa spécificité. Il importe en revanche de s'interroger sur la modulation du thème « égalité/différence », dans l'argumentation féminine et féministe. Du côté des femmes, les dix portraits fermement dessinés par Mona Ozouf [1995] montrent la diversité des perceptions et des positions. Du côté des féminismes, il en va de même. Ainsi, s'agissant du droit de vote, on a opposé le féminisme anglo-saxon, qui instrumentalise la différence pour obtenir la représentation des femmes en tant que sexe ; et le féminisme français qui se démarquait peu de la logique individualiste à l'œuvre dans notre démocratie [Rosanvallon, 1992]. Thèse généralement contestée, mais confortée par le récent « essai » de Mona Ozouf sur la singularité française, et qui, en tout cas, mérite réflexion, à l'heure où la parité s'impose comme une revendication de pointe. Au nom de quoi, la parité ? De l'équité individuelle ? Ou de la différence des sexes ?

Dernier domaine, enfin, qui requiert une attention toute particulière : les déplacements frontaliers de l'inégalité, les incessantes décompositions et recompositions des partages entre les deux sexes dans tous les secteurs de l'emploi, de la création, comme du quotidien ; les bastions de la résistance masculine ou les eaux stagnantes de l'indifférence féminine. Du domestique [Kaufman, 1992] au politique, de l'amoureux au religieux, il est des zones opaques, des cristaux durs qui correspondent à des crispations de pouvoir. Le politique, en France encore plus qu'ailleurs — et voilà bien aussi une « singularité française » — constitue un de ces nœuds où perdure une inégalité qui prétend se justifier par la différence des sexes — une différence souvent consentie : mais que vaut cet acquiescement ? [Mathieu, 1985]. C'est une question qui se pose assurément pour tous, mais particulièrement pour les femmes, en raison même de l'inégalité des sexes.

Pour finir, je dirai quelques mots seulement sur ce thème de la « différence des sexes » qui nous retint toute une année à Beaubourg. Quels ont été les moments, les lieux, les moyens...de conscience de la différence dans la dialectique du Genre ? Des temps historiques, j'ai déjà parlé : il y a des conjonctures de différenciation accentuée — les crises et plus encore les guerres —, et d'autres propices à l'indifférenciation identitaire. De même qu'on a repéré des moments existentiels forts — ainsi l'adolescence — de la prise de conscience identitaire dont les formes sont souvent étroitement culturelles.

Le féminisme ne peut échapper à ces rythmes et il oscille constamment entre les pôles de la différenciation et de l'indifférenciation. Il en fut ainsi dans le passé. Il en va de même aujourd'hui. Forte affirmation de la différence ? Ce fut l'arme du féminisme radical des années soixante-dix, celui de Psych et Po et d'Antoinette Fouque qui, au vrai, récusait alors le mot même de « féminisme » comme produit pervers de la domination masculine. Ce fut — c'est sans doute encore — celui du féminisme lesbien, comme des homosexualités en général, au moins dans leur période d'affirmation et de reconnaissance publique [*HDFO*, V, p. 243-275]. Le féminisme culturaliste des années quatre-vingt en Italie surtout, s'inspirait largement de cette position, brillamment représentée en France, quoique de manière assez marginale, par la création littéraire (Hélène Cixous ; Monica Wittig) et la recherche analytique et psychanalytique de Luce Irigaray. Si ce courant est chez nous sans doute provisoirement affaibli, on observe aujourd'hui un retour vers lui aux États-Unis à travers les positions d'une Catherine MacKinnon, ou des publications comme *Différence. A Journal of Feminist Cultural Studies* [Collin, 1992].

Indifférenciation ? C'est l'analyse et la prospective — et peut-être le vœu — d'une Élizabeth Badinter, notamment dans son dernier ouvrage [Badinter, 1990] et, plus largement, de celles et ceux qui redoutent les pièges des identités assignées autant que des contraintes des communautarismes, quels qu'ils soient ; et qui préfèrent le libre parcours des individus à travers les jeux infinis du sexe et les combinaisons subtiles du genre. Indifférenciation peut être plus difficile à vivre dans son indécision même, en tout cas redoutée par le pouvoir, par la part mâle du pouvoir surtout, que taraude la crainte de l'indifférenciation, plus difficile à cerner et à classer, donc à gouverner.

L'affirmation de la différence et donc de l'identité est, pour les individus, une arme souvent nécessaire. Est-elle pour autant un objectif ? Voilà ce qui reste à démontrer.

De quoi, par conséquent, nourrir notre réflexion et nos débats.

UNE HISTOIRE SANS AFFRONTEMENTS[*]

Le livre de Mona Ozouf est une manière d'événement. Qu'une historienne de sa notoriété et de son talent ait pris au sérieux les « mots des femmes », si souvent minorés, qu'elle ait communiqué à un vaste public des expériences et des figures de lui peu connues, et que, à sa suite, *Le Débat* ouvre la discussion sur la « singularité française », en matière de rapports de sexes, voilà bien des motifs, existentiels et historiographiques, de se réjouir.

La discussion à laquelle il nous convie n'en est pas pour autant plus aisée. D'abord en raison de la structure même du livre, qui juxtapose, plus qu'il ne les mêle, deux morceaux très différents, dans leur contenu et dans leur facture. D'un côté, une guirlande de portraits, savamment tressée, qu'on a envie de goûter comme on fait d'un bouquet coloré et odorant. De l'autre, un texte plus polémique, dont les références, choisies de manière quelque peu arbitraire dans un océan de publications au vrai décourageant, étayent l'intime conviction de l'auteur plus que sa démonstration. Les « dames » n'apparaissent plus guère que comme comparses citées à comparaître. On pourrait, du reste, tirer de leurs vicissitudes un commentaire inverse, insister sur leurs difficultés tant publiques que privées et se demander si leur façon « oblique » (un mot que l'auteur affectionne) d'aborder l'autre sexe ne vient pas de la hauteur des obstacles rencontrés plutôt que de la plasticité de la société française. Bref : la cohérence des deux parties n'est pas évidente et contribue à l'impression de contreplaqué que donne la seconde. On peut d'ailleurs se demander pourquoi Mona Ozouf a choisi cette démarche et ce style. Ce passage si périlleux du très particulier au très général ? Cet usage de la grâce, plaisant et troublant, comme si, au-delà du principe de plaisir, il était la livrée obligée de la féminité ou, du

---

[*] « Une histoire sans affrontements », in « Femmes : une singularité française ? », *Le Débat*, 87, nov.-déc. 1995, p. 130-134.

moins, de ce qu'on appelle ainsi ? Il flotte dans ce livre comme un parfum de femme, fait des fragrances mêlées du peintre et de ses modèles.

Mais qu'est donc cette « singularité française », objet central du livre, du moins de sa seconde partie ? Après les campagnes pour la « parité » (mot et notion que récuse l'auteur) qui ont accompagné les récentes campagnes électorales, on penserait spontanément au contraste très français qui oppose l'universalisme proclamé des droits de l'homme et leur conception très masculine, notamment en matière politique. N'a-t-il pas fallu attendre 1945 — il y a tout juste cinquante ans — pour que les femmes votent pour la première fois ? Et leur représentation ne demeure-t-elle pas aujourd'hui une des plus faibles d'Europe au double niveau du législatif et de l'exécutif (en dépit d'efforts récents) ? La France « lanterne rouge » de la citoyenneté a été au cœur de la réflexion féministe la plus constante[1]. Et il n'y a pas que les féministes radicales à avoir montré le côté mystificateur de l'universel (p. 386). C'est au contraire un point qui a fait la quasi-unanimité des divers courants.

Mais Mona Ozouf ne l'entend pas ainsi. Elle voit au contraire dans cette exclusion une preuve supplémentaire du « métissage » propre aux rapports de sexes dans notre société. « C'est le radicalisme des conceptions françaises, et non leur timidité, qui explique le retard pris en matière de suffrage féminin » (p. 377). La « singularité française » réside dans la nature et le style des relations qu'entretiennent les hommes et les femmes : relations sans agressivité, reposant plus sur l'échange que sur l'affrontement et sur une mixité persistante et équilibrée. Chez nous, pas de conflits frontaux, mais des rencontres courtoises, des joutes « obliques », des partages allègrement assumés. Pas (ou peu) de féminisme identitaire et différencialiste ; au vrai, à peine un féminisme. Les femmes revendiquent peu : elles s'accommodent. D'un côté, parce qu'elles sont relativement égales, le public et le privé demeurant moins séparés qu'ailleurs (en Grande-Bretagne, par exemple) et plus perméables. De l'autre, parce qu'elles se satisfont de ce qu'elles ont (sinon le pouvoir, du moins « la puissance » comme dirait Michelet) et consentent à leurs rôles assignés. Ainsi, elles ne désirent pas ardemment la chose publique et ne se sont pas réellement battues pour le droit de suffrage. Hubertine Auclert est une exception que Mona Ozouf est presque étonnée de découvrir, ce qui nous vaut un excellent portrait, quoique trop isolé des courants qui la portent. Les femmes se plaisent et se complaisent dans une féminité complémentaire et font du privé le vrai lieu du bonheur. Le bonheur, « mon unique affaire », disait Simone de Beauvoir dans un chœur où il est peu d'exceptions : Sand, dans les intermittences de son inquiétude sociale — « Je me soucie bien d'être heureuse », dit-elle alors, exemple de cette conscience de la misère du monde qui fondera tant d'engagements ; Simone Weil, presque toujours, sauf dans les rares effractions de la jouissance esthétique. En fait d'égalité, elles préfèrent le statut d'individu plutôt que l'appartenance de genre. L'hétérosexualité — la norme — les modèle plus qu'une homosexualité, quasi invisible [2].

« La raison de cet étrange métissage est à chercher du côté du régime politique », écrit Mona Ozouf qui lui accorde ainsi un rôle surdéterminant. D'abord, il y a le legs de la société de cour et surtout de cette exquise civilité des salons des Lumières où, dans les jeux de la conversation [3], s'esquissait un dialogue quasi égalitaire. Or, en dépit de l'effacement des salons, que déplorait Mme de Staël, cette forme de sociabilité d'Ancien Régime a persisté plus qu'on ne le croit et, avec elle, cette influence des femmes que condamnaient les révolutionnaires et, plus tard, Guizot et les républicains. La Révolution, en dépit de sa virilité affichée, introduit pourtant les potentialités de l'égalité dans une universalité dont Mona Ozouf souligne le caractère inclusif : « En matière d'égalité des sexes, ou simplement de rapport entre les sexes, oui, la Révolution a tout changé » (p. 351). Sans doute, elle commence par exclure les femmes, mais avec l'idée que c'est provisoire — « les femmes, dans l'état actuel », disait prudemment Sieyès en les rangeant globalement parmi les citoyens passifs — et qu'« un jour viendra ». Ce jour, c'est la République et l'avènement de l'école laïque qui ont œuvré, lentement mais sûrement, pour l'égalité des sexes. Peu importe que garçons et filles soient matériellement séparés ; ce qui compte, c'est la profonde mixité des programmes (l'enseignement ménager, que moque allègrement *L'Ingénue libertine* de Colette, a peu de consistance), la figure pionnière de l'institutrice, identité professionnelle rêvée par les filles du peuple, et celle du couple d'instituteurs, avant-garde du couple idéal du salariat moderne. Ainsi la monarchie républicaine à la française qui multiplie les opportunités pour les femmes et, de manière plus générale, l'État et l'individualisme qui accentuent l'indifférenciation à l'œuvre dans tout mouvement de démocratisation ont été les principaux facteurs de notre « singularité », condensé harmonieux de civilité d'Ancien Régime et de modernité républicaine, conforté par l'acceptation des femmes, convaincues de l'efficacité de leur cheminement égalitaire. Ce processus s'oppose (du moins l'auteur l'oppose) presque terme à terme au modèle identitaire américain, générateur d'une guerre des sexes dont Mona Ozouf redouterait que la radicalité ravageuse s'introduisit chez nous à la faveur d'un féminisme différencialiste pour l'instant marginal.

DEUX MODÈLES ANTAGONISTES

La démonstration de Mona Ozouf n'est pas dépourvue d'une pénétrante séduction et, à la résumer, on se convaincrait soi-même de son bien-fondé. L'historicité des rapports de sexes, l'influence sur eux de la politique, celle de l'individualisme comme facteur explicatif de la faiblesse des identités collectives en général et du féminisme en particulier[4], sont autant d'éléments probants dans le diagramme de forces qu'ils constituent. Elle appelle néanmoins des objections presque à chaque pas. Les deux modèles antagonistes sont présentés de manière caricaturale, propre à conforter les vieux clichés, et la bonne conscience hexagonale qui les sous-tend : la douce France de la galanterie opposée à l'Amérique violente et virile des cow-boys et des implacables Bostoniennes qui leur tiennent tête. Il n'y a entre eux ni égalité de traitement ni concordance chronologique. De Mme du Deffand à Simone de Beauvoir, la distance est déjà considérable et les placer du même côté du miroir ne manque pas de hardiesse ; de la marquise à Marilyn French ou Susan Faludi, elle est vertigineuse et la confrontation ne peut être que sommaire et polémique. Le féminisme américain contemporain (c'est surtout de lui qu'il s'agit) est infiniment complexe et divers (l'auteur en convient en bas de page) et ne saurait être réduit à quelques citations éparses, fussent-elles de Gilligan, Pateman ou Catherine MacKinnon. Il a sa logique. Son agressivité, réelle ou supposée, grossie à plaisir par un conservatisme profondément misogyne qui a fait du *politically correct* un épouvantail, est une autodéfense autant qu'une prise de conscience de la violence inhérente aux rapports de sexes et dont le corps des femmes est si souvent la cible. En ce qui concerne les recherches sur les femmes, il s'est révélé d'une grande fécondité, quantitative (sur presque tous les points abordés par Mona Ozouf il existe des rayons de bibliothèque !) et conceptuelle. Puisant, notamment, dans la boîte à outils de Jacques Derrida et de Michel Foucault, il a développé une pensée critique de la différence des sexes (cf. le fameux *gender*), parfois répétitive et sûrement discutable, mais fructueuse et décapante. Comme une autre manière de poser les questions.

PARTAGES DU PUBLIC ET DU PRIVÉ

Cette analyse, menée en termes de pouvoirs, englobe et excède la politique, telle qu'elle est ordinairement perçue. Elle scrute les partages, discursifs et pratiques, du public et du privé, articule répression et production des attitudes et des actes, s'interroge sur les formes, individuelles et collectives, souvent microscopiques, des résistances et sur les mécanismes du consentement, indispensable lorsqu'un des acteurs s'éveille ou se rebelle. Georges Duby a montré comment l'amour courtois correspondait moins à une mutation du sentiment amoureux qu'à une tactique pour séduire des femmes plus distantes. L'avènement de la démocratie suppose encore plus de raffinement. Au XIXe siècle, un double argument justifie la vocation des femmes au privé : celui de leur nature biologique[5], mais aussi celui de leur utilité sociale. D'un côté, la galanterie : « La femme est une esclave qu'il faut savoir mettre sur un trône », dit Balzac, témoin caustique ; de l'autre, la célébration de l'urgence de leur mission confortait les femmes dans le sentiment de leur importance. Aucun machiavélisme dans tout cela, mais les jeux subtils d'une interaction sociale riche de compromis et de conflits.

Or la douce et plaisante histoire que nous conte Mona Ozouf est une histoire sans affrontements, quasiment sans agents. Elle a des héroïnes, mais elle n'a pas d'actrices, encore moins d'acteurs. Car les hommes sont singulièrement absents d'un théâtre dont ils détiennent cependant tant de clefs. On n'en finirait pas — et ce serait de peu d'intérêt — de décliner les formes de la dépendance féminine et celles de leur exclusion. L'exclusion politique mériterait une attention spéciale en raison de sa longévité et de sa ténacité exceptionnelle. Pourquoi les hommes s'accrochent-ils à cet apanage avec une telle énergie ? Au point que les femmes souvent battirent en retraite et s'en désintéressèrent. Tocqueville, dans une lettre à Mme Swetchine, le déplorait[6]. En somme, les sphères n'étaient guère moins séparées en France qu'aux États-Unis, mais elles l'étaient autrement. Le public était tout aussi masculin, et le privé était moins féminin. Ainsi dans la maison, dont ils décidaient des aménagements et même de l'ameublement, les hommes avaient au

XIXe siècle beaucoup plus de lieux propres que les femmes [7]. D'autre part, la société étant peu monosexuelle, les femmes ne disposaient que de peu d'espaces d'amitié ou de rencontre. Cette carence de la vie de groupe contrariait la formation de féminismes qui supposent des sociabilités préalables. Pourtant les femmes ont su tirer parti des espaces qui leur étaient confiés ou laissés pour se donner des jouissances propres et des contre-pouvoirs efficaces, usant de leurs armes pour se tailler leur place. C'est toute l'histoire de l'émancipation contemporaine des femmes. Que la république et la démocratie y aient contribué, nul ne le contestera. Mais il a fallu l'immense effort des femmes pour que dans le jeu d'interactions instauré celle-ci soit effectivement possible.

Exerçant une pression déterminée sur l'Assemblée d'Alger, en avril 1944, pour qu'elle rende le suffrage enfin « universel » en l'accordant aux femmes, le général de Gaulle pensait (du moins le dit-il dans ses *Mémoires*) aux « tumultes » suffragistes de l'entre-deux-guerres qu'il estimait incompatibles avec la modernité. Du même coup, il les renvoyait à l'oubli et le féminisme français à sa « faiblesse » légendaire. Les femmes doivent tout à leur libérateur : image classique qui n'est qu'une forme de la dénégation. Le féminisme n'était certes pas l'objet de ce livre. On regrettera pourtant d'y retrouver à son endroit les habituels clichés. Ils ne devraient pourtant pas résister aux développements de l'historiographie récente, dus aux jeunes historiennes [8]. Fouillant des archives oubliées, dépouillant une presse abondante, elles ont montré la précocité, l'ampleur, la récurrence des protestations des féministes, la variété de leurs modes d'expression et l'étendue de leurs revendications ; leurs difficultés aussi à se faire entendre dans un pays qui supporte mal la parole publique des femmes et le spectacle de leur organisation collective, si contraire à leur grâce. La « gentillesse » des femmes est en France, comme ailleurs — plus qu'ailleurs ? C'est bien possible —, leur principale vertu, élevée au rang de trait culturel national.

D'où, pour une part, peut-être, le succès de ce livre. Au-delà de ses qualités intrinsèques, de la beauté de portraits attachants, superbement dessinés et écrits, il conforte l'image d'une France sexuellement pacifiée, où les hommes et les femmes, au-delà de leurs désaccords, savent parler d'amour.

MICHEL FOUCAULT ET L'HISTOIRE DES FEMMES[*]

À première vue, la question des femmes, voire même celle de la différence des sexes, n'est pas une préoccupation initiale de Michel Foucault. *Histoire de la folie* ou *Naissance de la clinique* ne comportent guère de mention à cet égard. En somme, il se soucie peu du sort de la mère de Pierre Rivière. Dans les commentaires sur la confession du parricide aux yeux roux, il est singulièrement peu parlé de cette mère qu'il a tuée, et à laquelle René Allio accorde au contraire une place centrale dans le film qu'il a tiré de cette affaire. Interrogé à ce sujet par François Châtelet, Michel Foucault déclare qu'elle est « le personnage absolument énigmatique », puisque c'est autour d'elle que tout s'est créé et qu'on ne sait rien d'elle[1]. La mère de Pierre Rivière représente-t-elle l'énigme féminine ? Il est en tout cas intéressant que cette présence/absence figure la première apparition des femmes dans l'œuvre de Michel Foucault.

Pourtant un très grand nombre de recherches sur les femmes et la différence des sexes se réclament aujourd'hui de Michel Foucault, principalement aux États-Unis, où le philosophe est lu et discuté dans les *Women's studies* et les *Gender studies*. Les féministes américaines ont consacré de nombreuses études à la pensée de Michel Foucault, en s'interrogeant sur l'usage qu'elles peuvent en faire. Il s'agit du reste moins d'études historiques que théoriques, écrites par des philosophes, des sociologues ou des spécialistes de sciences politiques qui discutent sur la validité opératoire des concepts foucaldiens. Sans prétendre aucunement dresser un bilan de ces textes, qui remplissent désormais plusieurs rayons de bibliothèque, je citerai Rosi Braidotti, qui fut une des premières à avoir soutenu en

---

[*] « Michel Foucault et l'histoire des femmes », in Centre Georges Pompidou et Centre Michel Foucault édit., *Au risque de Foucault*, Paris, Éditions du Centre Pompidou, 1997, p. 95-107.

France une thèse sur les philosophes contemporains — Deleuze, Guattari, Foucault — et les femmes[2], Sandra Barkty, Suzan Bordo, Irene Diamond, Nancy Hartsock, Lois Mac Nay (*Foucault and Feminism*, 1992), Caroline Ramazonaglu (*Up against Foucault*, 1993) et surtout Jana Sawicki (*Disciplining Foucault. Feminism, Power and the Body*, 1991).

Cette dernière a donné pour le colloque, *Foucault, dix ans après*, une synthèse très claire des principaux points de vue, à laquelle je me permets de renvoyer[3]. La plupart des féministes reprochent à Michel Foucault son androcentrisme, qui le rend aveugle au *gender*. Les unes pensent que c'est rédhibitoire et informe toute sa pensée. Elles y voient la marque d'une pensée poststructuraliste qui fait bon marché des acteurs et récuse la subjectivation au moment même où les femmes y accèdent. Les autres, probablement la majorité, estiment que ce positionnement n'empêche pas que Michel Foucault a donné des armes utiles à la critique féministe : ainsi, sur le pouvoir, le corps sexuel comme cible et véhicule du biopouvoir, les stratégies de résistance ou les technologies du soi. Toutes adhèrent à sa critique de l'universalisme, et le plus grand nombre à celle de l'essentialisme. Toutefois, la plupart hésitent à le suivre dans sa critique des identités sexuelles. On sait que Michel Foucault récusait toute définition de cet ordre, réductrice à ses yeux. « Nous ne devons pas exclure d'identité si c'est par le biais de cette identité que les gens trouvent leur plaisir, mais nous ne devons pas considérer cette identité comme une règle éthique universelle[4] » (avril 1984). « Nous sommes des êtres uniques », dit presque à la veille de sa mort cet individualiste convaincu. Il est probable que les discussions avec lui se seraient développées autour de ces notions, le sida, apparu d'abord comme un « cancer gay » dont Michel Foucault mettait d'ailleurs en doute l'exclusive[5], pouvant jouer dans cette dynamique un rôle non négligeable. Hypothèse à tout jamais invérifiable.

Il s'agit là de questions théoriques et politiques, plus que proprement historiques. Mais on imagine sans peine le stimulant qu'elles peuvent constituer dans le champ de la recherche. Nombre d'études américaines s'inscrivent dans le sillage de la problématique foucaldienne. À titre d'exemple, je citerai le beau livre de Thomas Laqueur, *Making Sex. Body and Gender from the Greeks to Freud*[6] (1990). On connaît la thèse du livre : la représentation de la différence sexuelle doit peu à la science et presque tout à la politique et à la culture. Elle a changé avec la modernité. On est allé d'une conception moniste (XVIe-XVIIIe siècle) — il n'y a qu'un genre avec deux modalités différentes — à une conception dualiste — il y a deux sexes, masculin et féminin, doués d'une forte identité physique et morale. La biologie fournit des arguments à un discours résolument naturaliste qui entend fonder une stricte division sexuelle de la société et du monde. Ce qui, au nom de l'utilité sociale, permet de délimiter les « sphères » publique et privée et d'ancrer les femmes dans leur corps, fragile, malade, hystérique, à protéger et à cacher[7].

Thomas Laqueur, qui souligne à juste titre l'autonomie de sa propre recherche, cite souvent Foucault, presque toujours pour le justifier, parfois pour le critiquer. Comme lui, il a une vue historique du corps, façonné par la culture. Plus que lui, peut-être, il insiste sur l'impact mesuré des découvertes en matière de physiologie de la reproduction, que le discours médical agence à d'autres fins que la science : « Au fond, la substance du discours de la différence sexuelle ignore l'entrave des faits et demeure aussi libre qu'un jeu de l'esprit. »

La manière à la fois sympathique et distanciée dont Thomas Laqueur parle de Michel Foucault est un bon exemple du type d'influence que celui-ci a exercé sur la recherche historique américaine, fortement traversée par les problématiques identitaires dont Elisabeth Badinter a montré toute la vigueur[8].

Mais pour Michel Foucault lui-même, qu'en est-il ? Quel a été son cheminement dans le domaine de la prise en compte de la différence des sexes et éventuellement des femmes ? Tout autant qu'un regard sur l'œuvre, un parcours de *Dits et écrits* permet de saisir les changements de perspectives. Comme toujours chez cet historien de l'actuel, deux séries de facteurs se conjuguent pour favoriser l'émergence d'une nouvelle « problématisation » : des facteurs liés au présent, essentiels pour celui qui se revendique comme journaliste (la philosophie est une espèce de journalisme radical[9]). La force d'un projet initial déjà largement contenu dans *Histoire de la folie*, le plus programmatique des livres de Michel Foucault, est sollicitée ou infléchie par les événements. *Surveiller et punir* est ainsi né de la rencontre entre une très ancienne réflexion sur la pénalité et le renfermement et les révoltes carcérales des années soixante-dix[10]. *La Volonté de savoir* (1976) se situe dans une conjoncture de « sexe roi » contre laquelle, d'ailleurs, Michel Foucault s'insurge. Mais les mouvements de libération — des femmes, des gays — semblent avoir eu sur lui un impact, sensible dans *Dits et écrits*. Après 1975, le ton est beaucoup plus libre. Cela tient en partie à la nature des interviews, beaucoup plus directes. Michel Foucault est désormais

415

fréquemment interrogé sur l'homosexualité et n'hésite pas à assumer tranquillement la sienne, le cas échéant.

Il n'est pas impossible que l'amplitude du questionnement sexuel ait conduit Michel Foucault à modifier son projet d'histoire de la sexualité, qui, en 1976, paraissait programmé pour dix ans ; à le casser pour l'extraire d'un XIXe siècle trop étroit et donner à cette réflexion une assise temporelle infiniment plus large, englobant la longue durée de l'espace occidental, dans une perspective quasiment braudélienne, qui rompt avec la tentation microhistorique des années précédentes. Ayant identifié le tournant du XIXe siècle — la constitution de la *scientia sexualis*, qui modifie le statut de la sexualité et la place du corps dans la cité —, Michel Foucault cherche à cerner le moment de construction et d'imposition de la norme conjugale hétérosexuelle, peut-être aujourd'hui en voie d'effondrement, et dont il soupçonne qu'elle est antérieure au christianisme.

Mais revenons à la généalogie du sexe et des femmes dans l'œuvre. C'est par la famille que les femmes prennent pied dans l'œuvre de Michel Foucault. C'est par la sexualité qu'elles prennent corps. Dès *Histoire de la folie*, Michel Foucault souligne l'importance croissante de la famille comme instance de la régulation de la morale et de la raison. Dès le XVIIe siècle, « on assiste à la grande confiscation de l'éthique sexuelle par la morale de la famille ». « L'amour est désacralisé par le contrat. » Aux vieilles formes de l'amour occidental se substitue une nouvelle sensibilité : celle qui naît de la famille et dans la famille ; elle exclut, comme étant de l'ordre de la déraison, tout ce qui n'est pas conforme à son ordre ou à son intérêt[11]. Par lettres de cachet, la famille use de la police du roi pour faire cesser le « désordre » qui la menace[12], comme plus tard elle se servira de la loi de 1838 pour faire interner en asile ses déviants et ses gêneurs. « Il y a désormais une emprise publique et institutionnelle de la conscience privée sur la folie[13]. » La Révolution française n'atténue pas ce pouvoir familial, bien au contraire. Elle mise sur la famille, comme le montre l'instauration de tribunaux de famille. Qu'ils aient peu fonctionné ne diminue pas la force du symptôme. La famille est également centrale dans la réorganisation des rapports entre folie et raison qu'entreprennent Tuke en Angleterre et Pinel en France, et leur libération est un « gigantesque emprisonnement moral ». Dans le quadrillage disciplinaire que décrit *Surveiller et punir*, la famille est un point nodal d'articulation du public et du privé, des parents et des enfants, des individus et de l'État.

Or les femmes dans et par la famille exercent un pouvoir disciplinaire majeur, et c'est comme agents de police qu'elles surgissent, dès le XVIIe siècle. « Déjà nous pouvons entendre, écrit Foucault, les menaces de Mme Jourdain : "Vous êtes fou, mon mari, avec toutes vos fantaisies [...]. Ce sont mes droits que je défends, et j'aurai pour moi toutes les femmes." Ce propos n'est pas vain ; la promesse sera tenue ; un jour la marquise d'Espart pourra demander l'interdiction de son mari sur les seules apparences d'une liaison contraire aux intérêts de son patrimoine ; aux yeux de la justice, n'est-il pas perdu de raison [14] ? »

Contre ce pouvoir des mères, Pierre Rivière s'est levé. Son histoire est typiquement une affaire de famille, dont le conflit de sexes est le ressort essentiel. « Ce sont les femmes qui commandent à présent, dit-il pour expliquer son crime. On a avili la force. » Il se présente comme justicier. En se substituant à un père trop faible à ses yeux, il a voulu venger son honneur. Toute une partie de sa confession s'intitule « Les peines de mon père ». Il y décrit « les peines et afflictions que mon père a souffertes de la part de ma mère », figure même de la mauvaise épouse : dépensière, refusant le « commerce charnel » et le lit commun, contrôlant les dépenses de son mari, qui ne peut même plus « boire sans sa permission une quarte le dimanche avec ses amis » ; par-dessus tout, faisant « bourse à part » et disposant de ses biens propres, comme le code civil lui en donne désormais le droit, au point que le juge prend son parti. Le nouveau code a, en effet, abrogé la coutume normande foncièrement inégalitaire, puisque les femmes, rigoureusement subordonnées à leurs frères et maris, ne pouvaient hériter et gérer leur avoir que si elles étaient fille unique et célibataire. Situation que la Révolution française a abolie. C'est pourquoi elle est, au regard de Pierre Rivière, le mal absolu, et son geste a une dimension publique autant que privée. Il révèle la centralité de la famille comme instance politique et la violence du conflit des sexes. Il apporte une confirmation éclatante aux thèses de Michel Foucault sur la montée en puissance de la famille dans la modernité. Pourtant, les commentaires qui accompagnent la publication du texte insistent relativement peu sur ces aspects [15].

Michel Foucault lui-même s'intéressait plutôt à la mise en récit du crime, dont il soulignera ultérieurement le contenu ethno-juridique et sexuel.

Michel Foucault voit d'abord les femmes comme épouse et mère. Il s'intéresse à la fonction maternelle dans l'organisation discipli-

417

naire et le contrôle des mœurs, des esprits et des corps. La femme, c'est d'abord pour lui l'assommante Mme Jourdain et l'énigmatique mère de Pierre Rivière : un pouvoir assez redoutable, en somme. Dans un débat consacré à *L'Anti-Œdipe*, Michel Foucault souscrit aux thèses de Deleuze et de Guattari : le désir de la mère n'est pas un universel. « Pourquoi désirerait-on sa mère ?, s'exclame-t-il plaisamment, ce n'est déjà pas si amusant d'avoir une mère [16]. »

C'est par la sexualité que les femmes vont prendre plus de consistance et constituer un objet digne de « problématisation ». Dans *La Volonté de savoir* (1976), Michel Foucault revient sur le rôle central de la famille dans le dispositif de sexualité, mais en détaillant les forces qui la composent : « La cellule familiale, telle qu'elle a été valorisée au cours du XVIIIe siècle, a permis que sur ses deux dimensions principales — l'axe mari-femme et l'axe parents-enfants — se développent les éléments principaux du dispositif de sexualité, le corps féminin, la précocité infantile, la régulation des naissances, et, dans une moindre mesure sans doute, la spécification des pervers [...]. »

La famille est l'échangeur de la sexualité et de l'alliance [17]. Dans ce dispositif, le corps féminin est un enjeu de pouvoir, un lieu stratégique de la sphère privée et publique, un point d'appui de la biopolitique. L'« hystérisation du corps de la femme » est un des quatre ensembles stratégiques que Michel Foucault se propose d'étudier. « La mère, avec son image en négatif qui est la femme nerveuse, constitue la forme la plus visible de cette hystérisation. » Un des premiers personnages à avoir été « sexualisé » (c'est-à-dire soumis au scalpel de l'observation d'une science en formation), « ce fut la femme oisive, aux limites du monde, où elle devait toujours figurer comme valeur, et de la famille, où on lui assignait un lot nouveau d'obligations conjugales et parentales [...]. Là l'hystérisation de la femme trouve son point d'ancrage [18] ». Cette hystérisation des femmes « a appelé une médicalisation minutieuse de leur corps et de leur sexe, s'est faite au nom de la responsabilité qu'elles auraient à l'égard de la santé de leurs enfants, de la solidité de l'institution familiale et du salut de la société [19] ». Vues précédemment comme mères exerçant un pouvoir, les femmes sont envisagées aussi comme sujets de pouvoir : pouvoir de l'époux dans la famille, pouvoir des médecins dans la société, pouvoir des religieuses dans les usines-couvents de la soie du Lyonnais, dont Michel Foucault cite les règlements (celui de Jujurieux par exemple) comme exemple accompli de panoptisme industriel [20] ; pouvoir de l'État enfin, de plus en plus hanté par la dénatalité et soucieux de politique démographique. Le corps assujetti de la femme, jusqu'à cette dépossession de soi qu'est l'hystérie, dont Charcot est le metteur en scène, s'inscrit désormais dans le programme de recherche de Michel Foucault, qui se propose de comprendre comment on a « problématisé » la sexualité des enfants, puis celle des femmes, enfin celle des pervers [21]. Premier volume d'*Histoire de la sexualité, La Volonté de savoir* annonce dans sa quatrième de couverture, comme « à paraître », un tome 4 : *La Femme, la Mère et l'Hystérique*. On sait qu'il n'en fut rien, mais le projet même indique un changement de statut des femmes dans la réflexion de Michel Foucault, dans une optique plus relationnelle, directement utilisable pour une histoire des femmes d'ores et déjà en plein développement tant en France qu'aux États-Unis [22].

Il est significatif de voir qu'on interroge de plus en plus Michel Foucault à ce sujet. Lucette Finas lui demande en 1977, pour *La Quinzaine Littéraire* : « Avez-vous le sentiment que votre *Histoire de la sexualité* fera progresser la question féminine ? Je songe à ce que vous dites autour de l'hystérisation et la psychiatrisation du corps de la femme. » Michel Foucault lui répond qu'il a « quelques idées, mais hésitantes, non fixées [23] ». J. Livi, pour *Ornicar*, l'interpelle à propos de la masturbation : « Ne croyez-vous pas que vous ne valorisez pas assez la différence des sexes ? » Michel Foucault réplique que la masturbation a d'abord été problématisée comme masculine. Mais, à partir du moment où le sexe des femmes prend une importance médico-sociale, « alors la masturbation féminine est à l'ordre du jour ». C'est même elle qui cristallise le plus d'anxiété au XIXe siècle, au point qu'on pratique la cautérisation clitoridienne au fer rouge, « véritables supplices », déclare Foucault [24], qui, questionné sur le même sujet deux ans auparavant, avait répondu qu'il ne voyait pas de différence sexuelle dans la répression de la masturbation [25]. Signalons que le docteur Jean-Philippe Catonné, médecin psychiatre, a mené ultérieurement une recherche sur ces pratiques pour tenter d'en prendre la mesure. Elles furent mises en œuvre un peu partout dans le monde occidental, à des degrés d'intensité variables et difficiles à évaluer, à une assez grande échelle aux États-Unis et moindre en France [26].

Michel Foucault prend alors davantage conscience de l'oppression spécifique du corps des femmes. Il s'intéresse, à la suite de Georges Duby, à l'amour courtois comme stratégie de pouvoir, aux femmes monstrueuses tueuses d'enfants dont elles avaient la garde

(Henriette Cornier, 1825) ou des leurs propres, telle cette paysanne de Sélestat qui « profite de l'absence de son mari parti travailler pour tuer leur petite fille, lui couper la jambe et la faire cuire dans la soupe [27] ». Ces femmes qui contredisent le schéma classique de l'amour maternel, figurent l'« irruption de la contre-nature ». Michel Foucault s'interroge sur la médicalisation du corps féminin et ses inflexions récentes : « On a essayé longtemps d'épingler les femmes à leur sexualité. — "Vous n'êtes rien d'autre que votre sexe", leur disait-on depuis des siècles. Et ce sexe, ajoutaient les médecins, est fragile, presque toujours malade et toujours inducteur de maladie. "Vous êtes la maladie de l'homme." Et ce mouvement, très ancien, s'est précipité vers le XVIIIe siècle, aboutissant à une pathologisation de la femme : le corps de la femme devient chose médicale par excellence. J'essaierai plus tard de faire l'histoire de cette immense gynécologie au sens large du terme [28]. »

Michel Foucault n'écrira jamais la femme hystérique. Il est désormais préoccupé par l'émergence du modèle de sexualité « normale » en Occident : le couple conjugal hétérosexuel. Les conversations avec Paul Veyne, en 1978, achèvent de le convaincre de la nécessité d'embrasser la longue durée. Il découvre que la période cruciale n'est pas le christianisme primitif, mais l'Antiquité romaine, très différente de la cité grecque. Société virile, celle-ci élabore une « morale virile [...] faite du point de vue des hommes » et fondée sur la dissymétrie sexuelle, l'oppression des femmes, dont le plaisir importait peu, l'« obsession de la pénétration ». « Tout cela est franchement répugnant », dit-il à Dreyfus et Rabinow [29]. Dans son appréciation de la morale sexuelle et des styles de vie, Michel Foucault se montre plus sensible à la différence des sexes et à l'inégalité de leurs pouvoirs, qui contraint les femmes à la ruse et au refus : « La femme pouvait faire tout un tas de chose : le (l'homme) tromper, lui soutirer de l'argent, se refuser sexuellement. Elle subissait cependant un état de domination, dans la mesure où tout cela n'était finalement qu'un certain nombre de ruses qui n'arrivaient jamais à renverser la situation. Mais en cas de domination — économique, sociale, institutionnelle ou sexuelle —, le problème est en effet de savoir où se forme la résistance [30]. » Il dit encore : « Les rapports entre les hommes et les femmes [...] sont des rapports politiques. Nous ne pouvons changer la société qu'à condition de changer ces rapports [31]. » Comment ne pas entendre ici l'écho du discours de l'époque, qu'il a si fortement contribué à forger : « le personnel est politique », c'est le quotidien qu'il faut changer.

Dans quelle mesure le mouvement de libération des femmes, développé en France à partir des années soixante-dix[32], est-il pour quelque chose dans la modification du regard de Michel Foucault sur les femmes ? On peut en tout cas constater, à travers *Dits et écrits*, à quel point il le prend au sérieux. Dès 1972, il apporte son soutien actif au GIS (Groupe d'information santé), constitué d'ailleurs sur le modèle du GIP (Groupe d'information prisons), qui s'engage aux côtés des femmes en lutte pour la dépénalisation de l'avortement (procès de Bobigny, avril 1972). Avec Alain Landau et Jean-Yves Petit, il publie dans *Le Nouvel Observateur* (29 oct.- 4 nov. 1973) un texte de soutien au mouvement pour sa libération. Contre la loi restrictive qui se prépare, le GIS prend nettement position : « Il tient au droit à l'avortement, il ne veut pas que des médecins soient les seuls à détenir la décision ; il ne veut pas d'un avortement au double bénéfice de ceux qui ont le pouvoir d'en tirer profit[33]. » En remettant en cause la sexualité de la reproduction, dite « normale », le mouvement des femmes a une portée subversive ; il touche au cœur de la cité et de l'État[34].

Michel Foucault se montrera plus hésitant et réservé sur la question du viol, dont on sait les débats qu'elle a soulevés, y compris parmi les féministes[35]. Fallait-il aggraver la répression judiciaire du viol en le criminalisant, ce qui impliquait de le faire traduire en cour d'assises au titre des « attentats contre les personnes » et non plus en correctionnelle au chapitre des « coups et blessures » ? Michel Foucault eut sur ce point des discussions avec des femmes, pénalistes et psychanalystes, qui, toutes, insistaient sur la gravité du viol et sur l'importance réelle et symbolique et la légitimité d'une telle requalification[36]. Les hésitations de Michel Foucault lui valurent un article assez cinglant de Monique Plaza, « Sexualité et violence. Le non-vouloir de Michel Foucault », auquel il répondit non moins vivement[37]. Il répugnait visiblement non seulement à aggraver la pénalité, mais à soumettre la sexualité à la loi. C'est sensible également dans ses interrogations relatives à l'inceste, dont, dans la lignée d'une position résolument discontinuiste, il récuse le caractère de tabou universel et absolu. « La grande interdiction de l'inceste est une invention des intellectuels », dit-il dans un entretien avec J. O'Higgins[38].

Si la force de contestation des féminismes contemporains ne lui échappe pas, il apprécie également leur capacité d'invention, qu'il juge parfois supérieure à celle de leurs homologues gays. Longtemps plus exclues que les hommes, les femmes ont su utiliser cette pénombre comme une liberté. Michel Foucault cite à mainte reprise le livre de Lilian Faderman, *Surpassing the love of men* (New York, 1980). L'auteur y décrit la vitalité de la sociabilité féminine, la diversité des formes de l'échange entre femmes, affectif et sexuel, incluant cette amitié que Michel Foucault voudrait tant voir se restaurer du côté des hommes. Selon lui, la mixité contemporaine a dissous les sociétés monosexuelles[39] d'antan que les femmes avaient si bien su se ménager et qu'elles sont en voie de réinventer. Il évoque avec nostalgie, à propos du couvent où fut élevée Herculine Barbin, « ces sociétés fermées, étroites et chaudes, où on a l'étrange bonheur, à la fois obligatoire et interdit, de ne connaître qu'un seul sexe[40] ». Or, s'il importe d'avoir de « bonnes relations avec les femmes », celles-ci ne passent pas nécessairement par la mixité.

Ainsi l'homosexualité féminine — car c'est d'elle qu'il s'agit surtout — lui paraît une expérience d'une particulière densité, notamment quant à la création des styles de vie, et non uniquement centrée sur le sexe, dont Michel Foucault rejette le principe d'identification[41]. En effet, il se déclare à plusieurs reprises hostile au communautarisme sexuel. À un photographe américain, J. Bauer, qui sollicite son opinion à l'égard des divers mouvements de libération sexuelle, Michel Foucault répond qu'il admire leur puissance de contestation, mais regrette leur définition catégorielle : « Le fait qu'ils se soient organisés selon des catégories sexuelles — la libération de la femme, la libération homosexuelle, la libération de la femme au foyer — est extrêmement dommageable. Comment peut-on libérer effectivement des personnes qui sont liées à un groupe qui exige la subordination à des idéaux et à des objectifs spécifiques ? Pourquoi le mouvement de libération de la femme ne doit-il rassembler que des femmes[42] ? » C'était, il est vrai, en 1978. Mais il ne semble pas qu'il ait tellement varié par la suite. En 1983-1984, autant il pousse les gays à développer — comme les lesbiennes — leur imagination culturelle et quotidienne, autant il incite au rejet de toute définition identitaire : « Il ne s'agit pas [...] de refuser l'injonction d'identification à la sexualité, aux différentes formes de sexualité [...]. Je refuse d'accepter le fait que l'individu pourrait être identifié avec et à travers sa sexualité[43]. » L'identité peut être un moyen de plaisir ou de lutte : non pas une « règle éthique universelle ». À la veille de sa mort, il repoussait toute forme d'essentialisme. Il n'y a pas sur ce point de dissonance entre les derniers textes de *Dits et écrits* et le ton des derniers livres.

Stimulante pour la réflexion philosophique féministe, la quête de

Michel Foucault l'a-t-elle été, l'est-elle pour l'histoire des femmes ? Au vrai, celle-ci s'est développé de son propre chef. Elle procède sans doute plus du mouvement des femmes que de l'œuvre de Michel Foucault. Mais elle y a trouvé un terrain favorable. Elle trouve aujourd'hui dans la fastueuse « boîte à outils » qu'il nous a laissée un grand nombre de concepts fondamentaux, d'instruments opératoires et d'incitations originales, dont je voudrais simplement indiquer quelques-uns.

Par sa critique de l'essentialisme et de l'universalisme, Michel Foucault offre, d'abord, à l'histoire des femmes, un socle conceptuel et des armes pour son travail de déconstruction des mots et des choses. Il n'y a pas d'objets naturels, pas de sexe fondé en nature. L'Homme est mort ? La Femme aussi. « La femme n'existe pas », disait aussi Lacan, en visant particulièrement la psychanalyse, à laquelle Michel Foucault refusait pareillement la prétention de dire l'éternité d'une sexualité féminine au contraire inscrite dans les plis du temps. L'historicité gouverne les rapports de sexes, construction sociale qui évoque le « genre » (gender) — Michel Foucault n'emploie jamais ce mot — de la recherche américaine et axe cardinal de l'histoire des femmes. Il y a donc là plus qu'une rencontre : l'adhésion à une logique identique, peut-être l'appartenance à une même *épistémè*. En montrant dans quel contexte naissent la figure de la mère triomphante et asservie, ou celle de l'hystérique, Michel Foucault rompt résolument avec l'éternel féminin des médecins et des biologistes dont les discours, aux XVIIIe et XIXe siècles, renforçaient l'assujettissement des femmes à leur corps et à leur sexe : intuition que Thomas Laqueur développera. Il n'y a pas d'être femme. « L'histoire sera effective dans la mesure où elle introduira le discontinu dans notre être même[44]. » Il n'y a pas non plus de « norme » de la conduite des femmes : la maternité ne constitue pas leur immuable mission. Elles n'ont pas vocation unique à la reproduction, qui les figeait dans un temps immobile quasiment hors de l'histoire. La naissance des femmes au récit historique suppose la rupture avec cette vision anthropologique. Michel Foucault a contribué à ce difficile accouchement.

En second lieu, l'intérêt pour les discours ordinaires, les vies « infâmes » et les silhouettes inconnues qu'on saisit dans des textes marginaux, le détour d'une phrase ou d'un procès-verbal convient très bien aux femmes. On appréhende leur représentation moins dans les ouvrages philosophiques que dans les manuels de savoir-vivre ou les traités d'hygiène. On tente de capter leurs gestes et leurs paroles dans les archives de la répression, policière ou judiciaire[45]. Enfin, les techniques de soi suscitent des écritures féminines — correspondances, journaux intimes — qui permettent de suivre leur émergence comme sujets.

Ces pratiques foucaldiennes de l'enquête historique (que Michel Foucault a empruntées aux historiens autant que l'inverse) s'appliquent à l'histoire des femmes, comme aussi les études de cas d'une microhistoire attentive aux conflits, révélateurs des tensions quotidiennes et des jeux de pouvoir. Geste des obscurs, le fait divers fait surgir les femmes, actrices ou plus souvent victimes, de l'ombre de la maison.

L'analyse foucaldienne des pouvoirs est de même adéquate à la recherche sur les femmes et les rapports de sexes. Elle scrute les micropouvoirs, leurs ramifications, l'organisation des temps et des espaces, les stratégies minuscules qui parcourent une ville ou une maison, les formes de consentement et de résistance, formelles et informelles. Elle s'occupe non seulement de répression, mais de production des comportements. Considérer comment les femmes sont « produites » dans la définition variable de leur féminité renouvelle le regard porté sur les systèmes éducatifs, leurs principes et leurs pratiques.

Dans ce système, la place de la famille et du corps est essentielle. C'est par ce biais que les femmes ont été réintroduites dans le diagramme de forces qui constituent les disciplines. On l'a vu dans ce qui précède. Mais il reste beaucoup à faire pour comprendre les formes de leur adhésion, de leur adaptation ou de leur refus, pour saisir leur propre rôle dans la modification du cours des choses. Les grandes discontinuités qui marquent l'histoire des femmes et des rapports de sexes sont encore à cerner, à découvrir.

Quant à l'histoire des sexualités féminines, sous toutes leurs formes si riches et si peu explorées, elle demeure un immense jardin secret. On pourrait y retrouver les amies, les amantes, les épouses fidèles ou volages, les mères bonnes et mauvaises, les filles séduites ou séductrices, les frigides et les ardentes, les hystériques abandonnées par Foucault, les patientes des divans de Freud et de ses émules, les lesbiennes, dont l'histoire reste à écrire en dépit de quelques études pionnières (M.-J. Bonnet)[46], les hermaphrodites, les travesties, les folles qui errent dans les zones incertaines de la sexualité où se dissolvent les identités et que Michel Foucault avait tenté de rencontrer[47].

De Mme Jourdain à Herculine Barbin : la « volonté de savoir » les femmes peut emprunter dans l'œuvre de Michel Foucault mille chemins divers.

NOTES

Introduction générale

1. Nathalie Sarraute, *Tropismes*, X, La Pléiade, Gallimard, p. 15
2. Alain Corbin, *Le Monde retrouvé de Louis-François Pinagot. Sur les traces d'un inconnu (1798-1876)*, Paris, Flammarion, 1998.
3. Comme le montrent les travaux d'Arlette Farge, d'Élisabeth Claverie et Pierre Lamaison et d'Anne-Marie Sohn, *Chrysalides. Femmes dans la vie privée, XIXe-XXe siècles*, Paris, Sorbonne, 1996.
4. La médiathèque d'Ambérieu-en-Bugey (01 500) abrite les archives de l'Association pour l'autobiographie que Philippe Lejeune a créée et qui publie *La Faute à Rousseau*.
5. À titre d'exemple récent, cf. Valy Degoumois, *Ainsi furent-elles. Destins au féminin*, Éditions Cabédita, Saint-Gingolph, CH, 1998, collection « Archives vivantes ».
6. Nathalie Heinich, *États de femme. L'identité féminine dans la fiction occidentale*, Paris, Gallimard, 1996.
7. Mona Ozouf, Paris, Fayard, 1995.
8. Christine Veauvy et Laura Pisano, *Paroles oubliées*, Paris, A. Colin, 1997.
9. Stella Georgoudi, « Bachofen, le matriarcat et le monde antique », *Histoire des femmes*, I, Paris, 1991, 477-491.
10. Lucien Febvre, *Amour sacré, amour profane. Autour de l'Heptémaron*, Paris, Gallimard, 1944 (folio-histoire, 1996).
11. Françoise Thébaud, *Écrire l'histoire des femmes*, ENS Éditions, Fontenay / Saint-Cloud, 1998 (Distribution Ophrys, 10 rue de Nesle, 75006, Paris).
12. Françoise Héritier, *Masculin / Féminin. La pensée de la différence*, Paris, Odile Jacob, 1996.
13. Christine Delphy, *L'Ennemi principal, I/ L'économie politique du patriarcat*, Paris, Syllepse, 1998.
14. André Burguière et Christiane Klapisch-Zuber, *Histoire de la famille*, 2 tomes, Paris, Colin, 1986 ; André Burguière et Jacques Revel (sous la direction de), *Histoire de la France. Les formes de la culture*, Paris, Le Seuil, 1994.
15. Yvonne Verdier, Paris, Gallimard, 1979.
16. Françoise Picq, *Libération des femmes. Les années-mouvement*, Paris, Le Seuil, 1993.
17. Francine Muel-Dreyfus, *Vichy et l'éternel féminin*, Paris, Le Seuil, 1996.
18. Sylvie Chaperon, *Le Creux de la vague*, à paraître : sur le féminisme des années 1945-1970, avec une étude de la parution du *Deuxième Sexe*, de son accueil et de ses effets, thèse Institut européen de Florence, 1996.

19. « Vingt-cinq ans d'études féministes à Paris 7 », actes d'un colloque (novembre 1997) à paraître dans les *Cahiers du CEDREF*, sous la direction de Liliane Kandel et Claude Zaidman.

20. Carroll Smith-Rosenberg, « The female world of love and ritual : relations between women in XIXth century America », *Signs*, I, 1, 1975, 1-20 (tr. fr. dans *Les Temps modernes*, 1977-1978).

21. Claudia Koonz, *Les Mères-patrie du Troisième Reich*, Paris, Lieu commun, 1989 (ed. américaine 1986).

22. Jacques Dalarun, « L'abîme et l'architecte », Introduction à Georges Duby, *Féodalité*, Paris, Gallimard, 1996 (réunion d'un certain nombre d'œuvres) : un prochain numéro de *Clio*, à paraître sous la direction de Christiane Klapisch-Zuber, sera consacré à Georges Duby et l'histoire des femmes, thème qui sera également à l'ordre du jour du colloque organisé à Mâcon (XII-1998) par l'Institut de recherche du Val de Saône-Mâconnais.

23. L'édition française est parue chez Plon, grâce à Laure Adler, puis aux soins diligents d'Anne Leclerc. Merci à toutes les deux.

Partie I : Traces

Présentation

1. Roger Chartier (sous la direction de), *La Correspondance, les usages de la lettre au XIXe siècle*, Paris, Fayard, 1991 ; Cécile Dauphin, Pierrette Pézerat et Danièle Poublan, *Ces bonnes lettres, une correspondance familiale au XIXe siècle*, Paris, Albin Michel, 1995.

2. Philippe Lejeune, *Le Moi des Demoiselles. Enquête sur le journal de jeune fille*, Paris, Le Seuil, 1993.

3. Deux exemples : Élisabeth Claverie et Pierre Lamaison, *L'Impossible mariage. Violence et parenté en Gévaudan, XVIIe, XVIIIe et XIXe siècle*, Paris, Hachette, 1982 ; Anne-Marie Sohn, *Chrysalides. Femmes dans la vie privée (XIXe-XXe siècle)*, Paris, Publications de la Sorbonne, 2 volumes, 1996.

4. Marguerite Audoux, *Marie-Claire*, 1910, *L'Atelier de Marie-Claire*, 1920 ; Lise Vanderwielen, *Lise du plat pays* (roman autobiographique), Lille, Presses Universitaires, 1983 ; Jeanne Bouvier, *Mes Mémoires ou cinquante-neuf années d'activité industrielle, sociale et intellectuelle d'une ouvrière (1876-1935)*, (1936) réédition Paris, Maspéro, 1983 ; Claude Schkolnyk, *Victoire Tinayre (1831-1895). Du socialisme utopique au positivisme prolétaire*, Paris, L'Harmattan, 1997.

Pratiques de la mémoire féminine

1. Anne Marie Fraisse-Faure a étudié les figures féminines dans une thèse, *La Statuaire commémorative à Paris sous la IIIe République*, U.P. d'Architecture de La Villette.

2. Madame de Girardin, *Lettres parisiennes du Vicomte de Launay (1837-1848)*, présentées et annotées par Anne Martin-Fugier, Paris, Mercure de France, 2 vol., 1986.

3. C. Lombroso et G. Ferrero, *La Femme criminelle et la prostituée*, trad. fr. Paris, Alcan, 1896.

4. *Lettres des filles de Karl Marx*, préface de M. Perrot, Paris, Albin Michel, 1979.

5. Anne Martin-Fugier, « Les lettres célibataires », article à paraître.

6. Anne-Marie Thiesse, *Le Roman du quotidien. Lecteurs et lectures populaires à la Belle Époque*, Paris, Le Chemin Vert, 1984.

7. Agnès Fine, « Le trousseau », dans *Une histoire des femmes est-elle possible ?* (M. Perrot, éditeur), Marseille, Rivages, 1984.

8. Alain Corbin, *Archaïsme et modernité en Limousin*, Paris, Rivière, 1975, I, p. 224.

9. Pour une analyse suggestive de ces phénomènes, cf. Pierre Jeudy, *Mémoires du Social*, Paris, PUF, 1986.

10. M. L. Lévy, « Modernité, Mortalité » in *Populations et Sociétés*, juin 1985, n° 192.

11. P.J. Proudhon, *Mémoires de ma vie*, textes autobiographiques divers réunis par B. Voyenne, Paris, Maspéro, 1983.

12. J. Caroux-Destray, *Un couple ouvrier traditionnel. La vieille garde autogestionnaire*, Paris, Anthropos, 1974.

13. Lise Vanderwielen, *Lise du Plat Pays, roman*, Lille, PUL, 1983. Postface de Françoise Cribier.

Les filles de Karl Marx

Lettres inédites

1. Lettre 6, Eleanor à Karl Marx, 26-1-1867.
2. L. 84, E. à L., 22-2-1894.
3. L. 8, L. à K. M., 5-1867 ; L. 9, L. à K. M., 8-5-1867.
4. L. 7, P. L., à K. M., avril-mai 1867.
5. L. 10, L. à K. M., 3-4-1868.
6. Parmi les biographies récentes de Karl Marx, voir notamment : Françoise P. Lévy, *Karl Marx, histoire d'un bourgeois allemand*, Grasset, 1976 (au-delà du règlement de comptes personnel, un regard neuf) ; Fritz Raddatz, *Karl Marx. Une biographie politique* (1975), Fayard, 1978 ; Jerrold Seigel, *Marx's Fate : The Shape of a Life*, Princeton University Press, 1978 (une somme, qui s'efforce de lier l'existence et l'œuvre de façon pertinente).
7. L. 42, E. à J., 18-6-1881.
8. L. 43, E. à J., 18-10-1881.
9. L. 47, E. à J., 8-1-1882.
10. Sur ce point, voir Fritz Raddatz, *op. cit.* La plupart des lettres entre Jenny et Karl ont disparu ; apparemment détruites par les filles, sans doute par Laura.
11. L. 14, L. à J., 9-5-1869.
12. L. 41, J. à L., 22-4-1881.
13. L'étude de la statuaire et de l'iconographie, si révélatrices des représentations et des idéologies, est un domaine neuf de l'histoire. Voir les travaux de Maurice Agulhon, *Marianne au combat. L'imagerie et le symbolique républicaines*

de 1789 à 1880, Flammarion, 1979, et l'article d'Éric Hobwsbawm, « Sexe, symboles, vêtement et socialisme », *Actes de la recherche en sciences sociales*, n° 23, septembre 1978, qui montre la virilisation progressive de l'iconographie socialiste, notamment soviétique.

14. Voir la notice de Paul Lafargue dans le *Dictionnaire biographique du mouvement ouvrier français*, publié aux Éditions ouvrières, sous la direction de Jean Maitron, indispensable pour la connaissance des militants français.

15. K. M. à Engels, 23-8-1866.
16. L. 15, K. M. à J., 2-6-1869.
17. L. 42, E. à J., 18-6-1881.
18. L. 30, J. à L., 18-4-1871.
19. L. 61, E. à L., 12-4-1885.
20. I. 54, E. à L. 26-3-1881
21. I. 76, E à L. 6-8-1891
22. L. 87, E. à L., 5-11-1894.

23. *Correspondance Engels-Paul et Laura Lafargue*, tome I, 1868-1886 ; tome II, 1887-1890 ; tome III, 1891-1895. Textes recueillis et présentés par Émile Bottigelli, et traduits par Paul Meier, Paris, Éditions sociales, 1950-1959, 3 volumes. Source fondamentale pour la connaissance du socialisme et l'introduction du marxisme en France. Pour une présentation détaillée de ce monument, voir M. Perrot (t. I et II) et C. Willard (t. III), *Annali dell'Istituto Feltrinelli*, Anno Terzo, 1960, p. 740 *sq.*

24. L. 68, E. à L., 21-8-1888.
25. L. 35, E. à L., 5-9-1874.
26. Sur ce point, voir F. Lévy, *op. cit.*, p. 150 *sq.*
27. L. 39, J. à L., 4-1881.
28. L. 41, J. à L., 22-4-1882.
29. Voir sa notice dans le *Dictionnaire biographique* de Jean Maitron.
30. L. 34, E. à J., 7-11-1872.
31. F. Lévy, *op. cit.*, p. 180 *sq.*
32. L. 20, L. à J., 9-6-1870.
33. L. 65, L. à I. 30-8-1887.
34. L. 67, E. à L., 9-8-1888.

35. À ce sujet, voir C. Tsuzuki, *The Life of Eleanor Marx (1885-1898). A Socialist Tragedy*, Clarendon Press, Oxford, 1967, p. 304.

36. L. 100, E. à L., 10-12-1895.

37. Voir Françoise Basch, *Les Femmes victoriennes. Roman et Société*, Paris, Payot, 1978, p. 52 *sq.* ; utilise des correspondances privées très intéressantes à comparer avec celle-ci, bien qu'antérieures.

38. À titre de comparaison, voir Anne-Martin-Fugier, *La Place des bonnes. La domesticité féminine à Paris en 1900*, Paris, Grasset, 1979.

39. L. 53, E. à J., 9-1-1883.
40. L. 18, P. L. à L., 9-1-1870.
41. L. 17, L. à J., 25-10-1869.

42. Sur Freddy Demuth, voir J. Seigel, *op. cit.*, p. 275 *sq.* ; F. Lévy, *op. cit.*, p. 187 *sq.* et surtout Yvonne Kapp, *Eleanor Marx, Family Life*, Lawrence & Wishart, Londres, 1972.

43. L. 73, E. à L., 19-12-1890.
44. L. 81, E. à L., 26-7-1892.
45. L. 39, J. à L., 4-1881 : « Les enfants auront de curieux instructeurs et vont attraper un accent exécrable. »
46. L. 96, L. à E., 23-9-1895.

47. L. 65, E. à L., 30-8-1887.

48. Lettre d'Eleanor à Laura, 23-12-1896, fonds d'Amsterdam, citée par Tsuzuki, *op. cit.*, p. 317, qui relate ces événements.

49. Sur ce point, cf. F. Lévy, *op. cit.*, p. 171 *sq.* : p. 195 *sq.* et J. Seigel, *op. cit.*, *The structure of a domestic economy*, p. 256 *sq.* : très intéressante mise au point au sujet du budget des Marx. Dans les années 1860, le revenu familial des Marx était d'environ 300 livres par an ; à la même époque, le salaire annuel d'un ouvrier qualifié est d'environ 50 à 60 livres ; Helen Demuth, nourrie, logée, reçoit comme gages environ 10 à 15 livres par an. Voir aussi Yvonne Kapp, *op. cit.*

50. L. 26, P. L. à K. M., 15-1-1871.

51. I. 106, E. à L., 2-1-1878 : « tous sauf Mémé ».

52. I. 56, E. à L., 13-2-1884.

53. L. 63, E. à L., 31-8-1886.

54. I. 77, E. à L., 12-8-1891.

55. L. 99 E. à L., 24-10-1895.

56. *Cf.* Raphael Samuel, « The workshop of the World : Steam Power and Hand Technology in mid-Victorian Britain », *History Workshop. A Journal of Socialist Historians*, printemps 1977 : montre la persistance du travail manuel et des structures artisanales.

57. Sur l'histoire du socialisme, voir J. Droz, *Le Socialisme démocratique, 1864-1960*, A. Colin, collection U, 1966 ; *Histoire générale du socialisme*, publiée aux Presses universitaires de France, sous la direction de J. Droz, avec Madeleine Rebérioux pour le socialisme français, François Bédarida pour le socialisme anglais.

58. L. 32, J. à Charles Longuet, 4-1872.

59. L. 87, E. à L., 5-2-1894.

60. L. 88, E. à L., 22-11-1894.

61. L. 104, E. à L., 2-1-1897.

62. L. 69, F. à L., 8-4-1889.

63. L. 71, E. à L., 11-4-1889.

64. On songe pour le présent à l'étude de Régis Debray, *Le Pouvoir intellectuel en France*, Paris, Ramsay, 1979.

65. L. 58, E. à I., 19-3-1884. Il s'agit de l'écrivain E. Belford Bax, ami de W. Morris et des Aveling, militant de la Social Democratic Federation fondée par Hyndman en 1881.

66. Lettres de 1889, 69 à 72.

67. L. 72, E. à L., 1-6-1889.

68. Voir, par exemple, la réaction de Stepniak, L. 72, E. à L., 1-6-1889.

69. L. 80, E. à L., 30-5-1892.

70. Sur les Guesdistes, voir Claude Willard, *Le Mouvement socialiste en France. Les Guesdistes, 1880-1905*, Paris, Éditions sociales, 1965. Sur l'introduction du marxisme en France, voir Daniel Lindenbergh, *Le Marxisme introuvable*, Calmann-Lévy, 1975.

71. L. 71, F. à L., 11-4-1889.

72. Sur ces mutations, voir Michelle Perrot et Annie Kriegel, *Le Socialisme français et le pouvoir*, EDI, 1966.

73. J. Maitron, *Histoire du mouvement anarchiste en France (1880-1914)*, Paris, 1951.

74. Voir la thèse inédite de Michel Offerlé, *Les Socialistes et le Conseil municipal à Paris (1880-1914)*, Paris I, 1979.

75. L. 59, E. à L., 31-12-1890.

76. L. 80, E. à I., 30-5-1892.

77. L. 78, E. à L., 25-9-1894.
78. L. 60, E. à L., 31-12-1884.
79. *Idem.*
80. Sur William Morris, voir Paul Meier, *La Pensée utopique de William Morris*, Paris, Éditions sociales, 1972.
81. L. 102, E. à L., 5-3-1896.
82. L. 61, E. à L., 12-4-1885.
83. L. 106, E. à L., 8-1-1898.
84. L. 56, E. à L., 13-2-1884.
85. L. 41, J. à L., 22-4-1881.
86. L. 80, E. à L., 30-5-1892.
87. L. 101, E. à L., 17-1-1894.
88. L. 72, E. à L., 1-6-1889.
89. Je reprends ici le beau titre du compte rendu publié dans *Le Nouvel Observateur* par Jean-Louis Bory sur le film d'Éric Tanner, *Messidor*, qui raconte l'errance quasi transcendentale de deux jeunes filles dans une Suisse impavide et indifférente. En ce jour (12 juin 1979), où l'on annonce son suicide, que ce soit une manière d'hommage.
90. Voir F. Basch, *op. cit*, et aussi F. Bédarida. « La famille victorienne », *L'Histoire*, n° 8.
91. L. 44, L. à J.. 10-1881.
92. Voir à cet égard les gravures du temps.
93. S. de Beauvoir. *Le Deuxième Sexe*, 1949.
94. L. 49, E. à J., 25-3-1882.
95. L. 41, J. à L., 22-4-1881.
96. L. 61, E. à L., 12-4-1885.
97. L. 29, L. à J., entre le 7 et le 18-4-1871.
98. L. 50, J. à L., fin mars 1882.
99. L. 41, J. à L., 22-4-1881.
100. Outre la biographie déjà citée de Tsuzuki, celle, fondamentale, d'Yvonne Kapp, *op. cit.*
101. L. 42, E. à J., 18-6-1881.
102. L. 47, E. à J., 8-1-1882.
103. L. 48, E. à J., 15-1-1882.
104. E. 73, H. à L., 19-12-1890.

Caroline retrouvée

1. Afin d'épargner au lecteur les fastidieuses méditations et examens de conscience de Caroline, nous avons choisi d'alléger le texte, dans son premier tiers essentiellement. Mais une photocopie du manuscrit est déposée à la Bibliothèque historique de la Ville de Paris.

Caroline, une jeune fille du faubourg Saint-Germain sous le Second Empire

1. Ces livres attestent la permanence des références chrétiennes et féminines de Caroline Brame-Orville. On trouve ainsi de l'abbé H. Chaumont, *Du gouver-*

nement d'une maison chrétienne, Paris, Palmé, 1875 ; destiné aux maîtresses de maison chrétiennes, il comporte les chapitres classiques de ce genre d'ouvrage : « De l'art de gouverner sa maison », « De l'ameublement », « Des dépenses », « De la toilette », « Des réceptions du Jour et des visites », « Des repas », « Des soirées », « De la saison d'été », « Du gouvernement des serviteurs ». À certains égards, le journal est la mise en œuvre de ces principes. On trouve également des ouvrages de prêtres sur la foi et la morale : de l'abbé Victor Aubin, *Actualités ou réponses aux objections de la science antichrétienne*, Paris, Auteuil, 1879 ; de monseigneur d'Hulst, *Vie de la mère Marie-Thérèse, fondatrice de la Congrégation de l'Adoration réparatrice*, Paris, Poussielgue, 1887 ; et beaucoup de livres de femmes : de Mme M. de Marcey, *De l'observance des lois de l'Église dans le Monde. Questions actuelles*, Paris, 1866 ; de Thérèse — Alphonse Karr, *Dieu et ses dons*, Chatillon, 1864 ; on trouve surtout quatre romans de Mathilde Bourdon (Mathilde Froment), *La Vie réelle*, Paris, 1872 (18e édition), *Andrée d'Effauges*, Paris, s.d., *Catherine Hervey*, Paris, 1872, *Un Rêve accompli*, Paris, 1880 ; enfin quelques ouvrages sur la campagne et les paysans. L'ouvrage que Caroline a lu avec le plus d'attention, comme le montrent les nombreux passages soulignés dans le texte ou en marge, est celui du père Marquigny, *Une Femme forte. La Comtesse Adelstan. Étude biographique et morale*, Paris, Lecoffre, 1873, publication édifiante du journal d'une jeune femme pieuse qui avait pris parti, contre Victor Duruy, dans la querelle sur l'enseignement des filles de 1867, s'était mariée la même année à vingt-cinq ans et était morte en 1871. Caroline a souligné avec une particulière insistance ce qui est relatif au couple, à l'amour chrétien, à la mort. Julia est mariée par sa famille à un « noble et vaillant officier », Henri, chrétien mais peu fervent, qu'elle entreprend de convertir, et qui, après la mort de la jeune femme, décida de publier ses papiers intimes. Vérité ou fiction, Caroline a sans doute rêvé d'être une Julia et qu'Ernest ressemble un peu plus à Henri...

2. Le 28 juin 1865, un simple trait de séparation accompagne cette mention : « Que mettrai-je dans ce nouveau cahier ? », comme si on avait recopié à la suite des cahiers originellement différents. Ailleurs, près d'une date manifestement erronée, il y a en marge un « ? ».

3. Michelet, *La France*, 1860, p. 275.

4. D'importantes études socio-historiques ont été faites sur le journal intime. Signalons notamment : Michèle Leleu, *Les Journaux intimes*, Paris, PUF, 1952 ; Alain Girard, *Le Journal intime*, Paris, PUF, 1963 ; Béatrice Didier, *Le Journal intime*, Paris, PUF, 1976 (renouvelé par les apports de la sociocritique et de la psychanalyse) ; V. Del Litto, *Le Journal intime et ses formes littéraires*, Paris, Genève, Droz, 1978. L'approche de B. Didier, insistant sur le journal comme « refuge matriciel » et comme type d'écriture « féminine » est pour nous particulièrement intéressante.

5. L'agenda, « petit livret destiné à noter les choses qu'on doit faire » (Littré), semble être né vers le début du XVIIIe siècle. Aurore Dupin (la future George Sand) était surnommée, au couvent des Anglaises, à Paris, sous la restauration, « Miss Agenda » à cause de sa manie de tout noter. Marc-Antoine Jullien, pédagogue lié à l'école de Pestalozzi, avait mis au point un « Agenda général » pour donner aux enfants l'habitude du bilan journalier, prévoyant même de systèmes de notations. Il a écrit un *Essai sur l'emploi du temps ou méthode qui a pour objet de bien régler l'emploi du temps, premier moyen d'être heureux*, Paris, Firmin Didot, 1808.

6. « Que de belles et nobles âmes jettent à ce moment sur le papier des sentiments qui, après avoir fait le charme et le soutien de leur solitude, atteindront d'autres âmes pour les élever aussi et les soutenir ! », écrit monseigneur Mermil-

lod, qui cite Mme Swetchine, « un honneur pour le faubourg », et surtout Eugénie de Guérin : « Cet ouvrage a déjà amené, à ma connaissance, cinq âmes protestantes aux frontières de la vérité », cité par Marquigny, *op. cit.*, p. 134.

7. *Cf.* n. 1.

8. Comme le montrent notamment les ouvrages de Jacques Rancière, *La Nuit des prolétaires, Archives du rêve ouvrier*, Paris, Fayard, 1981 et *Louis-Gabriel Gauny. Le philosophe plébéien*, Paris, Maspero, 1983, les ouvriers ont la passion de l'écriture.

9. Pour l'enquête sur la famille, je laisse la parole à George Ribeill.

10. Cette église, construite de 1826 à 1835 à l'emplacement du couvent des Bénédictines du Saint-Sacrement, au 68, de la rue de Turenne, est une des principales paroisses du Marais. Caroline, qui orthographie Saint-Denis, pouvait y admirer la piéta peinte dans une chapelle latérale par Delacroix en 1844.

11. George Sand, *Correspondance*, t. 1 (1812-1831), Paris, Garnier, 1964, éditée par Georges Lubin, p. 887 : lettre n° 390, à sa mère (31 mars 1831).

12. *William Bouguereau (1825-1905)*, Catalogue de l'exposition du Petit-Palais (février-mai 1984) ; sur la décoration de Sainte-Clotilde, p. 85 sq.

13. Roger Martin du Gard s'est fait le peintre de cette nostalgie des hôtels de famille dans son roman posthume, *Le Lieutenant-Colonel de Maumort*, Paris, Gallimard, La Pléiade, 1983, IIe partie, chap. XVI, « Blaise Saint-Gall et sa famille », p. 553 sq., on trouve la description de l'hôtel des Saint-Gall que l'auteur situe rue Saint-Guillaume : « C'était une très vieille maison de la rive gauche, un ancien hôtel sans doute, qu'on avait divisé en appartements. »

14. Catherine Rosenbaum-Dondaine, *L'Image de piété en France (1814-1914)*, Paris, Musée-galerie de la Seita, 1984, catalogue de l'exposition « Un siècle d'images de piété », reproduit, p. 105, pl. 138, une image intitulée « L'Enfant de Marie. Son travail », représentant une jeune fille faisant de la couture dans une chambre qui pourrait être celle de Caroline.

15. À cet égard, les travaux de Anne Martin-Fugier : notamment *La Bourgeoise, femme au temps de Paul Bourget*, Paris, Grasset, 1983, « Le Décor au féminin ».

16. Anne Martin-Fugier, *La Place des bonnes*, Paris, Grasset, 1979, a montré tous les aspects de cette question ; Geneviève Fraisse, *Femmes toutes mains*, Paris, Seuil, 1979.

17. Le journal de Caroline Brame apporte une confirmation à la thèse développée par Arno Mayer, *La Persistance de l'Ancien Régime. L'Europe de 1848 à la Grande Guerre*, Paris, Flammarion, 1982. La copie de l'Ancien Régime est particulièrement accentuée en matière de décor de la vie. Et le style Second Empire ne fait que reproduire, alourdis, les styles du XVIIIe siècle.

18. Numéro spécial de *Recherches*, n° 29, décembre 1977 : « Ville, Habitat et Santé au XIXe siècle. »

19. Mathilde Bourdon (1817-1888), née à Gand, venue à Lille par son mariage avec un journaliste ; se remarie en secondes noces avec Hercule Bourdon, juge et saint-simonien. Elle a écrit près de 200 livres, romans, biographies, livres de piété, manuels de savoir-vivre, pièces de théâtre, etc. Plusieurs de ses ouvrages s'adressaient particulièrement aux jeunes filles : *Aux jeunes personnes, Politesse et savoir-vivre*, Paris, Lethielleux, 1864, *Journée chrétienne de la jeune fille*, Paris, Putois-Cretté, 1867, *Le Mois des serviteurs de Marie*, Paris, Putois-Cretté, 1863, etc. Caroline a dans sa bibliothèque plusieurs romans de M. Bourdon dont *La Vie réelle*, un des plus célèbres, traduit en anglais en 1876. Mathilde Bourdon, comme Julia Bécour ou Joséphine de Gaulle, autres romancières catholiques du Nord, développe ce que Bonnie Smith appelle un « féminisme domestique », où

les femmes incarnent par leur vertu des héroïnes positives, face aux hommes que guettent les affaires, l'argent, le monde en somme. Sur tout cela, *cf.* Bonnie Smith, *Ladies of the Leisure Class. The Bourgeoises of Northern France in the 19th Century*, Princeton, Princeton University Press, 1981. Ce livre remarquable est extrêmement précieux pour la connaissance du milieu des bourgeoises du Nord qui était le versant provincial et familial de Caroline. Bien des analyses de B. Smith pourraient s'appliquer à Caroline. À l'inverse certains épisodes du journal de Caroline, dans le Nord, auraient pu s'intégrer aux sources de B. Smith.

20. *Correspondance Flaubert-Sand*, Paris, Flammarion, 1981, p. 92, lettre du 13 décembre 1866.

21. L'importance du lien mère-fille dans l'éducation des filles à cette époque a été particulièrement mise en relief par Marie-Françoise Lévy, *De mères en filles, l'éducation des françaises (1850-1880)*, Paris, Calmann-Lévy, 1984.

22. Notice nécrologique d'Édouard Brame.

23. Odile Arnold, *Le Corps et l'âme. La vie des religieuses au XIXe siècle*, Paris, Seuil, 1984, parle longuement de ces manières de mourir dans les couvents du XIXe siècle. *Cf.* aussi les ouvrages de Philippe Ariès et Michel Vovelle.

24. C'est sans doute sous le Second Empire que la distinction des sphères et celle des rôles sexuels a atteint son degré le plus fort. Mais elle commence à être contestée et c'est ce qui fait l'âpreté des discussions sur l'éducation des filles dans les années 1860 qui aboutissent à une véritable crise en 1867. *Cf.* Françoise Mayeur, *L'Enseignement secondaire des jeunes filles sous la Troisième République*, Paris, Fondation Nat. Sciences Po., 1977 et *L'Éducation des filles au XIXe siècle*, Paris, Hachette, 1979. Tocqueville déplorait le désintérêt des femmes pour la chose publique. Cf. lettre à Mme Swetchine, 10-XI-1856, *Œuvres complètes*, t. XV, vol. 2, *Correspondance d'A. de Tocqueville et de Madame Swetchine*, éditée par Pierre Gibert, Paris, Gallimard, 1983, p. 292.

25. Thorstein Veblen, *The Theory of the Leisure Class* (1899).

26. Ch. Baudelaire, *Curiosités esthétiques ; III. Salon de 1846 ; XVIII. De l'héroïsme de la vie moderne* (1846), Paris, Gallimard, La Pléiade, *Œuvres*, t. II, p. 134.

27. Les vacances d'été commencent alors vers le 15 août et durent jusqu'en octobre.

28. Voir, entre cent exemples, le personnage de tante Ma, elle aussi femme d'un membre de l'Institut, dans *Le Lieutenant-Colonel de Maumort* de Martin du Gard.

29. Ce dernier ouvrage, inachevé à l'époque de la réception à l'Institut, valut à Mortimer-Ternaux le grand prix Gobert en 1870.

30. Maurice Agulhon, *Le Cercle dans la France bourgeoise, 1810-1848, Étude d'une mutation de sociabilité*, Paris, Colin, 1977. Dans cette étude classique, M. A. a montré le caractère masculin du Cercle. Il est intéressant de voir Caroline reprendre cette expression pour le groupe informel de ses amies.

31. *Histoire de ma vie*, Paris, Gallimard, La Pléiade, t. I, p. 870 sq.

32. S. Bonnet et A. Cottin, *La Communion solennelle*, Paris, 1969 ; *L'Image de piété en France, op. cit.*, donne une foule d'images pour cette époque. Caroline a fait sa communion de façon très classique à douze ans.

33. Norbert Élias, *La Civilisation des mœurs* (1939), Paris, Calmann-Lévy, 1973 et coll. Pluriel. Anne Vincent a soutenu une thèse sur « L'Histoire des larmes au XIXe siècle », Paris VII, 1985.

34. Baudelaire, *De l'essence du rire* (1855), Paris, La Pléiade, *Œuvres*, t. II, p. 168 ; sur les fonctions du rire chez les adolescents, voir les remarques très suggestives de J.-P. Sartre, *L'Idiot de la famille*, Paris, Gallimard, 1971, t. II,

p. 1227 (le fou rire), 1436 (la contestation par le rire), « le sérieux du comique et le comique du sérieux », etc.

35. Le château du Plessis-Brion à une dizaine de kilomètres au nord de Compiègne fut acquis par les de Bréda en 1786, il est resté dans cette famille jusqu'aux lendemains de la Première Guerre mondiale.

36. Marius-Joseph Avy, *Bal blanc* Paris, Musée du Petit-Palais, 1903.

37. Martine Segalen, *Sociologie de la famille*, Paris, Armand Colin, 1981, p. 108 sq. François Lebrun, *La vie conjugale sous l'Ancien Régime*, Paris, Plon, 1960, a dégagé ce modèle du mariage aristocratique caractérisé par un âge relativement bas (vingt et un ans pour les hommes, dix-huit ans pour les femmes). Au XIXe siècle, l'âge au mariage s'abaisse lentement ; en 1861-1865, il est en moyenne de 27,8 pour les hommes et de 24,4 pour les femmes. Caroline et ses amies se mariaient jeunes, avec des hommes nettement plus âgés. Dix ans d'écart entre Caroline et Ernest.

38. J.-N. Boilly, *Les Jeunes Femmes*, Paris, s.d. (sous la Restauration), 2 vol., conseille aux jeunes mariées d'accepter sans irritation les dîners d'hommes.

39. *Cf.* Nicole Edelman, « Les Tables tournantes arrivent en France », *L'Histoire*, n° 75, février 1985 et aussi, Élisabeth Roudinesco, *La bataille de cent ans. Histoire de la psychanalyse en France*, vol. I, 1885-1939, Paris, Ramsay, 1982.

40. *Correspondance avec Tocqueville, op. cit.*, 14 décembre 1856.

41. Nombreuses remarques à cet égard dans B. Smith, *Ladies of the leisure class, op. cit.*, notamment p. 96 sq. : « Space, time, matter, causality and action ».

42. Pierre Pierrard, *L'Église et les ouvriers en France (1840-1940)*, Paris, Hachette, 1984. Au vrai, c'est surtout d'une théologie de la production dont l'Église est dépourvue. Elle ne la distingue pas de la reproduction. Signalons les actes d'un intéressant colloque : *Oisiveté et loisirs dans les sociétés occidentales au XIXe siècle*, présenté par Adeline Daumard, Abbeville, Paillart, 1983.

43. Monseigneur Mermillod a, en outre, écrit divers livres pour les femmes chrétiennes, *Conférences aux Dames de Lyon, La Femme du Monde selon l'Évangile*, et un ouvrage sur *La Question ouvrière* (1871), etc.

44. Sur le prestige de la sœur Rosalie, voir Odile Arnold, *op. cit.*, et Claude Langlois, *Le Catholicisme au féminin. Les congrégations françaises à supérieure générale au XIXe siècle*, Paris, Cerf, 1985.

45. Sur les manières d'aimer, *cf.* Pierre Viallaneix et Jean Ehrard (édit.), *Aimer en France (1760-1860)*, colloque de Clermont-Ferrand (1975), publications de l'université de Clermont-Ferrand, 1980, 2 vol.

46. Stéphane Michaud, *Muse et madone. Visages de la femme rédemptrice en France et en Allemagne de Novalis à Baudelaire*, Paris, Le Seuil, 1885, fournit de nombreuses indications à ce sujet. C'est le temps des apparitions : 1846, La Salette ; 1858, Lourdes.

47. Philippe Ariès a montré comment le culte des morts s'installe après 1850 où le cimetière devient « un but de visite, un lieu de méditation », *cf. L'Homme devant la mort*, Paris, Le Seuil, 1977.

48. Monseigneur Dupanloup dans ses *Entretiens sur le Catéchisme, l'œuvre par excellence*, demande qu'on ne fasse plus « ânonner » le catéchisme aux enfants, mais qu'on leur enseigne « la langue de l'Église ». Il requiert l'aide des jeunes filles, « ces pieuses institutrices du zèle ».

49. La condition ouvrière dans le Nord a fait l'objet de nombreux ouvrages, notamment, Pierre Pierrard, *La Vie ouvrière à Lille sous le Second Empire*, Paris, Bloud et Gay, 1965 ; *La Vie quotidienne dans le Nord au XIXe siècle*, Paris, Hachette, 1976. Sur le travail des femmes, numéro spécial de la *Revue du Nord*, « Histoire des femmes du Nord », juillet-septembre 1981.

50. Michel Bouillé a montré le fonctionnement de ces salles d'asile dans *Pédagogies du corps (XVIIe-XIXe siècle)*, doctorat d'État, Paris VIII, 1984.

51. Alain Corbin, *Le Miasme et la jonquille. L'odorat et l'imaginaire social, XVIIIe-XIXe siècle*, Paris, Aubier-Montaigne, 1982, notamment IIIe partie, chap. I, « La Puanteur du pauvre ».

52. Prêtre de la vocation catéchiste affirmée, il est l'auteur notamment de *La Perfection des jeunes filles* (1856), d'un *Manuel de la jeune fille chrétienne* (1860) et d'un *Nouveau manuel des catéchismes* qui connaîtra une quinzaine d'éditions.

53. O. Arnold, *Le Corps et l'âme, op. cit.*, accorde une place particulièrement importante aux attitudes envers le corps.

54. Philippe Perrot, *Le Travail des apparences, ou les transformations du corps féminin* (XVIIIe-XIXe siècle), Paris, Seuil, 1984 ; chap. VI, « Le Simulacre du naturel » et *Les Dessus et les Dessous de la bourgeoisie. Une histoire du vêtement au XIXe siècle*, Paris, Seuil, 1981.

55. Michel Foucault, *Histoire de la sexualité* ; 3. *Le Souci de soi*, Paris, Gallimard, 1984, p. 56-57 ; il distingue « l'attitude individualiste », « la valorisation de la vie privée » surtout familiale, et « l'intensité des rapports à soi ». Il lui semble que dans les classes bourgeoises du XIXe siècle, la vie privée est le « centre de références des conduites » ; « par là même, l'individualisme y est faible et les rapports de soi à soi n'y sont guère développés ». Ces remarques me paraissent très éclairantes pour notre objet.

56. Maurice Agulhon, « Le Sang des bêtes. Le problème de la protection des animaux en France au XIXe siècle », dans *Romantisme*, « Sangs » 1981, n° 31. La Société protectrice des animaux, fondée à Paris en 1846 par un médecin à l'imitation de l'Angleterre, a d'abord pour objectif la défense du cheval de trait, dont le massacre était un vrai gaspillage.

57. A. Martin-Fugier, *La Bourgeoise, op. cit.*, p. 73 sq. Ils se conforment aux nouvelles pratiques qui veulent qu'on évite le voyage immédiat et l'Italie devenue vulgaire et banale.

58. G. Sand, *Histoire de ma vie, op. cit.*, t. I, p. 40 : « Bien qu'elle n'employât jamais le mot d'amour, que je n'ai jamais entendu sortir de ses lèvres à propos de lui ni de personne, elle souriait quand elle m'entendait dire qu'il m'apparaissait impossible d'aimer un vieillard. « Un vieillard aime mieux qu'un jeune homme (...). » Et puis, ajoutait-elle, « est-ce qu'on était jamais vieux dans ce temps-là ! C'est la révolution qui a amené la vieillesse dans le monde. »

59. N. Élias, *La Civilisation des mœurs, op. cit.*, chap. 6, « Les relations sexuelles » : décrit la privatisation des fonctions corporelles depuis la Renaissance et « l'étrange clivage qui s'opère à l'intérieur de l'homme », entre les aspects sociaux et secrets, intimes. Ce qui s'amorce dans ces années 1860, c'est donc un renversement de la longue tendance du refoulement des sentiments et surtout de leur expression corporelle.

60. Baudelaire, *Correspondance*, t. I, p. 148, lettre à sa mère Mme Aupick, 16 décembre 1847, Paris, La Pléiade 1973.

61. Le « shake-hand » est une pratique anglaise qui commence à être adoptée en France dans les années 1860. Les femmes tendent la main les premières, mais pas les jeunes filles qui doivent s'abstenir. En 1857, le geste de serrer la main est si hardi encore que les Goncourt citent une jeune fille qui a constitué un reliquaire des gants avec lesquels elle a serré la main des personnes qu'elle aime ou estime : cité par Isabelle Bricard, « Sois Belle et tais-toi », manuscrit.

« Ma fille Marie »

1. Cf. Daniel Roche, *Journal de ma vie. Jacques-Louis Ménétra, compagnon vitrier au XVIIIe siècle*, Paris, Montalba, 1982 ; Xavier-Édouard Lejeune, *Calicot, enquête de Michel et Philippe Lejeune*, Paris, Montalba, 1984. *Journal intime de Caroline B.*, présenté par Michelle Perrot et Georges Ribeill, Paris, Montalba, 1984.

2. Sur les journaux de jeunes filles, cf. Philippe Lejeune, *Le Moi des Demoiselles. Enquête sur le journal de jeune fille*, Paris, Le Seuil, 1993.

3. Paméla de Gardanne était morte en 1862, à trente-huit ans ; Caroline avait quinze ans ; elle ressent douloureusement cette perte sans cesse rappelée dans son *Journal*.

4. Qu'elle en soit ici remerciée ainsi que Georges Ribeill pour avoir autorisé le présent article.

5. La fondation d'un Centre d'archives privées, à l'initiative de Philippe Lejeune à Ambérieu-en-Bugey (Bibliothèque), qui édite un bulletin, *La Faute à Rousseau*, est sous cet angle très bienvenue.

6. Nombreux travaux à cet égard. Citons en particulier : Yvonne Kinibiehler et Catherine Marand-Fouquet, *Histoire des mères. Du Moyen Âge à nos jours*, Paris, Montalba, 1980 (Hachette, 1987) ; Élisabeth Badinter, *L'amour en plus. Histoire de l'amour maternel, XVIIe-XXe siècle*, Paris, Flammarion, 1980 ; et le remarquable ouvrage de Catherine Rollet, *La Politique à l'égard de la petite enfance sous la Troisième République*, Cahier de l'INED (n° 127), Paris, PUF, 1990.

7. Éric Mension-Rigau, *L'Enfance au château*, Paris, Rivages, 1990.

8. Fanny Faye-Sallois, *Les Nourrices à Paris au XXe siècle*, Paris, Payot, 1980.

9. Monique Eleb, avec Anne Debarre, *L'Invention de l'habitation moderne, Paris, 1880-1914*, Paris, Hazan, 1995.

10. Cf. à ce sujet Alain Corbin, « La quête du diariste », in *Histoire de la vie privée*, t. IV, *Le XIXe siècle*, sous la direction de M. Perrot, Paris, Le Seuil, 1987, p. 457

Partie II : Femmes au travail

Présentation

1. Madeleine Guilbert, *Les Fonctions des femmes dans l'industrie*, Paris, Mouton, 1966 ; *Les Femmes et l'organisation syndicale avant 1914*, Paris, CNRS, 1966 ; avec Nicole Lowit et Marie-Hélène Zylberberg-Hocquard, *Travail et condition féminine (bibliographie commentée)*, Paris, La Courtille, 1977. Evelyne Sullerot, *Histoire et sociologie du travail féminin*, Paris, Denoël-Gonthier, 1968 ; Andrée Michel, *Activité professionnelle de la femme et vie conjugale*, Paris, CNRS, 1974.

2. Louise A. Tilly et Joan W. Scott, *Women, Work and Family*, Holt, Rinehart and Winston, 1978 ; trad. fr. *Les Femmes, le travail et la famille*, Paris, Rivages, 1987.

3. Stevi Jackson, *Christine Delphy*, Londres, Sage, 1996.

4. Joan W. Scott, « La travailleuse », *Histoire des femmes en Occident*, t. 4, *Le XIXe siècle*, sous la direction de Geneviève Fraisse et Michelle Perrot, Paris, Plon, 1992, 419-445. Cf. également J.W. Scott, *Gender and the Politics of History*, New York, Columbia University Press, 1988.

5. Le MAGE — Marché du travail et Genre — a été créé en 1995 au CNRS et publie des *Cahiers du Mage* entièrement consacrés à l'actualité de ces questions. Sur l'évolution des problématiques en histoire, on se reportera à Françoise Thébaud, *Écrire l'histoire des femmes*, Paris, Presses de Fontenay, préface d'Alain Corbin, 1998.

6. Mathilde Dubesset et Michelle Zancarini, *Parcours de femmes ; réalités et représentations. Saint-Étienne 1880-1950*, Lyon, Presses Universitaires, 1993.

7. Serge Chassagne, *Le Coton et ses patrons*, Paris, EHESS, 1991 ; Denis Woronoff, *Histoire de l'industrie en France. Du XVIe siècle à nos jours*, Paris, Le Seuil, 1994.

8. Delphine Gardey, « Les employés de bureaux à Paris entre les deux guerres », thèse Université Paris 7, à paraître, intègre complètement la problématique de la division sexuelle du travail.

9. Marie-Victoire Louis, *Le Droit de cuissage, France, 1860-1930*, Paris, L'Atelier, 1994.

10. Alain Boureau, *Le droit de cuissage. La fabrication d'un mythe, XIIIe-XXe siècle*, Paris, Albin Michel, 1995. Christine Delphy, *L'Ennemi principal, I/ Économie politique du patriarcat*, Paris, Syllepse, 1998 ; II/ *Penser le genre* (à paraître).

11. Bernhard Schlink, *Le Liseur* (1995), tr. fr. 1996, Paris, Gallimard, p. 170.

12. Jacques Rancière, *Courts voyages au pays du peuple*, Paris, Le Seuil, 1990.

13. Judith Coffin, *The Politics of Women's Work. The Paris Garment Trades, 1750-1915*, Princeton University Press, 1996 ; Louis Bergeron (dir.), *La Révolution des aiguilles, XIXe-XXe siècles*, Paris, EHESS, 1996 ; en attendant la publication des travaux de Helen Harden-Chenut, sur la bonneterie troyenne, de Monique Peyrière sur la machine à coudre, et de Delphine Gardey sur la machine à écrire dont elle traite longuement dans sa thèse sur les employés de bureau à Paris dans l'entre-deux-guerres.

14. On peut à cet égard se reporter à la série de brèves mises au point présentées au colloque de la Sorbonne (novembre 1992) et publiées dans *Femmes et Histoire*, sous la direction de G. Duby et M. Perrot, Paris, Plon, 1993, « Femmes d'Europe aujourd'hui », p. 126-192, avec quelques-uns des meilleurs spécialistes, François de Singly, Linda Hantrais, Marie Duru-Bellat.

Grèves féminines

1. Pour l'ensemble de ce chapitre et tous les problèmes évoqués ici, je renvoie aux ouvrages de Madeleine Guilbert, *Les Fonctions des femmes dans l'industrie*, Paris, La Haye Mouton, 1966 [1966 *a*] et *Les Femmes et l'organisation syndicale avant 1914*, Paris CNRS, 1966, [1966 *b*]. Pour les chiffres d'emploi, cf. ce dernier livre p. 13-14, où sont regroupés les divers résultats des recensements.

2. Rapport des ferblantiers à l'Exposition de 1867, cité par M. Guilbert, 1966 *a*, p. 50.

3. Sur le rôle ambivalent des femmes de grévistes, cf. la troisième partie.

4. Arch. dép. Hérault, 4 M 3613 (94), Grève générale des ouvrières (1 200) de toutes les fabriques, du 30 juin au 10 juillet 1874.

5. Arch. dép. Loire, 92 M 15 et Arch. préf. pol., B A 172, sur cet important mouvement de 1878. Elles se plaignent de « la durée de notre journée de travail, laquelle est actuellement fixée à 13 heures et demie sans aucun repos ni interruption et que nous voudrions fixée à 12 heures ».

6. Arch. dép. Isère, 166 M 1, lettre au préfet, 29 janvier 1876.

7. Arch. nat., F 12 4658, rapport de l'inspecteur divisionnaire du travail Delattre au min. Com., 25 février 1884.

8. Arch. dép. Loire, 92 M 30, pièce 97, pétition datée du 23 août 1889.

9. On est frappé de l'usage de ces pronoms dans les interviews d'ouvrières qui clôturent le livre de M. Guilbert, 1966a. Phantasmes féminins ? Le personnage d'un roman de Henry Bordeaux, Tante Dinne, vit dans la peur des « ils » qui menacent la maison (cf. *La Robe de laine*).

10. Arch. préf. pol., B A 178, Appel aux ouvrières de Saint-Chamond, juin 1878, qui exhorte les ouvrières à former des associations pour devenir « l'égale, la digne compagne de l'homme ».

11. Arch. dép. Loire, 92 M 15, Pétition des glaceuses de fil au préfet.

12. Arch. dép. Isère, 166 M 1, lettre au préfet, 29 janvier 1876.

13. *Ibid.*, lettre du maire de Voiron au préfet, 2 février 1876.

14. *Le Rappel*, 4 mai 1879.

15. *Le Cri du Peuple*, 17 janvier 1887, récit de Duc-Quercy qui déplore qu'à l'ultime réunion des grévistes, « on ait surtout fait l'éloge du préfet » et que le résultat de la grève, qui avait mobilisé toutes les énergies socialistes, soit confisqué par les politiciens bourgeois : « On patauge ici en pleine pourriture. »

16. Arch. dép. Ardèche, 141 M 1, juin 1882.

17. Arch. dép. Loire, 92 M 15, lettre du 6 août 1878.

18. Arch. dép. Hérault, 4 M 3613, rapport com. pol., 24 juin 1874.

19. À ce sujet, voir les beaux exemples cités par M. Guilbert, 1966 b, p. 226.

20. Arch. dép. Loire, 92 M 15, pièce 95 : les glaceuses de fil se plaignent au préfet des insultes que leur jettent les agents de police postés autour des usines : « Pourtant, M. le Préfet, nous insultons personne et nous ne voulons pas nous autres femmes à être insultées » (*sic*).

21. Grèves des corsetières de la maison Salomon, avenue d'Italie, Arch. préf. pol., B A 182 et *Le Cri du Peuple*, 2-9 septembre 1886.

22. Selon MM. Pochoy et Bruny, lettre publiée dans *Le Républicain de l'Isère*, 14 février 1884.

23. Arch. nat., F 12 4653, Cigarières de Toulouse, 1875.

24. Arch. préf. pol., B A 182, pièce 7 : « Depuis plusieurs jours, les brocheuses de plusieurs maisons paraissant obéir à un mot d'ordre cherchaient une occasion pour quitter en masse leurs ateliers. » Leur « souffleur » serait un certain Vidal, du journal *Le Parti Ouvrier*. À Toulouse, le préfet dénonce dans les manifestations de cigarières « des soulèvements qui semblaient avoir été sourdement préparés par des individus déjà compromis et dont les figures avaient reparu soudain dans la foule » (Arch. nat., F 12 4653, préf.-min., 7 avril 1875). À Decazeville, « M. Bras croit que la lecture du *Cri du Peuple*, la grève de Decazeville, et peut-être quelques individus de Villefranche ont influé sur la détermination des ouvrières » piqueuses en chaussures de sa fabrique (1886), etc.

25. Arch. dép. Loire, 92 M 15, pièce 66.

26. Arch. préf. pol., B A 172, 1888.

27. *Le Rappel*, 23 août 1880.

28. Ainsi pour les tisseuses de l'atelier Prel à Lyon en 1882, Arch. nat., F 12 4662.

29. Ainsi pour les ouvrières de la manufacture de tabacs de Lyon, en 1882.

30. Arch. dép. Aveyron, 52 M 1, maire de Decazeville, 2 septembre 1872.

31. Arch. dép. Isère, 166 M 2 et Arch. nat., F 12 4658.

32. Arch. préf. pol., B A 171, pièce 20, rapport de police du 27 décembre 1888 : « La grève des teinturières manquera complètement d'organisation, tiraillée qu'elle est par les possibilistes, les blanquistes, et les indépendants. Les membres de la commission demandaient même avant-hier à être relevés de leurs fonctions. »

33. Arch. nat., F 12 4662, Grève des piqueuses de la maison Celle-Mauco à Lyon, 1886 : dans un communiqué à la presse, les ouvrières récusent l'action des anarchistes qui voudraient les influencer.

34. Arch. préf. pol., B A 176 et *Le Rappel*, 3 juillet 1880 : sur 600 ouvrières, 400 grévistes, et 65 présentes à la réunion.

35. Arch. préf. pol., B A 171, pièce 57, rapport de police du 28 décembre 1888.

36. *Ibid.*, pièce 58.

37. Arch. dép. Loire, 92 M 15, pièce 66, juillet 1878.

38. Arch. dép. Isère, Statuts de la chambre syndicale des « ouvrières de toutes les corporations réunies de Vienne » : « ...il est matériellement et moralement impossible que les ouvrières restent plus longtemps dans un isolement qui porte la plus grave atteinte à leurs intérêts ; ...il serait souverainement injuste que le travail des femmes reste constamment insuffisant à la vie et à l'indépendance », etc.

39. *La Marseillaise*, 22 juillet 1878.

40. À ce sujet, cf. la première partie des *Ouvriers en grève*, I, *Le mouvement des grèves*.

41. À ce sujet, cf. M. Guilbert, 1966 *b*, p. 155 et *sq*.

42. *L'Égalité*, 28 juillet 1880, motion présentée par *L'Égalité* (guesdiste) au congrès régional socialiste du Centre, Paris : « La question du droit des femmes sera résolue et ne pourra être résolue qu'avec la question du travail par l'appropriation collective de tous les instruments de production. »

43. *Le Cri du Peuple*, 24 décembre 1888.

44. 1911, p. 288-293, dernier chapitre, consacré à « La libération de la femme » est, en fait, un portrait idyllique de la vie future de la femme, délivrée par le progrès des corvées ménagères, et pleinement adonnée à « sa haute fonction de maternité ».

45. Arch. préf. pol., B A 171, pièce 43, rapport de police du 6 janvier 1889, compte rendu de meeting : « Plusieurs femmes chantent des romances inoffensives. Mais les hommes ne font pas de même. »

46. Arch. dép. Ardèche, 141 M 1, selon le com. pol., 9 novembre 1885, ce patron antirépublicain, Gamet-Lafon, avait annoncé à ses ouvrières « que si la Marianne ne pétait pas » aux élections du 4 octobre, le salaire serait réduit.

47. Arch. dép. Loire, 92 M 17, pièce 19.

48. Arch. dép. Isère, 166 M 2, s.-préf.-préf., 13 mars 1883.

49. Autres exemples de grève-fête, troisième partie *Le cours de la grève*.

50. Sur les meneurs de grève, *cf.* la troisième partie, p. 450 et *sq*. On y trouvera quelques portraits féminins.

51. Arch. préf. pol. B A 171.

52. Cas typique de la grève des tabacs de Toulouse en 1875 (Arch. nat., F 12 4653), menée par « les vieilles robeuses ».

53. Arch. préf. pol., B A 177, 1875.

54. Arch. préf. pol., B A 177, pièce 5, 1875.

55. Arch. nat., F 12 4662, Grève des teinturiers de Villefranche, 1881 ; rôle

important des femmes dans cette grève mixte : participation aux réunions, présence régulière de deux femmes au bureau comme assesseur ; en marge des réunions générales, réunions spéciales pour les femmes, etc.

56. À savoir : Rhône : 22 ; Isère : 18 ; Bouches-du-Rhône et Gard : 15 ; Loire : 11 ; Ardèche : 7 ; Hérault : 5 ; Drôme : 3 ; Haute-Savoie : 2 ; Vaucluse : 1.

57. Les journaux démocrates, à Lyon comme à Vienne ou à Marseille, paraissent particulièrement attentifs aux grèves féminines. À maintes reprises, les cercles républicains offrent leurs locaux aux ouvrières pour leurs réunions. Le rôle des cercles radicaux est dénoncé par le commissaire de police de Ganges en 1874 comme en 1880 ; *cf.* Arch. dép. Hérault, 4 M 3613.

58. Elles forment un syndicat à l'issue de la grève. On retrouve d'ailleurs ce processus dans 7 % des conflits : signe d'une prise de conscience de la nécessité du groupement.

59. Sur cette grève, cf. Arch. nat., F 12 4665 et surtout Arch. dép. Ille-et-Vilaine, 60 M 61.

60. M. Guilbert, 1966 *a*, a repris une partie de ces textes, p. 37 et *sq.*

61. D'après B. Malon, in *Le Citoyen de Paris*, 15 janvier 1881.

62. *Le Travail des femmes au XIXe siècle*, 1873, p. 414 et *sq.*, insiste sur les avantages familiaux du système : « Ce patronage si efficace et cependant si peu tyrannique ; cette liberté, qui ne conduit presque à aucun abus ; ce décorum, cette tenue, cette dignité, cette prévoyance, cette sagesse chez des jeunes filles maîtresses d'elles-mêmes... »

63. Sur la situation économique de l'industrie de la soie, *cf.* E. Levasseur, questions ouvrières et industrielles sous la Troisième République, Paris, 1907, p. 107 et *sq.*

64. Décrites par *Le Réveil du Dauphiné*, 17 février 1884 : l'envoyé du journal a interviewé dans une chambrette en planches mal jointes, un ménage pourvu d'un bébé : « Lever, 4 heures et demie...coucher, dix heures, et ainsi de suite, de la caserne à l'usine, deux pas, de l'usine à la caserne, moyennant 1,80 F par jour. » L'ouvrier déclare gagner 45 F toutes les cinq semaines, sur lesquels il faut retenir 7,50 F pour le logement et 30 sous par mois pour la garde du bébé par les religieuses. Reste : 36 F.

65. En 1890, vingt manufactures occupent 20 000 travailleurs.

66. À ce sujet, cf. A.P.O., t. I, p. 627. Le montant des retraites, au départ dérisoire, est le principal objectif visé par la Fédération des tabacs constituée en novembre 1890.

67. *Bulletin de l'Office du travail*, janvier 1907, p. 401.

68. Outre *A.P.O.*, t. I, p. 603 et *sq.*, cf. M. Guilbert, 1966*b*, p. 93-99, étude vivante et détaillée des séances des congrès de la Fédération.

69. Maximum de durée : grève de Marseille, 6-21 janvier 1887.

70. À propos de la grève de Toulouse, 1875, où successivement les jeunes apprenties refusent de faire un travail repoussé par les plus âgées, puis ces dernières s'insurgent contre le renvoi de leurs cadettes, cf. Arch. nat., F 12 4653, préf.-min., 7 avril 1875 : « Les mots de solidarité, confraternité et dévouement volèrent ensuite de bouche en bouche et en un clin d'œil, les têtes des vieilles robeuses étaient montées. »

71. *Le Cri du Peuple*, 15 janvier 1887.

72. Part de grèves agricoles dans l'ensemble des grèves : 1864-1870 : 0,3 % — 1871-1890 : 1,1 % — 1894-1913 : 4,1 % — 1919-1935 : 3,2 %. Pour l'étude des grèves agricoles, cf. Ph. Gratton : *Les luttes de classe à la campagne*, Paris, Anthropos, 1970, p. 3-39.

L'éloge de la ménagère dans le discours des ouvriers français au XIXe siècle

1. *Rapport des délégations ouvrières à l'Exposition de 1867*, t. I, p. 4. Pour un commentaire récent et neuf sur ce thème même, on lira l'article de Jacques Rancière et Patrice Vauday, « En allant à l'expo : l'ouvrier, sa femme et les machines », *Les Révoltes Logiques*, n° 1, hiver 1976.

2. Le travail fondamental, malheureusement inédit, est celui de Louis Devance, *La question de la famille dans la pensée socialiste française de Fourier à Proudhon*, doctorat de 3e cycle, Dijon, 1972.

3. 4e édition, Paris, bureau du Populaire, 1844, 30 pages.

4. *Douze lettres d'un communiste à un réformiste sur la communauté*, p. 49 ; cité par Louis Devance auquel nous devons ces analyses.

5. À cet égard, voir Christopher Johnson, *Utopian Communism in France. Cabet and the Icarians (1839-1851)*, Ithaca, Cornell University Press, 1974.

6. Robert Brécy, *Le mouvement syndical en France (1871-1921). Essai bibliographique*, Mouton, 1963, donne les ordres du jour de tous les congrès à partir de 1886.

7. Madeleine Guilbert, *Les femmes et l'organisation syndicale avant 1914*, Paris, CNRS, 1966, qui a, la première, utilisé systématiquement cette source, constate ce silence (voir p. 201 par exemple) mais demeure prudente dans l'interprétation.

8. À cet égard, voir Mona Ozouf, *L'École, l'Église et la République (1871-1914)*, Paris, Colin, collection Kiosque, 1963.

9. *Séances du Congrès Ouvrier Socialiste de France*, 3e session tenue à Marseille du 20 au 31 octobre 1879 à la Salle des Folies Bergères, Marseille, 1880, 831 pages : le plus important, le plus complet de tous les comptes rendus de congrès avant 1914.

10. P. 246-247, avec la mention « Rires et applaudissements ».

11. Voici, encore, Rousset, délégué de l'Union syndicale de Bordeaux : « La place de la femme est dans son ménage, où tant de soins de chaque jour l'appellent, et non dans une usine ou un atelier, où le plus souvent, patrons, contremaîtres et ouvriers n'ont pas tout le respect et la retenue que la femme devrait toujours inspirer. La jeune fille ne devrait jamais apprendre d'autres métiers que ceux que, plus tard, devenue épouse et mère, elle pourrait exercer dans son intérieur, sans laisser ses enfants à l'abandon et exposés aux influences les plus pernicieuses et aux accidents les plus dangereux, faute d'une surveillance active et bienveillante » (p. 771).

12. Voir le remarquable catalogue de l'exposition du musée des Arts et Traditions populaires, *Mari et Femme dans la France rurale traditionnelle*, Paris, 1973.

13. Outre les accidents, les mutilations, les mauvaises positions, les maladies — anémie, phtisie —, sont dénoncés « les émanations nuisibles », « l'atmosphère infecté », « les miasmes délétères », « cet air qui tue ». Les ouvriers baignent dans la médecine hyppocratique qui a régné entre 1750 et 1850.

14. En France, les premières mesures législatives de protection du travail féminin sont très tardives : loi de 1892. L'argument de la conservation sociale et de la protection de la race fut prépondérant dans son adoption. À cet égard, voir P. Pic, *Les lois ouvrières*, 1902, p. 503.

15. Jules Simon, *L'ouvrière*, 3e édition, 1861 ; *L'ouvrier de huit ans*, 1867, est l'interprète même de cette pensée et du dilemme nécessité de la famille/nécessité de la production. Son œuvre mériterait une analyse approfondie. Sur la pensée des industrialistes du début du XIXe siècle, voir par exemple Charles Dupin, *Le*

441

Petit Producteur Français, tome 6, *L'ouvrière*, Paris, Bachelier, 1828, 208 pages. La « Bonne Marie », dont il fait son héroïne, mère de trois enfants qu'elle allaite et vaccine de bonne heure, fait aussi de la couture à domicile. L'idéologie et la pratique du travail à domicile ont été relancées au début du XXe siècle par les possibilités de morcellement de l'énergie fournie par l'électricité. Voir Annie Biron, *Le travail des femmes à domicile de 1900 à 1914, à Paris*, Mémoire de maîtrise, Paris 7, 1974 (dactylographié).

16. Le rôle des ouvroirs comme utilisation de la force de travail des femmes, et des religieuses comme éducatrices, voire comme contremaîtresses (ainsi dans les internats soyeux du Sud-est de la France) fait actuellement l'objet de nombreuses recherches tant en France qu'à l'étranger. Voir l'article de Dominique Vanoli, « Les ouvrières enfermées : les couvents soyeux », *Les Révoltes logiques*, 1976, n° 2.

17. Voir le tout récent livre de Pierre Samuel, *Amazones, guerrières et gaillardes*, Presses Universitaires de Grenoble, 1975 ; recherche « à travers les âges, les mythes et le folklore, des femmes dont les exploits physiques égalent et dépassent ceux des hommes... La moindre vigueur des femmes n'est pas un fait biologique inéluctable ».

18. P. 804. Le vote de ce texte n'alla pas sans remous comme le montre le compte rendu, p. 805.

19. C'est l'opinion de Rousset, de l'Union syndicale de Bordeaux : « Quant aux droits politiques que quelques-uns revendiquent pour la femme, je crois que leur exercice pourrait devenir un élément de discorde dans le sein des ménages, et que la femme perdrait l'influence morale qu'elle peut exercer sur son mari, en lui donnant des conseils et lui faisant connaître sa manière de voir sur les questions à l'ordre du jour ; elle sera certainement moins écoutée lorsque celui-ci pourra voir en elle une opposante à ses idées, prête à faire par son vote, cause commune avec ses adversaires politiques » (p. 771).

20. *La Fonderie*, 23 août 1903, cité par Ch. Gras, « L'ouvrier mouleur à travers le journal de sa fédération », *Mouvement Social*, octobre-décembre 1965.

21. La section syndicale des typographes de Lyon, en 1913, refuse l'adhésion d'une ouvrière typographe, Emma Couriau, qui la sollicitait, et de surcroît, exclut son mari, coupable d'avoir enfreint une décision d'assemblée générale qui interdit « à tout syndiqué uni à une typote de laisser exercer à cette dernière la typographie sous peine de radiation ». Sur cette affaire, qui mériterait un dossier, voir Madeleine Guilbert, *op. cit.*, p. 63 et 409-412.

22. *La Semaine Anglaise. Diminuons nos heures de travail. Revendiquons la Semaine Anglaise*, brochure éditée par la Maison des Fédérations, 32 pages, sans date (1913), Archives de la Préfecture de Police, B A 1605, cité par Jean-Paul Burdy, *Les grèves et le syndicalisme révolutionnaire dans la Seine en 1913*, mémoire de maîtrise, Paris 7, 1974.

23. Même source. L'iconographie est abondante. Celle de la Fédération des Métaux, pleine d'humour, et de gaieté, s'adresse au « camarade » et tient un discours plus égalitaire ; « Tu jouiras un peu plus de ton foyer ; la maman arrangera les mioches et le papa rangera un peu la "carrée" », lit-on sous une vignette où le mari, balai à la main et cireuse au pied, regarde « la maman » coiffer la « petite », tandis qu'un gamin se lave consciencieusement les oreilles.

24. Le développement urbain dans la seconde moitié du XVIIIe siècle précède, plus qu'il ne suit, la révolution industrielle ; il est d'une autre nature.

25. Louis Chevalier, *Classes laborieuses, classes dangereuses à Paris pendant la première moitié du XIXe siècle*, Paris, Plon, 1958.

26. Edward Shorter, *Naissance de la famille moderne*, Paris, Seuil, 1981.

27. On peut s'interroger sur la portée d'une révolution sexuelle *pour les femmes*, qui, en l'absence de moyens de contraception efficaces et féminins, restaient les victimes des grossesses non désirées, affrontées au problème de la suppression, de l'abandon ou de l'entretien solitaire des enfants.

28. Jeffry Kaplow travaille sur la formation de la classe ouvrière parisienne et Michel Frey sur la famille ouvrière à Paris dans la première moitié du XIX siècle.

29. M. Nadaud, *Mémoires de Léonard, ancien garçon maçon*, Bourganeuf, 1895 ; nouvelle édition, Paris, Hachette, 1976, avec introduction et notes de Maurice Agulhon. Jean-Baptiste Dumay, *Mémoires d'un militant ouvrier du Creusot (1841-1905)*. Introduction et notes par Pierre Ponsot, responsable de la publication de cet inédit, Maspéro, Centre Universitaire de Grenoble, 1976.

30. Voir par exemple, J. Rémy, « Persistance de la famille étendue dans un milieu industriel urbain », *Revue Française de Sociologie*, août 1967.

31. Le refus des ouvriers d'habiter dans les logements d'entreprise, ou leur répugnance aux cités ouvrières, au début de l'industrialisation, est une forme parmi d'autres de cette résistance. Voir Lion Murard et Patrick Zylberman, *Villes-usines, habitat et intimité. — L'exemple des cités minières au XIX siècle*, Recherches, Novembre 1976.

32. Joan Scott et Louise Tilly, « Women's work and the family in nineteenth century Europe », *Comparative Studies in Society and History*, 1975, n° 1. Les deux auteurs préparent une importante étude sur le travail des femmes mariées dans la classe ouvrière à la fin du XIX siècle. Pour l'étape antérieure, sans doute importante, de la *proto-industrialisation*, voir la récente mise au point de Hans Medick, « The proto-industrial family economy : the structural function of household and family during the transition from peasant society to industrial capitalism », *Social History*, 1976, n° 3.

33. *Traité d'économie politique*, 1803.

34. Voici le décompte : Chef d'établissement 12,2 % ; Travailleuses à domicile 35,9 % ; Employées 7,9 % ; Domestiques 17,4 % ; Ouvrières 25,1 % ; Chômeuses 1,5.

La femme populaire rebelle

1. On notera comme un fait symptomatique que le premier numéro d'une nouvelle revue, *L'Histoire* (Seuil), s'ouvre par un article de Georges Duby sur « La femme médiévale » (1978).

2. *Le Désert de l'amour*, La Pléiade, p. 769.

3. Voir « Mythes et Représentations de la Femme au XIX siècle », *Romantisme*, Paris, Champion, 1976, et la réflexion de C. Clément et H. Cixous, *La Jeune Née*, Paris, 10-18, 1975.

4. Jacques Donzelot, *La Police des familles*, Paris, Minuit, 1977.

5. Le Play, *Les Ouvriers européens*, deuxième série, t. I, 1879, p. 270 sq. : « Les travaux des femmes ». Les monographies de famille contenues dans *Les Ouvriers européens* et *Les Ouvriers des Deux-Mondes*, en dépit de leur idéologie conservatrice, sont une des rares sources descriptives sur le travail ménager et les pouvoirs de la ménagère dans la France du XIX siècle.

6. Jules Simon, *L'ouvrière*, Paris, 1861.

7. Henry Leyret, *En plein faubourg (Mœurs ouvrières)*, Paris, Charpentier, 1895, p. 50.

8. Le Play, *Les Ouvriers européens*, t. VI, « Bordier du Laonnais », p. 110.

9. Andrée Michel, *Activité professionnelle de la femme et vie conjugale*, Paris, C.N.R.S., 1974, p. 84.

10. L'étude du rôle des femmes dans les troubles de subsistance n'a jamais été faite systématiquement. Je m'appuie ici sur un dépouillement partiel des dossiers d'archives concernant les troubles de 1816-1817, *Archives nationales*, F 11 722-736 et divers dossiers de BB 18.

11. On rejoint ici des remarques de E. P. Thompson, « The moral economy of the English crowd in the eighteenth century », *Past and Present*, 1971 (71-136).

12. Pour plus de détails, voir M. Perrot, « Les ouvriers et les machines en France dans la première moitié du XIXe siècle », *Recherches, Le soldat du travail*, octobre 1978, dont je me sers ici.

13. D'après E. Levasseur, *Histoire des classes ouvrières en France avant la Révolution*, Paris, Guillaumin, 1859, t. I, p. 203 sq.

14. Tuetey, *L'Assistance publique à Paris pendant la Révolution*, t. II, p. 401.

15. *Id.*, t. II, texte de juillet 1790, p. 594.

16. M. Agulhon, « Un usage de la femme au XIXe siècle : l'allégorie de la République », dans *Mythes et Représentations de la Femme, op. cit.* et son livre maintenant paru : *Marianne au combat*, Flammarion, 1979.

17. Balzac, *Scènes de la vie privée*, t. II, 1842. « Autre étude de femme ».

18. Veblen, *Théorie de la classe de loisir*, 1899 : d'excellentes remarques sur le rôle de la consommation « ostentatoire » de l'épouse dans la bourgeoisie et sur son rôle en somme de « femme potiche ».

19. La Bédollière, *Les Industriels. Métiers et Professions en France*, Paris, 1842, p. 3.

20. Alain Faure, *Paris Carême-Prenant. Du Carnaval à Paris au XIXe siècle*, Paris, Hachette, 1978, p. 133 sq.

21. J. Barberet, *Monographies professionnelles*, t. I, Paris, Berger-Levrault, 1886, p. 280.

22. La Bédollière, op. cit., p. 27.

23. A. Faure, *op. cit.* Sur le langage des poissardes, p. 65 sq.

24. Alhoy et Lurine, *Les Prisons de Paris*, 1846, p. 5.

25. A. Nettement, *Études critiques sur le feuilleton-roman*, 1847, notamment t. II, p. 442, lettre à « La femme d'intérieur ».

26. Selon les recherches d'Évelyne Diébolt et sa thèse sur les feuilletons du *Petit Journal*.

27. Nombreuses notations à ce sujet dans Le Play. La femme du charpentier de Paris « se croit expérimentée dans certaines pratiques de la médecine usuelle, et traite elle-même les indispositions qui surviennent dans la famille. Confiante dans les idées hygiéniques d'un praticien populaire, elle fait grand usage de l'eau sédative et des préparations camphrées (...) La plupart de ces pratiques d'hygiène, très habituelles en d'autres contrées, se retrouvent communément chez les femmes d'ouvriers parisiens, qui s'attribuent volontiers dans la famille des fonctions de médecins, et se transmettent ainsi un certain nombre de recettes traditionnelles » : *Ouvriers des Deux Mondes*, t. I, 1858, p. 31.

28. Dorothy Thompson, « The missing presence. The withdrawal of Women from working class organization in the Early Nineteenth Century », inédit, partiellement repris dans J. Mitchell et A. Oakley, *The rights and Wrongs of Women*, New York, Penguin Books, 1976.

29. *Tableaux de Paris*, 1783 ; sur les goguettes, voir l'étude de Jacques Rancière, « Le bon temps ou la barrière des plaisirs », *Révoltes logiques*, n° 7, Printemps-Été 1978.

30. Maurice Agulhon, « Histoire et ethnologie : les Chambrées en Basse Provence », *Revue historique*, avril-juin 1971.

31. Sur ces troubles, le livre d'Émile Watelet, *Les Récents troubles du Nord de la France* et surtout J.-M. Flonneau, *Crise de vie chère. Réactions populaires et réactions syndicales*, Maîtrise, Paris, 1966 (inédit), résumé dans « Crise de vie chère et mouvement syndical », *Le Mouvement social*, juillet-septembre 1970.

Femmes et machines au XIXe siècle

1. David Landes, *L'Europe technicienne*, Paris, Gallimard, 1975.

2. Guy Thuillier, *Pour une histoire du quotidien au XIXe siècle en Nivernais*, Paris, Mouton, 1977, p. 180, note 145.

3. Office du Travail, *La Petite Industrie. Salaires et Durée du Travail*, t. II, *Le Vêtement à Paris*, Paris, 1896, p. 33. « Le système de vente des machines allemandes consiste souvent à les désigner de "surnoms patriotiques français". Les anciens fabricants français deviennent peu à peu les dépositaires de leurs anciens concurrents d'outre-Rhin ». Le retard français en matière de machines-outils est un leitmotiv de l'époque : racines anciennes d'un problème actuel.

4. G. Thuillier, *op. cit.*, p. 155, note 98.

5. G. Thuillier, *La Vie quotidienne dans les Ministères au XIXe siècle*, Paris, Hachette, 1976, p. 195-203 : « une révolution : les femmes dans les bureaux » ; *La Machine à écrire hier et demain*, colloque de l'Institut d'étude du Livre, éd. par Roger Laufer, Paris, Solin, 1982 ; notamment G. Ribeill, « Aperçu historique sur le travail de dactylographe » ; Annie Sornaga, maîtrise inédite, Paris VII, 1981. Je ne traite pas ici de ce problème, un immense sujet à lui seul.

6. Michelle Perrot, « Femmes au lavoir », *Sorcières*, n° 19, *La Saleté*. Dans le cas des lavoirs, la mécanisation a complètement modifié le rapport des femmes à l'espace, au travail ; mécanisé, le travail du lavoir devient l'affaire des hommes et les femmes n'y sont plus que clientes passives.

7. Voir n° 3 spécial de *Culture Technique*, « Machines au foyer », notamment Martine Martin, « La rationalisation du travail ménager en France dans l'entre-deux-guerres », 15 septembre 1980.

8. Jules Simon, *L'Ouvrière*, 3e édition, 1861, p. 219.

9. Odile Arnold, *Le Corps et l'Âme. La vie des religieuses au XIXe siècle*, Paris, Le Seuil, 1984.

10. G. d'Azambuya, *La Jeune fille et l'évolution moderne*, Paris, 1905, cité par A. Sornaga, *ouvr. cit.*, qui donne de nombreux autres textes, notamment celui-ci : M. Haendel, *Ce que doit être la sténodactylographe* : « Si les offres d'emploi vont de préférence à la femme, c'est plutôt en raison de ce que ce genre de travail est plus passif et lui convient mieux. On ne verrait pas un homme vigoureux asservi à la manipulation d'une machine d'un bout de l'an à l'autre, alors que le commerce souffre de la pénurie d'employés aptes à la lutte effective, autant par leur culture plus générale que par leur plus grande résistance physique ». Si la femme n'avait pu s'adapter à ce travail, l'homme serait devenu « le premier employé de tout bureau [...] ; aux mains des hommes (il) aurait pris une des premières places dans la hiérarchie du bureau commercial ». La seule présence de l'homme qualifie une profession.

11. Paul Leroy-Beaulieu, *Le Travail des femmes au XIXe siècle*, Paris, 2e édition, 1888, p. 142-143.

12. Michelle Perrot, « Les ouvriers et les machines en France dans la première moitié du XIXe siècle », *Le Soldat du travail*, numéro spécial de *Recherches*.

13. Hélène Robert, *Le Machinisme et le travail féminin au XIXe siècle*, doctorat de 3e cycle, Paris I, 1980 ; travail fondamental. Dans le cas de la filature, ce sont les hommes qui enlèvent leur travail aux femmes : « Entre 1820 et 1830, trois ans suffisent, à Reims pour passer du filage à main effectué à domicile par des femmes sur "le rouet et la quenouille", à la filature, où l'ensemble du travail est parcellisé en plusieurs ateliers et plusieurs opérations ; la dernière, opération par excellence de finition de la fabrication du "filé", sur une machine complexe et très perfectionnée, sera re-qualifiée, selon les nouvelles normes de qualification du système productif capitaliste. Et elle sera attribuée exclusivement à des hommes. Pourtant la force musculaire est moins que jamais requise pour conduire une "Mull Jenny self acting", seule machine automatisée atteignant le niveau de machinisme le plus élevé, auquel les femmes n'ont jamais accès ». Le fileur est un « sous-officier » de la filature.

14. Pierre Caspard, « La manufacture de Cortaillod », dans *Naissance de la classe ouvrière en France*, numéro spécial du *Mouvement social*, oct.-déc. 1976.

15. cf. M.V. Louis, *Le Droit de cuissage, France, 1860-1930*, Paris, L'Atelier, 1994.

16. Importante littérature sur ces couvents-usines. Voir notamment Dominique Vanoli, *Les Ouvrières en soie du Sud-Est de la France (1890-1914)*, maîtrise, Paris VII, 1975 et article dans *Révoltes Logiques*, printemps 1976, « Les ouvrières enfermées : les couvents soyeux ».

17. Natalie Davies, « Women in the Arts Mecaniques in 16th century Lyon », *Mélanges offerts à Gascon*, Lyon, 1980.

18. Joan Scott et Louise Tilly, *Women, Work and Family*, Rinehart and Winston, 1978 : fondamental ; tr. fr. *Les femmes, le travail et la famille*, Paris, Rivages, 1987.

20. Patricia Branca, « A new perspective on Women's Work : a comparative typology », *Journal of Social History*, 1975, volume 9/2.

21. Sur les troubles de 1665-1667 contre le renfermement en manufactures à l'époque de Colbert, dans le Berry et l'Alençonnais, voir E. Levasseur, *Histoire des classes ouvrières en France avant 1789*, t. 2, p. 201.

22. F. Evrard, « Les ouvriers du textile dans la région rouennaise (1789-1802) », *Annales Historiques de la Révolution Française*, 1947.

23. Ch. Ballot, *L'Introduction du machinisme dans l'industrie française*, Lille, 1923, p. 44, p. 53.

24. M. Perrot, « Les ouvriers et les machines... », *art. cit.*

25. Francine Gaillot, *La Résistance ouvrière aux machines en France de 1815 à 1847*, maîtrise, Paris VII, 1977, dactylographié, 186 p.

26. *Gazette des Tribunaux*, 12 octobre 1831.

27. Sur la machine à coudre en Allemagne, article de Karin Hausen, « Progrès technique et travail des femmes au XIXe siècle. L'histoire de la machine à coudre », *Geschichte und Gesellschaft*, 1978, n° 2 ; et mon compte rendu dans le *Mouvement social*, 1978, X-XII, *Travaux de femmes dans la France du XIXe siècle*.

28. P. Leroy-Beaulieu, *op. cit.*, p. 397.

29. *Ibid.*, p. 406.

30. J. Simon, *op. cit.*, p. 81.

31. P. Leroy-Beaulieu, *op. cit.*, p. 409-410.

32. Office du Travail, *Enquête sur le travail à domicile dans l'industrie de la lingerie*, t. I, 1907. Notons cependant que les ouvrières ici décrites ne sont pas toutes pourvues de machine à coudre et que les salaires les plus bas se rencontrent

parmi les ouvrières manuelles. Voir aussi P. Gemahling, *Travailleurs au rabais*, Paris, 1910. Sur l'histoire de la machine à coudre et de l'industrie à domicile, voir Annie Biron, *Le Travail domicile féminin à Paris (1900-1914)*, Maîtrise, Paris VII, 1974.

33. D'après le *Congrès ouvrier de Marseille*, 1879, p. 171.

34. *Congrès de Marseille, op. cit.*, p. 176 ; d'après un rapport médical, *Académie de Médecine*, 1866.

35. Paul Leroy-Beaulieu, *op. cit.*, p. 407 et suiv.

36. *Congrès de Marseille, op. cit.*, p. 283.

37. P. Leroy-Beaulieu, *op. cit.*, p. 461.

38. *Congrès de Marseille, op. cit.*, p. 283.

39. À cet égard, voir l'article fondamental de Paola Tabet, « Les mains, les outils, les armes », *L'Homme. Revue française d'anthropologie*, Paris, Mouton, t. XIX, n° s 3-4, juillet-décembre 1979, p. 5-62. Pour Paola Tabet, l'usage différencié des outils constitue le facteur fondamental de la division du travail et de la domination masculine sur les femmes. Dès qu'une activité flottante se mécanise par une amélioration technique, elle se masculinise, les hommes conservant la haute main sur les outils les plus sophistiqués, comme sur les armes. « Le "gap technologique", vieux de quelques milliers d'années, qui sépare hommes et femmes est donc bien une création culturelle ; ses effets sont redoublés par la valorisation des activités masculines qui affectent volontiers un caractère prestigieux ou sportif ». L'histoire de la mécanisation et des rapports masculin/féminin au XIXe siècle me paraît confirmer les hypothèses de Paola Tabet dans le cadre ethnologique.

40. Claude Quiguer, *Femmes et Machines de 1900. Lecture d'une obsession Modern Style*, Paris, Klincksieck, 1979.

41. Cl. Quiguer, *op. cit.*, p. 251.

Qu'est-ce qu'un métier de femme ?

1. Ce numéro poursuit la réflexion inaugurée par *Travaux de Femmes dans la France du XIXe siècle, Le Mouvement social* (octobre-décembre 1978, n° 105) et s'inscrit résolument dans le XXe siècle.

2. Cf. M. Huet, « Déchiffrer le droit à l'emploi », *Nouvelles Questions Féministes*, hiver 1986, n° 14-15, intitulé *Femmes, Modes d'emploi*. Ce numéro est particulièrement riche pour notre propos. Ainsi que *Le Sexe du Travail. Structures familiales et système productif*, Grenoble, Presses Universitaires, 1984, œuvre d'un collectif de 27 auteurs.

3. Y. Verdier, *Façons de dire, façons de faire. La laveuse, la couturière, la cuisinière*, Paris, Gallimard, 1979.

4. Y. Knibiehler, *Nous, les assistantes sociales*, Paris, Aubier, 1980.

5. N.Z. Davis, « Women in the Arts Mécaniques in 16th century Lyon », *Mélanges Gascon*, Lyon, PUL, 1980.

6. Voir les travaux de P. Gaspard sur Cortaillod, *Le Mouvement social*, octobre-décembre 1976 et surtout : « Les pinceleuses d'Estavayer. Stratégies patronales sur le marché du travail féminin au XVIIIe siècle », *Revue Suisse d'Histoire*, 1986 ; S. Chassagne *La Manufacture de toiles imprimées de Tournemine-les-Angers, 1752-1820*, Paris, Klincksieck, 1971.

7. J. Simon, *L'ouvrière*, Paris, Hachette, 1861, p. 219.

8. P. Leroy-Beaulieu, *Le travail des femmes au XIX® siècle*, Paris, Charpentier, 1888.

9. M. Dressen, « La femme, le mineur et la compagnie », *Nouvelles Questions féministes*, hiver 1986, p. 117-129.

10. E.P. Thompson « Temps, travail et capitalisme industriel », *Libre*, 1979, n° 5, fait observer comment le travail à la tâche, impliquant une moindre répartition intérieur/extérieur, est dans les sociétés traditionnelles le modèle du travail masculin et féminin ; mais comment il est disqualifié par le salaire au temps — le temps de l'horloge — de la société industrielle ; du coup, le travail à la tâche apparaît comme lié au travail domestique, arriéré, et irrationnel.

11. Outre S. Bachrach, voir P. Pezerat et D. Poublan, « Femmes sans mari. Les employées des postes », in *Madame ou Mademoiselle ? Itinéraires de la solitude féminine au XIX® siècle* (p. 117-162), sous la direction de A. Farge et Ch. Klapisch, Paris, Montalba, 1984.

12. Enquête menée en 1985, par *Démoscopie* et l'*Agence Femme Information* (AFI).

13. A. Fourcaut *Femmes à l'usine en France dans l'entre-deux-guerres*, Paris, Maspero, 1982.

PARTIE III : FEMMES DANS LA CITÉ

Présentation

1. « Culture et Pouvoir des femmes. Essai d'historiographie », article collectif, *Annales*, mars-avril 1986, p. 271-293.

2. Christine Fauré (sous la direction de), *Encyclopédie historique et politique des femmes*, Paris PUF, 1997 ; Armelle Le Bras-Chopard et Janine Mossuz-Lavau (sous la direction de), *Les femmes et la politique*, Paris, L'Harmattan, 1997 ; Alain Corbin, Jacqueline Lalouette et Michèle Riot-Sarcey, *Les Femmes dans la Cité au XIX® siècle*, Paris, Créaphis, 1997 ; Laura Pisano et Christiane Veauvy, *Les Femmes et la construction de l'État-nation en France et en Italie*, Paris, A. Colin, 1997 ; « Femmes en Politique », numéro spécial de *Pouvoirs*, 82, IX-1997.

3. George Sand, *Politique et Polémiques (1843-1850)*, présenté par Michelle Perrot, Paris, Imprimerie Nationale, 1997.

4. Michelle Perrot, *Femmes publiques*. Entretiens avec Jean Lebrun, Paris, Textuel, 1997.

5. Gilles Deleuze, « Écrivain, non : une nouveau cartographe », *Critique*, XII-1975, p. 1207-1227.

6. Claude Raffestin, « Foucault aurait-il pu révolutionner la géographie ? », in *Au risque de Foucault*, Centre Michel Foucault et Centre Georges Pompidou, 1997, p. 141-151 ; *Géopolitique et Histoire* (avec Dario Lopreno et Yvan Pasteur), Paris, Payot, 1995.

Pouvoir des hommes, puissance des femmes ?

L'exemple du XIXe siècle

1. Joan W. Scott, *Gender and the Politics of History*, New York, Columbia University Press, 1988.

2. À titre d'exemple, Guy Chaussinand-Nogaret, *La Vie quotidienne des femmes du roi. D'Agnès Sorel à Marie-Antoinette*, Paris, Hachette, 1990.

3. Ce bref exposé s'inscrit dans une réflexion amorcée dans *Une histoire des femmes est-elle possible ?*, éd. par M. Perrot, Marseille, Rivages, 1984 ; cf. ID., « Les femmes, le pouvoir, l'histoire », *ibid.*, p. 206-222 ; et dans un article des *Annales*, mars-avril 1986, Cécile Dauphin, Arlette Farge et *alii*, « Culture et pouvoir des femmes. Essai d'historiographie », p. 271-295.

4. Sur la peur des femmes, cfr W. Lederer, *Gynophobia ou la peur des femmes*, Paris, Payot, 1970. Sur la pensée philosophique de la différence des sexes, on lira prochainement les études de Geneviève Fraisse et de Françoise Collin respectivement dans les t. IV (XIXe siècle) et V (XXe siècle) de la *Storia delle Donne*, Rome, Laterza, 1991, et Paris, Plon, 1991-1992.

5. Helga Möbius, *La Femme à l'âge baroque*, Paris, PUF, 1985.

6. Communication de Dominique Bertrand au colloque de Reid Hall, Paris, décembre 1989 sur « Le pouvoir des femmes ».

7. Cité par Théodore Zeldin, *Les Françaises*, Paris, Laffont, 1983, p. 403.

8. Jean-Louis Deaucourt, *Les concierges à Paris au XIXe siècle*, Thèse de l'Université de Paris VII, 1989, II, p. 492.

9. *Ibid.*, II, p. 804.

10. Martine Segalen, *Mari et femme dans la société paysanne*, Paris, Flammarion, 1980.

11. Jacques Rancière, *Courts voyages au pays du Peuple*, Paris, Le Seuil, 1990.

12. L.A. Martin, *De l'éducation des mères de famille ou de la civilisation du genre humain par les femmes*, Paris, Gosselin, 1834.

13. Stella Georgoudi, « Bachofen. Le matriarcat et le monde antique. Réflexions sur la création d'un mythe », t. 1 (*Antiquité*) de la *Storia delle Donne/ Histoire des Femmes*, sous la dir. de Pauline Schmitt-Pantel, Paris, Plon, 1991.

14. Anne-Lise Maugue, *L'identité masculine en crise*, Marseille, Rivages, 1987.

15. Anne-Marie Sohn, *Les attentats à la pudeur sur les fillettes et la sexualité quotidienne en France (1870-1939)*, dans *Mentalités*, n° 3 : *Violences sexuelles*, Paris, Imago, 1989, p. 71-113 : de Marie-Victoire Louis, *Le droit de cuissage en France au XIXe siècle*, L'Atelier, 1995.

16. Cfr les études de Geneviève Fraisse et Françoise Collin, *Histoire des Femmes, op. cit.*, t. IV et V ; Michèle Le Deuff, *L'étude et le rouet*, Paris, Le Seuil, 1989.

17. Christine Fauré, *La démocratie sans les femmes. Essai sur le libéralisme en France*, Paris, PUF, 1985 ; Geneviève Fraisse, *Muse de la Raison. La démocratie exclusive ou la différence des sexes*, Marseille, Alinéa, 1989.

18. Point controversé : cfr Centre Georges Pompidou/Centre de Recherches Interdisciplinaires de Vaucresson, *La Famille, la Loi, l'État. De la Révolution au Code Civil*, textes réunis et présentés par Irène Thery et Christian Biet, Paris, Imprimerie nationale, 1989.

19. Joan W. Scott, « La travailleuse », t. IV (XIXe siècle) de la *Storia delle Donne/Histoire des Femmes*, étudie tout particulièrement comment le discours de l'économie politique construit la notion de « travail féminin » et comment la

division sexuelle du travail est d'abord un effet de langage, Paris, Plon, 1991. pp. 419-422.

20. Geneviève Fraisse, *Muse de la Raison, op. cit.*, étudie longuement cette histoire.

21. Christine Planté, *La petite sœur de Balzac. Essai sur la femme auteur au XIXe siècle*, Paris, Le Seuil, 1989.

22. T. I. *L'antiquité*, sous la direction de Pauline Schmitt-Pantel, Rome, Laterza, 1990 ; Paris, Plon, 1991.

23. Danièle Régnier-Bohler, *Voix de femmes*, dans le t. II (Moyen-Âge) de la *Storia delle Donne/Histoire des Femmes*, Rome, 1990, Paris, 1991, sous la direction de Christiane Klapisch-Zuber.

24. Bonnie G. Smith, *The Ladies of the Leisure Class. The Bourgeoises of Northern France in the XIXth century*, Princeton, Princeton University Press, 1981 ; tr. fr., Paris, Perrin, 1989.

25. Jules Vallès, *Le Réveil*, 24 novembre 1881, reproduit dans *Œuvres*, t. II, sous la dir. de Roger Bellet, Paris, Pléiade, 1989, p. 727-731 (à propos de la loi Camille Sée organisant les lycées de filles et l'enseignement secondaire féminin).

26. Cfr étude récente de Jo Burr Margadant, *Madame le Professeur. Women Educators in the Third Republic*, Princeton, Princeton University Press, 1990 ; Jacques et Mona Ozouf, *La République des instituteurs*, Paris, EHESS, 1992.

27. *Histoire de la vie privée*, t. IV, XIXe siècle, cité p. 155.

28. J. Baudrillard, *De la séduction*.

29. Outre les ouvrages déjà cités de M. Segalen et Bonnie Smith, cfr Anne-Martin Fugier, *La Bourgeoise. Femme au temps de Paul Bourget*, Paris, Grasset, 1983 ; Geneviève Fraisse, *Femmes toutes mains. Essai sur le service domestique*, Paris, Le Seuil, 1989 ; Michelle Perrot, *Histoire de la vie privée*, t. IV, p. 143-146 et divers articles.

30. On trouvera une remarquable analyse des rapports masculins-féminins dans le monde ouvrier contemporain dans Olivier Schwartz, *Le Monde privé des ouvriers. Hommes et femmes du Nord*, Paris, PUF, 1990.

31. Outre les études d'A.M. Sohn et de M. V. Louis, citées, cf. Élisabeth Claverie et Pierre Lamaison, *L'Impossible mariage. Violence et parenté en Gévaudan*, Paris, Hachette, 1982.

32. *Œuvres complètes de Tocqueville*, t. XV, p. 292 (lettre du 10 novembre 1856), Paris, Gallimard, 1983 (sous la dir. de Pierre Gibert).

33. Parmi les études exemplaires, celle de Bonnie Smith, déjà citée, de Nancy Cott, *The Bonds of Womanhood, Woman's Sphere in New England, 1780-1835*, New Haven and London, Yale University Press, 1977 ; Eleni Varikas, *La Révolte des dames. Genèse d'une conscience féministe dans la Grèce du XIXe siècle*, Thèse de doctorat de Paris VII, 1988.

34. C'est très sensible dans le féminisme saint-simonien par exemple : cfr Michèle Riot-Sarcey, *Parcours de femmes dans l'apprentissage de la démocratie (1830-1870). Désirée Gay, Jeanne Deroin, Eugénie Niboyet*, Thèse de l'Université Paris I, 1990.

35. Vue d'ensemble dans le t. IV de la *Storia delle Donne/Histoire des Femmes*, par Anne-Marie Käppelli, *Scènes féministes* ; citons aussi Laurence Klejman et Florence Rochefort, *L'Égalité en marche. Histoire du féminisme sous la Troisième République*, Paris, Fondation nationale des sciences politiques et Éditions des femmes, 1989.

36. George Sand, *À propos de la femme dans la société politique. Lettre aux membres du Comité central*, dans 1848. *Souvenirs et idées*.

Sortir

1. *La Tribune des Femmes*, 2ᵉ année, cité par Michèle Riot-Sarcey, « Parcours de femmes dans l'apprentissage de la démocratie », thèse, Paris I, 1990.
2. Nancy F. Cott. *The Bonds of Womankood, « Woman's Sphere » in New England, 1780-1835*, New Haven and London, Yale University Press, 1977 ; Bonnie G. Smith, *Ladies of the Leisure Class, the Bourgeoises of Northern France in the Nineteenth Century*, Princeton, Princeton University Press, 1981 : trad. française, *Les Bourgeoises du Nord (1850-1914)*. Paris, Perrin, 1989 ; Eleni Varikas, « La révolte des dames, Genèse d'une conscience féministe dans la Grèce du XIXᵉ siècle », thèse de doctorat Paris VII, 1988.
3. B.-C. Pope, Renate Bridenthal and Claudia Koonz éd., in *Becoming Visible, Women in European History*, Houghton Mifflin Company, Boston, (1977), 2ᵉ éd. 1987.
4. Catherine Duprat, « Charité et Philanthropie à Paris au XIXᵉ siècle », doctorat d'État, Paris I, 1991.
5. Cité par Geneviève Fraisse, *Muse de la raison la démocratie exclusive et la différence des sexes*, Aix-en-Provence, Alinéa, 1989, p. 36.
6. Ute Frevert, *Women in German History, From Bourgeois Emancipation to Sexual Liberation*, Oxford, Hamburg, New York, Berg Publishers, 1989 (éd. allemande, Suhrkamp Verlag, 1986).
7. F.-K. Prochaska, *Women and Philanthropy in 19th Century England*, Londres, Oxford, Clarendon Oxford Press, 1980 : Françoise Barret-Ducrocq, « Modalités de reproduction sociale et code de morale sexuelle des classes laborieuses à Londres dans la période victorienne », thèse, Paris IV, 1987 ; Caroll Smith Rosenberg, *Religion and the Rise of American City*, Ithaca, New York, Cornell University Press, 1971.
8. Rosalind H. Williams, *Dream Worlds : Mass Consumption in Late Nineteenth-Century France*, Berkeley, Los Angeles, London, University of California Press, 1982.
9. Martha Vicinus, *Independent Women, Work and Community for Single Women, 1850-1920*, Londres, Virago Press, 1985.
10. Sylvie Fayet-Scribe, « Les associations féminines d'éducation populaire et d'action sociale. De *Rerum Novarum (1891)* au *Front Populaire* », thèse, Paris VII, 1988.
11. Marie-Claire Hoock-Demarle, « Bettina Brentano von Arnim ou la mise en œuvre d'une vie », thèse d'État, 1985, M. Perrot, « Flora Tristan enquêtrice », in Stéphane Michaud éd., *Flora Tristan : un fabuleux destin*, Dijon, Presses Universitaires, 1985.
12. Marie-Antoinette Perret, « Enquête sur l'enfance "en danger moral" », maîtrise, Paris VII, 1989.
13. Yvonne Knibiehler, *Nous les assistantes sociales*, Paris, Aubier Montaigne, 1981 ; *id* et divers, *Cornettes et blouses blanches*, Paris, Hachette, 1984.
14. Cité par C. Duprat, *op. cit.*
15. Bonnie G. Smith, *Changing Lives Women in European History since 1700*, Lexington, Toronto, D.C. Heath and Company, 1989, p. 218 ; Anne Summers, « Pride and Prejudice : ladies and Nurses in the Crimean War », in *History Workshop Journal*, 16, aut. 1983, pp. 33-57, *Ever Yours, Florence Nightingale, Selected letters*, Martha Vicinus et Bea Nergaard éd., Londres, Virago, 1990.
16. Bonnie G. Smith, *Ladies, op. cit.*
17. Cité par M. Riot-Sarcey, *op. cit.* (texte de 1831).
18. Mary P. Ryan, « The power of Women's networks », in *Sex and Class in*

Women's History, Judith R. Newton, Mary P. Ryan, et Judith R. Walkowitz éd., London, Boston, Routledge and Kegan, 2ᵉ éd. 1985, pp. 167-186.

19. C. Smith-Rosenberg, *Disorderly Conduct, Visions of gender in Victorian America*, Oxford University Press, 1985, pp. 176-177.

20. Peter Stearns, « Working-class women in Britain, 1890-1914 », in Martha Vicinus éd., *Suffer and Be Still, Women in the Victorian Age*, Londres, Bloomington, Indiana University Press, 1972, pp. 100-120.

21. Dorothy Thompson, « Women and Nineteenth Century Radical Politics. A lost dimension », in Juliett Mitchell et Ann Oakley éd., *The Rights and Wrongs of Women*, New York Penguin Books, 1976, pp. 112-139.

22. Nancy Tomes, « A torrent of abuse : crimes of violence between working-class men and women in London (1840-1875) », *The Journal of Social History*, 11/3, printemps 1978, pp. 328-345.

23. Eric Hobsbawm, « Sexe, vêtements et politique », *Actes de la recherche en sciences sociales*, 23, 1978.

24. Ludwig-Uhland Institut, de l'université de Tubingen, *Quand les Allemands apprirent à manifester. Le phénomène culturel des « manifestations pacifiques de rue » durant les luttes pour le suffrage universel en Prusse*, Exposition, mai-juin 1989, Paris, 1989 (cf. « les femmes », pp. 48-55).

25. Jean-Marie Flonneau, « Crise de vie chère et mouvement syndical (1910-1914) », *Le Mouvement social*, juillet-septembre 1970.

26. Rudolf M. Dekker, « Women in Revolt, Popular protest and its social basis in Holland in the seventeenth and eighteenth centuries », in *Theory and Society*, 16, 1987, pp. 337-362 ; Malcolm I. Thomis and Jennifer Grimmett, *Women in Protest 1800-1850*, Londres, Croom Helm, 1982 ; Louise A. Tilly, « Paths of Proletarianization Organization of Production, Sexual division of Labor and Women's Collective Action », *Signs 7*, 1981, pp. 401-417 ; Temma Kaplan, « Female consciousness and collective action : the case of Barcelona, 1910-1918 », *Signs 7*, printemps 1982, p. 564.

27. Suzannah Barrows, *Miroirs déformants, Réflexions sur la foule en France à la fin du XIXᵉ siècle*, Paris, Aubier, 1990 (1ʳᵉ éd. américaine, 1980).

28. M. Perrot, *Les Ouvriers en grève (1871-1890)*, t. I, Paris, Mouton, 1974.

29. Claire Auzias et Annick Houel, *La Grève des ovalistes Lyon, juin-juillet 1869*, Paris, Payot, 1982 ; Sian F. Reynolds, *Britannica's Typesetters Women Compositors in Edinburgh*, Edinburgh University Press, 1989 ; *Theresa Malkiel, Journal d'une gréviste*, présenté par Françoise Basch, Paris, Payot, 1980.

30. Nathalie Chambelland Liebault, « La durée et l'aménagement du temps de travail des femmes de 1892 à l'aube des conventions collectives », thèse droit, Nantes, 1989.

31. Lettre (XII 1855) citée par Anne Summers, *op. cit.*, p. 48.

32. Geneviève Fraisse, *Femmes toutes mains. Essai sur le service domestique*. Paris, Le Seuil, 1979, p. 3 sq.

33. Charles Sowerwine, *Les Femmes et le socialisme*. Paris, Presses de la Fondation nationale des sciences politiques, 1978 ; Marianne Walle, « Contribution à l'histoire des femmes allemandes entre 1848 et 1920, à travers les itinéraires de Louise Otto, Helene Lange, Clara Zetkin et Lily Braun », thèse, Université Paris VII, 1989.

34. Jill Liddington, « Women cotton workers and the suffrage campaign : the radical suffragists in Lancashire 1893-1918 », in Sandra Burman éd., *Fit Work for Women*, Croom Held, Londres, 1979, pp. 98-112.

35. Texte réédité à Paris, L'Harmattan, 1988, par Denys Cuche et Stéphane Michaud.

36. Martin Nadaud, *Mémoires de Léonard ancien garçon maçon*, édition établie et commentée par Maurice Agulhon, Paris, Hachette, 1976.

37. Octave Mirbeau, *Le Journal d'une femme de chambre*. Paris, 1900.

38. Leonore Davidoff, « Class and Gender in Victorian England », in *Sex and Class in Women's History*, Londres. Routledge and Kegan, 1983, pp. 17-71 ; *The Diaries of Hannah Cullwick*, Londres Virago, L. Stanley éd.

39. J. Dupâquier, *Histoire de la population française*, Paris, Colin, 1989, t. III, pp. 133 et 184.

40. M. Jeanne Peterson, « The victorian governess : Status incongruence in family and society », in Martha Vicinus éd., *Suffer and be Still. Women in the Victorian Age*, Indiana University Press. Bloomington et Londres, 1972.

41. Elinor Lerner, « Structures familiales, typologie des emplois et soutien aux causes féministes à New York (1915-1917) », in *Stratégies des femmes*, ouvrage collectif édité par Tierce, Paris, 1984, pp. 424-443.

42. Carroll Smith Rosenberg, Esther Newton, « Le mythe de la lesbienne et la Femme nouvelle », in *Stratégies des femmes, op. cit.*, pp. 274-312 : Shan Benstock, *Femmes de la Rive Gauche, Paris, 1900-1914*, Paris, Éditions des Femmes, 1987.

43. Citée par Elinor Lerner. *op. cit.*, p. 429.

44. *Épopée d'une anarchiste, New York 1886-Moscou 1920*, trad. française de *Living my Life*, (Knopf, 1932), Paris, Hachette, 1979.

45. Yvonne Knibiehler et Régine Goutalier, *La Femme au temps des Colonies*, Paris. Stock. 1985 : A. J. Hammerton, « Feminism and female emigration, 1861-1886 », in Martha Vicinus éd., *A Widening Sphere Changing Roles of Victorian Women*, Indiana University Press, 1977, pp. 52-72.

46. Odile Krakovitch, *Les Femmes bagnardes*, Paris, Olivier Orban, 1990.

47. Denise Brahimi, *Femmes arabes et sœurs musulmanes*, Paris, Tierce, 1984.

48. Alain Corbin, *Le Territoire du vide. L'Occident et le désir du rivage, 1750-1840*, Paris, Aubier, 1988.

49. *Quoi ? L'Éternité*, Paris, Gallimard, 1988, pp. 96 sq.

50. Jacques Rancière, *Courts Voyages au pays du Peuple*, Paris, Le Seuil, 1990 : souvent, les femmes incarnent le Peuple pour les écrivains.

51. Jeanne Bouvier, *Mes mémoires. Une syndicaliste féministe (1876-1935)*, édition préparée par Daniel Armogathe et Maïté Albistur, Paris, Maspero, 1983, pp. 123-136.

52. Marie-Claire Pasquier, « Mon nom est Persona », Les femmes et le théâtre » in *Stratégies des femmes, op. cit.*, pp. 259-273.

53. Edmonde Charles-Roux, *Un désir d'Orient. La jeunesse d'Isabelle Eberhardt*, Paris, Grasset, 1988.

54. Alexandra David-Néel, *Journal de voyage (11 août 1904 — 26 décembre 1917)*. Paris, Plon, 1975.

55. Ève et Jean Gran-Aymeric, *Jane Dieulafoy, une vie d'homme*, Paris, Perrin, 1990.

56. *Ibid.*, p. 101, lettre du 12 février 1912.

57. Comme le fait Edward Shorter, *Le Corps des femmes*. Paris, Le Seuil, 1984.

58. Christine Fauré, *Terre, Terreur, Liberté*. Paris, Maspero, 1979 ; Nancy Green, « L'émigration comme émancipation, les femmes juives d'Europe de l'Est à Paris, 1881-1914 », *Pluriel*, 27, 1981, pp. 51-59.

59. Lee Holcombe, « Victorian wives and Property. Reform on the married women's property law, 1857-1882 », in *A Widening Sphere, op. cit.*, pp. 328.

60. Francis Ronsin, *Le Contrat sentimental. Débat sur le mariage, l'amour, le divorce, de l'Ancien Régime à la Restauration*, Paris, Aubier, 1990.

61. Geneviève Fraisse, *Muse de la Raison, op. cit.*, p. 107.

62. Francis Ronsin, « Du divorce et de la séparation de corps en France au XIXe siècle », thèse Paris VII, 1988.

63. Barbara Welter, « The feminization of American religion, 1800-1860 », in *Clio's Consciousness Raised. New perspectives on the History of Women*, Mary Hartman et Lois W. Banner éd., Harper Torchbooks, Harper and Row publishers, New York, Londres, 1974 (pp. 137-158).

64. Anne-Marie Sohn, « Les femmes catholiques et la vie publique en France (1900-1930) », in *Stratégies des femmes, op. cit.*, pp. 97-121.

65. Lucia Bergamasco, « Condition féminine et vie spirituelle en Nouvelle Angleterre au XVIIIe siècle », thèse École des hautes études, 1987 ; et Nancy Cott, *The Bonds of Womanhood, op. cit.*

66. Carroll Smith-Rosenberg, « The Cross and the Pedestal. Women, antiritualism, and the emergence of the American Bourgeoisie », in *Disorderly Conduct. Vision of Gender in Victorian America*, New York, Oxford, Oxford University Press, 1985 (pp. 129-165).

67. Barbara Taylor, *Eve and the New Jerusalem. Socialism and Feminism in the Nineteenth Century*, Londres, Virago Press, 1983.

68. J. Rancière, *Courts voyages au pays du Peuple, op. cit.* ; *la Nuit des Prolétaires*, Paris, Fayard, 1981 ; Claire Demar, *Ma loi d'avenir* (1831), réédition Paris, Maspero, 1981, préface de Valentin Pelosse.

69. Berth Archer Brombert, *La Princesse Belgiojoso ou l'engagement romantique*, Paris, Albin Michel, 1989, (trad. française de *Cristina, Portraits of a Princess*, 1977).

70. Cité par G. Fraisse, *Muse de la Raison, op. cit.*, p. 31.

71. Rudolf M. Dekker et Lotte C. Van de Pol, « Republican heroines : cross dressing women in the french revolutionary armies », in *History of European Ideas*, 1989, vol. 10, n° 3, pp. 353-363.

72. Lucette Czyba, *La Femme dans les romans de Flaubert*, Presses Universitaires de Lyon, 1983, pp. 193 et 366.

73. Informations et dossier fournis par Eleni Varikas. Qu'elle soit ici remerciée.

74. Cité par Brombert, *La Princesse Belgiojoso, op. cit.*, p. 174.

75. Margaret Ward, *Unmanageable Revolutionaries Women and Irish Nationalism*, Londres, Pluto Press, 1983.

La parole publique des femmes

1. Marc Fumaroli, « La conversation », *Les lieux de mémoire*, tome III, Les France, vol. 2, *Traditions*, p. 679-743, Paris, Gallimard, 1993.

2. Cité par Sylvain Maréchal, *Projet d'une loi portant défense d'apprendre à lire aux femmes*, Paris, 1801, p. 59.

3. À ce sujet, voir *La religion de ma mère. Le rôle des femmes dans la transmission de la foi*, sous la dir. de Jean Delumeau, Paris, Éditions du Cerf, 1992.

4. Nicole Bériou, « Femmes et prédicateurs. La transmission de la foi aux XIIe et XIIIe siècles », *op. cit.*, p. 69.

5. Marianne Carbonnier-Burkard « La réforme en langue de femmes », *op. cit.*, p. 186.

6. Michelle Perrot, « Sortir », dans *Histoire des Femmes en Occident*, t. IV, Le XIXe siècle, Paris, Plon, 1992, p. 490.

7. Jacques Rancière *Courts voyages au pays du Peuple*, Paris, Le Seuil, 1991, p. 82.

8. *La religion de ma mère, op. cit.*, p. 192.

9. Nicole Edelman, « Somnambules, mediums et spirites au XIXe siècle », thèse de l'université Paris 7, 1990. « La médiumnité fut ainsi une étrange brèche dans l'enfermement des femmes au XIXe siècle », écrit l'auteur, p. 622 ; publié sous le titre *Voyantes, guérisseuses et visionnaires en France, 1785-1914*, Paris, Albin Michel, 1995.

10. Dominique Godineau, *Citoyennes tricoteuses. Les femmes du peuple à Paris pendant la Révolution*, Marseille, Alinéa, 1988 ; « Filles de la liberté et citoyennes révolutionnaires », *Histoire des Femmes en Occident*, tome IV, *op. cit.*, p. 27-43.

11. Sur cette histoire de la conversation au XIXe siècle, cf. Marc Fumaroli, article cité.

12. Dorothy Thompson, « Women and Nineteenth century radical politics : a lost dimension », in *The rights and wrongs of women*, Juliett Mitchell et Ann Oakley edit., New York, Penguin Books, 1976, p. 112-139.

13. *Archives départementales du Nord*, M 595/7, pièce 6, statuts de la Chambre syndicale ouvrière de Roubaix, article 10.

14. *Le Rappel*, 28 novembre 1874.

15. Maxime Leroy, *La coutume ouvrière*, I, p. 75-84 (sur les femmes dans les syndicats français), Paris, Giard et Brière, 1913.

16. *Id. op. cit.*, p. 84.

17. Edmond de Goncourt, *La Fille Élisa*, 1876.

18. Marc Fumaroli, *op. cit.*, p. 703.

19. Nicole Arnaud-Duc, « Les contradictions du Droit », *Histoire des Femmes en Occident*, tome IV, op. cit., p. 98.

20. Laurence Klejman et Florence Rochefort, *L'Égalité en marche. Le féminisme sous la Troisième République*, Paris, Fondation nationale des Sciences politiques / Éditions des Femmes, 1989, p. 132 ; M. Prassini, « Les femmes et les professions juridiques en France (fin XIXe siècle-1939) », mémoire de DEA, Paris 7, 1990.

21. Cité par Christine Fauré, *Terre, terreur, liberté*, Paris, Maspéro, 1979, p. 30.

22. Laurence Klejman et Florence Rochefort, *op. cit.*, passim et leur article sur « les congrès féministes internationaux », in *Mil neuf cent*, revue d'histoire intellectuelle, n° 7, 1989, « Les congrès, lieux de l'échange intellectuel ».

23. Emma Goldman, *Épopée d'une anarchiste*, Paris, Hachette, 1979, traduction française de *Living my Life*, cité p. 35.

24. Emma Goldman, *op. cit.*, p. 113.

25. Adélaïde Popp, *La Jeunesse d'une ouvrière*, édition allemande 1909 ; traduction française, Paris, Maspéro, 1979, avec une introduction de George Haupt ; toutes les citations sont extraites de cette édition.

Les femmes et la citoyenneté en France (bibliographie)

Agulhon M. (1977), *Le cercle dans la France bourgeoise (1810-1848)*, Paris, Colin ; (1979), *Marianne au combat. L'imagerie et symbolique républicaine de 1789 à 1880*, Paris, Flammarion ; (1989), *Marianne au pouvoir. L'imagerie et la symbolique républicaine de 1880 à 1914*, Paris, Flammarion.

Duby G. (1991), « Le modèle courtois », *Histoire des femmes en Occident, II, Le Moyen Age*, sous la direction de Klapisch Ch., Paris, Plon.

Bard C. (1995), *Les Filles de Marianne. Histoire des féminismes, 1914-1940*, Paris, Fayard ; (1996), « L'étrange défaite des suffragistes (1919-1939) », in *La démocratie à la française ou les femmes indésirables*, sous la direction de Viennot E., Université Paris 7.

Fauré C. (1985), *La Démocratie sans les femmes. Essai sur le libéralisme en France*, Paris, PUF.

Foucault M. (1973), *Moi, Pierre Rivière, ayant égorgé ma mère, ma sœur, et mon frère*, Un cas de parricide au XIXe siècle, Paris, Gallimard.

Fumaroli M. (1992), « La conversation », in *Les Lieux de mémoire, III, Les France, 2, Traditions*, sous la direction de Nora P., Paris, Gallimard.

Fraisse G. (1989, nouv. édit. 1995), *Muse de la raison. Démocratie et exclusion des femmes en France*, Paris, Gallimard ; (1992), *La raison des femmes*, Paris, Plon.

Gaspard F. (1995), « Des partis et des femmes », in *Démocratie et représentation*, sous la direction de Riot-Sarcey M., Paris, Kimé, 1995.

Godineau D. (1988), *Citoyennes tricoteuses. Les femmes du peuple à Paris pendant la Révolution*, Aix-en-Provence, Alinéa.

Hepp N. (1992), « La galanterie », in *Les lieux de mémoire, III, Les France, 2, Traditions*, sous la direction de Nora P., Paris, Gallimard.

Héritier F. (1996), *Masculin/Féminin. La pensée de la différence*, Paris, Odile Jacob.

Isambert-jamati V. (1995), *Solidarité familiale et réussite sociale*, Paris, L'Harmattan.

Klejman L., Rochefort F. (1989), *L'Égalité en marche. Le féminisme sous la Troisième République*, Paris, Presses de Sciences-Po/Des femmes.

Laqueur T. (1992), *La Fabrique du sexe. Essai sur le corps et le genre Occident*, Paris, Gallimard.

Le Goff J. (1996), *Saint-Louis*, Paris, Gallimard.

Michelet J. (1995), *Cours au Collège de France, II, 1848-1851*, par Viallaneix P., Paris, Gallimard.

Mossuz-Lavau J. Sineau M., (1983), *Enquêtes sur les femmes et la politique en France*, Paris, PUF.

Muel-Dreyfus F. (1996), *Vichy et l'éternel féminin*, Paris, Seuil.

Ortiz L. (1995), « Souveraineté, représentation et droit de suffrage des femmes », in *Démocratie et représentation, op. cit.*

Ozouf J. et M. (1992), *La République des instituteurs*, Paris, Gallimard-Le-Seuil.

Ozouf M. (1995), *Les Mots des femmes. Essai sur la singularité française*, Paris, Fayard.

Perrot M. (1994), « La parole publique des femmes », in *Mélanges en l'honneur de Rita Thalmann*, Paris, Frankfurt-am-Main, Peter Lang ; (1995), « Public, privé et rapports de sexes », in *Public/Privé*, sous la direction de Chevallier J.-J., Paris, PUF ; (1997), *George Sand, Politique et Polémiques*, Paris, Imprimerie nationale.

Riot-Sarcey M. (1994), *La Démocratie à l'épreuve des femmes. Trois figures critiques du pouvoir (Eugénie Niboyet, Désirée Gay, Jeanne Deroin)*, Paris, Albin Michel.

Rosanvallon P. (1985), *Le Moment Guizot*, Paris, Gallimard, (1992), *Le sacre du citoyen. Essai sur le suffrage universel en France*, Paris Gallimard.

Du Roy P. et N. (1994), *Citoyennes ! Il y a cinquante ans, le vote des femmes*, Paris, Flammarion.

Scott J.-W. (1996), *Only Paradoxes to Offer. French Feminists and the Rights of Man*, Cambridge, Londres, Harvard University Press, tr. française, *La Citoyenne paradoxale*, Paris, Albin Michel, 1998.

Sineau M. (1988), *Des femmes en politique*, Paris, Economica ; (1995), *Mitterand et les Françaises : un rendez-vous manqué* (avec Jenson J.), Paris, Presses de la Fondation nationale des sciences politiques.

Sledziewski E. (1989), *Révolutions du sujet*, Paris, Klincksieck ; (1991), « Révolution française. Le tournant », in *Histoire des femmes en Occident, IV, Le 19ème siècle*, sous la direction de Fraisse G. et Perrot M., Paris, Plon.

Zemon-Davis N. (1991), « La femme au politique », *Histoire des femmes en Occident, III (XVI-XVIIIe siècles)* ; sous la direction de Farge A. et Zemon-Davis N.

Le genre de la ville

1. *Les Femmes et la ville. Guide bibliographique*, décembre 1992, CNRS, publié par l'Association « Femmes et Ville », 110 boulevard Longchamp, 13001, Marseille. Parmi les travaux les plus suggestifs, cf. Yvonne Knibiehler (sous la direction de), *Marseillaises. Les femmes et la ville*, Paris, Côté-femmes, 1993 ; Sabine Juratic et Nicole Pellegrin, « Femmes, Villes et Travail en France dans la deuxième moitié du XVIIIe siècle », *Histoire, Économie, Société*, 1994, 3e trimestre, p. 477-500, fournit pour le XVIIIe siècle de très nombreuses références.

2. Michelle Perrot, « Amour des villes et sensibilité ouvrière », communication au colloque de Beaubourg, « La Ville en œuvres », 1994, publié dans *Mélanges offerts à Jean-Pierre Aguet*, Université de Lausanne, 1996.

3. M. Perrot, « Vies ouvrières », *Lieux de Mémoire*, sous la direction de Pierre Nora, III- *Les France*, tome 3, *De l'archive à l'emblème*, p. 87-123.

4. Voir notamment les travaux d'Arlette Farge, *La Vie fragile. Violence, pouvoirs et solidarités à Paris au XVIIIe siècle*, Paris, Hachette, 1986.

5. Anne-Marie Sohn, *Chrysalides. Femmes dans la vie privée (XIXe-XXe siècles)*, Publications de la Sorbonne, 2 vol., 1996.

6. Alain Corbin, *Les Filles de Noce. Misère sexuelle et prostitution (XIXe-XXe siècles)*, Paris, Aubier, 1978.

7. Cécile Dauphin, « Femmes seules », *Histoire des femmes en Occident*, sous la direction de Georges Duby et Michelle Perrot, tome IV, *Le XIXe siècle*, Paris, Plon, 1991, p. 445-462, donne une bonne vue d'ensemble des problèmes et des recherches.

8. La récente thèse d'Élise Feller, « Vieillissement et société dans la France du premier XXe siècle », Université Paris 7 — Diderot, 1997, consacre un chapitre à cette question.

9. Louis Chevalier, *La Formation de la population parisienne au XIXe siècle*, Paris, PUF, 1950 ; *Classes laborieuses, classes dangereuses à Paris pendant la première moitié du XIXe siècle*, Paris, Plon, 1958.

10. Anne Martin-Fugier, *La Place des bonnes. La domesticité féminine à Paris en 1900*, Paris, Grasset, 1979.

11. Texte réédité avec une présentation de Denys Cuche et Stéphane Michaud, Paris, L'Harmattan, 1988.

12. Michelle Perrot, « Public, Privé et rapports de sexes » ; *in Public/Privé*, sous la direction de Jacques Chevallier, Curap, Université de Picardie, Paris, PUF, 1995, p. 65-75.

13. Susanna Barrows, *Miroirs déformants. Réflexions sur la foule en France à la fin du XIXe siècle*, Paris, Aubier, 1990 (édit. américaine, 1981).

14. Jacqueline Lalouette, « Les débits de boisson en France (1871-1914) », Thèse, Paris-I, 1980.

15. Lucienne Roubin, *Chambrettes des provençaux*, Paris, Plon, 1970 ; Maurice Agulhon, diverses contributions réunies dans *Histoire vagabonde*, I, *Ethnologie et politique dans la France contemporaine*, Paris, Gallimard, 1988, en particulier « Classe ouvrière et sociabilité avant 1848 ».

16. Pierre Rosanvallon, *Le Moment Guizot*, Paris, Gallimard, 1984.

17. Maurice Agulhon, *Marianne au combat. L'imagerie et la symbolique républicaines de 1789 à 1880*, Paris, Flammarion, 1979, suivie de *Marianne au pouvoir, L'imagerie... de 1880 à 1914*, Paris, Flammarion, 1989.

18. Claude Quiguer, *Femmes et machine de 1900. Lecture d'une obsession Modern Style*, Paris, Klincksieck, 1979.

19. Jules Vallès, *L'Argent, « Géographie de la Bourse »*, 1857, Paris, édition de La Pléiade présentée par Roger Bellet, t. I, p. 25-26.

20. Geneviève Fraisse, *Muse de la raison. La démocratie exclusive et la différence des sexes*, Marseille, Alinéa, 1989, 2e édition, Gallimard, 1995.

21. Françoise Parent-Lardeur, *Lire à Paris au temps de Balzac. Les cabinets de lecture à Paris, 1815-1830*, Paris, EHESS, 1981.

22. Maxime Du Camp, *Paris, ses organes, ses fonctions, sa vie*, Paris, 1869-1875, 6 volumes (une mine de renseignements pour les problèmes qui nous intéressent, dont il faudrait faire une lecture systématique).

23. Michelet, *Cours au Collège de France, II, 1845-1851*, publiés par Paul Viallaneix, Paris, Gallimard, 1995, 522.

24. Id., p. 527 ; sur les échanges de Jules Michelet avec ses auditrices, p. 529-530.

25. Jean-Claude Caron, *Générations romantiques. Les étudiants de Paris et le Quartier latin, 1814-1851*, Paris, Colin, 1991.

26. Archives de la Préfecture de Police de Paris, B A 27.

27. Sur les premières étudiantes, cf. Carole Lécuyer, « Une nouvelle figure de la jeune fille sous la Troisième République : l'étudiante », *Clio*, 1996/4, p. 166-176.

28. J. et E. de Goncourt, *Journal*, édition de 1956, t. 8, 44 (4 août 1867).

29. *Gaz. des Tribunaux*, 31 XII 1869.

30. Alain Corbin (sous la direction de), *L'Avènement des loisirs, 1850-1960*, Paris, Aubier, 1995.

31. Arlette Farge, *Vivre dans la rue à Paris au XVIIIe siècle*, Paris, Archives, Julliard/Gallimard, 1979.

32. Serge Gruzinski, *Histoire de Mexico*, Paris, Fayard, 1996.

33. Jean-Michel Gourden, « Le commerce de détail à Paris au XIXe siècle », thèse Paris 7, 1983.

34. Michel de Certeau, *L'Invention du quotidien*, 2/Luce Giard et Pierre Mayol, *Habiter, cuisiner*, Paris, UGE 1980.

35. Bernard Marrey, *Les Grands Magasins des origines à 1939*, Paris, Picard, 1979 ; Françoise Parent-Lardeur, *Les Demoiselles de magasin*, Éditions ouvrières, 1969 ; Huguette Vanier, *La Mode et ses métiers. Frivolités et luttes de classes (1830-1870)*, Paris, Colin, 1960 ; Claudie Lesselier, « Les employées de Grands Magasins », *Le Mouvement social*, X-XII, 1978.

36. J'ai développé ces divers aspects plus longuement dans « Femmes au Lavoir », *Sorcières*, janvier 1980. Sur la faiblesse de l'hygiène publique, cf. Lion

Murard et Patrick Zylberman, *L'Hygiène dans la République. La santé publique en France ou l'utopie contrariée (1870-1918)*, Paris, Fayard, 1996.

37. Jean-Marc Berlière, *La police des mœurs sous la Troisième République*, Paris, Le Seuil, 1992.

38. Pierre Favre (dir.), *La Manifestation*, Paris, Fondation nationale des Sciences politiques, 1990.

39. Vincent Robert, *Les Chemins de la manifestation, 1848-1914*, Lyon, Presses universitaires, 1996.

Partie IV : Figures

Présentation

1. Stéphane Michaud (sous la direction de), *Flora Tristan, George Sand, Pauline Roland. Les femmes et l'invention d'une nouvelle morale (1830-1848)*, Paris, Créaphis, 1994, et notamment Madeleine Rebérioux, « George Sand, Flora Tristan et la question sociale », p. 83-94.

2. Stéphane Michaud, *Muse et Madone. Visages de la femme de la Révolution française aux apparitions de Lourdes*, Paris, Le Seuil, 1985 ; *Flora Tristan, 1803-1844*, Paris, Éditions ouvrières, 1984 ; *Flora Tristan. La paria et son rêve. Correspondance*, Paris, ENS-Éditions, Fontenay/Saint-Cloud, 1995 (édition intégrale avec de nombreux inédits et lettres des correspondants).

3. Georges Duby, *Dames du XIIe siècle*, 3 tomes, Paris, Gallimard, 1995-1996 ; Mona Ozouf, *Les Mots des femmes*. Paris, Fayard, 1995 (voir sa réflexion liminaire sur le portrait) ; Natalie Z. Davis, *Juive, Catholique, Protestante. Trois femmes en marge au XVIIe siècle*, Paris, Le Seuil, 1997 ; Joan W. Scott, *La citoyenne paradoxale. Les féministes françaises et les droits de l'homme*, Paris, Albin Michel, 1998, pour ne citer que quelques uns des plus récents et des plus remarquables livres construits sur le mode du portrait. Sur la notion d'exceptionnalité, cf. « Le genre de l'histoire », *Cahiers du GRIF*, 37/38, printemps 1988, notamment les articles de Christine Planté, « Écrire des vies de femmes », p. 57-77, et « Femmes exceptionnelles : des exceptions pour quelles règles ? », p. 91-111.

Flora Tristan, enquêtrice

1. Marbeau, *Politique des intérêts, ou Essais sur les moyens d'améliorer le sort des travailleurs sans nuire aux propriétaires*, Paris, 1834. Pour l'histoire de l'enquête sociale au XIXe siècle, voir : Hilde Rigaudias-Weiss, *Les enquêtes ouvrières en France entre 1830 et 1848*, Paris, Alcan, 1936 ; Michelle Perrot, *Enquêtes sur la condition ouvrière en France au XIXe siècle*, Paris, Micro-éditions Hachette, 1972 ; G. Leclerc, *L'Observation de l'homme. Une histoire des enquêtes sociales*, Paris, Seuil, 1979. Pour la Grande-Bretagne, J.-P. Navailles, *La Famille ouvrière dans l'Angleterre victorienne*, Éditions Champ Vallon, coll. « Milieux », 1983. Pour l'ensemble des problèmes évoqués ici, le livre classique de L. Chevalier, *Classes laborieuses, Classes dangereuses à Paris dans la première moitié du XIXe siècle*, Paris, Plon, 1958.

2. Sur le rôle des médecins, voir notamment B. Lécuyer, « Démographie statistique et hygiène publique sous la monarchie censitaire », *Annales de démographie historique*, 1977 ; « Les maladies professionnelles dans les Annales d'hygiène publique et de médecine légale ou une première approche de l'usure au travail », *Le Mouvement social*, numéro spécial sur *L'Usure au travail*, juillet-septembre 1983, sous la direction d'A. Cottereau.
3. *Promenades dans Londres* (=PdL), p. 52 et 57.
4. J.-M. de Gérando, *Le Visiteur du pauvre*, Paris, Colas, 1820.
5. Comme le montre notamment toute l'histoire du travail social. Ainsi : A. Fourcaut, *Femmes à l'usine en France dans l'entre-deux-guerres*, Paris, Maspero, 1982 (sur les surintendantes d'usine : l'enquête fait partie intégrante de leur formation) ; Y. Knibiehler, « Vocation sans voile, les métiers sociaux », in *Madame ou Mademoiselle ?*, Paris, Montalba, 1984.
6. Comme le montre bien, pour l'Angleterre, l'étude (inédite) de D. Thompson, « The withdrawal of the women in 19th century England » ; pour la France, les études de S. Roubin, *Chambrettes des Provençaux*, Paris, Plon, 1970, M. Agulhon, etc.
7. *Lettres*, p. 79.
8. J. Rancière, *La Nuit des prolétaires*, Paris, Fayard, 1981.
9. M.-Cl. Hoock-Demarle, « Les Écrits sociaux de Bettina von Arnim ou les débuts de l'enquête sociale dans le Vormärz prussien », *Le Mouvement social*, janvier-mars 1980 ; l'auteur a souvent comparé Bettina et Flora.
10. PdL., p. 18.
11. *Ibid.*, p. 114.
12. TdF, t. I, p. 83.
13. *Ibid.*, p. 82.
14. *Ibid.*, p. 28.
15. *Ibid.*, p. 46.
16. PdL. p. 114.
17. TdF, t. I, p. 199.
18. S. Michaud, *Flora Tristan (1803-1844), op. cit.*, p. 23.
19. TdF, t. I, p. 199.
20. A. Corbin, *Le Miasme et la Jonquille. L'odorat et l'imaginaire social (XVIIIe-XIXe siècles)*, Paris, Aubier-Montaigne, 1982.
21. TdF, t. I, p. 122.
22. *Ibid.*, p. 157.
23. *Ibid.*, p. 159.
24. PdL, p. 61.
25. PdL, p. 115.
26. TdF, t. I, p. 205-208.
27. A. Cottereau, « La Tuberculose : maladie urbaine ou maladie de l'usure au travail ? Critique d'une épidémiologie officielle », *Sociologie du travail*, avril-juin 1978, et le numéro spécial du *Mouvement social*, juillet-septembre 1983.
28. TdF, t. II, p. 100.
29. TdF, t. I, p. 139.
30. *Ibid.*, p. 114.
31. En France aussi, elle visite hôpitaux (à Lyon notamment) et prisons : ainsi à Montpellier, où elle manque Madame Lafarge pour laquelle elle éprouve d'ailleurs peu de sympathie : elle critique le régime de faveur relatif qui lui est consenti et préconise, par contre, la reconnaissance pour les femmes d'un régime « politique », comme il en existe pour les hommes.

32. Voir sa description de la Fête-Dieu à Lyon (TdF, t. I, p. 174), le lien qu'elle établit entre procession, orgie et prostitution ; ou encore sa peinture de la messe à la cathédrale de Saint-Étienne (TdF, t. I, p. 212). « Partout où le peuple est complètement stupide, vil, dégradé, misérable, il est très dévot [...]. La plus belle preuve qu'on puisse donner contre le catholicisme » (*Ibid.*, p. 230).

33. *Ibid.*, p. 134.

34. *Ibid.*, p. 147. Les études de C. Johnson ont montré que le cabetisme a été, en France, comme la première forme d'un parti ouvrier.

35. *Ibid.*, p. 157 : une étonnante scène de larmes à verser au dossier de la recherche en cours d'A. Vincent sur « l'histoire des larmes, XVIIIe-XIXe siècles ».

36. TdF, t. I, p. 125.

37. *Ibid.*, p. 138.

38. TdF, t. II, p. 138.

39. *Ibid.*, p. 175.

40. *Ibid.*, p. 188.

41. *Ibid.*, p. 189.

42. TdF, t. I, p. 214.

43. *Ibid.*, p. 216.

44. *Ibid.*, p. 182.

45. *Ibid.*, p. 115.

46. TdF, t. II, p. 91.

47. TdF, t. I, p. 133.

48. TdF, t. II, p. 125-127.

49. TdF, t. I, p. 54.

50. *Ibid.*, p. 31, discussion avec Cécile Dufour, secrétaire de la Ruche populaire.

51. TdF, t. II, p. 31 : le pouvoir des hommes étant, lui, identifié à la force et aux armes. La Force et la Douceur : Flora reprend les représentations majeures de son temps.

52. Lettres, p. 183.

53. TdF, t. I, p. 220.

54. *Ibid.*, p. 212.

55. *Ibid.*, p. 223.

56. TdF, t. II, p. 71.

57. TdF, t. I, p. 180.

58. TdF, t. II, p. 110.

59. Ch. Dupin, *Des forces productives et commerciales de la France*, Paris, 1827, ouvre son livre par un « hommage aux habitants de la France méridionale » qui est, en fait, une exhortation à abandonner les voies faciles du sous-développement et à suivre l'exemple du Nord industrieux et industriel.

60. TdF, t. I, p. 36.

61. *Ibid.*, p. 181.

62. *Ibid.*, p. 31.

63. *Ibid.*, p. 34.

64. J. Rancière, *Le Philosophe et ses pauvres* (Paris, Fayard, 1983) montre comment les penseurs du XIXe siècle ont fabriqué la figure idéale de l'ouvrier, toujours à venir. On pourrait appliquer une partie de ses analyses à Flora Tristan.

65. Voir le numéro 1-2 de *Romantisme*, « L'impossible unité ? »

66. TdF, t. I, p. 40.

67. *Ibid.*, p. 117.

68. *Ibid.*, p. 175.

69. TdF, t. II, p. 150 (à Béziers).

Sand : Une femme en politique

1. Thomas Laqueur, *La Fabrique du sexe. Essai sur le corps et le genre en Occident* (traduit de l'américain, *Making Sex*, 1990), Paris, Gallimard, 1992.
2. Pierre Rosanvallon, *Le Moment Guizot*, Paris, Gallimard, 1985.
3. Tocqueville, *Souvenirs*, Paris, Calmann-Lévy, 1893, p. 204 ; cité par G. Lubin, *Correspondance*, VIII, p. 590, n. 1.
4. *Corr.*, XXIV, p. 194, L. 17225, 7 janvier 1875.
5. *Histoire de ma vie*, édition de Georges Lubin, dans *Œuvres autobiographiques*, I, Paris, Pléiade, Gallimard, 1970 (ci-après abrégé HDMV).
6. *HDMV*, I, p. 16.
7. *HDMV*, I, p. 376.
8. *HDMV*, I, p. 469.
9. *HDMV*, I, p. 660.
10. *HDMV*, I, p. 71.
11. *HDMV*, I, p. 11.
12. *Corr.*, VI, p. 487, 1844.
13. *Corr.*, I, p. 667, L. 304, Nohant, 27 juin 1830.
14. *Corr.*, I, p. 669, L. 305, à Madame G. de Saint-Agnan, Nohant, 6 juillet 1830.
15. *Corr.*, I, p. 674, L. 307, à François Duris-Dufresne, Nohant, 19 juillet 1830.
16. *Corr.*, I, p. 683, L. 311, à Jules Boucoiran, Nohant, 31 juillet 1830.
17. *Corr.*, I, p. 704, L. 319, à Charles Meure, Nohant, 17 septembre 1830.
18. *Corr.*, I, p. 723, L. 325, à Charles Meure, Nohant, 30 octobre 1830.
19. *Corr.*, I, p. 807, L. 360, à Charles Meure, Paris, 25 février 1831.
20. *Corr.*, I, p. 818, L. 364, à Jules Boucoiran, Paris, 4 mars 1831.
21. *Corr.*, I, p. 874, L. 385, à Charles Meure, Paris, 20 avril 1831.
22. *Corr.*, II, p. 15, L. 450, à Charles Meure, Nohant, 27 janvier 1832.
23. *Corr.*, II, p. 104, L. 496, à Laure Decerfz, Paris, 13 juin 1832. Elle était à Paris au moment de ces événements et en a laissé un récit dans *Histoire de ma vie*.
24. *Corr.*, II, p. 111, L. 502, à Charles Meure, Nohant, 6 juillet 1832.
25. *Corr.*, III, p. 650, L. 1349, à Michel, 21 janvier 1839.
26. *La Revue des Deux Mondes*, 15 juin 1835 ; dans *Œuvres autobiographiques, op. cit.*, II, *Lettres d'un voyageur*, Lettre VI, à Éverard (11 avril 1835), p. 779-817.
27. 121 ouvriers et chefs de l'opposition sont accusés de conspiration et d'avoir été à l'origine des émeutes de Lyon et autres lieux.
28. *Corr.*, II, p. 942, à S. de La Rochefoucauld qu'elle sollicite pour une souscription, avril 1835.
29. *Corr.*, III, p. 67, L. 993 D.
30. Paul Bénichou, *Le Sacre de l'écrivain, 1750-1830*, Paris, Gallimard, 1973 ; *Le Temps des prophètes. Doctrines de l'âge romantique*, Paris, Gallimard, 1977 ; notamment p. 288 et suiv., « Fonction du poète et de l'artiste ». « C'est en proclamant la mission des arts et de la poésie dans la société moderne que le saint-simonisme a fait le plus grand effort pour rencontrer l'opinion contemporaine et pour la convaincre. »
31. *Corr.*, III, L. 1209 et 1217, à François Buloz, La Châtre, 3 et 11 juillet 1836.
32. *Corr.*, IV, p. 9-16, L. 1461, à Luc Lesage (futur gendre de Pierre Leroux), 1837.

33. *Corr.*, III, L. 958, à Adolphe Guéroult, 15 mai 1835 ; L. 995, au même, 20 octobre 1835 ; L. 1013, 9 novembre 1835.

34. *Corr.*, III, p. 325-329, L. 1132, à la famille saint-simonienne de Paris, Paris, 2 avril 1836.

35. *Corr.*, IV, p. 654, L. 1865, à Charlotte Marliani, Marseille, 20 mai 1836.

36. *Corr.*, V, p. 221, L. 2171, à Hortense Allart, Paris, 6 janvier 1841.

37. *Corr.*, V, p. 125, L. 2104, à Maurice, 10 septembre 1840.

38. *Corr.*, V, p. 227, L. 2174, à Hippolyte Chatiron, Paris, 1er février 1841.

39. Jean-Pierre Lacassagne, *Histoire d'une amitié. Pierre Leroux et George Sand (d'après une correspondance inédite)*, Paris, Klincksieck, 1973. Sur la pensée de P. Leroux, Armelle Le Bras-Chopart, *De l'égalité dans la différence. Le socialisme de Pierre Leroux*, Paris, Presses de la Fondation nationale des Sciences politiques, 1986. Il faut saluer ici les efforts constants de Jacques Viard qui anime la société « Les Amis de Pierre Leroux » pour faire redécouvrir cette pensée essentielle. Cf. aussi, P. Bénichou, *Le temps des prophètes, op. cit.*, p. 335 et suiv.

40. *Corr.*, V, 535-547, L. 2372, à Charles Duvernet, Paris, 27 décembre 1841 : lettre fondamentale pour la pensée de Sand à cette époque, véritable profession de foi en la philosophie de Pierre Leroux.

41. Jean Pommier, *George Sand et le rêve monastique. Spiridion*, Paris, Nizet, 1966.

42. Pierre Leroux, 1832, cité par P. Bénichou, *Le Temps des prophètes, op. cit.*, p. 355.

43. *Corr.*, V, 824-829, L. 2540, à Henriette de La Bigottière, Paris, fin décembre 1842.

44. *Corr.*, V, L. 2372, à Ch. Duvernet, citée.

45. Michèle Hecquet, « Contrat et Symboles. Essai sur l'idéalisme de George Sand », thèse de doctorat d'État, Paris VII, 1990 (sous la direction de Nicole Mozet).

46. *Corr.*, VI, 51-54, L. 3581, à Louise Colet, Paris, 19 janvier 1843 : *La Revue Indépendante* avait refusé un poème de L. Colet sur le peuple ; Sand s'en explique et lui reproche d'avoir voulu donner une image réaliste du peuple contraire à la vérité : « La réalité et la vérité sont deux [...] vous avez donné des touches de réalité qui sont fortes et habiles ; vous avez oublié la lumière de la vérité qui doit éclairer jusqu'aux ombres du tableau. » Sur ces problèmes, cf. Naomi Schor, *George Sand and Idealism*, New York, Columbia University Press, 1991.

47. *Corr.*, V, 570-572, L. 2387 et 2388, à Sainte-Beuve, Paris, 15 et 20 janvier 1842.

48. *Corr.*, V, 437-438, L. 2309, à François Buloz, Nohant, 29 septembre 1841 et L.2319, au même, 8 octobre 1841, avec la réponse de Buloz, 456-457.

49. *Corr.*, V, 103-105. Agricol Perdiguier avait publié en 1839 *Le Livre du Compagnonnage* (sic) qui le rendit célèbre. Écrits en exil en 1851, les *Mémoires d'un compagnon* ont fait l'objet de plusieurs éditions dont la dernière en date est celle de Maurice Agulhon publiée en 1992, dans cette même collection des « Acteurs de l'Histoire ».

50. Sur les écrivains ouvriers, cf. Jacques Rancière, *La Nuit des prolétaires. Archives du rêve ouvrier*, Paris, Fayard, 1981 ; W. H. Sewell, *Gens de métier et révolution. Le langage du travail de l'Ancien Régime à 1848*, Paris, Le Seuil, 1983 ; P. Bénichou, *op. cit.*, p. 406-407, qui établit le rôle essentiel de Sand.

51. *Corr.*, VI, p. 17, L. 2560, à Charles Poncy, Paris, 21 janvier 1843.

52. *Corr.*, VI, p. 46-47, L. 2578, Paris, 21 janvier 1843.

53. *Corr.*, VI, p. 324-331, L. 2778, à Charles Poncy, Paris, 23 décembre 1843.
54. *Revue Indépendante*, « Sur les poètes populaires », décembre 1841 ; cf. aussi « Dialogue familier sur la poésie des prolétaires », même revue, 1842. Ces textes ont été reproduits dans *Questions d'art et de littérature*, Paris, Michel Lévy, 1878.
55. *Corr.*, V, p. 461, Lettre de P. Leroux, 15 octobre 1841, en note de L. 2323.
56. Sur l'histoire de la fondation de *La Revue Indépendante*, cf. J.-P. Lacassagne, *op. cit.*, p. 45-49.
57. *Corr.*, VI, p. 284, L. 2749, à Maurice Sand, Nohant, 17 novembre 1843.
58. *Corr.*, VIII, p. 166, L. 3764, à Charlotte Marliani, fin novembre 1847 : il y a « une espèce de jésuitisme auquel son fanatisme sait se plier dans l'occasion ».
59. *Corr.*, V, p. 719, L. 3032, à Louis Blanc, Nohant, fin novembre 1844.
60. *Corr.*, VII, p. 127, L. 3257, à Anténor Joly, Nohant, 15 octobre 1845.
61. *Corr.*, VIII, p. 337, L. 3855, à Pierre Bocage, Nohant, 11 mars 1848.
62. *Corr.*, VIII, p. 292, L. 3823, à Hortense Allart, Nohant, 16 février 1848.
63. *Corr.*, VIII, p. 299, L. 3825, à Maurice, Nohant, 18 février 1848.
64. *Corr.*, VIII, p. 304, L. 3831, à Maurice, Nohant, 23 février 1848.
65. *Ibid.*, p. 324, L. 3849, à Frédéric Girerd, Paris, 6 mars 1848.
66. *Ibid.*, p. 316, L. 3843, à René de Villeneuve, Paris, 4 mars 1848.
67. *Ibid.*, p. 319, L. 3844, à Augustine Brault, Paris, 5 mars 1848.
68. Michèle Hecquet, *op. cit.*, chap. III, « La poétique de l'espace », où elle oppose « le chemin et le château », thèmes chers à Sand.
69. Sur ce point, cf. l'œuvre de Philippe Vigier, *La vie quotidienne en province et à Paris pendant les journées de 1848*, Paris, Hachette, 1982 ; réédition 1998.
70. *Parole de Blaise Bonnin*, IV, p. 54-58.
71. *Corr.*, VIII, p. 328, L. 3852, à Charles Poncy, Nohant, 8 mars 1848.
72. *Ibid.*, p. 324, L. 3849, à Frédéric Girerd, Paris, 6 mars 1848.
73. *Ibid.*, p. 331, n. 1.
74. *Ibid.*, p. 332, L. 3853, à Henri Martin, Paris, mars 1848.
75. *Ibid.*, p. 349, L. 3867, à Louis Viardot, Nohant, 17 mars 1848. Sur le localisme, les difficultés des relations Paris-province, cf. les travaux d'Alain Corbin, par exemple, « Paris-province », dans *Les Lieux de mémoire*, sous la direction de Pierre Nora, III/*Les France*, vol. I, *Conflits et Partages*, Paris, Gallimard, 1992.
76. *Corr.*, VIII, p. 349, L. 3867, à Louis Viardot, Nohant, 17 mars 1848 ; p. 350, L. 3868, à Pauline Viardot, même lieu, même jour.
77. *Ibid.*, p. 358, L. 3874, à Maurice Sand, Paris, 22 mars 1848. Maurice doit s'occuper des intérêts de ses administrés et faire leur éducation politique. Elle lui suggère la création d'« une espèce de club d'où seront exclus les flâneurs et les buveurs inutiles, les femmes et les enfants qui ne songent qu'à crier et danser ». Pas de fête, donc, mais du sérieux, de l'éducation civique. Elle recommande à son fils de faire à ses concitoyens une lecture commentée de la littérature officielle, d'afficher le *Bulletin de la République*, d'accueillir le commissaire du gouvernement, Marc Dufraisse, qui doit remplacer un illuminé qui « révolutionne Châteauroux tout de travers », en se recommandant d'une sainte vierge républicaine (L. 3884, p. 369). Il facilitera aussi la mission de Gilland et Lambert, en tournée de propagande. Sur le village varois, cf. Maurice Agulhon, *La République au village*, Paris, Plon, 1970, qui montre justement comment s'est faite entre 1815 et 1848 la conversion républicaine.
78. Sur J. Reynaud, cf. Paul Bénichou, *Le Temps des prophètes*, p. 385.

79. Étienne Arago avait publié « Le théâtre considéré comme moyen révolutionnaire », dans *Paris révolutionnaire*, préface de G. Cavaignac, Paris, 1833-1834, 4 volumes, tome I.
80. *Corr.*, VIII, p. 381, L. 3893, à Pauline Viardot, Paris, 1er avril 1848.
81. *Ibid.*, p. 388, L. 3899, à Maurice, Paris, 7 avril 1848.
82. *Ibid.*, p. 359, L. 3876, à Maurice, Paris, 23 mars 1848.
83. *Ibid.*, p. 379, L. 3892, à Maurice, Paris, 1er avril 1848.
84. *Ibid.*, p. 372, L. 3885, à Charles Poncy, Paris, 28 mars 1848.
85. *Ibid.*, p. 382, L. 3894, à Édouard Lockroy, Paris, début avril 1848. Sand est, de toute manière, moins liée à lui qu'à Louis Blanc ou Barbès. « Je n'ai pour lui ni enthousiasme, ni amitié particulière très marquée. C'est un *républicain* [...], dévoué et sérieux », qu'elle soutient loyalement », VIII, p. 439, L. 3293, à Ferdinand François.
86. *Ibid.*, p. 387, L. 3898, à Sainte-Beuve, Paris, 5 avril 1848.
87. *Ibid.*, p. 398, L. 3908, à Maurice Sand, Paris, 13 avril 1848.
88. Tocqueville, *Souvenirs*, cité par G. Lubin, *Corr.*, VIII, p. 590, n. 1.
89. *Corr.*, VIII, p. 409, L. 3911, à Maurice, Paris, 16 avril 1848.
90. *Ibid.*, p. 411-420, L. 3913, à Maurice, soir du 16 avril 1848.
91. *Ibid.*, p. 422, L. 3913, à Maurice, 18-19 avril 1848.
92. *Ibid.*, p. 431, L. 3917, à Maurice, Paris, 21 avril 1848.
93. *Ibid.*, p. 437, L. 3921, à Eliza Ashurst, Paris, 29 avril 1848.
94. *Ibid.*, p. 446, L. 3931, à Charles Poncy, Paris, 5 mai 1848.
95. *Ibid.*, p. 457, L. 3938, à Étienne Arago, Paris, 15 mai 1848.
96. *Ibid.*, p. 470, L. 3947, à Jules Boucoiran, Nohant, 21 mai 1848.
97. *Ibid.*, p. 613, L. 4035, à Luigi Calamatta, Nohant, 6 septembre 1848.
98. *Ibid.*, p. 527, L. 3980, à Augustine de Bertholdi, Nohant, 29 juin 1848.
99. *Ibid.*, p. 552, L. 3985, à P.-J. Hetzel, Nohant, 4 août 1848.
100. *Ibid.*, p. 535, L. 3988, à Augustine de B., Nohant, 14 juillet 1848.
101. *Ibid.*, p. 539, L. 3990, à Eugénie Duvernet, Nohant, 15 juillet 1848.
102. *Ibid.*, p. 464, L. 3945, à René de Villeneuve, Nohant, 20 mai 1848.
103. *Ibid.*, p. 579, L. 4011, à Charles Poncy, Nohant, 1er août 1848. L'interprétation des journées de juin est fort complexe. Des travaux d'archives ont montré que la Garde mobile, qui fut l'arme de la répression, était d'origine aussi ouvrière que les insurgés, mais composée d'éléments plus jeunes et de fraîche immigration à Paris, d'où sans doute leur moindre intégration. Sand avait fort bien vu le caractère incertain de cette « mobile adolescente », entrevue notamment lors de la manifestation du 16 avril : « Cette mobile si intelligente et si brave est déjà trompée et corrompue. [...] Souvent on perd son cœur en quittant sa blouse » (*Corr.*, VIII, p. 418).
104. *Corr.*, VIII, p. 634, L. 4049, à Edmond Plauchut, Nohant, 24 septembre 1848.
105. *Ibid.*, p. 579, L. 4011, à Charles Poncy, citée n. 103.
106. *Ibid.*, p. 544, L. 3995, à Charlotte Marliani, Nohant, mi-juillet 1848.
107. *Ibid.*, p. 723, L. 4105, à Pauline Viardot, Nohant, 8 décembre 1848.
108. *Ibid.*, p. 638, L. 4050, à Mazzini, 30 septembre 1848.
109. *Ibid.*, p. 695, L. 4083, à Émile Aucante, 10 octobre 1848.
110. *Ibid.*, p. 711, L. 4098, à Charles Poncy, 20 novembre 1848.
111. *Ibid.*, p. 717, L. 4101, à divers journaux (dont *La Réforme*), 1er décembre 1848.
112. *Ibid.*, p. 731, L. 4108, à Charles Duvernet, 15 décembre 1848.
113. *Ibid.*, p. 757, L. 4126, à P.-J. Hetzel, décembre 1848.

114. Il est publié dans l'édition Michel Lévy de 1849 et repris dans *Questions d'art et de littérature*, 1879.

115. *Corr.*, VIII, p. 681, L. 4073, à Barbès, 1ᵉʳ novembre 1848.

116. La déportation en enceinte fortifiée remplacera, par la loi du 8 juin 1850, la peine de mort abolie en matière politique par l'article 5 de la Constitution de 1848 que Sand avait saluée avec bonheur. Cf. Jean-Claude Vimont, *La prison politique en France. Genèse d'un mode d'incarcération spécifique*, Paris, Anthropos, 1993.

117. *Corr.*, VIII, p. 508, L. 3968, à Hortense Allart, Nohant, 12 juin 1848.

118. François Furet, *La Révolution (1770-1880) — Histoire de France*, Paris, Hachette, 1988. Sur les idées de Sand, nombreuses références dans Pierre Vermeylen, *Les idées politiques et sociales de George Sand*, Bruxelles, Éditions de l'Université libre de Bruxelles, 1984.

119. Mona Ozouf, « Liberté, Égalité, Fraternité », dans *Les Lieux de mémoire*, P. Nora éd., III, *Les France*, vol. III, 1992, p. 582-630.

120. François Furet a souligné la force de cette « haine du bourgeois », dans *Le Passé d'une illusion*, Paris, Laffont/Calmann-Lévy, 1994 ; chap. I, « La passion révolutionnaire », p. 17-48.

121. *Corr.*, VI, p. 789, L. 3082, à Édouard de Pommery, janvier 1845.

122. Sur cette question de la violence, cf. travaux de Maurice Agulhon (« Le sang des bêtes », *Romantisme*, 1981/31), d'Alain Corbin (*Le Temps, le désir et l'horreur*, Paris, Aubier, 1992) et de Frédéric Chauvaud, *La violence apprivoisée au XIXᵉ siècle*, Turnhout, Brepols, 1991.

123. *Corr.*, IX, p. 16, L. 4137, à Charles Poncy, Nohant, 9 janvier 1849.

124. Sand attachait beaucoup d'importance à l'éducation politique de Maurice, comme le montrent certaines lettres de 1835-1836 alors que l'adolescent est pensionnaire à Paris, *Corr.*, III, p. 275, L. 1095, Nohant, 17 février 1836 : Maurice côtoie les princes ; pourtant, il ne doit pas hésiter à dire qu'il est « républicain de race et de nature, c'est-à-dire qu'on t'a enseigné déjà à désirer l'égalité ». « Sois un vieux Romain de bonne heure », lui dit-elle. La L. 1011 (6 novembre 1835) expose l'importance de la Révolution « dont tu as tant entendu parler et qui a fait faire un grand pas à la raison et à la justice ». On saisit l'importance de la transmission orale et familiale. Sand continuait la tradition.

125. *Corr.*, IX, p. 705, L. 4606, à Emmanuel Arago, Nohant, 23 septembre 1849.

126. *Corr.*, V, p. 826, L. 2540, à Henriette de La Bigottière, fin décembre 1842.

127. *Corr.*, V, p. 201, à Pierre Bocage, 20 juillet 1843.

128. *Corr.*, XVII, p. 583, L. 10 108, à Édouard Rodrigues, Nohant, 17 avril 1863 Sand illustre la théorie des fluctuations de l'engagement qu'a proposée Albert Hirschman, *Bonheur privé, action publique*, Paris, Fayard, 1983.

129. F. Furet, *La Révolution, 1770-1780, op. cit.*, p. 450 et suiv.

130. Sur la question de l'identité féminine chez Sand, cf. Mireille Bossis, préface à la réédition de *Le dernier amour* (1866), Paris, Des Femmes, 1991 ; *Une Correspondance*, textes du colloque de Nohant (1991), réunis par Nicole Mozet, Éditions Christian Pirot, 1994, chap. IV, « Le Troisième Sexe », p. 219-282, communications de Ch. Planté, B. Bray, M. Reid et N. Schor, présentées par M. Perrot ; Mona Ozouf, *Les Mots des femmes. Essai sur la singularité française*, Paris, Fayard, 1995, « Aurore ou la générosité », p. 173-199.

131. Joseph Barry, *George Sand ou le scandale de la liberté*, traduit de l'américain (1977), Paris, Le Seuil, 1982 : une des meilleures biographies de Sand ; Huguette Bouchardeau, *George Sand, la lune et les sabots*, Paris, Laffont, 1990.

132. *Histoire de ma vie*, *Œuvres autobiographiques*, I, p. 177.

133. P. Vermeyren, *op. cit.*, p. 97-117.

134. *Lettres d'un voyageur*, Lettre VI, à Éverard, dans *Œuvres autobiographiques*, édition G. Lubin, Paris, Gallimard, 1971, II, p. 805.

135. Mona Ozouf, *Les Mots des femmes*, « Germaine ou l'inquiétude », p. 111-143.

136. *Corr.*, XX, p. 297, à Gustave Flaubert, 15 janvier 1867.

137. *Correspondance Flaubert-Sand*, édition A. Jacobs, Flammarion, 1981, Flaubert à Sand, 19 septembre 1868.

138. Sur ces problèmes dans l'histoire des femmes, cf. M. Perrot, « Identité, égalité, différence. Le regard de l'Histoire », Colloque du Sénat, mars 1995, dans *La place des femmes*, Paris, La Découverte, 1995, p. 39-57.

139. *Corr.*, XXII, L. 15 480, 8 juin 1871.

140. *Lettres d'un voyageur*, Lettre VI, à Éverard, *op. cit.*, p. 805.

141. *Corr.*, VIII, p. 451, L. 3933, à Charles Delavau, Paris, 13 mai 1848.

142. *Lettres d'un voyageur*, *op. cit.*, p. 786.

143. *Corr.*, VI, p. 34, à Mazzini, 10 novembre 1843.

144. Christophe Studeny, *L'Invention de la vitesse. France, XVIIIe-XXe siècle*, Paris, Gallimard, 1995.

145. Geneviève Fraisse, « George Sand et Louise Michel. Les héroïnes symboliques ? », dans *La raison des femmes*, Paris, Plon, 1992, p. 167-190.

146. *Corr.*, VIII, 507, L. 3968, à Hortense Allart, Nohant, 12 juin 1848.

147. *Ibid.*, p. 655, L. 4060, à Edmond Plauchut, Nohant, 14 octobre 1848.

148. *Ibid.*, p. 685, L. 3999, à J.-P. Gilland, Nohant, 22 juillet 1848.

149. *Corr.*, XII, p. 201-203, L. 6113, à Mazzini, Nohant, 15 décembre 1853.

150. Michèle Riot-Sarcey, *La démocratie à l'épreuve des femmes*, Paris, Albin Michel, 1994.

151. *La Voix des femmes*, 6 avril 1848 ; cf. ci-après l'ensemble des textes relatifs à cette affaire.

152. *Bulletin de la République*, n° 12.

153. « Lettre aux membres du Comité central », ci-après.

154. Pierre Rosanvallon, *Le Sacre du citoyen. Histoire du suffrage universel en France*, Paris, Gallimard, 1991 ; Geneviève Fraisse, *Muse de la Raison. La démocratie exclusive et la différence des sexes*, Marseille, Alinéa, 1989 ; réédition Paris, Gallimard, 1995.

155. *Corr.*, VIII, p. 640, L. 4050, à Mazzini, Nohant, 30 octobre 1848.

156. Joan Scott, « Olympe de Gouges : une femme qui n'a que des paradoxes à offrir », dans H. U. Jost, M. Pavillon et F. Valloton, *La Politique des Droits. Citoyenneté et construction des genres aux XIXe et XXe siècles*, Paris, Kimé, 1994 ; *La Citoyenne paradoxale. Les féministes françaises et les droits de l'homme*, Paris, Albin Michel, 1998 (trad. de l'américain, 1996).

Partie V : Débats

Présentation

1. On se réjouira de voir des philosophes, comme Geneviève Fraisse ou Alice Pechriggl prendre pour objet de leur thèse la différence des sexes, jusque là peu abordée du moins dans le domaine académique. De la dernière, citons « Corps transfigurés. Stratifications de l'imaginaire des sexes/genres », thèse EHESS, 1998, préparée sous la direction de Cornelius Castoriadis, récemment décédé.
2. Lawrence Stone, « The use and abuse of Herstory », *The New Republic*, 2 mai 1994, p. 31-37. L'article porte en surtitre : « A team of scholars combine to get it wrong ».
3. Georges Duby et M. Perrot, (sous la direction de), *Femmes et Histoire*, Paris, Plon, 1993. L'article d'Arlette Farge et Michelle Perrot, paru dans *Le Monde des Débats*, n° 2, novembre 1992, y est repris, p. 67-73.
4. Françoise Thébaud, *Écrire l'histoire des femmes*, Préface d'Alain Corbin, ENS Éditions Fontenay/Saint-Cloud, 1998.
5. Florence Montreynaud, *Aimer. Un siècle de liens amoureux*, préface de Yves Simon, Paris, Éditions du Chêne, 1997.
6. Cécile Dauphin et Arlette Farge (sous la direction de), *De la violence des femmes*, Paris, Albin Michel, 1997.
7. Sur ce thème de l'antiféminisme, livre collectif à paraître sous la direction de Christine Bard, Fayard, 1999.
8. Peu de livres en France, en dehors de Marie-Jo Bonnet, *Les relations amoureuses entre les femmes du XVIe au XXe siècle*, Paris, Odile Jacob, 1995 (édition augmentée de *Un choix sans équivoque*, 1e édition, 1981) Et de la thèse à paraître, au Seuil, de Florence Tamagne sur l'histoire des homosexualités (France, Grande-Bretagne, Allemagne), 1900-1930.
9. *Histoire des femmes en Occident*, t. 5, *Le XXe siècle*, sous la direction de Françoise Thébaud, Paris, Plon, 1992, « La Grande Guerre : le triomphe de la division sexuelle », p. 31-74.
10. Stéphane Audoin-Rouzeau, *L'enfant de l'ennemi. Viol, avortement, infanticide pendant la Grande Guerre (1914-1918)*, Paris, Aubier, 1995 ; Annette Becker, *Oubliés de la Grande Guerre. Populations occupées, déportés civils, prisonniers de guerre. Humanitaire et culture de guerre*, Paris, Noesis, 1998.
11. Catherine Marand-Fouquet (sous la direction de), « Guerres Civiles », *Clio*, 5/1997, p. 19.
12. Alain Boureau, *Le droit de cuissage. La fabrication d'un mythe, XIIIe-XXe siècle*, Paris, Albin Michel, 1995 (collection « Évolution de l'Humanité »).
13. Georges Vigarello, *Histoire du viol, XVIe-XXe siècle*, Paris, Le Seuil, 1998 ; cf. aussi... G. Fraisse, « Droit de cuissage et devoir de l'historien », *Clio*, 1996, 3, p. 251-261.
14. Michelle Perrot, « Comment les ouvriers voyaient leurs patrons », in Maurice Lévy-Leboyer (sous la direction de), *Le patronat de la seconde industrialisation*, Cahiers du *Mouvement Social*, 1980.
15. Paul Veyne, François Lissarrague, Françoise Frontisi-Ducroux, *Les Mystères du Gynécée*, Paris, Gallimard, 1998.
16. Jane B. Elshtain, *Public Man, Private Woman. Women in social and political thought*, Princeton University Press, 1981.

17. AFFER, *Femmes, féminisme et recherche*, Université de Toulouse-Le Mirail, 1984.
18. Mona Ozouf, « Vingt ans dans l'histoire des femmes », *L'Histoire*, 220 : avril 1998, p. 22-25.
19. Michelle Perrot, « La leçon des ténèbres. Michel Foucault et la prison », *Actes. Cahiers d'action judiciaire*, 54, été 1986 ; « Michel Foucault : le mal entendu », entretien avec Rémi Lenoir, in *Michel Foucault. Surveiller et Punir. La prison vingt ans après*, Colloque publié par la revue *Sociétés et Représentations*, 3/novembre 1996, p. 144-157.

Sur le front des sexes : un combat douteux

1. Première traduction française, Paris, Le Seuil, 1983.
2. Sur Michelet, voir Thérèse Moreau, *Le Sang de l'histoire. Michelet, l'histoire et l'idée de la femme au XIXe siècle*, Paris, Flammarion, 1982.
3. À cet égard, voir la récente mise au point de Dominique Veillon, au séminaire « Histoire des femmes » de l'Institut d'histoire du temps présent, le 22 février 1984 (compte rendu ronéoté).
4. « La mémoire murale politique des Français de la Renaissance à nos jours », janvier-février 1984, à la Conciergerie.
5. A. Hirschman, *Bonheur privé, action publique*, Paris, Fayard, 1983.
6. « Machines au foyer », *Cultures techniques*, 3 septembre 1980, numéro spécial.
7. M. Dubesset, F. Thébaud, C. Vincent, « Les munitionnettes de la Seine », in *1914-1918, l'autre front*, Paris, Éditions ouvrières, 1977 (Cahiers du *Mouvement social*, n° 2) ; Françoise Thébaud, *La Femme au temps de la guerre de 14*, Paris, Stock, 1986.
8. Jacques Caroux-Destray, *Un couple ouvrier traditionnel*, Paris, Anthropos, 1974, p. 97-100.
9. Sur le travail des femmes à la campagne, sur le fait nouveau de labourer, on attend les travaux de Corinne Bucafurri.
10. C'est aussi un grand thème romanesque : cf. Roger Martin du Gard, *Les Thibault*.
11. Vera Brittain, *Testament of Youth*, New York, MacMillan, 1934 ; *Chronicle of Youth : the War Diary, 1913-1917*, New York, 1982 ; communication de Lynne Layton, « Vera Brittain's testament ».
12. Sandra M. Gilbert, « Soldier's heart : literary men, literary women, and the Great War », *Signs*, 8 (3), 1983, et sa communication.
13. Réédition, New York, Pantheon Books, 1979, introduction de Ann J. Lane.
14. Betty Friedan, *The Feminine Mystique*, New York, Norton, 1963.
15. Bonnie Smith, *The Ladies of the Leisure Class. The Bourgeoises of Northern France in the 19th Century*, Princeton, Princeton University Press, 1981 ; tr. fr. Paris, Perrin, 1989.
16. Sous titre, *Women in Social and Political Thought*, Princeton, Princeton University Press, 1981.
17. Carol Gilligan, « In a different voice : women's conceptions of self and morality », *Harvard Education Review*, 1977.

18. C'était déjà la thèse de John MacMillan, *Housewife or Harlot. The Place of Women in French Society, 1870-1914*, North Brighton, The Harverster Press, 1981, dans un livre néanmoins trop statique.

19. Steven C. Hause, « More Minerva than Mars : The French women's rights campaign and the first world war », sa communication ; l'auteur, qui a déjà publié plusieurs articles sur la question, publie avec Anne R. Kenney, un livre : *Women's Suffrage and Social Politics in the French Third Republic*, Princeton, Princeton University Press, 1984.

20. *Romantisme, Décadence*, 42, 4e trimestre 1983, ne fait malheureusement pas une place particulière à ce thème ; voir cependant Michèle Besnard-Coursodon, « Nimroud ou Orphée : Joséphin Péladan et la société décadente ».

21. Sur la psychologie des foules, en plein essor à cette époque, et le thème féminin, voir Serge Moscovici, *L'Âge des foules*, Paris, Fayard, 1981 (chap. 4 : « Foules, femmes et folie »), et surtout Susanna Barrows, *Distorting Mirrors. Visions of the Crowd in Late 19th Century France*, New Haven, Yale University Press, 1981 (notamment chap. 2 : « Metaphors of fear : women and alcoholics »).

22. Anne-Lise Maugue, *La Littérature anti-féministe en France de 1871 à 1914*, thèse de 3e cycle, Paris III, 1983.

23. Fanette Roche-Pézard, *L'Aventure futuriste (1909-1916)*, École française de Rome, Paris, de Boccard, 1983, p. 68 (je souligne).

Corps asservis

1. *Histoire des femmes en Occident*, tome II, *Le Moyen-Âge*, sous la direction de Christiane Klapisch-Zuber, Paris, Plon, 1990, p. 269 (Georges Duby, « Le modèle courtois »).

2. *Histoire des femmes en Occident*, tome II, *op. cit.*. Selon Claudia Opitz, « Contraintes et libertés (1250-1500) », p. 288.

3. Cf. les travaux d'Alain Corbin et de Jacques Solé.

4. Anne-Martin Fugier, *La Place des hommes. La domesticité féminine à Paris en 1900*, Paris, Grasset, 1979, a spécialement analysé ces aspects.

5. Michelle Perrot, « Comment les ouvriers voyaient leurs patrons », in *Le Patronat de la seconde industrialisation*, sous la direction de Maurice Lévy-Leboyer, *Cahiers du Mouvement social*, Paris, Éditions Ouvrières, 1979.

6. Signalons sur ce point la thèse très éclairante de Nadia Maria Filippini, « La Naissance extraordinaire. La Mère, l'Enfant, le Prêtre, le Médecin face à l'opération césarienne (Italie, XVIIIe-XXe siècle) », Paris, EHESS, 1993 : les filles pauvres ont été un terrain d'expérimentation pour cette pratique dans laquelle elles mouraient pour les trois-quarts.

7. Élisabeth Claverie et Pierre Lamaison, *L'Impossible mariage. Violence et parenté en Gévaudan*, Paris, Hachette, 1982.

8. Anne-Marie Sohn, « *Les rôles féminins dans la vie privée à l'époque de la Troisième République. Rôles théoriques, rôles vécus* ». Thèse de doctorat d'État, Université Paris I, sous la direction de Maurice Agulhon, 1993 ; résultat d'une recherche de vingt ans dans les archives judiciaires de tous les départements, cette thèse renouvelle notre connaissance des rapports de sexes, vus à travers les conflits, dans les milieux populaires. L'auteur insiste sur l'individualisation croissante des femmes, leur droit au refus s'exerçant de plus en plus et, au bout du compte, sur le recul du patriarcat.

9. Ainsi aux célèbres usines Poutilov de Moscou, selon l'étude (inédite) de Léopold Haimson sur les grèves en Russie avant la Révolution.

10. Cf. Laurence Klejman et Florence Rochefort, *L'Égalité en marche. Le féminisme sous la Troisième République*, Paris, Fondation Nationale des Sciences Politiques/Des Femmes, 1989 ; Christine Bard, *Les filles de Marianne, Histoire des féminismes, 1914-1940*, Paris, Fayard, 1995.

Les femmes et leurs images ou le regard des femmes

1. Pour une tentative récente — plus politique et sociale que sexuée — voir Stéphane Michaud, Jean-Yves Mollier et Nicole Savy (sous la direction de), *Usages de l'image au XIXe siècle*, préface de Maurice Agulhon, Paris, Créaphis, 1992. Pour une réflexion contemporaine sur la Beauté, cf. Nicole Czechowski et Véronique Nahoum-Grappe, « Fatale Beauté », *Autrement* (91), juin 1987 ; Olivier Burgelin et Philippe Perrot (sous la direction de), « Parure, Pudeur, Étiquette », *Communications* (46), 1987.

2. Cité par Véronique Nahoum-Grappe, « La Belle femme », *Histoire des femmes en Occident*, tome III, XVIe-XVIIIe siècle, dirigé par Arlette Farge et Natalie Zemon Davis, p. 95.

3. *Marie-France*, « Stars sans fard. La nouvelle génération de comédiennes du cinéma français », enquête de Thérèse Fournier, p. 40.

4. Cité par Françoise Borin, « Arrêt sur image », *Histoire des femmes en Occident*, tome III, XVIe-XVIIIe siècles, p. 239.

5. Marivaux. *La Vie de Marianne*, Paris. Flammarion 1978, p. 82. Cité par Sylvia Ostrowetsky, texte inédit sur « La Laideur ».

6. Cité par Diane Hughes, « Les modes », *Histoire des femmes en Occident*, tome II, Le Moyen Âge, dirigé par Christiane Klapisch-Zuber, p. 165.

7. *Idem*, p. 167

8. *Histoire des Femmes en Occident*, tome III. XVIe-XVIIIe siècles, figure 36.

9. Ainsi que dans les divers volume de l'*Histoire des Femmes en Occident*, notamment tome IV, le XIXe siècle, Anne Higonnet, « Femmes et Images. Apparences, loisirs, subsistance ». Recherches en cours sur les femmes et la peinture au XIXe siècle, de Denise Noël ; sur « Les Femmes photographes en France au XIXe siècle », cf. mémoire de maîtrise de Françoise Condé, Paris VII, 1992.

Public, privé et rapports des sexes

1. J. Revel, « Marie-Antoinette », *Dictionnaire Critique de la Révolution française*, F. Furet et M. Ozouf (dir.), Paris Flammarion, 1989, pp. 286-298.

2. R. Mauzi, *L'Idée du bonheur dans la littérature et la pensée françaises au XVIIIe siècle*, Paris, A. Colin, 1979 ; édition au format de poche, Albin Michel, 1994.

3. E. Lilley, « The name of the Boudoir », communication au colloque de la Society for the Study of French History, Bristol, avril 1994.

4. B. Moore, *Privacy*, Princeton University Press, 1984.

5. F. Kafka, *Lettres à Felice*, 7 avril 1913, in *Œuvres complètes*, IV, Paris, Gallimard, La Pléiade, 1989, p. 435. Il évoque avec répulsion « le désordre qu'il y a là-bas, dans un appartement de villégiature où un morceau d'ouate traîne à

côté d'une assiette, où on peut voir sur les lits un répugnant mélange de toutes les choses possibles, où ma deuxième sœur est couchée dans un lit, car elle a une légère angine, et son mari est auprès d'elle et l'appelle par jeu et sérieusement "mon trésor" et "mon tout", où le petit garçon, comme il est inévitable fait ses besoins par terre au beau milieu de la chambre tandis qu'on joue avec lui, où les deux bonnes se démènent pour faire toutes les besognes imaginables, où la graisse de foie d'oie vous est tartinée sur le pain et vous coule sur les mains »...

6. L. Davidoff et C. Hall, *Family Fortunes. Men and Women of the English Middle-Class, 1780-1850*, Londres, Hutchinson, 1987 ; C. Hall, « Sweet home », in *Histoire de la vie privée*, t. IV, *De la Révolution à la grande guerre*, M. Perrot (dir.), Paris, Le Seuil, 1987, p. 53-87.

7. B. Smith, *Les Bourgeoises du Nord*, Paris, Perrin, 1989.

8. Hunt (L.), « Révolution française et vie privée », *Histoire de la vie privée*, IV, p. 21-53.

9. T. Laqueur *Making Sex. Body and Gender from the Greeks to Freud*, 1990 ; tr. française, *La Fabrique du Sexe. Essai sur le corps et le genre en Occident*, Paris, Gallimard, 1992.

10. M. Perrot, « Identité, égalité, différence. Le regard de l'Histoire », in *La Place des femmes*, colloque tenu au Sénat, mars 1995, Paris, La Découverte, 1995, p. 39-57.

11. M. Agulhon, *Le cercle dans la France bourgeoise, 1810-1848*, Paris, A. Colin, Cahier des Annales, 1977 ; Perrot (M.), « Le genre de la ville », *Communications*, 65, 1997.

12. Habermas (J.), *L'Espace public*, 1962, Paris, Payot, 1978.

13. Eleb M. et Debarre A., *Architectures de la vie privée. Maisons et mentalités, XVIIe-XIXe siècles*, Bruxelles, AAM, 1989 ; *L'Invention de l'habitation moderne, Paris, 1880-1914*, Paris, Hazan, 1995.

14. Foucault M., « Espace, savoir et pouvoir », *Dits et Écrits*, IV, 1980-1988, Paris, Gallimard, 1994, p. 270-285.

15. Perrot M., « La parole publique des femmes », in *Nationalismes, Féminismes, Exclusions — Mélanges en l'honneur de Rita Thalmann*, Crips (L.) *et alii* (dir.), Paris-Berlin Peter Lang, 1994, p. 461-468.

16. Fraisse G., « Les bavardes. Féminisme et moralisme », 1979, in *La Raison des femmes*, Paris, Plon, 1992, p. 114-136.

17. Fumaroli M., « La conversation », in *Les Lieux de mémoire*, III, *Les France*, vol. 2, *Traditions*, 679-743, Paris, Gallimard, 1993.

18. Rosanvallon P., *Le Moment Guizot*, Paris, Gallimard, 1985.

19. Popp A., *La Jeunesse d'une ouvrière* (1909) ; tr. fr. Paris, Maspéro, 1979.

Identité, égalité, différence

Le regard de l'Histoire

1. « La question de la différence des sexes n'est ni celle de l'identité ni celle de leurs différences [...] mais celle de la rencontre sexuée et de son conflit, donc celle des rapports sexués » [Fraisse, 1991, p. 9].

2. Ainsi d'Agnès Fine [1984, p. 155-189] ; voir en particulier sa conclusion où elle distingue deux niveaux d'analyse : le temps du social et celui de la symbolique sexuelle.

3. À ce sujet, Mona Ozouf [1995, p. 365-374], sur le républicanisme et la réduction de la différence des sexes dans l'éducation des filles.

4. Sur Sand et la question de l'identité de sexe, cf. Mozet [1994, p. 219-269] ; Mireille Bossis, présentation de *Le Dernier Amour* (1866) [1991] : l'auteur parle d'une « hésitation sexuelle qui a toujours existé chez Sand ». En dernier lieu, Ozouf [1995].

5. Sur Jeanne Deroin, cf. Riot-Sarcey [1994] ; sur Hubertine Auclert et Louise Kopp, cf. Klejman et Rochefort [1989] et Ozouf [1995].

6. Sur « les crises identitaires » des féministes de l'entre-deux-guerres, cf. Bard [1995], sur Madeleine Pelletier, cf. Bard [1992], Maignien et Sowerwine [1992].

7. Sur Arria Ly, cf. Klejman-Rochefort [1989] et Bard [1995].

8. J'ai cité la plupart de ces travaux. En outre, Picq [1993]. Sylvie Chaperon a soutenu sa thèse sur l'histoire du féminisme en France, 1945-1968. On dispose ainsi d'une histoire entièrement renouvelée du féminisme des origines à nos jours. C'est le Second Empire qu'il faudrait maintenant revisiter.

Agulhon M., *Marianne au combat. L'imagerie et la symbolique républicaines de 1789 à 1880*, Flammarion, Paris, 1979.
— *Marianne au pouvoir. L'imagerie et la symbolique républicaines de 1880 à nos jours*, Flammarion, Paris, 1989.

Arnaud-Duc N., « Les contradictions du Droit », in G. Fraisse et M. Perrot, *HDFO, Le Dix-neuvième siècle*, vol. IV, 1992, p. 87-120.

Badinter E., *X Y. De l'identité masculine*, Odile Jacob, Paris, 1990.

Bard C. (éd.), *Madeleine Pelletier (1874-1939). Logique et infortune d'un combat pour l'égalité*, Côté femmes, Paris, 1992.
— *Les Filles de Marianne. Histoire des féminismes, 1914-1940*, Fayard, Paris, 1995.

Bartky S., « Foucault, Feminity and the Modernization of Patriarchal Power », in *Feminity and Domination : Studies in the Phenomenology of Oppression*, Routledge Press, 1990, New York, p. 63-82.

Bernuzzi de Sant' anna D., *La Recherche de la beauté. Contribution à l'histoire des pratiques et des représentations de l'embellissement féminin au Brésil, 1900 à 1980*, thèse, université Paris-VII, 1994.

Claverie E. et Lamaison P., *L'Impossible mariage. Violence et parenté en Gévaudan, XVIIe-XIXe siècle*, Hachette, Paris, 1982.

Collin F., « Différence et différend », in F. Thébaud, *HDFO, Le XXe siècle*, vol. V, 1992, p. 243-275.

Cott N., *The Bonds of Womanhood. Woman's Sphere in New England 1780-1850*, Yale U. Press, New Haven et Londres, 1977.

Dauphin C. et *al.*, « Culture et pouvoir des femmes. Essai d'historiographie », in *Annales*, n° 2, 1986.

Davidoff L. et Hall C., *Family Fortunes. Men and Women of the English Middle-Class, 1780-1850*, Hutchinson, Londres, 1987.

Duby G. et Perrot M., *Femmes et Histoire*, colloque de la Sorbonne, décembre 1992, Plon, Paris, 1993.
— *Histoire des femmes en Occident* (*HDFO*), Plon, Paris, 5 vol., 1991-1992.

Duru-Bellat M., *L'École des filles*, Paris, 1989.

Eck H., « Les Françaises sous Vichy. Femmes du désastre, citoyennes par le désastre ? » in F. Thébaud, *HDFO, Le vingtième siècle*, vol. V, 1992, p. 185-213.

Fine A., « À propos du trousseau : une culture féminine », in M. Perrot, *Une histoire des femmes est-elle possible ?*, Rivages, Paris, 1984.

Foucault M., *Histoire de la sexualité : La volonté de savoir*, Gallimard, Paris, 1976.

Histoire de la sexualité : L'usage des plaisirs et le souci de soi, 3 vol., Gallimard, Paris, 1984.

Fraisse G., *L'Exercice du savoir et la différence des sexes*, L'Harmattan, Paris, 1991.

« La double raison et l'unique nature ; fondements de la différence des sexes », in I. Théry et C. Biet (éds), *La Famille, la loi, l'État : de la Révolution au Code civil*, Imprimerie nationale, Paris, 1989, p. 45-52.

Frevert U., *Women in German History*, Berg, Oxford, 1986 (trad. anglaise 1989).

« Classe et genre dans la bourgeoisie allemande du XIXe siècle », in *Genèses*, n° 6, 1991, p. 5-29.

Gardey D., *Le Monde des employés de bureau au XXe siècle*, thèse, université Paris-VII, 1995.

Georgoudi S., « Bachofen, le matriarcat et le monde antique. Réflexions sur la création d'un mythe », in P. Schmitt-Pantel, *HDFO, L'Antiquité*, vol. I, 1991, p. 477-493.

Higonnet M. H., Jenson J., Michel S. et Weitz M.C., *Behind the Lines : Gender and the two World Wars*, Yale University Press, New Haven et Londres, 1987.

Hobsbawm E., « Sexe, symbole et politique » (trad. de l'anglais), in *Actes de la recherche en sciences sociales*, 1978, p. 23.

Hurtig M.-C., Kail M. et Rouch H. (éds), *Sexe et genre. De la hiérarchie entre les sexes*, Gallimard, Paris, 1991.

Kaufmann J.-C., *La Trame conjugale. Analyse du couple à travers son linge*, Nathan, Paris, 1992.

Klejman L. et Rochefort F., *L'Égalité en marche. Le féminisme sous la Troisième République*, Fondation nationale des sciences politiques, Paris, 1989.

Koonz C., *Les Mères-patries du IIIe Reich*, Lieu Commun, Paris, 1989.

Lambin R., *Le Vêtement religieux féminin. Les débats dans l'Église au XXe siècle et ses recours aux origines et à la tradition ancienne*, thèse, université Paris-IV, 1992.

Laqueur T., *Making Sex. Body and Gender from the Greeks to Freud*, 1990 (trad. française, *La Fabrique du sexe ; essai sur le corps et le genre en Occident*, Gallimard, Paris, 1992).

Le Rider J., *Modernité viennoise et crise de l'identité*, PUF, Paris, 1990.

Le cas d'Otto Weininger. Racines de l'antiféminisme et de l'antisémitisme, PUF, Paris, 1982.

Maignien C. et Sowerwine C., *Madeleine Pelletier, une féministe dans l'arène politique*, Éditions ouvrières, Paris, 1992.

Martin-Fugier A., *La Bourgeoise. Femme au temps de Paul Bourget*, Grasset, Paris, 1983.

Mathieu N.-C., « Quand céder n'est pas consentir », in *L'Arraisonnement des femmes*, EHESS, Paris, 1985, p. 169-245.

Maugue A., *L'Identité masculine en crise au tournant du siècle*, Rivages, Paris-Marseille, 1987.

« L'Ève nouvelle et le vieil Adam », *in* G. Fraisse et M. Perrot, *HDFO, Le Dix-neuvième siècle*, vol. IV, 1992, p. 527-547.

Mozet N. (sous la dir. de), *George Sand. Une correspondance, colloque de Nohant*, Christian Pirot, 1994.

Ozouf M., *Les Mots des femmes. Essai sur la singularité française*, Fayard, Paris, 1995.

Perrot M., « L'éloge de la ménagère dans le discours des ouvriers français au XIXe siècle », in *Romantisme*, n° 10, 1976.

Perrot Ph., *Le Travail des apparences ou les transformations du corps féminin au XIXe siècle*, Fayard, Paris, 1981.

Picq F., *Histoire du MLF. Les années mouvements*, Le Seuil, Paris, 1993.

Planté C., *La petite sœur de Balzac. Essai sur la femme auteur au XIXe siècle*, Le Seuil, Paris, 1989.

Pollak M., « Sexualités occidentales », in *Communications*, n° 35, 1982.

Riot-Sarcey M., *La Démocratie à l'épreuve des femmes*, Albin Michel, Paris, 1994.

Rosanvallon P., *Le Sacre du citoyen. Histoire du suffrage universel en France*, Gallimard, Paris, 1992.

Scott J. W., « Les Femmes qui n'ont que des paradoxes à offrir. Féministes françaises, 1789-1945 », *in* H.U. Jost, M. Pavillon et F. Valloton, *La Politique des droits. Citoyenneté et construction des genres aux XIXe et XXe siècles*, Kimé, Paris, 1994.

Smith B., *Ladies of the Leisure Class. The Bourgeoises of Northern France in the Nineteenth-Century*, Princeton University Press, 1981 (trad. fr. *Les bourgeoises du Nord*, Perrin, Paris, 1989).

Smith-Rosenberg C., *Disorderly Conduct ; Visions of Gender in Victorian America*, Oxford University Press, New York, 1986.

Sohn A.-M., *Les Rôles féminins dans la vie privée à travers les archives judiciaires*, thèse d'État, université Paris-I, 1993 (à paraître aux Presses universitaires de la Sorbonne).

Thalmann R., *Être femme sous le IIIe Reich*, Laffont, Paris, 1982.

Thébaud F., *La Femme au temps de la guerre de 14*, Stock, Paris, 1986.

« La Grande Guerre. Le triomphe de la division sexuelle », in F. Thébaud, *HDFO, Le XXe siècle*, vol. V, p. 31-75.

Thomas Y., « La division des sexes en Droit romain », in P. Schmitt-Pante, *HDFO, L'Antiquité*, vol. I, 1991, p. 103-159.

Varikas E., « Subjectivité et identité de genre », in *Genèses*, n° spécial « Femmes, Genre, Histoire », n° 6, 1991, p. 31.

La Révolte des Dames. Genèse d'une conscience féministe dans la Grèce du XIXe siècle, thèse, université Paris-VII, 1988.

Une histoire sans affrontements

1. Janine Mossuz-Lavau et Mariette Sineau, *Enquête sur les femmes et la politique en France*, Paris, P.U.F., 1983 ; Geneviève Fraisse, *Muse de la raison. La démocratie exclusive et la différence des sexes*, Aix, Alinéa, 1989 ; et notamment « Quand gouverner n'est pas représenter », *Esprit*, mars-avril, 1994, p. 103-104, repris dans *Muse de la raison*, Paris, Gallimard, nouv. éd., 1995. Cf. aussi le livre fondamental de P. Rosanvallon, *Le Sacre du citoyen. Histoire du suffrage universel en France*, Paris, Gallimard, 1992.

2. À cet égard, cf. la réédition du livre pionnier de Marie-Jo Bonnet, *Les Relations amoureuses entre les femmes*, Paris, Odile Jacob, 1995, reprise très augmentée de *Un choix sans équivoque*, Paris, Denoël, 1981. Elle fait remarquer, à juste titre, que l'invisibilité est liée au silence ; un silence que l'histoire des femmes, telle qu'elle s'est développée dans les vingt dernières années, n'a pas su dissiper.

3. Marc Fumaroli, « La conversation », in *Les Lieux de mémoire* (sous la direction de Pierre Nora), t. III, *Les France*, vol. 2, *Traditions*, p. 678-744.

4. Dans le même sens, cf. Madeleine Rebérioux, « La culture au pluriel », in *Histoire de la France. Les formes de la culture* (sous la dir. de J. Revel et A. Burguière), Paris, Éd. du Seuil, 1993, p. 455-516.

5. À ce sujet, cf. l'éclairante démonstration de Thomas Laqueur, *La Fabrique du sexe. Essai sur le corps et le genre en Occident*, Paris, Gallimard, 1992 (trad. de l'américain, 1990).

6. Tocqueville, *Œuvres complètes*, Paris, Gallimard, 1983, t. XV, p. 292 (lettre du 10 novembre 1856) : « Je vois un grand nombre de celles-ci qui ont mille vertus privées dans lesquelles l'action directe et bienfaisante de la religion se fait apercevoir. Qui, grâce à elles, sont des épouses très fidèles, d'excellentes mères, qui se montrent justes et indulgentes avec leurs domestiques, charitables envers les pauvres... Mais quant à cette partie des devoirs qui se rapporte à la vie publique, elles ne semblent pas en avoir même l'idée. Non seulement elles ne les pratiquent pas pour elles-mêmes, ce qui est assez naturel, mais elles ne paraissent pas même avoir la pensée de les inculquer à ceux sur lesquels elles ont de l'influence. C'est une face de l'éducation qui leur est comme invisible. »

7. Ce que montre précisément Monique Eleb dans *L'Invention de l'habitation moderne, Paris, 1880-1914*, Paris, Hazan, 1995.

8. Grâce à ces travaux on dispose désormais d'une histoire quasi continue de ces divers féminismes aux XIXe-XXe siècle : Laurence Klejman et Florence Rochefort, *L'Égalité en marche. Le féminisme sous la Troisième République*, Paris, F.N.S.P. Des Femmes, 1989 ; Michèle Riot-Sarcey, *La Démocratie à l'épreuve des femmes. Trois figures critiques du pouvoir (Eugénie Niboyet, Désirée Guy, Jeanne Deroin)*, Paris, Albin Michel, 1994 ; Christine Bard, *Les Filles de Marianne. Histoire des féminismes, 1914-1940*, Paris, Fayard, 1995 ; Françoise Picq, *Histoire du M.L.F. Les années Mouvement*, Paris, Éd. du Seuil, 1993 ; en attendant la publication de la thèse de Sylvie Chaperon sur l'histoire des mouvements féminins et féministes de 1945 à 1970.

Michel Foucault et l'histoire des femmes

1. Michel Foucault, *Dits et écrits*, Gallimard, 1994, vol. III, p. 107, [1976]

2. Rosi Braidotti a soutenu sa thèse en 1978 à l'université Paris-I, devant un jury composé de François Châtelet, d'Hélène Védrine et de Michelle Perrot. Elle est actuellement professeur à l'université d'Utrecht. Son ouvrage, *Patterns of Dissonance*, est paru à Cambridge en 1991.

3. Jana Sawicki, *Feminism and Foucault in North America : Convergence, Critique, Possibility*.

4. Michel Foucault, *Dits et écrits, op. cit.*, vol. IV, p. 739, juin 1982.

5. « Un cancer gay ? Ce serait trop beau... », aurait dit Michel Foucault à Hervé Guibert.

6. Thomas Laqueur, *La Fabrique du sexe. Essai sur le sexe et le genre en Occident*, Gallimard, 1992, pour l'édition française.

7. Cf. Michelle Perrot, « Public, privé et rapports de sexes », à paraître dans les actes du colloque, *Les Rapports du public et du privé*, université de Picardie.

8. Élisabeth Badinter, *XY, De l'identité masculine*, Odile Jacob, 1994.

9. Michel Foucault, *Dits et écrits, op. cit.*, vol. II, p. 424, 1973.

10. Michelle Perrot, « La leçon des ténèbres », communication au colloque de Milan, *Effeti Foucault*, mai 1985, Actes n° 54, été 1986.

11. Michel Foucault, *Histoire de la folie à l'âge classique*, Plon, 1961.

12. Michel Foucault et Arlette Farge, *Le Désordre des familles. Lettres de cachet des Archives de la Bastille*, Gallimard-Julliard, coll. Archives, 1991.

13. Michel Foucault, *Histoire de la folie à l'âge classique, op. cit.*, p. 538-539.

14. *Id., ibid.*, p. 112.

15. *Mot, Pierre Rivière, ayant égorgé ma mère, ma sœur et mon frère...* Gallimard-Julliard, coll. Archives, 1973. J. P. Peter et Jeanne Favret parlent de « la mère, le tyran », et Bl. Barret-Kriegel analyse les rapports de « régicide-parricide ».

16. Michel Foucault, *Dits et écrits, op. cit.*, vol. II, p. 627, 1974.

17. Michel Foucault, *Histoire de la sexualité, I. La Volonté de savoir*, Gallimard, 1976, p. 142.

18. *Id., ibid.*, p. 160.

19. *Id., ibid.*, p. 193.

20. Michel Foucault, *Dits et écrits, op. cit.*, vol. II, p. 609-611, conférence à Rio de Janeiro, mai 1973, *Id., Surveiller et punir*, Gallimard, 1975, p. 305.

21. Michel Foucault, *Dits et écrits, op. cit.*, vol. III, p. 381, 1977.

22. Sur les développements de cette histoire, cf. Michelle Perrot, « Où en est en France l'histoire des femmes ? », in *French Politics and Society*, vol. 12/1, hiver 1994, p. 39-57.

23. Michel Foucault, *Dits et écrits, op. cit.*, vol. III, p. 236, janv. 1977.

24. *Id., ibid.*, vol. III, p. 319, juill. 1977.

25. *Id., ibid.*, vol. II, p. 778, oct. 1975.

26. Jean-Philippe Catonné, *Hippocrate, Foucault et l'histoire de la sexualité*, thèse de l'université Paris-I, janv. 1990.

27. Michel Foucault, *Dits et écrits, op. cit.*, vol. III, p. 445, oct. 1977, publication janv. 1978.

28. *Id., ibid.*, vol. III, p. 257, *Le Nouvel Observateur*, 12-21 mars 1978, « Non au sexe roi ».

29. *Id., ibid.*, vol. IV, p. 388, 1983.

30. *Id., ibid.*, vol. IV, p. 721, 1984.

31. *Id., ibid.*, vol. III, p. 473, 1978.

32. Françoise Picq, *Libération des femmes. Les années Mouvement*, Seuil, 1993. Un historique indispensable.

33. Michel Foucault, *Dits et écrits, op. cit.*, vol. II, p. 447, 1973.

34. *Id.., ibid.*, vol. II, texte 138, « Sexualité et politique », avr. 1974 : « Il est compréhensible [...] que la sexualité dite normale, c'est-à-dire reproductrice de la force de travail — avec tout ce que cela suppose de refus des autres sexualités et aussi d'assujettissement de la femme — veuille se montrer normative. »

35. Françoise Picq, *op. cit.*, chap. 19, « Ras le viol ! », p. 234-249.

36. Michel Foucault, *Dits et écrits, op. cit.*, vol. III, pp. 351-353, oct. 1977.

37. *Id., ibid.*, vol. IV, p. 349, 1981.

38. *Id., ibid.*, vol. IV, p. 335, 1982.

39. *Id., ibid.*, vol. IV, pp. 281-288, mars 1982.

40. *Id., ibid.*, vol. IV, p. 121, nov. 1980.

41. *Id., ibid.*, vol. III, p. 321, 1977.

42. *Id., ibid.*, vol. III, p. 677, oct. 1978.

43. *Id., ibid.*, vol. IV, p. 663, 1984.

44. *Id., ibid.*, vol. II, p. 147, 1971.

45. Les travaux d'Arlette Farge, d'Yves et de Nicole Castan, de Natalie Z. Davis, d'Élisabeth Claverie, de Pierre Lamaison, et al., sont fondés essentiellement sur ce type d'archives. À paraître : Anne-Marie Sohn, *Les Rôles féminins dans la vie privée, 1880-1930*. Presses de la Sorbonne, 1996, qui repose sur le dépouillement de 7 000 dossiers d'assises mettant en scène des conflits familiaux.

46. Marie-Jo Bonnet, *Les Relations amoureuses entre les femmes du XVIe au XXe siècle*, Odile Jacob, 1995 (édition considérablement enrichie de *Un choix sans équivoque*, Paris, 1981), avec une importante bibliographie.

47. *Herculine Barbin, dite Alexina B.*, édition de Michel Foucault, Gallimard, 1978.

BIBLIOGRAPHIE*

* *Les Ouvriers en grève (France, 1871-1890)*, Paris, Mouton, 1974, 2 tomes, « Grèves féminines », I, p. 318-330.
* « L'éloge de la ménagère dans le discours des ouvriers français au XIXe siècle », *Romantisme*, « Mythes et représentations de la femme », 13-14, octobre-décembre 1976, p. 105-121.
* « De la nourrice à l'employée. Travaux de femmes dans la France du XIXe siècle », présentation de « Travaux de femmes », *Le Mouvement social*, 105, octobre-décembre 1978, p. 3-10.
* « La femme populaire rebelle », in Pascale Werner (sous la direction de), *L'Histoire sans qualités*, Paris, Galilée, 1979, p. 125-156.
* *Les Filles de Karl Marx. Lettres inédites*, Introduction, p. 9-50, Paris, Albin Michel, 1979 (lettres de la collection Bottigelli, traduites et présentées par Olga Meier et Michel Trebitsch).

« Femmes au lavoir », *Sorcières*, n°19, I/1980, « La saleté ».
« De Marianne à Lulu. Les images de la femme », *Le Débat*, juillet 1980.
« La ménagère dans l'espace parisien au XIXe siècle », *« Nouvelles Annales de la recherche urbaine »*, Décembre 1980.
« Les femmes et la classe ouvrière au XIXe siècle », *Que faire aujourd'hui ?*, janvier-février 1981.
« De la vieille fille à la garçonne. La femme célibataire au XIXe siècle », *Autrement*, juin 1981.
« Sur l'histoire des femmes en France », *Revue du Nord*, « Histoire des femmes du Nord », tome LXIII, n° 250, juillet-septembre 1981, p. 569-584.
« Sur les femmes et l'histoire orale », Colloque de l'Institut d'Histoire du temps présent (IHTP), *Bulletin de l'IHTP*, Supplément n° 3, 1982.
« Recherches sur les femmes et études féministes », in *Les Sciences de l'homme et de la société en France*, sous la direction de Maurice Godelier, Paris, La Documentation française, 1982.

* « Femmes et machines au XIXe siècle », *Romantisme*, « La Machine fin-de-siècle », 41, 1983, p. 6-17.
* « Sur le front des sexes : un combat douteux », *Vingtième Siècle, revue d'histoire*, n° 3, juillet 1984, « La Guerre en son siècle », p. 69-76.

« *Une histoire des femmes est-elle possible ?* », (sous la direction de M.P.), Marseille-Paris, Rivages, 1984 (intro, p. 6-16) ;
« Les femmes, le pouvoir, l'histoire », in *Une histoire...*, p. 205-222.
* *Journal intime de Caroline B.*, avec Georges Ribeill, Paris, Montalba, 1985.

---

* Bibliographie des textes de Michelle Perrot sur l'histoire des femmes. Les astérisques renvoient aux articles reproduits dans le présent ouvrage.

« Histoire de la condition féminine et histoire de l'électricité », *Actes du colloque de l'Association pour l'histoire de l'électricité en France* (Paris, 11-13 octobre 1983), Paris, PUF, 1985, p. 175-185.

* « Flora Tristan, enquêtrice », in Stéphane Michaud (sous la direction de), *Un fabuleux destin : Flora Tristan*, Dijon, Presses universitaires, 1985, p. 82-94.

« Histoire d'une femme, histoire des femmes », *Le Débat*, 35, novembre 1985, 133-151 [extraits de *Essais d'ego-histoire*].

« Histoire et pouvoir des femmes », in *Le sexe du pouvoir. Femmes, hommes et pouvoirs dans les organisations*, sous la direction de Nicole Aubert, Eugène Enriquez et Vincent de Gaulejac, Paris, EPI, Desclée de Brouwer, 1985, p. 79-89.

« Journaux intimes. Jeunes filles au miroir de l'âme », *Adolescence*, printemps 1986, IV/1, p. 29-36.

« Histoire des femmes, histoire des sexes », in *L'État des sciences sociales en France*, sous la direction de Marc Guillaume, Paris, La Découverte, 1986, p. 73-75.

Histoire de la vie privée (Ph. Ariès et G. Duby, édit.), T. 4, *De la Révolution à la Grande guerre*, sous la direction de M. Perrot, Paris, Le Seuil, 1987.

« L'air du temps », in *Essais d'ego-histoire*, sous la direction de Pierre Nora, Paris, Gallimard, 1987, p. 241-292.

« Quinze ans d'histoire des femmes », *Sources. Travaux historiques*, n° 12, 1987, p. 19-27.

« Le syndicalisme français et les femmes : histoire d'une malentendu », *CFDT-Aujourd'hui* 66, mars-avril 1984, p. 41-49.

* « Qu'est-ce qu'un métier de femme ? », présentation de « Métiers de femmes », *Le Mouvement social*, 140, juillet-septembre 1987, p. 3-8.

« La ménagère et la classe ouvrière en France », in *Philographies. Mélanges offerts à Michel Verret*, Nantes, Lersco, 1987, p. 77-85.

« Sciences et Mentalités : le Masculin/féminin dans l'histoire », in *Sens et place des connaissances dans la société*, Paris, CNRS, 1987, p. 143-170.

« Naissance du féminisme en France », in FEN (Fédération de l'Éducation nationale), *Le Féminisme et ses enjeux*, Paris, Edilig, 1988, p. 33-51.

« Histoire du privé », entretien avec Françoise Collin, *Les Cahiers du GRIF*, « Le Genre de l'Histoire », 37-38, printemps 1988, p. 155-165.

« La mujer en el discurso europeo del siglo XIX », in *Mujeres y Hombres en la formacion del pensiamento occidental*, vol. II, *Actas de las VII jornadas de investigacion interdisciplinaria*, Ediciones de la Universidad Autonoma de Madrid, 1989, p. 115-129.

Histoire des femmes en Occident, sous la direction de G. Duby et M. Perrot, 5 volumes, Paris Plon, 1991-1992 ; introduction générale, « Écrire l'histoire des femmes », I, 9-21 ; T. 4, *Le XIXe siècle*, sous la direction de Geneviève
* Fraisse et Michelle Perrot, Paris, Plon, 1991 ; dans ce volume, « Sortir », p. 467-494.

« George Sand : une enfance en révolution », in Françoise Van Rossum-Guyon, *George Sand. Une œuvre multiforme. Recherches nouvelles*, 2, Institut des langues romanes, Groningue, Pays-Bas, 1991, p. 7-16.

« Le XIXe siècle était-il misogyne ? », *L'Histoire*, 160, nov. 1992, p. 32-37.

* « Pouvoir des hommes, puissance des femmes ? L'exemple du XIXe siècle », in *Femmes et pouvoirs. Flux et reflux de l'émancipation féminine*, sous la direction de Luc Courtois, Jean Pirotte et Françoise Rosart, Université de Louvain, Recueil de travaux d'histoire et de philologie, 6e série, fascicule 43, 1992, p. 131-143.

* « Les femmes et leurs images ou le regard des femmes », in Georges Duby (sous la direction de), *Images de femmes*, Paris, Plon, 1992, p. 175-181.
Femmes et Histoire, sous la direction de G. Duby et M. Perrot, Paris, Plon, 1993 (actes du colloque tenu sous ce titre à la Sorbonne en novembre 1992).
* « La parole publique des femmes », in *Nationalismes, Féminismes, Exclusions. Mélanges en l'honneur de Rita Thalmann*, Paris, Berlin, Peter Lang, 1994, p. 461-470.
« La morale politique de George Sand », in Stéphane Michaud (sous la direction de), *Flora Tristan, George Sand, Pauline Roland. Les femmes et l'invention d'une nouvelle morale, 1830-1848*, Paris, Créaphis, 1994, p. 95-106.
« Le Troisième Sexe », in Nicole Mozet (sous la direction de), *George Sand. Une correspondance*, Saint-Cyr-sur Loire, Christian Pirot, 1994, p. 219-224.
« Où en est en France l'histoire des femmes ? », *French politics and society*, vol. 12/1, hiver 1994, 39-57, Center for European Studies at Harvard University.
* « Public, Privé et rapports de sexes », in Jacques Chevalier (sous la direction de), *Public/Privé*, Université de Picardie, CURAPP, Paris, PUF, 1995, p. 65-73.
* « Identité, égalité, différence : le regard de l'histoire », in *La place des femmes. Les enjeux de l'identité et de l'égalité au regard des sciences sociales*, publié par EPHESIA, Paris, La Découverte, 1995, p. 39-56.
* « Une Histoire sans affrontements », in « Femmes : une singularité française ? », *Le Débat*, n° 87, nov.-déc. 1995, p. 130-134.
« Femmes à l'usine », *L'Histoire*, 195, janvier 1996, p. 30-34.
« L'emancipazione delle donne in Europa (secoli XIX-XX) », in *Storia d'Europa*, sous la direction de Paul Bairoch et Eric Hobsbawm, Vol. 5, *L'età contemporanea*, Milan, Giulio Einaudi, 1996, p. 751-799.
* « Ma fille Marie. Histoire d'un bébé », in *L'Histoire grande ouverte : Hommages à Emmanuel Le Roy Ladurie*, Paris, Fayard, 1997, p. 431-440.
Femmes publiques, entretiens avec Jean Lebrun, Paris, Textuel, 1997.
* *George Sand. Politique et polémiques (1843-1850)*, Paris, Imprimerie nationale, 1997.
* « Le genre de la ville », *Communications*, « L'hospitalité », sous la direction de Anne Gotman, 65, 1997, p. 149-163.
* « Les femmes et la citoyenneté en France. Histoire d'une exclusion », in Armelle Le Bras-Chopard et Janine Mossuz-Lavau (sous la direction de), *Les femmes et la politique*, Paris, L'Harmattan, 1997, p. 21-39.
« 1848 : la Révolution des femmes », *L'Histoire*, 218, février 1998, p. 62-65.
« Féminisme et modernité », *Sciences Humaines*, 85, juillet 1998, p. 26-29.
« 1914 : Great Feminist Expectations », in *Women and Socialism/Socialism and Women. Europe Between the two World Wars*, sous la direction de Helmut Gruber et Pamela Graves, Berghahn Books, 1998 (en ouverture).

Préfaces[*]

Claire Auzias et Annick Houël, *La grève des ovalistes, Lyon (juin-juillet 1869)*, Paris, Payot, 1982.

Arlette Farge et Christiane Klapisch, *Madame ou Mademoiselle ? Itinéraires de la solitude féminine*, Paris, Montalba, 1984 (postface).

Françoise Thébaud, *La femme pendant la guerre 14-18*, Paris, Stock, 1986.

Jacques Termeaux, *Maisons closes de province*, (avec Alain Corbin), Le Mans, Cénomane, 1986.

Laurence Klejman et Florence Rochefort, *L'égalité en marche. Le féminisme sous la Troisième République*, Fondation Nationale des Sciences Po/ Des femmes, Paris, 1989.

Annie Stora-Lamarre, *L'enfer de la Troisième République. Censeurs et pornographes (1881-1914)*, Paris, Imago, 1989.

Danièle Djamila Amrane-Minne, *Des femmes dans la guerre d'Algérie. Entretiens*, Paris Karthala, 1994.

Marie-Victoire Louis, *Le droit de cuissage, France, 1860-1930*, Paris, L'Atelier, 1994.

Noël Burch et Geneviève Sellier, *La drôle de guerre des sexes du cinéma français*, P. Nathan, 1996.

Dominique Loiseau, *Femmes et Militantisme*, Paris, L'Harmattan, 1996.

Christiane Veauvy et Laura Pisano, *Paroles oubliées. Les femmes et la construction de l'Etat-nation en France et en Italie, 1789-1860*, Paris, Colin, 1997.

Alain Corbin, Jacqueline Lalouette, Michèle Riot-Sarcey, *Femmes dans la cité, 1815-1871*, Paris, Créaphis, 1997.

Micheline Hermine, *Destins de femmes, désir d'absolu. Essai sur Madame Bovary et Thérèse de Lisieux*, Paris, Beauchesne, 1997.

Claude Schkolnyk, *Victoire Tinayre (1831-1895). Du socialisme utopique au positivisme prolétaire*, Paris, L'Harmattan, 1997.

---

[*] Il s'agit des préfaces que Michelle Perrot a rédigées pour ces ouvrages.

INDEX

Abbadie d'Arrast, Mme 230
Adam, Juliette 330
Addams, Jane 232, 238
Adelstan, Julia 63
Agoult, Marie d' 254, 330
Agulhon, Maurice 278, 285, 397
Alembert, d' 240
Alibeau 321
Allart, Hortense 325, 343
Allemane 44
Allio, René 413
Amar 386
Amoros, Cecilia 355
Anaud-Duc, Nicole 250
Anthony, Suzanne 252
Arago, Emmanuel 320, 332
Arago, Étienne 329
Arconati-Visconti 262, 390
Arenal, Conception 230
Arendt, Hanna 213
Ariès, Philippe XV
Arlès-Dufour 288
Ashurst, Eliza 346
Astier de Valsayre 125
Auclert, Hubertine 136, 143, 244, 264, 271, 399, 408
Audoux, Marguerite 10
Auroux, Jules 182
Aveling, Edward (Alec Nelson) 28, 29, 34, 35, 44, 45, 47, 50, 54, 55
Avy 82

Bachofen 216
Bachrach, Susan 203
Baczko, Bronislaw 356
Badinter, Élisabeth 356, 405, 415
Bakounine 39
Baleste 83
Ballu 68
Baltard 75
Balzac, Honoré de 165, 214, 216
Barante 275
Barberet 168
Barbès, Armand 320, 322, 332, 335
Barbet de Jouy 68, 83
Barbey d'Aurevilly 215
Barbin, Herculine 422, 424
Barclay, Catherine 363
Bard, Christine 273, 276, 403
Bardot, Brigitte X
Barrès, Maurice 368
Barret-Ducrocq, Françoise XIII
Barrett 234
Barrot, Odilon 326
Barruit, Henri 125
Barry, Joseph 340
Bartky, Sandra 398, 414
Basch, Françoise XIII
Bassot, Marie-Jeanne 232
Bastard, duc de 68
Baud, Lucie 10, 181, 197
Baudelaire, Charles 77, 102, 245, 286, 379, 380
Baudrillard, Jean 221, 380
Bauer, Felice 384
Bauer, J. 422
Bax 45, 46
Bazin, père 98
Beaumont, Gustave de 13, 83
Beauveau, de 83
Beauvoir, Simone de X, 12, 248, 287, 367, 400, 409, 410
Bebel, August 248
Bédarida, François 306
Belgiojoso, comtesse 246, 253, 255
Belmont-Vanderbilt, Ava 239

483

Benjamin, Walter 189
Benoît d'Azy 89
Bentham, Jeremy 39
Béranger 304
Berberova, Nina 242
Berenson 243
Bernard, Joseph 137
Bernège, Paulette 205, 360
Bernstein 41, 45
Bernuzzi de Sant'Anna, Denise 398
Bert, J.-C. 244
Bert, Paul 271
Besant, Annie 52, 237, 238
Bestetti 144
Biet 402
Bigot, Annick 205
Bigottière, Henriette de la 338
Bilcescu, Mlle 288
Billoux, François 365
Blanc, Éléonore 304
Blanqui, Louis Auguste 322, 332
Bloch, Marc VI
Blum, Léon 267, 273
Bocage, Pierre 338
Bock, Fabienne XI
Bogelot, Isabelle 231
Bonald, loi de 218
Bonald, Mgr de 304
Bonaparte, Louis-Napoléon 313, 314, 334, 335
Bonheur, Gaston 177
Bonheur, Rosa 294
Bonnaire, Sandrine 378
Bonnet, M.-J. 424
Bonnin, Blaise 327
Booth 234
Bordo, Suzan 414
Borie, Victor 329, 335
Bottigelli, Émile 31
Bottigelli, Marcelle 56
Bouboulina, Lascarina 254
Boucoiran, Jules 333
Bouguereau 68, 81
Bourdieu 394
Bourdon, Mathilde 57, 71
Boureau, Alain 118, 352, 369
Bourges, Michel de 319, 320, 339
Bourgois 83
Bourke-White, Margaret 248
Bourneville, docteur 205

Bouvier, Jeanne 10, 231, 241, 246
Bradlaugh 28
Brahimi, Denise 244
Braidotti, Rosi 413
Brame, Caroline (voir Orville)
Brame, Édouard 58, 59, 67, 71, 74, 75, 76, 78, 81, 84, 86, 111
Brame, Émile 78, 102
Brame, Louis 78
Brame, Paul 93
Braun, Lily 239
Bréda, Claire de 74, 83
Bréda, Thérèse de 80, 81, 82, 83
Brentano, Bettina 232, 249, 302
Brétécher, Claire 381
Breton, André 221
Brittain, Vera 362, 363
Brive, Marie-France XV
Brohan, Augustine 329
Brou, Diane de 82
Brown 32
Broyelle, Claudie XII
Bruncschvicg, Cécile 273
Brunhes, Jean, Mme Henriette 186, 230, 232
Buchez 321
Buloz 321, 323, 324
Burckhardt 380
Burdy, Jean-Paul 204
Bure, Esther 252
Buret 303
Burlingham, Dorothy 365
Burns, Lizzie 31
Butler, Joséphine 229, 231, 249

Cabet 133, 134, 336
Cacouault, Marlaine 201
Cameron, Julie Margaret 248
Camp, Maxime du 287
Campan, Madame 383
Capy, Marcelle 373, 374
Cardoze, Jules 167, 292
Carnot, Hippolyte 328
Caroux-Destray, Jacques 19, 361
Castille, Blanche de 274
Catonné, Jean-Philippe 419
Cavaignac 334
Céline, Louis-Ferdinand X
Chaperon, Sylvie 206, 403
Charcot, 419

Charles IX 144
Chartier, Roger 9
Chassagne, Serge 118
Châtelet, François 413
Chaumette 270
Chauvin, Jeanne 47, 264, 391
Chesneaux, Jean XII
Chevallier, Jacques 383
Chevojon, abbé 67, 94, 96, 100, 101, 113
Chirac, Jacques 267
Choiseul-Praslin, duc de 242
Chopin, Frédéric 322, 323, 325
Cicéron I
Cixous, Hélène 405
Clancier, Georges 181, 374
Claudel, Camille 381
Claverie, Élisabeth 372
Clifford Barney, Natalie 243
Colbert 163, 182
Colette X, 10, 409
Comte, Auguste 217
Condorcet 134, 257, 270, 386
Corbin, Alain IV, 15
Cornette, Joël 354
Cornier, Henriette 420
Cott, Nancy 242, 397
Couriau, affaire 196
Court, Antoine 261
Courtois, L. 213
Crawford, Joan 366
Cremnitz, Blanche 264
Cresson, Editn 267
Cullwick, Hannah 241

Dabadie, Jean-Marc 300
Dabot, Henri 288
Damas, de 83
Darien 368
Daubié, Julie 271, 288, 374
Daumier, Honoré 254, 344
Dauphin, Cécile XIII, 394
Dauthier, Irénée 137, 139, 140
David-Néel, Alexandra 247
Davidoff, Leonor 384, 397
Davis, Bette 366
Davis, Nathalie XVI, 181
Debange, Berthe 82, 83
Decerfz, Laure 319
Deffand, Madame du 390, 410

Delaborde, Antoine 315
Delaborde, Sophie 315, 316
Delavau, Charles 332, 342
Deleuze, Gilles 414, 418
Delphy, Christine VII, 117
Démar, Claire 55, 253, 340
Demuth, Helene 31, 35, 36
Dentière, Marie 260
Deroin, Jeanne 224, 253, 271, 344, 399
Derrida, Jacques 410
Descaves, Lucien 264
Desmazières, Marguerite 82
Devéria, Achille 16
Dézamy 133
Diamond, Irene 414
Dieulafoy, Jane 247
Doisneau, Robert 285
Doré, Gustave 84
Dorval, Marie 319
Dreyfus, Alfred 264, 420
Dubesset, Mathilde 204
Duby, Georges III, VIII, XIV, XV, 13, 275, 299, 353, 369, 377, 394, 411, 419
Ducamp, Maxime 388
Duchêne, Gabrielle 231
Dudevant, Casimir 319
Dufrancatel, Christiane 119
Duguit 271
Dumay, Jean-Baptiste 150
Dumont, Albert 59, 82, 97, 100, 105
Dumont, Stéphanie 82
Dunand, Henri 234
Dupanloup, monseigneur 92
Dupin, Claude 315
Dupont, Marguerite 163
Duprat, Catherine 228
Durand, Marguerite 238, 374
Duras, Marguerite IV
Duris-Dufresne 317
Durkheim, Émile VI
Duruy, Victor 271

Eaubonne, Françoise d' XIII
Eberhardt, Isabelle 244, 246
Eck 396
Edelman, Nicole 261
Eleb, Monique 389

Elias, Norbert 275, 383
Elshtain, Jane 354
Elshtain, Jean Bethke 367
Enfantin, père 133, 261, 340
Engels, Friedrich 24, 27, 30, 31, 32, 33, 34, 36, 37, 38, 41, 44, 45, 55, 216
Escaille, Mr de l' 80, 94
Esmein 271
Espart, marquise d' 417
Essling, princesse d' 83, 94
Évain, Marguerite 78, 79, 83
Éverad 320, 342

Faderman, Lilian 422
Falloux 68
Faludi, Susan 410
Farge, Arlette XIII, XVI, XVII, 119
Fauré, Christine 119, 269
Faust 221
Fawcett, Mrs 277, 400
Febvre, Frédéric VI
Ferry, Jules 139
Fichte, Johann Gottlieb 217
Fignet, Vera 264
Finas, Lucette 419
Fine, Agnès XV
Finet, Marie 128
Flandrin, Hyppolite 58, 67, 73, 84
Flandrin, Louis XII
Flaubert 73, 95, 254, 338, 341, 399
Fontanges Marguerite de 80, 81, 83
Foucart, Jacques 59, 60, 98, 103
Foucault, Michel 95, 212, 213, 269, 356, 357, 388, 389, 393, 395, 410, 413-424
Fouque, Antoinette XIII, 400, 404
Fourcaut, Annie 206
Fraisse, Geneviève XIII, XVI, 119, 222, 227, 268, 270, 274, 278, 342, 393, 398
Franck, César 68
Frapié, Léon 373
Frederik, Christine 360
French, Marilyn 410
Freppel, Mgr 251
Freud, Sigmund 25, 377, 424
Freud, Anna 365
Freund, Gisela 248
Frevert, Ute 397

Frey, Michel 149
Freyberger 31
Friedan, Betty 367
Frontisi-Ducroux, Françoise 354
Frugoni, Chiara 354
Fry, Élisabeth 230, 302
Fumaroli, Marc 259

Gabin, Jean X
Gahéry, Marie 231
Galien 395
Gambetta 390
Gandhi, Indira 274
Gandhi, Sonia 274
Garcin, sœurs 188
Gardanne (née Brame), Paméla de 58, 67, 72, 73, 75
Gardey, Delphine 402
Garibaldi 84
Garnier-Pagès 320
Gaspard 278
Gatteaux, Édouard 58, 67, 71, 72, 78, 83
Gau 68
Gaulle, Général de 367
Gavarni 344
Gay, Désirée 224
Gentry, Gertrude 37
Georgoudi 394
Gérando de 233
Gide, Charles 230
Gilland, Jérôme-Pierre 328, 343
Gilligan, Carol 367, 410
Giorgio, Michela de 397
Girardin, Delphine de 12
Girerd, Frédéric 326
Girod de l'Ain, Gabriel 107, 108
Giscard d'Estaing, Valéry 267
Gisserot, Hélène 393
Godelier, Maurice XIV, 207
Godineau 270
Goethe, Johann Wolfgang von 252
Goffman, Erving 286
Goldman, Emma 238, 239, 243, 246, 265, 266
Goncourt, Edmond de 263, 288
Gosset 309
Gotman, Anne 281
Gouges, Olympe de 270, 313, 346
Grass, Gunther 166

486

Green, Nancy XIV
Grévy, Mme 124
Gruzinski, Serge 290
Guattari, Félix 414, 418
Guéhenno, Annie 363
Guérin, Eugénie 63
Guesde, Jules 28, 43, 47
Guilbert, Madeleine XI, 117
Guindorf, Marie-Reine 227
Guizot, François 217, 262, 275, 313, 321, 325, 409
Gurney, Russel 251
Guyomar 270

Habermas, Jürgen 211, 389
Halimi, Gisèle VIII
Hall, Catherine 384, 397
Hamilton, Mary Agnes 237
Hardie, Keir 54
Hartsock, Nancy 414
Hauriou 271, 272
Hause, Steven 367
Hausen, Karen 193, 360, 364
Haussonville, comte d' 244
Hébert 84
Hegel, Friedrich 49, 217, 386
Hemingway, Ernest 363
Henry, Louis VII
Hepburn, Katherine 366
Hepp 275
Héritier, Françoise III, VII, 356, 400
Hetzel 333
Higonnet, Anne 354, 397
Hill, Octavia 229, 231, 233
Hirata, Helena 120
Hirschman, Albert 360
Hobsbawm, Éric 398
Holker, John 180
Holker, Marie 80, 81, 83
Hughes, Diane 380
Hugo, Léopoldine 15
Hugo, Victor 339
Hunt, Lynn 356
Hurtig 393
Hyndman, H. M. 29, 40, 42, 44, 45

Ibsen, Henrik 52, 54
Ingres, Jean Auguste 58, 67, 78, 84
Irigaray, Luce 405
Isambert-Jamati 271

Jaurès, Jean I, 33
Jenson, Jane 365
Joliot-Curie, Irène 273
Jourdain, Mme 417, 418, 424

Kafka, Franz 384
Kail 393
Kaplow, Jeffry 149
Kaufman 404
Kautsky, Louise 24, 29, 31, 41
Kergoat, Danielle 120
Kergomard, Pauline 264
Klapisch, Christiane XIII, XVI
Klejman, Laurence 271, 403
Knibiehler, Yvonne XV
Koonz, Claudia XIII, 396
Kopp, Louise 400
Krauss, Karl 398

La Bédollière 290
La Roche, Mlle de 82
Laroche, Sophie 246
Labourie-Racapé, Annie 393
Labrousse, Ernest X
Lacordaire, Henri 68, 287
Lacorre, Suzanne 273
Lafargue, Paul 22, 23, 25, 27, 28, 29, 31, 35, 38, 44, 47, 51
Lagrave, Rose-Marie XIII
Lalouette, Jacqueline 388
Lamaison, Pierre 372
Lamartine, Alphonse de 15, 324
Lambert 328
Landau, Alain 421
Landes, David 177
Lange, Helene 239
Lapointe, Savinien 304, 324
Laqueur, Thomas 276, 387, 393, 395, 414, 415, 423
Larroumet 288
Laterza, Giuseppe XV
Laterza, Vito XV
Latour, Fantin 185
Launay, vicomte de 12
Lavater 94
Layre, Edmond de 79, 83, 99, 100, 104
Layre, Marie de 70, 83, 100, 104
Lazard, Max 234
Le Bon, Gustave 284

487

Le Chapelier 370
Le Goff, Jacques XII
Le Play, Frédéric VI, 158, 186, 192, 198, 222, 230
Le Rider, Jacques 398
Le Roy Ladurie, Emmanuel XII, 107
Lebaudy 125
Ledru-Rollin, Alexandre Auguste 320, 330
Lee, Anna 252, 261
Leigh Smith, Barbara 250
Lejeune, Philippe V, 9
Lenepveu 68
Lépine 83, 84
Leprevost 163
Lerner, Elinor 242
Leroux, Achille 324
Leroux, Pierre 322, 323, 324, 325, 336
Leroux-Hugon, Véronique 204
Leroy-Beaulieu, Paul 179, 185, 203
Lesselier, Claudie 196
Lévi-Strauss, Claude VII, 400, 401
Lévinas, Emmanuel 377
Lévy, Michel 314
Lewin, Jane 244
Lewis, Oscar 17, 192
Leyret, Henry 159, 192
Liebknecht 29, 48
Lihus, de 83
Lisieux, Thérèse de 92, 285
Lissagaray 23
Lissarague, François III
List, Frédéric 50, 371
Livi, J. 419
Lockroy 330
Lombroso 13
Longuet, Charles 22, 26, 27, 28, 40
Longuet, Harra 23
Longuet, Jean 33
Louis, Marie-Victoire 352, 369, 373, 374, 375
Louis-Philippe 242, 321
Luther 261
Ly, Arria 400
Lyautey, Louis Hubert 247

Mac Nay, Lois 414
MacKinnon 405, 410
Maffesoli 380
Maier, Charles 360

Malkiel, Theresa 237
Mallet, Joséphine 230
Marand-Fouquet, Catherine 352
Marat, Jean-Paul 385
Marbeau 301
Maréchal, Sylvain 219, 228, 254, 287, 387
Marguerite, Victor 373
Marie-Antoinette (reine de France) 383
Marinetti 368, 399
Marivaux, Pierre 380
Markievicz, comtesse 255
Markouzi, Ilhem 355
Marquigny, père 63
Martin, Emma 253
Martin, Henri 328
Martin, Julie 136
Martin, Louis-Aimé 215
Martin, Martine 205
Martin-Fugier, Anne 194, 198, 222, 397
Maruani, Margaret 120
Marx (épouse Lafargue), Laura 22-27, 29-31, 33, 34, 36-38, 41, 45, 46, 47, 49, 50, 51, 55
Marx (née Westphalen von), Jenny 22, 23, 25-30, 32, 36-38, 40, 46, 50, 51, 53, 55
Marx, Eleanor 22-25, 28-31, 33, 34, 36-54, 238
Marx, Karl 9, 13, 21, 23, 24, 27, 28, 30, 38, 39, 40, 42-45, 47, 48, 49, 54, 98, 246
Mathieu 404
Maugue, Annelise 398
Maupassant, Guy de 370, 373
Mauriac, François X, 98, 338
Mavrogenous, Mado 254
Mazzini, Giuseppe 254, 255, 325, 333, 342, 343, 346
McBride, Theresa 195
Médicis, Catherine de 274
Meier, Olga 21, 56
Mercier, Sébastien 172, 379
Mermillod, monseigneur 63, 89
Meunier, Louise 136
Meure, Charles 317, 318, 319
Michaud, Stéphane 299, 301
Michel, Andrée XI, XII, 117

Michel, Louise 55, 125, 238, 243, 264, 294
Michel, Sonya 365
Michelet, Jules I, VI, 62, 77, 165, 170, 214, 257, 261, 271, 274 276, 287, 359, 387, 401, 408
Mignet 255
Milkman, Ruth 361
Mink, Paule 52, 238
Mirabeau, Honoré Gabriel Riqueti 321, 385
Mirbeau, Octave 241, 368
Missol, de 83
Mitterrand, François 267
Moller Okin, Suzan 355
Monnier, Henri 287
Montalembert, Charles Forbes, comte de 68
Moore, Barrington 383
Moore, Sam 36
Morgan, Anne 216, 2139
Morin, Edgar 124
Morny, duc de 84
Morris, William 44, 45
Morsier, Émilie de 231
Mortemart, de 83
Mossuz-Laval 268
Most, Johann 265
Moutet, Josyane 402
Muel-Dreyfus 273
Musset, Alfred de 319

Nadaud, Martin 17, 150, 173, 241
Nahoum-Grappe, Véronique XIII
Nettement, Alfred 171
Newman, Pauline 239
Niboyet, Eugénie 224, 233, 253, 257, 264, 344
Nicolas, abbé 114
Nightingale, Florence 230, 233, 239, 254
Nisard, Charles 171
Norton, Caroline 250
Notat, Nicole 279

O'Connor, Mary 256
O'Higgins, J. 421
Ollendorf, Paul 15
Ortiz 272

Orville, Caroline (née Brame) 9, 57-114
Orville, Ernest 60, 62, 67, 69, 102, 103, 104, 105, 107, 111
Orville, Marie 9, 105
Orville, Renée 105, 109
Osborne, Sarah 252
Otto, Louise 238
Ozouf, Mona XII, 268, 271, 355, 356, 394, 403, 404, 407, 408, 409, 410, 411

Pacha, Hourchit 254
Pachkov, Lydia Alexandra 246
Palmer, Suzannah 251
Pankhurst, Mrs 277
Papadopoulos, Grigorias 401
Pardon, Clotilde 127
Parent, Françoise 287
Parnell, Ann 255
Pasquier, Marie-Claire XIII
Pasteur, Louis 293
Pataud 127
Paterman 410
Paterson, Emma 238
Payre, Georges 128
Pelletier, Madeleine 373, 400
Perdiguier, Agricol 323
Pérec, Georges 34
Perkins Gilman, Charlotte 364
Perrot, Ph. 398
Peters, Clara 381
Pétion 385
Petit, Jean-Yves 421
Pézerat, Pierrette XIII
Picq, Françoise 403
Pie IX 89, 91
Pinagot, Louis-François IV
Pinel 416
Pinto, Josiane 202
Pirotte, J. 213
Pitray, de 83
Pizan, Christine de 380
Plantade 33
Planté 399
Plauchut, Edmond 343
Plaza, Monique 421
Pollak, Michaël 400
Poncet, Cécile 238
Poncy, Charles 323, 328, 330, 333

Popp, Adélaïde 241, 265, 391
Portalis 218
Pôté, Anne IV
Pouget 127
Pranzini 92
Prince, Sarah 252
Proudhon 18, 44, 134, 271, 336
Proust, Marcel 245
Pugno, Raoul 86
Quiguer, Claude 188

Rabinow 420
Ramazonaglu, Caroline 414
Ramazzini 301
Rancière, Jacques 119
Raspail, François 332
Rebérioux, Madeleine 268
Reich, Wilhem 134
Reille 83, 86
Rémusat 275
Renan, Henriette 242
Renard, Jules 178
Reynaud, Jean 329
Ribeill, Georges 9, 57, 61, 98, 107, 108
Riley, Denise 364
Riot-Sarcey, Michèle 271, 343, 403
Ripa, Yannick XIII
Rittiez 308
Rivière, Pierre 269, 413, 417, 418
Robert, Hélène 180
Robert, Vincent 294
Robespierre, Maximilien de 321, 336
Rochebillard, Marie-Louise 238
Rochefort 271, 403
Rochet, abbé 322
Roland, madame 313
Rollinat, Maurice 333
Rosanvallon, Pierre 268, 275, 277, 346, 404
Rosart, F. 213
Roth, Joseph 359
Roubin, Lucienne 285
Rouch, Michel 354, 393
Roudy, Yvette 275
Rousseau 240, 385
Roussel, Nelly 264
Roux 321
Rouzade, Léonie 125
Royer-Collard 275

Rozan, Philomène Rosalie 237
Ruskin, John 217, 227, 228
Rye, Maria S. 244

Sagan, Françoise X
Saint-Gabriel 214
Saint-Just, Louis Antoine I
Saint-Maur, Mme de 89
Sainte-Beuve, Charles Augustin 288, 323
Salvaresi, Élisabeth 119
Samuel, Pierre XIII
Sand, George 67, 72, 73, 80, 99, 211, 219, 224, 225, 248, 277, 279, 294, 299, 313-347, 379, 386, 388, 390, 399, 400
Sand, Maurice 315, 316, 322, 325, 327, 330
Sand, Solange 322
Sangnier, Marc 186
Sanuti, Nicolosa 380
Sarraute, Nathalie IV
Saumoneau, Louise 239
Sawicki, Jana 414
Saxe, Aurore de 315
Say, Jean-Baptiste 152
Schmitt, Pauline XI, XIII, XVI
Schneiderman, Rose 239
Schreiner, Olive 29, 54
Schwartz, Paula 360
Scott, Joan W. 117, 151, 214, 271, 356, 393, 401
Sée, Camille 401
Segalen, Martine VII, 222
Ségur, de 83
Seignobos 153
Sennett, Richard 366
Séverine 374
Shaw, Bernard 54
Shorter, Edward 149
Sieveking, Amalie 229
Siéyès, Emmanuel Joseph 272, 313, 409
Simon, Jules 14, 142, 185, 203, 276
Simon-Nahum, Perrine XVII
Sineau, Mariette 268, 275
Smith, Bonnie 32, 222, 366, 384, 397, 400,
Smith-Rosenberg, Caroll XIII, 234
Sohn, Anne-Marie 282, 372, 374, 403,

Southcott, Johanna 253, 261
Staël, Madame de 248, 313, 341, 390, 409
Stein, Gertrude 243
Steinbeck, John 242
Stern, Daniel 254
Stimpson, Catherine XIII
Stone, Lawrence 351
Strumingher, Laura 196
Stuart Mill, John 248, 251, 277, 400
Sue, Eugène 171
Sullerot, Évelyne XI, 117
Swetchine, Mme 63, 68, 84, 87 88, 223, 411

Taine, Hippolyte 284
Tarde, Gabriel de 284
Tardif, Louise 136
Taylor, Helen 400
Ternaux, Céline 74
Ternaux, Marie 64, 79, 82, 83, 93, 98
Ternaux, Mortimer 79, 98, 102
Thalmann, Rita XIII, 396
Thatcher, Margaret 274
Thébaud, Françoise VII, XVI, 351, 352, 397
Théry 402
Thierry, Augustin 255
Thiers, Adolphe 321, 325
Thomas, Yan 402
Thompson, Dorothy 172, 234, 262, 285, 388
Thoré 329, 332
Tilly, Louise 117, 151, 192
Tinayre, Victoire 10
Tocqueville, Charles Alexis Clérel de 13, 68, 77, 87, 223, 243, 314, 331, 386, 411
Tonnegnieux, Claude 162, 183
Trebitsch, Michel 21
Trélat 168
Trempé, Rolande XV
Tristan, Flora 231, 232, 240, 262, 283, 294, 299, 301-312, 374, 388
Tröger, Anne-Marie 366
Trollope, Mrs 302
Troppmann 289
Trotta von 359
Tuke 416
Twining, Louise 233

Ueno, Chzuko 355

Valette, Aline 374
Vallès, Jules 47, 220, 286, 388
Vanderwielen, Lise 10, 19
Varikas, Eleni 396, 397, 399
Varnaghen, Rahel 253, 390
Vassart, comte et comtesse de 83, 85
Veblen 397
Vedel, Ferdinand 137, 146
Verdier, Yvonne VII, 201, 222
Véret, Désirée 253, 344
Vergès, comte de 87
Verjus, Anne 276
Vernon, Lee 243
Veyne, Paul III, 354, 420
Viardot, Louis 324, 328, 329
Viardot, Pauline 328, 329
Vibraye (Orville), Renée de 59
Vibraye, comte de 105
Vicinus, Martha 231
Victor, Éliane X
Vidal-Naquet, Pierre XII
Vigarello, Georges 353
Villeneuve, René de 333
Villermé, Louis-René 301, 306, 371
Voilquin, Suzanne 246, 253
Voldman, Danièle XIII
Vuillard, Edouard 185

Wagner, Richard 216
Wajda, Andreï 398
Walkowitz, Judith 249
Wallaert, Achille 78
Wallaert, Marie 70, 78
Walsh, S. Andra 366
Webb, Beatrice 238
Weil, Simone 302, 338, 409
Weininger, Otto 398
Weitz, Margaret 360
Werner, Pascale 118, 153
Wharton, Edith 243
White, Ellen 229
Wilkinson, Jemina 252
Winnicott, Donald Woods 88
Wittig, Monica 405
Wollstonecraft, Mary 248, 340
Woolf, Virginia 53, 368, 389, 400
Woronoff, Denis 118

Yourcenar, Marguerite 245
Ytier 141

Zancarini, Michelle 204
Zemon Davis, Natalie 202, 274

Zerner, Sylvie 204, 206
Zetkin, Clara 238, 239
Zola 237, 284, 291, 368
Zylberberg-Hocquard, Marie-Hélène 197

TABLE

Introduction générale I

I

TRACES

Pratiques de la mémoire féminine 11
Les filles de Karl Marx : lettres inédites 21
Caroline retrouvée 57
Caroline, une jeune fille du faubourg Saint-Germain
   sous le Second Empire 61
« Ma fille Marie » 107

II

FEMMES AU TRAVAIL

Grèves féminines 121
L'éloge de la ménagère dans le discours des ouvriers français
   au XIXe siècle 133
La femme populaire rebelle 153
Femmes et machines au XIXe siècle 177
De la nourrice à l'employée... travaux de femmes dans la France
   du XIXe siècle 191
Qu'est-ce qu'un métier de femme ? 201

III

FEMMES DANS LA CITÉ

Pouvoir des hommes, puissance des femmes ? : l'exemple du XIXe siècle	213
Sortir	227
La parole publique des femmes	259
Les femmes et la citoyenneté en France : histoire d'une exclusion	267
Le genre de la ville	281

IV

FIGURES

Flora Tristan, enquêtrice	301
Sand : une femme en politique	313

V

DÉBATS

Sur le front des sexes : un combat douteux	359
Corps asservis	369
Les femmes et leurs images ou le regard des femmes	377
Public, privé et rapports de sexes	383
Identité, égalité, différence : le regard de l'Histoire	393
Une histoire sans affrontements	407
Michel Foucault et l'histoire des femmes	413
Notes	425
Bibliographie	479
Index	485

Achevé d'imprimer en mars 2007
sur les presses de l'imprimerie Maury
45330 Malesherbes

N° d'éditeur : L01EHQNFH0010C003.
Dépôt légal : septembre 2001.
N° d'impression : 07/03/127936.

Imprimé en France